사은·사요 삼학·팔조
강　　연　　집
원불교 기본 교리
사사삼팔4438

사은·사요
삼학·팔조
강 연 집

원불교 기본 교리
4 사
4 사
3 삼
8 팔

글·방길튼

원불교출판사

| 발간사 |

원불교 기본 교리
사사삼팔4438

원각성존 소태산 대종사는 병진년丙辰年(1916) 봄에 일원대도一圓大道를 대각하시고 경신년庚申年(1920) 봄에 사은·사요四恩四要 삼학·팔조三學八條의 교리를 발표한다. 이를 새 회상의 교강[敎綱, 교리 강령]이라 한다.

『원불교교사』 '교강 선포'의 대목이다.

"원기5년(1920·庚申) 4월에, 대종사, 봉래산에서 새 회상의 교강을 발표하시니, 곧 인생의 요도 사은·사요와 공부의 요도 삼강령·팔조목이다.

사은四恩은 천지은 부모은 동포은 법률은으로서, 그 피은被恩 보은報恩 배은背恩을 말씀한 것이요, 사요四要는 그 후 누차 연마하여 완정하신 바, 남녀권리동일 지우차별智愚差別 무자녀자 타자녀교양無子女者他子女敎養 공도헌신자 이부사지公道獻身者以父事之니, 이는 인생의 마땅히 행할 바 도로서 세상을 구원할 요법이 되고, 삼강령三綱領은 정신수양 사리연구 작업취사니, 이는 곧 공부인의 마땅히 밟을 도로서 … 생령을 제도하는 요법이며, 팔조목八條目은 신信 분忿 의疑 성誠과 불신不信 탐욕貪慾 나懶 우愚니, 신·분·의·성 사조四條로는 진행 건進行件을 삼고, 불신·탐욕·나·우 사조로는 사연 건捨捐件을 삼아, 삼강령 공부를 운용하는 요법이 되는바, 그 강령이 간명하고 교의가 원만하여, 모든 신자로 하여금 조금도 미혹과 편벽에 끌리지 아니하고, 바로 대도大道에 들게 하는 새 회상의 기본 교리이다."

새 회상[원불교]의 기본 교리인 인생의 요도 사은·사요와 공부의 요도 삼강령·팔조목은 향후 명칭이 변경된다. 즉 삼강령은 삼학으로 이름을 변경하고, 팔조목은 팔조로 약칭한다. 또한 사요의 남녀권리동일은 자력양성으로, 지우차별은 지자본위로, 무자녀자 타자녀교양은 타자녀교육으로, 공도헌신자 이부사지는 공도자숭배로 명칭을 변경한다.

사은·사요와 삼학·팔조는 소태산 대종사의 대원정각 大圓正覺 안목에 따라 제정한 기본 교리요 고유한 교법으로, 사은·사요는 세상을 구원할 요법이며 삼학·팔조는 생령을 제도하는 요법이다. 그러므로 '사은·사요 삼학·팔조'를 우회해서는 소태산 대종사의 포부와 경륜을 접할 수 없는 것이다.

이 사은·사요 삼학·팔조를 '사사삼팔4438'이라고 통칭한다. 그러므로 사사삼팔4438은 새 회상 원불교의 고유한 코드code라 할 것이다.
만일 사사삼팔4438의 코드를 확보하지 못하면 소태산 대종사의 길에 동행할 수 없다. 반면에 사사삼팔4438의 코드를 확보하여 개인·가정·사회·국가·세계에 적용하면 소태산의 인생길과 공부길에 함께할 수 있을 것이다.

인생의 요도 사은·사요와 공부의 요도 삼학·팔조에 들기 위해서는 『정전』 교의편에 명시된 사은, 사요, 삼학, 팔조의 원문에 따라 세세하게 공부하여 체득해 가야 한다. 사은·사요 삼학·팔조를 모르고는 소태산의 포부와 경륜을 알 길이 없기 때문이다.

소태산 대종사의 가르침은 '인생의 요도 사은·사요와 공부의 요도 삼학·팔조'이다. 이 도를 밟지 않고서는 소태산을 친견할 수 없다. 왜냐하면 소태산의 진면목은 사은·사요 삼학·팔조이기 때문이다.

필자는 유튜브 〈원불교주유소〉에 '길튼 교무의 원불교 정전 이야기'라는 제목으로 원기103년(2018) 2월부터 원기106년(2021) 2월까지 『정전』 차례 항목에 따라 강연 영상을 업로드upload하였다.

이렇게 업로드했던 강연 중에서 『정전』 교의편 제2장 사은, 제3장 사요, 제4장 삼학, 제5장 팔조, 제6장 인생의 요도와 공부의 요도에 해당하는 내용을 골라 다듬고 다듬어 이 책 『사사삼팔4438』로 묶었다. 또한 소태산 재세 시 발행한 《월말통신》 《월보》 《회보》에서 관련된 글을 정선精選해 'The 읽으면 좋은 법문'으로 덧붙였다.

아무쪼록 강연집 『사사삼팔4438』이 소태산 대종사의 기본 교리인 사은·사요와 삼학·팔조를 명료하게 독해하는 등불로 사용되길 바란다.

원기108년(2023) 새봄에
도치산 자락 옛길에서
길산 방길튼 합장

이 QR코드는 〈원불교주유소〉
'길튼 교무의 원불교 정전 이야기'로 연결됩니다.

| 프롤로그 |

인생의 요도 사은·사요와
공부의 요도 삼학·팔조

소태산 대종사는 『정전』 제2 교의편 중 제2장 사은, 제3장 사요, 제4장 삼학, 제5장 팔조에 해당하는 사은·사요 삼학·팔조를 『정전』 제2 교의편 제6장 '인생의 요도와 공부의 요도'로 총괄하고 있다. 『정전』 교의편은 '인생의 요도'와 '공부의 요도' 두 갈래라고 볼 수 있다.

『정전』 제2 교의편 제6장 '인생의 요도人生-要道와 공부의 요도工夫-要道'이다.

> 사은·사요는 인생의 요도要道요, 삼학·팔조는 공부의 요도인 바, 인생의 요도는 공부의 요도가 아니면 사람이 능히 그 길을 밟지 못할 것이요, 공부의 요도는 인생의 요도가 아니면 사람이 능히 그 공부한 효력을 다 발휘하지 못할지라, 이에 한 예를 들어 그 관계를 말한다면, 공부의 요도는 의사가 환자를 치료하는 의술과 같고, 인생의 요도는 환자를 치료하는 약재와 같나니라.

요도要道는 핵심을 집약한 중요하고 필요한 방법이다.

소태산 대종사는 "무릇, 도道라 하는 것은 쉽게 말하자면 곧 길을 이름이요 길이라 함은 무엇이든지 떳떳이 행하는 것"[『대종경』 인도품 1장]이라고 정의한다. 그러므로 요도는 떳떳한 길이다. 이에 소태산 대종사는 인생길은 '사은·사요'로, 공부길은 '삼학·팔조'로 그 요도를 제시하고 있다.

인생의 요도는 인생길에서 사람이 떳떳하게 밟아가야 할 삶의 길이요 인생의 방향로이다.

사람은 타자와 관계없이 홀로 존재할 수는 없다. 다른 존재와의 인연 속에서 살아가는 것이다. 이 관계의 도를 소태산 대종사는 사은과 사요로 밝히고 있다. 즉 만나는 존재와 관계를 인생의 요도 사은·사요로 자상히 밝히고 있다.

소태산 대종사는 이 사은·사요를 인생길에 없어서는 안 될 약재에 비유한다. 결국 인생의 요도 사은·사요는 인생길에서 마치 의사가 약재를 처방하는 것과 같다는 것이다. 약재는 우리를 건강하게 지켜주는 은혜이다.

또한 공부의 요도는 각자의 심신을 작용하는 공부길이다. 소태산 대종사는 이 공부길의 요긴한 방법으로써 삼학·팔조를 제시하며, 이를 의술에 비유한다. 삼학·팔조는 공부길의 효과적인 의술인 것이다.

의사에게 아무리 좋은 약이 있다고 해도 그 약성을 알아서 적소에 처방하는 의술이 있어야 하듯, 아무리 좋은 관계의 도가 있다고 해도 이를 사용하는 능력이 있어야 하는 것이다.

소태산 대종사는 "인생의 요도는 공부의 요도가 아니면 사람이 능히 그 길을 밟지 못할 것이요, 공부의 요도는 인생의 요도가 아니면 능히 그 공부한 효력을 다 발휘하지 못할 것이라."라고 한다.

인생의 요도 사은·사요는 공부의 요도 삼학·팔조가 아니면 인생길을 능히 밟아가지 못할 것이며, 공부의 요도 삼학·팔조는 인생의 요도 사은·사요가 아니면 그 공부한 효력을 발휘할 수 없다는 것이다. 그렇다면 인생의 요도와 공부의 요도는 서로 바탕이 되고 떨어질 수 없는 불가분리의 관계이다.

인생의 요도와 공부의 요도가 서로 도움이 되고 바탕이 되면 선善순환이 된다. 선순환되도록 하는 방법을 병행·병진하여 '일원상 서원문'의 진급이 되고 은혜를 입게 하는 것이다.

〈교리도〉와 비교해 보면 인생의 요도 사은·사요가 인과보응의 신앙문에 속한다면 공부의 요도 삼학·팔조는 진공묘유의 수행문에 속한다. 그러므로 인생의 요도는 신앙문이요 공부의 요도는 수행문이라 할 수 있다. 결국 신앙과 수행은 병행하는 이중주이다. 신앙과 수행은 각각의 역할이 있으면서도 서로 바탕을 삼는 상호침투의 관계이다.

인생의 요도에 공부의 요도가 바탕 되어 있고, 공부의 요도에 인생의 요도가 기반 되어 있다. 비유하자면 '의학과 약성'이 진리라면 의사에게 의술은 공부의 요도요 약재는 인생의 요도다. 의사에게 의술과 약재는 없어서는 안 될 떨어질 수 없는 관계이다. 약재 처방에는 의술이 있는 것이며, 의술을 펼치는 데에는 약재가 있는 것과 같다.

한 예로 우리가 사은의 은혜에 피은被恩되었기에 지은知恩하여 보은報恩해야 한다고 할 때 지은은 사리연구와 상통하며 보은은 작업취사와 통하는 것이며 피은된 줄 느끼어 피은자임을 고백하는 심고는 정신수양과 상통하는 것이다. 사은과 삼학은 각각의 주체가 있으면서도 상통해 있는 것이다.

정신수양 사리연구 작업취사의 삼학은 천지은 부모은 동포은 법률은인 사은의 터전과 자력양성 지자본위 타자녀교육 공도자숭배의 사요 선상에서 수행해야 한다.
만일 삼학이 사은과 사요의 선상에서 벗어나 다른 가치를 추구한다면 이러한 삼학은 소태산 대종사의 경륜에서 벗어난 수행이다. 사은·사요는 삼학을 통해서 보은과 봉공으로 실현해야 한다.
결국 삼학·팔조는 사은·사요의 기반 위에서 실행되고, 사은·사요는 삼학·팔조로 실행되는 것이다.

정신수양하고 사리연구하여 작업취사로 귀결하는 삼학 수행은 보은 봉공으로 꽃피워야 한다. 즉 '정의는 취하고 불의는 버리는' 작업취사는 사은 보은이요 사요 실천이다. 소태산은 인생의 요도 사은·사요가 '병든 세상을 성한 세상으로 치료하는 필요한 방법이며 적절한 약방문'[《회보》 제26호]이라고 천명한다.

보은 봉공의 열매를 맺지 못하는 작업취사는 탈선한 기차와 같다. 작업을 취사하는 것은 업을 잘 짓는 것으로, 사은에 보은하고 사요를 밟아가는 것이다.

취사력으로 귀결하는 삼학 공부가 깊어질수록 보은 봉공의 생활은 그만큼 더 잘 익어 가게 되며, 역으로 보은 생활이 잘 익어 갈수록 삼학 공부도 더 깊어지게 되니, 서로가 서로에게 영향을 주면서 병진해 나가는 것이다.

인생길은 공부길로 행하고 공부길은 인생길로 가는 것으로, 삼학·팔조는 사은·사요의 무대에서 수행하며 사은·사요는 삼학·팔조로 공연하는 것이다.

아무쪼록 '사은·사요인 인생의 요도'와 '삼학·팔조인 공부의 요도'의 양대 요도를 체득하여 개인·가정·사회·국가·세계로 소태산의 기본 교리인 사사삼팔4438을 발현해 가기를 바란다.

차례

발간사 원불교 기본 교리, 사사삼팔4438 • 04
프롤로그 인생의 요도 사은·사요와 공부의 요도 삼학·팔조 • 07

사은四恩

사은 – 시작하는 말 • 21
- 사은과 일원 • 22
- 사은의 출처 • 27
- '사은' 장의 구성과 구조, 피은·보은·배은 • 32
- 사은의 카테고리 및 프레임 • 37
- The 읽으면 좋은 법문 • 41

천지은 • 55
- 천지 피은의 강령 • 59
- 천지 피은의 조목 • 64
- 천지 보은의 강령 • 68
- 천지 보은의 조목 1~4조 • 72
- 천지 보은의 조목 5~8조 • 76
- 천지 보은의 결과 • 81
- 천지은과 영주 • 85
- 천지 배은과 그 결과 • 89
- 우연히 돌아오는 고와 자기가 지어서 받는 고 • 93
- 천지은의 산실, 삼밭재 마당바위 • 97

The 읽으면 좋은 법문 • 100

부모은 • 109

부모은과 일원상 • 112

부모 피은의 강령 • 115

부모 피은의 조목 • 119

만사 만리의 근본이 되는 몸 • 124

부모 보은의 강령 • 128

부모 보은의 조목 • 132

부모 보은의 결과 • 137

부모 배은과 그 결과 • 141

부모은의 산실! 영촌 탄생가와 구호동 집터 • 145

「희사위 열반 공동 기념」 기념문 • 149

The 읽으면 좋은 법문 • 153

동포은 • 159

동포 피은의 강령 • 163

동포 피은의 조목 • 167

동포 보은의 강령 • 171

동포 보은의 조목 • 175

동포 보은의 결과 • 178

동포 배은과 그 결과 • 183

소태산 대종사의 구도와 동포은·법률은 • 188

The 읽으면 좋은 법문 • 191

법률은 • 203

법률은과 일원상 • 207

법률 피은의 강령 • 210

법률 피은의 조목 • 215

법률 보은의 강령 및 조목 • 222

법률 보은의 결과와 법률 배은의 결과 • 228

법률은과 정교동심 • 232

The 읽으면 좋은 법문 • 236

사은 – 맺는말 • 259

사은과 인과 • 260

사은과 죄 주고 복 주는 증거 • 263

보은과 자비 • 267

보은과 최소한의 폭력 • 270

사은과 일원의 진공·묘유·인과 • 274

사은과 경축가 • 278

사요四要

사요 – 시작하는 말 • 283

사요와 일원상 그리고 사은의 관계 • 284

사은의 변주, 사요 • 288

자력양성 • 293

자력양성의 강령 • 296

과거의 타력생활 조목 • 301

자력자로서 타력자에게 권장할 조목과 자력양성의 조목 • 305

The 읽으면 좋은 법문 • 310

지자본위 • 319

지자본위의 강령 • 321

지자본위의 조목 • 325

The 읽으면 좋은 법문 • 329

타자녀교육 • 333

타자녀교육의 강령 • 336

　　타자녀교육의 조목과 과거 교육의 결함 조목 • 340

　　지자본위의 배우는 의미와 타자녀교육의 가르치는 의미 • 345

　　The 읽으면 좋은 법문 • 349

공도자숭배 • 357

　　공도자숭배의 강령 • 360

　　공도자숭배의 조목과 과거 공도사업의 결함 조목 • 365

　　공도와 자력의 관계 • 371

　　공익심과 연대 그리고 반항 • 375

　　공도와 정의 그리고 윤회 • 379

　　The 읽으면 좋은 법문 • 383

사요 – 맺는말 • 399

　　사요와 사회 • 400

　　사은·사요의 필요 • 404

삼학三學

삼학 – 시작하는 말 • 411

　　삼학과 일원상 • 412

　　삼학 수행의 표본인 법신불 일원상에 관한 비유 • 416

　　'삼학' 장의 구성 • 418

　　수양, 연구, 취사와 계정혜 • 423

정신수양 • 429

　　정신수양의 정신 • 432

　　정신수양의 수양 • 436

　　정신수양의 목적 • 440

정신수양의 결과 • 444

분별성과 주착심 그리고 기억 • 449

사리연구 • 453

사리연구의 사 • 456

사리연구의 이 • 461

사리연구의 연구 • 467

사리연구의 목적 • 471

사리연구의 결과 • 476

관천기의상과 사리연구 • 480

작업취사 • 485

작업취사의 작업 • 488

작업취사의 취사 • 491

작업취사의 목적 • 495

작업취사의 결과 • 499

삼학 – 맺는말 • 503

삼학병진과 삼대력 • 504

삼학의 결과와 법위등급 • 508

삼학은 소태산 대종사의 구도 산물이다 • 512

The 읽으면 좋은 법문 • 516

팔조八條

팔조 – 시작하는 말 • 545

팔조와 삼학 그리고 일원상 • 546

진행 사조 • 551

진행 사조, 신·분·의·성 • 553

사연 사조 • 559
  사연 사조, 불신·탐욕·나·우 • 561

팔조 – 맺는말 • 565
  팔조와 일원상 • 566
  '사은 신앙문의 신'과 '팔조의 신'의 관계 • 568
  신·분·의·성은 소태산 대종사의 구도 과정이다 • 570
  The 읽으면 좋은 법문 • 574

부록
  시창13년도 사업보고서 – '교무부 제1회 공부인 훈련 보고서' • 588
  교법제정안 – '사은 사요' • 599
  시창14년도 사업보고서 – '교무부 제2회 훈련재료 보고서' • 601

에필로그
  양대 요도와 일원상 • 620

책을 마치며
  삼학·팔조의 공부와 사은·사요의 사업 • 624

참고 문헌 • 629

The 읽으면 좋은 법문

〈The 읽으면 좋은 법문 - 사은〉

    [법설] 일편의 애착을 벗어나서 광활한 천지를 구경하라.

                곳에 마땅하게 사용하면 한 가지도 버릴 것이 없나니라. (월말통신 제2호) • 41

    [감상] 새 윤리의 출현 (회보 제30호) • 43

    [감상] 나의 몸은 누구의 것이며 나의 의무는 무엇인가? (월보 제44호) • 45

    [감상] 사은의 무량한 덕과 그를 발명하신 종사주의 은혜 (회보 제38호) • 47

    [회설] 원망생활을 감사생활로 돌리자 (회보 제57호) • 49

    [법설] 도와 덕 (회보 제35호) • 51

    [해답안] 예회 숙제 해답안 – 죄복이 나오는 출처 (회보 제47호) • 51

〈The 읽으면 좋은 법문 - 천지은〉

    [감상] 참 선생을 찾아 그 선생의 가르침을 받읍시다 (월말통신 제21호) • 100

    [법설] 우주만물은 곧 만능의 조물주이다 (회보 제64호) • 101

    [법설] 영구인연법 (월말통신 제11호) • 103

    [법설] 천지의 식을 말씀하심 (회보 제11호) • 106

    [감상] 매사에 시종이 여일치 못한 것은 우리의 큰 병이다 (회보 제30호) • 106

〈The 읽으면 좋은 법문 - 부모은〉

    [감상] 부모 보은에 대한 감상 (회보 제19호) • 153

    [감상] 일산 이재철 선생의 효행 (회보 제46호) • 155

    [일화] 순인군의 효양부모 (회보 제25호) • 156

    [감상] 부모의 지중한 은혜 (회보 제15호) • 158

〈The 읽으면 좋은 법문 - 동포은〉

    [법설] 핍처유성 (월말통신 제11호) • 191

    [감상] 동포의 은덕을 감사함 (회보 제57호) • 192

    [감상] 방직 공장을 구경한 감상 (회보 제28호) • 194

[감상] 오는 해를 기념하여 오직 나는 나를 위하리라 (월말통신 제22호) · 197

[문목] 제4회 문제 - 동포 보은의 복과 동포 배은의 죄? (회보 제49호) · 199

〈The 읽으면 좋은 법문 - 법률은〉

[법설] 신기 묘술의 폐해와 정의 도덕의 공덕 (월말통신 제11호) · 236

[법설] 과거에는 다른 사람을 해하여다가 자기를 이롭게 하는 사람이 잘 살았으나, 현재에 있어서는 어느 방면으로든지 다른 사람을 유익 주는 사람이라야 잘 살 것이다 (회보 제17호) · 238

[법설] 정의 도덕 없는 세상은 곧 금수 세계다 · 240

[회설] 역대 성불의 은택을 알라 (월말통신 제14호) · 242

[감상] 구속과 자유 (회보 제61호) · 242

[법설] 제군은 동남풍이 될지어다 (회보 제16호) · 243

[법설] 법회록 1 (월말통신 제4호) · 245

[법설] 불타은과 국왕은 (회보 제34호) · 248

[법설] 교무강습 시 훈사 (회보 제53호) · 250

[회설] 종교와 정치의 필요 (월말통신 제14호) · 253

[문목] 제5회 문제 - 법률 보은의 복과 법률 배은의 죄? (회보 제50호) · 254

〈The 읽으면 좋은 법문 - 자력양성〉

[법설] 우리는 고혈마가 되지 말자 (회보 제14호) · 310

[의견안] 전무출신 여자 수용에 관한 건 (월말통신 제16호) · 312

[감상] 부정당한 의뢰심을 두지 말라는 데 대하여 (회보 제26호) · 314

[감상] 사모님의 실생활 (회보 제39호) · 315

[감상] 수박 따는 것을 본 나의 감상 (회보 제12호) · 316

〈The 읽으면 좋은 법문 - 지자본위〉

[교법제정안] 사은사요 (월말통신 제20호) · 329

[법설] 배울 줄 모르는 병 (회보 제36호) · 330

〈The 읽으면 좋은 법문 - 타자녀교육〉

[법설] 타자녀 교양법을 실행하자 (시창26년도 사업보고서) · 349

[법설] 특별한 성공을 하기로 하면 특별난 서원과 특별난 계획이 있어야 한다
　　　　(회보 제12호) • 350

[각지근황] 은부시녀결의식과 신삼형제 (월말통신 제33호) • 353

[감상] 전명철행 씨 미행 (회보 제65호) • 355

〈The 읽으면 좋은 법문 – 공도자 숭배〉

[법설] 개인 생활과 도덕사업 (월말통신 제22호) • 383

[법설] 금수 사업을 초월하여 영장의 본처에 돌아오라 (시창13년도 사업보고서) • 384

[법설] 본회 공동생일 기념날 (회보 제65호) • 385

[회설] 공익기관 창립을 두고 (월말통신 제21호) • 387

[감상] 기한을 이기시며 공사를 위하시는 우리 사모님 생활 (회보 제64호) • 389

[법설] 희사위 열반 공동기념에 제하여 (회보 제47호) • 390

[기념문] 대희사 대사조모주 열반 제7주 기념문 (월말통신 제30호) • 392

[감상] 공도 헌신자의 각오 (회보 제57호) • 394

[문목] 공심이란? (회보 제11호) • 396

〈The 읽으면 좋은 법문 – 삼학〉

[법설] 삼강령의 필요 (회보 제25호) • 516

[법설] 집에서 살림하면서 공부하는 방식 (회보 제34호) • 519

[가사] 처세가 (회보 제45호) • 521

[법설] 동정 간 삼대력을 얻는 빠른 길 (회보 제47호) • 525

[법설] 삼대력 얻는 빠른 길 (회보 제50호) • 525

[법설] 정당한 일 하는 사람과 부당한 길 밟는 자 (월말통신 제10호) • 527

[회설] 인격완성 (월보 제45호) • 527

[회설] 참사람을 이루려면 도학의 공부를 하라 (회보 제30호) • 529

[회설] 사마를 정복하고 평화를 만회하는 삼강령에 대하여 (월말통신 제23호) • 530

[회설] 선이 적다고 안 할 것이 아니며 악이 적다고 할 것이 아니다 (회보 제15호) • 531

[감상] 무형한 함정 (회보 제15호) • 532

[감상] 삼독과 육적이며 그 대치법 (회보 제11호) • 533

[감상] 공부요도 삼강령은 고해의 대교이다 (회보 제19호) • 534

[감상] 자취하는 함정 (회보 제18호) • 535

[감상] 수리조합의 몽리 구역과 삼강령 팔조목 (월말통신 제7호) • 536

[법설] 법회록 2 (월말통신 제4호) • 537

[보고서] 삼강령의 총론 – 공부인의 삼학과 비공부인의 삼학

　　　　(시창13년도 사업보고서) • 539

[보고서] 삼강령의 총론 – 삼학 운전수와 삼학의 의식주 (시창13년도 사업보고서) • 541

〈The 읽으면 좋은 법문 – 팔조〉

[감상] 매사에 기회를 잃지 말아야 성공할 수 있다 (회보 제58호) • 574

[법설] 적지위대 (회보 제45호) • 576

[법설] 배우는 성심 있는 원인과 없는 원인 (월말통신 제12호) • 578

[법설] 한 가지 잘못됨으로 인하여 만사에 방념치 말라 (월말통신 제2호) • 580

[법설] 이소성대는 천리의 원칙이다 (회보 제58호) • 581

[회설] 대업을 완성토록 용왕매진하라 (월말통신 제12호) • 583

[회설] 대도지사여, 모든 고난을 극복하고 용왕하라 (월말통신 제34호) • 584

[회설] 성근 (회보 제48호) • 585

[회설] 신성을 배양하자 (회보 제63호) • 586

사은四恩

시작하는 말

四사恩은 天천地지恩은 父부母모恩은 同동胞포恩은 法법律률恩은

사은과 일원

─────── 이번 시간부터 『정전』 제2 교의편 제2장 사은을 살펴보겠습니다. 먼저 사은四恩과 일원一圓의 관계에 대해 알아보겠습니다.

『정전』 제2 교의편 '일원상' 장에서 '일원은 우주만유의 본원이요' 또는 '일원은 천지·부모·동포·법률의 본원'이라 하였으며, 또한 "진공묘유의 조화는 우주만유를 통하여 무시광겁에 은현자재하는 것이 곧 일원상의 진리니라."라고 정의합니다.

'우주만유를 통해서'가 중요합니다. 우주만유는 '일원상의 진리'가 전개되는 실지로, 일원은 우주만유의 본원이면서 또한 우주만유로 펼쳐지는 실재입니다.

『대종경』 교의품 4장에서 "일원상의 내역을 말하자면 곧 사은이요, 사은의 내역을 말하자면 곧 우주만유로서 천지 만물 허공법계가 다 부처 아님이 없나니"라고 명시합니다.

『정산종사 수필법문』(박제권 수필) 상上에서 "천지의 근원을 추구하면 언어의 도가 끊어지고 심행처心行處가 멸滅한 자리이다. 부모의 근원, 동포의 본원, 법률의 본원에 다 합치가 된다."라고 말씀합니다. 언어도단言語道斷하고 심행처가 멸한 일원一圓의 자리가 사은의 본원이라고 밝히고 있습니다.

또한 『정산종사법설』[오선명 엮음]에서 "이 사은은 어디로부터 비롯하였는가. 그것은 바로 일원의 진리로부터 근원하였나니 일원의 내역을 말하자면 사은이요, 사은을 간략히 말하면 일원이라. 비하건대 일원은 박[표주박, 瓢]의 뿌리와 같고 사은은 박과 같나니라."라고 밝히고 있습니다.

이처럼 일원상의 진리를 펼치면 우주만유가 천지·부모·동포·법률의 사은으로 전개되고 천지·부모·동포·법률의 사은을 갈무리하면 일원상의 진리입니다. 즉 사은을 간략히 하면 일원입니다.

일원은 천지·부모·동포·법률의 본원이면서 또한 천지·부모·동포·법률의 사은으로 전개되는 자리로써 만법의 근원이면서 만법의 실재[『정산종사법어』 경륜편 1장]입니다.

일원상의 진리가 천지·부모·동포·법률로 펼쳐지는 작용을 사은이라 합니다. 그러므로 사은은 일원의 발현이요 작용으로 '사은 즉 일원'입니다.

『정전』 총서편 '교법의 총설'에서 "법신불 일원상을 신앙의 대상으로 모시고 천지·부모·동포·법률의 사은으로써 신앙의 강령을 정하였으며"라고 천명합니다. '일원상의 진리'를 '법신불 일원상'이라 달리 말합니다. '일원상의 진리=법신불 일원상'입니다.

신앙의 대상인 법신불 일원상의 발현發現인 천지·부모·동포·법률을 신앙의 벼릿줄[그물의 벼리를 이룬 줄]과 옷깃[의금衣襟, 옷의 목을 둘러 앞에서 여미는 부분]으로 삼아서 그물코 끌어당기듯 옷깃을 여미듯 추어 잡으라는 것입니다.

소태산 대종사는 '좋다 낮다'는 분별에 물들지 않는 안목에서 우주만유를 좋으면 좋은 대로 낮으면 낮은 대로 잘 이용하는 은혜의 시각에서 우주만유를 천지은·부모은·동포은·법률은의 범주로 제시합니다.

범주는 두부를 네 토막으로 자르듯이 나눈 것이 아니라, 한 자리를 네 관점으로 바라본 것입니다. 그러므로 각각의 범주에 다른 범주가 서로 녹아 있는 것입니다.

예를 들어 우주만유를 천지의 시각에서 보면 우주만유 전체가 천지은이요, 부모의 시각으로 보면 우주만유 전체가 부모은입니다. 그러므로 천지은과 부모은은 한 자리이면서 서로 다른 범주로 드러나는 것입니다. 동포은과 법률은도 마찬가지입니다. 이처럼 사은은 한 자리의 복수적 발현입니다.

이처럼 사은은 일원상의 진리가 천지·부모·동포·법률의 네 범주로 드러나는 작용입니다.

우주 만물은 서로서로 연결되어 있습니다. 모든 존재는 독립적으로 존재하는 게 아니라 인연 관계 속에서 존재하는 것입니다.

소태산 대종사는 이와 같은 관계를 네 가지로 범주해 주십니다. 천지 없어서는 살지 못할 관계일 뿐만 아니라, 부모 없이도 이 몸을 나타내지 못하고 장양되지 못하는 큰 은혜라는 것입니다. 상조의 동포와 안녕질서의 법률도 마찬가지입니다.

사은은 서로 원융하게 융통하고 있습니다. 그러므로 천지은에 부모은, 동포은, 법률은이 내포되어 있으며, 부모은도 동포은도 법률은도 마찬가지입니다.

사은은 중생의 욕망에 따라 펼쳐지는 세계를 떠나서 따로 존재하는 것은 아나 그렇다고 중생의 눈에 드러나는 세계가 온전한 사은도 아닙니다. 일원상의 지혜에서 드러나는 우주만유일 때 사은으로 온전하게 나타납니다.

사은에는 도와 덕이 있습니다. 사은의 도가 바로 일원상의 진리요 사은의 덕은 일원상의 작용입니다. 결국 사은은 일원상의 진리에 근원한 도에 따라 드러나는 은덕입니다.

소태산 대종사는 "천지·부모·동포가 다 법신불의 화신이요 법률도 또한 법신불의 주신 바"[『대종경』 교의품 9장]라고 밝혀주십니다. 즉 사은은 법신불 일원상의 화신이요 법신불 일원상의 주신 바로써 사은은 일원의 나타남이요 조화입니다.

주산 송도성은 원기22년(1937)《회보》제34호의 '신앙과 수양'이라는 논설에서 '일원과 사은'의 관계에 대해 밝히고 있습니다.

"이를[심불 일원상] 번역해 말하자면 곧 사은四恩이라 할 것이며 다시 더 세밀히 분석해 말하자면 삼라만상 그대로가 곧 실재의 부처님이 될 것이니, 합하면 일원이요 나누면 삼라만상이라, 이러한 진리로써 볼진대 한 개의 돌과 한 줌의 흙인들 어찌 부처 아님이 있으며 날아가는 새와 달려가는 짐승인들 무엇 하나 이에 벗어남이 있으리까."

이 같은 주산 종사의 논설은 "일원을 해석하면 곧 사은이요, 사은을 또 분석하면 곧 삼연森然한 우주의 실재實在로서 천지 만물 허공법계가 불성佛性 아님이 없나니"[《회보》 제46호]라는 소태산 대종사의 법문을 부연 설명하고 있는 것입니다. 여기서 '불성 아님이 없다는 것'이 핵심입니다.

『대종경』 교의품 4장에서 "천지만물 허공법계가 다 부처 아님이 없나니"의 부처는 깨어있는 마음인 불성 자리에서 드러나는 부처입니다. 외재의 대상에 분별 집착할 때 현상되는 존재가 아니라 본연 청정한 성품 자리[『대종경』 천도품 5장]에서 드러나는 천지 만물 허공법계입니다.

이를 『조선불교혁신론』 '등상불 숭배를 불성 일원상으로'에서 "우리는 불성 일원상을 모시고 숭배하기로 하나니, 그 불성 일원상으로 말하면 **천지만물 허공법계가 다 부처님의 성품**이라 … **천지만물 허공법계가 다 부처**인지라"라고 밝히고 있습니다.

불성은 깨어있는 청정한 성품 자리로, 소태산 대종사는 불성 일원상, 심불 일원상, 심체 일원상, 법신불 일원상이라고 달리 표현합니다. 천지만물 허공법계인 사은은 불성佛性 자리에서 드러나는 우주만유의 실재로서 곧 천지·부모·동포·법률의 처처불상입니다.

'합하면 일원이요 나누면 삼라만상'이니 '돌 하나 흙 한 줌'도 '부처' 아님이 없는 처처불상으로 삼라만상의 처처가 다 불성 일원상의 드러남입니다.

처처불상의 불상은 깨어있는 마음인 불성 자리에서 드러나는 실재로, 처처불상 즉 일원상입니다.

다만 여기서 유의해야 할 점이 있습니다. 일원상은 불성, 심불, 심체, 법신불을 가리키는 표본이면서 진리 그 자체입니다. 비유하면 일원상은 달을 가리키는 손가락이면서 또한 달 자체로, 일원상은 일원을 나타내는 표본으로 대하는 즉시 일원에 직입하라는 것입니다. 즉 일원상은 일원을 가리키는 표상이면서 일원 그대로 실상입니다.

참고로 『원불교 정전해의』[한종만 저]에서 사은을 일원상의 발현으로 논증한 내용입니다.

"부모·동포·법률을 포함한 천지은과 일원상이 일치하므로 사은 모두가 일원상의 진리이다." "천지 8도는 바로 일원상의 진리이다." "일원상의 진리 절과 천지의 도와 덕은 일치한다." "나라는 존재가 나타나고 길러질 수 있는 우주적 질서를 부모은이라 하는 것이다. 이렇게 생명을 살리는 큰 은혜를 부모은이라 하며 부모은은 일원상 진리의 작용이다." "법신불을 사람과 금수와 초목의 관계에서 파악한 것이 동포은이다." "법률은은 일원상 진리의 원만구족하고 지공무사한 법칙이다. 지공무사한 일원상의 진리를 인간사회의 측면에서 볼 때 인도 정의의 공정한 법칙이라 한다." [『원불교정전해의』]

이처럼 사은을 일원상의 작용으로 소상히 밝히고 있습니다.

이러한 증명처럼 사은은 분별 사량으로 현상되는 사은이 아니라, 텅 비었으되 신령한 자리에서 드러나는 사은입니다. 사은의 은恩은 상대적인 고마움만이 아니라 죄 주고 복 주는 권능 전체가 은혜로운 진리의 작용입니다. [『대종경』 교의품 12장]

사은은 본연 청정한 일원상 성품 자리에서 드러나는 천지·부모·동포·법률로, 사은의 은恩은 일원상의 나타남이요 작용으로 일원상의 은혜입니다. 일원상인 사은입니다.

사은 장의 첫 시간으로 사은과 일원상의 관계에 대해 살펴보았습니다.

사은의 출처

─────── 반갑습니다. 이번 시간에는 '사은四恩의 출처'에 대해 살펴보겠습니다.

소태산 대종사는 병진(1916년) 음 3월 26일 노루목 초가삼간에서 입정돈망 상태로부터 출정하여 대각에 이릅니다. 이때 사은을 직면합니다.

사은은 소태산 대종사의 대각 분상에서 드러난 일대 사건입니다.

『원불교교사』 5. 대종사의 대각 '출정出定의 첫걸음' 대목입니다.

"원기 원년(1916·丙辰) 음 3월 26일 이른 새벽에, 대종사, 묵연히 앉으셨더니, 우연히 정신이 쇄락해지며, 전에 없던 새로운 기운이 있으므로, 이상히 여기시어 밖에 나와 사면을 살펴보시니, 천기가 심히 청랑하고 별과 별이 교교皎皎하였다."

'쇄락', '새로운 기운', '청랑', '교교'라는 표현이 중요합니다.

'정신이 쇄락灑落해졌다'는 것은 비 온 뒤 맑게 갠 하늘에 밝은 달이 두렷이 떠 있는 것과 같이 마음이 맑고 깨끗하여 명쾌하고 걸림이 없는 경지에 들었다는 것입니다.

'새로운 기운'은 새로운 기분에 든 심경으로 이에 따라 천기가 청랑하고 별들이 교교했던 것입니다. 청랑淸朗은 맑고 명랑한 상태이며 교교皎皎는 고요한 가운데 초롱초롱한 상태입니다.

이는 대각의 심경으로, 정신이 쇄락하여 전에 없던 새로운 기분이 솟아오른 것입니다. 그렇기에 전에 대했던 하늘 기운이 아니라 맑고 밝고 환하게 드러나는 하늘이며, 별이 전에 보던 별이 아니라 고요한 가운데 두렷하게 빛나는 별이었던 것입니다.

이를 『대종경』 성리품 1장에서 "청풍월상시淸風月上時에 만상자연명萬像自然明이라."고 그 심경을 술회하였습니다.

이어지는 내용입니다.

"이에, 맑은 공기를 호흡하시며 뜰 앞을 두루 배회하시더니, 문득 이 생각 저 생각이 마음에 나타나, 그동안 지내 온 바가 모두 고생이 아닌가 하는 생각이며, 고생을 면하기로 하면 어떻게 하여야 하겠다는 생각이며, 날이 밝으면 우선 머리도 빗고 손톱도 자르고 세수도 하리라는 생각이 일어났다. 날이 밝으매, 대종사, 먼저 청결하는 기구들을 찾으시는지라, 이를 본 가족들은 대종사의 의외 행동에 한편 놀라고 한편 기뻐하여 그 동작을 주시하였으니, 이것이 곧 대종사 출정出定의 초보이었다."

이러한 출정의 과정이 대원정각大圓正覺의 발현으로 노루목은 장항대각상獐項大覺相의 현장입니다.

노루목 초가삼간[만고일월비 자리]에서 묵연히 좌정하던 중 정신이 쇄락해진 사건과 뜰[일원상 대각탑 주변]을 거니시며 정신이 쇄락한 가운데 생각이 정연하게 전개되는 출정의 과정은 장항대각상의 파노라마입니다. 특히 생활을 어떻게 해야겠다는 생각의 전개는 소태산 대종사의 대각 특징입니다.

'그동안 지내 온 바가 모두 고생이 아닌가'라는 생각, '고생을 면하기로 하면 어떻게 하여야 하겠다'는 생각, '날이 밝으면 우선 머리도 빗고 손톱도 자르고 세수도 하리라'는 출정의 생각에 이미 대각은 동녘에 솟는 해처럼 솟아올랐던 것입니다.

이어서 대원정각을 확인하는 기연을 만납니다.

"그날 조반 후, 이웃에 사는 몇몇 마을 사람이 동학의 『동경대전東經大全』을 가지고 서로 언론言論하는 중, 특히 '오유영부吾有靈符 기명선약其名仙藥 기형태극其形太極 우형궁궁又形弓弓'이란 구절로 논란함을 들으시매, 문득 그 뜻이 해석되는지라, 대종사 내심에 대단히 신기하게 여기시었다. 얼마 후, 또한 유학자 두 사람이 지나다가 뜰 앞에 잠깐 쉬어 가는 중, 『주역周易』의 '대인大人 여천지합기덕與天地合其德 여일월합기명與日月合其明 여사시합기서與四時合其序 여귀신합기길흉與鬼神合其吉凶'이라는 구절을 가지고 서로 언론함을 들으시매, 그 뜻이 또한 환히 해석되시었다."

병진년 음력 3월 26일은 구수미 장날로, 노루목은 인근의 마을 사람들이 장에 가는 도중 다리쉼을 했던 곳입니다. 그러니까 노루목은 동적인 공간이었습니다.

이처럼 분주했던 노루목에서 첫 번째 사건으로 『동경대전』의 한 대목을 접하게 되며, 두 번째 사건으로 『주역』의 한 대목을 접하게 됩니다. 이 사건은 대원정각을 확인하는 기연입니다.

첫 번째 인연에서 『동경대전』「포덕문」 중 한 구절인 '오유영부기명선약기형태극우형궁궁吾有靈符其名仙藥其形太極又形弓弓'을 접하고서 일원상의 경지를 확인하신 것입니다. 즉 입정돈망에서 출정하여 정신이 쇄락한 가운데 천기가 청량하게 드러나는 경지를, 활 두 개를 합친 궁궁ㄹㄹ의 둥근 모습을 인연하여 두렷한 한 자리를 확인하신 것입니다.

텅 비어 고요한 자리에서 두렷이 드러나는 만법은 한 체성이요 한 근원으로 한 두렷한 일원상의 경지입니다.

또한 소태산 대종사는 유학자 두 사람이 노루목에서 잠시 쉬면서 『주역』「건위천괘」 문언전 한 대목을 논하는 두 번째 사건을 만나게 됩니다.

노루목의 느티나무 및 팽나무 숲속 고인돌 등에 앉아서 다리쉼을 하였을 유학자 두 사람은 '대인 여천지합기덕 여일월합기명 여사시합기서 여귀신합기길흉大人與天地合其德與日月合其明與四時合其序與鬼神合其吉凶'이라는 구절을 가지고 논쟁합니다.

이를 우연히 듣던 소태산 대종사는 '대인은 천지와 더불어 그 덕에 합하고 일월과 더불어 그 밝음에 합하고 사시와 더불어 그 순서에 합하고 귀신[음양]과 더불어 그 길흉에 합한다.'라는 그 뜻이 환히 밝아지며 해석되는 사건에 직면합니다.

소태산 대종사는 정신이 쇄락한 경지에서 천지조화의 기운이 청량하게 드러난 것입니다.

쇄락한 정신의 경지에서 천지, 일월, 사시, 귀신이 청량하게 나타난 것입니다.

하나로 두렷한 일원상 자리에서 천지 만물이 교교하게 드러난 것입니다.

예를 들어 살펴보겠습니다. 저 너머 무등산이 보입니다. 무등산은 봄이면 벚꽃이 활짝 피고, 여름에는 녹음이 울창하고 가을에는 단풍이 물들고 겨울에는 흰 눈 덮인 서석대 입석대의 웅장함이 절경입니다.

이러한 무등산은 어디에 있습니까? 분명 눈앞에 펼쳐있지요.

그러나 만일 무등산이 마음 밖에 있다고 한다면 온전히 드러난 것은 아닙니다.

무등산은 저 멀리 우뚝 솟아 있으면서 동시에 걸림 없는 우리의 마음에 펼쳐져 있습니다.

무등산이 너무 막연하다면 우리 앞에 화분이 있다고 합시다. 화분에 꽃이 피었습니다. 그 꽃은 화분에 피어있지요. 그런데 화분에만 피어있나요. 우리 마음에도 피어있습니다.

화분의 꽃을 마음 밖에 있는 존재로만 본다면 온전히 드러난 것이 아닙니다.

화분의 꽃이 청정한 우리 마음의 드러남인 줄도 알아야 온전히 드러난 것입니다.

신령하게 알아차리는 텅 빈 마음에서 꽃이 피어나고 무등산도 드러나는 것입니다.

소태산 대종사는 정신이 쇄락한 일원상의 자리에서 천지를 온전히 드러내신 것입니다.

대인大人은 국한 없이 크게 뚝 터진 깨어있는 공부인입니다.

국한이 툭 터진 자리는 '나다, 천지다' 하는 분별이 탈락한 광대무량한 경지입니다.

그러므로 이렇게 광대무량한 마음에서 천지와 하나 되어 그 덕이 여천지합기덕與天地合其德하고,

일월과 하나 되어 그 밝음이 여일월합기명與日月合其明하고,

춘하추동 사시와 하나 되어 그 순서가 여사시합기서與四時合其序하고,

음양 작용인 귀신과 하나 되어 그 길흉이 여귀신합기길흉與鬼神合其吉凶하는 것입니다.

좋고 낮은 분별 욕망의 대상으로 천지와 일월과 사시와 음양 작용의 귀신을 대하는 게 아니라 좋다 낮다는 분별 욕망이 탈락한 마음에서 좋으면 좋은 대로 낮으면 낮은 대로 천지 작용을 접하니 은덕 아님이 없는 것입니다.

분별 욕망의 기대로 바라보는 천지가 아니라 고요하고 텅 빈 마음으로 천지의 덕에 합하고, 일월의 밝음에 합하고 사시의 순서에 합하고 길흉에 끌리지 않는 음양 작용에 합하는 것입니다.

분별 욕망이 탈락한 안목에서 펼쳐지는 천지는 광대무량하고 영원불멸하며, 일월은 지극히 밝고, 사시는 지극히 정성하고 순리자연하며, 귀신은 길흉이 없으며 또한 지극히 공정하고 응용무념한 것입니다.

이렇게 신령하게 깨어있는 텅 빈 자리에서 천지조화가 두렷이 드러나 있는 것을 확인한 것입니다.

국한이 없는 자리에서 두렷하게 드러나는 천지 만물의 작용이 바로 사은입니다. 이처럼 천지·부모·동포·법률인 사은은 하나로 두렷한 일원상 자리에서 드러나는 천지 만물입니다.

천지를 비롯한 부모 동포 법률의 사은은 소태산 대종사의 대각에 의해 전개되는 우주만유입니다.

소태산은 노루목에서 깨달음을 확인하는 기연에 따라 모든 의심을 차례로 살펴봅니다.

"'이것이 아마 마음 밝아지는 증거가 아닌가' 하시고, 전날에 생각하시던 모든 의두를 차례로 연마해 보신즉, 모두 한 생각에 넘지 아니하여 드디어 대각을 이루시었다."

한 생각을 넘지 않는 마음은 하나로 두렷한 자리로써, 즉 국한 없는 마음에서 드러나는 천지 만물인 천지·부모·동포·법률의 사은입니다.

지금까지 사은의 출처를 소태산 대종사의 대각에서 찾아보았습니다.

'사은' 장의 구성과 구조, 피은·보은·배은

────── 반갑습니다. 이번 시간에는 '사은' 장의 구성과 구조에 대해 살펴보겠습니다.

『정전』 제2 교의편 제2장 '사은四恩'은 제1절 천지은, 제2절 부모은, 제3절 동포은, 제4절 법률은으로 구성되어 있으며, 각 절은 피은의 강령, 피은의 조목, 보은의 강령, 보은의 조목, 배은, 보은의 결과, 배은의 결과로 구성되어 있습니다.

이렇게 구성된 구조를 파악하는 것은 '사은' 장을 이해하는 지름길입니다. 왜냐하면 '사은' 장의 구성과 구조에 소태산 대종사의 의도와 의지가 담겨있기 때문입니다.

'사은' 장은 첫째 '피은의 강령, 피은의 조목', 둘째 '보은의 강령, 보은의 조목', 셋째 '배은' 넷째, '보은의 결과, 배은의 결과', 이렇게 4부분으로 나누어 볼 수 있으며,

이를 내용별로 구분하면 첫째, 피은의 영역으로 '피은의 강령' '피은의 조목'이요, 둘째, 보은의 영역으로 '보은의 강령' '보은의 조목' '보은의 결과'이요, 셋째, 배은의 영역으로 '배은' '배은의 결과'로 나눌 수 있습니다. 즉 피은, 보은, 배은 세 영역으로 구분할 수 있는 것입니다.

피은	피은의 강령, 피은의 조목
보은	보은의 강령, 보은의 조목, 보은의 결과
배은	배은, 배은의 결과

또한 '사은' 장은 강령과 조목으로 구성되어 있습니다.

강령綱領은 벼리 강綱, 옷깃 령領으로, 그물의 벼릿줄만 잡아당기면 다 끌어오듯이 또는 옷의 깃만 잡으면 옷을 흐트러짐 없이 온전히 집어들 수 있듯이 강령은 핵심이

요 중심 포인트입니다. 이에 비해 조목은 구체적인 현상으로, 낱낱의 부분이요 갈래입니다.

이러한 강령과 조목을 나무에 비유하면 강령은 줄기라면 조목은 가지 격입니다. 모든 가지가 줄기에 붙어있듯이 줄기를 잡으면 가지를 포괄하게 되며, 줄기는 가지와 잎으로 펼쳐지는 것입니다.

이처럼 가지를 수렴하면 줄기가 되고 줄기가 펼쳐지면 가지가 되듯이 강령을 펼치면 조목이 되고 조목을 갈무리하면 강령이 되는 것입니다.

'사은' 장의 중요 개념은 피은, 보은, 배은입니다.

피은被恩은 입을 피被, 은혜 은恩으로 '은혜를 입다'는 뜻입니다. 마치 옷을 입듯이 은혜와 은덕을 입는 것입니다. 피은은 '일원상 진리'로 드러나는 은혜를 입은 것입니다.

우리는 일원상 진리의 은혜를 입은 축복받은 존재입니다. 우리는 일원상의 안목으로 얻게 되는 은덕을 받는 피은된 존재입니다. 이러한 피은을 느끼고 아는 것이 지은知恩입니다.

보은報恩은 갚을 보報, 은혜 은恩으로 피은된 은혜를 갚는 것입니다.

갚을 보報는 보답報答하는 것입니다. 메아리처럼 은혜에 은혜로 답하는 것입니다. 보은은 은혜 입은 피은됨에 메아리처럼 응답應答하는 것입니다.

이러한 보은을 소태산 대종사는 '무상無上한 선법善法인 사은의 보은 조목'이라 합니다. 보은은 위가 없는 빼어난 법입니다.

보은의 다른 표현으로 은혜에 사례한다는 사은謝恩이 있습니다. 네 가지 은혜인 사은四恩과 사례할 사은謝恩은 동음同音으로, 사은四恩의 은혜에 사례하라는 것입니다.

이처럼 보은은 은혜에 감사感謝하고 사례하는 사은謝恩입니다.

이에 비해 배은背恩은 등질 배背, 은혜 은恩으로 은혜에 등지어 은혜를 저버리는 것입니다.

마치 햇빛을 등지고 햇빛이 비치지 않는다고 불평하고 외면하는 태도와 같습니다.

피은은 일원상 진리의 발현인 사은의 은혜를 입고 있는 것이며, 보은은 일원상의 안목에 따라 드러나는 사은의 은혜에 감응하여 보답하는 것이며, 배은은 일원상의 작용인 사은에 등지는 것입니다.

사은은 사은의 도에 따라 나타나는 덕입니다. 사은의 도가 바로 일원상의 진리로, 이 도에 따라 사은의 덕이 펼쳐집니다. 즉 사은의 도와 그 도의 작용에 따라 은혜가 전개됩니다.

피은은 일원상 진리의 발현인 사은의 은혜를 입는 것이며, 지은知恩**은 일원상의 진리인 사은의 도에 따라 펼쳐지는 사은의 덕에 대한 자각이며, 보은은 일원상의 안목에 따라 드러나는 사은의 은혜에 감응하여 보답하는 것이며, 배은은 일원상의 발현인 사은의 은혜에 등지는 행위입니다.**

이처럼 사은에 대한 지은보은을 떠나서 따로 사은을 논할 수 없는 것입니다.

보은은 사은의 도를 체받아 실행하는 것이라면, 배은은 일원상의 진리인 사은의 도와 덕을 거스르는 것입니다.

'사은' 장의 '배은'은 배은을 총괄한 대요입니다. 보은의 경우는 보은의 강령과 조목으로 구체화하는 반면에 배은은 한 조목으로 통합해 있습니다. 배은은 배은인 줄 알고 배은하지 않겠다는 각성과 실천이 무엇보다도 중요하기 때문입니다.

'사은' 장은 끝으로 '보은의 결과'와 '배은의 결과'로 마무리 짓고 있습니다.

'보은-보은의 결과'와 '배은-배은의 결과'가 인과보응의 신앙입니다.

因		果
보은의 강령, 보은의 조목	⇒	보은의 결과
배은	⇒	배은의 결과

인과도 은혜입니다. 인과를 은혜의 눈으로 볼 수 있는 자리가 바로 사은입니다.

보은의 원인에 따른 보은의 결과도 피은被恩이며 배은의 원인에 따른 배은의 결과도 피은입니다. 모든 선악의 결과가 다 일원상 진리의 가르침으로[『대종경』 요훈품 34장] 은혜 아님이 없는 피은입니다.

그러기에 〈교리도〉에서 사은은 '인과보응의 신앙문'에 속합니다.

이러한 '인과보응의 신앙문'은 사은에 보은한 결과뿐만 아니라 사은에 배은하여 받게 되는 결과까지도 회피하지 않고 책임지겠다는 태도입니다. 왜냐하면 지금 받는 보은의 결과를 어떤 마음으로 받아들이고 있는지 또한 배은의 결과를 어떠한 마음으로 받아들이는지 그 마음 자세에 따라 새로운 결과를 짓게 되기 때문입니다. 보은의 결과일지라도 집착하고 자만하고 자랑하면 다시 고苦를 불러오게 될 것이며, 배은의 결과일지라도 이를 반성하고 반면교사 삼아 개과천선改過遷善하면 낙樂을 장만하기 때문입니다. 어떠한 결과가 되었든지 어떤 마음으로 대하느냐에 따라 새로운 결과가 야기된다는 것입니다.

이처럼 '사은' 장의 보은의 결과와 배은의 결과는 보은하면 보은의 결과가 배은하면 배은의 결과가 초래한다는 인과에 대한 각성이요 책임 의식입니다.

정산 종사는 "대종사께서는 이 우주의 진리 가운데 상생의 도를 주로 드러내시사 우리가 네 가지 큰 은혜를 입고 사는 것을 밝혀주시었나니, 그대들은 대종사의 상생 대도인 사은의 교리가 만 생령을 제도하는 가장 큰 길이며 사중 보은의 도리가 이 세상을 평화롭게 하는 가장 큰 원동력임을 깨달을지니라."[『정산종사법어』 경의편 8장]라고 설하십니다.

소태산 대종사는 사은의 상생 대도를 밝히고 사중 보은의 도리를 강조하고 있습니다.

이처럼 상생 대도인 사은은 만 생령을 제도하는 가장 큰 길이며, 사중 보은은 세상을 평화롭게 하는 가장 큰 원동력입니다.

그렇다면 '사은' 장의 구성과 구조는 언제부터 형성된 것일까요?

사실 『정전』의 문장은 소태산 대종사의 대각 이후 오랜 시간을 거쳐 연마하고 단련하여 구성한 것입니다. 소태산의 적공과 노고가 녹아 있는 것입니다.

우리는 이 사은의 문장 구조에서 소태산 대종사의 경륜을 느껴야 할 것입니다.

소태산 대종사는 병진년에 대각을 하시고 〈경축가〉를 통해서 일원대원一圓大圓과 천지은덕, 부모은덕, 세계은덕, 법률은덕을 읊으시고 전반세계의 가사를 통해서 사요의 의지를 밝힙니다.

이후 변산에 입산하시어 원기5년(1920)에 교리 강령인 사은사요 삼학팔조를 발표합니다.

원기13년(1928)도 사업보고서[『교고총간』 제5권]에 '삼강령의 총론'과 '팔조목'을 기술하며, 《월말통신》 제20호에 원기14년(1929) 음 10월 6일자로 「교법제정안」 사은 사요'를 발표합니다.

산발적으로 기술되던 삼강령 팔조목 사은 사요의 기본 교리가 원기14년도 사업보고서[『교고총간』 제5권]에서 구체적으로 기술합니다. 문헌상에 총체적이고 체계적으로 명기한 것입니다. 원기14년도 사업보고서가 중요한 이유입니다.

원기14년도 교무부 사업보고서에 나타나는 교리 설명은 3년 뒤인 원기17년(1932)에 발행한 『보경 육대요령寶經六大要領』에 총합되어 지금 우리가 보고 있는 『정전』의 기본 문장으로 구성됩니다.

소태산 대종사는 이러한 일련의 과정을 거쳐 제자들과 함께 사은의 문장을 구성한 것입니다. 우리는 소태산과 제자들의 피땀 어린 교법 형성의 노고에 감사해야 할 것입니다.

오늘은 『정전』 제2 교의편 '제2장 사은'의 구성과 구조에 대해 살펴보았습니다.

사은의 카테고리 및 프레임

─────── 반갑습니다. 이번 시간에는 사은의 카테고리[범주] 및 프레임[틀]에 대해 살펴보겠습니다.

사은四恩은 '천지은, 부모은, 동포은, 법률은' 네 가지 은혜입니다.

그렇다면 사은은 단순히 하나 둘 셋 넷의 네 가지를 말하는지 검토해봐야 할 것입니다.

소태산 대종사는 "일원상의 내역을 말하자면 곧 사은이요 사은의 내역을 말하자면 곧 우주만유로서 천지 만물 허공법계가 다 부처 아님이 없나니"[『대종경』 교의품 4장]라고 명시합니다. 즉 일원상의 내용을 전개하면 사은이며 사은을 풀어내면 우주만유로서 처처가 부처[처처불상]라는 것입니다.

일원상의 진리가 사은으로 펼쳐지고 사은은 또한 우주만유가 부처 아님이 없는 처처불상으로 전개되는 것입니다. 일원상의 일一이 사은의 사四로 펼쳐지고 사은의 사四가 처처불상의 처처處處로 전개됩니다.

결국, 사은의 사四는 하나 둘 셋 넷의 사四가 아닙니다. 만일 숫자상의 사四에 한정된 것이라면 오은五恩도 있어야 하고 육은六恩도 있어야 할 것입니다.

사은의 사四는 일一이면서 또한 처처의 무한입니다. 사은의 사四는 일원상으로 하나이면서 처처불상으로 무한대입니다.

즉, 사은의 사四는 네 토막으로 자르는 구분이 아니라, 네 관점으로 바라보는 카테고리[범주]입니다. 사은은 하나를 네 관점으로 보는, 하나의 복수적 관점입니다. 즉 일원상을 네 범주의 은혜로 전개한 것입니다.

『대종경』 성리품 19장의 '대해천진파大海天眞波' 즉 바다가 천진하게 그대로 파도 인 것처럼, 일원상의 진리가 곧 사은 그대로 전개된 것입니다. 이처럼 일원상의 진리가 우주만유를 하나로 통괄한 자리라면, 사은四恩은 우주만유를 네 가지 은혜의 관계로 범주한 것입니다.

사은의 사四는 한자리인 일원상에서 전개된 사四이면서 또한 사은 각각의 고유함을 가지고 있는 사四입니다. 천지은·부모은·동포은·법률은인 사은은 서로 하나로 녹아 있으면서 사은 각각의 고유성을 갖고 있습니다. 일례로 천지은은 부모은과 하나이면서 천지은은 천지은이고 부모은은 부모은인 것입니다.

사은은 일원상의 진리를 천지라는 프레임으로, 부모라는 프레임으로, 동포라는 프레임으로, 법률이라는 프레임으로 드러낸 것입니다.
'천지은'이라는 프레임은 천지의 도道로써 이 도의 관점으로 우주만유를 펼쳐내는 천지성天地性이며, '부모은'이라는 프레임은 부모의 도로써 이 도의 관점으로 우주만유를 펼쳐내는 부모성父母性이며, '동포은'이라는 프레임은 동포의 도로써 이 도의 관점으로 우주만유를 펼쳐내는 동포성同胞性이며, '법률은'이라는 프레임은 법률의 도로써 이 도의 관점으로 우주만유를 펼쳐내는 법률성法律性입니다.
즉 천지성은 천지의 도이며, 부모성은 부모의 도이며, 동포성은 동포의 도이며, 법률성은 법률의 도로써, 이처럼 도의 안목으로 보아야 우주만유가 은혜로 드러납니다.

사은의 도道는 일원상의 진리로써 이 도에 따라 우주만유가 사은의 덕으로 드러납니다. 사은은 도로써 드러나는 은혜로 도의 덕입니다.
천지은·부모은·동포은·법률은인 사은은 일원상의 진리가 펼쳐지는 도의 은혜로, 우주만유를 천지성으로, 부모성으로, 동포성으로, 법률성으로 전개합니다.

우주만유를 통하여 천지성을 발견하면 일원상의 진리가 천지은으로 전개되며,

우주만유를 통하여 부모성을 발견하면 일원상의 진리가 부모은으로 전개되며,
우주만유를 통하여 동포성을 발견하면 일원상의 진리가 동포은으로 전개되며,
우주만유를 통하여 법률성을 발견하면 일원상의 진리가 법률은으로 전개됩니다.

그러므로 우주만유를 천지성으로 보면 우주만유 전체가 다 천지은이며, 부모성으로 보면 우주만유 전체가 다 부모은이며, 동포성으로 보면 우주만유 전체가 다 동포은이며, 법률성으로 보면 우주만유 전체가 다 법률은입니다.

소태산 대종사는 우주만유를 '천지' '부모' '동포' '법률'이라는 카테고리로 보도록 한 점이 중요합니다. 사은은 천지의 도, 부모의 도, 동포의 도, 법률의 도라는 프레임에 따라 천지은 부모은 동포은 법률은으로 발현되는 일원상의 작용입니다.

천지·부모·동포·법률의 필드[場]는 인류 미래 문명의 핵심 열쇠입니다.
천지의 도道라는 프레임은 생명을 지속하게 하고 보존케 하는 천지성天地性으로, 없어서는 살지 못할 관계인 천지성의 실현에 따라 미래 문명의 건실 여부가 결정될 것입니다. 천지성은 인간 문명의 준칙으로 더욱 존중해야 할 미래입니다.
부모의 도라는 프레임은 태어나게 해주고, 길러주고, 가르쳐주는 부모성父母性으로, 미래 문명은 부모성을 외면하고는 인간의 길을 걸을 수 없는 인간 문명의 척도가 될 것입니다.
동포의 도라는 프레임은 서로의 노고와 도움과 공급 없이는 의지하고 살아갈 수 없는 동포성同胞性으로, 미래로 갈수록 서로 협력하고 서로 돕는 동포성이 없이는 평화로운 사회건설이 어려울 것입니다.
법률의 도라는 프레임은 인도 정의의 공정한 법칙의 법률성法律性으로, 미래로 갈수록 법률성은 안녕질서를 유지하여 자유롭고 안락하게 살도록 하는 미래 문명의 길잡이며, 강자와 약자가 공존하고 상호 이익을 도모하는 관계를 형성하는 미래 문명의 지도가 될 것입니다.

천지·부모·동포·법률의 네 가지 범주는 사람이라면 반드시 밟아가야 할 인생길입니다. 천지·부모·동포·법률의 사은은 소태산 대종사의 고유한 교법으로 인생의 중요한 길이요 인류가 밟아가야 할 미래의 길입니다.

『정전』 총서편 '교법의 총설'에서 일원상을 신앙의 대상으로 모시고 천지·부모·동포·법률의 사은으로써 신앙의 강령을 정하라고 하였습니다.

사은을 신앙의 강령으로 삼아 일원상의 진리를 드러내야 미래 문명을 조망하고, 건설할 수 있습니다. 그러므로 사은은 신앙의 강령이요 미래 문명의 전망대입니다.

오늘은 사은의 사四와 천지은·부모은·동포은·법률은의 범주에 대해 살펴보았습니다.

The 읽으면 좋은 법문

법설

일편—便의 애착愛着을 벗어나서
광활한 천지를 구경하라. 곳에 마땅하게 사용하면
한 가지도 버릴 것이 없나니라.

수필자受筆者 송도성
《월말통신》 제2호, 시창13년(1928) 음 6월

━━━━━━ 『정전』 교법의 총설에서 '우주만유의 본원이요 제불제성의 심인인 법신불 일원상을 신앙의 대상으로 모시고 천지·부모·동포·법률의 사은으로써 신앙의 강령을 정하였다.'라고 밝히고 있다. 일원상의 안목에 따라 사은으로 전개하라는 뜻이다.

'일편의 애착을 벗어나서 광활한 천지를 구경하라'는 것은 착着 없는 일원상 자리에 근원하여 펼쳐지는 광활한 천지 세상을 발견하라는 것이다. 이러한 안목에 따라 곳에 마땅하게 사용하면 지상에는 한 가지도 버릴 것이 없게 되어 온 천지가 다 은혜 세상이 전개된다. **광활한 천지는 곧 일원상의 안목에 따라 드러나는 사은四恩 세계이다.** 편착심이 없는 마음에 따라 드러나는 광활한 천지를 구경하라는 것이다. 광활한 천지가 드러나는 안목으로 좋은 것은 좋은 대로 부족한 것은 부족한 대로 경우와 처지에 따라 마땅하게 사용하면 천지 안의 모든 것은 다 나의 이용물이며 세상의 모든 법이 다 나의 옹호 기관이 된다는 가르침이다.

이처럼 편착 없는 일원상 안목에서 펼쳐지는 천지 만물은 은혜의 전개요 작용인 것이다. 소태산은 이러한 세상을 사은이라 천명한다. 이 법설은 『대종경』 불지품 21~22장에 수록된다.

한때에 예수교의 목사 한 사람이 와서 뵈옵거늘 선생 물으시되,

"귀하가 이 땅에 굽힘이 무슨 뜻이냐?"

목사 : "좋은 법훈을 이어 들을까 합니다."

선생 : "그러면 귀하가 능히 예수교의 국한을 벗어나서 광활廣闊한 천지를 구경하였는가?"

목사 : "광활한 천지가 어느 곳이오니까?"

선생 : "한번 마음을 옮겨서 널리 살피는 데 있나니라." 하시고 계속하여 말씀하시되,

"널리 살필 줄 모르는 범부 중생이라 하는 것은 항상 저의 하는 일을 고집하며 저의 의견을 세우고자 하며 저의 집 풍속에 성습成習이 되어 다른 일을 비방하며 다른 의견을 쓰지 아니하며 다른 집 풍속을 배척하여 각각 그 규모와 고습[古習, 예로부터 비롯된 관습]을 벗어나지 못하고 드디어 한편에 타락하여 그 간격이 은산철벽[銀山鐵壁, 넘을 수도 뚫을 수도 없는 장벽]과 같이 되어 있으니, 국가와 국가 사이나 교회나 교회의 사이나 개인과 개인 사이에 서로 반목하고 서로 쟁투하는 것이 모두 이에 원인함이로다.

슬프다, 어찌 원만한 살림을 천만으로 분열하여 우물 안 개구리의 생활을 계속하며, 무량한 대법大法을 편편片片으로 파쇄破碎하여 미미한 진분[塵粉, 먼짓가루]을 만드느냐. 우리는 하루속히 이 간격성間隔成을 파괴하여 모든 살림을 합하고 자유 활발한 생애를 하여야 하겠다.

그러고 보면 이 세상에는 한 가지도 버릴 것이 없으니, 좋은 것은 좋은 대로 사용하고 부족한 것은 부족한 대로 사용하여 경우를 따라 처지에 마땅하게 쓰고 보면 우주 내의 모든 것은 다 나의 이용물이며 인생세人生世의 여러 법은 다 나의 옹호 기관이다.

이 뜻을 깨달은 자는 비로소 세간에 모든 존재가 다 나를 위하여 있음을 느껴질 것이다. 비하여 말하자면 시장에 천종만물千種萬物을 진열해 놓은 그중에는 물론 호추정조[好醜精粗, 아름다움과 추함, 정미함과 거침]가 각양각색으로 있을 것이다. 그러면 우리 인생이 그 정호精好한 것만 취해 쓰고 추조醜粗한 것은 다 버리느냐 하면 그렇지 아니하다. 아무리 정호한 것이라도 쓰지 못할 곳이 있고 비록 추조한 것일망정 마땅하게 쓰는 곳이 있다. 금옥이 비록 중보[重寶, 소중한 보물]라 하지마는 주림을 위로함에는 한 그릇의 밥을 대용代用치 못할 것이요, 양잿물이 아무리 독한 것이지마는 세탁하는 데에는 무엇보다 필요품

이 될 것이다. 그러나 만약 양잿물 쓸 곳에 금옥을 쓰면 금옥이 그만한 효능을 얻지 못할 것은 정리[定理, 정한 이치]요, 또는 밥 먹을 때에 양잿물 먹으면 반드시 사람의 생명을 잃는 것은 사실이다.

이와 같이 물물物物의 성질과 용처가 각각 다르거늘, 그것은 이해치 못하고 부당처 단점만 들어서 하나도 쓰지 못할 것이라고 망단[妄斷, 그릇된 단정]하며 또는 저의 바라고 저의 구하는 바 외에는 만시[滿市, 상품이 가득 펼쳐진 시장]의 진열한 모든 물품이 다 무용無用이라고 생각한다면 그 얼마나 우치한 자라 할까.」 하시더라.

새 윤리의 출현

이완철

《회보》 제30호, 시창21년(1936) 11·12월호

감상자 이완철은 소태산 대종사를 유일 대성자로 칭송한다. 그 이유는 물질문명이 발달되는 시대에 이를 잘 운전할 새로운 윤리를 제시했기 때문이라고 주창한다. 이완철은 소태산이 밝혀주신 인생의 요도 사은 사요가 물질문명의 시대에 발생하는 문제를 해결할 응급책이요 구급책이라고 자신한다.

특히 현대 사회의 죄악상罪惡相은 사은을 망각함에 있다고 강조한다. 천지에 대한 감은感恩 관념과 부모·동포·법률에 대한 감은 관념이 있어야 은혜가 펼쳐지는 낙원 세상이 된다는 것이다. **그런데 은혜를 느끼고 보답하는 보은 사상이 없기에 사랑이 없을 것이고 사랑이 없기에 모두 원수가 된다는 것이다. 그러므로 먼저 은혜를 가르쳐야 원수가 풀어지는데 무조건 동포를 사랑하라, 이웃을 사랑하라고 하는 것은 마치 설움이 없는 사람에게 슬피 울라고 강제하는 것과 같다는 것이다.**

이러한 묵은 윤리로는 새 시대를 치료할 수 없다는 것이다. 은혜를 모르는 곳에 사랑이 있을 수 없으며, 은혜를 느낀 곳에 사랑이 생기고 사랑이 있는 곳에서 선善이 나온

> 다는 것이다. 이완철은 사은의 은혜에 감은하고 보은하는 새 윤리로서 세계적 도덕의 기초를 세우고 인류 생활의 표준이 되도록 하자고 강조한다.

…… 대범 사람의 세상에는 은혜를 느낌이 없으면 사랑이 없고 사랑이 없으면 모두 원수로 화하나니 현대 사회의 죄악상罪惡相이 모두 사은을 망각함에 있다고 하겠다. 왜 그러냐 하면 천지에 대한 감은感恩 관념이 없는 고로 천도를 배역하여 만물에 가해를 일삼으며, 부모에 대한 감은感恩 관념이 없는 고로 본심의 덕이 망하여 안으로 지친의 인애仁愛가 끊어지고 밖으로 사회에 잔인을 행하며, 동포에 대한 감은 관념이 없는 고로 자리이타自利利他의 도를 잊어 서로 미워하고 서로 해하여 이기 투쟁을 힘쓰며, 법률에 대한 감은 관념이 없는 고로 인간 규율을 무시하여 비인도적 행동을 감행하나니, 여기에는 감화와 동정이 없고 다못[다만] 원수의 천지로 화하고 마는 것이다. 이에 대한 유일의 대책은 모든 인류로 하여금 보은 사상을 일으킴에 있을 것이다. 만약 천지 보은 사상을 갖는다면 천도에 순종하여 일체 만물을 화육하는 대덕大德 사상을 베풀며 만선萬善의 근본을 세울 것이요, 부모 보은의 사상을 가진다면 백행百行의 근본 되는 효도를 행함에 따라 일반 사회까지도 인애仁愛의 덕이 나타날 것이요, 동포 보은 사상을 가진다면 공존공영과 상호부조相互扶助의 동정同情이 화하여 서로 사랑하고 서로 화할 것이며, 법률 보은 사상을 가진다면 인간 규율을 존중히 하여 악을 놓고 선을 행하여 인도 정의를 밟을 것이다.

이리된다면 모든 인류가 한 가지로 은혜의 세계로 돌아갈 것이니 그전에 가졌던 악의와 원심은 봄눈 녹듯이 사라져서 잡았던 칼날을 저절로 놓고 전과前過를 회개하는 통곡이 나올 것이며 유연이[油然, 저절로] 일어나는 인애仁愛의 마음씨는 봄 싹 돋아 오르는 듯이 자라나서 평화로운 웃음으로 다정의 인사를 나눌 것이다. 이는 선을 권하는 유일의 묘법이니 모든 인류로 하여금 자발적으로 선을 행하게 하는 자치책自治策이 될 것이다. 은혜를 느끼고 칼 뺄 자 누구이며 은인을 보고 반가워하지 않을 자 뉘 있으랴.

저 세상의 어느 주의와 같이 은혜를 가르쳐 원수를 풀지 않고 무조건으로 동포를 사랑하라, 이웃을 사랑하라 하는 것은 마치 설움이 없는 사람에게 슬피 울라는 것과 마찬가지다. 은혜를 모르는 곳에 무슨 사랑이 있으리오. 반드시 은혜를 느낀 곳에 사랑이 생기고, 사랑이 있는 곳에 선善이 나오는 것이다.

그러하니 이 법의 발전에 따라 세계 평화도 될 것이며 사회 안녕도 될 것이니, 이는 과도기의 옛 윤리를 대신하여 부흥된 새 윤리로서 세계적 도덕의 기초가 되며 인류 생활의 표준이 될 것이다.

나의 몸은 누구의 것이며 나의 의무는 무엇인가?

조희열(19세) 군의 1월 19일 일기에서
《월보》 제44호, 시창18년(1933) 음 1월

─────── 조희열은 영산 학원생으로 영산지부 예회의 사회도 보고[《월보》제43호] 또는 학원생들과 함께 임신壬申 동선[원기17년 음 11월 6일~원기18년 2월 6일]에도 참여한다. 조희열의 감상은 당시 영산학원장인 정산 송규[원기13년 3월 26일~원기18년 3월 26일]의 가르침과 지도에 의한 임신 동선 중의 감각 감상으로 여겨진다.

조희열은 천지·부모·동포·법률인 사은四恩의 관계를 논하고 있다. "몸이란 곧 그 사은의 공동 소유물이다. 그런 고로 천지의 것이 아님이 아니로되 또 결코 천지의 것만도 아니요, 부모의 것이 아님이 아니로되 또 결코 부모 것만도 아니요, 동포의 것이 아님이 아니로되 또 결코 동포의 것만도 아니요, 법률의 것이 아님이 아니로되 또 결코 법률의 것만도 아니니, 이것은 누구의 것이라 해도 좋고 또한 누구의 것이라고 할 수도 없는 우주간宇宙間에 오직 공공公共한 물건이겠습니다."라고 감상한다.

사은은 사은 각각의 고유성이 있으면서도 서로가 서로에게 원융하게 녹아들어 있는 관계라는 깊이 있는 사유이다. 그러면서 "오직 우리의 공부의 요도要道인 삼강령三綱領 팔조목八條目을 밟아서 인생의 요도要道인 사은사요四恩四要를 실행함에 있을 뿐입니다."라고 결론짓는다. 우리가 할 일은 삼학팔조로 사은사요를 실행하는 것이다.

대저 나의 몸은 누구의 것이라 해야 옳은가? 천지의 대자연한 이치로 생겨나서 천지 대자연의 혜택 속에서 살고 있으니 천지의 것이라고 할까? 그렇다. 천지의 것이 분명하다. 또 부모의 혈육血肉을 받아서 무자력無自力할 때 부모 양육의 대은大恩을 입어 장양長養되었으니 부모의 것이라 할까? 그렇다. 부모의 것이 분명하다. 또 동포에게서 자리이타自利利他의 도로써 서로서로 의지하여 살게 되었으니 동포의 것이라 할까? 그렇다. 동포의 것이 분명하다. 또 법률의 지도와 보호를 입어 생존권을 보전케 되었으니 법률의 것이라 할까? 그렇다. 법률의 것이 분명하다. 그러면 내 몸은 하나뿐인데 넷이나 되니 그 소유권을 어떻게 구분할 것인가? 즉 한 몸을 부분부분 떼어서 이것은 네 것 이것은 내 것이라고 네[四] 임자가 각각 분할할 것인가?

　그것은 결코 그렇지 않고 몸이란 곧 그 사은四恩의 공동 소유물이다. 그런 고로 천지의 것이 아님이 아니로되 또 결코 천지의 것만도 아니요, 부모의 것이 아님이 아니로되 또 결코 부모의 것만도 아니요, 동포의 것이 아님이 아니로되 또 결코 동포의 것만도 아니요, 법률의 것이 아님이 아니로되 또 결코 법률의 것만도 아니니, 이것은 누구의 것이라 하여도 좋고 또한 누구의 것이라고 할 수도 없는 우주간宇宙間에 오직 공공公共한 물건이겠습니다.

　그러면 사중은四重恩을 입은 이 몸으로써는 그 무엇을 해야 인생 의무人生義務를 다하였다 할까요? 그것은 여러 말할 필요도 없이 그 입은바 은혜가 공공公共할 것일진대 마땅히 또한 공공한 도로써 보답할 것이니, **공공한 도라 하는 것은 오직 우리의 공부의 요도要道인 삼강령三綱領 팔조목八條目을 밟아서 인생의 요도要道인 사은사요四恩四要를 실행함에 있을 뿐입니다.** 그렇지 않고는 제아무리 역발산기개세力拔山氣盖世하는 힘과 재주가 있다 할지라도 사은四恩에 진 채무는 영원히 벗어나지 못할 것이며 인생의 의무를 다하지 못하였다 할 것이니, 우리는 아무쪼록 인도 정의人道正義를 잡아들고 지공무사至公無私한 도덕 사업道德事業에 영원이 이 몸을 바쳐서 활동하여야 될 줄 알았습니다.

사은의 무량한 덕과 그를 발명하신 종사주의 은혜

오해석
《회보》제38호, 시창22년(1937) 9·10월호

《회보》제57호의 각지 상황 마령지부 편에 "본 지부 관하管下 회원 오해석 오중석 형제 양씨는 가정 형편으로 성수면에서 금광金鑛 사업을 경영 중인데 동同 금광 사무실 직원 남녀 10여 인이 전부 회원이요 촌인村人 중에도 회원이 다수임으로 송벽조 선생에게 청하여 매월 1차식 해지該地에 출장 야회를 개최하고 근화近化 운동에 주력 중입니다."라는 기록처럼 오해석은 사업장을 교화장으로 삼고 있다.

오해석은 천지 피은의 조목, 부모 피은의 조목, 동포 피은의 조목, 법률 피은의 조목을 나열한다. 그러면서 한때도 떠날 수 없는 중차대한 사은의 은혜에 보답해야 한다고 역설하면서 사은 보은의 조목을 제시한다. 또한 소태산 대종사께서 다행히 사은을 발명하여 은혜를 알게 하고 갚는 방법을 제정하였으니, 이는 곧 땅속에 매몰되어 있는 금을 발견하여 그 사용법을 가르쳐서 생활에 유익함을 얻게 하는 것과 다름이 없다고 감상한다. 오해석은 금광 사업을 하고 있기에 금광 사업을 예화로 들고 있다.

대범 은혜라 하는 것은 어느 방면으로든지 도움을 입고 보호를 받는 것이 은혜인데, 그 은혜 입은 부분을 말하면 대소장단이 각각 달라서 혹 일시적 혹 몇 날 몇 달 몇 해를 입는 은혜도 있고 일일 일시도 간단없이 입는 은혜도 있으니, **곧 간단없이 입는 은혜를 사은四恩이라 할 것입니다.** 천지 피은被恩은 하늘의 공기를 이용하여 호흡을 통하지 아니하면 살 수가 없으며 땅의 바탕에 의지하지 아니하면 살 수가 없으며 천지의 산물로써 의식주를 사용치 아니하면 살 수가 없으며, 부모 피은은 부모가 생육해주신 육체로 일일시시 운전해 살아가고 부모가 가르쳐주신 지식으로써 사람의 의무와 책임을 이행하여 살아가며, 동포 피은은 사농공상이 서로 의지하여 생활하는 의식주와 사용하는 학술을 모두 동포에게서 얻은 바이오며, 법률 피은은 안녕질서를 유지하고 생활을 보호

하여 완전히 살게 해줌이니, 이 사은은 곧 일일 일시도 떠날 수 없는 중차대한 은혜라. 이 중차대한 사은은 인인개개人人箇箇가 다 입고 살건마는 보통 사람들은 사은에 피은된 관념도 두는 이가 적으며 따라서 보은의 의무를 생각하는 이가 없으므로 이 세상 물질에 대한 부채는 채권자가 항상 독촉을 하는 고로 채무자가 갚기를 주의하지마는 사은에 대한 중한 부채는 독촉하는 채권자가 없는 고로 갚을 책임을 찾지 아니하고 일생을 헛되이 지내다가 청산숙초靑山宿草로 돌아가고 마는 자가 보통일 것입니다.

그러면 일시도 떠나고는 살 수가 없는 이 사은 가운데에 살면서 사은의 중요함을 모르고 사는 것은 고기가 물이 아니면 일시도 살 수가 없지마는 물 가운데에서 물의 은혜를 모름과 같이 우리도 이 사은 중에 살면서도 그 은혜를 모르는데 천행天幸으로 종사주께서 이 사은을 발명하여 알게 하시고 따라서 갚는 방법을 제정하사 인생의 행할 바 도를 삼게 하시니, 곧 땅속에 매몰되어 있는 금을 발견하여 가지게 하시고 따라서 사용 방법을 가르쳐서 생활에 편리함을 얻게 하심과 다름이 없는지라, **우리가 만일 사은을 유루有漏없이 갚아서 천지의 도를 모범 하여 만물에 피해는 시키지 아니하고 은혜만 끼치고 부모에게 심지의 안락과 육체의 봉양을 잘 들이고 무자력한 타인까지라도 보호하며 동포에 자리이타를 써서 매사에 공정한 처리를 하고 법률의 권장하는 조건에 순응하고 금지하는 조건에 범하지 아니하여 일체 인류가 모두 원망생활이 없어지고 감사생활을 한다면 이 세상은 곧 평화세계와 천국이 될 것이니 우리는 이 사중보은의 책임이 있는 것을 각성하여야 될 줄로 압니다.**

필자는 피은이 무엇인지 보은이 무엇인지 아무 생각 없이 모든 죄업 가운데에서 헛도는 세상을 지내던 일을 회고하매 새로이 전전긍긍하여 일엽편주一葉片舟가 풍랑 파도를 지내고 도피안到彼岸의 기회 만남을 기뻐하는 동시에 우리 종사주 사은을 발명하시고 보은의 방법을 지도하시사 이 물질문명 시대에 쇠퇴한 도덕의 정신을 천명하여 악도에서 헤매는 중생을 제도하시고 저의 우매한 자질이 또한 법하法下에 참예하여 영원한 생명선을 얻게 된 깊은 은혜를 감복하여 두어 말 기재하나이다.

원망생활을 감사생활로 돌리자

전음광
《회보》 제57호, 시창24년(1939) 8월호

―――― 회설자는 "원망생활이라 하는 것은 암흑한 지옥으로 타락되어 가는 생활을 의미함이요, 감사생활이라 하는 것은 명랑한 천국으로 향상 전진되어 가는 생활을 이름이다.'라고 선언한다. **즉 원망생활은 암흑한 지옥생활이라면 감사생활은 명랑한 천국생활로 '원망-지옥, 감사-천국'인 것이다.**

또한 천지가 아니면 이 세상에 우리의 존재를 보존할 수 없고, 부모가 아니면 우리가 이 세상에서 장양되지 못하고, 동포가 아니면 사농공상 간에 그 직업을 가지고 살 수 없고, 법률이 아니면 강약이 동거하여 인도 정의의 질서를 유지할 수 없는 은혜를 자각하여 감사 보은생활로 돌리자고 강조한다.

예를 들어 원망하는 대상자가 전에 은혜를 크게 준 사람이라는 것을 우연히 알게 되면 원망이 누그러지고 감사로 돌리게 되듯 은혜의 소종래를 발견하라고 비유한다. 이와 같이 개인 개인이 사은을 각성하여 감사생활을 하면 결국 가정이 평화를 얻을 것이며, 가정 가정이 사은을 각성하여 감사의 생활을 하면 결국 그 사회단체가 평화를 얻을 것이다. 따라서 전 인류의 생활이 평화와 행복을 얻게 되는 사은 보은의 결과를 밝히고 있다.

…… 다시 말하면 **원망생활이라 하는 것은 암흑한 지옥으로 타락되어 가는 생활을 의미함이요 감사생활이라 하는 것은 명랑한 천국으로 향상 전진되어 가는 생활을 이름이다.** …… 그 사은의 피은된 내역은 본회『육대요령』내에 상세히 기술되었으니 이에 번설[煩說, 너저분한 잔말]을 불요不要하거니와 우리가 생활을 하여 나갈 때 천지의 행사나 부모의 행사나 동포의 행사나 법률의 행사가 다 나의 심리에 불합不合하며 그 결과가 은연 자연 중 나에게 어떠한 피해를 시킨다 할지라도 그 피해된 것으로써 항상 원망하는 자료

만 삼을 것이 아니라 '천지가 아니면 우리가 이 세상에 그 존재를 보존할 수 없고, 부모가 아니면 우리가 이 세상에서 장양되지 못하고, 동포가 아니면 사농공상이 그 직업을 가져 살 수 없고, 법률이 아니면 강약이 동거하여 그 질서를 유지할 수 없다'는 근본적 피은 내역을 반성하여, 일시적 원망보다도 영원한 감사를 가지고 보면 이상에 말한 바와 같이 그 마음은 스스로 평화할 것이며 새로운 용기로써 다시 사은의 은덕을 입을 일을 장만하게 될 것이니 이것은 소위 일거양득一擧兩得이 되려니와, 그 반면에 현실의 이해에 구속되어 근본적으로 중대한 은덕을 알지 못하고 오직 원망생활에만 그치고 보면 또한 이상에 말한 바와 같이 그 마음은 항상 불평하여 스스로 초려[焦慮, 애를 태우는 생각]하는 고통을 받을 것이며 희망과 용기가 나지 아니하여 새로이 은혜 받을 일을 짓지 아니할 것이요 또는 원망을 한다고 하여 실패된 일이 복구될 이치가 없고 손해된 일이 이익될 이치가 없이 오직 나 자신에 해만 돌아올 뿐이니 이것을 이르되 일거양실一擧兩失이라고 이르는 것이다.

　가령 이에 한 사람이 있다고 하자. 그런데 그 사람이 나에게 정신으로나 물질로나 불소[不少, 적지 않은]한 손해를 시켜서 극도로 증오의 생각이 발하여 원수같이 대할 때에 문득 어떠한 사람의 소개로 전에 그 사람에게 막대한 은혜 입은 일이 있는 것을 알게 된다면 자연 그 증오심이 감소될 수 있으며 은혜가 크고 손해가 적을 때는 그 증오심을 근본적으로 방기[放棄, 놓아버림]하고 도리어 자기의 잘못을 후회하는 수까지도 있나니, 이와 같이 우리가 사은의 은덕을 모르고 살 때는 어느 경우에 목전의 이해만 따져서 원망생활을 할 수 있으나 이 사은을 발견하여 그 광대무량한 은덕을 깨닫게 될 시는 자연 원망이 없어질 것이며 전에 혹 원망생활을 한 일이 있더라도 그것을 깊이 후회하게 될 것이요 이와 같이 감사생활을 하는 데 따라 자기의 정신상으로나 육체상으로나 많은 행복이 있을 것이다.

도와 덕

수필인 송규
《회보》제35호, 시창22년(1937) 6월호

─────── 도와 덕은 위상차가 있는 것이 아니라 도의 발현이 덕이고 덕의 원리가 도이다. 즉 몸과 몸짓이 둘이 아닌 것처럼 몸의 작용이 몸짓이고 몸짓은 몸을 떠나지 않는 격이다. 덕이란 도가 왜곡되지 않고 발현되는 도의 드러남이다.

이 도와 덕의 관계를 일원상과 사은의 관계로 볼 수 있다. 일원상인 도가 사은의 덕으로 전개되는 것이다. 그런가 하면 사은은 곧 일원상의 드러남이기에 사은은 도이면서 덕이다. 그러므로 사은의 도가 덕으로 나타나는 것이다. 그러기에 도인은 대소 유무의 이치에 통달한 사람이라면 덕인은 시비 이해의 일에 분명한 취사가 있는 사람을 뜻한다. 이 법문은 『대종경』 인도품 1장·2장·3장에 수록된다.

예회 숙제 해답안 – 죄복이 나오는 출처

《회보》제47호, 시창23년(1938) 9월호

─────── 소태산 대종사는 시창23년(1938) 7월 24일 익산총부 일요 예회에서 '죄와 복이 나오는 궁기[출처·출구]는 어느 곳이며, 그 궁기를 이용하여 죄와 복이 나오게 하는 자는 누구인가?'라는 문제를 낸다. 이에 따라 익산 총부의 회원 69인이 답안지를 내며 그달 7월 31일 예회에서 1, 2, 3등과 등외자를 발표한다.

소태산 대종사는 《회보》제47호 9월호에 해답인의 답안을 발표한다. 죄복의 출처가

> 사은이라면 죄와 복의 운용자[운전자·주재자]는 각자 자신이라고 감정한다.
> 흥미로운 것은 3등 이영훈의 '죄복의 근원은 사은사요, 주재자는 육근입니다.'라는 답안이다. 1등의 답안과 비슷한데 '사은사요'라 하여 3등이 된듯하다. 사요는 신앙의 대상이 아니라 신앙의 방법으로 보신 것 같다.

「예회 숙제 해답안」

종사님께옵서 거去 7월 24일 총부예회에 출석하시사 일반 회원의 공부에 대한 신성과 연구성을 더해주시기 위하야 좌기[左記, 아래]와 여如한 문제를 하명하였던바 총부회원만 그간 69인의 답안자가 있음으로 동월 31일 예회에 종사님께서 또 출석하시와 그 답안을 일일 감정하신바 좌左와 여如히 1, 2, 3등이 있고 또는 다수의 등외자가 있는데 앞으로도 간간이 이와 같은 문제 해답이 있을 것이며 또 금번 문제 답안도 독자 제위의 지견을 넓히는데 자료를 삼아드리기 위하여 좌左의 등等에 참예한 1, 2, 3등의 씨명과 답안을 수정함이 없이 원문 그대로 발표하오니 양존諒存하시압.

「문제」

죄와 복이 나오는 궁기는 어느 곳이며, 그 궁기를 이용하여 죄와 복이 나오게 하는 자는 누구인가.

「해답인」

1등 류허일 「죄복의 출구는 일원상이요, 주재자는 허일 육근이외다.」
1등 송도성 「죄복지원罪福之源은 일원상 즉 사은이요, 운용자는 도성 자신이올시다.」
1등 전음광 「죄복의 출구는 일원상이요, 주재자는 각각 자기입니다.」
1등 박명성 「죄복 나오는 데는 일원상이요, 나오게 하는 자는 나의 심신이외다.」
1등 권동화 「죄복의 출구는 사은이요, 기관의 주재자는 동화입니다.」
1등 서공남 「죄복의 출처는 일정한 처소가 없고 오직 우주만물 허공법계 즉 사은이 다 죄복의 장소이오며, 그 운전자는 자아올시다.」

2등 조갑종 「죄복의 출구는 나의 육신, 주재자는 나의 마음」

2등 양하운 「죄복의 출구는 나에게 있고, 주재자도 역시 나입니다.」

3등 박수권 「죄복은 출어신出於身, 주재자는 일체유심조」

3등 류성열 「죄복의 출소는 색신, 주재자는 심」

3등 김대거 「복의 출구는 삼강령으로써 육근을 운용하는 데 있고, 죄의 출구는 삼강령으로 육근을 운용치 못하는 데 있으며, 책임자는 각자의 마음에 있습니다.」

3등 김형오 「죄복의 장소는 육신이요, 기관의 운전자는 오직 마음입니다.」

3등 전의선 「죄복의 출구는 사은 작용 여하에 있고, 주재자는 육근이외다.」

3등 이영훈 「죄복의 근원은 사은사요, 주재자는 육근입니다.」

3등 정세월 「죄복의 장소는 물건 즉 일체 만상이요, 주재자는 마음입니다.」

사은四恩

天地下鑑之位
少太山 書

천지은

『정전』 읽기 Reading

제1절 천지은(天地恩)

1. 천지 피은(被恩)의 강령

　우리가 천지에서 입은 은혜를 가장 쉽게 알고자 할진대 먼저 마땅히 천지가 없어도 이 존재를 보전하여 살 수 있을 것인가 하고 생각해 볼 것이니, 그런다면 아무리 천치(天痴)요 하우자(下愚者)라도 천지 없어서는 살지 못할 것을 다 인증할 것이다. 없어서는 살지 못할 관계가 있다면 그 같이 큰 은혜가 또 어디 있으리요.

　대범, 천지에는 도(道)와 덕(德)이 있으니, 우주의 대기(大機)가 자동적으로 운행하는 것은 천지의 도요, 그 도가 행함에 따라 나타나는 결과는 천지의 덕이라, 천지의 도는 지극히 밝은 것이며, 지극히 정성한 것이며, 지극히 공정한 것이며, 순리 자연한 것이며, 광대 무량한 것이며, 영원 불멸한 것이며, 길흉이 없는 것이며, 응용에 무념(無念)한 것이니, 만물은 이 대도가 유행되어 대덕이 나타나는 가운데 그 생명을 지속하며 그 형각(形殼)을 보존하나니라.

2. 천지 피은의 조목

　1) 하늘의 공기가 있으므로 우리가 호흡을 통하고 살게 됨이요,
　2) 땅의 바탕이 있으므로 우리가 형체를 의지하고 살게 됨이요,
　3) 일월의 밝음이 있으므로 우리가 삼라만상을 분별하여 알게 됨이요,
　4) 풍·운·우·로(風雲雨露)의 혜택이 있으므로 만물이 장양(長養)되어 그 산물로써 우리가 살게 됨이요,

5) 천지는 생멸이 없으므로 만물이 그 도를 따라 무한한 수(壽)를 얻게 됨
     이니라.

3. 천지 보은(報恩)의 강령
   사람이 천지의 은혜를 갚기로 하면 먼저 마땅히 그 도를 체받아서 실행할 것이니라.

4. 천지 보은의 조목
   1) 천지의 지극히 밝은 도를 체받아서 천만 사리(事理)를 연구하여 걸림 없이 알 것이요,
   2) 천지의 지극히 정성한 도를 체받아서 만사를 작용할 때에 간단 없이 시종이 여일하게 그 목적을 달할 것이요,
   3) 천지의 지극히 공정한 도를 체받아서 만사를 작용할 때에 원·근·친·소(遠近親疎)와 희·로·애·락(喜怒哀樂)에 끌리지 아니하고 오직 중도를 잡을 것이요,
   4) 천지의 순리 자연한 도를 체받아서 만사를 작용할 때에 합리와 불합리를 분석하여 합리는 취하고 불합리는 버릴 것이요,
   5) 천지의 광대 무량한 도를 체받아서 편착심(偏着心)을 없이 할 것이요,
   6) 천지의 영원 불멸한 도를 체받아서 만물의 변태와 인생의 생·로·병·사에 해탈(解脫)을 얻을 것이요,
   7) 천지의 길흉 없는 도를 체받아서 길한 일을 당할 때에 흉할 일을 발견하고, 흉한 일을 당할 때에 길할 일을 발견하여, 길흉에 끌리지 아니할 것이요,
   8) 천지의 응용 무념(應用無念)한 도를 체받아서 동정간 무념의 도를 양성할 것이며, 정신·육신·물질로 은혜를 베푼 후 그 관념과 상(相)을 없이

할 것이며, 혹 저 피은자가 배은 망덕을 하더라도 전에 은혜 베풀었다는 일로 인하여 더 미워하고 원수를 맺지 아니할 것이니라.

5. 천지 배은(背恩)

　천지에 대한 피은·보은·배은을 알지 못하는 것과 설사 안다 할지라도 보은의 실행이 없는 것이니라.

6. 천지 보은의 결과

　우리가 천지 보은의 조목을 일일이 실행한다면 천지와 내가 둘이 아니요, 내가 곧 천지일 것이며 천지가 곧 나일지니, 저 하늘은 비록 공허하고 땅은 침묵하여 직접 복락(福樂)은 내리지 않는다 하더라도, 자연 천지같은 위력과 천지같은 수명과 일월같은 밝음을 얻어 인천 대중(人天大衆)과 세상이 곧 천지같이 우대할 것이니라.

7. 천지 배은의 결과

　우리가 만일 천지에 배은을 한다면 곧 천벌을 받게 될 것이니, 알기 쉽게 그 내역을 말하자면 천도(天道)를 본받지 못함에 따라 응당 사리 간에 무식할 것이며, 매사에 정성이 적을 것이며, 매사에 과불급한 일이 많을 것이며, 매사에 불합리한 일이 많을 것이며, 매사에 편착심이 많을 것이며, 만물의 변태와 인간의 생·로·병·사와 길·흉·화·복을 모를 것이며, 덕을 써도 상에 집착하여 안으로 자만하고 밖으로 자랑할 것이니, 이러한 사람의 앞에 어찌 죄해(罪害)가 없으리요. 천지는 또한 공적하다 하더라도 우연히 돌아오는 고(苦)나 자기가 지어서 받는 고는 곧 천지 배은에서 받는 죄벌이니라.

천지 피은被恩의 강령

─────── 반갑습니다. 이번 시간에는 『정전』 제2편 제2장 제1절 천지은 중 '천지 피은의 강령'에 대해 살펴보겠습니다.

'천지 피은의 강령'은 천지은에 드는 첫 과정입니다.

강령은 줄기로써 강령을 잡아야 핵심이 분명해지며, 강령의 줄기를 놓치면 가지만 난무하여 번잡해질 뿐입니다.

천지은은 법신불 일원상의 드러남입니다.

'일원상의 진리' 절에서 "진공묘유의 조화는 우주만유를 통하여 무시광겁에 은현자재하는 것이 곧 일원상의 진리니라"라고 밝히고 있습니다.

진공묘유의 조화는 우주만유인 천지 만물을 통해서 작용합니다. 즉 천지의 바탕[隱]이면서 천지를 역력하게 드러냅니다[顯]. 이렇게 진공묘유한 일원상 안목에서 천지를 보아야 천지은입니다. 천지은은 신령하게 깨어있는 텅 빈 자리에서 천지의 조화가 두렷이 드러나는 작용입니다.

천지라는 개념은 동아시아의 고유한 코스몰러지[Cosmology, 우주론]입니다.

우주가 시공간이라면, 천지는 하늘 천天, 땅 지地로 우리의 삶에 펼쳐져 있는 하늘과 땅입니다. 위로 하늘 기운이 있고 아래로 땅 기운이 있습니다. 하늘은 땅이 되고 땅은 하늘이 되는 순환의 장으로, 천지는 모든 생명의 집이요 어머니입니다.

사람은 코로 하늘과 연결되어 있고 입으로 땅과 이어져 있습니다. 그리하여 하늘의 공기를 통해 숨 쉬고 사는 것이며 먹고 사는 모든 것은 땅과 감응된 산물입니다. 생명은 공기와 햇빛과 흙이 변환된 것입니다. 그러므로 일체 만물뿐만 아니라 우리의 심신도 천지입니다.

소태산 대종사는 '천지 피은의 강령'에서 먼저 '천지 없어서는 살지 못할 관계'를 밝혀주십니다. '천지 피은의 강령'의 첫 단락입니다.

> "우리가 천지에서 입은 은혜를 가장 쉽게 알고자 할진대 먼저 마땅히 천지가 없어도 이 존재를 보전하여 살 수 있을 것인가 하고 생각해 볼 것이니, 그런다면 아무리 천치天痴요 하우자下愚者라도 천지 없어서는 살지 못할 것을 다 인증할 것이다. 없어서는 살지 못할 관계가 있다면 그 같이 큰 은혜가 또 어디 있으리오."

소태산 대종사는 먼저 천지에서 은혜 입은 '피은의 실마리'를 당연한 사실에서부터 밝혀갑니다. 당연한 사실로부터 '피은된 실마리'를 확인하도록 하고, 이러한 실마리를 따라 은혜의 본령까지 알아가도록 합니다.

신령하게 알 되 텅 빈 일원상의 안목이 열리면 천지 없어서는 살지 못할 관계가 실감나게 드러나는 것입니다. 없어서는 살지 못할 천지의 큰 은혜에 직면토록 한 것입니다. 그리하여 아무리 천치天痴요 하우자下愚者라도 천지 없어서는 살지 못할 것을 다 확인하여 증명토록 한 것입니다. 지극히 당연한 사실을 사실 그대로 직면토록 한 겁니다.

시창13년(1928) 사업보고서에 실린 소태산 대종사의 '금수 사업을 초월하여 영장의 본처에 돌아오라'라는 법설의 한 대목입니다.

"쉽게 말하면 이 공기를 일각이라도 호흡치 않으면 살 수 없나니, 이 공기가 곧 천록天祿이 아니고 무엇이랴. 그러면 이 천록은 우리 인류계 뿐만 있는 것이 아니라 생명이 있어 사는 동물계에는 고루 다 있다. 그러므로 아무리 미천한 금수 곤충이라도 각각 그의 먹을 바가 있으며 소혈巢穴[머물 곳]이 있는 것이다. …… 그러면 생명이 있는 이상 반드시 천록이 있고 천록이 있는 이상 그것을 요리할만한 자유가 동물계에 고루 있어, 우매한 금수 곤충도 죽지 않고 살아가는 그 사이에 하물며 영장이라는 사람으로서 약간만 하면 굶어죽지는 아니하리라."

소태산은 호흡을 예로 들어 천록을 제시하면서 천지은을 천록으로 밝히고 있습니다.

소태산 대종사는 《회보》 제2호에서 우리의 근기를 지혜로운 상지上智, 재능 있는 중재中才, 어리석은 하우下愚로 구분합니다. 상지가 상근기라면 중재는 중근기요 하우는 하근기입니다. [『대종경』 신성품 2장]

천치가 지능이 낮은 바보라면 하우자는 어리석은 하근기입니다.

이러한 천치와 하우자도 천지의 은혜를 가까운 사실부터 자세하게 일러주면 자각할 수 있는 것입니다. 천지 없어서는 살 수 없는 사실을 사실 그대로 생각해 보면 천치도 하우자도 천지 없어서는 살지 못하는 관계를 실감하게 됩니다.

그러므로 재능 있는 중재와 지혜로운 상지는 천지 없어도 살 수 있는지 생각해 보면 더 말할 나위 없이 천지에서 입는 은혜를 감지하는 것입니다.

다만, 우리는 우리가 가진 앎으로 인해 천지의 큰 은혜를 외면할 수도 있습니다.

지혜로운 상지는 천지의 은혜를 지혜로 바로 관통하기에 문제가 없고, 어리석은 하우자는 일러주는 대로 받아들이기에 문제가 적으나, 재능 있는 중재는 자신의 선입견이나 사실과 다른 관념에 빠져 천지 없어서는 살 수 없는 근본적인 은혜를 외면할 수도 있는 것입니다.

천지의 은혜를 아는 가장 중요한 자세는 '먼저 마땅히 천지가 없어도 이 존재를 보전하여 살 수 있을 것인가?'라고 생각해 보는 것입니다.

'생각해 보는 것'이 핵심입니다. 생각은 살펴보는 것으로 '피은被恩됨'을 자각하는 지은知恩입니다.

상지자上智者는 사실대로 곧바로 생각해 보아 자각할 것이며, 하우자下愚者는 자각이 더디기는 해도 가르치는 대로 법대로 생각해 볼 것이나, 중재자中才者는 자기 재주에 빠져 자기 습관대로 생각할 위험요소가 도사리고 있는 것입니다. 하우자도 역량이 생기면 중근기인 중재자를 거치기에 이 고비를 잘 넘겨야 합니다.

천지의 은혜를 알기 위해서는 '생각해 보는 공부심'이 있어야 합니다. '천지 없어서는 살 수 없는 관계'를 생각하는 자각自覺이 일어날 때 은혜를 알 수 있는 것입니다.

이어서 소태산 대종사는 '천지 피은의 강령'을 도와 덕으로 밝힙니다.
'천지 피은의 강령'의 둘째 단락입니다.

> "대범 천지에는 도道와 덕德이 있으니, 우주의 대기大機가 자동적으로 운행하는 것은 천지의 도요, 그 도가 행함에 따라 나타나는 결과는 천지의 덕이라, 천지의 도는 지극히 밝은 것이며, 지극히 정성한 것이며, 지극히 공정한 것이며, 순리자연한 것이며, 광대무량한 것이며, 영원불멸한 것이며, 길흉이 없는 것이며, 응용에 무념無念한 것이니, 만물은 이 대도가 유행되어 대덕이 나타나는 가운데 그 생명을 지속하며 그 형각形殼을 보존하나니라."

대범大凡은 '대체로 헤아려 보면'의 뜻으로, 소태산은 천지에는 도와 덕이 있다고 천명합니다.

천지의 도는 '우주 내의 모든 기관'인 우주의 대기大機가 자동적으로 운행하는 것이라면, 천지의 덕은 천지의 도가 행함에 따라 나타나는 결과입니다.

초기교서인 『육대요령』에서 '우주의 대기大機'를 '우주 내의 모든 기관'이라 표현하고 있습니다. 우주의 대기는 우주의 모든 기관을 통합하여 총체적으로 말한 것입니다.

그러면서 우주의 대기가 자동적으로 운행하는 천지의 도를 천지 8도로 밝혀주십니다. 즉 천지의 도는 지극히 밝고, 지극히 정성하고, 지극히 공정하고, 순리자연하고, 광대무량하고, 영원불멸하고, 길흉이 없고, 응용에 무념한 작용입니다. 천지의 도를 여덟 가지 작용으로 드러내 주신 것입니다. 한 자리의 복수 작용입니다. 이렇게 드러나는 천지 8도가 곧 일원상의 진리입니다.

이와 같이 천지의 도는 천지의 덕으로 나타나므로, 천지은은 도道의 덕으로, 일원

상 진리의 드러남이요 작용입니다.

　소태산 대종사는 "만물은 천지의 대도가 유행되어 천지의 대덕이 나타나는 가운데 그 생명을 지속하며 그 형각形殼을 보존한다."라고 명시합니다.
　천지의 도는 대도大道이며 천지의 덕은 대덕大德입니다. 이와 같은 천지의 대도에 따라 천지의 대덕이 나타나서 만물이 살게 되는 것입니다. 이처럼 생명을 지속하고 그 형각을 보존하는 것은 생생한 천지의 도와 덕 아님이 없는 것입니다.

　즉, '천지 피은'의 강령은 천지 없어서는 살지 못할 관계이며, 천지의 도에 따라 나타나는 천지의 은덕으로 만물이 살아가는 것입니다. 이러한 천지 피은은 텅 비었으되 신령하게 아는 마음에서 드러나는 천지의 덕입니다.

　오늘은 천지은의 천지 피은의 강령에 대해 살펴보았습니다.

천지 피은의 조목

──────── 반갑습니다. 이번 시간에는 천지은의 '천지 피은의 조목'에 대해 살펴보겠습니다.

'천지 피은의 강령'이 줄기요 골격이라면 '천지 피은의 조목'은 가지요 낱낱으로 '천지 피은의 강령'을 세부적인 조항과 항목으로 펼쳐 전개한 것입니다.

일원상의 진리는 공적영지의 광명이요 진공묘유의 조화로, 천지은은 일원상의 진리가 전개된 천지입니다.

소태산 대종사는 땅을 예로 들어 천지의 밝은 위력을 밝혀주십니다.
"땅에 의지한 일체 만물이 하나도 땅의 감응을 받지 아니하고 나타나는 것이 없나니, 그러므로 땅은 일체 만물을 통하여 간섭하지 않는 바가 없고, 생·멸·성·쇠의 권능을 사용하지 않는 바가 없으며, 땅뿐 아니라 하늘과 땅이 둘이 아니요, 일월성신과 풍운우로상설이 모두 한 기운 한 이치어서 하나도 영험하지 않은 바가 없나니라. …… 천지의 식은 사람의 희·로·애·락과는 같지 않은 식이니 곧 무념 가운데 행하는 식이며 상 없는 가운데 나타나는 식이며 공정하고 원만하여 사사가 없는 식이라." [『대종경』 변의품 1장]

하늘과 땅, 일월성신과 풍운우로상설은 모두 한 기운 한 이치로 생·멸·성·쇠의 권능을 사용하지 않는 바가 없는 영험한 식識입니다. 한 기운 한 이치인 천지의 영험한 식은 무념 가운데 행하는 식이며 상 없는 가운데 나타나는 식이며 사사私邪가 없는 공정하고 원만한 식으로 일원상의 발현입니다.

우리의 마음이 청정할 때 무념 가운데 행하는 천지의 식이 드러나고, 상 없는 가운데 나타나는 천지의 식이 현현되고, 사사가 없는 공정하고 원만한 천지의 식이 발현됩니다. 그러므로 천지의 식은 청정한 일원상 자리에서 드러나는 천지의 도로써, 이 천지의 도가 유행됨에 따라 펼쳐지는 덕을 천지은이라 합니다.

천지은은 우리가 알든 모르든 없어서는 살 수 없는 은혜의 실상으로 마음이 청정하여 지혜로울 때 그 피은된 실상을 총체적으로 감지할 수 있는 것입니다.

사은四恩은 인도人道 상上의 진리입니다. 인간과 무관한 진리는 사은의 핵심이 아닙니다. 천지은은 사람이라면 밟아가야 하는 과정에서 은혜 입은 당연한 사실을 밝혀 실행토록 하는 도리입니다. 이처럼 천지은을 비롯한 사은은 인도상 요법입니다.

천지 피은의 5가지 조목은 천지은의 구체적인 실제입니다.

1. 하늘의 공기가 있으므로 우리가 호흡을 통하고 살게 됨이요,

하늘의 공기는 없어서는 살지 못할 천지 피은으로 일원상의 천지입니다.

하늘의 공기를 호흡하며 살고 있는 이 사실을 천지 피은으로 감지하는 자리가 바로 텅 비어 고요한 일원상 자리입니다.

텅 비었으되 신령하게 아는 마음에 따라 천지의 도와 덕이 드러납니다. 마음이 텅 비어 고요하지 않다면 하늘의 공기를 은혜의 실상으로 철저하게 자각하지 못하며, 마음이 텅 비어 고요하기에 하늘의 공기가 있어 호흡하고 사는 사실을 두렷이 느끼고 아는 것입니다.

우리는 하늘의 공기가 있어 호흡을 통하여 사는 천지 피은을 입고 있습니다.

2. 땅의 바탕이 있으므로 우리가 형체를 의지하고 살게 됨이요,

텅 비었으되 신령하게 아는 마음으로 보면 땅이 있기에 우리가 형체를 의지하고 살게 되는 사실을 자각할 수 있습니다. '땅의 바탕'을 없어서는 살지 못할 은혜로 감지하는 것입니다.

마음이 텅 비어 고요하지 않으면 땅의 은혜를 망각하고 함부로 대하게 됩니다.

'땅의 바탕이 없다면 형체를 의지하고 살 수 없다'는 당연한 사실 그대로를 감지하는 것입니다. 땅의 바탕을 큰 은혜로 받들게 됩니다.

땅의 바탕은 분별이 탈락한 청정 일원상 자리에서 드러나는 은혜입니다. 땅이라는 바탕이 없다면 의식주의 모든 것이 불가능하다는 사실을 직시하며, 땅이 있기에 집도 짓고 땅의 변환으로 먹고 입고 살 수 있다는 은혜를 자각하는 것입니다.

땅의 바탕이 바로 천지의 은덕으로 일원상 자리에서 드러나는 천지입니다.

3. 일월의 밝음이 있으므로 우리가 삼라만상을 분별하여 알게 됨이요,

텅 비어 고요한 마음에서 드러나는 해와 달의 밝음은 은혜입니다.

일월의 밝음이 있으므로 삼라만상이 분별되는 당연한 사실이 텅 비어 고요한 자리에서 두렷이 자각되는 것입니다. 만물이 분별되는 일월의 밝음이 은혜로 선명하게 드러납니다. 청정한 자리에서 드러나는 일월의 밝음은 은혜입니다.

일월은 빛이요 에너지입니다. 빛은 밝게 비춰주는 은혜입니다. 우리는 그 빛에 따라 분별하고 에너지를 공급받아 삽니다.

공적영지의 일원상 광명에 따라 일월의 밝음에서 천지의 밝은 도가 나타납니다.

4. 풍·운·우·로風雲雨露의 혜택이 있으므로 만물이 장양長養되어 그 산물로써 우리가 살게 됨이요,

텅 비어 고요하되 신령하게 아는 마음으로 보면 천지의 변화는 은혜입니다. 풍운우로상설의 변화에 따라 만물이 생멸하고 또한 그 산물로 서로 의지하며 살게 되는 은혜를 직시하게 됩니다.

마음이 청정할 때 천지의 조화에 의해 우리가 혜택을 입고 사는 것을 여실히 자각하게 됩니다. 그러므로 풍운우로상설의 천지 조화가 바로 은혜입니다.

동학의 해월 최시형 선생은 하늘이 하늘을 먹여 살린다는 이천식천以天食天을 일러 주셨다면, 소태산 대종사는 사은四恩이 만물을 먹여 살린다고 천명하십니다. 그러므로 우리는 천지은을 비롯한 사은의 공물입니다.

5. 천지는 생멸이 없으므로 만물이 그 도를 따라 무한한 수壽를 얻게 됨이니라.

청정한 일원상 마음으로 보면 생멸 없이 돌고 도는 천지의 도를 따라 만물이 무한한 수壽를 누리게 되는 사실에 직면합니다. 즉 텅 비어 고요하면서 신령스럽게 아는 자리에서 보면 천지의 생멸 없는 도를 따라 만물이 한량없는 생을 누리는 것이 두렷이 드러납니다.

소태산 대종사는 우주만유가 생멸 없는 가운데 한량없는 생을 누리는 실례를 거름을 통해 밝혀 주십니다.

"세상의 유정有情 무정無情이 다 생의 요소가 있으며 하나도 아주 없어지는 것은 없고 다만 그 형상을 변해 갈 따름이니, 예를 들면 사람의 시체가 땅에서 썩은즉 그 땅이 비옥하여 그 근방의 풀이 무성하여질 것이요, 그 풀을 베어다가 거름을 한즉 곡식이 잘 될 것이며, 그 곡식을 사람이 먹은즉 피도 되고 살도 되어 생명을 유지하며 활동을 하게 될 것이니, 이와 같이 본다면 우주 만물이 모두 다 영원히 죽어 없어지지 아니하고 저 지푸라기 하나까지도 백억 화신을 내어 갖은 조화와 능력을 발휘하나니라. 그러므로 그대들은 이러한 이치를 깊이 연구하여 우주만유가 다 같이 생멸 없는 진리 가운데 한량없는 생을 누리는 것을 깨쳐 얻으라." [『대종경』 천도품 15장]

우주만유는 다 생의 요소가 있어 아주 없어지는 것이 아니라 다만 형상이 변해갈 뿐입니다. 천지의 생멸 없이 돌고 도는 도를 따라 만물이 백억화신의 갖은 조화를 부리고 있는 것입니다. 이처럼 우주 만물은 생멸 없는 가운데 한량없이 변화합니다.

종합하면 천지 피은의 조목은 천지 피은의 강령을 풀어서 제시하는 구체적인 조항과 항목입니다. 천지를 5가지 조목으로 펼쳐서 우리에게 피은된 실상을 보여줍니다.

하늘의 공기, 땅의 바탕, 일월의 광명, 풍운우로의 혜택, 생멸 없이 돌고 도는 변화는 천지의 도가 행함에 따라 나타나는 천지의 덕으로 천지 피은의 조목입니다.

오늘은 천지은 중에서 천지 피은의 조목에 대해 살펴보았습니다.

천지 보은報恩의 강령

─────── 반갑습니다. 이번 시간에는 천지은 중에서 '천지 보은의 강령'에 대해 살펴보겠습니다.

'천지 보은의 강령'입니다.

> "사람이 천지의 은혜를 갚기로 하면 먼저 마땅히 그 도를 체받아서 실행할 것이니라."

천지 보은의 강령에서 '사람'이 주체로 등장합니다.
천지 피은의 강령에서는 '우리가'라는 주체가 등장하는데 우리는 사람을 뜻합니다.
결국 사은은 사람의 길인 인도人道로써 사람이 마땅히 밟아야 할 길입니다.

사람이 천지의 은혜에 보은하기로 하면 먼저 마땅히 천지의 도를 체받아서 실행해야 하는 것입니다.
사람은 피은자입니다. 은혜를 입은 피은자로 천지의 혜택을 받은 피은자입니다.
피은자가 보은자가 되기 위해서는 먼저 천지의 도를 체받아 실행해야 합니다.

천지의 도를 체받는 것은 천지의 도를 본받아 그 도道대로 실행하는 것입니다.
천지의 도를 체받는다고 할 때,
공적영지의 일원상 광명을 따라 천지의 도道가 두렷하게 드러나는 것이며,
진공묘유의 일원상 조화를 따라 천지의 도가 천지의 덕으로 작용하는 게 두렷하게 드러나는 것입니다.

결국 일원상의 진리와 천지의 도는 한자리입니다.

천지 피은의 강령에서 천지의 도를 여덟 가지 도道로 명시합니다.
"천지의 도는 지극히 밝은 것이며, 지극히 정성한 것이며, 지극히 공정한 것이며, 순리 자연한 것이며, 광대 무량한 것이며, 영원불멸한 것이며, 길흉이 없는 것이며, 응용에 무념無念한 것"이라 밝히고 있습니다.
이러한 천지 8도를 체받아서 그 도를 실행하는 것이 바로 천지 보은의 강령입니다.

천지 8도 중에서 천지 보은의 대요는 '응용무념의 도'입니다. 그렇다고 응용무념의 도가 나머지 도道보다 위상이 더 높다는 게 아니라 대표하는 것입니다.
천지 8도는 하나로 두렷한 일원상의 다른 모습으로, 하나이면서 8가지로 드러난 모습입니다. 일원상 한 자리를 천지 8도로 달리 말한 것입니다. 이 8도 중 '응용무념의 도'를 대표로 삼은 것입니다.

예를 들어 지극히 정성한 도를 체받는다고 할 때 어찌 응용무념한 도를 모를 수 있겠습니까?
하나에 다른 도가 원융무애하게 녹아 있으니, 하나를 알면 나머지 도道 또한 걸림 없이 관통되어 있는 것입니다. 하나의 도道에 나머지 도가 원융무애하게 상입相入해 있고 각각의 도 또한 마찬가지입니다.

'천지 보은의 강령'에서 "천지의 도를 체받아 실행하라"는 뜻을 한 제자가 소태산 대종사에게 여쭈니 이에 비유로 답해 줍니다.

"정전 가운데 천지 보은의 강령에 '사람이 천지 보은을 하기로 하면 먼저 그 도를 체받아 실행하라' 하였사오니, 천지는 우리에게 그러한 큰 은혜를 입혔사온데 우리는 한갓 천지의 도를 본받아 행하는 것만으로써 어찌 보은이 된다 하겠나이까."
대종사 말씀하시기를 "이에 대하여 한 예를 들어 말한다면 과거 불보살의 회상이

나 성현 군자의 문정門庭에 그 제자가 선생의 가르치신 은혜를 받은 후 설사 물질의 보수는 없다 할지라도 그 선생의 아는 것을 다 알고 행하는 것을 다 행하여 선생의 사업을 능히 계승한다면 우리는 그를 일러 선생의 보은자라 할 것인가, 배은자라 할 것인가. 이것을 미루어 생각할 때에 천지의 도를 본받아 행함이 천지 보은이 될 것임을 가히 알지니라." [『대종경』 변의품 24장]

소태산 대종사는 스승과 제자 간의 사자상승師資相承의 비유를 들어 이해를 돕고 있습니다.
제자가 스승의 가르침에 따라 잘 배워 실행하면 그것이 곧 스승의 뜻을 따르는 것이 된다는 것입니다. 설사 제자가 스승을 물질적으로 봉양을 다 못해 드린다 해도 스승의 가르침을 계승하여 후대에 전하는 것이 더 본질적인 계승이 된다는 가르침입니다.

이와 같이 천지를 스승 삼아 천지의 도를 따르는 것이 천지 보은의 참뜻입니다.
천지는 유형의 천지뿐만 아니라 무형의 천지가 있습니다.
천지에 보은하는 것은 유형의 천지를 잘 보존하는 것도 되지만,
천지의 무형한 도道를 본받아서 그 도를 실행하는 것이 근본적인 천지 보은이라 할 것입니다.
천지의 도는 무형한 도라 공부심이 있어야 이를 체받아서 실행할 수 있으므로, 무형한 천지의 도를 따라 천지의 덕을 나투는 것이 바로 천지 보은행이요 천지 보은자입니다.

천지 보은의 강령은 유형의 천지를 잘 보존하고 지키고 가꾸는 것뿐만 아니라,
무형한 천지의 도를 체받아서 그 도를 실행하여 덕을 나투는 데까지 이르는 것입니다.

청정한 일원상 자리에서 천지의 도에 따라 천지의 덕이 나타납니다.

그러므로 **천지은은 도道로써 드러나는 은덕**으로 '도의 은혜'입니다.

텅 비었으되 신령하게 밝은 일원상 자리에서 천지의 도가 드러나고 천지의 도에 따라 천지의 덕이 피어납니다. 또한 천지의 덕을 나투는 자리에 천지의 도가 자리하고 있는 것입니다.

그러므로 천지의 은덕에 보답하기 위해서는 먼저 천지의 도를 체받아서 실행해야 하는 것입니다. 이것이 바로 천지 보은의 강령입니다.

오늘은 천지 보은의 강령에 대해 살펴보았습니다.

천지 보은의 조목 1~4조

──────── 반갑습니다. 이번 시간부터 천지은 중 '천지 보은의 조목'에 대해 살펴보겠습니다.

'천지 보은의 조목'은 "천지의 은혜를 갚기로 하면 먼저 마땅히 그 도를 체받아서 실행하라"는 '천지 보은의 강령'을 구체적으로 밝힌 내용입니다.

'천지 보은의 조목'은 천지의 지극히 밝은 도, 천지의 지극히 정성한 도, 천지의 지극히 공정한 도, 천지의 순리자연한 도, 천지의 광대무량한 도, 천지의 영원불멸한 도, 천지의 길흉이 없는 도, 천지의 응용무념한 도인 천지 8도를 체받아서 실행하는 구체적인 실제입니다.

『대종경』 변의품 24장의 법문처럼 제자가 선생의 가르침을 제대로 배워서 그대로 행하여 선생의 사업을 계승하는 것이 참된 제자이듯이, 천지의 도를 본받아 행함이 진정한 천지 보은입니다.

오늘은 천지 8도 중에서 천지의 지극히 밝은 도, 천지의 지극히 정성한 도, 천지의 지극히 공정한 도, 천지의 순리 자연한 도를 체받아서 보은을 실행하는 조목에 대해서 알아보겠습니다.

1. 천지의 지극히 밝은 도를 체받아서 천만 사리事理를 연구하여 걸림 없이 알 것이요,

천지에는 천재지변의 재앙과 자연재해의 피해가 있습니다. 천지은의 천지는 천재지변이나 자연재해가 없는 천지가 아니라 도道로써 드러나는 도道의 천지입니다.

천지의 지극히 밝은 도는 텅 빈 고요한 마음에서 드러나는 천지입니다.

소태산 대종사는 대각을 확인하는 기연으로 『주역』의 '여일월합기명與日月合其明'
이란 구절에서 천지의 밝은 도를 명확히 확인하십니다.

천지의 밝음은 분별이 텅 비었으되 신령하게 알아차리는 마음에서 드러나는 밝음
입니다. 욕망에 따라 현상되는 천지가 아니라 분별 주착을 여읜 마음에서 드러나는
천지의 밝음입니다.

이러한 천지의 지극히 밝은 도를 천지의 식識이라 달리 말합니다. 천지의 식은 만
물의 생멸 성쇠에 간섭하지 않는 바가 없는 밝은 위력의 식입니다.

소태산 대종사는 "천지의 식은 사람의 희·로·애·락과는 같지 않은 식이니 곧 무념
無念 가운데 행하는 식이며 상相 없는 가운데 나타나는 식이며 공정하고 원만하여 사
사私邪가 없는 식"[『대종경』 변의품 1장]이라고 제시합니다. 천지의 식은 무념하고 상 없
는 마음에서 드러나는 천지의 밝은 도입니다.

그러므로 "이 이치를 아는 사람은 천지의 밝음을 두려워하여 어떠한 경계를 당할
지라도 감히 양심을 속여 죄를 범하지 못하며, 한 걸음 나아가 천지의 식을 체받은 사
람은 무량 청정한 식을 얻어 천지의 위력을 능히 임의로 시행하는 수도 있다."[『대종
경』 변의품 1장]라고 일러주십니다.

천지의 식을 체받으면 무량 청정한 식을 얻어 천지의 위력을 시행施行할 수 있게
됩니다.

이처럼 천지의 지극히 밝은 도를 체받아서 온갖 사리를 연구하여 걸림 없이 알자
는 것입니다. 대소 유무의 이치로부터 시비 이해의 일까지 연마하고 궁구하여 막힘없
이 알자는 것입니다.

**2. 천지의 지극히 정성한 도를 체받아서 만사를 작용할 때에 간단 없이 시종이 여
일하게 그 목적을 달할 것이요,**

천지의 지극히 정성한 도는 텅 비었으되 신령하게 아는 마음에서 드러나는 천지입
니다. 공적영지의 광명을 따라 드러나는 지극히 정성한 천지의 도道입니다.

소태산 대종사는 대각을 확인하는 기연으로 『주역』의 '여사시합기서與四時合其序'

란 구절에서 천지의 정성한 도를 분명하게 확인합니다.

　텅 비어 고요한 마음에서 사시 순환의 정성이 두렷하게 드러납니다. 자신의 욕심과 기대를 내려놓고 바라보는 천지의 순서·차서·질서·절차는 정성한 도입니다. 무지와 욕망의 투영으로 현상된 사시 순환이 아니라 공적영지의 광명을 따라 드러나는 천지는 지극히 정성한 도입니다.

　이처럼 지극히 정성한 천지의 도를 체받아서 만사를 작용할 때 간격과 단절이 없도록 정성을 다하여 목적한 바를 달성하는 것입니다. 텅 비었으되 신령하게 아는 일원상 자리에서 드러나는 천지의 정성한 도를 따라 목적한 바를 이루는 것이 바로 천지 보은입니다.

3. 천지의 지극히 공정한 도를 체받아서 만사를 작용할 때에 원·근·친·소遠近親疎와 희·로·애·락喜怒哀樂에 끌리지 아니하고 오직 중도를 잡을 것이요,

　천지의 지극히 공정한 도는 텅 비었으되 신령한 일원상 마음에서 드러나는 천지입니다.

　『대종경』 변의품 1장에서 "농사를 지을 때에 종자를 뿌려 보면 땅은 반드시 ······ 인공을 많이 들인 자리에는 수확도 많이 나게 하고, 인공을 적게 들인 자리에는 수확도 적게 나게 하며, 인공을 잘못 들인 자리에는 손실도 나게 한다."라고 명시합니다.

　땅을 비롯한 풍운우로상설이 다 지극히 공정한 도의 작용입니다. 반면에 이해관계로 대하는 천지는 공정치만은 않습니다. 욕심과 기대와 바람을 내려놓고 볼 때 드러나는 천지가 공정한 자리입니다.

　도道로써 드러나는 천지가 공정하지, 욕망으로 접하는 천지는 공정치 않게 여겨집니다. 청정한 마음에서 볼 때, 자연재해에 끌려다니지 않고 지혜로 대하는 천지로 화합니다. 텅 비어 고요한 자리에서 드러나는 천지는 지극히 공정한 도道의 천지입니다.

　정산 종사는 "공公은 천지가 어느 한 물건만을 위함이 아니고 일체 만물의 공유가 된 것이요, 정正은 각각 저의 하는 바에 따라 원근 친소가 없이 응하여 주는 것이니라."[『정산종사법어』 경의편 5장]라고 '공정한 도'에 대해 부연합니다.

　이렇게 청정한 자리에서 드러나는 지극히 공정한 천지의 도를 체받아서 온갖 일을 할 때 원·근·친·소와 희·로·애·락에 끌리지 아니하고 오직 공정한 중도를 잡아 행하라는 것입니다.

4. 천지의 순리자연한 도를 체받아서 만사를 작용할 때에 합리와 불합리를 분석하여 합리는 취하고 불합리는 버릴 것이요,

욕망이나 기대를 내려놓고 대하는 천지는 순리자연한 도의 천지입니다. 반면에 욕망이나 기대에 따라 대하는 천지는 순리 자연치만은 않습니다. 욕망에 맞지 않고 기대하는 바에 부응하지 않게 되어 역리로 대하는 천지로 여겨집니다.

분별 욕망을 내려놓고 직면하는 천지는 천재지변이라 할지라도 합리로 풀어 가고 자연재해도 이치대로 해결해 가는 순리자연한 천지입니다. 반면에 텅 비었으되 신령하게 아는 마음을 놓치고 대하는 천지는 천재지변이나 자연재해에 끌려다니는 역리의 천지입니다.

소태산 대종사는 대각을 확인하는 기연으로 『주역』의 '여사시합기서與四時合其序'라는 구절에서 순리자연한 천지의 도를 두렷하게 자각하십니다. 청정 무위한 자리에서 드러나는 사시 순환은 이치에 따라 무위자연하게 행합니다.

공적영지의 광명을 따라 드러나는 순리자연한 천지의 도를 체받아서 온갖 일을 할 때 합리와 불합리를 분석하여 될 일인 합리는 선택하고 안 될 일인 불합리는 버리는 것입니다. 정산 종사는 "합리는 될 일이요, 불합리란 안 될 일이라."[『정산종사법어』 경의편 5장]고 하였습니다.

오늘은 '천지 보은의 조목' 중에서 천지의 지극히 밝은 도, 지극히 정성한 도, 지극히 공정한 도, 순리자연한 도를 체받아서 보은을 실행하는 조목에 대해 살펴보았습니다.

천지 보은의 조목 5~8조

─────── 이번 시간에는 천지은의 '천지 보은의 조목' 중에서 천지의 광대무량한 도, 천지의 영원불멸한 도, 천지의 길흉이 없는 도, 천지의 응용무념의 도를 체받아서 실행하는 조목에 대해 살펴보겠습니다.

5. 천지의 광대무량한 도를 체받아서 편착심偏着心을 없이 할 것이요,

광대무량한 천지의 도는 텅 비었으되 신령하게 아는 일원상 마음에서 드러나는 천지의 도입니다.

분별 주착이 탈락한 청정무애의 마음에서 드러나는 천지는 한정되지 않는 다함이 없는 광대하고 무량한 천지의 도입니다. 한편에 착着됨이 없는 마음에서 드러나는 천지는 국한되지 않는 크게 열려있는 순환 무궁한 천지입니다.

이같이 텅 비었으되 신령하게 아는 공적영지의 광명을 따라 드러나는 천지는 광대무량한 천지의 도입니다. 욕망으로 대하는 천지는 광대하지 않고 기대심에 한정된 천지는 무량하지 않습니다. 욕심이나 기대의 분별 주착을 내려놓은 그때 드러나는 천지는 광대하고 무량한 도입니다.

광대무량한 천지의 도를 체받아서 한편에 착하는 편착심을 없이 하라는 것입니다. 천지의 광대무량한 도를 따라 착심을 없게 하는 것이 바로 천지 보은입니다.

6. 천지의 영원불멸한 도를 체받아서 만물의 변태와 인생의 생·로·병·사에 해탈解脫을 얻을 것이요,

생멸거래에 변함이 없는 마음에서 드러나는 천지는 순환무궁하게 변화하는 천지입니다. 주야晝夜로 춘하추동으로 풍운우로상설로 변화하는 작용이 다함이 없이 지속持續하는 영원불멸한 천지의 도입니다. 만물의 멸滅은 새로운 생生으로 만물의 종終은 새로운 시작으로 이어집니다.

텅 비었으되 신령하게 아는 마음에서 드러나는 천지는 생멸에 얽매임 없이 순환무궁하게 생멸 변화합니다.

그러므로 이 같은 영원불멸한 천지의 도를 체받아서 만물의 변태에 얽매이지 않고, 인생의 생로병사를 대하되 다함이 없는 천지의 도를 따라 생로병사의 변화에 집착하는 괴로움으로부터 해탈하자는 것이 천지 보은입니다.

7. 천지의 길흉 없는 도를 체받아서 길한 일을 당할 때에 흉할 일을 발견하고, 흉한 일을 당할 때에 길할 일을 발견하여, 길흉에 끌리지 아니할 것이요,

텅 비어 고요한 마음에서 드러나는 천지는 길흉이 끊어지어 길흉에 끌려가지 않는 천지의 도입니다. 공적영지의 광명을 따라 드러나는 천지는 선악 업보의 길흉이 끊어진 천지입니다.

소태산 대종사는 대각을 확인하는 기연으로 『주역』의 '여귀신합기길흉與鬼神合其吉凶'이란 구절에서 천지의 길흉 없는 도를 확인하여 명확하게 드러내십니다. '여귀신합기길흉'은 길흉을 초월하자는 것입니다. [『한울안한이치에』]

귀신은 음양입니다. 그러므로 길하고 흉한 것은 천지 입장에서는 음양 변화입니다. 천지는 음양 이전 자리에서 음양에 끌리지 않으면서 음양을 운행하는 천지입니다.

텅 비어 고요한 자리에서 드러나는 천지는 길한 일을 당해도 길한 경계에 끌려가지 않고 흉한 일을 당해도 흉한 경계에 매몰되지 않는 천지입니다.

천지는 음 중에서 양으로 변하고 양 중에서 음으로 변하는 것입니다. 가뭄, 산불, 산사태, 홍수와 태풍 등 모든 천재지변은 인간의 입장에서는 흉한 일이지만 천지의 입장에서는 음 중에 양으로 변하고 양 중에서 음으로 변화하는 음양상승의 조화입니다.

인간의 입장에서 길흉이지 천지의 입장에서는 음양 변화입니다. 길흉이 본래 없는 자리에서 음양 조화가 나타나는 것입니다. 천지의 길흉이 없는 도는 선악 업보가 끊어진 자리로써 공적영지의 광명을 따라 선악 업보에 차별이 생겨나는 것입니다.

그러므로 천지의 길흉 없는 도를 체받은 사람은 길흉의 경계를 당하여 길흉에 끌리지 않는 경지입니다. 이처럼 천지의 도는 길흉이 없으므로 길吉에 끌리지 아니하여 길한 일을 당할 때 흉할 일을 발견하고, 흉凶에 끌리지 아니하여 흉한 일을 당할 때 길할 일을 발견합니다.

즐거운 상황인 길한 상황에 집착하면 반대급부의 고통이 따라오기 마련이며, 고통스러운 흉한 상황에 집착하면 편안한 길에 연연하게 됩니다.

천지의 도는 길흉이 없으므로 길흉이 없는 자리에서 길흉이 역력하게 드러납니다. 그러므로 길흉이 없는 천지의 도에 따라 길흉에 끌려가지 않는 것입니다.

그런데 길흉의 변화는 음지가 때가 되면 양지가 되고 양지가 때가 되면 음지가 되는 결정론이 아니라 음양에 끌리지 않는 자리에서 음 속에 양이 있고 양 속에 음이 있는 음양을 길흉으로 운영하는 마음의 힘입니다.

길흉에 끌리지 아니하는 천지의 길흉이 없는 도에 따라 길흉이 파도치는 자리에서 길한 가운데 흉할 일을 발견하고 흉한 가운데 길할 일을 발견하여 길흉을 운영하는 것입니다. 죄복 인과에 끌리지 않는 가운데 죄복 인과를 운영하는 것입니다.

텅 비어 고요한 자리에서 천지를 보면 천지와 하나가 되어 원래 길흉이 없는 천지행을 행하게 됩니다. 이것이 바로 천지의 도를 체받아 보은행을 하는 보은자입니다.

8. 천지의 응용무념應用無念한 도를 체받아서 동정 간 무념의 도를 양성할 것이며, 정신·육신·물질로 은혜를 베푼 후 그 관념과 상相을 없이 할 것이며, 혹 저 피은자가 배은망덕을 하더라도 전에 은혜 베풀었다는 일로 인하여 더 미워하고 원수를 맺지 아니할 것이니라.

텅 비어 고요한 자리에서 드러나는 천지는 응용무념한 도를 행하는 천지요, 공적 영지의 광명을 따라 드러나는 천지는 응용무념한 도의 천지입니다.

예를 들어 땅이 모든 존재의 바탕이 되어도 그러한 은혜를 베풀었다는 관념과 상이 없으며, 하늘의 공기가 뭇 생명의 근원이면서도 혜택을 베풀었다는 관념과 상이 없는 무념의 작용입니다.

응용무념한 천지의 도를 체받아서 동정 간에 무념의 도를 양성하는 것이 천지 보은입니다. 그러므로 정신 육신 물질로 타인에게 은혜를 베푼 후에도 무념의 도에 따라 관념과 상에 집착하지 않으며, 혹여 은혜를 베풀어 준 사람이 도리어 배은망덕할지라도 은혜 베푼 일로 인하여 더 미워하는 원수가 되지 않도록 하는 것이 천지 보은입니다.

소태산 대종사는 『대종경』 인도품 17장에서 응용무념 공부의 실례를 보여주십니다.
어느 날 이공주가 이웃집 가난한 사람에게 약간의 보시를 하였더니 그가 그 후로 자신의 집일에 몸을 아끼지 아니하니 "복은 짓고 볼 일이고 지으면 받는 것이 그와 같이 역력함을 알았다."라고 소태산 대종사에게 사룁니다.
이에 소태산 대종사는 "복을 지으면 받아지는 이치는 알았으나 잘못하면 그 복이 죄로 화하는 이치도 아느냐"라고 물으며 말씀하십니다.
"지어 놓은 그 복이 죄가 되는 것이 아니라 복을 지은 그 마음이 죄를 짓는 마음으로 변하기도 한다고 함이니, 범상한 사람들은 남에게 약간의 은혜를 베풀어 놓고는 그 관념과 상을 놓지 못하므로 저 은혜 입은 사람이 혹 그 은혜를 몰라주거나 배은망덕背恩忘德을 할 때에는 그 미워하고 원망하는 마음이 몇 배나 더하여 지극히 사랑하는 데에서 도리어 지극한 미움을 일어내고, 작은 은혜로 도리어 큰 원수를 맺으므로, 선을 닦는다는 것이 그 선을 믿을 수 없고 복을 짓는다는 것이 죄를 만드는 수가 허다하나니, 그러므로 달마께서는 '응용무념應用無念을 덕이라 한다.' 하셨고, 노자께서는 '상덕上德은 덕이라는 상이 없다.' 하셨으니, 공부하는 사람이 이 도리를 알고 이 마음을 응용하여야 은혜가 영원한 은혜가 되고 복이 영원한 복이 되어 천지로 더불어 그 덕을 합하게 될 것이니, 그대는 그 상 없는 덕과 변함없는 복 짓기에 더욱 꾸준히 힘쓰라."

은혜를 베푼 후 도리어 은혜받은 사람이 배은망덕할지라도 그 일로 인하여 더 섭섭해하고 서운해하지 말라는 것입니다. 이에 따라 더욱 미워하는 원수가 되지 않도록 하기 위해서 상 없는 덕과 변함없는 복 짓기에 힘쓰라는 것입니다. 이것이 바로 천지의 응용무념한 도를 체받아서 보은하는 것입니다.

천지 8도의 대표는 '응용무념의 도'입니다. 그러므로 천지의 길흉 없는 도는 천지의 응용무념의 도이며 그 외 나머지 도 또한 마찬가지입니다.

　오늘은 천지 피은의 조목 중에서 천지의 광대무량한 도, 천지의 영원불멸한 도, 천지의 길흉 없는 도, 천지의 응용무념한 도를 체받아 실행하는 조목에 대해 살펴보았습니다.

천지 보은의 결과

─────── 반갑습니다. 이번 시간에는 천지은 중에서 '천지 보은의 결과'를 살펴보겠습니다.

'천지 보은의 결과'입니다.

> "우리가 천지 보은의 조목을 일일이 실행한다면 천지와 내가 둘이 아니요, 내가 곧 천지일 것이며 천지가 곧 나일지니, 저 하늘은 비록 공허하고 땅은 침묵하여 직접 복락福樂은 내리지 않는다 하더라도, 자연 천지 같은 위력과 천지 같은 수명과 일월 같은 밝음을 얻어 인천대중人天大衆과 세상이 곧 천지같이 우대할 것이니라."

'우리'가 주체입니다. 천지 보은의 주체는 바로 우리입니다.

어느 누가 되었든지 남녀노소 선악귀천을 막론하고 천지 보은의 조목을 일일이 실행하면 우리가 천지가 되어서 천지 같은 천지행을 하게 되는 것입니다.

천지 보은의 조목을 일일이 실행하는 것은 천지 8도를 하나하나 실행하는 것입니다.

그러면 천지 8도와 내가 둘이 아닌 하나가 되는 것입니다. 즉 천지 8도를 담지擔持하여 내가 곧 천지가 되고 천지가 곧 내가 되어, 천지 같은 위력과 천지 같은 수명과 일월 같은 밝은 천지행을 얻게 되는 것입니다. 그리하여 인천대중[人天大衆, 인간계와 천상계의 모든 중생]과 세상을 천지 모시듯이 우대하는 것입니다.

소태산 대종사는 천지와 사람의 관계를 천권과 인권으로 밝혀주십니다.

"천지에 아무리 무궁한 이치가 있고 위력이 있다 할지라도 사람이 그 도를 보아다

천지은 • 81

가 쓰지 아니하면 천지는 한 빈 껍질에 불과할 것이거늘 사람이 그 도를 보아다가 각자의 도구같이 쓰게 되므로 사람은 천지의 주인이요 만물의 영장이라 하나니라. 사람이 천지의 할 일을 다 못 하고 천지가 또한 사람의 할 일을 다 못 한다 할지라도 천지는 사리 간에 사람에게 이용되므로 천조의 대소 유무를 원만히 깨달아서 천도를 뜻대로 잡아 쓰는 불보살들은 곧 삼계의 대권을 행사함이니, 미래에는 천권天權보다 인권人權을 더 존중할 것이며, 불보살들의 크신 권능을 만인이 다 같이 숭배하리라."
[『대종경』 불지품 13장]

천지 보은의 결과에서 '저 하늘은 공허하고 땅은 침묵하여 직접 복락福樂은 내리지 않는다'라고 밝히고 있습니다. 천지는 우리에게 직접 복락을 주는 존재가 아닙니다.
소태산은 '심고의 감응되는 증거'라는 법설에서 "사람이 저 사은에 대하여 심고를 올리면 저 천지나 부모나 동포, 법률이 '오! 네가 나에게 심고하느냐? 참 고마워서 너의 소원을 들어주어야겠다.' 이렇게 감응하는 것은 아니다."[《월보》 제36호]라고 말씀하십니다.

이처럼 천지는 우리의 외부에서 죄복을 직접 주재하는 존재가 아닙니다.
사람이 천지의 할 일을 다 못 하고 천지가 또한 사람의 할 일을 다 못 하는 것입니다.
천지가 할 일은 천지가 하고 사람이 할 일은 사람이 하는 것입니다. 다만 사람은 천지의 도를 따라 천지행을 할 수 있는 권능이 있습니다. 천지자연의 질서를 인간사회의 질서에 적용하는 것입니다. 이처럼 천권과 인권은 영역이 다르나 천권을 인권에 활용하는 겁니다.
만일 사람들이 천지의 도를 쓰지 못하면 천지에 아무리 무궁한 이치와 위력이 있다고 해도 빈 껍질에 불과한 것입니다. 마치 도구같이 천지의 도를 사용하는 것입니다. 인간이 천도를 인도에 활용할 수 있기에 인간을 만물의 영장이라고 하는 것입니다.

그러므로 천지는 사리 간에 사람에게 이롭게 사용되므로 사람은 천지의 주인입니다. 불보살은 천조天造의 대소 유무를 깨달아서 천도를 뜻대로 잡아 쓰므로 삼계의 대권을 행사합니다. 천조의 대소 유무는 천지의 도로써, 불보살은 이러한 천지의 도를 잘 사용할 줄 아는 주인공입니다. 실로 사람은 천지의 도를 운영하는 책임자입니다.

천지 보은자는 천지 같은 위력과 천지 같은 수명 그리고 일월 같은 밝음을 얻게 됩니다. 이러한 천지행의 위력과 수명과 밝음을 갖춘 자는 세상으로부터 천지 같은 대우를 받게 됩니다.

> 천지가 직접 복락을 내리지 않습니다.
> 천지에 무언가를 올린다고 하여 그 뜻을 직접 들어주는 존재가 아닙니다.
> 천지는 무엇을 준다고 받을 수 있는 존재도, 소원을 직접 들어줄 존재도 아닙니다.
> 천지의 실상은 우리에게 천지의 도道를 보여 주는 대상입니다.
> 다만 우리가 천지의 도에서 어긋나면 그 도의 이치에 따라서 죄해가 있게 되고, 우리가 천지의 도를 품어 실행하면 천지 같은 천권을 잡아 쓸 수 있는 것입니다.
> 그리하여 그 도의 이치에 따라 복락이 있게 되는 것입니다.

우리가 천지가 되어서 천지행을 하는 것입니다.

나를 가꾸고 가정을 가꾸고 사회를 가꾸고 세상을 가꾸는 이 모든 일은 우리가 하는 것입니다. 우리가 천지의 도를 체받아서 천지 같은 위력과 수명과 일월 같은 밝음을 갖춘 천지행을 하는 것입니다.

천지의 도를 체받아 덕을 나투는 단련이 없이 이해타산의 행복을 구하는 것은 천지 보은의 결과와 차이가 있습니다.

천지 보은을 하면 천지가 직접 복락을 주는 것이 아니라, 천지의 도를 본받아서 천지 같은 위력과 천지 같은 수명 그리고 일월 같은 밝음을 얻는 것입니다. 이와 같은 천지의 도인 천권天權을 잡아 쓰는 것입니다.

천지에 직접 복락을 내려주라고 비는 기복신앙이 되어서는 안 됩니다.
천지가 된 우리가 천지행을 행사하는 것입니다.
천지가 만물을 살리듯, 내가 천지가 되어서 천지행을 행사하는 것입니다.
나도 살리고, 가족도 살리고, 사회도 살리고, 세상도 살리는 것입니다.
더불어 천지 만물도 북돋아 기르는 것입니다.

천지 같은 수명과 일월 같은 밝음과 천지 같은 위력은 수양력·연구력·취사력과 상통해 있습니다. 천지 같은 수명은 수양력과 통하고, 일월 같은 밝음은 연구력과 통하고 천지 같은 위력은 취사력과 상통합니다. 결국 천지의 도에 따라 보은하면 삼대력을 얻는 것입니다.

한 예를 들면 '천지 보은의 조목' 1조인 천지의 지극히 밝은 도를 체받아서 천만 사리를 연구하여 걸림 없이 알자는 것이 사리연구의 연구력을 얻는 천지 보은입니다. 그러므로 사은 보은과 연구력은 상통해 있는 것입니다. 천지은을 비롯한 사은은 삼학으로 운영하고 삼학은 사은을 토대로 발휘하기 때문입니다.

오늘은 천지 보은의 결과에 대해 살펴보았습니다.

🔍 더보기 Tip

천지은과 영주靈呪

─────── 이번 시간에는 '천지은'과 영주靈呪를 연계하여 살펴보겠습니다.

'천지 보은의 결과'의 첫 단락인 "우리가 천지 보은의 조목을 일일이 실행한다면 천지와 내가 둘이 아니요, 내가 곧 천지일 것이며 천지가 곧 나일지니"는 영주의 '천지여아동일체天地與我同一體'와 직결된다고 할 수 있습니다.

'천지 보은의 결과' 둘째 단락인 "저 하늘은 비록 공허하고 땅은 침묵하여 직접 복락은 내리지 않는다고 하더라도, 자연 천지 같은 위력과 천지 같은 수명과 일월 같은 밝음을 얻어 인천대중과 세상이 곧 천지같이 우대하는 것이니라."는 영주의 '아여천지동심정我與天地同心正'과 직결된다고 할 것입니다.

정산 종사는 "영주는 '천天의 체와 합하자는 것"[『한울안한이치에』]이라고 합니다. 결국 영주는 천지의 도를 체받아서 '천지 보은'하자는 '천지은'의 집약문으로써 천지은에 직통하는 주문입니다.

이에 천지은과 영주를 서로 관련하여 파악해 보겠습니다.
첫째, '**천지영기아심정**天地靈氣我心定'입니다.
영주의 '천지영기아심정'은 천지의 신령한 기운이 내 마음에 자리 잡은 경지입니다.
'천지영기'는 천지의 도입니다. 하늘과 땅이 둘이 아니요, 일월성신과 풍운우로상설이 모두 한 기운 한 이치여서 영험하지 않은 바가 없으므로[『대종경』 변의품 1장], 천지는 한 기운이요 한 이치입니다.
그러므로 영험한 천지의 기운은 천지의 이치요 천지의 도입니다. [천지영기=천지의 이치=천지의 도]

천지영기아심정은 천지의 도가 우리의 마음에 자리 잡은 경지입니다. 천지영기는 곧 천지의 도로써 지극히 밝은 것이며, 지극히 정성한 것이며, 지극히 공정한 것이며, 순리자연한 것이며, 광대무량한 것이며, 영원불멸한 것이며, 길흉이 없는 것이며, 응용무념한 것으로써, 이 천지 8도가 마음에 자리 잡은[定] 경지가 바로 아심정我心定입니다.

한마디로 천지영기아심정은 '천지 피은의 강령' 및 '천지 피은의 조목'과 하나 된 '천지 피은被恩의 경지'입니다.

즉 천지의 신령한 기운인 천지의 도를 피은된 경지로써 천지의 도가 굽어살피는, 즉 '천지하감지위天地下鑑之位'의 상태입니다. 이는 강신降神과 접신接神의 진리적 의미입니다.

둘째, '**만사여의아심통**萬事如意我心通'입니다.

만사여의아심통은 천지영기를 내 마음에 내장·함장하여 만사를 작용할 때 사통오달토록 하는 것입니다. 이는 천지영기인 천지의 도를 체받아서 뜻하는 대로 마음에 막힘없이 통하게 하는 것입니다.

즉 '천지 보은의 조목'처럼 천지 8도를 체받아서 만사에 통달하는 것입니다.

'천지 보은의 조목' 2조를 예로 든다면 천지의 지극히 정성한 도인 천지영기를 체받아 내 마음에 아심정我心定하여 만사를 작용할 때 간단없이 시종이 여일하게 그 목적을 달하도록 하는 것입니다.

또는 '천지 보은의 조목' 3조처럼 만사를 작용할 때 천지의 지극히 공정한 도를 체받아서 원·근·친·소와 희·노·애·락에 끌리지 아니하고 오직 중도를 잡도록 하는 것이며, 또는 '천지 보은의 조목' 4조처럼 만사를 작용할 때 천지의 순리자연한 도를 체받아서 합리와 불합리를 분석하여 합리는 취하고 불합리는 버리도록 하는 것입니다.

이처럼 만사여의아심통은 천지의 도를 체받아서 '천지 보은의 강령'과 '천지 보은의 조목'에 통달하는 것입니다. 만사를 작용할 때 천지의 도를 체받아서 뜻하는 대로 만사에 통달해 가는 것입니다. 이는 천지의 도를 느끼고 알아 실행토록 하는 지은知恩의 경지입니다.

셋째, '**천지여아동일체**天地與我同一體'입니다.

'천지 보은의 결과'의 첫 단락처럼 "우리가 천지 보은의 조목을 일일이 실행하면" 즉 천지 8도를 체받아 실행하면 "천지와 내가 둘이 아니요, 내가 곧 천지일 것이며 천지가 곧 나일지니"처럼 천지여아동일체가 됩니다.

'천지여아동일체'는 우리 각자가 '천지 보은의 조목'을 일일이 실행하여 천지의 도가 나에게 자리 잡아 천지와 내가 한 몸이 되는 천인합일天人合一의 경지입니다. 만물을 화육하는 천지의 도에 참여하여 동일체가 되는 상태입니다.

천지영기아심정 하면 천지여아동일체에 이릅니다. 즉 천지의 도를 체받아서 천지의 도를 체화하여 천도와 한 몸이 된 경지로, 천도天道의 천권天權을 인도人道의 인권人權에 담지擔持하여 체화하는 경지입니다. 우리는 천지의 도를 운영하는 주인공입니다.

넷째, '**아여천지동심정**我與天地同心正'입니다.

아여천지동심정은 '천지 보은의 결과'의 둘째 단락처럼 "저 하늘은 비록 공허하고 땅은 침묵하여 직접 복락은 내리지 않는다고 하더라도, 자연 천지 같은 위력과 천지 같은 수명과 일월 같은 밝음을 얻어 인천대중人天大衆과 세상이 곧 천지 같이 우대하는 것"입니다.

만사여의아심통하면 아여천지동심정에 다다릅니다.

한마디로 아여천지동심정은 '천지 보은의 결과'입니다.

즉 천지의 도를 체받아 천지행을 실행함으로써 천지 같은 위력과 천지 같은 수명과 일월 같은 밝음을 얻어 내가 천지와 더불어 한마음이 되어 바르게 되는 것입니다.

천지 보은이 곧 아여천지동심정의 '바를 정正'입니다.

즉, 천지는 공적하여 직접 복락은 내리지 않더라도 천지의 도를 체받아 보은하면 인천대중과 세상이 우대하는 '천지 보은의 결과'가 있고, 천도天道를 본받지 못하여 배은하면 '천지 배은의 결과'인 죄해가 있게 되는 이것이 아여천지동심정의 '정正'입니다.

또한 '천지은'은 삼대력과 상통합니다. 천지 같은 수명은 수양력과 일월 같은 밝음

은 연구력과 천지 같은 위력은 취사력과 연관되며,
 '천지영기아심정天地靈氣我心定'은 천지은의 피은被恩으로 수양력과 통하며
 '만사여의아심통萬事如意我心通'은 천지은의 지은知恩으로 연구력과 통하며
 '천지여아동일체天地與我同一體 아여천지동심정我與天地同心正'은 천지은의 보은報恩으로 취사력과 통합니다. 피은·지은·보은은 삼대력으로 전개됩니다.

 영주는 천지은의 집약문으로써 '천지 보은의 결과'로 귀결됩니다.
 한마디로 영주는 천지의 도를 체받아서 그 도를 실행하여 보은하는 천지은의 노래입니다.

 오늘은 영주를 통해 '천지 보은의 결과'를 살펴보았습니다.

천지 배은과 그 결과

─────── 반갑습니다. 이번 시간에는 천지은 중에서 '천지 배은'과 '천지 배은의 결과'에 대해 살펴보겠습니다.

'천지 배은'입니다.

> "천지에 대한 피은·보은·배은을 알지 못하는 것과 설사 안다 할지라도 보은의 실행이 없는 것이니라."

즉 천지에 대한 피은·보은·배은을 알지 못하는 것도 천지의 은혜에 등지는 배은이요, 설사 안다고 할지라도 보답하고 응답하고 사례·답례하는 보은의 실행이 없어도 배은입니다.

모르는 것도 배은이요 실행이 없는 것도 배은입니다.

인식능력의 부족도 문제이고 실행능력의 부족도 문제입니다.

결국 은혜를 모르면 배은의 시작이고, 실행을 못 하면 배은의 끝입니다.

천지에서 입은 은혜가 무엇인지, 어떻게 해야 은혜를 갚을 수 있는지, 은혜에 보답하면 어떻게 되는지, 은혜를 갚지 않으면 어떻게 되는지 등에 대해 알지 못하고 마구잡이로 행하며, 설사 인지했다 해도 실천이 따르지 못한다면 배은입니다.

지은知恩이 따르지 못하면 배은이 되고, 보은報恩이 뒷받침되지 못해도 배은입니다. 그러므로 지은보은하라는 것입니다.

'천지 배은의 결과'에서 천지의 은혜에 등지어 배은하면 천벌天罰을 받게 된다고 밝히고 있습니다. '천지 배은의 결과'에서 천벌이란 천도天道를 본받지 못함에 따라 생기는 죄해罪害입니다. 천지 배은의 결과가 천벌의 죄해입니다.

　　천도天道는 천지의 도로써 천지 8도입니다.
　　천도는 텅 비었으되 신령하게 아는 일원상 마음에서 드러나는 천지의 도입니다.
　　천도를 본받지 못함은 천지의 도를 체받지 못하는 것으로, 구체적으로는 천지 8도를 따르지 않는 것입니다.
　　천벌은 천지의 도를 본받지 못한 배은행으로써, 이에 따라 받게 되는 해로움입니다.
　　천도를 본받지 못하는 천지 배은의 결과가 바로 천벌의 죄해입니다.
　　이러한 죄해는 천지 배은의 잘못함에 따른 해로움으로써 천벌이라 말하며, 천벌은 천지 배은으로 인하여 받는 죄벌입니다. 즉 **천지 배은의 결과=천벌=죄벌=죄해** 입니다.

　　죄罪는 '아닐 비非'와 '그물 망网'의 조합으로 아닌 짓을 담고 있는 것이라고 풀어 볼 수 있습니다.
　　이렇듯 천지 배은의 아닌 짓을 지어 스스로 천지 배은의 결과인 죄해를 받게 되는 것입니다.
　　천지 8도를 체받지 못한 잘못함이 죄이며, 이 죄에 따른 해로움이 바로 천벌이요 죄벌입니다.

　　소태산 대종사는 '천지 배은의 결과'에서 천벌의 내역을 알기 쉽게 설명해 주십니다.

> 첫째, 천지의 지극히 밝은 도를 체받지 못함에 따라 응당 사리 간에 무식할 것이며,
> 둘째, 천지의 지극히 정성한 도를 체받지 못함에 따라 매사에 정성이 적을 것이며,

> 셋째, 천지의 지극히 공정한 도를 체받지 못함에 따라 매사에 과불급한 일이 많을 것이며,
>
> 넷째, 천지의 순리자연한 도를 체받지 못함에 따라 매사에 불합리한 일이 많을 것이며,
>
> 다섯째, 천지의 광대무량한 도를 체받지 못함에 따라 매사에 편착심이 많을 것이며,
>
> 여섯째, 천지의 영원 불멸한 도를 체받지 못함에 따라 만물의 변태와 인간의 생로병사를 모를 것이며,
>
> 일곱째, 천지의 길흉 없는 도를 체받지 못함에 따라 길흉화복을 모를 것이며,
>
> 여덟째, 천지의 응용무념한 도를 체받지 못함에 따라 덕을 써도 상에 집착하여 안으로 자만하고 밖으로 자랑할 것이니,
>
> 이러한 사람의 앞에는 어찌 죄해가 없으리오.

한마디로 천지의 도를 본받지 못하면 죄해가 있게 된다는 말씀입니다.

응당 사리 간에 무식할 것이며, 매사에 정성이 적을 것이며, 매사에 과불급한 일이 많을 것이며, 매사에 불합리한 일이 많을 것이며, 매사에 편착심이 많을 것이며, 만물의 변태와 인간의 생로병사를 모를 것이며, 길흉화복을 모를 것이며, 덕을 써도 상에 집착하여 안으로 자만하고 밖으로 자랑하기에 죄해가 따른다는 것입니다.

그러니까 천벌이나 죄벌을 천지라는 외재의 타자가 인격신처럼 주재하여 직접 내려주는 죄벌이라 여겨서는 안 되는 것입니다. 천벌 또는 죄벌은 천지의 도를 본받지 못하고 거스르는 심신 작용에 따라 해로움이 발생하는 삶의 이치요 실제입니다. 그러므로 천지 배은의 결과에서 '천지는 또한 공적하다'고 한 것입니다.

천벌은 천지가 주재자처럼 죄복을 직접 주는 것이 아니라 천지의 도를 본받지 못함에 따라 발생하는 자연적인 결과입니다. 이처럼 천벌은 스스로 지어서 스스로 받는 것입니다.

천도天道는 지극히 정성스러운 천지의 도 자체라면 인도人道는 정성스러운 천도를 따라 정성스럽게 행하는 인간의 길입니다. 즉 인간은 인생이라는 삶의 과정에서 이러한 천지의 도를 축적해서 자신과 세상을 가꾸어 가는 것입니다.

천도에 따라 보은하는 인간의 길과 천도를 어기어 배은하는 인간의 길이 있는 것입니다. 이처럼 천도에 배은하면 천벌의 죄해가 있게 되는 것입니다.

분명한 것은 천지가 공적하다 하더라도 우연히 돌아오는 고苦나 자기가 지어서 받는 고는 곧 천지 배은에서 받는 죄벌입니다.

우연히 돌아오는 고가 되었든 자기가 지어서 받는 고가 되었든, 모든 고는 결국 천지의 도를 본받지 못함에 따라 발생하는 결과입니다.

천지의 도를 체받지 못하여 생기는 고는 천지 배은의 죄해입니다.

이 죄해는 천지의 도를 본받지 못하여 발생하는 결과이기에 천벌이라고 한 것입니다.

천지의 도를 본받으면 보은의 복락이요 위배하면 배은의 죄해입니다.

결국 천지에 대한 피은·보은·배은을 알지 못하거나, 설사 안다고 할지라도 보은의 실행이 없으면 스스로 고를 장만하여 죄해를 짓게 되어 천지 배은의 결과인 천벌을 받습니다.

그렇다고 이렇게 죄해의 고를 주는 천벌은 우리를 좌절시켜 응징하는 것이 본질이 아니라 이러한 죄고의 역경을 통해서 더욱 생장을 돈독하게 하는 것이 본의입니다.

오늘은 천지 배은과 그 결과에 대해 살펴보았습니다.

더보기 Tip

우연히 돌아오는 고와 자기가 지어서 받는 고

──────── 반갑습니다. 이번 시간에는 '천지 배은의 결과'의 마무리 문장인 **"천지는 또한 공적하다 하더라도 우연히 돌아오는 고나 자기가 지어서 받는 고는 곧 천지 배은에서 받는 죄벌이니라."**에서 '우연히 돌아오는 고'와 '자기가 지어서 받는 고'에 대해 살펴보겠습니다.

자기가 지어서 받는 고와 우연히 받는 고는 어떻게 다를까요?

지어서 받는 것과 우연은 어감과 의미에 차이가 있습니다. 우연에는 행운과 요행이 따라붙기 때문입니다. 이에 관한 소태산 대종사의 법설을 전제前提하여 고찰해 보겠습니다.

《회보》제60호, 원기24년(1939) 11월호에 실린 이공주 수필의 '음조陰助와 음해陰害의 출처'라는 제목의 법설로, 『대종경』 인과품 15장에 약술됩니다.

경성교당인 돈암동 회관은 원기21년(1936) 박창기의 후원으로 법당 채를 보수하며, 원기24년(1939) 황정신행의 지원에 의해 식당과 남자 숙소를 수리합니다. 이 법설은 원기24년에 돈암동 회관 개수 작업 중 얻은 소태산 대종사의 감각 감상으로 여겨집니다.

한때에 종사주宗師主[소태산 대종사] 경성교당[돈암동 회관]에 계시사, 일반 청중에게 말씀하여 가라사대, 요사이 나는 역사役事[토목·건축 등의 공사] 감역을 하기 위하여 여러 노동자와 매일 접촉하게 되었던바, 어제는 저희끼리 이와 같이 말하는 것을 들었다.

"아무리 하여도 그저 도와주는 것이 있어야 해. 암만 애를 써도 억제抑制로는 살 수 없는 것이야. 모某로 말하면 낮에는 돈을 벌고 밤이면 나무를 하기에 곧 부자가 될 줄 알았더니, 어느 날 밤에 나무하러 가면서 헛간에 담뱃불을 떨어쳐 집을 다 태우는 것을 본즉, 참 인력人力으로는 할 수 없는 것이데."라고 하더라.

그래 나에게 그 이유를 묻는다면 자상히 가르쳐 주려 하였더니, 묻는 자가 없기에 그만두었다가 오늘 제군에게나 그 말을 가르쳐 주려 하노라.

대저, 우리 인간이 이 세상에서 살아나가자면 자기도 모르게 우연한 음조陰助와 음해陰害가 반드시 돌아오나니, 과연 그 음조와 음해란 그 무엇이 보내는 것인가? 하나님일까? 부처님일까? 조상일까? 귀신일까?

아니다. 하늘도 아니요, 부처도 아니며, 조상도 아니요, 귀신도 물론 아니다. 시시각각으로 우리에게 돌아오는 복불복福不福 죄부죄罪不罪는 다만 우리 마음 작용에 달려 있나니, 부처님이 이르신바 일체一切가 유심조唯心造라는 말씀이 곧 그것이다.

환언하면 부귀빈천과 고락영고苦樂榮枯가 다 각자의 짓는 바에 따라 받게 된다는 말이니, 과거에 지은 바는 현재에 받게 되고, 현재에 지은 바는 미래에 받게 되는 것이며, 미래에 받을 때는 그를 일러 음조陰助라 음해陰害라 하나니라.

그런데 이 세상 사람들은 그런 이치를 알지 못하고 부귀와 영화를 억제抑制로 탐하려 하며 빈천과 고로苦勞를 억제로 면하려 하니, 그 어찌 어리석지 아니하며 답답하지 아니하랴? …중략… **그리고 동일한 죄와 복을 짓는 데에도 개인에게 지은 것은 어느 때든지 그 사람을 만나야 받게 되지마는, 국한을 툭 트고 공중을 향하여 지은 것은 어느 때 어느 곳을 가든지 우연한 복과 우연한 죄를 받게 되나니, 이 어찌 범연히 들을 바이랴?**

"모某로 말하면 낮에는 돈을 벌고 밤이면 나무를 하기에 곧 부자가 될 줄 알았더니, 어느 날 밤에 나무하러 가면서 헛간에 담뱃불을 떨어쳐 집을 다 태우는 것을 본즉, 참 인력人力으로는 할 수 없는 것"이라 한 것은 자기가 담뱃불을 헛간에 던진 심신 작용의 잘못으로 인하여 자작자수自作自受의 결과를 초래한 것인데 그 사실을 모른다는 것입니다.

그리고 "과거에 지은 바는 현재에 받게 되고, 현재에 지은 바는 미래에 받게 되는 것이며, 미래에 받을 때는 그를 일러 음조陰助라 음해陰害라 하나니라."라고 합니다. 그러니까 현재에 지은 바를 미래에 받을 때 자기가 지은 줄을 모르고 받게 되면 음조 음해라 여기게 된다는 것입니다.

소태산은 "개인에게 지은 것은 어느 때든지 그 사람을 만나야 받게 되지마는, 국한을 툭 트고 공중을 향하여 지은 것은 어느 때 어느 곳을 가든지 우연한 복과 우연한 죄를 받게 된다."라고 밝히고 있습니다.
개인에게 지은 것은 그 사람을 만나서 받고 공중에 지은 것은 우연히 받는다는 것입니다. 인연과에 있어 개인 간의 연緣과 공중과의 연緣에 따라 받게 되는 현상이 다르다는 것입니다.

《회보》 제60호 '음조와 음해의 출처'의 후반부 법설입니다.

> 그러면 제군도 경영하는 바 일이 인력人力이 아니고 우연히 잘 되는 일과 인력이라도 중력衆力으로 잘 되는 일은 과거나 현재에 공익사업을 잘한 줄로 알고, 개인에게 도움을 받게 되거든 과거나 현재로 그 사람에게 유익을 주었던 줄로 알며, 그 반대로 경영하는 바 일이 인력이 아니고 우연히 실패되는 일과 인력이라도 중력衆力으로 실패가 되거든 과거나 현재 공익사업에 손해를 끼친 줄로 알며, 개인에게 손해를 보게 되거든 과거나 현재로 그 사람에게 손해를 끼치었던 줄로 아는 동시에 즉 음조와 음해의 출처는 오직 각자의 육근六根 작용에 있다는 것을 제군은 명념銘念할지어다.

'개인에게 지은 것은 어느 때든지 그 사람을 만나야 받게 되지마는, 공중을 향하여 지은 것은 어느 때든 어느 곳에든 우연한 복과 우연한 죄를 받게 된다.'는 것입니다.

우연한 고락은 불특정 다수인 공중公衆을 대상으로 짓고 받는 것입니다. 인력人力은 개인 각자의 힘이라면 중력衆力은 대중인 공중의 힘으로, 이러한 대중에게 복을 지어야 불특정 다수인 공중으로부터 도움을 받게 된다는 것입니다.

즉 우연히 받는 것은 공익사업에 지어서 불특정의 공중으로부터 받는 것이며, 설사 개개인의 인력이라 해도 여러 대중의 중력衆力으로부터 도움을 받거나 방해를 받게 되는 것입니다. 중력은 중연衆緣으로 공중公衆의 대중을 말합니다.

'우연한 재앙'과 관련된 법문입니다.

"한 제자 총부 부근에 살며 교중의 땔나무 등 소소한 물건을 사가로 가져가는지라, 대종사 말씀하시기를 '아무리 교중 살림이 어렵더라도 나무 몇 조각 못 몇 개로 큰 영향이 있을 것은 아니나, 여러 사람의 정성으로 모여진 물건을 정당하지 못하게 사사로이 소유하면 너의 장래에 우연한 재앙이 미쳐 그 몇 배의 손해를 당할 것이므로, 내가 그것을 예방하기 위하여 미리 경계하노라.'" 『대종경』 교단품 14장

불특정 다수인 여러 사람의 정성으로 모은 물건을 정당하지 못하게 사사로이 사용하면 불특정의 우연한 재앙이 미치게 된다는 말씀입니다. 우연한 고는 불특정한 공중에 해가 되는 심신 작용을 한 결과라는 것입니다.

불특정 다수의 익명 대중에게 천지의 도를 행하지 못하여 죄해를 입히면 우연히 돌아오는 고를 받게 되고, 서로를 인지하는 사이에서 천지의 도를 행하지 못하여 당사자에게 죄해를 입히면 자기가 지어서 받는 고를 받게 되는 것입니다.

그러므로 "천지는 또한 공적하다 하더라도 우연히 돌아오는 고나 자기가 지어서 받는 고는 곧 천지 배은에서 받는 죄벌이니라." 하는 것입니다.

오늘은 천지배은의 결과의 마무리 문장 중에서 '우연히 돌아오는 고와 자기가 지어서 받는 고'에 대해 살펴보았습니다.

천지은의 산실, 삼밭재 마당바위

─────── 반갑습니다. 이번 시간에는 삼밭재 마당바위에서 산신령에게 기도 드렸던 삼령기원상을 천지은과 관련하여 살펴보겠습니다.

소태산 대종사 10상의 두 번째가 삼령기원상입니다.
과연 삼령기원의 대상인 산신령은 누구일까요? 삼밭재 마당바위에서 5년 동안 기도의 대상이었던 산신령의 정체는 무엇일까요?
소년 대종사의 발심-구도처는 마을의 신성한 기도터입니다. 처음에는 개암골 큰 골 정자나무 샘터에서 산신령을 찾아 기도합니다. 그러나 그곳은 골짜기이고 숲으로 둘러 싸여 있어 산신령이 보시기 어려운 곳이라 여기고 탁 트인 삼밭재 마당바위로 기도처를 옮기게 됩니다.
보통 산신령은 호랑이로 변신하거나 또는 호랑이를 데리고 다닌다고 하여, 민화에서는 까치호랑이로 전승되고 있습니다.

『원불교교사』 제2장 '대종사의 구도' 중에서 삼령기원상과 관련된 대목입니다.
"대종사, 한번 의심을 발하신 후로는 날이 갈수록 그 마음이 더욱 간절하시어, 밤낮으로 오직 소원 성취의 길을 찾기에 노심勞心하시더니, 11세 때 마읍리 선산묘제先山墓祭에 참례하셨다가, 산신을 먼저 제사하고 선조를 뒤에 제사함을 보시고 친족 중 한 사람에게 그 연유를 물어, 산신은 크게 신령하다 함을 들으시고는 나의 이 모든 의심을 산신에게 물으면 알 수 있으리라 생각하시어, 그날부터 내심內心에 산신을 만나기로 작정하시었다."
이로 보면 군서면 마읍리 선산은 소태산 대종사의 **'삼령기원상 발심지'**인 것입니다.

"그 후로는, 매일 산중을 더듬어 산과山果를 거두시며, 혹 정한 음식을 보시면 그 것을 가지고 마을 뒷산 '삼밭재'에 오르시어, '마당바위'라는 바위 위에 제물을 진설하시고, 전후 사방을 향하여 종일토록 예배하시다가, 해 진 후에야 귀가하시기를 매일 과정으로 하시되, 혹은 그곳에서 밤을 지내기도 하고, 혹은 비가 오고 눈이 와도 하루도 빠짐없이 5년간을 일관하시었으며, 처음에는 부모 모르게 그 일을 시작하시었으나, 마침내 모친께서 아시고 그 정성에 감동하여 많은 후원을 하시었다."

소년 대종사는 11세 후반부터 15세 결혼한 해까지 만 4년간 알고자 하는 의심을 풀기 위해서 삼밭재를 오르내리며 기도합니다. 산신령께 묻고 물었던 것입니다.

형편에 따라 재물을 모아 올리고 동서남북 사방으로 절을 하면서, 산신령에게 의심을 해결해 달라고 요청했던 것입니다.

소년 대종사는 삼밭재 마당바위 이 자리에서 산신령에게 절규했습니다. 의심·해결의 소원을 들어 달라고 애원했습니다. 몸부림쳤습니다. 과연 산신령은 들어주었을까요?

우리는 이 삼밭재 마당바위에서 산신령의 정체를 봐야 합니다.

산신령은 누구입니까? 산신령은 의인화되고 신비화된 죄복을 주재하는 외재화된 타력신입니다. 나의 밖에 있고 나와 분리된 절대자입니다. 외재하는 권능자입니다. 이처럼 신신령은 의인화된 타력신의 대표입니다.

소태산 대종사는 병진년 대각 후 천지은으로 산신령의 정체를 밝힙니다.

끈질기고 간절하게 산신령에게 기도 올린 인연으로 산신령의 진면목을 발견한 것입니다.

산신령이라는 인격적 타력신은 천지의 도요 덕이라고 밝혀주십니다.

바로 산신령의 정체는 천지의 도로써 천지의 덕을 나투는 천지은입니다.

어디에 따로 계시는 인격적 신이 아니라, 우주에 관통하여 두루 있는 신령한 진리입니다. [『정산종사법어』 경의편 40장]

산신령은 천지의 도요 덕입니다. 이것이 바로 진리적 종교의 신앙입니다.

소태산 대종사는 대각을 확인하는 사건에 봉착하여 『주역』의 "대인여천지합기덕

大人與天地合其德 여일월합기명與日月合其明 여사시합기서與四時合其序 여귀신합기길흉與鬼神合其吉凶"이란 구절의 논쟁을 듣고 그 뜻이 천지의 도와 덕임을 훤히 해석합니다.

천지은은 청정한 마음에서 드러나는 천지의 도와 덕입니다. 마음과 둘이 아닌 천지입니다.

천지의 지극히 밝은 도, 지극히 정성한 도, 지극히 공정한 도, 순리자연한 도, 광대무량한 도, 영원불멸한 도, 길흉 없는 도, 응용무념한 도가 바로 산신령이요 이 도에 따라 나타나는 덕이 바로 산신령의 조화입니다. 천지의 도와 덕이 바로 산신령의 정체입니다.

산신령은 산으로 대두되는 천지의 신령한 도와 덕입니다. 이때 산신령에 대한 체험을 통해 인격화되고 신격화된 대상을 진리 그대로의 모습으로 드러내 준 것입니다.

이제 기도의 대상은 인격화·신격화된 모습에서 벗어나야 합니다.

산신령은 천지은의 인격화입니다. 인격화·신격화는 인지가 어두운 시절에 성자가 사용한 방편[『정산종사법어』 경의편 4장]입니다.

천지의 도를 체받아서 실행하는 것이 참으로 산신령에게 기도하는 것입니다. 천지의 도가 천력天力입니다. 우리는 천력을 얻어야 합니다. 저 밖에서 우리를 좌우하는 천력이 아니라 우리의 존재 내에서 체험되는 도道입니다.

이러한 천지의 도를 체받는 경외심이 천력을 얻는 신앙심의 발현입니다. 그러므로 소태산 대종사는 신앙의 대상을 법신불 일원상으로 모시고 천지·부모·동포·법률의 사은을 신앙의 강령으로 삼도록 한 것입니다.

삼밭재 마당바위는 천지은의 산실입니다. 삼밭재 마당바위에 올라 천지은을 느껴보는 깨달음의 순례에 동참하여, 산신령의 본래 모습인 천지의 도와 덕을 마음에 모십시다.

오늘은 삼령기원상과 천지은에 대해 살펴보았습니다.

The 읽으면 좋은 법문

[**감상**] **참 선생을 찾아 그 선생의 가르침을 받읍시다**
제안인 박노신[老信, 제4회 전무출신 실행단 감방단원]
《월말통신》 제21호, 시창14년(기사己巳) 11월

———————— 감상자 박노신은 시창12년(1927)에 입교하여 이듬해[18세]에 전무출신으로 출가하여 익산총부 농공부에 근무한다. 전무출신 실행단으로 2년여를 활동한 20세에 '천지를 참 선생으로 삼아 본받자'는 감상을 발표한다. 천지 선생의 응용무념의 도, 길흉 없는 도, 지극히 밝은 도, 지극히 정성한 도, 순리자연한 도, 영원불멸한 도를 본받아 실행하자는 것으로, 천지 보은의 조목인 천지 8도를 본받아 실행하자는 감상이다.

일전日前 종사주께옵서 말씀하시기를 "나는 너희들에게 참 선생을 인도引導하여 주는 사람이다." 하시는 말씀에 그 뜻을 알지 못하고 항상 의심하다가 이제야 비로소 그 선생을 만나게 되었습니다. 그 선생은 참으로 진실한 선생이었습니다. 과거 수천 만세數千萬歲와 미래 수천 만세를 쉬지 않고 가르쳐 주는 선생입니다. 그러면 그 선생은 어떠한가? 매일 보고 듣는 천지天地 선생입니다. 천지는 우리에게 어떠한 가르침을 주는지 한번 생각하여 봅시다.

천지는 만물을 생육生育시키며 만물을 싣고 있으며 우로지택雨露之澤이 있어 만물을 양성養成하지만은 양성하였다는 상相 없는 것을 모방模倣하여[본받아] 우리도 어떠한 선善을 지었더라도 선善을 지었다는 상相이 없어야 무상無相한 천지대덕天地大德의 가르침을 본받은 사람이며, 천지에는 일월日月이 있어 고저高低 청탁淸濁 후박厚薄을 소소역력昭昭歷歷하게 밝혀주심을 모방하여 오인吾人[우리]은 대소 유무大小有無와 시비 이해是非利害의 이치理致를 자세히 알아가지고 백천만사百千萬事를 지어야만 명명明明한 일월日月의 가르침을 본받은 사람이며, 천지에는 춘하추동의 차서次序가 있어 봄 될 때는 봄 되고 여름 될 때는 여름 되고 가을 될 때는 가을 되고 겨울 될 때는 겨울 되는 지성至誠스러운 차서次序와 신용信用을 모방하여 인간 만사를 지어갈 때에 정의와 불의不義를 분간分揀하여 하기로 한 일은 어김없이 하고 안 하기로 한 일은 죽어도 아니하여서 매매사사每每事事에 차서次序와 정성精誠을 모방하여 지켜야만 춘하추동의 차서次序와 절차節次를 본받은 사람이며, 천지는 길흉吉凶이 없음으로 동절冬節에는 숙살肅殺 만물萬物하지만 명춘明春의 따뜻한 일기日氣가 되면 또다시 발생하는 것과 지평선地平線 먼 곳에 넘어간 태양太陽과 태음太陰이 이튿날 아침에 동방東方에 또다시 광명을 조요照耀함을 모방模倣하여 우리 인생도 생로병사生老病死를 초월超越하여 끌리지 아니하여야 할 것입니다.

그러므로 고어古語[음부경]에도 생자生者는 사지근死之根이요 사자死者는 생지근生之根이라 하였으니 이 말은 생로병사生老病死를 초월超越하여 길흉吉凶없는 것을 본받은 사람입니다. 또 천지는 절대絕對로 무사정無私情인 고故로 짓는 대로 주나니 팥의 종자種子를 심은 자는 반드시 팥의 열매를 얻으며 외[오이 과瓜]의 종자種子를 심은 자는 반드시 외의 결실結實을 득得하나니[종두득두種豆得豆 종고득고種苽得苽] 우리 인생은 악인惡因을 짓지 말고 선인善因을 닦아가야만 선善 지어 복福 받고 악업惡業을 매장埋葬하려는 목적을 달達할 것이요 그 선생의 가르침을 본받은 사람이라 하겠습니다. 선생님을 뵈 온 지가 얼마 되지 아니하여 자상仔詳하지 못하옵니다.

우주만물은 곧 만능의 조물주造物主이다

수필인 이공주

《회보》제64호, 시창25년(1940) 3월호

────── 이 법설은 『정전』「천지 피은의 조목」'5. 천지는 생멸이 없으므로

만물이 그 도를 따라 무궁한 수壽를 얻게 됨이니라'의 부연 설명이다. 생멸이 없다는 뜻은 생멸이 순환한다는 것이다. 천지의 영원불멸한 도의 영원永遠은 오래오래 계속을 뜻한다. 영원은 다함이 없이 순환무궁하며 이같이 다함이 없는 것을 불멸不滅이라고 한다. 시종始終은 종시終始가 되고 종시는 다시 시종이 되는 순환무궁을 뜻한다. 소태산은 무형의 진여법체는 불생불멸하다는 표현과 더불어 지수화풍도 불생불멸하다고 밝힌다. 불생불멸은 불변의 유상으로 보면 상주불멸로 여여자연한 무량세계라면 변하는 무상으로 보면 다함이 없이 순환무궁하는 무량세계를 뜻한다. 즉 불생불멸은 유상으로 보면 생멸에 분별 주착할 것이 없는 자리로 생할 것도 멸할 것도 없는 자리라면, 무상으로 보면 생멸하는 작용이 다 함이 없이 순환무궁하다는 뜻이다. 이 법설 일부는 윤문되어 『대종경』 천도품 15장에 수록된다.

한때에 종사주 일반 대중에게 말씀하여 가라사대 "과거 부처님 말씀에 '우리 영혼으로 말하면 영원불멸한 것이나 이 육체는 결국 죽어서 없어지는 것이라.'고 하시었다. 환언하면 **우리의 정신 즉 무형의 진여법체眞如法體는 불생불멸하여 영원무궁한 것이지마**는 우리의 육체 즉 지수화풍地水火風 사대四大로 된 이 유형의 몸뚱이로 말하면 결국 죽게 되고, 죽는 날에는 사대가 다 각각 나뉘어져서 근본처로 돌아가 합해 버린다는 말씀이다.

그러나 **실지에 있어서는 이 육체도 아주 죽어 없어지는 것이 아니요, 다만 그 얼굴만 변해 나가나니**, 예를 들면 사람의 죽은 시체가 지중地中에서 썩은 즉 그 땅이 비옥하여 그 근방의 풀이 무성하여질 것이고, 그 풀을 베어다가 거름을 한즉 곡식이 잘될 것이며, 그 곡식을 사람이 먹은즉 피도 되고 살도 되어 생명을 부지하며 활동을 하게 되는 것이다. 그러면 어찌 사람의 시체뿐이리오? 우주만물과 유정有情·무정無情이 모두 그러하여 영원히 죽어 없어지는 것은 하나도 없나니, 그 내용의 진의를 알고 보면 실로 미묘하여 말로는 다할 수가 없는 것이다.

가령 저 헛간의 토비와 변소의 대소변 가운데에도 생의 요소가 충분히 들어 있어 각양각색으로 변화하나니, 토비와 대소변을 과실 밭에 부어 주면 좋은 과실이 열게 되고 논에 묻어주면 나락이 잘되지 않는가. 그러면 좋은 과실을 열게 한 것이나 논의 나락을 잘 되게 한 것도 곧 그 토비와 대소변의 조화요, 능력이라 아니할 수 없나니, 사실로 그와 같은 조화와 능력을 부린다면 그 어찌 죽었다고 할 것이냐?

그러므로 나는 심지어 불탄 재와 썩은 대소변 속에서도 무진장無盡藏의 묘리 즉 만능의 조물주가 들어 있다고 하며 또는 지수화풍으로 말하여도 불생불멸하여 만물을 조성하는 권능과 위력을 반드시 가졌나니, 저 무정한 풀 한 포기, 나무 한 주라도 지수화풍 사대의 합력이 아니고는 그 천품天稟을 발휘치 못하고 곧 말라버리는 것을 보면 누구나 잘 알 수 있는 사실이다.

보라! 제아무리 좋은 과실 나무라도 만일 비옥한 흙[地], 우로雨露의 혜택[水], 따뜻한 기운[火], 공기의 융통[風] 등 사대가 구비치 못하다면 어찌 저 혼자 싹을 내고 꽃을 피며 열매를 맺게 할 것인가. 그러고 보면 이 우주 내 일체 만상萬像 유정·무정이 모두 조물주의 권능을 가지고 있는 동시에 지수화풍 사대의 모임으로 인연하여 유정·무정이 다 각자 습관의 종자를 따라 그의 기능을 발휘하여 써[그것으로 인하여] 타他에게 유익도 주고 해독도 주는 가운데 날과 해가 가며 일생 내지 천만 겁을 지내게 되는 것이다. 이 어찌 신기하지 아니하며 현묘하지 아니하랴. [『대종경』 천도품 15장]

제군은 이에 각성할지어다. 과연 우리는 한 찰나도 떠날 수 없는 이 조물주의 자비 즉 대자연의 공도公道를 따라 우연히 나타나서 바람 부는 대로, 물결치는 대로 자행자지自行自止하다가 각자의 지은바 습관의 종자를 따라 또다시 조물주의 지시하는 대로 진급도 되고 강급도 되며 또는 육도와 사생으로 변화하게 되나니, 제군이여! 어서 부지런히 공부하여 우리의 목적한바 삼대력을 얻어 가지고 저 조물주의 권능에 끌릴 것이 아니라 각자의 권능으로써 육도사생을 마음대로 하여 무상無上 쾌락을 누릴지어다." 하시더라.

영구인연법永久因緣法

수필인 송도성

《월말통신》 제11호, 시창14년(1929) 음 1월

────── 중인을 접응할 때 '받을 때는 꼭 무념으로 하고 주는 것은 반드시 유념으로 하라'는 소태산의 법설로, 『정전』「천지 보은의 조목」'8. 천지의 응용무념의 도를 체받아서 동정간 무념의 도를 양성할 것이며, 정신·육신·물질로 은혜를 베푼 후 그 관념과 상相을 없이 할 것이며, 혹 저 피은자가 배은망덕을 하더라도 전에 은혜 베풀었다는 일로 인하여 더 미워하고 원수를 맺지 아니할 것이니라'의 적용 법문이다. '응용에 무념하여 친절한 인연이 길이 지속하게 하라'는 것으로 『대종경』 인도품 17장과 상통한다. 법설 말미에 '14. 1. 20. 송도성 근기謹記'가 붙어 있다.

종사주 모든 제자에게 일러 가라사대 "내가 제군諸君에게 중인衆人을 접응하는데 필요한 방법을 들려주고자 하노니 명심하여 가지기를 바라노라" 하시고 인因하여 말씀하시다.

"나는 모든 사람을 지내본즉 이러하더라. 저 사람이 나를 대하는 태도가 냉담하고 소활한[疎闊, 성글고 서먹한] 듯싶으면 내 마음이 편안하며 그다지 조심스러운 생각이 나지 아니하나, 만약 나를 향하여 친절을 주고 정표情表를 보내는 일이 있는 경우에는 마치 무슨 무거운 짐을 한 짐 지워 주는 것 같이 생각되며 아무리 하여도 안심하기가 어렵더라. 어째서 그르냐 하면 나는 반드시 그 원인을 생각해 본다. '저 사람이 어떤 연고로 나에게 이만한 친절을 주는가?' 하고 조사해 보면 혹 어떠한 사람은 나에게 무슨 요구하는 바가 있어서 그러할 수도 있고, 또 어떠한 사람은 요구하는 바도 없이 다만 사랑하는 정으로만 그러할 수도 있으니, 요구하는 바가 있는 자에게는 그 요구하는 바를 응하여 주어야 그 사귐이 길 것이요, 정으로 친절을 주는 자에게도 그 정을 갚아 주어야 그 사귐이 길 것이거늘, 만약 저 사람의 소망을 어기며 남의 정을 받고 갚음이 없고 보면 친근함이 변하여 도로 소원하게 될 것은 명약관화明若觀火의 사실이라. 이리된다면 당초에 친근하지 아니하였음만 못하지 않은가? 그런고로 나는 항상 미래를 생각하여 안심할 수 없다는 것이 그 이유이다. 그러나 장래에는 어떻게 될지언정 우선 당장에 저 사람의 친절을 괄각[括却, 무시]하고 주는 정을 받지 않을 도리는 없다. 만약 그렇다면 그는 더할 수 없는 박덕薄德이다. 그런고로 감사히 받기는 하면서도 그를 보답할 유념은 단단히 세워야 한다. 그때에는 그 유념을 아무리 단단히 세운다 해도 마치 빚[채금債金] 쓰는 사람이 빚을 쓸 때 꼭 기한 내에 틀림없이 갚으려 하지만 그 먹은 마음대로 되지 않는 일이 있는 것과 같이, 날이 오래면 혹 잊어버리고 그 유념한 바를 행하지 못할 수도 있고, 또는 그 마음이 풀어져서 보답의 예를 차리지 못하는 일이 있거든, 하물며 받을 때 그 생각 저 생각이 없이 으레 받을 것으로 알고 감수한 자이야 그 갚을 것을 꿈엔들 생각하겠냐? 그리고 저 은혜를 베푼 사람도 그 사람에게 은혜를 베푼 것이 사실로 그 사람을 위해서만 그러한 예는 드물고, 대개는 그 몇 배 이상의 보수를 바라고 고기 잡는데 미끼처럼 주는 자도 있으며, 설사 그때에는 그러한 생각이 없이 다뭇[다만] 정의와 친분으로만 서로 생각하고 서로 도와준 것이었건만, 그 후에 형세가 번복되어 그 사람이 도로 나를 생각해 주고 도와줄 만한 처지에 있어서 냉랭히 고념[顧念, 되돌아보는 생각]하는 뜻이 없고 보면, 그전에 무념하였던 모든 공덕까지 새삼스레 기억될 것이며, 그렇지 아니할 사람이 그러한 것이 관계없는 다른 사람이 그러한 것보다 더욱 괘심할 것은 정한 이치다. 그러므로 철모르는 사람끼리 서로 만나서 친근한 것은 남 보기에 항상 위태위태한 느낌이 있으며 저 정의가 얼마나 길게 가려는가? 하는 의혹을 품지 않을 수 없게 된다. **응용에 무념해야 한다고 하였거늘, 이것을 바꾸어서 받을 때는 꼭 무념하고 주는 것은 반드시 유념한다면 그 주고받고 하는 인연이 어찌 길이 지속하리오.**

그런고로 부재다언不在多言하고 제군諸君에게 끝으로 한 말 부탁하고자 하는 바는 **내가 남에게 은혜를 입힐 때는 생각하기를 만약 저 사람이 나의 은혜를 입고도 은혜 입은 줄을 모르며 도리어 나를 반항하는 경우가 있을지라도 나는 그때 은혜 입힌 것을 생각하여 그 사람을 다른 사람보다 더 괘심히 알고 원망하지 않겠다는 자신을 가진 후에 비로소 저 사람과 교제를 맺을 것이며, 내가 남의 은혜를 입을 때에는 생각하기를 지금은 저 사람과 나의 정의가 두터움으로 이만한 위안이 있지마는 범부의 마음이란 변환이 무상한 것이라 좋다가도 낮고 낮다가도 좋은 것인즉 차후에 만약 저 사람이 나를 공연히 미워하고 나에게 향하여 여간 불의한 행동을 할지라도 나는 그때 은혜 입은 것을 생각하여 그를 순하게 용서할 것이며, 또는 저 사람이 나에게 은혜 입힌 것을 도로 받으려는 마음이 있는 때에는 조금도 원망하는 뜻이 없이 힘 미치는 대로 난 보답을 하려니 하는 결심을 세운 후에 비로소 그 사람의 주는 바에 응하라. 그러하면 친절한 정의가 영원토록 변치 않으리라.**" 하시더라.

〈14. 1. 20. 송도성 근기謹記〉

[ **법설**]

천지天地의 식識을 말씀하심
수필인 송규
《회보》 제11호, 시창19년 8·9월호

———————— 갑술하선甲戌夏禪은 시창19년(1934) 음 5월 6일에서 8월 6일 사이의 정기훈련이다. 이 기간의 어느 날 경전 시간에 소태산은 강당에 참석한다. 강당은 공회당으로 여겨진다. 경전은 『육대요령』으로 그 중 '천지의 밝음'에 대해 즉 「천지 보은의 조목」 1조 '천지의 지극히 밝은 도'에 대해 서로 변론 중이었다.

소태산은 제자들에게 천지에 식識이 있는지 유무를 묻고 그 증거의 일단으로 땅을 예시하여 천지의 식을 변증한다. 소태산 대종사가 변증하는 천지는 경계의 천지가 아니라 청정 일원상 마음에서 드러나는 천지요 그 식이다. 마음 밖의 대상으로써 천지가 아니라 원래 마음과 둘이 아닌 천지이다. 이 자리를 소태산은 무념 중 행하는 식이며, 무상 중 나타나는 식이며, 공정하고 원만하여 사사가 없는 식이라고 천명한다. 즉 청정무애한 일원상 자리에서 드러나는 천지의 밝은 식을 말하는 것이다. 이 법설은 『**대종경**』 **변의품 1장**에 수록된다.

[ **감상**]

매사에 시종始終이 여일如一치 못한 것은 우리의 큰 병이다
김형오
《회보》 제30호, 시창21년(1936) 11·12월호

———————— 『정전』 「천지 보은의 조목」 '2. 천지의 지극히 정성한 도를 체받

아서 만사를 작용할 때에 간단없이 시종이 여일하게 그 목적을 달할 것이요'의 감각 감상이다.

감상자 김형오는 "본회에서는 이 유시무종有始無終 병을 치료하기 위하여 『보경寶經 육대요령』 내內 「천지 보은 조목」 제2조에 그 화제和劑를 말씀하셨나니 '천지의 지극히 정성한 도'를 체받아서 만사를 작용할 때 간단없이 시종이 여일하게 그 목적을 달하란 말씀이 곧 그 말씀입니다. 그러한즉 우리는 무슨 일이나 일을 당할 때 이 천지의 지극히 정성하신 도만 항상 모범하고 보감을 삼아가면 능히 이 유시무종 병을 치료하여 무슨 일이나 실패하는 일이 없으리라고 생각합니다."라고 감상한다. 처음에는 하늘의 별이라도 딸 듯 매진하다가도 그 일에 싫증이 나면 흐지부지하다가 유시무종으로 그만두니, 이를 치료하기 위해서는 천지의 지극히 정성한 도를 체받으라는 것이다.

사은四恩

父母下監之位

少太山 書

부모은

『정전』 읽기 Reading

제2절 부모은(父母恩)

1. 부모 피은의 강령

　우리가 부모에게서 입은 은혜를 가장 쉽게 알고자 할진대, 먼저 마땅히 부모가 아니어도 이 몸을 세상에 나타내게 되었으며, 설사 나타났더라도 자력(自力) 없는 몸으로서 저절로 장양될 수 있었을 것인가 하고 생각해 볼 것이니, 그런다면 누구나 그렇지 못할 것은 다 인증할 것이다. 부모가 아니면 이 몸을 나타내지 못하고 장양되지 못한다면 그 같이 큰 은혜가 또 어디 있으리요.
　대범, 사람의 생사라 하는 것은 자연의 공도요 천지의 조화라 할 것이지마는, 무자력할 때에 생육(生育)하여 주신 대은과 인도의 대의를 가르쳐 주심은 곧 부모 피은이니라.

2. 부모 피은의 조목
　1) 부모가 있으므로 만사 만리의 근본되는 이 몸을 얻게 됨이요,
　2) 모든 사랑을 이에 다 하사 온갖 수고를 잊으시고 자력을 얻을 때까지 양육하고 보호하여 주심이요,
　3) 사람의 의무와 책임을 가르쳐 인류 사회로 지도하심이니라.

3. 부모 보은의 강령
　무자력할 때에 피은된 도를 보아서 힘 미치는 대로 무자력한 사람에게 보호를 줄 것이니라.

4. 부모 보은의 조목

  1) 공부의 요도(要道) 삼학·팔조와 인생의 요도 사은·사요를 빠짐 없이 밟을 것이요,

  2) 부모가 무자력할 경우에는 힘 미치는 대로 심지(心志)의 안락과 육체의 봉양을 드릴 것이요,

  3) 부모가 생존하시거나 열반(涅槃)하신 후나 힘 미치는 대로 무자력한 타인의 부모라도 내 부모와 같이 보호할 것이요,

  4) 부모가 열반하신 후에는 역사와 영상을 봉안하여 길이 기념할 것이니라.

5. 부모 배은

부모에 대한 피은·보은·배은을 알지 못하는 것과 설사 안다 할지라도 보은의 실행이 없는 것이니라.

6. 부모 보은의 결과

우리가 부모 보은을 한다면 나는 내 부모에게 보은을 하였건마는 세상은 자연히 나를 위하고 귀히 알 것이며, 사람의 자손은 선악 간에 그 부모의 행하는 것을 본받아 행하는 것이 피할 수 없는 이치인지라, 나의 자손도 마땅히 나의 보은하는 도를 본받아 나에게 효성할 것은 물론이요, 또는 무자력한 사람들을 보호한 결과 세세생생 거래 간에 혹 나의 무자력한 때가 있다 할지라도 항상 중인의 도움을 받을 것이니라.

7. 부모 배은의 결과

우리가 만일 부모에게 배은을 한다면 나는 내 부모에게 배은을 하였건마는 세상은 자연히 나를 미워하고 배척할 것이요, 당장 제가 낳은 제 자손도 그것을 본받아 직접 앙화를 끼칠 것은 물론이며, 또는 세세생생 거래 간에 혹 나의 무자력한 때가 있다 할지라도 항상 중인의 버림을 받을 것이니라.

부모은과 일원상

─────── 반갑습니다. 이번 시간에는 부모은과 일원상의 관계에 대해 살펴보겠습니다.

부모은의 본원은 일원상 자리입니다. 부모은은 친·불친이나 이해관계에 국한되지 않는 자리에서 드러나는 부모성父母性입니다.

부모성은 부모 역할의 진리로, 낳아주고 길러주고 가르쳐주는 작용입니다. 낳아주는 작용은 다 부모은이요 길러주는 작용도 다 부모은이요 가르쳐주는 작용도 다 부모은입니다.

'부모은'은 소태산 대종사의 대각분상에서 드러난 부모 역할의 진리성으로, 선악 업보가 끊어진 자리에서 발현하는 부모성입니다.

이렇게 선악의 분별이 탈락한 안목으로 보면 대하는 인연은 낳아주고 길러주고 가르쳐주는 데 직간접의 역할을 하는 작용입니다. 만나는 인연 속에서 '세상의 부모'를 발견하는 것입니다.

자식을 낳아놓고 방치하고 키우지도 않고 가르치지도 않는 현실을 말하는 게 아니며, 현실의 이해관계에 매몰되어 그에 국한된 관점도 아닙니다.

부모은은 선악의 친·불친에 편착하지 않는 자리에서 인연의 실상을 바라보는 관점입니다. 선악 업보가 끊어진 자리에서 선악에 국한되지 않는 시각으로 부모 역할의 진리성을 발견하는 것입니다.

정산 종사는 "대종사께서는 이 우주의 진리 가운데 상생의 도를 주로 드러내시사 우리가 네 가지 큰 은혜를 입고 사는 것을 밝혀주시었나니, 그대들은 대종사의 상생 대도相生大道인 사은의 교리가 만생령을 제도하는 가장 큰길이며 사중보은의 도리가 이 세상을 평화롭게 하는 가장 큰 원동력임을 깨달을지니라."[『정산종사법어』 경의편 8장] 라고 말씀하시며, 상생 대도인 사은과 사중보은의 도리를 강조합니다.

사은은 소태산 대종사의 대각분상에서 밝혀주신 상생 대도로써, 좋고 낮은 분별 주착에 편착하지 않는 마음일 때 상생 대도의 사은은 두렷하게 드러나는 것입니다.

생명은 낳아주었기에 어찌 되었든 존재하고, 길러주는 인연이 있기에 성장하며, 인도人道를 가르쳐주는 관계가 있기에 인간의 길을 밟아갈 수 있는 것입니다. 이러한 인연의 실상을 부모은이라고 합니다.

삶에서 살려내는 인연은 낳아주는 부모이며, 몸이든 마음이든 건강이 되었든 키워주고 길러주고 치료해 주고 회복시켜 주는 인연은 다 부모이며, 고락의 현장에서 죄복의 길목에서 사람답게 살아갈 수 있는 길을 밟아가도록 도와주고 가르쳐서 안내하고 인도해주는 인연은 다 부모의 역할로써 부모은입니다.

부분적인 이해에서 벗어나 전체적이고 근원적인 시각으로 보면, 우리는 살려내고 길러내고 가르쳐주는 인연들에 의해 존재할 수 있습니다. 이러한 역할과 작용을 부모성이라 하며, 부모성의 작용인 부모은에 의해 우리는 생장하는 것입니다.

낳아준 친親부모를 비롯한 길러준 양養부모 및 도움을 준 은恩부모 그리고 도움이 된 우주만유의 온갖 인연들이 다 부모입니다. 이러한 인연들을 통해 부모은의 진리를 친견해야 합니다.

좋다 싫다는 분별이나 친·불친의 편착에 물들지 않는 자리에서 대하는 인연 가운데 부모의 진리성과 은혜성을 발견하는 것입니다.

단순히 당면하는 부모와 친·불친한지 여부에 한정할 게 아니라, 부모의 역할을 하는 인연들에 의하여 키워지고 인도되는 작용을 느끼고 알라는 것입니다. 이러한 부모성을 자각할 때 부모은이 드러나는 것입니다.

부모은은 원근친소 선상의 부모에 국한된 관계가 아니라, 우주만유를 통하여 살려내고 길러내고 가르쳐주는 인연의 총체를 부모성이라 합니다. 부모성은 일원상의 진리로써 부모은으로 드러납니다.

　사은의 부모은은 이 몸을 나타내게 하고 길러주고 가르쳐주는 부모성입니다.
　직접 낳아주신 친부모를 비롯하여 길러주고 가르쳐주는 양부모가 다 부모입니다.
　사람이 밟아가야 할 길을 안내해 주는 모든 존재가 다 부모입니다.
　천지도 부모 역할로 보면 부모요, 동포도 부모 역할로 보면 부모요, 법률도 부모 역할로 보면 부모입니다. 우주만물이 다 부모입니다.

　가까이 친부모를 비롯하여 멀리는 무시광겁의 우주만유에서 부모성을 발견하여 부모은에 보은하는 것입니다. 우리가 부모은을 알든 모르든 부모은은 한결같습니다. 이러한 부모은을 지은知恩하여 보은報恩하자는 것입니다.

　오늘은 부모은과 일원상의 관계에 대해 살펴보았습니다.

부모 피은被恩의 강령

─────── 반갑습니다. 이번 시간에는 부모은의 '부모 피은의 강령'에 대해 살펴보겠습니다.

부모 피은의 강령은 두 단락으로 나눌 수 있습니다.
첫 단락에서는 부모 피은의 실마리를 밝히고 있습니다.
은혜 입은 피은의 단서를 통해서 피은의 본령까지 발견토록 한 것입니다.

'부모 피은의 강령' 첫째 단락입니다.

> "우리가 부모에게서 입은 은혜를 가장 쉽게 알고자 할진대, 먼저 마땅히 부모가 아니어도 이 몸을 세상에 나타내게 되었으며, 설사 나타났더라도 자력自力 없는 몸으로서 저절로 장양될 수 있었을 것인가 하고 생각해 볼 것이니, 그런다면 누구나 그렇지 못할 것은 다 인증할 것이다. 부모가 아니면 이 몸을 나타내지 못하고 장양되지 못한다면 그같이 큰 은혜가 또 어디 있으리요."

'우리'는 각자 자신이면서 서로서로입니다. 주체적인 개인이면서 서로의 관계입니다.
'이 몸'의 몸은 부모로부터 입은 은혜를 가장 쉽게 파악할 수 있는 실마리입니다.
그 실마리는 부모가 아니면 이 몸은 태어날 수 없다는 당연한 사실입니다. 부모에 의해 세상에 나타나게 되었다는 것입니다.
낳아준 생은生恩이 있다고 해도 무자력한 영유아 시절에 키워준 은혜가 없었다면 자력 없는 무자력한 상태에서 저절로 길러지지 못한다는 사실입니다. 인간은 태어나서 한없이 무력한 시기에 충분한 보호를 받아야 존재할 수 있다는 사실입니다.

낳아주고 키워주는 부모 역할의 생은生恩과 육은育恩의 작용이 없었다면 태어나서 생명을 유지해 갈 수 없다는 것입니다.

우리의 몸은 부모가 아니면 태어날 수 없고, 또한 무자력할 때 양육과 보호를 주는 부모가 아니면 커갈 수도 없다는 당연한 사실입니다. 이러한 사실이 비교 불가능한 큰 은혜입니다.

낳아준 생은生恩과 길러준 육은育恩이라는 부모 피은의 은혜성을 감지感知하라는 것입니다.

생은과 육은의 실마리를 통해서 부모의 진리성을 전관全觀하라는 것입니다. 모든 인연이 부모의 역할로 드러나는 부모성을 체득하라는 것입니다.

다음은 '부모 피은의 강령' 둘째 단락으로, 부모 피은의 핵심강령을 밝히고 있습니다.

> "대범, 사람의 생사라 하는 것은 자연의 공도요 천지의 조화라 할 것이지마는, 무자력할 때에 생육生育하여 주신 대은과 인도의 대의를 가르쳐 주심은 곧 부모 피은이니라."

부모 피은은 생은生恩와 육은育恩 뿐만 아니라 가르쳐 주신 교은敎恩이 있습니다.

이 중에서 낳아준 생은生恩은 자연의 공도요 천지의 조화라는 것입니다.

생로병사, 춘하추동, 성주괴공은 스스로 그렇게 되는 자연의 도리요 작용이므로, 낳는 작용은 자연의 공도이지만 그렇다고 해도 부모를 통해야 낳기 때문에 은혜라는 것입니다.

부모 피은의 핵심은 길러주신 육은育恩과 가르쳐주신 교은敎恩에 있습니다.

무자력할 때 자력을 얻도록까지 장양시켜 주신 은혜와 사람이 밟아야 할 인도의 대의를 가르쳐주신 은혜는 부모 피은의 핵심입니다.

인도人道의 대의大義는 사람이라면 사람답게 살기 위해 밟아가야 하는 핵심으로, 부모와 자식의 관계에서 그 대의가 체득되는 것입니다.

인간은 사람과 사람, 사람과 사회의 관계 속에서 살게 됩니다.

관계는 차이가 다른 사이로, 이 사이에서 일차적이고 기본적인 것을 부모로부터 습득하게 됩니다. 즉 상하좌우의 관계에 친·불친 등을 맺는 기본적 방법을 터득합니다. 이처럼 사람은 관계 속에서 친부모뿐만 아니라 부모 역할을 하는 모든 인연으로부터 인도의 대의를 습득하고 체득하여 인류사회로 나아가는 것입니다.

소태산은 "인도는 인의가 주체요 권모술수는 그 끝이니"[『대종경』 서품 5장]라고 말씀하십니다. 인도人道는 사람이 사람으로서 사람답게 사는 길이며, 사람을 사람으로 대하는 인간의 길입니다.

사람이 밟아야 할 인도의 대의는 자력을 키워 자력으로 사는 것이며, 무자력할 때 피은된 도를 보아서 무자력자를 보호하는 것입니다.

이러한 인도의 대의는 무자력할 때 부모 역할을 하는 인연[부모은]의 도움에 따라 자력을 세워가는 중에 터득해 가고 또한 무자력자를 보호하는 가운데 심도 있게 증득하는 것입니다.

부모 피은인 낳아주신 생은生恩과 길러주신 육은育恩과 가르쳐 주신 교은敎恩은 일원상 진리의 나타남입니다. 단순한 현상의 부모가 아니라 부모 역할로 나타나는 은혜입니다. 법신불 일원상이 부모 역할로 드러난 것입니다.

부모은은 친부모뿐만 아니라 양부모 등 모든 부모 역할의 작용입니다. 낳아주고 길러주고 가르쳐주는 역할은 다 부모은입니다. 부모은은 '무자력자 보호의 도'를 발현하는 부모 역할의 진리[부모성]로 일원상의 부모입니다.

현실의 부모는 은혜만 있는 게 아니라 해독도 있습니다. 책임감 있는 부모만 있는 게 아닙니다. 낳아놓고 버린 부모, 방치하는 부모, 학대하는 부모, 자기 콤플렉스를 자식에게 투사하는 부모도 있습니다. 부모도 자식에게 자신의 죄복을 투사합니다.

이처럼 문제투성이고 온전치 못한 현실의 부모 자체를 부모은이라 하지 않습니다. 부모은은 이러한 부모의 부정적 현상에 연연하여 그 한계에 떨어지면 감지할 수 없는 진리입니다.

무자력자를 방치하고 가해하는 부모는 부모은이 아닙니다.

부모은은 무자력자 보호의 도가 인연 관계에서 직간접으로 드러나는 역할과 작용의 총체입니다. 낳아준 인연이 있기에 존재할 수 있으며 길러주고 가르쳐주는 인연이 있기에 성장하여 사람의 길을 걸을 수 있도록 하는 작용입니다.

이러한 역할과 작용을 부모성父母性이라 하며, 이를 감지할 때 '부모 피은'이 납득되는 것입니다.

'부모 피은'은 청정한 지혜로 대할 때 낳아주고 길러주고 가르쳐주는 부모의 진리성이 발견되며, 이러할 때 '부모 피은의 강령'을 감지하게 됩니다.

오늘은 부모 피은의 강령에 대해 살펴보았습니다.

부모 피은의 조목

──────── 반갑습니다. 이번 시간에는 부모은 중에서 '부모 피은의 조목'을 살펴보겠습니다.

'부모 피은의 강령'이 부모 피은의 큰 줄기라면 '부모 피은의 조목'은 이러한 줄기의 세세한 사례라 할 것입니다.
'부모 피은의 조목'은 '부모 피은의 강령'에서 밝힌 낳아주신 은혜와 길러주신 은혜와 가르쳐 주신 은혜를 구체적이고 상세하게 제시하고 있습니다.

첫째, "부모가 있으므로 만사 만리의 근본되는 이 몸을 얻게 됨이요,"
부모를 만나서 이 몸이 세상에 나타나게 되었다는 사실입니다.
이 몸은 부모를 인연하여 얻은 생은生恩입니다. 낳아주신 은혜입니다.

『대종경』 천도품 36장에서 몸을 받게 되는 탁태 과정을 설명하고 있습니다.
"탐·진·치에 끌린 영은 …… 인도 수생의 부모를 정할 때에도 색정色情으로 상대하여 탁태하게 되며, …… 탐·진·치를 조복 받은 영은 …… 몸을 받을 때에도 태연자약하여 정당하게 몸을 받고, 태중에 들어갈 때에도 그 부모를 은의恩誼로 상대하여 탁태되며, …… "

이처럼 몸은 부모를 인연하여 부모로부터 얻게 되는 것입니다.
즉 우리의 몸은 영식靈識이 부모와 인연하여 받게 되는 육근입니다.
영식은 업식業識을 포괄하는 그 바탕입니다.
이 바탕 자리를 생멸로 분별 되기 이전인 부모출생전父母出生前이라 합니다.

이 부모출생전 자리가 바로 영식의 본래 자리인 성품으로, 성품에 기반한 식심識心을 영식이라 합니다. 이 영식이 부모를 인연하여 탁태되어 몸을 얻게 됩니다.

영식은 부모출생전의 성품에 바탕을 두고 있으면서 업식으로 형성되어 있기에 그 업의 상속相續이 있게 됩니다.

마치 이 촛불[A]에서 저 촛불[B]로 불을 붙일 때 앞 촛불[A]이 그대로 뒤 촛불[B]로 건너온 것[상견常見]도 아니고 그렇다고 앞 촛불과 무관하게 뒤 촛불[B]이 발생한 것[단견斷見]도 아닙니다. 앞 촛불에 인연하여 뒤 촛불이 일어나는 것입니다.

이처럼 지어 놓은 업에 인연하여 새로운 인연으로 이어지는 것입니다. 변하지 않고 상존常存하는 존재[개령個靈]가 있어서 다음으로 넘어가는 것도 아니고 무엇과도 무관하게 우연히 생했다가 단멸하는 것도 아닙니다.

영식은 업식에 따라 이어지는 마음으로, 한편으론 부모출생전의 성품을 떠나지 않으면서 또 한편으론 지어 놓은 업에 따라 상속되는 식심識心입니다.

이처럼 몸은 지어놓은 업식에 따라 부모를 인연하여 나타나는 삶의 총체입니다.

소태산 대종사는 '몸은 곧 공부와 사업을 하는 데에 없지 못할 자본'[『대종경』 신성품 17장]이라 하며 몸의 중요성을 강조하십니다. 몸은 곧 자신입니다.

또한 "우리가 건설할 회상은 …… 동과 정이 골라 맞아서 공부와 사업이 병진 되게 ……"[『대종경』 서품 8장]하라고 하며, "우리의 인생은 일과 이치 가운데에 나서 일과 이치 가운데에 살다가 일과 이치 가운데에 죽고 다시 일과 이치 가운데에 나는 것"[『대종경』 수행품 23장]이라 강조합니다.

만사의 사事는 인간의 시비 이해라면 만리의 리理는 천조의 대소 유무입니다.

'일과 이치를 밝히는 공부'와 '일과 이치를 통해서 복락을 장만하는 사업'을 병행하여, 자신뿐만 아니라 모든 사람을 다 광대무량한 낙원으로 인도하는 것이 소태산이 제시하는 길입니다.

이처럼 공부와 사업을 하기 위해서는 반드시 몸이 있어야 하며, 만사도 만리도 다 몸이 있어야 밝힐 수 있고 실행할 수 있는 것입니다.

이러한 몸은 부모로부터 얻은 것이니 이같이 큰 은혜가 어디 있겠냐는 것입니다.

둘째, "모든 사랑을 이에 다 하사 온갖 수고를 잊으시고 자력을 얻을 때까지 양육하고 보호하여 주심이요,"

부모은은 또한 자력을 얻도록까지 양육하고 보호해 주신 육은育恩입니다.

부모은은 자력을 얻도록 하는 부모 역할과 작용입니다.

만일 자력을 고갈시키거나 자력을 무력하게 만든다면 이는 부모은이 아니요 부모의 진리가 아닙니다. 부모은은 선악의 친·불친에 국한되지 않는 일원상의 안목에 따라 드러나는 낳아주고 길러주고 가르쳐주는 은혜입니다.

부모성은 자녀가 무자력할 때 보호하여 자력을 얻도록 하는 사랑입니다. 무작정 보호하여 자력을 무력하게 만드는 것이 아니라 자력을 열어주는 존재입니다.

부모성은 모든 사랑과 온갖 수고를 다 하여 무자력한 상태에서 자력을 얻도록 보호하고 양육해 주는 역할입니다. 이러한 부모성을 '부모 피은'이라 하는 것입니다.

만일 의뢰를 심화시키고 자력을 고갈시키는 부모라면, 이러한 부모는 자기 욕심과 집착에 따라 사람이 밝아야 할 길을 모르는 부모요, 자식을 망치는 부모입니다. 이러한 현상의 부모는 부모은이 아닙니다.

부모은은 방치되고 가해하는 어두운 면에 함몰된 부모가 아니라, 친부모를 비롯하여 모든 관계 속에서 길러주고 보호해 주는 부모 역할의 총체성입니다.

결국 청정한 지혜로 볼 때 모든 관계 속에서 양육해 주고 보호해 주는 부모 역할자를 발견할 수 있는 것입니다. 마음이 청정하여 선악 업보가 끊어져야 선악 업보에서도 부모성을 발견할 수 있는 것입니다.

셋째, "사람의 의무와 책임을 가르쳐 인류 사회로 지도하심이니라."

사람이라면 밟아야 하는 인도의 대의는 부모와 자식의 관계에서 그 가치를 체득합니다.

사람은 관계 속에서 살게 됩니다. 차이가 다른 사이에서 관계 맺는 법을 부모로부터 가장 일차적으로 습득하는 것입니다.

즉 관계 속에서 사람을 대하는 법을 친부모를 비롯한 부모 역할의 인연으로부터 배우는 것입니다. 인생에서 타인에게 피해를 주지 않고 자력으로 사는 방법, 서로 도움을 받고 도움을 주는 방법, 서로 사귀어 교류하는 방법, 사람을 사랑할 줄도 알고, 불의에 분노할 줄도 알고, 아픈 사람을 안쓰럽게 여길 줄도 알고, 안 된 사람의 사정에 공감하는 등 타인의 입장을 헤아리는 심정과 사람다운 가치를 터득해 가는 것입니다.

이러한 관계의 습득에 기초하고 기반하여 인류사회人類社會로 나아가는 것입니다.

사람답다는 것은 자력을 세워 관계 속에서 자력으로 살아가는 것이며, 무자력할 때 보호받은 피은된 도를 보아서 힘 미치는 대로 무자력자를 보호하는 것이 사람의 길입니다.

이것이 바로 사람의 의무와 책임으로, 인류사회는 이러한 사람의 길을 지향해 가야 할 것입니다.

이처럼 사람의 의무와 책임을 가르쳐 인류사회로 지도하는 은혜가 부모은의 교은 敎恩입니다.

청정 일원상의 안목에서 드러나는 부모의 진리성은 우리에게 인도의 대의를 가르쳐 인류 사회로 지도하는 은혜입니다.

우리는 무자력할 때 피은된 존재입니다. 낳아주신 생은生恩, 길러주신 육은育恩, 인도의 대의를 가르쳐 주신 교은敎恩을 받는 존재입니다. 이것이 바로 부모 피은으로, 이 은혜로써 광대무량한 낙원으로 인도되는 것입니다.

한 가지 고려할 사항은, 낳아주신 은혜는 생물학적인 생은生恩뿐만 아니라 인생에서 자신을 다시 태어나게 하는[재생再生] 인연은 다 낳아주신 은혜입니다. 정신적으로 다시 태어나게 한 기연은 낳아주신 부모이며 병고 또는 경제적 어려움에서 다시 삶의 의욕을 살려내는 것도 낳아주신 은혜라 할 것입니다.

또한 인생에서 도움을 받아 다시 일어설 수 있도록 하는 것은 다 길러주는 은혜입니다. 가르쳐주는 은혜도 인생의 단계와 기로에서 직간접으로 교육에 힘써주신 인연으로, 가르침을 받도록 뒷받침해 주는 부모로부터 후원해 주는 인연까지 포괄합니다. 부모은은 이처럼 좁은 의미의 부모뿐만 아니라 포괄적으로 넓게 이해할 필요가 있습니다.

오늘은 부모 피은의 조목에 대해 살펴보았습니다.

🔍 더보기 Tip

만사 만리의 근본이 되는 몸

──────── 반갑습니다. 이번 시간에는 '만사 만리의 근본이 되는 몸'에 대해 살펴보겠습니다.

'부모 피은의 조목' 1조를 보면 **"부모가 있으므로 만사 만리의 근본되는 이 몸을 얻게 됨이요"** 라는 정의가 등장합니다.

몸은 자신을 말합니다. 단순히 마음과 상대되는 존재가 아니라 육근의 총체입니다. 그러므로 몸은 마음과 분리될 수 없는 통합적인 관계입니다.

몸과 마음은 근본적으로 둘이 아니면서 또한 몸의 관점으로 볼 수도 있고 마음의 관점으로 바라볼 수 있는 양면입니다. 주종으로 보면 마음으로 몸을 잘 사용해야 하며, 생활상으로 보면 몸과 마음의 양면을 건강하고 건전하게 겸전하여 가꾸어가야 합니다.

비유하면 몸을 아래층이라 한다면 마음은 위층으로, 마음은 몸이 없으면 기반 없는 존재가 되고 몸은 마음이 없다면 생명이라 할 수 없습니다.

유의할 점은 마음과 몸을 이원화하여 몸을 수단화하거나 도구화해서는 안 될 것입니다. 도구화된 몸으로는 진실한 삶을 살 수 없으며 제대로 삶을 영위할 수 없기 때문입니다.

또한 몸은 자연적인 존재이면서 사회·문화적 존재이며, 한 사람의 몸에는 각 개인의 역사가 스며있습니다.

한 사람의 몸은 자연적 조건 및 사회·문화적 조건이 다 다릅니다.

건강이 좋은 사람과 건강이 좋지 않은 사람은 행동 양상이 달라집니다. 휠체어를 사용해야 하는 사람의 생활은 두 다리로 걸어 다니는 사람과는 세계가 다른 것입니다.
또한 어떤 부모 밑에서 성장하느냐에 따라 사회·문화적 경험이 달라지며 그로 인해 개개인의 역사가 달라지는 것입니다. 한 몸짓에는 특정한 개인의 모든 역사가 침전되어 있습니다.

우리 몸은 투명하기보다는 불투명합니다.
몸에는 자연적 요소와 정치·경제·사회·문화적 요소 그리고 이를 통괄하는 개개인의 역사가 배어있는 것입니다. 그 사람의 몸에는 사회·문화적 입장과 정치·경제적 처지 및 생태적 유전의 정보들이 종합된 역사가 투영되어 있습니다. 이처럼 한 사람의 몸에는 다양한 역사가 형성되어 있습니다. 사람을 만난다는 것은 이러한 개개인의 역사와 만나는 것입니다.

프랑스 현대철학자 메를로 퐁티[1908.3.14~1961.5.3]는 이를 함몰이자 주름이라고 합니다.
인간의 역사는 외부 자극으로 움푹하게 함몰된 사과나 오래 입어서 꾸겨진 옷과 같다는 것입니다. 인간과 만난다는 것은 이런 개인의 역사를 만나는 것입니다. 상담을 한다는 것은 이 주름을 펴서 읽으려는 노력일 것입니다.
인간의 몸에서 개인의 역사를 읽으려 하지 않는다는 것은 상대의 고유성을 외면하는 것이며 무시하는 것입니다.

사람은 사이의 존재입니다. 그래서 인간人間이라 합니다. 사이란 관계요 차이를 말합니다.
차이는 이러한 몸의 차이입니다. 차이가 있기에 서로 다른 존재입니다. 그래서 하나로 획일화할 수 없는 존재로, 평균에 편입시킬 수 없는 것입니다.
사이를 없애려는 의도는 한 존재에 종속시켜 지배하려는 욕망이요 폭력입니다. 우리가 할 수 있는 것은 서로 다른 몸을 가진 각자를 인정하고 서로 공감하려는 노력입니다.

몸은 두 가지로 반응합니다. 하나는 습관적인 반응이며 다른 하나는 새로운 반응입니다.

우리 몸에는 많은 정보가 들어있습니다. 이런 정보는 습관으로 작용합니다.

만일 일상이 늘 새롭기만 하다면 우린 정신착란에 빠질지도 모릅니다.

몸은 익힌 것을 저장하여 습관의 패턴으로 처리합니다. 그러다가 새로운 것을 대하여 각성하여 긴장합니다. 이것도 시간이 지나면 익숙한 정보로 몸에 저장합니다.

'육화된 의식'이 없다면 삶이 무척 피곤할 것입니다. 의식을 육화하는 몸의 작용에 감사해야 합니다. 몸이 있기에 경험을 할 수 있고 경험된 것을 종합하여 더욱 넓은 경험을 하는 것입니다.

몸은 그 사람의 역사입니다. 존재들이 만나는 사이에는 긴장이 있습니다. 상대가 차갑게 냉대할 수도 있고 반갑게 맞이할 수도 있습니다. 그러므로 몸을 통해서 상대를 접하는 공부가 요청되는 것입니다.

몸은 한계가 있는 유애有碍한 존재입니다.

몸에는 각 개인의 자연적, 정치·경제·사회·문화적인 층위들이 켜켜이 쌓여 있습니다.

이처럼 주름이 잡힌 유애한 몸을 존중하고 잘 응대해야 합니다.

이런 유애한 몸을 유애한 줄 알고 유애 속에서 잘 사용하는 자리가 투명한 자리입니다.

투명성은 불투명성과 대립하는 게 아니라 서로 바탕 하는 자리입니다. 투명하기에 불투명성을 받아들일 수 있는 것이며, 불투명을 이해하지 못하는 것은 투명하지 못한 것입니다.

이러한 몸으로 일과 이치를 단련하여 복락과 지혜를 장만하는 것입니다. 몸이 있기에 일과 이치를 단련하여 복락을 지을 수도 죄고를 지을 수도 있는 것입니다.

몸이라는 심신 작용을 통해서만이 공부와 사업도 할 수 있는 것이며, 공부와 사업을 통해서 우리는 사은에 보은할 수 있는 것입니다.

　몸은 수신修身의 주체로 자신을 뜻합니다.
　몸이라는 수신의 주체가 있기에 공부와 사업을 할 수 있는 것입니다.
　자신이라는 몸을 통해 내면으로 심화할 수도 있고 관계의 속으로 즉 개인·가정·사회·국가·세계로 그 힘이 확장될 수 있는 것입니다. 그러므로 몸은 만사 만리의 근본입니다.

　또한 부모가 주신 만사 만리의 근본인 이 몸을 훼손시키는 폭력에 대해 우리는 저항해야 할 것입니다. 소극적인 보신保身이 아니라 적극적인 보신이 요청됩니다. 나의 보신으로부터 우리 모두의 보신을 위해 힘쓰는 것이 부모 보은의 참된 뜻일 것입니다. 왜냐하면 상대의 보신 없이 나의 보신이 보장되지 않기 때문입니다.

　오늘은 '부모 피은'의 조목 1조의 '만사 만리의 근본 되는 이 몸'에 대해 여러 각도에서 살펴보았습니다.

부모 보은의 강령

─────── 반갑습니다. 이번 시간에는 부모은 중에서 '부모 보은의 강령'에 대해 살펴보겠습니다.

'부모 보은의 강령'은 부모 보은의 골격이요 핵심으로, '부모 보은의 강령'을 펼치면 '부모 보은의 조목'이 되고 '부모 보은의 조목'을 수렴하면 '부모 보은의 강령'이 되는 것입니다.

'부모 보은의 강령'입니다.

> "무자력할 때에 피은된 도를 보아서 힘 미치는 대로 무자력한 사람에게 보호를 줄 것이니라."

무자력할 때 피은된 도가 바로 부모의 진리성으로, 청정지혜의 일원상 안목에서 드러나는 부모의 역할이요 작용입니다.

우리가 성장했다는 것은 무자력할 때 양육의 도움을 받았다는 것입니다. 우주만유의 감응을 받은 것이며, 살아가는 데 있어 이러한 도움을 직간접으로 받은 것으로, 이러한 작용을 부모은이라 한 것입니다.

부모은은 우리가 무자력할 때 양육되도록 힘이 되는 관계의 총체입니다.

부모 보은의 강령에서 '무자력할 때' '힘 미치는 대로' '무자력자 보호'가 중요합니다.

첫째, '무자력할 때 피은된 도를 보아서'입니다.

부모은은 무자력할 때 자력을 얻도록 힘이 되는 모든 관계입니다. 즉 무자력할 때 도움을 주는 모든 존재가 부모요 부모은입니다.

무자력할 때 보호를 주는 존재가 진리의 부모입니다. 무자력하기 때문에 보호하여 자력자가 되도록 도와주는 인연입니다. 자력을 감소시키는 것은 부모의 도가 아닙니다. 자력자로 키워 자력으로 살아갈 수 있도록 하는 역할이 부모은입니다.

부모 보은의 강령에서는 부모라는 주체가 생략되어 있습니다.

이는 친부모·생부모에 한정된 국한을 터서 무자력할 때 도움이 되는 인연이면 모두 부모로 여기라는 것입니다. 혈연의 부모에만 한정하지 말라는 의도입니다. 부모-자식의 친친親親의 관계에서 부모은이 비롯되지만 그렇다고 가까운 친친親親에 한정하여 세상의 부모 역할을 외면하지 말라는 뜻입니다.

부모 피은의 도는 무자력자 보호의 도입니다.

이러한 무자력자 보호의 도를 실행하면 부모 피은에 대한 보은자도 되며, 동시에 자신도 '세상의 부모'가 되는 것입니다.

부모 피은에 대한 보은자가 되자는 것은 무자력자를 보호하는 부모가 되자는 것입니다.

무자력자는 무자력한 친자녀뿐만 아니라 타자녀까지이며, 세상의 모든 무자력한 존재로 확대되는 것입니다.

둘째, '힘 미치는 대로 무자력한 사람에게 보호를 줄 것이니' 입니다.

'힘 미치는 대로'는 힘닿는 대로의 뜻으로, 인연이 되는 범위 내에서 역량이 미치는 범위까지입니다.

'힘 미치는 대로'는 최선을 다하자는 것입니다. 다만 최선을 다한다고 해서 자신의 역량을 벗어나 탈진하라는 것은 아닙니다. 힘을 과용하여 자력이 상실되면 무자력자를 도와줄 수도 없기 때문입니다.

자력이 무너지지 않는 범위 내에서 자력을 운용하면서 도움을 주는 것입니다. 자신의 능력 안에서 능력껏 도움을 발휘하라는 것입니다.

부모 피은은 힘 미치는 대로 작용하는 은혜 입음입니다.
부모 피은은 무한 절대의 힘이 아닙니다. 우리가 친부모 및 부모 역할을 하는 모든 존재로부터 낳아준 생은生恩, 길러준 육은育恩, 가르쳐준 교은敎恩을 받을 때 힘 미치는 만큼 도움을 받은 은혜입니다.
결국 부모 피은을 감지하기 위해서는 부모 역할을 해 준 모든 존재가 힘 미치는 만큼 도움을 주었다는 은혜를 알아야 하는 것입니다. 내 욕망에 호응된 도움이 아니라 부모 역할을 해주는 관계로부터 힘 미치는 그만큼 도움받은 것입니다.

부모 피은은 무자력할 때 입은 은혜입니다.
만일 자력을 얻었는데도 부모의 도움을 바란다든지, 자력을 얻어야 하는데도 부모의 도움에 의존하고 있다면, 이는 부모 피은의 도를 저버리는 행위입니다.

자타의 국한을 초월한 자리에서 친자녀 타자녀에 관계없이 무자력할 때 도움을 주는 인연이 사은의 부모입니다. 그러므로 부모 보은은 무자력할 때 피은된 도를 보아서 힘 미치는 대로 무자력한 사람에게 보호를 주는 것입니다.
부모 보은의 강령은 무자력자를 보호하는 '세상의 부모'가 되자는 것입니다. '사생四生의 자부慈父·자모慈母'가 되자는 것입니다.

정산 종사는 "효라 함은 무슨 일이나 보은의 도를 행하는 것은 다 효에 속하나니 이는 모든 보은 가운데 부모 보은이 제일 초보가 되는 까닭이라, 그 부모의 은혜를 모르는 이가 어찌 다른 은혜를 먼저 알며 널리 천지와 동포와 법률의 근본적 은혜를 알게 되리오. 그러므로 효의 실행은 부모은으로부터 시작하여 이 모든 은혜를 발견하는 데에 있나니, …… 효의 의의는 실로 광대하고 원만하여 천하 고금에 길이 세상의 강령이 되고 인도의 비롯이 되나니라."[『정산종사법어』 경의편 59장]라고 말씀합니다.

진정한 효는 부모 보은이요 효의 실행은 부모 보은으로부터 시작되는 것입니다. 또한 부모 보은으로부터 모든 은혜를 발견하게 되며, 사람이 밟아가야 할 인도人道는 부모 보은의 도를 실천하는 것으로부터 비롯되는 것입니다.

오늘은 부모 보은의 강령에 대해 살펴보았습니다.

부모 보은의 조목

─────── 반갑습니다. 이번 시간에는 부모은 중에서 '부모 보은의 조목'에 대해 살펴보겠습니다.

'부모 보은의 강령'이 부모 보은에 관한 핵심 줄거리라면 '부모 보은의 조목'은 '부모 보은의 강령'에 대한 구체적이고 상세한 조목입니다.

부모 보은의 조목을 살펴보겠습니다.
첫째, 공부의 요도要道 **삼학·팔조와 인생의 요도 사은·사요를 빠짐없이 밟을 것이요,**

무자력자 보호의 도는 무자력자를 보호하여 자력자가 되도록 인도하는 부모 역할의 진리성입니다. 무자력할 때 부모의 도움으로 자력을 얻게 되었다면 이제 자력으로 나아가야 합니다.

소태산 대종사에게 한 제자가 "부모 보은의 조목에 '공부의 요도와 인생의 요도를 유루有漏 없이 밟으라.' 하셨사오니 그것이 어찌 부모 보은이 되나이까?"라고 여쭙니다.

이에 대해 "공부의 요도를 지내고 나면 부처님의 지견을 얻을 것이요, 인생의 요도를 밟고 나면 부처님의 실행을 얻을지니, 자녀된 자로서 부처님의 지행을 얻어 부처님의 사업을 이룬다면 그 꽃다운 이름이 너른 세상에 드러나서 자연 부모의 은혜까지 드러나게 될 것이라, 그리된다면 그 자녀로 말미암아 부모의 영명令名이 천추에 길이 전하여 만인의 존모할 바 될 것이니, 어찌 단촉한 일생에 시봉만 드리는 것에 비하겠는가. 그러므로 이는 실로 무량한 보은이 되나니라."[『대종경』 변의품 25장]라고 대답하십니다.

공부의 요도 삼학·팔조를 빠짐없이 밟아가는 것이 스스로 무자력에서 자력을 세우는 것이라면, 인생의 요도 사은·사요를 빠짐없이 밟아가는 것은 무자력한 타인에게 자력을 세우도록 도와주고 보호하는 것입니다.

소태산 대종사는 공부의 요도인 삼학·팔조를 밟아가는 것은 부처님의 지견을 얻는 것이라면 인생의 요도인 사은·사요를 밟아가는 것은 부처님의 실행을 얻는 것이라 하며, 부처님의 지행을 얻도록 하는 것을 부처님 사업이라 하십니다.

공부길과 인생길을 실천하여 부모 보은의 도인 무자력자 보호의 도를 계승하는 것이 부모 보은의 첫째 되는 것입니다.

그러므로 공부의 요도 삼학·팔조와 인생의 요도 사은·사요를 실천하여 스스로 자력자가 되는 동시에 힘 미치는 대로 무자력자를 자력자로 인도하는 것이 부모 보은의 제일 조목이 되는 것입니다. 삼학·팔조의 공부길과 사은·사요의 인생길을 실천하는 것이 참다운 부모 보은이요 부모은의 본의라는 것입니다.

그런데 부모의 도를 모르고 부모의 근시안적 요구에 매여 자력의 큰길로 나가지 못한다면 이는 부모의 욕망에 종속된 무자력자입니다.

삼학·팔조의 공부길과 사은·사요의 인생길을 실천하여 자력자가 되는 동시에 무자력자를 보호하여 세상의 부모가 될 때 부모의 본의를 계승하여 부모의 이름도 천추에 빛내 드리고 부모님을 희사위에 올려드릴 수 있는 것입니다.

둘째, 부모가 무자력할 경우에는 힘 미치는 대로 심지心志의 안락과 육체의 봉양奉養을 드릴 것이요,

부모 보은의 본질은 부모의 육체 봉양에 한정하는 게 아니라 자식이 잘되기를 바라는 부모의 선지先志를 잘 계승하는 것입니다.

부모를 봉양하는 것은 부모가 무자력하기 때문입니다. 우리가 무자력할 때 부모가 보살펴 주셨듯이 부모가 무자력하실 때 봉양을 드리는 것입니다.

진정한 봉양은 부모가 자력을 유지할 수 있도록 평소에 도움을 드리는 것이 본질이며, 부모가 자력을 상실했을 때는 힘 미치는 대로 심지의 안락과 육체의 봉양을 드리는 것입니다.

심지心志의 안락과 육체의 봉양을 드리기 위해서는 부모의 심정과 상태를 살필 수 있어야 하며, 또한 부모 세대의 복지를 개인 차원뿐만 아니라 사회·국가가 보살필 수 있는 구조로 만들어가야 합니다. 물질문명이 발달하는 사회가 될수록 사회 차원의 봉양이 이루어져야 합니다.

소태산 대종사는 봉래정사에서 모친 환후患候의 소식을 듣고 어머니가 계시는 영광 연성리 아우 집[박동국의 집]에 가시어 병시중을 들다가 아우 박동국에게 모친 시탕을 맡기고 다시 교화사업에 전력합니다[『대종경』 인도품 49장].

소태산은 새 회상을 건설할 교화사업에 임박하여 모친 봉양을 아우에게 맡기고 회상 창립 준비에 임하신 것입니다. 부모가 병환 중이거나 편찮을 때, 즉 부모가 무자력할 경우에는 힘 미치는 대로 심지의 안락과 육체의 봉양을 드려야 하겠지만 작은 효로써 큰 효를 저버리지 말라는 것입니다.

이에 대해 정산 종사는 "만일 부모의 마음을 편안하게 한다 하여 혹 의 아닌 명령에도 순종한다면 이는 작은 효로써 큰 효를 상함이요, 부모를 봉양한다 하여 혹 공중을 위한 큰 사업을 못하게 된다면 이도 또한 작은 효로써 큰 효를 상함이니, 부모가 혹 노혼하여 대의에 어두운 경우가 있을 때에는 온화한 기운과 부드러운 말씨로 간諫하고 또 간하여 그 마음을 돌려드리기에 힘쓸 것이요, 공사에 큰 관계가 있어서 직접 시봉을 드리기가 어려운 경우에는 형제나 친척에게 이를 대신하게 하고 그 공사를 원만히 이룩함으로써 참다운 큰 효가 되게 할 것이니라."[『정산종사법어』 세전 '자녀의 도']라고 자녀의 도를 밝히고 있습니다.

셋째, 부모가 생존하시거나 열반涅槃하신 후나 힘 미치는 대로 무자력한 타인의 부모라도 내 부모와 같이 보호할 것이요,

소태산 대종사는 "자력 없는 타인의 부모라도 내 부모와 같이 보호하라 하셨사오니 그것은 어찌 부모 보은이 되나이까."라는 질문에 "과거 부처님이 말씀하신 다생의 이치로써 미루어 보면 과거 미래 수천만 겁을 통하여 정하였던 부모와 정할 부모가 실로 한이 없고 수가 없을 것이니, 이 많은 부모의 은혜를 어찌 현생 부모 한두 분에게만 보은함으로써 다하였다 하리요. 그러므로 현생 부모가 생존하시거나 열반하신 후나 힘이 미치는 대로 자력 없는 타인 부모의 보호법을 쓰면 이는 삼세 일체 부모의 큰 보은이 되나니라."[『대종경』 변의품 25장]라고 말씀하십니다.

부모은은 자타의 국한이 없는 일원상 자리에서 드러나는 부모 역할입니다.
그러므로 부모는 과거 현재 미래에 국한되지 않습니다. '정하였던 과거의 부모'와 '현재의 부모' 그리고 '정할 미래의 부모'가 한없이 펼쳐있는 것입니다.
국한이 툭 터진 일원상 자리에서 드러나는 부모는 삼세 일체의 부모입니다. 일원상 자리에서 보면 모든 존재가 부모 아님이 없으므로 역량 따라 무자력한 타인의 부모라도 내 부모와 같이 보호하라는 것입니다. 삼세 부모와 선연을 맺는 것입니다.

'부모가 생존하시거나 열반하신 후나 힘 미치는 대로 무자력한 타인의 부모라도 내 부모와 같이 보호할 것'은 내 부모 봉양에만 국한하지 말라는 것입니다.
그렇다고 내 부모를 우선시하지 말라는 것도 아니며, 다만 내 부모에만 한정하지 말고 타인의 부모라 할지라도 도외시하지 말라는 것입니다. 그리하여 국한을 터서 무자력한 타인의 부모라도 내 부모와 같이 힘 미치는 대로 보호하라는 것입니다.

부모 보은은 세상의 부모들로부터 무자력할 때 보호를 받았듯이 부모 세대가 무자력할 때 보호하는 것입니다. 힘 미치는 대로 '자력 없는 타인 부모 보호법'을 쓰라는 것입니다.
그러기 위해서는 무자력한 부모 세대를 봉양하는 공익사회를 이루어야 합니다. 사회가 부모 역할을 하는 데까지 진화시켜야 합니다. 가정뿐만 아니라 사회·국가가 부모 세대를 봉양하는 구조로 만들어가야 하는 것입니다.

넷째, 부모가 열반하신 후에는 역사와 영상을 봉안하여 길이 기념할 것이니라.

『예전』 가례편의 '제사'에 대한 정의입니다.

"제사는 열반인에 대하여 추모의 정성을 바치는 것인바, 그 의식 가운데에는 두 가지 뜻이 있나니, 하나는 청정한 마음으로 불전에 발원하여 숙세의 업장을 녹이고 도문道門에 인연을 깊게 하며 헌공금으로 공도사업에 활용하여 그 미래의 명복을 증진하고 사회의 발전을 돕는 것이요, 하나는 열반인의 재세 당시에 끼친바 공덕을 추모하며 자손 대대에 그 근본을 찾게 하여 후생의 보본 사상을 권장하는 것이니라. 열반기념제는 부모·사장師長 등의 열반일에 열반기념제를 거행하여, 자손이나 제자로서 추모하는 정성을 바치는 동시에 열반인의 영원한 명복을 축원할 것이니라."

이처럼 열반하신 부모 및 스승 또는 어른들을 부모같이 모시어 그 역사와 영상을 봉안하여 기념하라는 것입니다.

기념은 추모追慕하는 것으로 추원追遠하는 것입니다. 부모는 차차 기억으로부터 멀어집니다. 추모는 이렇게 멀어져가는 부모의 역사를 기억하여 기리는 것입니다. 부모 보은은 태어나게 해주고 길러주시고 가르쳐주신 그 근본을 잊지 않고 그 은혜를 계승하는 보본報本사상입니다.

결국, 부모 보은은 자타의 국한이나 부모 자녀의 국한을 넘어선 자리에서 무자력할 때 피은된 도를 밝혀서 무자력한 사람을 보호하는 것입니다.

정산 종사는 "대종사께서 부모의 은혜를 종적으로는 삼세 부모님 은혜에 보은하게 하고 횡적으로는 무자력한 부모를 보호하게 함으로써 종횡으로 넓게 효를 밝히셨다."[『정산종사 수필법문』 상]라고 말씀하십니다.

오늘은 부모 보은의 조목에 대해 살펴보았습니다.

부모 보은의 결과

─────── 반갑습니다. 이번 시간에는 부모은 중에서 '부모 보은의 결과'에 대해 살펴보겠습니다.

'부모 보은의 결과'를 봉독하겠습니다.

> "우리가 부모 보은을 한다면 나는 내 부모에게 보은을 하였건마는 세상은 자연히 나를 위하고 귀히 알 것이며, 사람의 자손은 선악 간에 그 부모의 행하는 것을 본받아 행하는 것이 피할 수 없는 이치인지라, 나의 자손도 마땅히 나의 보은하는 도를 본받아 나에게 효성할 것은 물론이요, 또는 무자력한 사람들을 보호한 결과 세세생생 거래 간에 혹 나의 무자력한 때가 있다 할지라도 항상 중인의 도움을 받을 것이니라."

'부모 보은'의 주체는 '우리'로서 너와 나 모두입니다.

부모 보은은 내가 먼저 실행해야 하며, 또한 서로서로 실행해야 합니다.

보은하는 우리가 될 때, 즉 보은자의 영향력이 배은자의 영향력보다 강할 때 보은 세상이 되는 것입니다. 보은자의 세력이 배은자의 세력보다 커야 합니다.

보은하는 우리가 많아야 합니다. 만일 배은하는 우리가 많아지면 배은 세상이 되고 맙니다.

사은에 대한 보은의 결과와 배은의 결과는 단순히 개인 차원으로만 봐서는 안 됩니다.

'우리'라는 차원에서 그 결과를 봐야 합니다.

피은의 도를 실행하는 보은자가 많은 세상은 당연히 배은자도 제도하는 세상이 되므로 〈개교의 동기〉의 파란 고해의 일체 생령을 광대무량한 낙원으로 인도하는 세상이 되는 것입니다. 보은의 세계, 낙원의 세계가 되는 것입니다. 이처럼 부모 보은의 결과는 광대무량한 낙원을 불러옵니다.

첫 문장의 '우리가 부모 보은을 한다면'의 뜻은 '부모 보은의 강령에 따라 부모 보은의 조목을 일일이 실행하면'의 뜻입니다.

즉 무자력할 때 피은된 도를 보아서 힘 미치는 대로 '부모 보은의 조목'을 실행하여 무자력한 사람을 보호하는 것입니다. '무자력자 보호의 도'를 따라 부모 보은의 조목을 일일이 실행하는 것입니다.

'무자력자 보호의 도'는 자타의 국한이 트인 텅 비어 고요한 자리에서 드러나는 부모 피은의 도입니다. 내 부모 내 자녀의 국한을 넘어선 자리에서 무자력할 때 피은된 도를 밝혀서 무자력한 사람을 보호하는 것입니다.

내 부모 내 자녀의 국한을 넘어선 자리에서 드러나는 '무자력자 보호의 도'가 부모성입니다. 이러한 부모성인 '무자력자 보호의 도'를 실행하는 것이 바로 부모 보은입니다.

이렇게 너와 나, 우리 모두 부모 피은의 도인 '무자력자 보호의 도'를 실행하여 부모 보은을 하면 자신도 행복하고 가족도 행복하고 세상은 은혜로운 낙원이 되는 것입니다.

부모 보은의 결과입니다.
첫째, '우리가 부모 보은을 한다면 나는 내 부모에게 보은을 하였건마는 세상은 자연히 나를 위하고 귀히 알 것'이며,

우리가 부모 보은을 한다는 것은 자타의 국한이 없는 일원상의 안목으로 '무자력자 보호의 도'를 실행하는 것입니다. 이렇게 국한이 없는 텅 빈 자리에서 '무자력자 보호의 도'를 실행하는 사람은 무자력자를 보호할 뿐만 아니라 당연히 자신의 부모에게 보은합니다.

그런데 여기서 내 부모에게 보은하는 것은 부모의 뜻인 '부모 보은의 조목' 1조 '공부의 요도 삼학·팔조와 인생의 요도 사은·사요를 빠짐없이 밟는 것'입니다.

사은의 부모는 자녀가 인생의 요도와 공부의 요도를 잘 닦아 훌륭한 보은자가 되길 원합니다. 그러므로 부모의 본의에 따라 공부의 요도 삼학·팔조와 인생의 요도 사은·사요를 잘 밟아간다면 결국 세상도 자연 나를 위하고 귀히 여기게 되는 것입니다.

둘째, '우리가 부모 보은을 한다면 사람의 자손은 선악 간에 그 부모의 행하는 것을 본받아 행하는 것이 피할 수 없는 이치인지라, 나의 자손도 마땅히 나의 보은하는 도를 본받아 나에게 효성孝誠할 것'은 물론이며,

보은자로부터 보은의 도를 본받게 되고 배은자로부터 배은의 도를 본받기 쉽다는 것입니다. 특히 부모의 행위는 자손에게 영향을 주는 것이 피할 수 없는 이치라는 것입니다.

소태산 대종사는 "자녀를 가르치는 데에는 부모 자신이 먼저 상봉하솔의 도에 어긋남이 없어야 할 것이니, 만일 자녀의 보는 바에 자신이 직접 불효를 한다든지 불경不敬을 한다든지 기타 무슨 일이나 좋지 못한 행동을 한다면 그 자녀를 지도할 위신威信이 없게 되는 것이요."[『대종경』 인도품 46장]라고 말씀하십니다. 자녀를 가르치는 데 부모가 먼저 실천해야 자녀들이 본받게 된다고 당부합니다.

또한 "자기 가정에서 부모에게 효도하고 형제간에 우애하는 사람으로 남에게 악할 사람이 적고, 부모에게 불효하고 형제간에 불목하는 사람으로 남에게 선할 사람이 적나니, 그러므로 유가에서 '효孝는 백행百行의 근본이라' 하였고, '충신忠臣을 효자의 문에서 구한다' 하였나니, 다 사실에 당연한 말씀이니라."[『대종경』 인도품 11장]라고 효를 강조합니다.

그러므로 자타의 국한이 없는 자리에서 '무자력자 보호의 도'를 실천하면 가까운 자녀부터 영향을 받아 그 도를 본받아 부모 보은의 효행을 하기 쉽다는 것입니다.

셋째, '우리가 부모 보은을 한다면 무자력한 사람들을 보호한 결과 세세생생 거

래 간에 혹 나의 무자력한 때가 있다 할지라도 항상 중인의 도움을 받을 것'이니라.

너와 나, 우리가 부모 보은을 한다는 것은 자타의 국한이 툭 터진 하나로 두렷한 일원상 자리에서 부모 피은의 도인 '무자력자 보호의 도'를 실행하여 무자력한 사람을 보호하는 것입니다.

단순히 개인 차원에서만 무자력자를 보호하는 것이 아니라 사회 차원에서 구조적으로 무자력자를 보호하는 것입니다. 무자력자가 자력자가 되도록 도와주고 절대적인 무자력자는 사회·국가가 감당하여 보호하는 것입니다.

이러한 무자력자를 보호하는 사회구조를 구축해 놓으면 혹여 무자력한 경우가 된다고 해도 무자력자를 보호하는 사람들의 도움을 받아 자력자가 되기 쉽고 또는 절대적인 무자력자가 된다 해도 보호를 받게 되는 사회 속에서 더불어 같이 살게 되는 것입니다.

힘 미치는 대로 무자력자를 자력자가 되도록 보호하는 것은 어느 때든지 어느 곳에 처하든지 무자력할 때 도움을 입은 삼세 부모에게 보은하는 것도 되며, 세세생생 중인에게 도움을 주고받는 상생의 길이 되는 것입니다.

시간상으로 삼세의 부모나 공간적으로 사회적 부모가 무자력할 때 낳아주고 길러주고 가르쳐 주었듯이 이러한 진리의 부모성을 체받아서 무자력한 사람을 보호하여 자력자로 기르는 것이 부모 보은입니다. [『대종경』 변의품 25장]

정산 종사는 "동서남북이 다 통달하여 어느 곳에 가든지 매양 대중을 이익 주는 동시에 또한 대중의 환영과 보호를 받게 하옵시며,"[『정산종사법어』 권도편 18장]라고 심고 하십니다.

대중을 이익 주는 동시에 대중의 환영과 보호를 받는 한 방법이 부모 피은의 도를 실행하는 것입니다. 그러면 세세생생 거래 간에 항상 중인의 도움을 받게 되는 것입니다.

오늘은 천지 보은의 결과에 대해 살펴보았습니다.

부모 배은과 그 결과

─────── 반갑습니다. 이번 시간에는 부모은 중에서 '부모 배은'과 '부모 배은의 결과'에 대해서 살펴보겠습니다.

'부모 배은'의 정의입니다.

> "부모에 대한 피은·보은·배은을 알지 못하는 것과 설사 안다 할지라도 보은의 실행이 없는 것이니라."

부모에 대한 피은·보은·배은을 알지 못하는 것도 배은이요,
설사 안다고 할지라도 보은의 실행이 없는 것도 배은이라는 것입니다.
은혜를 몰라도 배은이요 알아도 실행하지 않으면 배은입니다.

부모 피은은 '무자력자 보호의 도'에 따라 은혜를 입은 것이요,
부모 보은은 '무자력자 보호의 도'를 느끼고 알아 실행하는 지은보은입니다.
부모 보은은 피은의 도인 '무자력자 보호의 도'에 보답하고 응답하는 실천이며,
부모 배은은 '무자력자 보호의 도'를 등지는 것으로, 알고도 외면하면 배은입니다.
만일 우리가 부모 배은을 하여 부모 배은의 세력이 부모 보은의 세력보다 치성하면,
결국 그 사회는 무자력자 보호의 도가 미약한 부모 배은의 사회가 되고 말 것입니다.

정산 종사는 "현하 시대의 인심을 본다면 효에 병듦이 또한 오래인지라 가정에 있어서는 부모를 원망하고 세상에 나오면 천지와 동포와 법률을 원망하여 세상 공기가 침울하여지고 인간 생활이 위험에 당하나니 이 위험한 시국을 돌이켜서 평화 안락한

세상을 만들기로 하면 무슨 방법으로든지 이 효의 정신을 진흥하여 모든 인심이 효에 돌아오지 아니하고는 도저히 어려울 것이니라."[『정산종사법어』 경의편 59장]라고 당부합니다.

효는 부모 보은에서 비롯합니다. 부모 보은의 도가 미약하여 가정에서 부모를 원망하는 마음으로 세상에 나오면 그 원망심으로 세상이 침울해지고 인간 생활이 위험에 처하게 됩니다. 그러므로 평화 안락한 세상을 만들기로 하면 먼저 가정에서부터 부모와 윤기를 통해 소통되고 화해되어야 합니다. 이처럼 진정한 효는 부모 보은의 도를 실행하는 것입니다.

사은의 부모는 텅 비어 고요한 자리에서 드러나는 무자력자를 보호하는 역할입니다.
이러한 부모은을 등지는 부모는 자녀에게 '무자력자 보호의 도'를 가르치는 것이 아니라 자신만 위하는 삶을 가르치는 것입니다. 심지어 자기 자녀도 외면하고 방치하거나 폭력적 행위를 가하기도 합니다.

부모 배은은 부모 피은의 도인 '무자력자 보호의 도'를 등지는 것입니다.

우리가 부모 배은을 하면 '부모 배은의 결과'를 불러옵니다.
첫째, '우리가 만일 부모에게 배은을 한다면 나는 내 부모에게 배은을 하였건마는 세상은 자연히 나를 미워하고 배척할 것'이요,

우리가 부모 배은을 한다는 것은 자타의 국한에 사로잡혀서 '무자력자 보호의 도'를 외면하는 것입니다. 무자력한 사람들을 외면하고 심지어 가까운 사이의 무자력자마저도 방치하는 것입니다.

내 부모에게 배은을 한다는 것은 나를 낳아준 은혜, 길러준 은혜, 가르쳐 준 은혜에 배은망덕하는 것입니다. '사은의 부모'를 모르고 불평불만이 앞서므로 그 은혜에 감사할 줄 모르는 것입니다.

사은의 부모는 자손들이 공부의 요도 삼학·팔조와 인생의 요도 사은·사요를 잘 밟아가는 사람이 되길 원합니다. 그런데 부모의 바람과는 어긋나게 공부의 요도와 인생의 요도에서 벗어나 악도를 걸으면 부모는 안타까워할 뿐입니다.

결국 이렇게 삼학·팔조의 공부길과 사은·사요의 인생길을 벗어나 악도를 행하니 세상은 자연 이러한 사람을 미워할 것이고 배척하게 되는 것입니다.

둘째, '우리가 만일 부모에게 배은을 한다면 당장 제가 낳은 제 자손도 그것을 본받아 직접 앙화를 끼칠 것'은 물론이요,

근주자적近朱者赤 근묵자흑近墨者黑, 붉은색을 가까이하면 붉게 물들고 먹을 가까이하면 검어지듯이, 부모가 부모 배은 행위를 하면 자손도 그 행위에 영향을 받아 배은자가 되기 쉽다는 것입니다.

소태산 대종사는 "사람이 어릴 때에는 대개 그 부모의 하는 것을 보고 들어서 그 정신을 이어받기가 쉽나니, 사람의 부모 된 처지에서는 그 자손을 위하여서라도 … 바른 사업과 옳은 길을 밟기에 노력하라"[『대종경』인도품 47장]라고 당부합니다.

자녀는 부모의 하는 행위에 영향받아 물들기 쉽기 때문에 그 행위와 직업 선택에 신중하라는 것입니다.

부모가 무자력한 자신의 부모를 외면하면 그 자손도 부모가 무자력할 때 외면하고 더 나아가 직접 앙갚음하는 상극 관계를 맺게 되기 쉽다는 이치입니다.

셋째, '우리가 만일 부모에게 배은을 한다면 세세생생 거래 간에 혹 나의 무자력한 때가 있다 할지라도 항상 중인의 버림을 받을 것'이니라.

우리가 부모 배은하는 것은 '무자력자 보호의 도'를 외면하는 것입니다. 가까운 친부모부터 세상의 부모를 외면하는 것으로, 우리가 무자력할 때 길러주고 보호해 주었던 은혜를 망각하는 것입니다. 진리의 부모[부모성]인 부모은을 외면하는 것입니다. 사은의 부모은을 등지고 몰라라 하는 것입니다.

그리하여 세상은 부모 배은자가 부모 보은자보다 세력이 더 우세하게 되는 것입니다. 단순히 개인 차원에서 부모 배은하는 것만이 아니라 사회 구조적으로 부모 배은자의 세력이 강해지는 것입니다.

사회가 '무자력자 보호의 도'인 부모 피은의 도를 외면하고 방치하면 우리가 다시 태어나도 자력이 있는 개인이나 사회를 구성하기 쉽지 않을 것입니다. 가진 자는 소수이고 못 가진 자가 다수이기 때문입니다.

가진 자는 더 가지려 하고 더 가진 자는 그보다 더 가지려고 하니, 궁극적으로는 극히 소수만 가진 자가 되고 대다수는 그나마 있는 것을 다투는 궁핍한 세상이 됩니다. 이렇게 되면 절대다수가 무자력자가 되는 것입니다.

우리는 사생四生의 부모가 되어서 개인·가정·사회·국가·세계의 생령이 무자력할 때 자력자가 되도록 보호하고 도움을 주어야 합니다. '부모 피은의 도'를 본받아서 무자력자를 보호하는 사회적 부모 역할을 실천하는 것입니다.

그런데 만일 사회 일부만 자력자가 되고 대부분은 무자력자가 되도록 방치한다면, 설사 지금 자력자일지라도 세세생생 다시 태어나도 무자력자가 될 확률이 높습니다. 결국 부모 피은의 도를 외면하면 세세생생 거래 간에 항상 중인의 버림을 받게 되는 것입니다.

결국, 부모 배은의 결과는 불행을 초래하고 고해를 불러오게 됩니다.

세상으로부터는 미움과 배척을, 자손으로부터는 불효를, 세세생생 거래 간에는 불특정 다수에게 버림받게 되는 것입니다.

〈개교의 동기〉의 파란 고해의 일체 생령을 광대무량한 낙원으로 인도하려는 목적과 반대가 되는 것입니다. 배은의 세계, 고해의 세계가 됩니다.

오늘은 '부모 배은'과 '부모 배은의 결과'에 대해서 살펴보았습니다.

🔍 더보기 Tip

부모은의 산실! 영촌 탄생가와 구호동 집터

──────── 반갑습니다. 이번 시간에는 부모은의 산실로써 영촌 탄생가와 구호동 집터를 살펴보겠습니다.

소태산 대종사의 탄생가는 '부모은'의 산실입니다.

『원불교교사』 '대종사의 구도' 첫 단락입니다.
"대종사, 한번 의심을 발하신 후로는 날이 갈수록 그 마음이 더욱 간절하시어, 밤낮으로 오직 소원 성취의 길을 찾기에 노심勞心하시더니, 11세 때 마읍리 선산先山 묘제墓祭에 참례하셨다가, 산신을 먼저 제사하고 선조를 뒤에 제사함을 보시고 친족 중 한 사람에게 그 연유를 물어, 산신은 크게 신령하다 함을 들으시고는 나의 이 모든 의심을 산신에게 물으면 알 수 있으리라 생각하시어, 그날부터 내심內心에 산신을 만나기로 작정하시었다. 그 후로는, 매일 산중을 더듬어 산과山果를 거두시며, 혹 정한 음식을 보시면 그것을 가지고 마을 뒷산 '삼밭재'에 오르시어, '마당바위'라는 바위 위에 제물을 진설하시고, 전후 사방을 향하여 종일토록 예배하시다가, 해 진 후에야 귀가하시기를 매일 과정으로 하시되, 혹은 그곳에서 밤을 지내기도 하고, 혹은 비가 오고 눈이 와도 하루도 빠짐없이 5년간을 일관하시었으며, 처음에는 부모 모르게 그 일을 시작하시었으나, 마침내 모친께서 알으시고 그 정성에 감동하여 많은 후원을 하시었다."

소태산 대종사의 소년시절 이름은 진섭으로, 11세부터 15세 사이 서당에 글공부 하러 다니는 중에도 가슴에 품었던 의심을 풀기 위해 삼밭재에 올라 산신령에게 의심 해결을 바라는 산상기도에 정성을 들입니다.

소태산 대종사의 어머니[유정천劉定天]는 소년 대종사가 서당에 다닌다 하면서 삼밭재에 기도하러 다니는 사실을 알고 처음에는 반대도 하였지만, 그 정성에 감동되어 부친 모르게 제물[백병白餠, 흰떡]을 장만해 주십니다.
　　이처럼 탄생가 부엌은 소태산에게 있어 어머니의 사랑이 가득 담겨 있는 '부모은父母恩**의 현장'입니다.**

　　『원불교교사』'대종사의 구도' 둘째 단락입니다.
　　"대종사, 15세 때에 부모의 명에 의하여 면내 홍곡리의 규수 양하운[濟州梁氏 法名 夏雲]과 결혼하시고, 16세 되시던 정월, 환세 인사차로 처가에 가셨다가, 마침 마을 사람이 고대 소설[趙雄傳 등] 읽는 것을 들으시는 중, 그 소설의 주인공들이 천신만고 끝에 도사道士를 만나 소원을 성취하는지라, 대종사의 심중에 큰 변동이 생기게 되었다. '내가 지금까지 만나고자 하던 산신은, 5년간 한결같이 정성을 들였으나 한 번도 보이지 않으니, 가히 믿을 수 없을 뿐 더러, 그 유무를 확실히 알 수도 없는 것인즉, 나도 이제부터는 저 소설의 주인공 같이 도사 만나는 데에 정성을 들인다면, 도사는 사람이라 반드시 없지도 아니하리라' 생각하시고, 전날의 결심을 도사 만날 결심으로 돌리시었다. 그 후로는 길에 이상한 사람이나 걸인이 있어도 그가 혹 도사나 아닌가 하여 청하여 시험해 보시며, 또한 어디에 이인異人이나 은사隱士가 있다고 하면 반드시 찾아가 보시고, 혹은 청하여 같이 지내시며 시험해 보기도 하여, 그 후 6년간 도사를 찾아 일천 정성을 다 들이시었다."

　　소태산의 부친[박성삼朴成三]은 소태산 대종사 15세 시 백수면 홍곡리의 양씨 처자와 혼사를 맺게 하며, 아들의 결혼을 계기로 구호동에 새로 지은 집으로 이사합니다.
　　결혼 후 소태산은 당시 이름인 진섭에서 처화處化라는 자子를 쓰게 됩니다. 처화는 세상에 처處해서 잘 교화하라는 뜻으로, 부친의 친구이자 멘토인 문자삼이 지어주었다고 합니다.

　　결혼 후 청년 대종사, 처화는 홍곡리 처가에 새해 인사를 갔다가 동네 사랑방에서 전기수[傳奇叟, 전문 이야기꾼]가 들려준 고대소설 조웅전에 등장하는 도사道師를 만나 평소 알고자 한 의심을 해결코자 합니다.

그렇다면 11세 때 시제를 모시러 갔던 마읍리 선산묘제先山墓祭가 '삼령기원상參嶺祈願相의 발심지'라면, 양하운 대사모의 친정인 홍곡리는 '구사고행상求師苦行相의 발심지'입니다.

소태산의 부친 박성삼은 처화의 구사고행을 처음에는 이해하지 못하고 아들이 하는 일을 혹 반대도 하였지만, 차츰 도사를 찾아 의심을 해결하려는 노력과 정성에 감동하여 후일에 큰 인물이 될 것을 기대하고 청년 대종사, 처화가 하는 구도에 적극적으로 후원합니다.

누구든 아들의 원을 들어주기만 하면 무엇이든 선뜻 내줄 정도로 처화에 대한 애정이 각별하여 하루 이틀도 아닌 5년간을 밑도 끝도 없이 찾아오는 자칭 도사 무리에 대한 대접과 도사 찾기 위해 무시로 외부 출입이 잦은 아들의 뒷바라지로 근동에서 알아주던 알찬 가산[논밭 9천 평: 논 천 평, 밭 8천 평]이 소모되고 빚을 질 정도가 됩니다.

박성삼은 임종에서도 "내가 처화의 앞날 발전을 보지 못하는 것이 철천의 한이다"라고 누누이 유언하며 눈을 감습니다.

소태산 대종사의 구호동 집터는 구사고행 당시 청년 대종사의 구도 후원을 다 하셨던 소태산의 부친 사랑이 깃들어 있는 '부모은父母恩의 현장'입니다.

소태산 대종사가 직접 쓰신 '희사위 열반기념문' 중 일부를 살펴보겠습니다.

"소자가 산신을 만나려 할 시 산신 만나는 데에 모든 준비를 다 하여 주옵시고, 도인을 만나려 할 시는 도인 만나는 데에 모든 준비를 다 하여 주시옵고, 수양할 처소를 원할 시는 수양 처소를 구성하는 데에 모든 준비를 다 하사 아직 미거한 소자에 향하여 미래의 큰 희망을 가지시고 행주좌와 어묵동정에 염념불망하사 모든 생각과 모든 정성과 모든 활동이 오롯이 소자에게로 집중되셨습니다."

소태산의 회고를 통해서도 부모님에 대한 애틋한 소회를 느낄 수 있습니다.

이처럼 탄생가와 구호동 본가는 부모은의 산실입니다.

탄생가 부엌을 열어보고 이곳에서 소태산 대종사의 모친께서 소년 대종사의 의심이 해결되도록 제물을 만들어 주셨던 모정母情과 앵두나무가 있었던 구호동 집터에서 구사고행의 모든 과정에 든든한 후원자가 돼 주셨던 대종사 부친의 부정父情을 느껴야 할 것입니다.

소태산 대종사의 부모는 부모가 바라는 자식으로 재단한 것이 아니라 자식의 원이 이루어지도록 후원했던, 자식이 원하는 것을 지원하신 부모였습니다.

소태산 대종사는 대각을 하고 당신의 체험에서 부모은을 드러내신 것입니다.
그리하여 『정전』 부모보은 조목 첫째에 '인생의 요도 삼학·팔조'와 '공부의 요도 사은·사요'를 빠짐없이 밟도록 하였으며, 당신 스스로 인생의 요도와 공부의 요도를 빠짐없이 밟아 부모 보은의 도리를 다하였던 것입니다.

부모은은 소태산 대종사의 체험에 근거하고 있습니다.
소태산 대종사의 부모은은 당신의 부모에 대한 '감각 감상'이며 당신의 부모를 통해 '진리의 부모성'을 밝혀낸 것입니다.
부모은은 단순히 어느 날 대각을 통해 당신 삶과 무관한 내용을 밝힌 것이 아닙니다. 지극히 사적이면서 지극히 공적인 진리를 밝히신 것입니다.
부모와 자식으로 만난 인연을 통해서 그 속에 흐르는 진리성을 발견하신 것입니다.
구도의 과정에서 부모와 자식의 인연과 사건 속에서 부모성의 참뜻을 밝혀낸 것입니다.
단순한 효·불효의 관계가 아니라 없어서는 살 수 없는 부모은의 진리성을 끄집어낸 것입니다. 태어나게 해주신 은혜, 길러주신 은혜, 인도를 가르쳐주신 은혜를 진리적으로 드러내 주신 것입니다. '무자력자 보호의 도'를 부모은으로 밝혀주신 것입니다.
대산 종사는 "대종사 부모님의 일천정성과 낳없는 믿음이 대종사님을 큰아들 만드셨다."라고 하셨습니다. 진리의 부모성은 사은의 자식으로 기르는 은혜입니다.

오늘은 부모은의 산실로 탄생가와 구호동 집터를 살펴보았습니다.

「희사위 열반 공동 기념」 기념문

─────── 반갑습니다. 이번 시간에는 '부모 보은의 조목' "4. 부모가 열반하신 후에는 역사와 영상을 봉안하여 길이 기념할 것이니라."를 소태산 대종사 친제의 '희사위 열반 공동기념' 기념문을 통해서 살펴보겠습니다.

소태산 대종사께서 당신의 부모님 은혜에 감사를 드리고 이 은혜를 기념하는 생생한 모습을 볼 수 있는 자료입니다. 봉독하면서 마음으로 부모은을 느껴보시기 바랍니다.

> 옛글에 말씀하여 가라사대, 누구나 그 부모님의 공덕을 말하자면 하늘 같아서 다함이 없다고 하였으니, 그 공덕이 과연 어떠한 공덕일까요. 곧 다름이 아니라 나를 낳아주시고, 길러주시고, 가르쳐 인도하여 주신 공덕이 있는 연고입니다.
>
> 그런즉 이상 세 가지 공덕 내에 한 가지 공덕만 생각한다고 할지라도 그 뼈에 사무친 정곡이 한이 없거든 하물며 그 세 가지 공덕이 구족하신 부모이겠습니까. 천하에 부모 된 자가 그 자녀에 대하여 혹 낳아주시기만 하고 길러주는 데에는 충분치 못한 분도 있고, 혹 길러주는 데까지는 충분하다 할지라도 인도하여줄 줄은 모르는 분도 있을 것입니다. 그러나 부모님께서는 이 세 가지에 하나도 부족함이 없는 공덕을 주셨으니, 그 낳으시고 기르실 때 모든 정곡은 이제 구구이 다 설명하지 아니하나 저를 인도하여 주실 때 모든 경력만으로도 어찌 지필로써 그 진정을 다 쓰오리까.
>
> 소자가 십 여세 어릴 때 우연한 발심으로써 이 모든 일과 이치를 알고자 하는 바, 부모님께서 미리 그 뜻을 아시고 깊이 동정하사 일심정력으로써 인도하시고 보호하심을 마지않으셨습니다. 소자가 산신을 만나려 할 시는 산신 만나는 데에 모든 준비를 다 하여 주시옵고, 도인을 만나려 할 시는 도인 만나는 데에 모든 준비를 다 하여 주시옵고, 수양할 처소를 원할 시는 수양 처소

를 구성하는 데에 모든 준비를 다 하사 아직 미거한 소자에 향하여 미래의 큰 희망을 품으시고 행주좌와 어묵동정 간에 염부망念不忘하사 모든 생각과 모든 정성과 모든 활동이 오롯이 소자에게로 집중이 되셨습니다.

그러하던 중 아버님의 운명이신지, 소자의 무복無福이온지 과한 고령도 아니신 그때 많은 한을 그대로 가지시고 처연히 열반에 드시사 소자로 하여 곧 천붕지통天崩之痛을 만나게 되오니, 세상 염량炎涼과 인간 고락을 맛보지 못한 저로서 그 어찌할 바를 알지 못하오며, 어머님께서는 두 분이 하시던 일을 독담獨擔하사 만반 고통을 겪으시면서 소자를 보호하셨사오나, 이내 기울어진 가사를 어찌 쉽게 바로 잡을 수가 있겠습니까. 가산은 탕진하여 여지가 없어지고, 소자의 정신의 의희[依稀, 희미하다. 어렴풋하다]한 몽중夢中을 면치 못하여 평생 숙원인 공부에 대한 준비는 고사하고 우선에 의식衣食의 길이 없어서 혈혈단신孑孑單身으로 극도의 궁경窮境에 들었사오며, 더욱이 육신의 병고가 침중하여 외인에게는 가히 폐인의 칭호까지 받게 되었사오니, 그때 어머님 생각이 어떠하셨사오며 그 고생이 어떠하였을 것입니까.

그러하던 중 지난 병진丙辰(1916년) 정사丁巳(1917년)에 이르러서 천명이 그러함인지, 부모님의 정성에 감화됨인지 소자의 정신에 일조一條의 서광이 비쳐서 평생 숙원인 일과 이치에 대강 분석이 나오며 양양한 전도를 가히 예측할 만한 기쁨을 얻게 되었습니다.

그리하여 처음 8~9인으로 더불어 불법연구회기성조합을 설치하고, 다음으로 영광 길룡리 방언을 착수하게 되온바, 그때 어머님은 오직 기뻐하시어 사업의 전도를 심축하시면서 전후에 또 모든 보호를 주셨사오며, 그 후 방언이 차차 끝나고 소자는 또 불법연구회를 창립하기 위하여 어머님을 떠나 부안군 봉래산으로 가게 되었습니다. 그러하오나 어머님께서는 거기에 대하여 조금도 불평이 없으시고 소자의 공부 발심에도 더욱 신념을 가지시며 저의 아우 동국이를 데리시고 안락한 생활을 하시면서 오직 소자의 경영 사업에 발전을 희망하였을 뿐이었습니다.

그러하던 중 인력으로 할 수 없는 운명이라, 소자의 경영 사업이 아직 완전한 토대를 보지 못하고 공부의 회상이 아직 정식으로 열리기 전에 어머님이 또 거연히 열반에 드시오니, 소자의 부모에 대한 깊은 한은 천추千秋에 잊지 못하게 되었나이다.

이제 한번 과거를 돌아본다면 어릴 때는 철이 없어서 능히 부모의 공덕을 알지 못하다가 거연히 아버님을 이별하고 어머님을 모시고 갖은 고생을 다하다가, 조금 소견을 얻은 후는 회중사에 몰두하여 어머님을 한번 가까이 모시지도 못하였사오니, 부모님이 저에게 대한 모든 정성과 모든 고통과 모든 공덕은 하늘 같아서 무엇으로 다 말할 수 없사오나 소자가 부모님에 대한 행동은 한 가지도 도리를 차린 것이 없사오며, 더욱이 육신 봉양에 대하여는 신 한 켤레, 옷 한 가지라도 변변히 받들어 본 적이 없는 듯합니다. 부안 봉래산에 있을 때 뵈러 올 시는 혹 노비에 남은 돈이 있게 되면 처음에는 어머님을 생각하여 다만 조그마한 봉양물이라도 사서 드릴까 하였다가 혹 어머님이 저를 생각하신 정이 과해져서 떠나올 시나 갈려 있을 시에 상심하실까 하여 몇 번 취사取捨하다가 필경 중지한 일이 많았더니, 인제 와서는 그것이 후회되옵고, 기쁘고 미망한 한이 다시 누구를 향하여 설화說話할 곳이 없는 듯합니다.

그러하오나 한 가지 다행한 바는 소자가 아직 여러 대중에게 별다른 이익을 끼친 바가 없사오나 대중이 자연 저를 신앙하며, 따라서 부모님을 추모하여 대희사라는 존호[소태산=대각여래위]를 올리고 회중에서 매년 열반기념을 받들게 되었사오니, 비록 부모님이 생존하셔서 오늘의 현상을 보시는 것만은 같지 못하다 할지라도 그만한 대중이 부모님을 위하여 염불을 하여 드린다, 심고를 하여 드린다, 헌공비를 바친다 하여 모든 정성을 다하여 드릴 때에 소자의 생각도 반분半分이나 그 한이 풀어질 듯하오며 일희일비一喜一悲하여 감루感淚를 금치 못하겠나이다.

부모님이시여, 지금 어느 곳에 계신다고 할지라도 여러분의 정성으로 이고등락移苦登樂이 되시며 우연한 복이 오시사 쉽게 이 회상에 출현하시어 전일에

> 부자와 모자의 미진未盡한 정을 풀게 되옵고, 육신의 인연과 법의 인연을 합하여 세세世世 동락同樂하기를 믿사옵고, 또한 심축하여 마지않습니다.
> 부주父主이시여, 모주母主이시여, 밝게 통촉하시나이까.
>
> 시창 ○○년 12월 1일
> 소자 중빈重彬 재배 복고

부모님에 대한 소태산 대종사의 절절한 사랑과 그 은혜를 기리는 마음이 전해집니다.

오늘은 '부모 보은의 조목' "4. 부모가 열반하신 후에는 역사와 영상을 봉안하여 길이 기념할 것이니라."를 소태산 대종사가 친제하신 '희사위 열반 공동기념' 기념문을 통해서 살펴보았습니다.

The 읽으면 좋은 법문

부모 보은에 대한 감상

유허일

《회보》 제19호, 시창20년(1935) 8·9월호

──────『정전』「부모 보은의 조목」'2. 부모가 무자력할 경우에는 힘 미치는 대로 심지心志의 안락과 육체의 봉양을 드릴 것이요'의 사례인 심지 봉양의 '증자'와 육신 봉양의 '증원'의 행위를 통해 부모 봉양의 방법을 제시한 감상이다.

감상자 유허일은 무자력자를 보호하는 역할이 진정한 부모 보은이 됨을 강조하고 있다. 부모는 무자력할 때가 아닌 이상에는 자녀에게 의탁지 말고 자녀가 무자력한 사람을 보호하는 공익사업에 헌신토록 하라는 것이다. 결국 부모 보은은 친부모를 비롯하여 무자력한 약자까지 보호하는 사회적 부모 역할을 하는 것이다.

옛날에 증자曾子[증삼, 공자의 제자]가 그 부친 증석曾晳을 시봉할 새 항상 술과 고기로써 차담[손님을 대접하기 위해 내놓은 다과茶菓]을 올리고 그 상을 물러갈 때는 반드시 남은 음식의 주실 바를 여쭈어보며 그 부친이 손님을 대접하기 위하여 그 음식을 가져오라 명하시면 어김없이 갖다 올리었다. 그 후 증자의 아들 증원曾元이가 증자를 시봉할 새 또한 술과 고기로써 차담을 올리되 상을 물릴 때에는 남은 음식의 주실 바를 묻지도 아니하고 또는 그 부친이 손님을 대접하기 위하여 그 음식을 가져오라 명하시더라도 없다고 속여 대답하되 그대로 두었다가 손님 떠난 후에는 다시 그 부친에게 드리었다.

그러니 효도란 것은 백행百行의 근본인 만큼 그 종류도 수가 없다. 우선 음식 시봉 하나로만 보아도 날마다 짐승 세 마리를 잡아 봉친奉親한다 할지라도 부모의 뜻을 거스르면 효가 아니요. 그와 반대로 하루 나물죽 한 그릇을 대접하더라도 부모의 뜻에 순종하는 것이 효라 하는 격언과 같이 증자는 부모가 좀 덜 자시더라도 마음에 주시고 싶은 뜻 맞는 손님과 함께 자시게 하는 것이 오직 효라고 생각하였으니 이는 심지心志의 봉양이라 하겠고, 증원은 이 음식은 오로지 내 부모를 위해서 장만한 것인즉 되도록 내 부모가 많이 자시게 하는 것이 유일의 효가 된다고 생각하였으니 이는 육체의 봉양만 하는 것이다.

육체의 봉양이 물론 심지의 봉양만은 못하겠으나 이것을 다시 한번 드려서, 이 세상에 삼강오륜三綱五倫이 없어진 인심에다가 비쳐 보면 혹은 무자력한 부모를 뒷방 늙은이로 내여 놓고 과실 한 개 나물 한 가닥 알뜰히 시봉한 일 없이 좋은 것이 있으면 제 처자만 데리고 저만 잘 먹으려 하거나 또는 각거各居하는 부모에 대해서도 될 수 있는 대로 재산을 뜯어다가 저 혼자만 잘 먹고 살려고 하며 필경 뜻과 같이 못 하면 부모 집에 불을 놓거나 극단에 이르러서는 차마 말 못 할 무시무시한 독살까지 하는 무륜패악無倫悖惡한 자식들로 보아서는 증원인들 그 얼마나 알뜰하고 거룩한 효자라고 할까.

그런즉 우리는 부모 섬기는데 증자의 시봉하는 일례를 가져다가 거울을 삼아 심지의 봉양을 주로 하는 동시에 육체의 봉양까지도 유루有漏없이 행하자는 것이다. 그러나 시봉을 받는 부모의 처지에 있어서는 저 가증한 어미 까마귀와 같이 무리하게 반포反哺만 구해서는 아니 될 줄로 안다. 과연 세상 사람들이 까마귀를 일러 '새 중에는 증자라' 하는 말은 다름 아니라 자식 까마귀가 그 어미 양육지은養育之恩을 갚기 위하여 먹을 것을 물어다가 열심히 그 어미를 먹이는 것을 보면 미물에 뛰어난 인적행위人的行爲라고 이름한다. 그러니 자식 까마귀는 증자라는 존호를 받는데 부끄럽지 않다고 할지라도 그 어미 까마귀로서는 소위 양육해주었다는 값을 받아먹으려고 저의 자력이 넉넉히 자식 이상의 활동할만한 능력이 있음에도 불구하고 기어이 그 자식만 꼭 붙잡고 날 먹여 살리라고 하는 격으로 자기는 육신을 꼼작 아니하고 입만 딱 벌리고서 이리로 가나 저리로 가나 그 자식 뒤만 따라다니는 것이 그 얼마나 미운 짓이라 할까.

그러므로 우리 경전[육대요령] 내 부모보은 제2조에 "부모가 무자력하여 자녀의 시봉이 아니고는 어찌할 수 없는 경우에 이르고 보면 힘에 미치는 대로는 심지의 안락과 육체의 봉양을 드릴 것이라." 하였으니, 우리는 마땅히 자식이 되어서는 증자와 같이 봉양하려니와 부모가 되어서는 자력 있을 때까지는 무리한 반포지은反哺之恩을 구하는 어미 까마귀 생활을 하지 말고 자기가 벌어먹으면서 자력생활할 그동안만은 자식으로 하여금 공익사업에 헌신하여 타인 부모라도 무자력한 사람을 위하여 활동하게 하는 것이 정당한 인적 생활이 될 것이며, 따라서 자식 된 자로도 원만한 보은자가 될 줄로 믿는다.

일산 이재철 선생의 효행

만리풍(전음광 필명)
《회보》 제46호, 시창23년(1938) 7·8월호

일산一山 이재철은 창생 구원을 위한 사무여한死無餘恨의 법인기도를 드릴 때 다만 모친이 걱정된다는 말에 소태산 대종사가 모친의 안위安慰를 책임지겠다고 약속하니 죽음을 불사不辭한 법인기도에 헌신한다. 이처럼 일산 이재철의 효성은 지극하기가 이루 말할 수 없었으며 모친의 환후가 깊어지자 잠시 공직을 놓고 사가[백수읍 천마리 1길 19-6]에 돌아가 모친 시탕에 전심한다.

여기서 부모의 임종을 모시는 것이 공도사업 보다 우선이냐는 문제 제기가 있을 수 있다. 소태산은 회상 공개를 준비할 즈음 모친이 병환으로 위급한 상황이 됨에 동생에게 시탕을 맡기고 공도사업에 전력한다. 이렇게 하는 것이 모친에게도 공익에 협력하는 것이며 아우도 큰 효를 하는 것이기 때문이다.

그렇다면 일산 이재철의 모친 시탕은 작은 효라고 규정될 수 있으나, 여기서 고려해야 할 것은 공익 우선과 함께 부모 임종을 모실 수 있는 사회가 되어야 한다는 것이다. 부모의 마지막 죽음의 길을 자식을 비롯한 친근자가 함께 하는 사회가 되어야 할 것이다. 일이 바쁘다고 살기에 벅차다고 부모의 마지막 길을 외면할 수는 없는 것이다. 사회가 이러한 부담을 감당할 수 있는 구조로 가꾸어져야 한다. 이러한 관점에서 일산 이재철의 효행을 바라봐야 할 것이다. 부모의 임종을 가족이 함께하는 행위가 가족사만이 아니라 사회적으로 책임지는 일이 되어야 할 것이다.

일산一山 이재철 선생이라 하면 본회 초창 시 9인 동지의 한 분으로서 또는 다년간 총부 서정원장의 직職에 재在하여 이미 우리 일반 회우會友에게 너무나 잘 알려진 분이다. 그런데 지금 여기에 또 한 가지 알려드리려고 하는 것은 선생의 **모당[母堂, 모친]에 대한 특별한 효행**이니, 선생은 일찍이 엄친[嚴親, 부친]을 여의고 한 분의 노모老母를 모시고 지내시는데 천성이 지효至孝하여 일생을 통하여 아직 한 번도 불평한 어조와 좋지 못한 기색을 그 모당 전에 나타내 보인 일이 없다하며, 만근수년내[挽近數年來, 몇 해 전부터 현재까지] 그 모당께서 노환老患으로 위석신음[委席呻吟, 몸져 누워서 일어나지 못하고 앓음]하시게 되매 부득이 총부 서정원장의 직을 타他에 대代케 하고 방금 본제[本第, 본집]에 가셔서 시탕에 전력하시는 중인데, 처자가인妻子家人이 얼마든지 많이 있음에도 불구하고 선생 친히 약 수발과 음식 수발과 대소변 납출拉出의 모든 책임을 스스로 담당하여 잠시도 곁을 떠나지 아니하고 근심하고 걱정함으로써 날을 보내시며, 간혹 그 모당의 병세가 극심할 시時는 온밤을 뜬눈으로 새우는 때가 허다하되 조금도 피로한 빛이 없음은 물론이려니와 갈수록 정성이 더욱 깊어 가신다 하니, 장병에 효자 없다는 격언인 듯싶은 속담도 선생에 있어서는 한 조각의 거짓말이 되고 말았으며, 우리의 『보경 육대요령』 내內 '부모의 보은 조건'을 철저히 실행하심으로써 일반 남의 자녀 된 자의 모범이 됨에 족足하도다.

순인군舜人君의 효양부모孝養父母

청하 이공주
《회보》제25호, 시창21년(1936) 6월호

———— 청하淸河는 이공주의 필명이요 아호이다. 이공주는 효행의 대명사인 순임금의 행적을 통해 부모 보은의 실행을 권면한다. 다만 순임금의 이야기는 가부장家父長의 사고와 전근대적인 군사부일체君師父一體의 사고방식이 깔려 있다. 부자의 효 관계로 군신의 권력관계를 설정하고 있다. 자식이 부모에 효도하듯이 신하는

> 임금을 받들라는 것이다. 효를 통해 권력의 정당성을 부여한 것이다. 효를 권력의 이데올로기로 작동한 것이다.
> 소태산의 교법인 부모은은 가부장적인 효의 추구가 아니라 가부장을 탈피하는 것이며, 가부장적 권력 체계를 벗어나는 사고방식이다. 소태산의 부모은은 부모 마음으로 무자력자를 보호하는 세상의 부모 역할이다. 이렇게 약자나 무자력자를 보호할 때 이 세상은 부모-자녀같이 서로를 아끼는 사회가 되는 것이다. 소태산의 부모은은 효의 발전적 계승이면서 또한 가정에 국한된 효의 극복이다. 부모은은 효에 한정할 수 없다.

…… 이상에 말한 순舜의 효성으로 말하면 누구나 다 할 수 없는 희귀한 효요 실행키 어려운 효라, 순 같은 어른이 아니고는 행하지 못할 줄 압니다.

그러나 우리는 이러한 선한 말씀을 들을 때에 범연히 청과[聽過, 듣고 넘길]할 것이 아니라 오직 순 임군은 고수 같은 포학무도暴虐無道한 부모에게도 그와 같은 대효를 행하셨으니 우리는 그 효를 모방하여 적은 효라도 기필코 행할 것이며, 일보를 진進하여 **유아종사維我宗師님의 제정하옵신 부모 보은 조목 4조[네 가지 조목]를 유루遺漏 없이 이행한다면 순 임금 이상의 효자도 될 수 있으리라고 생각합니다.** 이 출천대효出天大孝 순舜임금의 말씀은 옛글을 많이 읽으신 분은 누구나 다 잘 아실 줄 압니다. 그러나 혹 고경을 배우지 못하신 분은 물론 잘 모르실 듯하여 그러한 분을 위하여 이에 대강을 소개하오니 근본 효심이 계신 분은 더욱 효행을 갖추시고 혹 불효를 하시던 분은 새로이 효행 있는 분이 되길 빌고 이만 둡니다.

부모의 지중한 은혜

이덕신

《회보》 제15호, 시창20년(1935) 2·3월호

──────── 16세 이덕신의 『팔상록』 독후감이다. 『팔상록』은 소태산 대종사 대각 후에 열람하신 경전 중 하나이다. 인도의 석가모니 가르침이 동아시아로 전파되어 효행과 결부되어 설명되는 것을 볼 수 있다. 효는 이처럼 동아시아의 핵심 가르침이다. 이러한 효를 소태산 대종사는 부모은으로 달리 말씀하시며 미래의 가치로 확장 해석한다. 그것은 무자력자를 보호하는 부모 마음이다. 사은의 부모는 단순히 한 가정의 부모에 한정되지 않으며 혈육의 부모-자식의 관계에만 국한하지도 않는다. 부모은은 무자력한 사람에게 도움이 되는 역할을 부모로 보는 시각이다. 세상의 부모가 되라는 것이다. 사은의 부모 역할이 되자는 시각으로 이 감상을 읽어야 할 것이다.

사은四恩

同胞應鑑之位

少太山 書

동포은

『정전』읽기 Reading

제3절 동포은(同胞恩)

1. 동포 피은의 강령

　우리가 동포에게서 입은 은혜를 가장 쉽게 알고자 할진대 먼저 마땅히 사람도 없고 금수도 없고 초목도 없는 곳에서 나 혼자라도 살 수 있을 것인가 하고 생각해 볼 것이니, 그런다면 누구나 살지 못할 것은 다 인증할 것이다. 만일, 동포의 도움이 없이, 동포의 의지가 없이, 동포의 공급이 없이는 살 수 없다면 그 같이 큰 은혜가 또 어디 있으리요.

　대범, 이 세상은 사·농·공·상(士農工商)의 네 가지 생활 강령이 있고, 사람들은 그 강령 직업 하에서 활동하여, 각자의 소득으로 천만 물질을 서로 교환할 때에 오직 자리 이타(自利利他)로써 서로 도움이 되고 피은이 되었나니라.

2. 동포 피은의 조목

　1) 사(士)는 배우고 연구하여 모든 학술과 정사로 우리를 지도 교육하여 줌이요,
　2) 농(農)은 심고 길러서 우리의 의식 원료를 제공하여 줌이요,
　3) 공(工)은 각종 물품을 제조하여 우리의 주처와 수용품을 공급하여 줌이요,
　4) 상(商)은 천만 물질을 교환하여 우리의 생활에 편리를 도와줌이요,
　5) 금수 초목까지도 우리에게 도움이 됨이니라.

3. 동포 보은의 강령

동포에게 자리 이타로 피은이 되었으니 그 은혜를 갚고자 할진대, 사·농·공·상이 천만 학술과 천만 물질을 서로 교환할 때에 그 도를 체받아서 항상 자리 이타로써 할 것이니라.

4. 동포 보은의 조목
  1) 사는 천만 학술로 교화할 때와 모든 정사를 할 때에 항상 공정한 자리에서 자리 이타로써 할 것이요,
  2) 농은 의식 원료를 제공할 때에 항상 공정한 자리에서 자리 이타로써 할 것이요,
  3) 공은 주처와 수용품을 공급할 때에 항상 공정한 자리에서 자리 이타로써 할 것이요,
  4) 상은 천만 물질을 교환할 때에 항상 공정한 자리에서 자리 이타로써 할 것이요,
  5) 초목 금수도 연고 없이는 꺾고 살생하지 말 것이니라.

5. 동포 배은
  동포에 대한 피은·보은·배은을 알지 못하는 것과 설사 안다 할지라도 보은의 실행이 없는 것이니라.

6. 동포 보은의 결과
  우리가 동포 보은을 한다면, 자리 이타에서 감화를 받은 모든 동포가 서로 사랑하고 즐거워하여, 나 자신도 옹호와 우대를 받을 것이요, 개인과 개인끼리 사랑할 것이요, 가정과 가정끼리 친목할 것이요, 사회와 사회끼리 상통할 것이요, 국가와 국가끼리 평화하여 결국 상상하지 못할 이상의 세계가 될 것이니라.

그러나, 만일 전 세계 인류가 다 보은자가 되지 못할 때에, 혹 배은자의 장난으로 인하여 모든 동포가 고해 중에 들게 되면, 구세 성자들이 자비 방편을 베푸사 도덕이나 정치나 혹은 무력으로 배은 중생을 제도하게 되나니라.

7. 동포 배은의 결과

우리가 만일 동포에게 배은을 한다면, 모든 동포가 서로 미워하고 싫어하며 서로 원수가 되어 개인과 개인끼리 싸움이요, 가정과 가정끼리 혐극(嫌隙)이요, 사회와 사회끼리 반목(反目)이요, 국가와 국가끼리 평화를 보지 못하고 전쟁의 세계가 되고 말 것이니라.

동포 피은被恩의 강령

─────── 반갑습니다. 이번 시간에는 동포은 중 '동포 피은의 강령'에 대해서 살펴보겠습니다.

동포는 한 가지 동同, 태 포胞로, 같은 태에서 태어난 존재라는 뜻입니다.
그러니까 한 모태에서 나온 형제 같은 지친至親이라는 것입니다.

천지의 만물이 한 포태의 동포입니다.
소태산 대종사는 사람을 비롯한 모든 동·식물을 동포의 범주로 삼으셨습니다.
생명가진 모든 것은 한 포태의 동포요 나아가 천만 물질도 동포입니다.

동포는 자타가 둘이 아닌 일원상의 안목에서 전개되는 천지 만물입니다.
이와 같이 자타의 분별이 탈락한 자리에서 펼쳐지는 만물이기에 서로 의지가 되고 바탕이 되는 한 포태의 동포입니다.
이처럼 한 태의 동포는 자타가 둘이 아닌 일원상의 발현입니다.

'동포 피은의 강령'은 두 단락으로 나눌 수 있습니다.
첫 단락에서는 동포 피은의 실마리를 발견토록 하였다면, 둘째 단락은 동포은의 실상인 '자리이타의 도'를 밝히고 있습니다.

동포 피은의 첫째 단락입니다.

"우리가 동포에게서 입은 은혜를 가장 쉽게 알고자 할진대 먼저 마땅히 사람도

> 없고 금수도 없고 초목도 없는 곳에서 나 혼자라도 살 수 있을 것인가 하고 생각해 볼 것이니, 그런다면 누구나 살지 못할 것은 다 인증할 것이다. 만일, 동포의 도움이 없이, 동포의 의지가 없이, 동포의 공급이 없이는 살 수 없다면 그 같이 큰 은혜가 또 어디 있으리요."

동포은을 가장 쉽게 알고자 하면 먼저 동포 없어도 살 수 있는지 생각해 보라는 것입니다. 사람도 없고 금수도 없고 초목도 없는 곳에서 살 수 있냐는 것입니다. 그러니까 사람이나 금수나 초목의 동포로부터 도움이나 의지나 공급 없이 홀로 생존할 수 있냐는 것입니다.

이러한 구체적인 질문을 생각해 보면, 동포의 공급이나 의지나 도움 없이는 살 수 없다는 것은 누구나 다 인증할 수밖에 없는 사실입니다. 생각해 보라는 것은 동포의 은혜를 구체적인 실마리를 따라 살펴보라는 겁니다.

욕망에 눈이 멀어 편협한 시각으로 보지 않는 한, 동포는 서로를 전제하면서 살아간다는 사실을 살펴볼 수 있습니다. 동포는 서로 의지하며 살아가는 것입니다. 이것이 동포에게서 입은 동포 피은을 가장 쉽게 파악할 수 있는 실마리로써, 이같이 큰 은혜가 없는 것입니다.

어떠한 편견이나 탐욕에 집착하지 않는 이상 동포의 도움이나 의지나 공급으로 우리가 살게 되는 사실은 분명합니다.

동포 피은의 둘째 단락은 '대범'으로 시작합니다.

> "대범, 이 세상은 사·농·공·상士農工商의 네 가지 생활 강령이 있고, 사람들은 그 강령 직업 하에서 활동하여, 각자의 소득으로 천만 물질을 서로 교환할 때에 오직 자리이타自利利他로써 서로 도움이 되고 피은이 되었나니라."

대범은 클 대大, 무릇 범凡으로, 대大는 '대체적으로'라는 뜻이라면 무릇은 '종합하여 살펴보면. 대체로 보면'의 뜻입니다. 결국 대범은 '대체적으로 큰 틀에서 포괄적으로 살펴보면'의 뜻입니다. 그러니까 동포 피은을 큰 틀에서 그 대체를 살펴보면 이렇다는 것입니다.

소태산 대종사는 이 세상을 사농공상士農工商 네 가지 생활강령으로 구분하여 공익의 기초를 삼습니다. 즉 우리의 생활은 사·농·공·상으로 대별할 수 있으며, 평등한 동포의 입장에서 보면 사·농·공·상은 귀천 없는 공익의 기초입니다.

사·농·공·상에는 각종 직업이 있습니다. 우리는 이 직업으로 온갖 활동을 합니다.
직업은 일터요 일거리로써, 이러한 직업을 통해 소득이 있고 그 소득으로 온갖 물질을 서로 교환할 수 있습니다.
자타가 둘이 아닌 동포의 안목으로 보면 동포들이 서로의 직업으로 도움이 되고 의지가 되고 공급이 되는 것입니다.

한 포태인 동포의 입장에서 보면 직업은 서로서로 필요한 자리이타의 활동입니다. 이처럼 사농공상의 직업은 천만 물질을 교환할 때 오직 자리이타로 서로 도움이 되는 동포은의 실상입니다.

재주도 기술도 정보도 지식과 기억도 다 물질이며 감정 나온 것도 생각된 것도 물질입니다.
이러한 물질을 잘 사용하려면 청정하고 신령한 정신의 세력이 확장되어야 합니다.
맑고 신령한 정신의 세력이 확장되면 천만 물질을 교환할 때 오직 자리이타가 되는 것입니다.
물질의 노예 상태로는 자리이타가 될 수 없습니다.

동포은의 자리이타는 자기 이익을 포기하라는 것이 아니라 자기의 이익이 상대의 이익과 교차하고 교류하도록 하는 관점입니다.

 자기를 희생하여 남을 이익 되게 하는, 자기를 타인의 영역에 던져버리는 헌신에 중점을 둔 것이 아닙니다. 자타 거래에서 상대를 인정하면서 호혜의 자리이타가 되도록 하는 협력적 경쟁의 관계입니다.

 오늘은 동포은 중에서 '동포 피은의 강령'에 대해서 살펴보았습니다.

동포 피은의 조목

─────── 반갑습니다. 이번 시간에는 동포은 중 '동포 피은의 조목'에 대해 살펴보겠습니다.

'동포 피은의 조목'은 '동포 피은의 강령'을 조목화한 것입니다.
'동포 피은의 강령'이 동포에서 입은 은혜의 대체와 핵심이라면,
'동포 피은의 조목'은 이러한 대체를 구체적으로 나누어서 말한 것입니다.
즉 사·농·공·상과 금수 초목으로 '동포 피은의 조목'을 설명한 것입니다.

여기서 '사→농→공→상'의 순서에 따라 가치의 위계가 있는 게 아닙니다.
과거와 같은 신분 사회도 아니고, 정신노동과 육체노동에 차등을 둔 계층도 아니고, 생산수단이나 자본의 소유에 따른 계급 사회도 아닙니다.
사·농·공·상은 우리의 생활을 크게 네 가지로 나누어 구분한 유동적인 범주입니다.
특히 미래의 사·농·공·상은 한편으론 사士이면서 또한 농農이기도 하고 공工이기도 하고 상商이 되듯이 서로 겹치고 교섭되고 통섭하는 관계로 나아갈 것입니다.
자타가 둘이 아닌 일원상 자리에서 볼 때 사·농·공·상은 차별 없는 한 동포입니다.

'동포 피은의 조목'에서 핵심은 '주는 것'입니다. 지도 교육하여 줌이요, 제공하여 줌이요, 공급하여 줌이요, 편리를 도와줌에 있습니다.

1) 사士는 배우고 연구하여 모든 학술과 정사로 우리를 지도 교육하여 줌이요,
역사적으로 사士는 문무文武에 걸쳐 있습니다. '선비 사'도 있고 병사와 사관생도의 용례처럼 '무사의 사'도 있습니다.

학술은 학문과 기술이라면 정사政事는 정치·행정상의 일입니다.

동포의 사士는 우리를 학문과 기술로 교육하고 정치 사회상에서 지도指導하는 역할입니다.

배우고 연구하는 활동으로 학술로써 교육하고 정사로써 지도하는 은혜입니다.

2) 농農은 심고 길러서 우리의 의식 원료를 제공하여 줌이요,

농은 심고 기르는 것으로 먹고 입는 의식衣食의 원료를 제공하는 일입니다.

농은 어떤 방법으로든 심고 길러서 의식 원료를 제공하는 통칭입니다.

농에는 임업도 있으며 축산업, 수산업뿐만 아니라 인공식품 등이 다 포함됩니다. 의식에 있어 옷의 원료에 합성수지도 있고 먹을거리에 인공재료도 있습니다.

농은 동포가 동포를 입혀주고 먹여주는 원료를 제공하는 은혜입니다.

3) 공工은 각종 물품을 제조하여 우리의 주처와 수용품을 공급하여 줌이요,

공은 온갖 물품을 제조하는 것입니다. 그리하여 거주처 및 수용품을 공급해 주는 일입니다.

건축업, 토목업 그리고 모든 제품을 생산하는 기능과 역할은 다 공입니다.

공은 동포가 동포의 살 곳을 공급해 주고 수용품을 공급해 주는 은혜입니다.

4) 상商은 천만 물질을 교환하여 우리의 생활에 편리를 도와줌이요,

상은 온갖 물질을 교환하는 것으로 생활에 편리를 제공해 주는 역할입니다.

현대사회는 사·농·공·상의 주체는 있되 복합적인 관계입니다. 예를 들어 종교인은 사이면서도 서비스업인 상에도 속한다고 할 것입니다.

상商은 동포가 동포 사이에 정보와 물질을 주고받는 교환을 통해 생활의 편리를 제공하는 은혜입니다.

5) 금수 초목까지도 우리에게 도움이 됨이니라.

생태계는 서로를 필요로 하는 관계이듯이, 인간도 동·식물이 있어 의식주를 구할 수 있고 금수 초목의 동포가 있어 생존이 가능한 것입니다. 동포가 동포에 의해 생존하는 것입니다.

결국 사·농·공·상의 동포는 생산자이면서 소비자요, 주는 자이면서 받는 자입니다. 소비가 있기에 생산이 있고 생산이 있기에 소비가 있는 것입니다. 생산자로서 동포는 또한 소비자로서 동포입니다. 그러므로 동포는 서로 의지가 되고 바탕이 되는 관계입니다.

자타가 둘이 아닌 일원상 자리에서 자리이타의 동포은이 드러납니다.
자타가 둘이 아닌 안목이 드러나지 않으면 동포가 동포를 기르는 것이 아니라 동포가 동포를 해롭게 하는 부분적 시각에 갇히게 됩니다. 그리하여 사농공상과 금수 초목의 존재가 동포은으로 감지되지 않게 됩니다.

『대종경』 성리품 29장 말씀입니다.
"대종사 조실에 계시더니, 때마침 시찰단 일행이 와서 인사하고 여쭙기를 '귀교의 부처님은 어디에 봉안하였나이까.' 대종사 말씀하시기를 '우리 집 부처님은 방금 밖에 나가 있으니 보시려거든 잠간 기다리라.' 일행이 말씀의 뜻을 알지 못하여 의아하게 여기더니, 조금 후 점심때가 되매 산업부원 일동이 농구를 메고 들에서 돌아오거늘 대종사 그들을 가리키시며 말씀하시기를 '저들이 다 우리 집 부처니라.' 그 사람들이 더욱 그 뜻을 알지 못하니라."

소태산 대종사에게 시찰단 일행이 귀교의 부처는 어디에 봉안하였냐고 물으니 방금 밖에 나가 있으니 보려거든 잠시 기다리라 합니다.
농업부원들이 점심 공양 시간이 되어 농구를 매고 들어오자 이들이 바로 우리 집 부처라고 하십니다. 심고 기르는 농부가 바로 '동포 부처님'이라는 것입니다.
아마 당시 보화당 한약방 직원들이 왔다면 그들을 우리집 '동포 부처님'이라고 하셨을 겁니다. 사·농·공·상의 직업 하에 있는 모든 동포가 자리이타의 부처라는 것입니다.

　동포은의 사·농·공·상은 자타가 둘이 아닌 자리에서 드러나는 사·농·공·상입니다.
　사·농·공·상의 직업 하에 활동하는 동포가 자리이타의 동포은으로 드러나는 것입니다.
　동포의 안목으로 보면 사·농·공·상의 직업은 은혜로운 동포 부처입니다.

　오늘은 동포은 중에서 '동포 피은의 조목'에 대해 살펴보았습니다.

동포 보은의 강령

─────── 반갑습니다. 이번 시간에는 동포은 중에서 '동포 보은의 강령'에 대해 살펴보겠습니다.

'동포 보은'의 강령은 동포 보은의 핵심이요 중심이요 골자입니다.

'동포 보은의 강령'을 봉독하겠습니다.

> "동포에게 자리이타自利利他로 피은이 되었으니 그 은혜를 갚고자 할진대, 사·농·공·상이 천만 학술과 천만 물질을 서로 교환할 때에 그 도를 체받아서 항상 자리이타로써 할 것이니라."

동포 보은의 강령은 '그 도를 체받아서'가 핵심입니다. 그 도는 자리이타自利利他의 도입니다.

자리이타는 상대만 이롭고 자신은 이롭지 않다든지, 자신은 이롭고 상대방은 이롭지 않은 것이 아니라, 쌍방이 이로워지는 길입니다.

이처럼 자타自他가 둘이 아닌 자리이타의 도가 바로 동포성同胞性으로, 이 도가 전개되는 피은被恩을 동포은이라 하며, 이 도를 실행하는 것이 동포 보은입니다.

자리이타에 관한 소태산 대종사의 법설입니다.
영산 길룡리에서 변산 봉래정사로 돌아오는 여정에서 장 구경 중 감상입니다.

"내가 오는 길에 어느 장 구경을 하게 되었는데, 아침에 옹기장수는 옹기 한 짐을

지고 장에 오며, 또 어떤 사람은 지게만 지고 오더니, 그들이 돌아갈 때에는 옹기장수는 다 팔고 지게만 지고 가며, 지게만 지고 온 사람은 옹기를 사서 지고 가는데, 두 사람이 다 만족한 기색이 엿보이더라. 나는 그것을 보고 생각하기를 당초에 옹기장수가 지게만 지고 온 사람을 위하여 온 것이 아니었고, 지게만 지고 온 사람이 옹기장수를 위하여 온 것이 아니어서, **각기 다 자기의 구하는 바만 구하였건마는, 결국에는 두 사람이 다 한 가지 기쁨을 얻었으니, 이것이 서로 의지하고 바탕이 되는 이치로다 하였노라.**" [『대종경』 교단품 22장]

옹기장수가 빈 지게만 지고 온 사람을 위해서 장에 온 것도 아니고, 빈 지게를 지고 온 사람이 옹기장수를 위해서 장에 온 것도 아닌데 각자 구하는 바에 따라 각자가 만족하든 못하든 그 관계는 서로 의지가 되고 바탕이 되는 것입니다.
서로서로 바탕이 되고 의지가 되는 자리이타의 도가 동포은의 실상입니다.

소태산 대종사, 이어서 말씀하십니다.
"또 어떤 사람은 가게 주인이 거만하다 하여 화를 내고 그대로 가니, 사람들이 말하기를 저 사람은 물품을 사러 장에 온 것이 아니라 대우받으러 장에 온 것이라고 비웃었으며, 또 한 사람은 가게 주인이야 어떠하든지 자기가 살 물품만 실수 없이 사는지라 좌우 사람들이 모두 그를 옳게 여기며 실속 있는 사람이라고 칭찬하더라." [『대종경』 교단품 22장]

물건을 사는 사람은 대우받기 위해 장에 온 게 아니라 실속 있게 물건을 구하기 위한 것이며, 물건을 파는 사람은 손님이 대하는 태도에 관계없이 이윤이 잘 나도록 팔면 되는 것입니다.

자기 이익 여부로 보면 현실은 내가 더 이익이든지 더 손해이든지 하는 차별의 세계입니다. 반면 동포의 안목으로 바라보면 손해나 이익이 발생하는 과정에서도 서로가 서로의 존재근거라는 호혜적 관계에 대한 각성이 일어납니다.

서로서로 존재근거라는 동포의 안목이 열려야 자리이타의 동포은이 드러나는 것입니다. 이러한 동포의 안목에서 자리이타의 도가 발현됩니다.

이 세상은 한쪽이 득을 보면 반드시 다른 한쪽은 손해를 보는 제로섬zero-sum 상태만은 아닙니다. 제로섬의 사고는 전체의 이익이 한정되어 있기에 다른 사람의 삶이 나아지면 내 삶은 나빠질 수밖에 없다는 겁니다. 즉, 내가 이득을 얻으면 상대는 손해 보게 되고, 내가 손해 보면 상대는 이득을 얻게 되는 세상입니다.
동포의 안목으로 보면 그러한 세상은 아닙니다. 그보다는 이익과 손해가 교차하는 경쟁 중에 쌍방이 서로 도움이 되고 바탕이 되는 윈윈win-win의 자리이타를 도모해 가는 세상입니다. 상대가 잘하면 그에 따라 나도 잘하려 하고 이웃도 부흥되듯이, 나도 좋고 모두가 좋아지는 자리이타의 관계로 나아가는 것입니다.

자타의 분별이 본래 없는 자리이기에 자타가 둘이 아니며, 자타가 둘이 아니기에 자리이타의 동포은이 펼쳐지는 것입니다. 동포은에 보은하는 핵심은 자리이타의 도를 체받아서 동포에게 자리이타를 실행하는 것입니다.

소태산은 자리이타의 도에 따라 동포를 대하되 자리이타가 안 되는 상황이라면 이타행을 하라고 권합니다.
『대종경』 서품 17장의 말씀입니다.
"우리는 남을 해하여다가 자기만 좋게 하려 하는데 부처님께서는 사물을 당할 때 자리이타로 하시다가 못하게 되면 이해와 생사를 불고하고 남을 이롭게 하는 것으로써 자신의 복락을 삼는다."
자리이타를 못 하게 되는 상황에서 차선책으로 희생적 이타행을 할지라도 이러한 이타행을 자신의 복락으로 삼아 자리행으로 여기면 결국 자리이타가 되는 것입니다.
궁극은 희생적 이타행이 아니라 나도 이롭고 남도 이롭게 하는 자리이타입니다.

〈최초법어〉의 '강자·약자의 진화상 요법'은 자리이타 법에 따라 강자는 영원한 강자로 진화하고 약자는 강자로 진화할 수 있도록 하는 것입니다. 이 자리이타 법은 동포 피은의 자리이타의 도와 한자리입니다. 자리이타 법을 강자와 약자에 사용하면 '강자·약자의 진화상 요법'이 되고 동포에게 적용하면 '동포 보은'을 할 수 있는 것입니다.

오늘은 동포 보은의 강령에 대해 살펴보았습니다.

동포 보은의 조목

─────── 반갑습니다. 이번 시간에는 동포은 중에서 '동포 보은의 조목'에 대해 살펴보겠습니다.

강령이 핵심이라면 조목은 핵심을 구체적으로 나열한 것입니다.
그러므로 '동포 보은의 강령'이 '동포 보은의 조목'을 한 줄기로 수렴한 핵심이라면, '동포 보은의 조목'은 '동포 보은의 강령'을 몇 가지 조항으로 펼친 것입니다.

'동포 보은의 조목'입니다.

> 1. 사士는 천만 학술로 교화할 때와 모든 정사를 할 때에 항상 공정한 자리에서 자리이타自利利他로써 할 것이요,
> 2. 농農은 의식 원료를 제공할 때에 항상 공정한 자리에서 자리이타로써 할 것이요,
> 3. 공工은 주처와 수용품을 공급할 때에 항상 공정한 자리에서 자리이타로써 할 것이요,
> 4. 상商은 천만 물질을 교환할 때에 항상 공정한 자리에서 자리이타로써 할 것이요,
> 5. 초목 금수도 연고 없이는 꺾고 살생하지 말 것이니라.

'동포 보은의 조목'은 '동포 보은의 강령'을 사·농·공·상과 금수 초목으로 자세하게 나열한 것입니다.
즉, 천만 학술로 교환할 때, 모든 정사政事를 할 때, 또는 의식 원료를 제공할 때, 또

는 주처와 수용품을 공급할 때, 또는 천만 물질을 교환할 때 항상 공정한 자리에서 자리이타로 하라는 것입니다.

'동포 보은의 조목'에서 핵심은 '공정한 자리'입니다.
공정한 자리에서 자리이타를 행하는 것이 동포 보은의 핵심입니다.
공정한 자리는 동포 사이에 호혜의 도를 발견하여 협력적 경쟁을 하는 것입니다. 공정한 기회 속에서 경쟁토록 하는 것입니다.
사농공상의 복잡다단한 관계에서 서로 이익을 추구하되 이러한 경쟁이 서로의 자본이 되도록 하는 것입니다.
동포 보은은 자기 이익을 추구하면서도 서로의 이익을 도모하는 호혜의 길입니다. 공정한 자리에서 기회가 주어지고 경쟁토록 하는 것입니다.
출발도 과정도 결과도 균등하고 공정하고 정의롭게 되도록 도모하는 것입니다. 또한 분배도 공정한 자리에서 시행되도록 하는 것입니다. 약자와 소수자에게도 기회가 주어지고 경쟁할 힘이 제공되며 분배의 정의가 시행되도록 하는 것입니다.
한 포태라는 동포의 안목이 열리면 사농공상 간에 각자의 이익을 도모하면서도 타인의 이익을 헤아리는 자리이타의 길을 모색하게 됩니다. 자타가 둘이 아닌 동포의 안목으로 보면 타인의 존재 없이 나의 존재가 있을 수 없기 때문입니다.
자타가 둘이 아닌 공정한 자리에 들 때 자리이타의 도를 드러내는 동포 보은을 합니다. 자리이타의 도가 구현된 동포 보은의 세상은 〈개교의 동기〉의 광대무량한 낙원입니다.

초목금수도 연고 없이는 꺾고 살생하지 말라 하십니다. 이것이 동포 보은입니다.
이와 관련된 일화로, 황정신행은 원기23년(1938) 음력 3월 말경에 소태산 대종사를 모시고 경성지부 교무 이완철 등 6인과 함께 양주 송추에 있는 자신의 별장에 다녀온 일을 회고합니다.

황정신행은 음식 장만도 없이 오는 것이 죄송하고 민망하여 괜히 솔잎을 뚝뚝 뜯으며 걸어가니, 이를 본 소태산 대종사, "다음에 그 과보를 받는 수 있다."라고 합니다. 이에 정신행은 그 행동이 부끄럽고 땀도 많이 나서 개천가로 가 얼굴을 씻는데, 물을 퍼내듯 하며 얼굴을 씻으니 소태산은 그 모습을 보고 "그렇게 해서 되나. 이렇게 떠서 여기서 씻어야지."라고 하시며 물을 떠 돌아서서 얼굴을 씻으셨다.

"이 물이 이 아래로 흘러가서 논 부치는 사람들이며 모든 움직이는 것들도 이 물을 먹고 사는데 아껴야지. 여기서 세수할 것이야."

"흘러가는 물이지만 아끼는 그 마음이 중생을 도와주는 마음이다. 그 물이 흘러가서 만 중생과 만물이 다 살 텐데, 어찌 그렇게 조심성 없이 교만한 마음으로 '나는 제일이다'하고, '개천물 한강물 다 마음대로 써도 된다' 그렇게 생각할 수 있는가?"

"산에 있는 풀 하나라도 밟을 때 조심하고 만질 때 조심해야지 어떻게 그 무정지물이라고 생각해서 그걸 그렇게 훑어 떨어뜨리며 가는가. 이다음에 그 만나는 과보는 쉽지 않을 터이니 생각해 보라."

훗날 황정신행은 연고 없이 솔잎 하나라도 꺾지 말며, 흐르는 물도 함부로 쓰지 말라는 소태산 대종사의 그때 그 말씀을 잊을 수 없었다고 회고합니다.

연고緣故 없이는 꺾고 살생하지 말라는 뜻은 최소한의 희생이 불가피할 때에 한하라는 것으로 어쩔 수 없을 때 최소한의 피해를 주는 데 그치라는 것입니다.

동포의 안목으로 바라보면 초목금수 없이는 살 수 없는 관계입니다. 이처럼 사람뿐만 아니라 동식물도 물건도 없어서는 살 수 없는 동포 부처이니 아끼고 사랑하라는 것입니다. 생명권 나아가 물권物權까지 존중하는 것이 동포 보은입니다.

오늘은 동포 보은의 조목에 대해 살펴보았습니다.

동포 보은의 결과

―――― 반갑습니다. 이번 시간에는 동포은 중에서 '동포 보은의 결과'에 대해 살펴보겠습니다.

'동포 보은의 결과'는 두 단락으로 나눌 수 있습니다.
첫째 단락입니다.

> "우리가 동포 보은을 한다면 자리이타에서 감화를 받은 모든 동포가 서로 사랑하고 즐거워하여, 나 자신도 옹호와 우대를 받을 것이요, 개인과 개인끼리 사랑할 것이요, 가정과 가정끼리 친목할 것이요, 사회와 사회끼리 상통할 것이요, 국가와 국가끼리 평화하여 결국 상상하지 못할 이상의 세계가 될 것이니라."

동포 보은의 주체는 '우리'입니다. 나를 포함한 우리 모두입니다.
동포 보은은 개인에만 그쳐서는 안 됩니다. 나를 비롯하여 모두가 실행해야 합니다.
나부터 시작하여 모두가 함께 협력하고 합력해야 하는 길입니다.

첫 단락의 '우리가 동포 보은을 한다면'을 풀어보면,
'동포 보은의 강령'을 따라 '동포 보은의 조목'을 일일이 실행한다는 뜻으로,
항상 공정한 자리에서 자리이타의 도로써 사농공상과 금수 초목의 동포를 대하라는 것입니다.

자리이타의 도는 자타가 둘이 아닌 한 태라는 동포의 안목으로 서로가 서로의 존

재근거가 되는 이로운 관계로 나아가는 길입니다.

우리가 공정한 자리에서 자리이타로써 동포 보은을 하여, 자리이타의 도인 동포의 진리가 드러날 때, 모든 동포가 감화받게 되어 서로 사랑하고 즐거워하게 되는 것이 동포 보은의 총괄 결과입니다.

동포 보은의 결과는 나 자신으로부터 개인, 가정, 사회, 국가 간의 관계로 전개됩니다.
먼저 나 자신이 옹호받고 우대를 받게 되며,
가정과 가정끼리 서로 자리이타로 만나면 만날수록 친하고 화목하여 친목이 돈독하게 되며,
사회와 사회끼리 정치단체나 경제단체나 학술단체나 서로 자리이타로 교류할수록 그 의지들이 상통하게 되며,
국가와 국가끼리 서로 자리이타로 교역할수록 정치적으로나 경제적으로나 문화적으로나 전쟁이 없는 평화가 더욱 두터워지게 되어, 결국 상상하지 못할 이상의 세계가 되는 것입니다.
이처럼 자리이타의 도인 동포의 진리가 실현되는 동포 보은의 세계는 상상하지 못할 광대무량한 낙원의 이상세계입니다.

둘째 단락입니다.

> "그러나 만일 전 세계 인류가 다 보은자가 되지 못할 때에, 혹 배은자의 장난으로 인하여 모든 동포가 고해 중에 들게 되면, 구세 성자들이 자비 방편을 베푸사 도덕이나 정치나 혹은 무력으로 배은 중생을 제도하게 되나니라."

두 번째 단락에 배은자의 장난과 구세성자의 자비방편이 등장합니다.
'만일 전 세계 인류가 다 보은자가 되지 못할 때'에서 '다'는 100% 전부를 뜻하는

게 아니라 배은자의 세력이 보은자의 세력을 압도할 때를 말합니다.
　보은자가 배은자에게 압제 받는 상황으로, 보은자의 세력이 배은자의 세력에게 끌려다녀 향도嚮導하지 못하고 주도권을 잃었을 때를 뜻합니다. 배은자들이 전적으로 주도권을 행사할 때입니다.

　보은자들이 주도권을 잡지 못하게 되었을 때 혹 배은자들이 장난을 칠 수 있다는 것입니다. 배은자의 장난은 자신들의 욕망을 충족시키기 위해 많은 동포에게 폭력을 가하는 행위입니다. 역사적으론 제국주의이며 인물로는 히틀러를 들 수 있습니다.

　'혹'은 '혹시'의 준말로 '만일에'의 뜻입니다. 만일에 배은자들이 주도권을 잡아 장난치는 상황이 발생하면 모든 동포가 고해 중에 들게 된다는 것입니다. 모든 동포는 '대다수 동포'를 뜻합니다.

　전 세계 인류가 보은자가 되려는 노력이 부족할 뿐만 아니라 배은자를 묵인 또는 암묵적으로 동조하면, 배은자의 세력이 점점 커져서 세상은 배은자의 지배에 들게 되고 끝내는 배은자에게 암묵적으로 동조했던 사람들마저도 탄압받고 고통받습니다.
　배은 중생은 자신이 배은자라는 것도 무시하고 인정치 않습니다. 배은 중생은 무엇이 보은이며 배은인지 욕망에 가려 알려고도 하지 않기에 배은을 하는 것이며, 또는 알고도 실천하지 않는 것입니다.

　배은자가 장난을 쳐서 모든 동포가 고해에 드는 말세에 이러한 배은 세상을 구제할 구세 성자가 출현하는 것입니다.
　구세 성자는 자비 방편으로 도덕이나 정치나 무력을 베풀어 배은 중생을 제도합니다.

　첫째, 도덕으로 자비 방편을 사용하신 경우는 석가모니, 예수를 비롯한 성자들, 그리고 과학의 물질문명 시대에는 소태산 대종사가 이에 해당합니다.

『정산종사법어』 기연편 17장 말씀입니다.

"옛날 영산회상이 열린 후 정법과 상법을 지내고 계법시대에 들어와서 바른 도가 행하지 못하고 삿된 법이 세상에 편만하며 정신이 세력을 잃고 물질이 천하를 지배하여 생령의 고해가 날로 증심하였나니, 이것이 곧 구주이신 대종사께서 다시 이 세상에 출현하시게 된 기연이다."

이처럼 소태산 대종사는 과학의 물질문명이 발달하는 시대에 정신의 세력이 쇠약해져 고통받는 생령들을 구제하는 정신개벽의 책무를 진 성자입니다.

둘째, 정치나 무력으로 자비 방편을 사용한 경우는 프랑스혁명이나 동학농민혁명 등 많은 지도자가 있을 것이고, 무력의 경우는 주나라의 무왕이 대표적입니다.

소태산 대종사는 정당한 무력의 예로써 무왕을 제시하고 있습니다.

"대종사 하루는 주周의 무왕武王이 자기의 천자인 주紂를 치고 천하를 평정한 후에 스스로 천자가 된 데 대하여 말씀하시기를 '나는 무왕의 경우를 당하면 백성의 원을 좇아 주를 치는 일은 부득이 행하려니와 그 위는 다른 어진 이에게 사양하겠노라. 그러나 어진 이가 없거나 그 위를 사양하여도 천하 사람들이 듣지 아니할 때는 또한 어찌할 수 없나니라.'" [『대종경』 인도품 58장]

무왕의 무력을 동포 보은으로 인정한 것입니다.

한 제자가 무력과 과보에 대해 정산 종사에게 여쭙니다.

"구세 성자가 세상을 소란하게 하면 그 과보를 받게 됩니까?"

"집을 지을 때 일시에 다 지을 수 없는 것처럼 세상의 평란도 때를 맞추어 가며 인심을 지도하게 되는 것이다. 종교나 정치로써 세상을 구제하지 못할 때는 인심을 충동시켜 무력으로써 다스리기도 한다. 세계 제2차 대전은 동학란[동학농민혁명]이 그 발단이다. 동학란으로 인하여 청일전쟁, 러일전쟁이 일어나고 일본이 국제 연맹에서 탈퇴하니, 이에 따라 독일과 이탈리아가 탈퇴하게 되어 제2차 대전이 일어나게 된 것이다. 최수운 선생께서 앞으로는 시끄러운 세상을 정법으로 청산하게 된다고 하시었다. 성자들이 세계를 평정하기 위하여 난리를 일으키는 것은 수단이요 방편이지 사私를 위한 것이 아니므로 큰 과보는 없는 것이다." [『한울안한이치에』]

　　세계 인류가 보은자가 되지 못하고 배은자의 장난으로 동포들이 고해 중에 들게 되면 구세 성자들이 도덕이나 정치나 무력으로 배은 중생들을 제도하는 자비 방편을 베푸신다는 것입니다.
　　다만 배은 말세에 구세 성자들이 출현해 주시므로 고마운 일이나 실상은 안타까운 일입니다. 우리는 '동포 보은의 결과'의 첫 단락처럼 동포 보은을 실행하여 구세 성자들이 출현하지 않아도 되는 보은 세계를 건설해야 할 것입니다.

　　동포 보은의 세계는 동포의 생명권, 인권, 물권 등이 다 존중되는 세계 은덕입니다.

　　오늘은 동포 보은의 결과에 대해서 살펴보았습니다.

동포 배은과 그 결과

━━━━━ 반갑습니다. 이번 시간에는 동포은 중에서 '동포 배은'과 '동포 배은의 결과'에 대해서 살펴보겠습니다.

'동포 배은'의 정의입니다.

> "동포에 대한 피은·보은·배은을 알지 못하는 것과 설사 안다 할지라도 보은의 실행이 없는 것이니라."

동포은의 피은·보은·배은을 몰라도 배은이요 안다고 해도 실행하지 않으면 배은입니다.

동포은이란 자타가 둘이 아닌 한 포태의 안목에서 전개되는 관계입니다. 동포는 서로가 서로를 전제하며 존재하는 관계입니다.
　동포 피은은 '자리이타의 도'에 따라 입은 은덕이라면,
　동포 보은은 '자리이타의 도'를 알고 실행하는 지은보은이며,
　동포 배은은 '자리이타의 도'를 등지는 것으로, 이를 모르거나 알고도 외면하는 것입니다.

소태산 대종사는 "선한 사람은 선으로 세상을 가르치고 악한 사람은 악으로 세상을 깨우쳐서, 선한 사람은 자신이 복을 얻으면서 세상일을 하게 되고 악한 사람은 자신이 죄를 지으면서 세상일을 하게 된다."[『대종경』 요훈품 34장]라고 말씀하십니다.
　원기14년(1929) 11월 어느 날 소태산 대종사는 남산에 올라 청년들과 대담합니다.

청년들이 사회적 물의를 일으키는 단체는 박멸해야 마땅하다는 주장을 듣고 그 단체도 사냥의 몰이꾼과 같이 세계 사업하고 있으며 청년들도 세계 사업을 재촉하는 사업자라고 평합니다. [『대종경』 전망품 10장, 11장]

이러한 안목으로 보면 선악의 동포는 동포 보은의 결과와 동포 배은의 결과를 보여 주는 동포입니다. 동포은의 '자리이타의 도'를 따르면 선이요 보은이며 거스르면 악이요 배은입니다. 결국 선악의 동포는 자리이타의 방향으로는 나아가고 반대 방향으론 가지 말라고 가르쳐 주는 진리의 선생입니다.

'동포 배은의 결과'를 봉독하겠습니다.

> "우리가 만일 동포에게 배은을 한다면, 모든 동포가 서로 미워하고 싫어하며 서로 원수가 되어 개인과 개인끼리 싸움이요, 가정과 가정끼리 혐극嫌隙이요, 사회와 사회끼리 반목反目이요, 국가와 국가끼리 평화를 보지 못하고 전쟁의 세계가 되고 말 것이니라."

만일 우리가 자리이타의 도를 모르고 그 도에 배은한다면 모든 동포가 서로 미워하고 싫어하며 원수가 되는 것입니다.

'자리이타의 도'인 동포은에 배은을 한다면 '동포 배은의 결과'가 있게 됩니다.

결국 동포 배은의 세력이 동포 보은의 세력보다 치성하면 그 사회는 자리이타의 도를 따라 실행하는 힘이 허약한 사회가 되고 마는 것입니다. 인류의 정치·경제·사회·문화 전반에 걸쳐 자리이타의 도를 실천하는 힘이 미약하면 세상은 평화롭지 못하게 됩니다.

동포 간에 자리이타가 안 되니 당연히 갈등이 생기게 됩니다. 자리이타가 안 되면 한편에 치우치게 되어 공정성이 무너지게 되고, 공정성이 무너지면 불만이 생겨 원망하는 관계가 되어 원수로 대하게 됩니다.

자리이타가 안 된다는 것은 공정하지 못하다는 것이며, 공정하지 못하다는 것은 자타가 둘이 아닌 자리이타의 도를 행하지 못하는 것입니다.

자타가 둘이 아닌 한 포태의 동포성이 자각되지 않으면 자리이타의 도가 드러나지도 않고 개인·가정·사회·국가로 동포 배은이 확산하여 갈 것입니다.

첫째, 공정한 자리에서 상호이익의 방향으로 지향하는 자리이타의 도를 행하지 못한다면 개인과 개인끼리는 싸움이 발생하게 됩니다.

나의 요구와 상대의 요구에 공평성이 무너지면 결국 다툼이 발생할 수밖에 없는 것입니다.

만일 이러한 공평성이 무너진 부작용을 한쪽에 감당시키면 더 큰 불만으로 돌아올 것입니다. 이렇게 자리이타가 안 되는 관계는 결국 싸움이 발생하고 교류할 수 없는 사이가 됩니다.

둘째, 공정한 자리에서 서로 이익이 되는 방향으로 지향하는 자리이타의 도를 행하지 못한다면, 가정과 가정이 만날수록 서로 싫어하고 혐오하는 간극이 발생하게 됩니다.

가정과 가정이 서로 만날수록 도움이 되고 부담이 없어야 하는데, 만날수록 어딘지 부담되고 한 편이 손해가 되면 결국 틈이 생겨 멀어지는 것입니다.

그 이유는 자리이타가 안 되기 때문입니다. 한쪽 가정이 더 부담을 지는 것 같고, 설사 잘해주어도 그 도움 받음을 당연하게 여기어 감사할 줄 모르면 당연히 간극이 생기는 것입니다. 이렇게 자리이타가 안 되는 관계는 결국 오래 교류하지 못하는 것입니다.

셋째, 공정한 자리에서 서로 도움이 되는 자리이타의 도를 행하지 못한다면, 사회와 사회끼리 교류할수록 반목反目합니다. 서로 사이가 좋지 않고 미워하게 됩니다.

정치, 경제, 학술 등 모든 단체가 자리이타로 상통하지 못하면 서로 대립하고 외면하게 됩니다.

그 이유는 자리이타가 안 되기 때문입니다. 한편만 손해 보라 하고 자기 쪽만 잘 되려고 한다면 그 관계는 미움과 증오를 불러옵니다. 자리이타로 공생하지 못한다면 사회는 상통할 수 없습니다. 이렇게 자리이타가 안 되는 관계는 결국 교류가 오래가지 못하는 것입니다.

넷째, 공정한 자리에서 상호 이익을 지향하는 자리이타의 도를 행하지 못한다면, 국가와 국가끼리 평화를 보지 못하고 전쟁의 세계가 되고 말 것입니다.

전생의 세계가 되는 이유는 균형 있는 자리이타를 추구하지 않기 때문입니다. 패권국가가 자국의 이익만 위하면 결국 세계평화보다는 분쟁과 전쟁의 세상이 될 것입니다.

미움, 혐오, 싸움, 반목, 분쟁, 전쟁 등의 인간사회 모든 문제는 공정한 자리에서 자리이타의 도가 드러나지 못해서 생기는 것입니다.

이 모든 문제를 해결하는 핵심은 동포은의 자리이타의 도를 체받아서 정치·경제·사회·문화 속에서 강자 약자 모두가 진화되도록 지혜롭게 행하는 것입니다.

공정한 자리에서 자리이타로 행하는 것이 핵심입니다. 자리이타의 도道가 드러날 때 개인끼리는 사랑이요, 가정끼리는 친목이요, 사회단체끼리는 상통이요 국가끼리는 평화입니다.

만일 공정한 자리에서 자리이타의 도가 드러나지 못한다면, 개인끼리는 싸움이요, 가정끼리는 혐오요, 사회단체끼리는 반목이요, 국가끼리는 분쟁과 전쟁입니다.

자타가 둘이 아닌 공정한 일원상 자리가 드러나지 않으면 자리이타의 도가 어두워져서 동포 배은하게 됩니다.

남보다 더 잘되고 성공한 사람일수록 동포의 도움을 많이 받은 사람입니다.

소태산 대종사는 대각을 이루신 후 그 경로를 살펴보시고

"강연이 말하자면 자력으로 구하는 중 사은의 도움이라."라고 말씀하십니다.

소태산 대종사는 자력으로 대각하였지만, 동포를 비롯한 사은의 도움에 힘입었다

는 것입니다. 우리는 피은자이기에 보은자가 되어야 합니다.

예를 들어 어떤 사람이 열심히 공부하여 의사가 되었다면 스스로 쌓은 노력과 그 능력을 인정하고 대우해야 합니다. 반면에 의사 한 사람을 만들기 위해서 상당한 공력의 사회 인프라에 신세를 지고 있다는 점을 각성해야 합니다. 많은 사람의 공력과 국가의 세금이라는 공금에 의해 의과대학과 병원이 운영된 것입니다. 이러한 사회 기반을 개인이 감당하여 만들 수는 없는 것입니다.

모든 기득권자도 마찬가지입니다. 기업가를 예로 들면 성공을 위한 남모르는 노력이 있겠지만 도로나 항만 그리고 공항 또는 인력을 공급받는 시스템 등은 다 사회 인프라에 도움을 받은 것입니다. 권력을 행사하는 기관도 마찬가지입니다.

이러한 모든 것이 자기의 능력으로 되었다고 여기고, 자신의 노력에 의한 성과이니 이익을 누리거나 독점하는 게 당연하다 여긴다면, 이런 사람들은 배은자입니다. 소태산 대종사의 말씀에 따르면 동포의 피땀을 빨아먹는 고혈마로 동포 배은입니다.

사회적으로 성공했다고 여기는 사람일수록 더욱 동포에 보은해야 합니다.

우리는 동포의 은혜를 입은 피은자이기에 배은이 아닌 보은이 요청되는 것입니다.

오늘은 동포 배은의 결과에 대해 살펴보았습니다.

🔍 더보기 Tip

소태산 대종사의 구도와 동포은·법률은

_____ 반갑습니다. 이번 시간에는 소태산 대종사의 구도와 동포은·법률은이 어떤 관계에 있는지 살펴보겠습니다.

소태산 대종사는 부친 대부터 팔산 김광선 집안과 끈끈한 유대를 이어왔습니다.

청년 대종사가 노루목 대각터에서 끼니를 잊고 입정에 들어 있을 때 팔산 김광선은 아들 김홍철을 시켜 조밥 한 그릇을 남몰래 갖다주었고, 연화봉 초당을 수양과 치유처로 주선해 주기도 합니다.

또한 천정리 사는 곽문범이란 선비가 양식을 몰래 가져다주기도 합니다. 그리고 부친 박성삼의 열반으로 생활이 막막할 때 이웃 동네에 사는 부친의 친구인 김성서는 사타원 이원화와 귀영바위에서 주막을 열도록 도와주었고, 이후 탈이 파시에서 사업할 밑천을 대주기도 합니다.

외삼촌 칠산 유건의 친구인 이산 이순순은 청년 대종사에게 탈이 파시를 권유하여 함께 장사할 수 있도록 안내하고 부친 대의 부채를 갚을 수 있도록 도와주었습니다. 또한 청년 대종사가 노루목에서 입정 상태에 있을 무렵 어느 날 사나운 비바람이 불자 걱정이 되어 노루목에 와보니 지붕 나래가 날아가 버린 것을 보고 억수 같은 비를 맞으며 지붕을 고쳐준 일도 있습니다.

아울러 소태산 대종사의 소원성취를 위해 부인인 십타원 양하운과 사타원 이원화의 간절한 기도와 뒷바라지가 있었습니다.

소태산 대종사를 알게 모르게 도왔던 사람들은 아마도 청년 대종사의 부친인 박성삼과 관련이 있을 것입니다. 박성삼에게 신세를 졌든지 아니면 인간적 신의가 통했던 사람들이었다 할 것입니다. 동포의 도움에는 부친의 음덕이 겹쳐있는 것입니다.

청년 대종사는 대각 전에 이웃의 도움을 여러모로 받았습니다.

이를 소태산 대종사는 대각 후 지은 〈경축가〉 가사에서 '세계 은덕'이라 노래합니다. 세계 은덕은 이후 '동포은'이라고 달리 부르게 됩니다.

청년 대종사의 구도에는 이러한 이웃 동포들의 노고와 도움이 있었습니다. 대각의 시각으로 보니 '동포은同胞恩'이었던 것입니다.

또한, 청년 대종사는 유불선의 가르침과 문화에도 영향을 받았습니다.

구사고행 시에는 조웅전 박태보전 등 고소설의 영향을 받아 도사 찾아 나섬과 판소리 적벽가에 나오는 '대몽수선각평생아자지大夢誰先覺平生我自知'라는 제갈공명의 시를 낭송하는 걸인을 초대하여 의심을 물어본다든지, 의심을 풀어준다는 처사를 초빙하여 시험하신 일이나, 『옥추경』 등과의 인연은 도교 및 민속문화의 영향이라 할 것입니다.

서당 교육 등은 생활 전반에 걸친 유교의 영향이라 할 것이며, 선운사 수양과 불갑사 및 용문암 내왕 그리고 《월말통신》 제27호에 등장하는 불상佛像의 효험을 실험한 일화처럼 불교문화의 영향도 받았으며,

아울러 영광 등의 교회당에도 가보고 《월말통신》 제27호에 등장하는 내용처럼 하늘 아버지의 영험을 알아보기 위해 하늘에 장대를 찔러보는 실험을 하기도 합니다.

대각 당시 『동경대전』과 『주역』의 글귀를 접하는 상황이나 대각 후 가사를 읊으시는데 이는 동학의 『동경대전』 『용담유사』의 영향을 받은 것이며, 대각 후 후동학後東學으로 이어지는 증산교 일파를 초청하여 천제 등을 모시는 방편을 사용하신 것을 보면 구도 과정에서 도꾼들과 교류도 있었던 듯합니다.

구한말의 부패와 무질서 그리고 일제의 강압적 식민통치로 인한 약자에 대한 강자의 억압적인 현실 제도를 체험합니다.

유불선 및 기독교와 동학, 증산교, 무속 등의 종교문화 그리고 암울한 정치경제의

현실 제도는 소태산 대종사의 구도 과정에 크나큰 영향을 주어 '법률은'을 배양토록 한 것입니다.

이에 소태산 대종사는 '인도 정의의 공정한 법칙'에 기반을 둬야만 '자유'와 '안락 세계'를 이룰 수 있다는 '법률法律'의 진리를 천명합니다.

온갖 구도의 좌절과 생활고의 어려움에서도 이웃 동포들의 노고와 도움 그리고 협조로 일어설 수 있었고 구도를 이어가며 대각을 이룰 수 있었던 것입니다.

아울러 사회 전반에 배어있는 유불도 및 기독교 동학 증산교 그리고 민속종교 등의 정신문화에서 도움과 영감을 얻기도 하며, 왕조 체제의 붕괴와 일제강점기를 통한 물질문명의 급격한 변화를 경험하면서 인간의 제도와 법이 어떻게 인간을 억압하는지 또는 법률이 인간사회에 주는 영향과 그 운영의 중요함도 깨닫게 됩니다.

소태산 대종사의 구도 과정은 천지은과 부모은의 체험이면서 한편으론 동포은과 법률은의 체험과정입니다. 결국 동포은·법률은을 비롯한 사은은 소태산 대종사 구도 체험의 산물입니다.

소태산 대종사의 구도와 무관한 사은은 생각할 수 없습니다. 사은은 소태산 대종사의 구도 과정과 대각을 통해 드러난 것입니다.

소태산 대종사는, 진리는 깨달은 스승이 있기에 드러나고 각자覺者는 진리가 있기에 깨달을 수 있고 설법할 자료도 있게 된다[『대종경』 교의품 11장]고 밝히고 있습니다.

소태산의 대각이 없다면 설사 진리가 있다고 할지라도 일원상의 진리를 드러낼 수도 없으며, 소태산의 구도와 대각의 안목에 따라 진리를 사은으로 드러내 주신 것입니다. 일원상의 진리에 따라 사은으로 밝혀주신 것입니다.

소태산 대종사에게 있어 대각마저도 '자력으로 구하는 중 사은의 도움'이었던 것입니다.

오늘은 소태산의 구도와 동포은과 법률은의 관계를 추론해 보았습니다.

The 읽으면 좋은 법문

핍처유성逼處有聲
송도성 기술記述
《월말통신》 제11호, 시창14년(1929) 음 1월

핍처유성逼處有聲은 물건과 물건이 만나면 소리가 나듯이 사람과 사람이 만나면 소리가 난다는 소태산 대종사의 법설로, 『대종경』 교단품 5장에 수록된다.

소태산은 역사상 정당한 사람들이 만나 정당한 소리가 난 예로 석가모니 회상을 들고 있고, 부정당한 사람들이 만나면 부정당한 소리가 나는 예로 걸주 도척 조달을 들고 있다.

가까이하는 곳에는 소리가 난다는 핍처유성逼處有聲의 뜻은 '동포 보은의 결과'인 "동포 보은을 하면 자리이타自利利他에서 감화 받은 모든 동포가 서로 사랑하고 즐거워하여, 나 자신도 옹호와 우대를 받을 것이요, 개인과 개인끼리 사랑할 것이요, 가정과 가정끼리 친목할 것이요, 사회와 사회끼리 상통할 것이요, 국가와 국가끼리 평화하여 결국 상상하지 못할 이상의 세계가 될 것"이라고 읽을 수 있으며, 또한 '동포 배은의 결과'인 "만일 동포에게 배은하면 모든 동포가 서로 미워하고 싫어하며 서로 원수가 되어 개인과 개인끼리 싸움이요, 가정과 가정끼리 혐극嫌隙이요, 사회와 사회끼리 반목反目이요, 국가와 국가끼리 평화를 보지 못하고 전쟁의 세계가 되고 말 것이다."라고 읽을 수 있다.

동포와 동포가 가까이할 때 정당한 동포 보은의 소리를 내느냐? 아니면 부정당한 동포 배은의 소리를 내느냐는 선택의 갈림길에서 동포 배은은 하지 말고 동포 보은을 하자는 것이다.

종사주께서 익산 금강원에 계시사 모든 제자를 모으시고 설법하여 가라사대 "사람이나 물건이나 서로 멀리 나뉘어 있을 때는 아무 소리가 없을 것이나 점점 가까워져서 서로 대지르는 곳에는 반드시 소리가 나는바 쇠가 대지르면 쇳소리가 날 것이요, 돌이 대지르면 돌소리가 날 것이라. 그와 같이 정당한 사람이 서로 만나면 정당한 소리가 날 것이요, 삿된 유類가 머리를 모으면 삿된 소리가 나나니. 보라 석가여래는 과거 삼천 년 전 인도 일편지一片地에서 출현하사 1,200 대중으로 더불어 자비에 넘치는 큰소리를 발發하였음에 청쾌清快하고 유창流暢하여 듣기 좋은 그 여향餘響[소리가 그친 뒤에도 남아 있는 울림]은 아직도 일체중생의 이막耳膜, 귀청·고막]을 울리고 있나니라. 그와 반대로 걸주傑紂, 도척盜拓, 조달調達은 그 당류黨類로 더불어 한 소리를 발發함에 패륜무상悖倫無上한 그 난조亂調는 천만 사람이 한 가지로 듣기 싫어하며 서로 경계하는 바이니라.

제군諸君도 당초에 타국 사람처럼 아무 관계없이 지냈다면 이거니와 기왕에 서로 만나서 마음을 합하고 힘을 같이하여 한 가지 큰 사업 창립하기를 맹세하였으니 좋은 소리가 나든 낮은 소리가 나든 하여간 소리는 나고야 말 터이니 아무쪼록 조심하고 삼가야 그 좋은 소리로써 세계에 포양布揚하고 보면 비단 제군諸君의 행사일 뿐만 아니라 세계의 경사가 될지니라." 하시더라.

동포의 은덕을 감사함

송지정

《회보》 제57호, 시창24년(1939) 8월호

송지정宋知正은 영광 신하리 출장소 회원으로서, 20여 세에 익산 총부를 방문하여 소태산 대종사로부터 지정知正이라는 법명을 받는다.

황해문화권은 천지의 세계관을 가지고 있다. 하늘은 덮어주고 땅은 실어주며 그 사이에서 만물이 살아간다는 세계관이다. 천지를 부모로 만물을 형제로 보는 관점이다.

> 감상자 송지정은 이러한 천지관에 기반하여 모든 인류가 뿌리는 같은 온갖 가지들인 동근이지同根異枝의 형제라는 뜻과 서로서로 의지하는 자리이타自利利他의 은혜를 발견해야 한다고 강조한다. 또한 '유아종사주惟我宗師主가 정신개벽의 거촉巨燭을 들어 모든 동포가 한 형제이며 동포 간에 서로 떠날 수 없는 은덕이 있음을 발견하여 공정한 입장에서 자리이타법을 쓰도록 장려하시니, 동포은을 깨달아 보은하는 동시에 동포은을 가르쳐주신 소태산 스승님께 깊이 감사드리자.'라고 역설한다.
>
> 소태산 대종사는 우리가 알든 모르든 동포의 도움과 의지와 공급 없이는 살 수 없는 동포은을 입고 있으니 그 은혜를 갚기로 하면 사·농·공·상으로 활동할 때 자리이타가 되도록 하라는 것이다. 즉 동포에게 자리이타로 피은된 도를 체받아서 항상 공정한 자리에서 천만 학술과 천만 물질 등을 교환할 때 자리이타가 되도록 하여 동포 보은자가 되자는 것이다.

자고로[自古로, 예로부터] 하늘은 아버지요 땅은 어머니라 하며 만물은 우리 동포라 하였습니다. 이 말씀은 참으로 좋은 말씀인 줄로 아나이다. **대저 하늘은 지극히 공정한 도道로써 위에 계시고 땅은 지극히 유순한 덕德으로써 아래에 계시사 만물을 조성하시고 혹은 변환시키나니, 이 이치를 추구하면 천지는 과연 우리의 대부모이시요 만물은 근본이 동일한 형제인 것이 사실입니다.** 그러하거늘 현대의 상태를 관찰하건데 만물 중의 일분자一分子인 인류의 생활하는 것만 볼지라도 서로 형제의 의리가 있는 동근이지적同根異枝的인 본리本理를 모르며 또는 사농공상이 서로서로 의지하여 자리이타自利利他의 은덕으로 서로 살아나가는 이치를 모르고 사기와 쟁탈을 감행하여 마침내 약육강식하는 구수간仇讐間[원수 사이]이 되고 말았습니다. 이것을 생각해 보면 얼마나 한심하고 원통한 일입니까. 그러면 이것은 어떠한 원인일까요?

다름이 아니라 성현의 자취가 끊어진 지 오래여서 **모든 인류가 그 동근이지同根異枝인 형제 의리와 서로서로 의지하는 자리이타의 은혜를 발견하지 못한 까닭이니,** 이 세상이 이대로 계속된다면 인류 도덕은 여지없이 소멸하여 결국 약육강식의 야만시대가 될지 누가 알겠습니까? 이것은 우매한 필자의 일시의 허망한 걱정뿐만이 아니라 유지인사有志人

士가 눈물을 흘리며 한 가지 부르짖는 근심의 초점이었습니다.

그러나 한 사람도 직접 팔을 걷고 달려들어 제생의세의 대사업을 창조하는 자 없는 이 때 유아종사주惟我宗師主께옵서 현 세태를 보실 때 일체중생을 자비로이 보시사 본회를 창립하시고 정신개벽의 거촉巨燭을 들어 먼저 모든 동포가 한 형제 됨과 동포가 서로 떠날 수 없는 은덕이 있음을 발견하시와 자리타해에 급급하는 현대 인류로 하여금 공정한 입장에서 자리이타법을 쓰도록 장려하시니, 이 앞으로 동포은을 각성覺醒한 모든 동포는 차차 약육강식의 비리부도非理不道가 없어지고 대동평화의 안락생활을 하리라고 자신하오며, 동포의 은덕을 깊이 감사하는 동시에 이 은덕이 있음을 발견하여 주신 종사님의 무쌍하신[無雙, 비교할 수 없는] 대은덕을 새삼스럽게 감명하나이다.

방직 공장을 구경한 감상

이출진화
《회보》 제28호, 시창21년(1936) 9월호

——— 감상자 이출진화는 경성지부 돈암동 회관의 알뜰한 회원으로 경성의 방직공장을 구경한 감상을 발표한다. 방직공장 기계의 자동 시스템을 보고 과학의 기술에 경탄하며, 그러는 중 소녀 방직공들의 처참한 공장 현실에 가슴 아파한다. 방직공장의 자동화시스템의 노예가 되어있는 모습과 자기가 만든 옷감을 자기가 사용 못 하는 자본주의 시스템에 대한 비판적 감상도 토로한다.

또한 하는 일 없이 놀면서 입고 먹는 유의유식遊衣遊食의 유한계급有閑階級을 타파해야 한다고 주장한다. 사농공상의 여러 동포가 공급해 주는 은혜를 각성하여, 다만 자신 안락에만 그칠 것이 아니라 은혜를 준 저 동포에게 힘 미치는 데까지 만분지일萬分之一이라도 보은하는 것이 떳떳한 의무라는 것이다. 동포의 공급에는 피땀의 노고가 배어있는 슬픈 은혜가 있다는 것을 각성하여 동포의 피와 땀을 빨아먹는 고혈마가 되

> 지 말라는 것이다. 그러므로 고혈마의 세력에는 저항하고 비협조하고 비타협 하는 것이 진정한 동포 보은이요 동포의 진리라 할 것이다.

저는 한때에 어떠한 친우의 안내로 경성에 이름 높은 방직공장을 구경하게 되었습니다. 첫 발길을 정문에 들여놓자 그 웅대한 규모와 굉장한 설비가 저의 시선을 놀라게 하였습니다. 그 반공半空에 솟아 있는 연와옥[煉瓦屋, 구운 기와지붕 건물] 대건물大建物은 보기에도 엄청나게 웅자雄姿를 나타내며 광대한 지면地面을 점령하였고, 각종 각양의 많은 직물은 동창서고東倉西庫에 태산같이 쌓여 있으며, 삼엄한 장내에 질서 있게 배치된 수백 대의 기계는 신기 난측한 자동적 작용을 하는 가운데 순간에 찬란스러운 각종 피륙[아직 끊지 아니한 베]이 쏟아져 나오는데, 여기에서는 누구나 과학 만능의 기술을 경탄치 아니할 수 없습니다. 재래 우리 조선 어머니들이 베틀에 올라 잉아[베틀의 날실을 한 칸씩 걸러서 끌어 올리도록 맨 굵은 실]를 걸고 북을 잡아 손과 발을 운전하여 하루 몇 자의 베를 짜던 정도에 비교하면 얼마만한 발달이라 할까?

다시 시선을 돌려 직공들의 작업 현장을 보게 되었습니다. 저 참담한 정경은 저의 신경을 자극시키며 음울한 귀굴鬼窟 같은 장내의 증기는 호흡을 불통不通케 하며 악취는 코를 찌르는 듯, 그중에도 천진난만한 소년 여성들은 보기도 흉한 작업복을 몸에 걸치고 몰려오는 양 떼와 같이 기계 밑에 매달려 천연스럽게 전 정력을 희생하고 있는 그 모양은 가엾은 생각을 금할 수 없었습니다. 일하고 먹으니 잘 먹어야 할 것인데 먹지 못하여 영양 부족이 되었는지 창백한 그 얼굴은 본래 가지고 온 혈색조차 잃어버렸으며, 저의 손으로 짜냈으니 잘 입어야 할 것인데 그네들은 능라주단[綾羅綢緞, 좋은 비단]은 남에게 다 주고 추소한 의복을 입었으니, 이것이 인간의 상도常道라 할까? 천지의 정리定理라 할까?

이러한 공상으로 한참 동안 침묵에 잠겼더니 뒤를 이어 제 생각은 다른 방면으로 전환이 됩니다. 처음에는 가엾게 보이던 저네들이 도리어 씩씩한 용사로 보입니다. 내 힘으로 살아가자, 내 손으로 내일을 개척하자는 고함을 치며 씩씩하게 싸워가는 용사가 아닌가. 저네들은 이 사회에 쓸데없이 놀고 입고 먹는 유한계급有閑階級을 타매唾罵하며 책망하는 것같이 보입니다. 또는 더욱이 느낀 바 있나니 저는 이미 사은四恩을 모신 사람으로서 동포의 은혜를 상상적으로만 생각할 뿐이었더니 오늘 이 자리에서 진정한 은인을 현실적으로 대면하였으며 즉각적으로 깨달았나이다. 이 몸에 입은 이 옷도 저네들의 손에서 나온 것이 아닌가? 저네들은 나를 위하여 일하는 은인이며 대중을 입히려고 애쓰는 천사들이 아닌가? 저는 반평생이 넘도록 사시절四時節을 입으면서도 그 소종래所從來를 알지 못하다가 이제야 이 은인을 대면하기는 너무나 부끄러운 일이라 하겠나이다.

아! 두 손길을 뻗치고 물을 퉁기며 유의유식遊衣遊食하는 여러분들이여. 자기 몸에 추운 때에 따뜻한 옷과 더울 때 서늘한 옷을 사시절 따라 공급하여 주는 것이 모두 저네들의 약한 손과 뜨거운 땀으로 빚어낸 것이 아닌가. 저네들이 아니면 추위에 떨고 더위에 시달릴 우리가 아닌가. 어찌 조금이라도 저네들을 무시하며 잊으리오. 그러나 혹 어떠한 분은 자기의 귀貴여운 돈을 준 것이라 할는지 모르나 돈만 가지고 살 수 없는 것은 사실입니다. 옛사람의 말에 하루 한 싸래기[싸라기]를 먹어도 항상 농부의 고뇌[애씀]를 생각하라 하며 몸에 한 실마리를 입더라도 항상 길쌈하는 여자의 수고를 생각하라 하였나니 참 진리의 말입니다. 이로부터 나를 입혀주는 저 동포의 은혜를 느끼는 동시에 한 걸음 더 나아가 일반 동포의 은혜를 절실히 느끼었나이다.

일일시시日日時時로 먹고 입고 거주하고 동작하여 생활을 지속하는 것이 우연한 것이 아니요, 그 속에는 반드시 공급해 주는 은인이 숨어 있나니 사농공상의 여러 동포가 밤낮으로 애를 쓰고 노력하지 않습니까. 어떤 동포는 농사를 지어 밥을 주며, 어떤 동포는 베를 짜서 옷을 주며, 어떤 동포는 기술을 가져 주택과 기구를 주며, 어떤 동포는 물품을 교환하여 유무를 상통하여 주나니 어느 것이 동포의 은혜 아님이 없나이다. 우리는 남이 지어준 밥만 먹고 남이 지어준 옷만 입고 지어준 주택과 수용품을 사용하면서 반드시 사람이 할 의무를 찾지 못하고, 다만 이기적 생활로 그날 그날을 지낸다면 은혜를 준 저 동포에게 배은의 죄인이 되지 않을까요. 그러하오니 반드시 사은의 대의大義를 각성하여 자신 안락에만 그칠 것이 아니라 아무쪼록 힘에 미치는 데까지는 공중에 이익 주는 일을 하여 사은의 만분지일萬分之一이라도 갚아가는 것이 떳떳한 의무라고 생각하였습니다.

오는 해를 기념하여 오직 나는 나를 위하리라

박길선
《월말통신》 제22호, 시창14년(기사己巳) 음 12월

> ──────── 시창14년(기사己巳) 음 12월은 양력으로 시창15년(1930)으로 송구영신送舊迎新에 관한 감상이다. 감상자 박길선은 소태산의 장녀요 주산 송도성의 정토로, 시창14년 연말을 맞아 새해를 맞이하는 송구영신의 감상으로 자리이타自利利他의 구체적 실상을 나열한다.
> 즉 동포와 동포가 서로 관계를 맺을 때 자리이타로 하면 동포 보은의 결과인 이상세계가 오고 자리타해自利他害가 되면 동포 배은의 결과인 전쟁의 세계가 되는 현상을 고양이 밀치려다 문 돌추[문지도리]에 다치게 된 경계를 통해 1차세계대전의 현상까지 파고든다. 이는 자리타해만을 일삼다가 자기를 위한다는 것이 자기를 해하게 되는 어리석음이라 통찰한다.

기사己巳를 마지막으로 보내는 이달, 그 어느 날 나는 몸이 몹시도 괴로워서 만사를 놓고 편한便閒이 누웠다. 마침 그때 고양이가 와서 내 품에 안기려 한다. 나는 심란한 판에 귀貴하지 않은 생각이 왈칵 났다. 그리하여 고양이를 못 오도록 팔에 힘을 올려 밀어 치우려 했더니 고양이에게는 손이 가지도 않고 내 팔만 문 돌추[문을 열고 닫도록 회전시키는 추, 지도리]에 대질렸다. 아픔을 견디지 못하여 팔을 붙들고 있다가 홀연忽然히[문득, 갑자기] 생각이 났다.

내가 저 고양이가 내 곁에 오지 못하게 한 것은 그 어떠한 연고인가? 몸이 아프고 심사心事가 심란하니까 내 편안을 얻기 위하여 못 오게 함이 아닌가. 그러면 내 몸을 위한 것이 어찌 이 같은 고통을 주게 되었는가 하고 스스로 생각하였다.

…… 나를 위하려면 먼저 다른 물건을 내 몸같이 귀중하게 여겨주며 귀중하게 위해 주어야 한다. 내가 고양이를 밀치려던 그 순간에도 모든 것을 내 몸같이 귀중한 박애심이

있었다면 밀치더라도 함부로 밀치려는 생각이 나지 않았을 것이며, 그 생각과 그 행동이 없었다면 내 팔을 상하여 내 몸을 해하는 일이 없었을 것이다. 고양이는 나에게 와서 안기는 것이 저의 만족滿足한 편리便利였나니 나는 그 고양이의 편리를 뺏어다가 내 편리를 얻고자 하여 곧 고양이는 해害요 나는 이로운 자리타해自利他害를 취취하였다. 이 자리타해自利他害를 씀으로써 나는 나를 위한 것이 도리어 해가 되고 만 것이다.

…… 이 세상 사람은 자기를 지극히 위하지 않는 자가 없다. 심지어 자기의 생명과 가치와 재산과 의리를 희생하여서라도 자기 하나를 위하려 한다. 그러나 실제 그 자기를 위하는 일에 있어서는 남의 편리를 빼앗아 자기의 편리를 얻고자 하며, 남을 죽여다 자기를 살리고자 하며, 남을 깎아다가 자기를 높이고자 하며, 또는 불의不義한 욕심으로부터 자기를 위하고자 함으로 그같이 위하고 싶은 자기를 도로 해害하고 마나니, 그것은 곧 자기를 위하는 방법을 모르므로 욕망과는 반대의 방면에 나아간 것이다.

예를 들면 도적이 오죽이나 저를 위하였느냐? 무서움과 놀람 속에 몸과 마음을 졸이고 태워 가며 담을 넘고 벽을 뚫어 그 위태한 모험을 하여 물건을 절취窃取하여다가 저의 안락을 얻으려 함은 그 오죽이나 저를 위한 일이 아니고 무엇이랴? 그러나 그 같은 천신만고를 겪으며 위한 자기의 일이 결국 남을 해치어 저를 이롭게 한 자리타해自利他害에 그쳤나니, 그러므로 쇠고랑을 차고 고苦의 감옥으로 이사하게 된다. 이것이 곧 자기를 도리어 해害한 자이다.

…… **내가 사랑을 받고 싶거든 남을 먼저 사랑하며 내가 귀貴하고 싶거든 남을 먼저 귀貴히 여기며 내가 대우를 받고 싶거든 남을 먼저 대우하며 내가 은혜를 받고 싶거든 남에게 먼저 은혜를 끼치며 남을 이기고 싶거든 내가 먼저 져야 한다.**[『대종경』 요훈품 14장] 그래야만 진실 내가 나를 위함이 되는 것이다.

…… 독일 카이젤 2세는 자기를 지극히 위하고 싶은 자였다. 구주대전란歐洲大戰亂을 일으켜 3천만의 생명을 희생하고 4천억의 재산을 소진하여서라도 남의 것을 빼앗으며 남을 압도하여 저를 위하는 욕망을 채우려 하였다. 그러나 그것도 곧 자리타해自利他害였다. 그러므로 오늘은 카이젤의 전 지위前地位도 빼앗기며 화란편국和蘭片國[네덜란드]에 유폐幽閉의 생활을 하고 있나니, 이것은 곧 자기를 위함이 그 방법을 모름으로 도리어 해害로 변한 것이다. 그 반면 인도의 석가모니는 자기의 위位와 가치를 희생하여서라도 남을 위할

목표 하에 왕궁태자王宮太子인 그가 폐의파복弊衣破服으로 걸식乞食까지 하며 일생을 오로지 남을 위하는 데에 마쳤다. 이것은 곧 남을 위함으로써 자기를 위하여 자리이타自利利他를 씀이었다. 그에 따라 오늘날은 세계적으로 그를 위하게 되었나니, 이를 보면 우리가 우리를 위하고 싶거든 반드시 우리가 먼저 남을 위하며 위함을 받을 일을 미리 지어 놓아야 할 것을 확신한다.

…… 기사己巳를 보내고 경오庚午를 맞는 기념紀念은 곧 이것이다.

제4회 문제 – 동포 보은의 복과 동포 배은의 죄?

제출자 이명훈
《회보》 제49호, 시창23년(1938) 11월

연구부는 문목을 연구케 하고 연구한 문목을 감정하는 역할을 하는 부서이다. 연구부에서 제4회 의두 문목으로 '동포로 인하여 받는 복은 무엇인데 어떠한 이유로 그 복을 받으며 동포로 인하여 받는 죄는 무엇인데 어떠한 이유로 그 죄를 받는가?'를 제시하여 연마토록 한다. 제4회 의두 문목이란 제목을 볼 때 그 앞에 천지와 부모로 인하여 받는 복과 죄에 대한 의두 문목이 있었던 것이다.

연구부는 "금번 제4회 의두 문목을 제출하여 그 해답을 모집한바 응답자 48인 중 좌[左, 다음]와 여如히[같이] 일등 일인이 선출되었기에 그 논문을 게재하오니 참고하시압. 단 일등 기사는 회보에 게재하고 이등 기사는 총부 예회 석상에만 소개하고 삼등 기사인은 예회 석상에 그 씨명만 광고하며 등외인은 예회 석상에 다만 등외가 합 기인幾人이라고만 광고할 뿐입니다."라고 《회보》 제49호에 소개한다.

제4회 문제
동포로 인하여 받는 복은 무엇인데 어떠한 이유로 그 복을 받으며,

동포로 인하여 받는 죄는 무엇인데 어떠한 이유로 그 죄를 받는가?

1등 총부 이명훈
〈동포에게서 복 받는 형상과 그 이유〉
1. 우리가 직접 목전지사目前之事로만 볼지라도 과거 일개월간에 긍亘하여 양잠을 할 때 풍우와 주야를 불고하고 뽕을 딴다, 똥을 가린다, 섶에 올린다, 꼬치를 딴다 하는 등의 일은 다 동포에게 복을 짓는 형상이요, 그러한 결과에 누에 꼬치를 따서 팔아서 물질의 여유를 얻게 되는 것은 곧 동포에게 복을 받는 증거입니다.
2. 년 전에 저의 사는 동리 앞 하천이 대홍수로 인하여 크게 범람이 되었는데 저의 4세 된 남동생이 잘못하여 그 물에 휩쓸려 들어갔습니다. 좌우 양 간에 모였던 사람들은 대단 놀랬으나 어찌할 방도가 없어서 주저하던 차에 한 청년이 용감히 뛰어들어 그 아이를 건져 냈습니다. 그 청년의 가정은 대단 빈한하여 생활 곤란이 극도에 달하였던바 우리 집에서는 저의 동생을 살려준 그 은혜를 감사히 생각하고 그 청년을 우리 집에 데려다 두고 성년기에 결혼시켜 주었으며 직업의 자본금까지 대줘서 지금은 남부럽지 않은 생활을 하고 있습니다. 또는 그 구조를 받은 저의 동생도 지금은 연소하나 저의 자력이 생겨나면 장래 제힘으로 큰 보은을 하겠다고 결심하고 있습니다.
3. 우연히 저 동포로 인하여 빈한한 자가 부자가 되는 것도 동포로 인하여 받는 복인데 그 이유는 과거에 내가 그 동포에게 물질로써 많은 보조를 한 연고이요 또는 죽을 경우를 당하여 우연히 저 동포에게 구제받는 것도 동포로 인하여 받는 복인데 그 이유는 과거에 내가 저 동포의 사경을 구제하여 주었던 연고입니다.

〈동포에게 죄 받는 형상과 그 이유〉
1. 자기가 말을 잘못하여 저 동포에게 뺨을 맞는다든지 악설을 듣게 된다든지 하는 것도 동포에게 죄지어 죄 받는 형상이요
2. 다른 동포의 물건을 빌려다 쓰고 그것을 기한 안에 반환치 아니하여 신용 없는 사람이 되어 모든 동포에게 배척받는 것도 동포에게 죄지어 죄 받는 형상이요

3. 우연히 저 동포로 인하여 부자가 빈한한 자가 되는 것도 동포로 인하여 받는 죄인데 그 이유는 과거에 내가 저 동포에게 물질적으로 큰 손해를 끼친 연고이요, 또는 우연히 저 동포로 인하여 불구자가 되는 것도 죄인데 그 이유는 과거에 내가 저 동포의 육체를 손상했던 연고입니다. 이 외에도 복 받고 죄 받는 형상이 무수하나 간단히 몇 가지 조건만 제재하였습니다.

사은四恩

法律應鑑之位
少太山 書

법률은

『정전』 읽기 Reading

제4절 법률은(法律恩)

1. 법률 피은의 강령

　우리가 법률에서 입은 은혜를 가장 쉽게 알고자 할진대, 개인에 있어서 수신하는 법률과, 가정에 있어서 제가(齊家)하는 법률과, 사회에 있어서 사회 다스리는 법률과, 국가에 있어서 국가 다스리는 법률과, 세계에 있어서 세계 다스리는 법률이 없고도 안녕질서를 유지하고 살 수 있겠는가 생각해 볼 것이니, 그런다면 누구나 살 수 없다는 것은 다 인증할 것이다. 없어서는 살 수 없다면 그 같이 큰 은혜가 또 어디 있으리요.

　대범, 법률이라 하는 것은 인도 정의의 공정한 법칙을 이름이니, 인도 정의의 공정한 법칙은 개인에 비치면 개인이 도움을 얻을 것이요, 가정에 비치면 가정이 도움을 얻을 것이요, 사회에 비치면 사회가 도움을 얻을 것이요, 국가에 비치면 국가가 도움을 얻을 것이요, 세계에 비치면 세계가 도움을 얻을 것이니라.

2. 법률 피은의 조목

　1) 때를 따라 성자들이 출현하여 종교와 도덕으로써 우리에게 정로(正路)를 밟게 하여 주심이요,
　2) 사·농·공·상의 기관을 설치하고 지도 권면에 전력하여, 우리의 생활을 보전시키며, 지식을 함양하게 함이요,
　3) 시비 이해를 구분하여 불의를 징계하고 정의를 세워 안녕질서를 유지

하여 우리로 하여금 평안히 살게 함이니라.

3. 법률 보은의 강령
　법률에서 금지하는 조건으로 피은이 되었으면 그 도에 순응하고, 권장하는 조건으로 피은이 되었으면 그 도에 순응할 것이니라.

4. 법률 보은의 조목
　1) 개인에 있어서는 수신(修身)하는 법률을 배워 행할 것이요,
　2) 가정에 있어서는 가정 다스리는 법률을 배워 행할 것이요,
　3) 사회에 있어서는 사회 다스리는 법률을 배워 행할 것이요,
　4) 국가에 있어서는 국가 다스리는 법률을 배워 행할 것이요,
　5) 세계에 있어서는 세계 다스리는 법률을 배워 행할 것이니라.

5. 법률 배은
　법률에 대한 피은·보은·배은을 알지 못하는 것과 설사 안다 할지라도 보은의 실행이 없는 것이니라.

6. 법률 보은의 결과
　우리가 법률 보은을 한다면, 우리 자신도 법률의 보호를 받아, 갈수록 구속은 없어지고 자유를 얻게 될 것이요, 각자의 인격도 향상되며 세상도 질서가 정연하고 사·농·공·상이 더욱 발달하여 다시 없는 안락세계(安樂世界)가

될 것이며, 또는 입법(立法)·치법(治法)의 은혜도 갚음이 될 것이니라.

7. 법률 배은의 결과
　우리가 만일 법률에 배은을 한다면, 우리 자신도 법률이 용서하지 아니하여, 부자유(不自由)와 구속을 받게 될 것이요, 각자의 인격도 타락되며 세상도 질서가 문란하여 소란한 수라장(修羅場)이 될 것이니라.

법률은과 일원상

─────── 반갑습니다. 먼저 법률은과 일원상의 관계에 대해 알아보겠습니다.

『대종경』 교의품 9장에서 "일원상은 곧 청정 법신불을 나타낸 바로서 법률도 또한 법신불의 주신 바"라고 명시하고 있습니다. 그러므로 법률은은 청정한 일원상 자리에서 드러나는 법률입니다.

소태산 대종사는 '법률 피은의 강령'에서 "법률이란 인도 정의人道正義의 공정公正한 법칙"이라고 정의합니다.

또한 『대종경』 인도품 1장에서 "도라 하는 것은 쉽게 말하면 곧 길을 이름이니, 길이라 함은 무엇이든지 떳떳이 행하는 것"이라 합니다.

결국 인도人道는 인간의 길로 사람이 밟아가야 할 떳떳한 길입니다. 그러므로 인도 정의의 공정한 법칙은 사람이 살아가는 데 있어서 정의롭고 공정한 인생길의 떳떳한 방향입니다. 선악이 뒤섞여 있는 인간의 삶에서 덜 나빠지고 좀 더 좋은 방향으로 나아가도록 하는 법칙입니다.

소태산 대종사는 《월말통신》 제11호, '신기묘술의 폐해와 정의 도덕의 공덕'이라는 법설에서 "정의正義란 자리이타自利利他가 화化하는 법"이라고 명시합니다.

정의는 자리이타가 되도록 하는 것으로, 자리이타의 방향으로 향하도록 하는 것이 인도 정의요 공정한 법칙입니다. 그러므로 자리이타를 지향하지 않는 것은 정의도 아니요 공정한 법칙도 아닙니다. 즉 자타 간에 이롭게 하는 자리이타가 인도 정의요 공정한 법칙입니다.

사은의 법률은 일원상의 진리가 인간의 길에 드러나는 법칙으로, 이를 법률성이라 합니다.

선악 업보가 끊어진 자리에서 공적영지의 광명을 따라 선악 업보에 차별이 생겨나는, 즉 일원상의 안목에서 드러나는 인간이 밟아갈 정의롭고 공정한 방향입니다. 이처럼 선을 통해 선을 진흥하고 악을 반성하여 악에서 벗어나려는 인간 문명의 길이요 방향입니다.

사은의 법률은 현실적인 법률을 벗어나 따로 있는 진리는 아니나, 현실적 법률의 한계에서 좀 더 나아지려는 인간의 각성과 의지에 지혜의 길을 제시하는 것입니다.

법규화된 법률은 인도 정의의 공정한 법칙의 계기요 창구 역할입니다. 사은의 법률은 이를 통해 좀 더 나아지고 서로서로 이로운 방향으로 진척시켜 가는 인간의 의지요 문화의 방향성입니다.

사은의 법률은 인도 정의의 공정한 법칙으로, 정치·종교·철학·도덕·윤리·사상 등의 문명을 통해서 인간이 밟아가야 할 그 시대의 삶의 길로써, 시대의 변화에 따라 인간이 행해야 할 정의롭고 공정한 문명의 방향입니다.

사은의 법률은 원근친소와 희로애락에 치우치지 않는 마음이 드러나야 제시되고 작동되는 정의롭고 공정한 규칙입니다. 이처럼 사은의 법률은 공정한 일원상 자리에서 개인·가정·사회·국가·세계로 펼쳐가는 인간의 길입니다.

'사은의 법률=인도 정의의 공정한 법칙=법률의 진리=법률성=법률은'입니다.

인도 정의의 공정한 법칙인 사은의 법률을 실행하는 것은 정의와 양심에 따라 실천하는 것입니다.

다만 정의는 내 입장의 정의가 되기 쉽고 양심도 자기 입장의 양심이 되기 쉽습니다. 그러기에 원근친소에 끌리지 않는 공정한 자리에서 드러나는 정의요 양심이어야 합니다.

이러한 참된 양심과 진정한 정의를 정산 종사는 '성품에서 나타나는 양심의 소작所作'이요 '진리에서 활용되는 정의의 행사'[《회보》 제38호, '일원상에 대하여']라고 제시합니다.

그렇기 때문에 잘못된 정치·사회 제도라면 개선하는 것이 법률 보은이며, 부당한 제도에 복종하거나 양심에 어긋나게 행하면 법률을 위반하는 행위입니다.

인도 정의의 공정한 법칙인 법률은 〈교리도〉 중 '인과보응의 신앙문'의 '처처불상 사사불공'으로 귀결합니다.

〈교리도〉의 처처불상處處佛像에서 불상의 불佛이 일원상의 일원一圓이라면 불상의 상像은 일원상의 상相입니다. 법률도 일원의 나타남인 고로 사은의 법률은 처처불상이며 법률 보은은 사사불공입니다.

오늘은 법률은과 일원상의 관계에 대해 살펴보았습니다.

법률 피은被恩의 강령

―――――― 반갑습니다. 이번 시간에는 법률은 중에서 '법률 피은의 강령'에 대해 살펴보겠습니다.

'법률 피은의 강령'은 두 단락으로 구성되어 있습니다.
첫 단락은 법률 피은을 가장 쉽게 알 수 있는 실마리를 제시하며, 둘째 단락은 법률의 정의와 법률이 작용하는 현상을 밝히고 있습니다.

먼저 첫 단락을 봉독하겠습니다.

> "우리가 법률에서 입은 은혜를 가장 쉽게 알고자 할진대, 개인에 있어서 수신하는 법률과, 가정에 있어서 제가齊家하는 법률과, 사회에 있어서 사회 다스리는 법률과, 국가에 있어서 국가 다스리는 법률과, 세계에 있어서 세계 다스리는 법률이 없고도 안녕질서를 유지하고 살 수 있겠는가 생각해 볼 것이니, 그런다면 누구나 살 수 없다는 것은 다 인증할 것이다. 없어서는 살 수 없다면 그 같이 큰 은혜가 또 어디 있으리오."

'개인·가정·사회·국가·세계'라는 전개는 법률은에서 통합적으로 등장합니다.
동포은에서는 개인·가정·사회·국가까지만 나열됩니다.
동포은의 '동포 보은의 결과'와 '동포 배은의 결과'에서는 세계를 따로 밝히기보다는 국가와 국가끼리 평화한 결과로써 이상의 세계와 국가와 국가끼리의 평화롭지 못한 결과로써 전쟁의 세계로 규정하고 있습니다. 국가의 연장선상에서 세계를 나타내고 있는 것입니다.

이에 비해 법률은의 '법률 피은의 강령'과 '법률 보은의 조목'에서 개인·가정·사회·국가뿐만 아니라 세계를 독자적인 범위로 삼고 있는 것이 특징입니다. 법률은의 무대는 바로 개인·가정·사회·국가·세계입니다.

이러한 개인·가정·사회·국가·세계에서 수신하는 법률과 가정 다스리는 제가하는 법률과 사회 다스리는 법률과 국가 다스리는 법률과 세계를 다스리는 법률이 없고도 안녕질서를 유지하고 살아갈 수 있는지 생각해 보라는 것입니다.

소태산 대종사는 '정의 도덕 없는 세상은 곧 금수禽獸 세계다.'라고 설법합니다.
"이 세상은 정의 도덕이 있음으로써 안녕질서를 유지하고, 따라서 우리도 편안한 생활을 하지마는, 만일 인도 정의人道正義의 공정한 규칙 즉 수신·제가·치국·평천하의 도가 없었다면 이 세상은 질서 없는 수라장인 동시에 약육강식의 금수 세계가 되고 말 것이다. 왜 그러냐 하면 저 무도無道한 금수 세계에는 제일 힘세고 가장 악한 놈이 그중에 패권을 쥐고 약소 생명을 마음대로 잡아먹듯이, 우리 인간 세상에도 만일 정의 도덕의 모든 법칙이 없다면 물론 기운 센 불량자가 나서서 힘 약하고 순진한 사람들을 속이고 해하여 안심하고 살 수가 없을 것이니, 과연 그리된다면 그것이 금수 세계가 아니고 그 무엇이랴." [이공주 수필, 원기27년 5월 26일. 구타원 이공주 법문집 Ⅰ,『일원상을 모본하라』]
정의 도덕이 있으면 안녕질서와 편안한 생활을 하지만 정의 도덕이 없다면 질서 없는 수라장이 되고 약육강식의 금수 세계가 되고 만다는 가르침입니다.

법률은 바로 안녕질서를 추구합니다. 안녕하지 않은 질서는 법률의 방향이 아닙니다. 강자와 약자가 서로 진화하여 탈 없이 안락하게 살아가도록 하는 질서가 바로 법률입니다. 무도한 약육강식의 세계와 질서 없는 수라장에서 벗어나기 위해서 정의 도덕의 법률을 세워가야 합니다.

'생각해 보는 것'이 은혜를 아는 실마리입니다. 생각하지 않고는 은혜를 감지할 수 없습니다. 개인·가정·사회·국가·세계를 다스리는 법률의 질서가 없이 안녕하게 살 수 있는지 생각해 보는 것이 법률의 은혜를 감지하는 지은知恩의 시작입니다. 상호 간에 안녕질서를 유지하며 살 수 있는지 생각해 보라는 것입니다.

현실적으로 접하는 법률을 통해서 법률의 본령까지 파악해 보라는 것입니다.

현실의 종교 가르침이나 윤리·도덕을 비롯해 입법·치법·사법은 공동체적 규범성과 강제성이 있습니다. 상호 간에 제약이 있는 약속이 전제되어 있습니다.

사은의 법률은 현실에서 강제하고 억제하는 규칙의 수단에만 한정되는 게 아니라 본질적으로 안녕질서를 추구하는 방향으로 나가도록 하는 가치로서, 없어서는 안 될 큰 은혜입니다.

처음에는 나타난 현상 차원의 법률에서 시작하여 법률의 도에 이르기까지 생각해 보라는 것입니다.

둘째 단락을 봉독하겠습니다.

> "대범, 법률이라 하는 것은 인도 정의의 공정한 법칙을 이름이니, 인도 정의의 공정한 법칙은 개인에 비치면 개인이 도움을 얻을 것이요, 가정에 비치면 가정이 도움을 얻을 것이요, 사회에 비치면 사회가 도움을 얻을 것이요, 국가에 비치면 국가가 도움을 얻을 것이요, 세계에 비치면 세계가 도움을 얻을 것이니라."

사은의 법률은 인도 정의의 공정한 법칙입니다. 인도 정의의 공정한 법칙은 도道의 덕德으로써, 강약 간에 사람이라면 밟아 나아가야 할 방향인 도가 비치면 덕입니다.

도가 행함에 따라 나타나는 작용을 덕이라 합니다. 덕은 은덕으로 은혜입니다. 시간 차이를 두고 도가 먼저 있고 그 도의 작용에 따라 덕이 나오는 듯이 보이나, 실상은 도의 작용이 덕이요 덕의 바탕이 도입니다.

인도 정의의 공정한 법칙인 법률은 도로 보면 법률의 진리요, 덕으로 보면 법률의 은덕입니다.

    이러한 인도 정의의 공정한 법칙인 법률을 개인·가정·사회·국가·세계에 비춰야 합니다.
    인도 정의의 공정한 법칙인 법률이 개인에 비치면 개인이 도움을 얻게 되어, 인격을 갖춰 자유를 누리게 됩니다.
    인도 정의의 공정한 법칙인 법률이 가정에 비치면 가정이 도움을 얻게 되어, 권속[眷屬, 가족]이 서로 화목하게 됩니다.
    인도 정의의 공정한 법칙인 법률이 사회에 비치면 사회가 도움을 얻게 되어, 강자와 약자 사이에 평화와 번영이 이루어집니다.
    인도 정의의 공정한 법칙인 법률이 국가에 비치면 국가가 도움을 얻게 되어, 나라가 흥성하고 민중이 행복해집니다.
    인도 정의의 공정한 법칙인 법률이 세계에 비치면 세계가 도움을 얻게 되어, 온 인류가 함께 잘 살고 함께 번영케 됩니다.
    인도 정의의 공정한 법칙이 비추면 은혜가 펼쳐지며, 비추지 않으면 은혜가 미치지 못하게 됩니다.

    '사은의 법률'은 현실에 나타난 규칙에 한정된 법률이 아니라, 이러한 규칙들이 공정하고 정의로운 방향으로 나아가도록 하는 법률의 도요 덕입니다. '사은의 법률'은 더 좋아지고 덜 나빠지게 하는 지향입니다.

    '사은의 법률'은 인도 정의의 공정한 법칙인 도이면서 덕입니다. 법을 만드는 입법立法에도, 법을 다스리는 치법治法에도, 법을 판단하는 사법司法에도 공정하게 작용하도록 하는 도이며 덕입니다.
    인도 정의의 공정한 법칙인 이 한 자리가 개인·가정·사회·국가·세계로 전개하는 것입니다.

법률은

인도 정의의 공정한 법칙이 개인·가정·사회·국가·세계에 비치는 것이 법률 피은이며, 법률 피은된 세상이 '개교의 동기'의 광대무량한 낙원세계입니다.
　그러므로 파란 고해의 일체생령을 광대무량한 낙원으로 인도하기 위해서는 인도 정의의 공정한 법칙을 개인·가정·사회·국가·세계에 비추어야 합니다.

　오늘은 '법률 피은의 강령'에 대해서 살펴보았습니다.

법률 피은의 조목

　　　　　　　　이번 시간에는 법률은 중에서 '법률 피은의 조목'에 대해 살펴보겠습니다.

　'법률 피은의 조목'은 '법률 피은의 강령'을 세부 사항으로 풀어낸 것입니다.
　그러니까 '법률 피은의 강령'이 핵심이라면 '법률 피은의 조목'은 구체성입니다.

　'사은의 법률'은 인도 정의의 공정한 법칙으로, 지공무사한 일원상의 안목에 따라 발현되는 법률입니다.
　인도 정의의 공정한 법칙은 선악 업보가 끊어진 자리에서 공적영지의 광명을 따라 선악 업보에 차별이 생겨나는 일원상의 진리에 근거합니다.
　법률은이란 선이다 악이라 할 분별 주착이 없는 청정한 지혜에 따라 그 상황에 맞는 선악을 밝히고 선의 결과와 악의 결과를 드러내는 작용입니다. 법률은 선해질 수도 있고 악해질 수도 있는 기로에서 더 좋아지게 하는 지향이요 덜 나빠지게 하는 길입니다.
　'사은의 법률'은 사람이라면 밟아가야 하는 인간의 길로써 일원상의 진리에 근원하는 정의롭고 공정한 법칙이요 방향입니다. 이러한 법칙의 작용을 법률은이라 합니다.
　인도 정의의 공정한 법칙인 법률이 미치고[及] 비추면 은혜입니다. 지공무사한 자리에서 드러나는 인도 정의의 공정한 법칙이 작용하는 그만큼 법률은의 혜택이 있게 됩니다.

　법률 피은의 조목입니다.

1. 때를 따라 성자들이 출현하여 종교와 도덕으로써 우리에게 정로正路를 밟게 하여 주심이요,

과거 시대는 지역에 따라 성자들이 출현하여 국지적으로 그 지역을 책임지는 시대였습니다. 한 예를 들면 『논어』에서 인간의 죽음을 신종추원慎終追遠하라 하여 임종을 신중하게 대하고 이후 기억하고 추모하라는 이 가르침이 동아시아의 제사 문화로 형성됩니다.

이를 소태산 대종사는 "과거에 모든 교주敎主가 때를 따라 나오시어 인생의 행할 바를 가르쳐 왔다."[『대종경』 교의품 1장]라고 일러주십니다.

또한 "우리 인간 세상에는 때때로 제불제성諸佛諸聖이 출현하여 인간 생활에 필요 적절한 모든 법을 창조 또는 개조하시어 우리 인간이 알고 행하도록 지도 교화하시나니, 이것이 이른바 종교라는 것이다. 대범, 종교란 모든 인류에게 권선징악, 즉 선[善 정의, 보은]을 권하고 악[惡 불의, 배은]을 징계하자는 것이지마는, 그 교화 방법에 들어가서는 시대와 인심 정도를 따라서 각각 다르나니…"[이공주 수필. '정의 도덕 없는 세상은 곧 금수 세계다']라고 말씀하십니다.

종교라는 용어는 서구의 릴리전[religion, 신과 인간의 연결]이란 뜻을 근대 일본을 통해 불교 용어인 종교宗敎를 빌려 표현한 개념입니다. 소태산은 이러한 종교를 뜻 그대로 '궁극의 가르침' '근본이 되는 가르침'으로 사용합니다.

이처럼 제불제성이 출현하여 인간이 밟아가야 할 정로正路를 제시해 주는 것이 법률은입니다.

정로는 바른길로 인간이 마땅히 밟아갈 인도 정의의 공정한 법칙입니다.

제불제성의 심인心印에서 드러나는 가르침이 법률 피은으로 법률은입니다. 때를 따라 성자들이 출현하여 종교와 도덕으로 인생의 행할 바인 정로를 가르쳐 주는 것은 법률 피은입니다.

그렇다고 성자의 교법이 시대를 초월해서 항상 정로인 것은 아닙니다. 만일 법이 묵어 폐해弊害가 있으면 고쳐가는 것이 진정한 법률 보은입니다.

소태산 대종사의 교법도 법률은으로, 물질문명이 발달해가는 미래 시대를 선도하는 정신문명의 법률입니다.

소태산 대종사는 "도덕道德이라 하는 것은 천天의 체體와 천天의 용用을 간파하여 그 자연의 상도常道를 인정人政에 맞추어 쓰는바"[송도성 수필,《월말통신》제11호]라고 하십니다.

이렇게 종교와 도덕의 관계를 살펴보면 종교는 도덕을 잘 사용하는 가르침이라 할 것입니다[우당수기]. 소태산은 종교를 도학이라 달리 말합니다. 종교는 도를 실행하여 덕을 나투라는 가르침으로 사실상 종교와 도덕은 불가분의 관계입니다.

또한 소태산 대종사는 도덕을 말할 때 수식어로 정의를 붙여 정의 도덕을 주창하십니다. 정의는 자리이타가 화하는 것이므로[《월말통신》제11호], 정의 도덕은 자리이타의 도가 발현되는 정의로운 덕입니다.

소태산은 종교, 도덕, 도학을 같은 뜻으로 사용하며, 이를 회상會上이라 말합니다.

2. 사·농·공·상의 기관을 설치하고 지도 권면에 전력하여, 우리의 생활을 보전시키며, 지식을 함양하게 함이요,

생활의 강령이요 공익의 기초인 사농공상의 기관을 설치하여 이를 지도하고 권하여 힘쓰도록 하여, 우리의 생활이 보전되도록 하는 것이 곧 생활상의 법률 피은입니다.

소태산은 "사회에서 배우고 부모한테 배우고 동기한테 배우고 타인한테 배운다. 또한 다른 사람의 시비를 보아 배우고 행하는 것이 지도하는 것이요 권면하는 것이다. 그러는 머리에 생활을 보존시키며 지식을 함양케 함이니라."[김영신 수필, 시창23년 제1회 교무강습회 필기 노트]라고 말씀합니다.

즉 사농공상의 기관을 설치하여 사농공상을 운용할 방법을 지도하고 이를 권면토록 하여 우리의 생활을 보호 유지시키는 것이 법률 피은입니다. 또한 생활의 강령이 되고 공익의 기초가 되는 사농공상의 지식을 기르고 갖추도록 하는 것이 바로 법률 피은입니다.

3. 시비 이해를 구분하여 불의를 징계하고 정의를 세워 안녕질서를 유지하여 우리로 하여금 평안히 살게 함이니라.

인도 정의의 공정한 법칙이 드러나는 만큼 정의요 시是요 이利라면, 가리는 정도만큼 불의요 비非요 해害입니다.

시비 이해를 구분하여 불의를 징계하고 정의를 세우는 그만큼 안녕질서의 은혜를 입고 평안하게 살 수 있는 것입니다. 인도 정의의 공정한 법칙이 미치는 정도만큼 법률 피은입니다. 시비 이해를 구분하여 정의를 세우고 불의를 징계하는 그만큼 법률 피은입니다.

소태산 대종사는 "시비 이해를 분석하여 주는 정의의 법률이 득권得權을 하면 어떠한 계급, 어떠한 처지에 있든지 다른 사람을 유익 주어야 잘 사는 것이요, 만일 정의의 법률이 실권失權을 하면 다른 사람을 해롭게 하는 사람이 잘살게 되는 것이다."[《회보》제17호]라고 하시며, 인도 정의의 공정한 법률이 실현되는 사회를 추구합니다.

사회와 세상이 인도 정의의 공정한 법칙인 법률의 권리를 얻으면 다른 사람을 유익 주려 하지만, 만일 사회와 세계가 법률의 권리를 잃게 되면 인도 정의를 행하지 않는 사람이 도리어 권한을 행사하게 된다는 것입니다.

정의는 자리이타가 화하는 것이므로, 자리이타가 발현되는 인도 정의의 공정한 법칙이 세워지는 사회와 세상을 가꾸어가라는 것입니다. 한마디로 정의의 법률을 추구해 가라는 것입니다.

소태산 대종사는 정의와 도덕을 연동해서 설명합니다.

"만약 정의와 도덕이 없다면 약육강식이 으레 상사常事일 것이요, 잔인해탈殘忍害奪이 유일한 수단이 될지라. 그런고로 사람이 차라리 사람의 면목을 무릅쓰고 금수의 생활을 하기로 한다면 모르거니와, 사람으로서 능히 사람다운 생활을 하기로 할진대 이 두 가지를 떠나서는 될 수 없다고 생각하노라." [송도성 수필,《월말통신》제11호]

사람으로서 사람다운 생활을 하기 위해서는 정의와 도덕이 있어야 하며, 강자 약자가 약육강식이 아니라 서로 안녕질서를 유지하기 위해서도 정의와 도덕은 떠날 수 없는 것입니다.

'동포 보은의 결과'에서 "구세 성자들이 자비 방편을 베푸사 도덕이나 정치나 혹은 무력으로 배은 중생을 제도한다."라고 합니다.

이 말씀은 '법률 피은의 조목' 1조의 "때를 따라 성자들이 출현하여 종교와 도덕으로써 정로를 밟게 한다."와 3조의 "시비 이해를 구분하여 불의를 징계하고 정의를 세워 안녕질서를 유지하여 우리로 하여금 평안히 살게 함이니라."와 통합니다.

동포도 법률은으로 보면 법률이고 법률도 동포은으로 보면 동포입니다.

도덕은 종교와 밀접하고, 무력은 정치의 한 측면입니다. 많은 대중에게 이익이 되고 도움이 되는 정치 사회적 변혁을 혁명이라 하고, 이를 실현하는 한 방법으로 소태산은 무력을 허용하고 있습니다.

구세 성자의 자비 방편인 종교, 도덕, 정치, 무력은 동포의 관점으로 보면 '동포 피은'이며 법률의 관점으로 보면 '법률 피은'입니다.

시창13년(1928) 음 6월 26일은 하계夏季기념의 '법회록' 중 종교와 도덕에 관한 소태산 대종사의 법설 한 대목입니다.

"종교라 하는 것은 사람으로 하여금 자능력自能力과 자각력自覺力을 얻도록 인도하여 모든 일을 저지르기 전에 방지하는 것이요, 정치라 하는 것은 자능력과 자각력을 가지고 모든 일을 행한 후에 시비是非를 밝혀서 상벌을 베푸는 바이니, 종교는 근본을 닦는 집이요, 정치는 끝을 다스리는 기관이라. 근본과 끝을 아울러 밝히면 원만하고 문명한 세상이 되리라. 과연 종교와 정치는 인생에 이와 같은 중요한 관계가 있으며 우리가 일시라도 여의고는 살 수가 없는 처지이다. …… 종교는 도덕으로써 체體가 되고 정치는 정의正義로써 체가 되니, 도덕과 정의는 어느 시대를 물론하고 변할 수 없는 것이나 그 쓰는 방편은 시대에 따라 변하고 사기事機를 응하여 다르나니, 이것은 구주救主의 수단에 있나니라." [송도성 수필, 《월말통신》 제4호]

종교는 근본을 닦는 집이요, 정치는 끝을 다스리는 기관으로, 종교는 도덕으로써 체를 삼고 정치는 정의正義로써 체를 삼으며, 방편은 시대에 따라 변화될 수 있는 성자들의 수단이라고 밝히고 있습니다. 즉 종교와 정치는 법률은의 중요한 기구機構입니다.

소태산 대종사는 동남풍과 서북풍에 비유하여 종교와 정치의 관계를 밝힙니다.
"무릇, 천지에는 동남과 서북의 바람이 있고 세상에는 도덕과 법률의 바람이 있나니, 도덕은 곧 동남풍이요 법률은 곧 서북풍이라, 이 두 바람이 한 가지 세상을 다스리는 강령이 되는바, 서북풍은 상벌을 주재하는 법률가에서 담당하였거니와 동남풍은 교화를 주재하는 도가에서 직접 담당하였나니라." [『대종경』 교의품 37장]
교화를 주재하는 동남풍의 도덕과 상벌을 주재하는 서북풍의 법률로 '사은의 법률'은 대별됩니다. 도덕 및 종교도 법률 피은의 조목이요 법률 및 정치도 법률 피은의 조목입니다. 동남풍의 도덕과 종교도 법률은이요 서북풍의 법률과 정치도 다 법률은입니다.

성자의 가르침도 법률이요 사회 규칙의 법률도 법률입니다. 그러나 '사은의 법률'은 현상의 법칙 그대로를 말하는 것이 아니라 현상의 법률을 통해서 인도상의 정의롭고 공정한 법칙을 드러내는 것입니다.
현상의 법률은 '법률은'의 계기요 창구로, 정치·경제·사회·교육·언론·문화 등의 법률을 통해서 인도 정의의 공정한 법칙이 제시되고 작용하는 은혜입니다.

지공무사한 일원상 자리가 사람이 밟아가야 할 길에 나타나는 것을 인도 정의의 공정한 법칙이라 합니다. 공적영지한 일원상의 광명을 따라 인도 정의의 공정한 법칙이 발현되는 것을 법률 피은이라 하는 것입니다.

우리는 인도 정의의 공정한 법칙인 법률이 미치는 만큼 은혜를 입게 되는 것입니다. 즉 법률이 비추는 영역만큼 법률 피은을 입는 것입니다.
정치와 경제가 민주화 된 만큼 법률의 은혜를 입는 것입니다.

인도 정의의 공정한 법칙이 사통오달로 미치어 안녕질서를 만들어 갈수록 법률 피은이 확장되는 것입니다.

인도 정의의 공정한 법칙에 따라 법률을 서로 지켜가고 혹 법률이 미진하면 보완하고 혹 법률이 역행하면 고쳐가도록 인도 정의의 공정한 방향성을 제시하여 추구해 가는 것이 곧 사은의 법률 피은입니다.

오늘은 '법률 피은의 조목'에 대해 살펴보았습니다.

법률 보은의 강령 및 조목

─────── 반갑습니다. 이번 시간에는 법률은 중에서 법률 보은의 강령 및 조목에 대해 살펴보겠습니다.

'법률 보은의 강령'이 법률 보은의 줄기라면 '법률 보은의 조목'은 법률 보은의 가지입니다.

'법률 보은의 강령'은 법률 보은의 핵심 내용이요 골자입니다.

> "법률에서 금지하는 조건으로 피은이 되었으면 그 도에 순응하고, 권장하는 조건으로 피은이 되었으면 그 도에 순응할 것이니라."

사은의 '법률'은 인도 정의의 공정한 법칙입니다. 즉 지공무사한 일원상 자리에서 드러나는 법률로, 사람이라면 마땅히 밟아가야 하는 정의롭고 공정한 길이요 도리입니다. 사은의 '법률'은 텅 비어 고요한 마음에서 두렷하게 비치는 정의의 길이며 공정한 길입니다. 이 떳떳한 방향으로 나아가면 자신뿐만 아니라 모두가 좋게 되는 길입니다.

법률 보은의 강령 중 '그 도'는 인도 정의의 공정한 법칙이요 불의를 제거하고 정의를 세우는 도입니다. 그러므로 인도 정의의 공정한 법칙인 법률에서 금지하는 조건으로 은혜를 입었으면 그 도에 순응順應하고, 권장하는 조건으로 은혜를 입었으면 그 도에 순응하라는 것입니다.

그 도는 인도 정의의 공정한 법칙으로, 금지하는 조건에서는 불의를 징계하고, 권장하는 조건에서는 정의를 세우라는 것입니다. 순응順應은 인도 정의의 공정한 법칙을 따르라는 것이지 불의에 복종하라는 게 아닙니다. 악법은 금지하는 조건입니다. 악법을 따르면 법률 배은이요, 악법을 따르지 않고 개선해 가는 것이 법률 보은입니다.

소태산 대종사는 인도 정의의 공정한 법칙을 개인·가정·사회·국가·세계로 전개하여, '법률 보은의 강령'을 '법률 보은의 조목'으로 구체화하고 있습니다.
인도 정의의 공정한 법칙을 개인·가정·사회·국가·세계에 적용하여 실천하라는 것입니다. '법률 보은의 조목'은 법률 보은의 강령을 구체적으로 풀어낸 것입니다.

1) 개인에 있어서는 수신修身하는 법률을 배워 행할 것이요,

수신은 자기가 자신을 다스리는 것으로, 자신을 단련하고 가꾸는 공부입니다. 수신은 모든 공부의 근본으로 수신이 안 되고는 가정·사회·국가·세계로 잘 전개되지 않습니다. 그렇다고 수신을 다 마친 후에 제가하고 치국하라는 기계적인 순서를 말하는 것은 아닙니다. 수신이 모든 공부의 기본이 되는 중요성을 강조한 것이지 인격수양이 완성된 후에 사회로 나가야 한다는 논리는 아닙니다. 수양이 부족하다 하여 사회활동을 못 한다는 것은 아닙니다. 수신하면서 가정·사회·국가·세계로 인도 정의의 공정한 법칙을 배워 행하라는 것입니다.

수신하는 법률은 인도 정의의 공정한 법칙으로 자신을 닦는 방법입니다. 자신의 인격이 타락되지 않고 갈수록 구속은 없어지고 자유를 얻기 위해서는 수신하는 법률인 인도 정의의 공정한 법칙을 배워 실행하라는 것입니다. 그러기에 소태산 대종사는 『정전』 최초법어에서 '수신의 요법'을 첫 번째로 제시하신 것입니다. 시대에 따라 학문을 준비하고, 수양 연구 취사를 놓지 아니하여야 새 세상의 새사람이 된다는 것입니다. [최초의 법어, 『원불교교사』]

2) 가정에 있어서는 가정 다스리는 법률을 배워 행할 것이요,

소태산 대종사는 『정전』 최초법어에서 '제가의 요법'을 제시합니다. 제가의 요법은 실업과 근검저축, 교육과 의견 교환, 인도 정의의 공정한 법칙인 도덕과 정치에 복종, 어떠한 희망과 방법으로 안락한 가정과 실패한 가정이 되었는지 참조하기를 주의해야 새 가정 새 국가를 이룩한다는 것입니다. [최초의 법어, 『원불교교사』]

또한 『정산종사법어』 세전에서 "가정은 인간 생활의 기본이라, 사람이 있으면 가정이 이루어지고 가정에는 부부로 비롯하여 부모 자녀와 형제 친척의 관계가 자연히 있게 되는바, 그 모든 관계가 각각 그에 당한 도를 잘 행하여야 그 가정이 행복한 가정, 안락한 가정, 진화하는 가정이 될 것이니라."라고 밝히고 있습니다.

'그에 당한 도'는 바로 가정을 다스리는 법률입니다. 이처럼 제가하는 법률인 인도 정의의 공정한 법칙을 배워 가정을 잘 운영하라는 것입니다.

3) 사회에 있어서는 사회 다스리는 법률을 배워 행할 것이요,

사람과 사람이 서로 어울리면 사회가 이룩됩니다.

『정산종사법어』 세전에서 "사회에는 또한 빈부귀천의 차와, 상하선후의 차와, 유무식 지우의 차등이 각각 있나니, 이 모든 관계를 통칭하여 강약이라 하나니라. 만일 강약 사이에 도가 없이 압박과 대항으로만 나아간다면 강자와 약자가 다 같이 재화를 입을 것이요, 서로 도가 있어서 협조와 진화의 길로 나아간다면 그 사회는 평화와 번영을 이루게 되나니라. 그러므로 강자와 약자는 『정전』에 밝혀주신 '강자 약자의 진화상 요법'을 일일이 실행하여 강약이 한 가지 영원한 강자로 진화되기까지 끊임없이 노력하여 나아갈 것이니라."라고 밝히고 있습니다.

사회에는 강약의 관계가 있는데 이 사이에 도가 있으면 평화 번영할 것이요 도가 없으면 재화災禍를 입게 된다는 것입니다. 이 도가 바로 '강자 약자의 진화상 요법'으로 인도 정의의 공정한 법칙입니다. 강과 약이 서로 관계하는 사회에서 협력과 진화의 길로 나가느냐 아니면 압박과 대항으로 나가느냐에 따라 그 사회의 평화와 번영이 좌우되는 것입니다. 그러므로 사회를 다스리는 법률로써 강약의 사회를 영원한 강자의 사회로 진급시켜가야 할 것입니다.

강자 약자의 진화상 요법은 강자는 자리이타로 약자를 진화시키며, 약자는 강자를 선도자로 삼아, 강약이 서로 진화하는 길로 나아가야 상극 없는 새 세상을 이룩한다는 것입니다. [최초의 법어, 『원불교교사』]

또한 소태산 대종사는 『정전』에서 '병든 사회와 그 치료법'을 제시합니다. 병든 사회도 인도 정의의 공정한 법칙으로 다스리어 건강한 사회로 가꾸어 가라는 것입니다.

4) 국가에 있어서는 국가 다스리는 법률을 배워 행할 것이요,

『정산종사법어』 세전 '국가의 도'에서 "나라의 지도자들은 『정전』에 밝혀주신 '지도인으로서 준비할 요법'을 먼저 갖추는 동시에 반드시 그 도를 잘 이행하여야 나라의 운명과 민중의 앞길에 지장이 없을 것이요, 국민은 또한 국민의 도를 잘 이행하여야 그 나라가 흥성하고 그 국민이 한 가지 행복을 누리게 되나니라."라고 밝히고 있습니다.

그 도는 바로 사은의 법률인 인도 정의의 공정한 법칙입니다. 지도인은 최초법어의 '지도인으로서 준비할 요법'을 갖추어서 인도 정의의 공정한 법칙을 실행하는 것이며, 나라의 주인인 국민이 인도 정의의 공정한 법칙을 다하면 민중이 행복을 얻게 되는 것입니다.

지도인으로서 준비할 요법은 이상 지식을 가지고, 신용을 잃지 말며, 사리를 취하지 말고, 지행을 대조해야 제생의세의 경륜을 충분히 실현할 수 있다는 것입니다. [최초의 법어, 『원불교교사』]

5) 세계에 있어서는 세계 다스리는 법률을 배워 행할 것이니라.

『정산종사법어』 세전 '인류의 도'에서 "우리 인류는 온 인류가 함께 잘 살고 함께 번영할 길로 다 같이 합심하여 나아가야 할 것이니, 그 도를 강령으로써 말하자면 첫째는 세계의 모든 종교인이 다 같이 종파의 울을 벗어나 이 세상 모든 도리가 한 울안 한 이치임을 알고 한 울안 한 이치임을 알리고 한 울안 한 이치인 자리에서 하나의 세계 건설에 합심하여 나아갈 것이요, 둘째는 세계의 모든 인종과 민족들이 다 같이 종족의 테두리를 벗어나 이 세상 모든 종족이 한 집안 한 겨레임을 알고 한 집안 한 겨레임을 알리고 한 집안 한 겨레인 자리에서 하나의 세계 건설에 합심하여 나아갈 것이요, 셋째는 세계의 모든 사업가가 다 같이 사업의 편견에서 벗어나 이 세상 모든 일이 한 일터 한 사업임을 알고 한 일터 한 사업임을 알리고 한 일터 한 사업인 자리에서 하나의 세계 건설에 합심하여 나아갈 것이니라."라고 밝힙니다.

온 인류가 한결같이 세계평화와 인류의 공익을 위해 협력하는 인도 정의의 공정한 법칙을 배워 행해야 하는 것입니다.

이처럼 일원상의 진리에 근원한 삼동윤리는 인류가 나아가야 할 세계 다스리는 법률로써 인도 정의의 공정한 법칙입니다.

시대마다 그 시대를 극복하고 미래로 나아갈 과제를 줍니다. 그 시대의 한계를 극복해 갈 인도 정의의 공정한 법칙이 제시됩니다. 시대마다 그 시대를 향도해갈 인도 정의의 공정한 법칙이 나침판처럼 제시되는 겁니다.

미래로 나아갈 길을 막고 있는 장벽을 허물어뜨려야 할 과제에 당면합니다. 시대마다 그 시대의 불의와 한계를 극복해야 할 지점이 있습니다. 이러한 유토피아의 길은 그냥 맞이할 수 있는 게 아니라 불의를 혁파하고 새롭게 변혁해야만 그 방향으로 향해 갈 수 있습니다.

시대에 따라 나아가야 할 목적지는 피땀 흘리는 노력과 용기가 있어야 합니다. 불의의 장애물이 있다면 이를 넘어서는 실천이 있어야 합니다.

과거의 예를 들면 마녀 화형식 폐지 및 노예제 종식, 민주주의 수립과 남녀 차별 혁파를 위해 고된 투쟁을 했던 사람들이 있습니다. 정의를 실행하고 불의를 제거하는 역사에 참여한 보은자가 있었기에 새로운 유토피아가 전개된 것입니다.

역사에는 그 시대의 악습을 제거하고 새 역사로 나아가도록 역사의 옳은 편에 서는 용기 있는 행동을 한 사람들이 있었습니다. 이러한 보은자들에 의해 인도 정의가 정립되고 확산하여 갔던 것입니다.

그 당시 많은 사람은 인도 정의의 공정한 법칙에 뛰어드는 사람을 이해 못 하고 소수의 뜻에 불과하다며, 시기상조이고 현실성이 없다며 도외시했던 겁니다. 미치광이, 어리석은 자, 심지어 폭력적이라고 평하기도 했습니다.

그러나 이러한 인도 정의의 확산을 위해 노력하는 보은자에 의해 그 시대에 해결해 가야 하는 인도 정의의 공정한 법칙이 실행된 것입니다. 결국 그 시대마다 극복해 갈 과제를 실행한 사람은 인도 정의의 공정한 법칙을 실행한 법률 보은자입니다.

인도 정의의 공정한 법칙인 법률은 현재에도 적용되어야 하지만 앞으로 나아갈 진행형입니다.

　오늘은 법률 보은의 강령 및 개인, 가정, 사회, 국가, 세계에 법률 보은하는 조목을 최초법어와 세전을 통해 살펴보았습니다.

법률 보은의 결과와 법률 배은의 결과

────────── 반갑습니다. 이번 시간에는 법률은 중에서 '법률 보은의 결과'와 '법률 배은의 결과'에 대해 살펴보겠습니다.

법률에 보은하면 보은의 결과를, 법률에 배은하면 배은의 결과를 불러옵니다.

〈교리도〉를 보면 사은은 인과보응의 신앙문에 속해 있습니다. 그러므로 사은의 결과는 사은 보은과 배은의 인과입니다.

결국 사은은 인과를 관통하고 있습니다. 인과마저도 은혜로 풀어내고 있는 것입니다. 보은의 결과도 은혜이고 배은의 결과도 은혜로 전개되는 피은입니다.

'법률 보은의 결과'와 '법률 배은의 결과'를 비교해 보겠습니다.

> 〈법률 보은의 결과〉"우리가 법률 보은을 한다면, 우리 자신도 법률의 보호를 받아, 갈수록 구속은 없어지고 자유를 얻게 될 것이요, 각자의 인격도 향상되며 세상도 질서가 정연하고 사·농·공·상이 더욱 발달하여 다시없는 안락세계安樂世界가 될 것이며, 또는 입법立法·치법治法의 은혜도 갚음이 될 것이니라."
> 〈법률 배은의 결과〉"우리가 만일 법률에 배은을 한다면, 우리 자신도 법률이 용서하지 아니하여, 부자유不自由와 구속을 받게 될 것이요, 각자의 인격도 타락되며 세상도 질서가 문란하여 소란한 수라장修羅場이 될 것이니라."

'우리'는 너와 나 모두입니다. 나로부터 비롯하여 함께 하는 열린 관계입니다.

나만 잘하여 나만 좋다고 보은의 결과가 열리는 것이 아닙니다. 보은은 나뿐만 아니라 우리가 함께 해야 하는 세계입니다.

배은의 세계는 나만 위하고 공중公衆인 우리를 방치했을 때 도래하는 세상입니다.

법률 배은의 세력이 법률 보은의 세력보다 치성하면 결국 그 사회는 '불의를 제거하고 정의는 세우는 도'가 무너진 사회가 되고 말 것입니다.

'우리가 법률 보은을 한다면'의 뜻은 '법률 보은의 강령'에 따라 '법률 보은의 조목'을 일일이 실행하는 것이며, '우리가 만일 법률에 배은한다면'의 뜻은 '법률 배은'의 법률에 대한 피은·보은·배은을 알지 못하거나, 설사 안다고 할지라도 보은의 실행이 없는 것입니다.

이처럼 '법률 배은'은 인도 정의의 공정한 법칙인 법률을 알지 못하는 것이며, 알았다 해도 실행이 없는 것입니다.

인도 정의의 공정한 법칙인 법률에서 금지하는 조건을 따르지 않으면 은혜 입게 될 줄 알면서도 그 도에 순응하지 않는 것이고, 권장하는 조건을 따르지 않아도 마찬가지입니다.

그 도는 지공무사한 일원상 자리에서 드러나는 인도 정의의 공정한 법칙입니다. 인도 정의의 공정한 법칙에서 하지 말라는 것은 하고, 하라는 것은 하지 않는 것이 바로 법률 배은입니다. 즉, 불의는 제거하고 정의는 세우는 도를 실천하지 않는 것입니다.

'법률 보은의 결과'의 시작은 '우리 자신도 법률의 보호를 받는 것'이라면,

'법률 배은의 결과'의 시작은 '우리 자신도 법률이 용서하지 아니한다'는 것입니다.

그런데 이 말을 마치 법률이라는 실체가 있어서 법률이 직접 우리에게 상벌을 준다고 여기면 안 됩니다. 법률은 인도 정의의 공정한 법칙이요 도이며 방향성입니다.

이러한 인도 정의의 공정한 법칙에 순응하여 그 방향으로 나아가면 법률의 보호가 펼쳐지고, 그 도에 불응하여 어긋나면 법률에 구속된다는 말입니다.

순응은 도에 따르는 것입니다. 인도 정의의 공정한 법칙이 도입니다.

법률 보은을 하면 법률의 보호를 받아 갈수록 구속은 없어지고 자유를 얻게 되며, 반면에 법률 배은을 하면 법률이 용서하지 않아 부자유와 구속을 당하게 되는 것입니다.

법률은 인도 정의의 공정한 법칙입니다.

이 법칙에 순응하여 실천하면 자유를 얻게 되는 것이 바로 법률의 보호를 받는 것이며, 이 법칙에 불응하여 위반하면 구속을 당하기 때문에 이를 법률이 용서하지 않는다고 한 것입니다.

인도 정의의 공정한 법칙인 법률에 보은을 하면 각자의 인격도 향상되며 세상도 질서가 정연하게 되는 반면, 인도 정의의 공정한 법칙인 법률에 배은을 하면 각자의 인격도 타락되며 세상도 질서가 어지러운 수라장이 되는 것입니다.

인격도 인도 정의의 공정한 법칙인 법률을 실행하는 인격이요, 질서도 인도 정의의 공정한 법칙인 법률을 실행하는 질서입니다. 여기서 질서는 통제가 아니라 자율이요 조화입니다.

또한 인도 정의의 공정한 법칙을 실행하는 법률 보은을 하면 사·농·공·상이 더욱 발달하여 다시없는 안락한 세계가 될 것이며, 법률 배은을 하면 사·농·공·상이 침체되는 불안한 세계가 될 것입니다.

왜냐하면 사·농·공·상 간에 인도 정의의 공정한 법칙을 적용하면 사·농·공·상이 발달할 수밖에 없어 안락한 세계가 되며, 인도 정의의 공정한 법칙에 거스르고 불응하면 사·농·공·상 간에 교류가 침체되고 질서도 문란해지는 소란한 수라장이 되는 것입니다.

소란한 수라장은 법률 배은에 배은을 더한 배은 세상이라면, 안락세계는 법률 보은에 보은을 이어가는 보은 세상입니다.

또한 법률 보은을 하면 입법·치법의 은혜를 꽃피우게 되며, 법률 배은을 하면 입법·치법의 은혜에 불응하는 어지러운 배은 세상이 될 것입니다.

다만, 입법이 되었든 치법이 되었든 인간 위에 조직과 제도가 있을 수 없습니다.

제도와 조직을 위해 법이 있는 것이 아니라 인간의 자유와 안락을 위해 법이 있는 것입니다.

악법도 법인 것이 아니라, 악법은 불의로써 고치고 제거해야 할 대상이지 따라야 할 대상은 아닙니다. 인도 정의의 공정한 법률에서 금지하는 조건과 권장하는 조건에 순응하라는 것이지 악법에 순종하라는 것이 결코 아닙니다.

오늘은 '법률 배은의 결과'와 '법률 보은의 결과'를 비교하여 살펴보았습니다.

🔍 더보기 Tip

법률은과 정교동심政教同心

─────── 반갑습니다. 이번 시간에는 '법률은'과 정치와 종교의 관계에 대해서 살펴보겠습니다.

소태산 대종사는 『대종경』 교의품 36장에서 "종교와 정치는 한 가정에 자모慈母와 엄부嚴父같나니 종교는 도덕에 근원 하여 사람의 마음을 가르쳐 죄를 짓기 전에 미리 방지하고 복을 짓게 하는 법이요, 정치는 법률에 근원 하여 일의 결과를 보아서 상과 벌을 베푸는 법이라"고 말씀하십니다.

또한 『대종경』 교의품 38장에서 "종교와 정치가 세상을 운전하는 것은 수레의 두 바퀴 같다"라고 하셨고, 『대종경』 교의품 37장에서는 도덕[종교]과 법률[정치]을 동남풍과 서북풍에 비유하여 "서북풍은 상벌을 주재하는 법률가에서 담당하였거니와 동남풍은 교화를 주재하는 도가에서 직접 담당한다."라고 하였으며, 『대종경』 교의품 39장에서는 "종교와 정치가 비록 분야는 다르나 그 이면에는 서로 떠나지 못할 연관이 있어서 한 가지 세상의 선불선善不善을 좌우하게 된다."라고 말씀하십니다.

정산 종사는 정치와 종교에 대한 소태산 대종사의 가르침을 받들어 사대경륜四大經綸의 하나로 "국가나 세계의 지도자들과 합심하여 정치 교화 양면으로 평화 세계 건설에 함께 힘쓰자."[『정산종사법어』 유촉편 36장]라는 정교동심政教同心을 제시합니다.

정치와 종교는 법률은의 두 계열입니다.
정치와 종교가 '법률 피은의 조목'이라면, 정교동심은 '법률 보은'의 한 방법입니다.

'사은의 법률'은 종교적 법률의 계열과 정치적 법률의 계열로 구분할 수 있습니다. 인도 정의의 공정한 법칙의 두 방향으로 '법률 피은의 조목'에 나열되어 있습니다.

먼저 종교적 법률 조항으로 '법률 피은의 조목' 1조인 "때를 따라 성자들이 출현하여 종교와 도덕으로써 우리에게 정로正路를 밟게 하여 주심"이라 한다면, 생활상의 법률 조항으로 '법률 피은의 조목' 2조인 "사·농·공·상의 기관을 설치하고 지도 권면에 전력하여, 우리의 생활을 보전시키며, 지식을 함양하게 함"이며, 정치상의 법률 조항으로 '법률 피은의 조목' 3조인 "시비 이해를 구분하여 불의를 징계하고 정의를 세워 안녕질서를 유지하여 우리로 하여금 평안히 살게 함"이라 할 것입니다.

소태산 대종사는 "우리 인간 세상에는 때때로 제불제성이 출현하여 인간 생활에 필요 적절한 모든 법을 창조 또는 개조하시어 우리 인간들로 하여금 알고 행하도록 지도 교화하시나니, 이것이 이른바 종교라는 것이다. 대범, 종교란 모든 인류에게 권선징악, 즉 선善을 권하고 악惡을 징계하자는 것이지마는, 그 교화 방법에 들어가서는 시대와 인심 정도를 따라서 각각 다르나니"[이공주 수필, 원기27년 5월 26일]라고 종교에 대해 정의합니다.

또한 도덕은 규범 윤리를 말하는 것이 아니라 도를 밝혀 덕으로 화化하게 하는 것으로, "도덕이라 하는 것은 천天의 체體와 천天의 용用을 간파하여 그 자연의 상도常道를 인정人政에 맞추어 쓰는바"[《월말통신》제11호]라고 하였습니다.

이는 종교와 도덕이 정신문명을 주도하는 주체라 할 것입니다.

이에 비해 정치는 생활의 강령이요 공익의 기초인 사농공상[사요의 공도자숭배에서]을 튼실하게 조성하여 생활을 안정시키고 융성케 하는 한편, 이러한 사농공상의 전문교육을 활성화하여 생활을 보존시키는 지식을 갖추도록 하는 것이며, 시비 이해의 입법 치법의 규칙을 잘 갖추어서 불의를 징계하고 정의를 바로 세움으로써 안녕과 질서를 유지케 하여 사람들이 평화롭고 안락하게 살도록 하는 것입니다.

결국 종교적 법률을 잘 실행하고 정치적 법률을 잘 운영할 때 인도 정의의 공정한 법칙인 '법률은'이 실현되는 것입니다.

다만 종교와 정치는 계열이 다를 뿐 법률은의 계기契機입니다. 만일 종교적 가치로 정치적 가치를 도색해 버린다든지 정치적 시각으로 종교적 가치를 해석해 버리면 문제가 발생합니다.

종교는 수양의 가치가 중심이라면 정치는 합의를 이루어 내는 능력이 중심이 됩니다. 종교는 도덕성이 중심 가치가 되지만 정치는 다양한 이해관계를 중재하는 협의력이 더욱 중요합니다.

그러므로 종교적 법률과 정치적 법률의 두 계열이 개인·가정·사회·국가에 비칠 때 실질적인 도움이 되는 것입니다.

소태산 대종사는 최초법어의 '제가의 요법'에서 "내면으로 심리 밝혀주는 도덕의 사우師友가 있으며, 외면으로 규칙 밝혀주는 정치에 복종할 것"을 촉구합니다.

이는 종교적 가치와 정치적 가치의 양면을 다 갖추도록 해야 한다는 것입니다. '정치에 복종하라는 것'은 인도 정의의 공정한 법칙을 따르고 실천하라는 것입니다.

정교동심政教同心에 있어 종교는 정당한 정치에 합력하라는 것이지 부정당한 정치에 협조하라는 것은 아닙니다. 종교의 입장에서는 정당한 정치에 합력하고 부정당한 정치는 견제하고 개선하는 것이 정교동심이요 법률 보은입니다.

또한 『대종경』 교의품 36장에서 "자모[종교]가 자모의 도를 다하고 엄부[정치]가 엄부의 도를 다하여, 부모가 각각 그 도에 밝으면 자녀는 반드시 행복을 누릴 것이나 만일 부모가 그 도에 밝지 못하면 자녀가 불행하게 되나니, 자녀의 행과 불행은 곧 부모의 잘하고 못하는 데에 있는 것과 같이 창생의 행과 불행은 곧 종교와 정치의 활용 여하에 달려 있다." 하시며 정교동심政教同心을 촉구하고 당부하고 있습니다.

여기서 자모와 엄부는 상징입니다. 엄모와 자부로 비유해도 상징 관계는 유효합니다.

종교도 정치도 인간을 위해 있는 것으로, 합심[동심同心]해서 인도상人道上의 인간

의 길을 밟도록 해야 합니다. 인간의 길을 벗어나 종교적 이념에 빠진 종교나 권력에 눈먼 정치는 인간의 삶을 낙원에서 멀어지게 하며, '인도 정의의 공적한 법칙'인 법률은에 배은하는 삶이 되고 말 것입니다. 그러므로 종교의 가르침과 정치의 권력은 인도 정의의 공정한 법칙[법률은]에 보은하는 지점에서 서로 합력하고 함께 협력해야 할 것입니다.

특히 종교는 참다운 도덕의 가치를 공급하여 정치가 대중을 위하는 정책을 펴도록 유도하며 정치가 미치지 못하는 부분이 있다면 보완하는 가교의 역할을 해야 할 것입니다.

이처럼 종교와 정치는 인생의 길에서 정당하게 밟아야 할 법률 보은의 양대 축입니다. 이를 정교동심이라 한 것입니다.

오늘은 법률은을 정교동심인 정치와 종교의 관계로 살펴보았습니다.

The 읽으면 좋은 법문

신기 묘술의 폐해와 정의 도덕의 공덕

송도성 근기謹記
《월말통신》 제11호, 시창14년(1929) 음 1월 23일

─────── 소태산의 교법은 인도상人道上 요법을 주체로 삼는다. 이를 『대종경』 수행품 41, 42장에 명시한다.

소태산 대종사 가사집인 '종화록宗化錄'의 머리말에 "집을 지으려면 기지基址부터 정리하는 것이 순서인 것처럼 당시[소태산 대각 직후]의 교화는 장차 정법 훈련의 기초가 될 발심, 신앙, 단결, 공심, 이 네 가지를 위주하였나니, 이는 다 주심主心 없고 신심 없고 통제 없고 개인적인 당시의 인심 정도에 가장 적합하였으리라고 배찰[拜察, 공손한 마음으로 살핌] 된다. 설사 자발심이 나서 찾아오는 사람들도 그것이 정법에 대한 자발심이 아니요 수고 없이 속히 구하려는 마음과 호풍환우나 이산도수 등의 신기묘술을 구하는 마음과 허무맹랑한 허위 미신 등이 주장되어 도저히 순서를 찾고 사정邪正을 말하는 정법을 주입시키기에는 실로 극란極難하였다"[《회보》 제62호 신년호]라고 밝히고 있다.

일심을 행하는 중 우연히 신통이 일어날 수 있는데, 이때 신통 묘술에 집착하면 일심이 될 수 없다는 것이다. 공부 순서가 신통을 구하는 욕심에 집착하지 않을 때 일심 정력이 생기고 이 일심 정력에 의해 신통이 자연스럽게 있어지기도 한다는 것이다. 이러한 공부 순서여야 설사 신통이 생겨도 인도상 요법에 장애가 되지 않는다는 것이다. 인도상 요법을 벗어나 신기 묘술을 추구하는 욕심에 빠지면 결국 인생을 악마화하고 세상을 파멸로 인도하기 때문이다. 그러므로 인간이 밟아갈 인간의 길에서 정의

> 도덕을 세우는 데에 주체를 두어야 한다는 법설이다.
> 소태산은 정의란 자리이타自利利他가 화化하는 법이며, 도덕은 천天의 체體와 천天의 용用을 간파看破하여 그 자연의 상도를 인정人政에 맞추어 쓰게 하는 것이라고 일러주신다. 우리가 가야 할 길은 바로 정의를 세우고 도덕을 밝혀서 오욕심을 제재하는 것이다. 정의와 도덕의 범위에서 벗어나지 않도록 하여 세상을 지배하라는 것이다. 소태산 대종사는 법률은에서 우리가 밟아가야 할 법률이란 인도 정의의 공정한 법칙이라고 명시한다.

종사주 모든 제자에게 일러 가라사대 " …… 사람에게 오욕[식, 색, 재, 수면, 유일, 명예]이란 가르치지 않아도 천연적으로 알아지는 바요, 그 오욕을 채우려는 데서 모든 계교가 생기는 것이며, 재주가 없어서 한이지 있기만 하면 어떠한 불의를 행하고라도 저의 바라는 바를 구하려 할 것이다. 자, 이러한 사람들에게 그 전에 없던 신기 묘술이 있어 보라. 반드시 평소에 저하고자 하던 바는 하나도 남김없이 도모할 것이며, 천 사람 만 사람을 해害하여 일신一身의 안락을 취할 것이니, 비컨대 빈손만 쥐고 도적질하러 나서는 자에게 무기를 들려주는 격이라, 이는 악을 조장함이요 또 세상이 모두 이것으로만 가르치고 배운다고 하면, 필경 모든 인생이 각자의 직책을 잃을 것이요 사농공상의 업무가 황폐하게 될 것이라. 만약 인생이 각자의 직책을 잃고 생활의 업무를 놓는다면 일시인들 어찌 능히 이 세상을 유지하리오. 그런고로 이러한 신기 묘술이란 결국 인생을 악마화하고 세상을 멸망도[滅亡導, 멸망으로 인도] 하는 방법이 되고 마나니라.

그와 반대로 정의 도덕이라 하는 것은 우리 인생과 어떠한 관계가 있는가 말하여 보자. **정의라 하는 것은 자리이타가 화하는 법이요, 도덕이라 하는 것은 천天의 체體와 천天의 용用을 간파看破하여 그 자연의 상도를 인정人政에 맞추어 쓰는 바이니**, 대각철인大覺哲人이 나서서 그 자비로운 눈을 들고 세상의 모든 상황을 살펴볼 때 모든 인류가 그 천연적으로 일어나는 오욕을 걷잡지 못하여 인생의 본분을 잃어버리며, 일정한 방우향배方隅向背가 없이 점점 악도고해惡途苦海로 유전할 새, 대각 철인은 이것을 구제할 방책으로 정의를 세우고 도덕을 밝혀서 오욕심을 제재하여, 이 두 가지의 범위에 벗어나지 않도록 세상을 지배하는 바이다. **만약 정의와 도덕이 없다면 약육강식이 으레 상사**常事**일 것이요, 잔인해탈**殘忍害奪**이 유일한 수단이 될지라.** 그런고로 사람이 차라리 사람의 면목을 무릅쓰고 금수의 생활을 하기로 한다면 모르거니와 사람으로서 능히 사람다운 생활을 하기로 할진대 이 두 가지를 떠나서는 될 수 없다고 생각하노라." 하시더라.

[**과거에는 다른 사람을 해하여다가
자기를 이롭게 하는 사람이 잘 살았으나,
현재에 있어서는 어느 방면으로든지
다른 사람을 유익 주는 사람이라야 잘 살 것이다**

수필인 이공주
《회보》 제17호, 시창20년(1935) 5·6월호]

──────『정전』 법률 피은의 조목 '3. 시비 이해를 구분하여 불의를 징계하고 정의를 세워 안녕질서를 유지하여 우리로 하여금 평안히 살게 함이니라'와 연관된 법설이다.
소태산은 인도 정의의 공정한 법률이 득권得權하면 다른 사람들을 유익 주는 것이 잘 사는 보은 세상이 펼쳐지고 실권失權하면 다른 사람을 해롭게 하는 배은 세상이 펼쳐진다고 밝히고 있다. 또한 『사요』의 '과거 불합리한 차별 제도'를 제시하며 이러한 차별 세상은 유치한 아이들 세상이라면 그 반대는 시비와 이해를 분석할 만한 어른 세상이라고 비유한다.

한때에 익산교당에서 종사님 법좌에 출석하시사 대중을 향하여 말씀하여 가라사대, "과거 세상에는 모든 사람의 정도가 유치하여 시비 이해是非利害를 알지 못하는 어린아이와 같고, 현재로 말하면 시비 이해를 구별할만한 어른과 같다고 하겠다. 어찌하여 그러하냐? 하면 과거에는 반상 차별과 노소 차별과 적서嫡庶 차별과 남녀 차별로 인하여 시비와 이해를 그만두고 차별 제도로만 모든 생활을 하게 되었으므로, 차별을 따라서 지위와 권능이 있는 대로 '대어大魚는 중어식中魚食하고 중어中魚는 소어식小魚食' 하는 격으로 양반은 상민에게, 늙은이는 젊은이에게, 적자는 서자에게, 남자는 여자에게 모든 것을 착취하여 먹고 살았으나, 저 피해자에 있어서는 어느 곳을 향하여 원정寃情할 바가 없었던 야고也故로 그대로 안심하고 사는 동시에 그 반면에 착취하여 먹고 살던 그 사람들은 아무 장애 없이 또한 그대로 계속하여 잘 살았으니, 그때에 있어서는 예사로 알고 하였을 것이나 시비와 이해를 구별할만한 어른의 안목으로 볼 때는 오죽이나 유치하게 보았으랴? 그러므로 나는 과거 세상을 일러서 '유치한 아이들 세상'이라 하노라.

그러나 **현재로 말하면 이전과는 정반대로 그 모든 불합리한 차별 제도가 점진적으로 없어지고 어떠한 계급, 어떠한 처지에 있든지 일의 시비 이해만 구분하여 잘하는 사람은 상을 주며 못하는 사람은 벌을 주는 것이 사회나 법률의 정칙이다.** 그 현상의 실례를 들어 말하자면, 이전 소위 양반이라 하는 사람이 과거와 같이 하등 사람을 무조건하고 잡아다가 치고 때려서 악형을 한다든지, 천대를 한다든지, 또는 과거의 양반이 하등下等 사람을 착취하여 먹고 살던 예로 전곡을 빼앗는다든지, 혹은 권리나 기능이나 기운을 이용하여 자기만 못한 사람을 착취하여 먹는 증거가 드러나고 보면 그 당사자도 용서가 없을 것이며, 일반 사회에서도 비평과 조소가 많은 것이며, 법률에서도 그 시비를 조사하여 처벌할 것이 사실이 아닌가? **그러하므로 시비와 이해를 분석하여 주는 정의正義의 법률이 득권得權을 하면 어떠한 계급, 어떠한 처지에 있든지 다른 사람을 유익주어야 잘 사는 것이요, 만일 정의의 법률이 실권失權을 하면 다른 사람을 해롭게 하는 사람이 잘살게 되는 것이다.**

보라! 이 세상 모든 사람의 생활하여 가는 것을 보면 누구를 물론하고 부모나 처자와 같이 친근한 사람이 다시없다고 하지마는 그네들의 마음이라도 너무 괴롭게 한다든지, 가산의 손해를 끼친다든지 하면 가정에 파란이 일어나서 필경에는 배척을 당하게 되며, 만일 다른 사람에게도 무조건하고 해를 준다고 하면 그 사람들도 용서가 없을 것이며 법률에서도 처벌을 할 것이니, 이제는 지위도 쓸데없고 권세도 쓸데없고 오직 공정한 법률로만 처리할 것이니, 대세를 모르는 이 우자愚者가 시비와 이해도 그만두고, 예의와 염치도 그만두고, 보는 대로 듣는 대로 생각나는 대로 자행자지自行自止로 한다면 세상에 낙오자요, 중인의 배척을 받을 것이며, 겸하여 직업이나 지위나 권세를 구하려 하여도 얻기가 어려울 것이니, 이와 같은 사람은 과거에 지위와 권세만 가지고 자기만 못한 사람을 착취하여 먹던 사람들과 동일하다고 할 것이다.

그러하므로 과거인의 생활은 기능이야 있든지 말든지, 행실이야 좋든지 낮든지 지위와 권세만 있다면 그 몇 조건으로써 생활을 잘하였으나, 이 세상은 세상 생활에 탈선이 없는 기능과 선행善行을 얻어야 할 것이며, 이 기능과 선행으로써 모든 생활을 하여 갈 때는 어느 곳을 당하든지 해를 주지 아니하여야 자연히 지위와 권세를 얻을 것이며, 얻는 동시에는 잘살게 되는 고로, 이 세상을 일러서 '시비와 이해를 분석할 만한 어른 세상'이라고 하노라." 하시더라.

법설 — 정의 도덕正義道德 없는 세상은 곧 금수禽獸 세계다

수필인 이공주
시창27년(1942) 5월 26일

소태산은 '정의 도덕 없는 세상은 곧 금수 세계다'라며 인도 정의의 공정한 법률이 필요한 이유를 밝히고 있다.

법설에서 약육강식의 무도無道한 배은의 세계를 금수세계라는 상징으로 부연 설명한다. 어서어서 인도 정의의 공정한 법칙을 실천하는 정의 도덕의 주인공이 되라는 것이다. 공정한 자리에서 안녕질서가 피어나는 정의를 인간의 문명 속에서 실현하는 주인공이 되라는 것이다. 안녕질서는 상호 간 안녕을 도모하는 질서이다. 이처럼 인도 정의의 공정한 법률은 문명의 은혜이다. 법률의 실천은 인도 정의가 세워지는 문명의 길을 걷겠다는 의지이다.

또한 소태산은 『정전』 '법률 피은의 조목' 1조인 "때를 따라 성자들이 출현하여 종교와 도덕으로써 우리에게 정로를 밟게 하여 주심이요"의 '종교'에 관한 뜻을 "우리 인

> 간 세상에는 때때로 제불제성이 출현하여 인간 생활에 필요 적절한 모든 법을 창조 또는 개조하시어 우리 인간이 알고 행하도록 지도 교화하시나니, 이것이 이른바 종교라는 것이다."라는 말씀으로 종교의 역할을 정의한다.

한때에 종사주 가라사대 "이 세상은 정의 도덕이 있음으로써 안녕질서를 유지하고, 따라서 우리도 편안한 생활을 하지마는, 만일 인도 정의人道正義의 공정한 규칙[사은의 법률] 즉 수신修身·제가·치국·평천하[개인·가정·사회·국가·세계]의 도道가 없었다면 이 세상은 질서 없는 수라장인 동시에 약육강식의 금수 세계가 되고 말 것이다. 왜 그러냐 하면, 저 무도無道한[인도 정의의 공정한 법칙이 없는] 금수 세계에는 제일 힘세고 가장 악한 놈이 그중에 패권을 쥐고 약소 생명을 마음대로 잡아먹듯이, 우리 인간 세상에도 만일 정의 도덕의 모든 법칙이 없다면 물론 기운 센 불량자가 나서서 힘 약하고 순진한 사람들을 속이고 해하여 안심하고 살 수가 없을 것이니, 과연 그리된다면 그것이 금수 세계가 아니고 그 무엇이랴.

그러나 다행히 우리 인간 세상에는 때때로 제불제성諸佛諸聖이 출현하여 인간 생활에 필요 적절한 모든 법을 창조 또는 개조하시어 우리 인간들로 하여금 알고 행하도록 지도 교화하시나니, 이것이 이른바 종교라는 것이다.

대범, 종교란 모든 인류에게 권선징악, 즉 선善을 권하고 악惡을 징계하자는 것이지마는, 그 교화 방법에 들어가서는 시대와 인심 정도를 따라서 각각 다르나니, 과거 유교로 말하면 인의예지仁義禮智와 삼강오륜 등의 현재사現在事 즉 일용사물日用事物에 당연히 행할 길만을 밝혀 놓았고, 불교로 말하면 현재사뿐만 아니라, 전생·내생까지 빠짐없이 밝혀 놓았나니, 예를 들면 과거 세상에 죄복 간에 지은 것은 금생에 그대로 받게 되고, 금생에 선악 간 지은 것은 내생에 그대로 받게 된다는 내역을 각방으로 소연昭然히[밝게] 밝혀 놓으셨다. ……

그러면 우리는 천조天造의 난측한 이치와 인간의 다단한 시비 이해是非利害를 잘 배우고 알아서 그대로 실행이 있어야 하겠거늘, 그러한 자 귀貴하니 어찌 유감될 바 아니랴. 제군이여! 제군은 어서 부지런히 공부하여 정의 도덕의 주인공이 되어주기를 부탁하노라." 하시더라.

역대歷代 성불聖佛의 은택恩澤을 알라

전음광
《월말통신》 제14호, 시창14년(1929) 음 4월

[회설] 회설에서 "만일 인생을 인생다운 교육이 없이 인류사회에 이대로 살게 한다면 금수와 조금이나 특수한 점이 무엇이랴? 금수 중에도 더 강하고 무서운 금수가 될 것이다. 또는 물질적 교육은 있을지라도 역대의 위인달사가 제정 혹은 장려한 윤리의 법맥이 없었다면 그 교육한 바가 도리어 인류상잔[人類相殘, 사람들 간 서로 해치는]의 묘술에 도움이 되고 말 것이다. 이 세상을 안보하고 인류사회를 유지하기 위하여 역대의 주성主聖이 나시고 이 성불聖佛이 남으로써 세상은 정돈되어 나가는 것이다."라며 부처와 성자가 때를 따라 출현하여 인도 정의를 밝혀주신 고마움을 찬미한다. 사람이 밟아가야 할 인간의 길에서 정의로움을 밝혀주신 성불聖佛의 가르침이 법률 피은의 중요한 요소임을 밝히고 있다. 『정전』 '법률 피은의 조목' 1조인 "때를 따라 성자들이 출현하여 종교와 도덕으로써 우리에게 정로를 밟게 하여 주심이요"를 해설한 것이다.

구속과 자유

정일성
《회보》 제61호, 시창24년(1939) 12월호

[감상] 감상자 정일성은 "대범 구속과 자유, 이 양자는 서로 떠나지 못할 관계가 있다. 왜냐면 진정한 자유는 먼저 정당한 구속에서 얻을 수 있고, 정당한 구

속은 필히 진정한 자유를 낳게 되는 연고라 하겠다."라고 주장한다. "한갓 자유만 알고 구속을 모르는 자도 편견이요, 한갓 구속만 알고 자유를 모르는 자도 편견이라"는 것이다.

이 감상은 법률 보은을 하면 그 결과로 자유가 있고 법률 배은을 하면 그 결과로 구속이 따른다는 말이다. 즉 우리가 법률 보은을 하면 우리 자신도 법률의 보호를 받아 갈수록 구속은 없어지고 자유를 얻을 것이며[법률보은의 결과], 우리가 만일 법률에 배은을 하면 우리 자신도 법률이 용서하지 아니하여, 부자유不自由와 구속을 받게 된다는 것이다[법률 배은의 결과].

제군은 동남풍東南風이 될지어다

수필인 이공주
《회보》제16호, 시창20년(1935) 4월호

도덕과 종교, 법률과 정치는 법률은의 조목이다. 동남풍의 도덕과 종교도 법률은이요 서북풍의 법률과 정치도 법률은이다. 동남풍은 만물을 상생상화 시키는 도덕의 바람이라면 서북풍은 상벌을 주는 정치·법률가의 엄숙한 바람이다. 소태산은 선禪 기간에 온화한 동남풍 불리는 법을 가르쳤으니 도덕의 바람을 불리라는 것이다. 즉 옛적부터 자비 선량한 도덕가를 동남풍이라 하고, 시비를 가려 상벌을 엄정하게 하는 법률가를 서북풍이라 하니, 같은 바람이면 상생지기를 가진 동남풍이 되라고 당부한다. 소태산의 도덕은 일원상에 근원한 사은사요와 삼학팔조이므로 사은사요의 바람, 삼학팔조의 바람을 불리라는 것이다. 이 법설은 정선精選되어 『대종경』교의품 37장에 수록된다.

익산교당에서 제19회 동선冬禪 해제식[시창20년 음 2월 6일]을 거행한바, 그때 종사님 법좌에 출석하시사 대중을 향하여 말씀하여 가라사대,

"지금 나더러 훈사를 하라고 하나, 나는 훈사보다도 먼저 하고 싶은 말이 하나 있으니 그것은 다름이 아니라, 이곳에 있는 남녀 대중에게 선중禪中 석 달 동안 매일 바람 불리는 법을 가르쳤으므로 그 바람을 불리게 하는 이유를 말하려 하노라.

과연 이 방 안에 가득 찬 모든 바람 주머니가 사방에 나아가서 바람을 내인다면 이 세상에 얼마만큼 유익을 주려는가? 혹은 해독을 주려는가? 거기까지는 미리 말할 것이 없으나, 하여간 나의 본의만큼은 같은 바람 중에도 온화한 동남풍 불리는 법을 가르치기에 노력하였고, 그 반면에 쓸쓸한 서북풍은 도를 닦는 우리에게는 관계가 없는 고로 가르치지를 아니하였다.

그러면 동남풍이란 무엇인가? 곧 봄과 여름에 부는 바람으로써 동풍이 춘절春節에 불면 천종만물千種萬物이 발생하나니 곧 만물을 살려내는 온화한 바람을 이름이요, 남풍이란 여름에 부는 바람으로써 만생萬生을 키우고 성장시키는 훈훈한 바람이니, 이 동남풍은 과연 만물을 상생상화相生相和 시키는 참으로 이른바 도덕의 바람을 이름이다.

또 서북풍이란 무엇인가? 곧 가을과 겨울에 부는 바람이니, 가을에 서풍이 불면 천종만물이 다 성숙하여 결실을 얻는 것이요, 겨울에는 북풍이 불면 숙살만물[肅殺萬物, 쌀쌀한 가을 기운이 풀이나 나무를 말려 죽임]을 시키나니, 이 서북풍은 곧 길흉을 판단하며 상벌을 주는 정치·법률가에서 불리는 엄숙한 바람을 이름이다.

그러므로 옛적부터 자비 선량한 도덕가를 일러 동남풍이라 하였고, 시비是非를 가려 상벌을 엄정하는 법률가를 일러 서북풍이라 하나니, 제군은 같은 바람이면 상생지기相生之氣를 가진 동남풍이 될지어다.

제군이 선중에서 배운 사은사요四恩四要나 삼강령팔조목三綱領八條目이나 그 외에도 솔성요론·30계문 등 그 모든 배운 것을 그대로 실행한다면, 누구에게든지 당하는 대로 유익은 줄지언정 해독은 조금도 없을 것이며 상생은 될지언정 상극은 없을 것이니, 그것이 도덕풍이 아니고 무엇이며 동남풍이 아니고 그 무엇이랴. 그러므로 나는 상생의 도를 배운 제군에게 동남풍이 되어 보라고 한 것이다. 또는 가정이나 사회나 국가나 전 세계를 물론하고 각자 처지대로 이 동남풍을 사용하면 화피초목 뇌급만방[化被草木賴及萬方, 덕화가

초목에까지 미치고 은혜 입음이 만방에 미친다. 출전『천자문千字文』]이 될 것이니, 명심하고 주의할 지어다. 과거 제성제불諸聖諸佛도 다 이 동남풍을 사랑하였나니, 제군도 또한 이 동남풍이 되었다면 그 얼마나 좋을 것인가?

제군이여! 부탁하나니, 오늘 해제하고 세상에 나아가거든 가는 곳마다 선 중에 배운 동남풍을 불리어 중인의 환영을 받게 하라. 그런다면 본회의 큰 일꾼이 되며, 따라서 보은자가 될 것이요, 그 반대로 가는 곳마다 화和하지 못하고 여러 사람에게 함원[슴怨, 원한을 품음]케 한다면 사방에서 배척을 받을 것이며 따라서 배은자가 되리라. 지금 이 자리에서 말한바, 그 바람의 의지意志를 깨친 사람은 동남풍이 되어 만 생령에게 유익을 줄 것이요, 만일 깨치지 못한 사람이 있다면 아무리 동남풍 불리는 법을 배웠다 하더라도 불리지 못할 것이니, 아무쪼록 공부를 부지런히 하여 만인의 존모尊慕받는 동남풍이 되어주기를 간절히 부탁하노라." 하시더라.

법회록 1

수필인 송도성
《월말통신》제4호, 시창13년(1928) 6월 27일

───── '법회록' 앞 단락은 윤문 되어 그 대체만 『대종경』 교의품 38장에 실린다.

소태산은 제자 4명을 앞에 앉히고 질문을 던지며 문답한다. 법회록은 문답의 드라마요 법문의 향연이다. 이 법설 장소는 영춘원[원기13년 초 준공] 또는 금강원[원기13년 음력 5월 5일 준공]으로 여겨진다.

소태산은 제자들과 함께 종교와 정치의 관계를 신생국 미국의 건국 과정을 통해 그 중요성을 묻고 답한다. 이 문답 과정에서 종교와 정치는 수레의 두 바퀴와 같으며, 종교가 잘잘못을 저지르기 전에 미연에 방지하는 것이라면 정치는 모든 일을 행한 후에

> 시비是非를 밝혀서 상벌을 베푸는 것이라고 밝힌다. 수레의 두 바퀴 중 하나인 종교는 도덕으로써 체體가 되고 정치는 정의正義로써 체가 되며, 도덕과 정의는 쓰는 데 있어선 시대와 일의 기틀에 따라 변하고 달라진다고 역설한다. 이렇게 정치와 종교가 쌍전 될 때 사회는 안전해지고 국가는 튼튼해진다는 것이다[정교동심政敎同心].
> 소태산은 좋은 종교도 당연히 있어야 하고 좋은 정치도 또한 당연히 있어야 하나 거기다가 좋은 사람을 더해 삼합三合이 맞아야 한다고 강조한다. 무엇보다도 훈련된 사람을 요청한다.

시창13년(무진戊辰) 음 6월 26일은 즉 본회의 하계夏季기념이었던 바, 당일은 3, 4 연사의 강연으로써 유쾌히 지내고 그 익일[翌日, 다음날인 6월 27일]에 남녀 대중을 모으사 선생주께옵서 친히 설법하옵실 때, 먼저 김광선을 명하사 성주聖呪 3편을 인도 낭독케 하시다. 이어서 선생주 법좌에 오르시니 일반 대중은 한층 더 정신을 가다듬고 귀를 기울여 묵묵히 기대하더라.

선생주께옵서 조송광·송만경·박대완·전음광 네 제자를 부르시사, 전열에 앉히시고 …… 선생주께옵서 네 제자의 말을 다 청취하옵시고 인因하여 가라사대,

"여러분이 종교와 정치의 필요를 말하니, 그 보는 바가 옳도다. 대저 종교와 정치는 세상을 운전하는 두 수레바퀴와 같으므로 하나라도 기울어지면 세상은 완전한 세상이라 할 수 없을 것이다.

종교라 하는 것은 사람으로 하여금 자능력自能力과 자각력自覺力을 얻도록 인도하여 모든 일을 저지르기 전에 방지하는 것이요, 정치라 하는 것은 자능력과 자각력을 가지고 모든 일을 행한 후에 시비是非를 밝혀서 상벌을 베푸는 바이니, 종교는 근본을 닦는 집이요 정치는 끝을 다스리는 기관이라. 근본과 끝을 아울러 밝히면 원만하고 문명한 세상이 되리라. 과연 종교와 정치는 인생에 이와 같은 중요한 관계가 있으며 우리가 일시라도 여의고는 살 수가 없는 처지이다.

그러나 종교와 정치는 본래에 정定한 것이요, 인심과 시대는 때를 따라 변동하는 것이거늘 한 번 정한 데에 그쳐서 저 변동하는 형세를 맞추지 못하면, 그 종교와 정치는 세상

에 유익이 된다고 하기보다는 도리어 멸망의 길로 인도하고 말 것이다. 구대舊代의 아무리 적합한 법이라도 현대에 와서 맞지 아니할 수도 있으며, 비록 구대에 맞지 않던 법이라도 현대에 와서 적합할 수도 있을 것이거늘, 이것을 알지 못하고 다만 구舊 도덕관념에 그쳐서 신新 시대의 새 정신에 순응치 않는다면, 그 구 도덕이라 하는 것은 날로 부패에 돌아갈 것이며 인심은 결국 무방향無方向한 데로 떨어지게 될 것이니라. 능히 이 기미를 통찰하고 고금을 짐작하여 부패에 돌아간 저 종교와 정치를 모든 새 방편으로써 다시 그 시대의 활물活物을 만드는 것은 곧 그 세상의 구주救主이시니라.

종교는 도덕으로써 체體가 되고 정치는 정의正義로써 체가 되니, 도덕과 정의는 어느 시대를 물론하고 변할 수 없는 것이나 그 쓰는 방편은 시대를 따라 변하고 사기事機를 응하여 다르나니, 이것은 구주救主의 수단에 있나니라. 어느 시대와 어느 나라에 종교와 정치가 없어서 다스리지 못하였음은 아니다. 다만 그 기관을 운용하는 구주를 만나지 못한 소이所以니라. 비하여 말하자면 기차, 윤선, 비행기 등 모든 기계는 우리에게 무상無上한 편의를 주는 것이지마는 능히 그것을 운전하는 법을 아는 사람이 아니면 천만인이 방관한들 무슨 소용이 있느냐. 그런고로 좋은 종교도 있어야 하고 좋은 정치도 있어야 하지마는, 거기다가 좋은 사람을 더하여 삼합三合이 맞아야 할 것이다. 현금 미국이 세계에 우월하게 된 것이 다소간多少間이라도 이 세 가지에 합한 소이라 하지 아니할까?

그런즉 우리는 이미 이 세 가지가 합하여서 되는 필요한 방법을 알았으니, 그 법을 잡아들고 일심 분투 노력하여 먼저 우리의 자신 훈련을 마치고, 어서 속히 이 세상이 완전 무결하게 만드는 것을 우리의 책임으로 생각하여야 할 것이다. 우리는 정치적 방면에 있어서는 어떠한 권한이 없으니 어찌할 수 없거니와, 종교적 방면에 관하여서는 재주 있는 대로, 심력心力 미치는 대로, 될 수 있는 대로 좋도록 개선하고 완전하도록 단련하여 종교의 대혁명을 일으킬만한 처지에 있으며 또는 의무가 있다고 하노라.

또 말하면 완전히 종교와 정치가 무관한 것은 아니다. 종교가 능히 법률을 낳는 수가 있나니, 만약 종교가의 연마하여 놓은 법이 정치상에도 적합 필요해지고 보면 반드시 그 법을 정치가에서도 채용하게 될 것이요, 정치가에서 채용한다면 그 법은 양 방면을 통하여 전 세계에 광행廣行하리라."

불타은佛陀恩과 국왕은國王恩

수필인 서대원
《회보》 제34호, 시창22년(1937) 4·5월호

─────── 소태산은 사은을 정치의 입장으로 볼 수도 있고 종교의 입장에서도 볼 수 있다고 풀어서 밝혀 준다. 국왕은이란 주제를 통해서 정치를 말하고, 불타은이란 주제를 통해서 종교를 설명한다. 소태산은 천지·부모·동포·법률의 사은을 통해서 정치와 종교를 은혜의 시각으로 밝힌 것이다.

이제는 정치가 종교에 종속되어서도 안 되고 또한 종교가 정치의 시녀가 되어서도 안 된다는 것이다. 정치와 종교는 둘 다 인간을 위해 존재해야 한다고 설파한다. 신을 위한 것도 아니고 권력을 위하는 것도 아닌 인간 그 자체를 위해 종교와 정치는 합력해야 한다는 것이다. 종교도 인간을 위해 있어야 하고 정치도 인간을 위해 있어야 한다는 관점이다.

천지·부모·동포·법률의 사은은 인간의 길 밖에서 존재하는 것이 아니라 인간의 길과 함께하는 것이다. 소태산은 천지은·부모은·동포은·법률은의 사은으로 정치도 종교도 새로운 방향으로 개척하라는 것이다. 인간의 길에서 은혜를 알아 은혜를 행하는 종교와 정치로 전환하라는 것이다.

협의로 보면 정치와 종교는 사은 중 법률은에 해당한다. 정치와 종교가 잘 운영되도록 하는 것은 법률 보은 행위이다.

한 가지 유의할 점이 있다. 질문자는 소태산의 대각분상인 천지은·부모은·동포은·법률은의 사은을 불교에서 말하는 삼보은·부모은·시주은·국왕은에 편입시켜 이해하고 있다. 소태산의 입장에서는 답답하기 그지없었을 것이다. 당신의 대각분상인 일원대도에 따라 드러나는 사은을 삼보은·부모은·시주은·국왕은의 변형으로 이해하고 있기 때문이다. 사은은 소태산의 대각에 따라 발현되는 은혜의 세계이다.

한때 한 제자 종사주께 고왈告曰 "과거 부처님께서는 '삼보은[불법승佛法僧] 부모은 시주은施主恩 국왕은國王恩' 이와 같이 사은四恩을 말씀하시와 불타은佛陀恩과 국왕은이 알기 쉽게 되어 있거늘 종사주께옵서는 '천지은 부모은 동포은 법률은'의 사은을 말씀하시와 불타은과 국왕은을 명확히 내세워 말씀치 아니 하셨사오니 저희들의 우매한 소견으로는 불타은과 국왕은이 어디 있는지 알 수 없나이다." 하거늘 종사주 가라사대 "너의 소견이 실로 우매하다. 그만한 것이야 구구히 역설치 아니하여도 잘 알 줄 믿었거늘 지금까지 이해를 못 한 듯하니 내 이제 너희를 위하여 말하리라. **과거 부처님께서는 불타은이나 국왕은을 사은의 한 조건으로서 말씀하신 듯하나 나는 불타은이나 국왕은을 결코 사은의 한 조건으로서 말할 것이 아니라 국민의 입장에서 볼 때는 사은[천지은 부모은 동포은 법률은]이 다 국왕은이요, 불제자의 입장에서 볼 때는 사은이 다 불타은이라고 생각한다.** 그러면 이제 그 이유를 말하여 보자.

천지가 비록 우리에게 은혜가 있다고 하나 어느 나라를 물론하고 그 국왕은 곧 그 천지의 주인이시라 하늘과 땅은 물론이요 돌 한 개 나무 한 주라도 무비국왕無非國王의 소유이며, 이에 따라 육지나 바다나 공중까지라도 허가 없이는 다른 사람이 와서 감히 침입치 못하도록 엄금하시나니, 이로써 본다면 우리가 매일 은혜라고 말하는 공기나 일월日月이나 모든 산물 등 기타가 다 국왕의 소유에서 나오는 것이 아닌가. 그러므로 천지은이라 하는 것이 그 근본을 추구하면 결국은 국왕은이 되나니라. 또한 부모나 동포는 곧 국왕의 권속이니 이도 그 근본을 추구하면 국왕의 거느리시는 권속의 힘을 입어 사는 것이 어찌 국왕은이 아니리요.

또한 법률은이라 하는 것도 비록 법을 내는 사람도 많이 있고 다스리는 사람도 많이 있으며 법률의 종류[수신하는 법, 제가하는 법, 사회 다스리는 법, 국가 다스리는 법 등]도 역시 수가 없으나 국왕은 곧 만법의 주인이시니 이 법률은이라 하는 것도 결국 국왕은이 아니시고 무엇인가. 불제자의 입장에서 볼 때 사은四恩이 다 불타은이라 하는 말도 그 이유가 심히 간단하나니 부처님의 교화가 아니시면 우매한 우리 중생들로 어찌 저 네 가지 은혜 입은 것과 은혜 갚을 것과 은혜 배반하는 도를 알 수 있으리오. 우리가 네 가지 중대한 은혜 입은 것과 갚는 법과 배반하는 법을 알아 원망생활을 감사생활로 돌리고 죄의 생활을 복의 생활로 돌리게 되는 것은 무비無非 부처님의 은덕이니, 이도 그 근본을 추구하면 사은이다 부처님의 은혜가 아니고 무엇인가.

그러므로 불제자의 입장에서 볼 때는 사은이 다 불타은이요, 국민의 입장에서 볼 때는 사은이 다 국왕은이며 저 네 가지 천지은이나 부모은이나 동포은이나 법률은은 다 이 양대은兩大恩의 내역을 내놓은 것에 불과하나니라."

그 제자 또 물어 가로되 "국왕은과 불타은과의 관계는 어떠하옵나이까?" 하거늘 종사주 가라사대 "국왕은 존엄하신 아버지와 같고 불타는 자비하신 어머님과 같나니 어리석은 중생들로 하여금 이 거친 세상을 살아가기로 하면 자모慈母와 같이 죄를 짓기 전에 미리 그 근본 심리를 훈련하여 죄를 짓지 않도록 가르치는 불타의 도덕도 있어야 하고 엄부嚴父와 같이 모든 일을 행한 후에 그 행동의 결과를 보아 상벌을 주체로 다스리는 국왕의 정치도 있어야 하는 것이다. 그러므로 이제 그 국왕과 불타와의 관계를 말한다면 마치 일 가정의 내외內外 간과도 같고 구루마의 두 수레바퀴와도 같아서 서로 떠나지 못할 관계가 있으며 사람들은 이 양대은 사이에서 사는 만큼 잠시라도 잊지 못할 바이니라." 하시더라.

교무강습 시 훈사

교서양원敎庶兩院
《회보》 제53호, 시창24년(1939) 3월호

──────── 제1회 교무강습회는 원기23년(1938) 12월 21일부터 이듬해 1월 31일까지 40일간 실시한 훈련이다[《회보》 제53호]. 동하선의 정기훈련과 별도로 교무훈련을 시행한 것이다. 소태산은 이 강습회에서 친히 설법하는 아래 교리훈련을 실시하니 교무훈련의 효시이다. [일원상 봉안과 교무의 훈련, 『원불교교사』]

소태산은 제1회 교무강습회에서 교무들에게 양대은[황은皇恩과 불은佛恩]의 본의를 가르쳐주고 남녀교제와 금전 문제 등 조심할 사항을 당부한다[『대종경』 교단품 37장]. 그만큼 상황이 비상시국이었다. 시창22년(1937)이 되면 고유한 기념식이었던 사기념 및 사종유공인 기념식도 임시 중단시키고 석존탄신기념일·석존성도기념일·석존열반기념일 등을 대거 유입하고 시행한다. 그만큼 고유성보다는 불교의 간판을 전면에 내세워야 하는 상황이었다.

시창23년(1938) 8월, 갑자기 자동차 두 대가 익산총부 대각전 아래 길로 달려들었다. 총독부 미쓰바시 경무국장을 비롯하여 전북도경 경찰부장, 고등과장, 이리경찰서장, 고등주임, 총독부 도서과 종교 전문 관속, 신문기자 등 7, 8명이었다. 이리경찰서장이 주재 순사에게 '창립주를 불러내라' 해서 일행은 대각전 북쪽방 응접실로 안내되었다.

경무국장이라면 총독 아래 정무총감 다음가는 조선 팔도 경찰권을 총지휘하는 거물급 직책이라 실로 분위기가 삼엄하기 이를 데 없었다. 경무국장은 주재 순사인 황가봉[법명: 이천]에게 오래 고생했다는 치하를 하고 임석하자마자 소태산 대종사에게 거두절미하고 담판 조로 질문했다.

"당신들이 종지를 일원으로 하고 일원을 사은이라 하여 천지·부모·동포·법률 4위를 모셨는데, 왜 황은皇恩 위패는 모시지 않았느냐?"

통역을 맡은 황 순사는 평소 교리를 연구하였다는 자신이 있었으나 이 질문에 앞이 캄캄하였다. '이제는 도리 없이 당하고 마는구나.' 체념하고 정신을 똑바로 차려 천천히 또박또박 대종사가 알아듣기 좋게 자상하게 우리말로 통역하였다. 황 순사의 통역이 끝나자 바로 대종사는 합장하고 나서 서슴지 않고 대답하였다.

"예. 저희는 불제자입니다. 불제자이지만 불은이란 말은 쓰지 않습니다. 불제자 입장에서 보면 사은이 모두 불은이 되듯이, 국민의 입장에서 보면 모두 황실의 은혜입니다. 이 사은이 국민의 위치에서는 전부가 황실의 은혜요, 불제자의 위치에서는 사은이 전부 불은이 되는 것이므로 황은이나 불은을 사은과 같이 개별적인 은恩으로 구분하여 표시하는 것은 안 되는 것입니다. 그러므로 우리가 불제자지만 불은이라는 문구 표시가 없는 것입니다."

소태산 대종사의 답변을 황 순사가 통역하니 종교전문가인 듯한 도서과에서 온 사람들이 만족감을 느끼는 듯한 태도와 긍정하는 모습으로 '그렇다'고 머리를 끄덕이며 경무국장에게 '그게 옳다'고 말했다. 그러나 경무국장이 '그렇지만 어쩌고'하고 딴소리를 하니까 그들이 옆에서 옆구리를 찔러 막았다. 더 이상 얘기가 안 되겠다 싶었든지 경무국장은 통역하는 황 순사만 남게 하고 다들 나가게 하였다. [황이천,「내가 사찰한 불법연구회」, 원불교신문 제108호. 장도영 엮음, 일인 경무국장 '사은에 왜 황은皇恩은 없는가',『두 하늘 황이천』. 서문 성,『원불교예화집』8권]

사은을 정치의 다른 표현인 황은皇恩과 종교의 다른 표현인 불은佛恩으로, 법률은의 구체적 보은 방법을 제시한 것이다. 한마디로 정교동심政敎同心을 주창한 것이다. 황은과 불은의 주제는 시창22년(1937)에 '불타은佛陀恩과 국왕은國王恩'이란 법설에서 이미 제시하였고, 이러한 준비가 '불법연구회'를 해체하려는 조선총독부 경무국의 기습을 무마할 수 있는 이론적 근거가 되었다.

시창22년(1937) '불타은과 국왕은' 법설 → 시창23년(1938) 총독부 경무국장 불시 검열 → 시창24년(1939) '교무강습 시 훈사'에서 양대은의 본의 설법 순이다. 제1회 '교무강습 시 훈사'는 전시상황의 비상시국의 정세에서 교무들에게 정치와 종교에 대한 입장과 태도를 이해시키는 법설이다.

제군에게 한 말 주고자 하는 바는 우리의 교강 중 사은에 대하여 원망생활을 감사생활로 돌리자는 것인데 제일 먼저 황은皇恩의 어홍대御鴻大하심과 불은의 어무량御無量하심에 진심으로 감사를 올려야 할지니, 본회에서 사은을 주장해 가르치는 것도 결국은 이 양대은兩大恩을 알아서 그 보은을 권장함에 불과한 것이다. 그러나 이 세상을 볼 것 같으면 우자愚者는 많고 지자智者가 적은 것은 사실인바, 이 우자들에게 그 내역이 없이 황은과 불은의 중대함을 말하면 그들의 생각에 너무나 높고 멀어서 은혜로 느껴지는 관념觀念이 용이하게 들리지 아니할 것이므로, 우선 일상생활에 밀접한 관계가 있는 사은의 필요함을 들어서 가까운 곳으로부터 먼 곳에 이르게 하며 하여튼 얕은 곳으로부터 깊은 곳에 미치게 함이니, 사은의 피은지도被恩之道를 다 알아서 그 도를 행하는 날에는 자연 황은과 불은을 알아서 보은하는 사람이 될 것이다.

왜 그러냐 하면 사은의 근본을 옳게 해석해 놓고 보면 사은 전부가 모두 다 황은이 되고 불은이 될 것이니, 다시 말하자면 사은이란 즉 천지은 부모은 동포은 법률은으로 구분되었나니 즉 국경 내 산하대지가 무비국가無非國家의 소유요 부모 동포가 무비국가無非國家의 권속이요 법률 교화가 무비국가無非國家의 정치이니 국민의 입장에서 볼 때는 이 네 가지가 다 황은이 아니고 무엇이며, 또 사은이 다 불은이라 함은 사은을 나눠 놓고 보면 사은이지만은 그것을 합해 놓고 보면 곧 심불 일원상으로서 천지 부모 동포 법률이 무비자비불無非慈悲佛이니 그 은혜 어찌 한량이 있다 할 것이며 또 부처님의 교화가 아니시면 우매한 중생들이 어찌 저 사은 입은 것과 보은報恩 배은지도背恩之道를 알 수 있으리오. 우리가 이 사은의 중대한 은혜를 입은 것과 보은 배은지도를 알아 원망생활을 감사생활로 돌리고 죄의 생활을 복의 생활로 돌리게 되는 것도 무비불은無非佛恩이니 신자의 입장에서 볼 때는 사은이 다 불은佛恩인 것이 분명치 않은가.

그런즉 황은불은皇恩佛恩 차양대은此兩大恩은 수레의 두 바퀴와 같고 새의 두 나래와 같아서 하나만 기울어져도 우리 인생이 도저히 의지해 살 곳이 없나니, 우리는 항상 우리 자신이 먼저 이에 대한 감사를 느끼는 동시에 나아가 일반 회원에게 그 인식을 깊게 하여 항상 보은 감사의 관념을 가지게 할 것이며 더욱이 현재와 여如한 비상시국非常時局에 있어서는 이 정신을 가일층加一層 함양하는 것이 절대 필요할 것이니 제군은 깊이 이에 유의하여 회원의 정신을 온건 착실한 방면으로 지도하기를 바라는 바이다. ⋯하략⋯

종교와 정치의 필요

전음광
《월말통신》 제14호, 시창14년(1929) 음 4월

───── 정치와 종교는 법률 보은의 방법이다. "종교란 인人의 심리를 근본적으로 선도善導하여 악자惡者로 하여금 취선사악取善捨惡의 각성을 얻어 시시로 악념과 악행을 발작지 못하도록 교화할 사명을 가지고, 정치란 인人의 표현적 행동

을 보아 엄위맹준嚴威猛峻한 법명法命 하에 징악懲惡으로써 권선하여 의불의義不義를 다스릴만한 직무를 가졌나니, 그러므로 종교와 정치는 가정의 부모와 같이 국가의 자모와 엄부이며 국가의 생명을 운전하는 두 수레바퀴이다."라고 종교와 정치의 역할을 주장한다. 상벌이 분명한 정치와 포용과 자애의 종교가 쌍전雙숲될 때[정교동심政敎同心] 가정도 국가도 흥하게 된다는 것이다.

엄부嚴父와 자모慈母의 비유는 고정된 비유가 아니라 역할을 말하는 것이다. 엄모 자부도 무관하다. 어느 때는 어머니가 엄하다가도 어느 때는 아버지가 자애로운 역할을 하는 것이다. 엄한 정치의 역할과 자애로운 종교의 역할이 세워져야 한다는 뜻이다.

제5회 문제 – 법률 보은의 복과 법률 배은의 죄?

제출자 전음광, 양도신
《회보》 제50호, 시창23년(1938) 12월

────── 제5회 의두 문목은 '법률로 인하여 받는 복은 무엇인데 어떠한 이유로 그 복을 받으며 법률로 인하여 받는 죄는 무엇인데 어떠한 이유로 그 죄를 받는가?'이다.

연구부에서 《회보》 제50호에 제5회 의두 문목을 제출하여 그 해답을 모집한바 응답자 27인 중 일등 2인, 2등 12인, 3등 10인, 등외가 3인이 되었는데 그중 1등 2인의 기사를 《회보》에 게재 발표하며 참고하도록 한다.

제5회 문제

법률로 인해서 받는 복은 무엇인데 어떠한 이유로 그 복을 받으며,
법률로 인해서 받는 죄는 무엇인데 어떠한 이유로 그 죄를 받는가?

• 1등 총부 전음광

〈법률로 인해서 받는 복과 그 이유〉

대범 법률이라 하는 것은 현행 국가의 법률만을 이름이 아니라 인도 정의人道正義의 공정한 규칙을 이름이니 인도 정의의 공정한 규칙이라 하는 것은 개인 가정 사회 국가에 다 있는 것이다. 그러므로

1. 나를 대하여 세상 사람이 현량賢良한 사람이다, 혹은 도덕이 있는 사람이라고 하여 추존 앙모 하는 것은 법률로 인해서 받는 복인데 그 이유는 내가 수신하는 법률을 알아 실행을 잘한 연고이요,

2. 한 가정에서도 모든 가족이 하자는 일과 말자는 일에 일률로 복종하여 탈선의 행동이 없으며 각자의 직업에 근실하여 안락한 가정이 되는 것은 법률로 인해서 받는 복인데 그 이유는 그 가정에서 가정 다스리는 규칙이 엄정하며 그 가족들이 그 법률을 잘 실행한 연고이요,

3. 한 사회에 있어서도 그 사회의 목적한 바 사업이 일취월장하여 성공하게 되는 것은 법률로 인해서 받는 복인데 그 이유는 그 사회원들이 그 사회 내의 하자는 규칙과 말자는 규칙에 잘 복종하여 매사를 이러자면 이리하고 저러자면 저리해서 그 사회의 법률을 잘 실행한 연고이요,

4. 한 국가에서도 국태민안하고 가급인족家給人足하며 산무도적山無盜賊하고 도불습유道不拾遺하여 태평성대가 되는 것은 법률로 인해서 받는 복인데 그 이유는 그 국가 법률이 원체 공정하며 운용이 공정하며 그 국민이 하자는 법률과 말자는 법률에 잘 복종하여 실행을 잘한 연고이요,

5. 개인에 있어서나 가정에 있어서나 사회에 있어서나 국가에 있어서나 우연히 좋은 법률을 만나며 그 법률로 인하여 우연히 편리와 이익을 얻게 되는 것은 복인데 그 이유는 과거에 법률 보은을 잘한 연고입니다.

〈법률로 인해서 받는 죄와 그 이유〉

1. 나를 대하여 세상 사람이 불량한 놈이다, 무도無道한 놈이라고 하여 공격과 배척을 하는 것은 법률로 인해서 받는 죄인데 그 이유는 수신하는 법률을 알았거나 몰랐거

나 수신을 잘못한 연고이요,

2. 한 가정에서도 살림이 차서와 법도가 없으며 가족의 심리와 행동이 통제되지 못하여 하자는 일을 아니 하고 말자는 일을 하여서 곤란을 받게 되는 것은 법률로 인해서 받는 죄인데 그 이유는 그 가정에 가규家規가 없거나 있다 하드래도 가족들이 실행치 아니한 연고이요,

3. 한 사회에서도 그 목적한 사업이 실패에 돌아가는 것은 법률로 인해서 받는 죄인데 그 이유는 그 사회원들이 하자는 규약과 말자는 규약에 복종하지 아니하여 매사가 단체적 통제적으로 되지 아니하고 각자 대장이 되어서 그 사회의 법률을 잘 실행치 아니한 연고이요,

4. 한 국가에서도 백성의 원망이 충천하며 혹은 내우외환內憂外患이 일어나서 그 나라가 망하게 되는 것은 법률로 인해서 받는 죄인데 그 이유는 그 국법의 자체가 공정치 못하거나 운용이 공정치 못하거나 그 국민이 하자는 법률과 말자는 법률에 실행이 없는 연고이요,

5. 개인에 있어서나 가정에 있어서나 사회에 있어서나 우연히 낮은 법률을 만나며 그 법률로 인하여 우연히 손해와 고통을 당하는 것은 죄인데 그 이유는 과거에 법률 배은을 많이 한 연고입니다.

· 1등 총부 양도신

문: 법률로 인해서 받는 죄와 복은 무엇인데 어떠한 이유로 그 죄와 복을 받는가 하는 문제입니다.

답: 법률로 인해서 받는 죄와 복은 다수하여 천단한 제 생각으로서 다 기록할 수는 없사오나 기중其中에 몇 가지만 기재하고자 하나이다.

〈법률로 인해서 받는 복과 그 이유〉

1. 지식이 우월하여 매사를 닿는 대로 걸림 없이 밝게 처리하며 남을 가르침에도 막힘 없이 잘 가르쳐서 여러 사람의 환영 인물이 되는 것은 법률로 인한 복인데 그 이유는 내가 배우는 법률과 가르치는 법률에 게으르지 아니하고 일 분 일각도 학과 교의

두 생각을 뇌수에 떠나지 아니하여 염념불망念念不忘 한 연고이요,

2. 가정이 부하여 의식주가 완전하며 가족이 서로 화락하고 질서 있고 여러 사람의 모범이 될 만한 이상적 가정을 이루게 되는 것은 법률로 인한 복인데 그 이유는 수입·지출을 대조하여 근검저축의 법을 세우며 상봉하솔上奉下率의 법을 분명하게 밝혀서 아래 사람은 윗사람을 잘 존대하며 지도 명령에도 절대복종하고 윗사람은 아래 사람을 사랑하며 잘 지도하여 가정 규칙을 엄중히 실행한 연고이요,

3. 같은 토지일지라도 개량 농사법으로써 작농하여 다대한 수확을 얻게 되며 겸하여 칭찬과 상급賞給 등을 받게 되는 것은 법률로 인한 복인데 그 이유는 법률에서 금지하는 조건에는 소호小毫라도 행치 않고 권장하는 조건에만 절대 순응한 연고이요,

4. 이상은 다 현재에 복 지어서 현재에 복 받는 것이나 전생에 복 지어서 현재에 복 받는 것은 우연히 부처님 회상을 만나 인도상 요긴한 길을 밟게 되며 죄는 짓지 아니하고 복만 지어 세세생생을 악도에 떨어지지 아니하고 선도에만 태어나서 참다운 사람 노릇을 하게 되는 것은 법률로 인한 복인데 그 이유는 전생에 부처님을 공경하며 부처님의 법을 찬성 존대한 연고입니다. 이외에도 법률로 인해서 좋은 일을 당하는 것은 다 법률로 인한 복입니다.

〈법률로 인해서 받은 죄와 그 이유〉

1. 무식해서 매매 사사를 어둡게 처리하며 남을 가르칠 줄 모르고 가히 금수에 가깝게 되는 것은 법률로 인한 죄인데 그 이유는 내가 매사를 배우는 법률에 게으르게 한 연고이요,

2. 가정이 빈한하여 의식주가 불완전하며 가권이 서로 불목하여 여러 사람의 비평을 받게 되는 가정이 되는 것은 법률로 인한 죄인데 그 이유는 수입은 없이 지출만 많이 하며 상봉하솔의 법이 분명치 못하여 아래 사람은 윗사람의 지도 명령에 복종치 아니하고 닿는 대로 대항이나 하며 윗사람은 아래 사람을 잘 가르치지 아니하고 자행자지로 둔 연고이다.

3. 같은 토지일지라도 개량 농사법은 그만두고 자기 생각대로만 작농하다가 법률에 금지를 받게 되며 그 결과 수확이 적게 되는 것은 법률로 인해서 받는 죄인데 그 이유

는 법률에서 권장하는 조건은 행치 아니하고 금지하는 조건만 행한 연고입니다.
4. 이상은 현재에 죄 지어서 현재에 죄 받는 것이나 전생에 죄 지어서 차생에 죄 받는 것은 부한 가정에 우연히 도적을 당하여 일야一夜에 빈궁한 가정이 되는 것은 법률로 인한 죄인데 그 이유는 내가 전생에 남의 부한 가정을 망쳐주었거나 혹은 남의 재물을 도적질하여 빈궁한 가정을 만들어 준 연고입니다. 이 외에도 법률로 인해서 낮은 일을 당하는 것은 다 법률로 인해서 받는 죄라고 생각합니다.

사은 四恩

四사　天천　父부　同동　法법
恩은　地지　母모　胞포　律률
　　　恩은　恩은　恩은　恩은

맺는말

사은과 인과

━━━━━━ 반갑습니다. 이번 시간에는 사은과 인과의 관계를 살펴보겠습니다.

'사은' 장은 피은의 강령과 조목, 보은의 강령과 조목, 그리고 배은을 거쳐 보은의 결과와 배은의 결과로 마무리 짓습니다.

사은에 보은하면 보은의 결과가 있게 되고, 사은에 배은하면 배은의 결과가 있게 되는 인과보응으로 귀결됩니다.

〈교리도〉의 인과보응의 신앙문에 '사은 사요'가 있으며 '보은 즉 불공'을 거쳐 '처처불상 사사불공'으로 귀결됩니다. 즉 인과보응의 신앙문은 사은 신앙입니다. 사은 신앙은 사은에 보은하면 보은의 결과가, 사은에 배은하면 배은의 결과가 있는 인과보응의 신앙입니다.

사은 신앙에서 중요한 것은 인과도 은혜로 전개하는 것입니다. 사은에 대한 보은의 결과뿐만 아니라 배은의 결과도 은혜라는 겁니다. 과거의 인과는 업보의 인과였다면, 사은의 결과는 은혜의 드러남입니다. 소태산 대종사는 인과의 업보도 은혜로 드러내신 것입니다. 청정 지혜의 일원상 마음으로 보면 인과도 은혜입니다. 인과도 은혜로 볼 수 있는 자리가 일원상 안목에서 펼쳐지는 사은입니다.

인과보응의 신앙문은 사은의 결과에 대해 회피하지 않고 책임지겠다는 자세입니다. 사은 보은의 결과가 되었든 사은 배은의 결과가 되었든 그것을 받아들이는 마음에 따라 다시 보은의 씨앗이 될 수도 있고 배은의 씨앗이 될 수 있다는 각성입니다. 어떠한 결과든지 이를 은혜로 받아들이는 지혜로 새롭게 보은을 창조하겠다는 다짐이요 각오입니다. 사은의 결과를 받아들이는 현재의 마음에 따라 과거를 대하는 태도도 바뀌고 미래를 바라보는 관점도 바뀌는 것입니다.

특히 인과를 개인적 인과로만 한정하는 게 아니라 우리 모두의 공업共業의 관점으로 봐야 합니다. 우리가 사은에 보은하고 사요를 실천하면 함께 사는 기세간器世間이 은혜로운 사회가 되고 평등한 사회가 됩니다. 그런데 만일 우리가 사은에 배은하고 사요를 실천하지 못하면 서로 원망하는 사회가 되고 불평등한 사회가 될 것입니다. 또한 나에게 당면한 사회적 과제를 회피[배은]하면 불특정한 누군가에게 이 해독이 미치게 됩니다. 그러니 우리는 공범이라 할 것입니다. 인과는 이러한 공범임을 자각하여 사은 배은과 사요 위반에 대한 책임을 통감하고 감당하는 것입니다.

'사은' 장에서는 직설적으로 인과를 말하고 있지 않지만 '사은' 장의 구조를 통해서 인과를 밝히고 있습니다. 이처럼 인과는 은혜의 인과입니다. 청정한 지혜인 일원상 자리에서 드러나는 인과 현상은 은혜입니다. 인과를 말하면서 은혜가 드러나지 않으면 사은의 인과는 아닙니다. 사은에 대한 보은의 결과도 피은被恩이며 배은의 결과도 피은입니다. 모든 죄복의 현상이 다 진리의 가르침으로 일원상의 은혜입니다.

소태산 대종사는 부처님보다 하나 더 깨달은 것이 있는데 '은혜' 하나를 더 깨달았다는 구전이 있습니다. 부처님이 말씀하신 인연에 의해 생기하는 연기緣起설도 원인과 결과로 이어지는 인과론因果論도 소태산은 은혜의 안목으로 다시 읽은 것입니다.
그러므로 소태산 대종사는 〈일원상 법어〉에서 "이 원상의 진리를 각하면 인과보응의 이치가 음양상승과 같이 된다"라고 합니다. 음이 양을 밀어주고 양이 음을 밀어주는 상추相推의 관계가 서로서로 이기는 상승相勝의 관계입니다. 서로 이기는 은혜의 진리라는 것입니다.

반자도지동反者道之動이라는 말처럼 천지자연은 음양의 굴신屈伸이 있을 뿐입니다. 굽히면 펴지고 펴면 굽히는 반동이 있는 것입니다.

대산 종사는 "유교에서는 순환무궁한 진리를 음양상추陰陽相推, 음양상승陰陽相勝으로 밝혔다. …중략… 상추相推! 이 얼마나 재미있는 이치인가? 여유 있게 밀어주면 저편에서 오는 진리가 있다. 다 빼앗아 오면 또다시 다 빼앗기고 만다. 그러니 우리는 항상 베풀고 밀어주어서 빼앗기지 않는 공부를 잘해야 한다."[『대산종사법문집』 제3집]라고 말씀하십니다.

여유 있게 밀어주면 저편에서 여유 있게 오는 진리가 있고, 다 빼앗아 오면 또다시 다 빼앗기는 원리가 있습니다. 이렇게 주고받는 과정이 서로 이기는 상승의 원리로 근본적으로 다 은혜라는 것입니다.

무엇에도 걸림 없는 자리에서 보면 땅으로 인해 넘어지고 땅으로 인해 일어서는 진리를 자각하게 됩니다. 사은을 알지 못하여 사은에 걸려 넘어지더라도 사은에 의해 다시 일어서는 이것이 사은으로 짓고 받는 인과입니다.

이처럼 소태산 대종사는 인과도 은혜로 보셨습니다. 청정한 지혜인 일원상이 밝아지면 인과가 은혜입니다. 보은의 결과도 은혜이요 배은의 결과도 진리의 은혜입니다. 은혜의 안목으로 인과를 보아야 일원상의 진리를 깨쳤다 할 것입니다. 선악 업보가 끊어진 자리에서 공적영지의 광명을 따라 선악 업보에 차별이 생기는 것처럼, 이러한 선악 업보의 인과가 은혜인 줄 아는 것이 사은에 지은보은하는 것입니다.

〈교리도〉의 인과보응의 신앙문은 일원상을 중추로 모시고 있습니다.
일원상의 안목으로 우주만유를 보면 우주만유가 은혜로 드러납니다. 그러므로 일원상의 지혜 광명을 밝히면 은혜가 펼쳐지며, 설사 일원상을 드러내지 못해도 실상은 은혜입니다. 소태산 대종사는 인과도 은혜라는 것입니다. 은혜의 안목으로 인과도 볼 수 있어야 사은의 진리가 밝아지는 것입니다.

오늘은 사은과 인과에 대해 살펴보았습니다.

사은과 죄 주고 복 주는 증거

──────── 반갑습니다. 이번 시간에는 사은과 죄복에 대해 살펴보겠습니다.

소태산 대종사는 사은을 죄 주고 복 주는 대상이라 합니다.

『대종경』 교의품 9장에서 "일원상은 곧 청정 법신불을 나타낸 바로서 천지·부모·동포가 다 법신불의 화신化身이요, 법률도 또한 법신불의 주신 바이라 이 천지·부모·동포·법률이 우리에게 죄 주고 복 주는 증거는 얼마든지 해석하여 가르칠 수가 있으므로 일원상을 신앙의 대상으로 모신 것이니라."라고 밝히고 있습니다.

즉 법신불 일원상인 사은이 우리에게 죄 주고 복을 주는 것으로, 죄복은 원불교 신앙의 핵심 용어입니다.

이 밖에도 『대종경』 교의품 8장에서 법신불 일원상을 실생활에 부합시키는 방법으로 "우주만유 전체가 죄복을 직접 내려주는 사실적 권능이 있는 것을 알아서 진리적으로 믿어 나아가는 대상을 삼을 것이니"라고 말씀합니다. '일원상의 진리'는 '법신불 일원상'이라 달리 말합니다.

또한 『대종경』 교의품 10장에서 "일원상을 모시고 죄복의 출처를 사실적으로 해석하여 가르치는 것이 인지가 발달한 이 시대에 지혜 있는 사람들에게는 극히 적합할 일이오나, 어느 세상을 물론하고 지혜 있는 사람은 적고 어리석은 사람이 많은 것은 사실이오니, 어리석은 대중에게 신심을 넣어 주는 데에는 불상을 모시는 것이 더 유리하지 아니하겠나이까."라는 질문에 대하여 "법신불 사은이 우리에게 죄 주고 복 주는 증거는 아무리 어리석은 사람이라도 자상히 설명하여 주면 알기도 쉽고 믿기도 쉬울 줄로 생각하는 바이나, 불상이 아니면 신심이 나지 않는 사람은 불상을 모신 곳에서 제도를 받아도 또한 좋을 것이니, 그러하다면 불상을 믿는 사람도 제도할 수 있고 일원상을 믿는 사람도 제도할 수가 있지 아니하겠는가."라고 합니다.
　이처럼 '사은이 우리에게 죄 주고 복 주는 증거'는 일원상의 작용입니다.

　그리고 『대종경』 교의품 12장에서 '불상 숭배와 일원상 숭배의 다른 점'에 대한 질문에 소태산 대종사는 "불상 숭배는 부처님의 인격에 국한하여 후래 제자로서 그 부처님을 추모 존숭하는 데에 뜻이 있을 뿐이나, 일원상 숭배는 그 뜻이 실로 넓고 크나니, 부처님의 인격만 신앙의 대상으로 모시는 것보다 우주만유 전체를 다 부처님으로 모시고 신앙하여 모든 죄복과 고락의 근본을 우주만유 전체 가운데에 구하게 되며, 또는 이를 직접 수행의 표본으로 하여 일원상과 같이 원만한 인격을 양성하자는 것이니, 그 다른 점이 대개 이러하나니라."라고 문답합니다.
　일원상 숭배는 우주만유 전체를 다 처처불상으로 모시고 신앙하여 모든 죄복과 고락의 근본을 우주만유 전체 가운데에 구한다는 것입니다.

　또한, 『대종경』 교의품 14장에서 "이 시대는 전 세계 인류가 차차 장년기에 들어 그 지견이 발달되는지라, 모든 사람이 고락 경계를 당할 때는 혹 죄복에 대한 이해가 있을 것이며, 죄복에 대한 이해가 있고 보면 그 죄복의 근본처를 찾을 것이며, 찾고 보면 그 뜻이 드러날 것이요, 그 뜻이 드러나고 보면 잘 믿을 것이니, 사실로 이해하기 좋은 신앙처를 발견하여 숭배하면 지자와 우자를 막론하고 안심입명安心立命을 얻을 것"이라 말씀하십니다.
　죄복의 근본처를 찾아 사실적 신앙처를 발견하여 숭배하면 안심입명을 얻게 된다는 것입니다.

　법신불 일원상은 사은이며 사은은 죄복의 권능처입니다. 그러기에 법신불 일원상인 사은이 죄 주고 복 준다고 한 것이며 죄복을 내려주는 사실적인 권능이 있는 죄복의 근본처라고 한 것입니다.

　『대종경』 교의품에서 사은을 '죄복의 출처요 근본처'라고 한 것은 교의품 속의

'신앙품'으로, 이 '죄복'은 사은 신앙의 핵심 용어입니다.

『대종경』 교의품 15장에서 불효하는 며느리로 인해 실상사 등상불에게 불공 하러 가는 노부부에게 소태산 대종사는 "그대들의 집에 있는 자부가 곧 산부처이니, 그대들에게 효도하고 불효할 직접 권능이 그 사람에게 있는 연고라, 거기에 먼저 공을 들여봄이 어떠하겠는가."라고 권유합니다.

사은은 불효할 수도 있고 효도할 수도 있는 산부처입니다. 상대는 내 손을 잡아줄 수도 있고 외면할 수도 있으며, 상대가 손을 내밀어 줘야 그 손을 잡을 기회를 주는 권능자입니다. 잘해줄 권능도 있고 잘 못 해줄 권능도 있는 것입니다. 즉 이러한 권능을 통해 자신이 죄를 지어 죄해를 받게 되는 실상을 보여주고 있으며, 자신이 복을 지어 복락을 받게 되는 실제를 보여주는 존재입니다. 그러므로 상대는 죄복을 줄 수 있는 권능자요 산부처로써 처처불상입니다.

소태산 대종사는 "선한 사람은 선으로 세상을 가르치고, 악한 사람은 악으로 세상을 깨우쳐서, 세상을 가르치고 깨우치는 데에는 그 공이 서로 같으나, 선한 사람은 자신이 복을 얻으면서 세상일을 하게 되고, 악한 사람은 자신이 죄를 지으면서 세상일을 하게 되므로, 악한 사람을 미워하지 말고 불쌍히 여겨야 하나니라."[『대종경』 요훈품 34장]라고 하면서 선악에 대한 죄복의 결과가 다 피은被恩의 진리임을 밝히고 있습니다.

공적영지의 일원상 차원에서 보면 선인이 되었든 악인이 되었든 그 역할이 진리의 가르침인 것입니다. 선한 사람은 자신이 복을 지으면서 복락을 받게 되는 가르침을, 악한 사람은 자신이 죄를 지으면서 죄해를 입게 되는 깨우침을 주는 것입니다.

죄 주고 복 주는 주재자인 '법신불 사은'은 죄를 지으면 '사은에 대한 배은의 결과'로 그 죄해를 돌려주며, 복을 지으면 '사은에 대한 보은의 결과'로 그 복락을 돌려주는 것입니다.

사은에 배은하면 결국 자신 스스로가 죄해를 입는 배은의 결과에 들어서고, 사은에 보은하면 자신 스스로가 복락을 입는 보은의 결과에 들어서게 됩니다. 죄해와 복락을 받는 인과의 실상을 보여주고 있는 것입니다.

사은에 대한 '보은의 결과'인 복락과 '배은의 결과'인 죄해와 죄벌은 다 법신불 일원상의 은혜입니다. 피은被恩입니다.

소태산은 일원상의 작용인 사은의 위력에 대해서 "우리에게 죄복의 근원이요, 유무초월의 생사문인 사은의 위력이 참으로 무섭고 두렵나니라. 어리고 철부지 한 사람이 무서운 것을 보아도 무서운 줄을 모르는 것과 같이 지금 사은의 위력을 잘 몰라서 무서운 줄을 모르나니라."[김영신 수필, 시창23년 제1회 교무강습회 필기 노트]라고 답하시며 죄복의 권능불인 사은의 위력에 대한 경각심을 일깨워 주고 있습니다.

죄복의 출처인 사은은 곧 유무초월의 생사문인 일원상의 진리입니다.

한 가지 고려해야 할 사항이 있습니다. 죄복과 화복은 같은 뜻으로 사용하기도 하지만 다르게 사용하기도 합니다. 즉 죄복은 원인과 결과가 상응하는 인과보응의 뜻이라면 화복은 원인에 무관한 날벼락 같은 불운이나 또는 행운과 요행이 내포된 뜻입니다.

사은이 주는 '죄복의 죄'는 날벼락 같은 불운이나 행운이 아니라 자신의 심신 작용에 따라 지어 받게 되는 죄해요, 사은이 주는 '죄복의 복'은 요행이나 불운이 아니라 자신의 심신 작용에 따라 지어 받게 되는 복락을 뜻합니다. 죄복은 죄고와 복락으로 인과보응의 결과입니다.

오늘은 사은과 죄복에 대해 살펴보았습니다.

보은과 자비

─────── 반갑습니다. 이번 시간에는 사은의 관점에서 보은과 자비의 동일점과 차이점에 대해 살펴보겠습니다.

보은은 사은의 도를 체받아서 실행하는 것이라면,
배은은 피은·보은·배은을 알지 못하는 것과 설사 안다고 할지라도 보은의 실행이 없는 것입니다.

피은의 피被는 '입을 피'로 옷을 입듯 은혜를 입는 감수성으로 수양력과 연동되며,
은혜를 아는 지은知恩은 사리 간에 연마하고 궁구하는 연구력과 연동되며,
은혜를 갚는 보은報恩은 정의는 취하고 불의는 버리는 취사력과 연동됩니다.

보은의 보報는 '갚을 보'로 메아리처럼 은혜에 보답하는 것이라면,
배은의 배背는 '등질 배'로 은혜에 등 돌리는 것으로, 마치 햇빛을 등지고 가리면서 따스한 햇볕이 비치지 않는다고 불평하고 원망하는 태도와 같습니다.
즉 보은자는 은혜에 감사의 메아리로 반응하며, 배은자는 은혜를 등지고 은혜가 없다고 불평하는 것과 같습니다.
이처럼 사은의 피은-지은-보은은 수양-연구-취사의 삼학과 연동되어 있으며, 사은의 도를 단련하여 세간 생활에 적절한 작업취사의 과목[『대종경』 서품 19장]으로 삼기도 합니다.

소태산 대종사는 『정전』에서 주로 보은을 천명합니다. 『정전』에서 자비는 동포 보은의 결과에서 '구세 성자들이 자비 방편을 베푸사'라는 대목과 법위등급의 대각여

래위에서 '대자대비'가 등장할 뿐입니다.

『대종경』에서는 자비가 많이 등장하나, 『정전』에서는 보은이 중심이 됩니다.

『정전』은 원점과 같습니다. 『정전』이라는 원점을 기준으로 『대종경』도 해석되어야 할 것입니다. 『정전』의 보은의 관점으로 『대종경』에 등장하는 자비를 읽어야 합니다.

그렇다면 왜 『정전』에서는 자비라 하지 않고 보은이라 했을까요? 우리는 이를 의두 삼아야 할 것입니다.

자비는 시혜적 요소가 있습니다. 시혜자는 높고 수혜자는 낮은 상태입니다. 높은 사람이 낮은 사람에게 베푸는 것입니다. 높은 저수지에서 낮은 논에 물을 대는 것과 같습니다. 아량을 베푸는 것입니다.

이 자비에는 능력이 있는 사람과 능력이 없는 사람의 구분이 있습니다. 수준차가 있는 것으로, 어찌 보면 암묵적으로 등급 의식을 인정하고 있다 할 것입니다.

자비의 의도는 능력이 있는 사람이 인격적 능력을 발휘하여 능력이 부족한 사람을 무시하지 않고 잘 인도하라는 시혜적 의식이 있습니다.

이에 비해 보은에는 등급의식이 없습니다. 서로서로 보은의 대상일 뿐입니다. 은혜를 입었기에 은혜를 갚는 것입니다.

피은被恩에는 평등이 바탕 되어 있습니다. 능력의 유무를 전제하는 것이 아니라 은혜를 갚느냐 안 갚느냐는 당위의 문제가 선제합니다. 능력이 많은 사람일수록 보은의 책임이 더 큰 것입니다.

이러한 보은의 차원에는 시혜성施惠性이 없습니다. 소유의식도 근본적으로는 인정할 수 없습니다. 지식이 되었든 재력이 되었든 많이 소유한 사람일수록 더욱 보은해야 합니다. 왜냐하면 더욱 많은 은혜를 받고 있기 때문입니다. 내가 잠시 위임받아 관리하고 있을 뿐이니 사회로 환원하는 것이 당연한 의무가 됩니다.

보은의 사고에는 공심公心이 기반 되어 있습니다. 모든 것을 공도로 보는 것입니다. 각자는 사은의 공물이기에 공익으로 되돌리라는 것입니다.

또한 보은에는 아만심이 없습니다. 궁극적으로는 아상我相이 없습니다. 응용에 무념할 뿐입니다[천지 보은의 조목]. 자비에는 혹여 아상의 함정이 있을 수 있으나 보은에는 원천적으로 아상의 길목이 차단되어 있습니다.

그러므로 『대종경』에 등장하는 자비는 보은으로 읽어야 할 것입니다.
소태산이 의도하는 자비는 보은하라는 뜻입니다. 보은의 의미로 자비를 해석해야 합니다.
『정전』 동포 보은의 결과에서 '구세 성자들이 자비 방편을 베푸사'라는 뜻도 동포 보은의 한 방법입니다. 자비 방편은 그 상황에 따른 동포 보은입니다. 마찬가지로 법위등급의 대자대비도 보은의 다른 표현입니다. 대각여래위도 대자대비로 보은하는 것입니다.

보은의 보報는 '갚는다'는 것입니다. 갚는다는 것은 반응하여 응답하는 것입니다. 반응한다는 것은 감수성이 살아있는 것입니다.
감응하여 보답하기 위해서도 감수성이 살아있어야 합니다. 은혜를 느끼는 감수성이 살아있기 위해서는 마음이 깨끗해야 합니다.
보은에는 수양이 바탕이 되어 있습니다. 맑고 밝은 마음이어야 감수성이 살아나는 것이고 감수성이 살아있어야 타인에 대해 감응할 수 있습니다. 감수성은 타자가 잘해 줄 수도 있고 그렇지 않을 수도 있는 권능을 감지하는 것입니다. 이러한 권능을 은혜의 시각으로 대하는 것이 보은입니다. 마치 메아리처럼 응답하는 것입니다.

시혜적 아상我相이 없는 보은의 의미를 더욱 선명하게 살려 사은의 은혜에 보답해야 할 것입니다.
보은은 사은을 실행하는 것입니다. 사은으로부터 피은된 도를 체받아서 행하는 실천입니다. 도를 체받아 덕이 나타나도록 행하는 것이 핵심입니다.

오늘은 보은과 자비의 차이와 함께, 『정전』의 보은의 관점으로 『대종경』의 자비를 읽어야 한다고 주장하였습니다.

보은과 최소한의 폭력

─────── 반갑습니다. 이번 시간에는 은혜에 대한 관점과 태도에 대해 살펴보겠습니다.

사람의 성격을 이해해야 그 사람을 알 수 있듯이 사은四恩을 느끼는 관점에 따라 은혜의 내용에도 차이가 생기게 됩니다. 즉 은혜를 목가적으로만 이해할 것인지 아니면 선악의 현실을 그대로 은혜로 이해할 것인지에 따라 은혜의 내용이 달라질 것입니다.

프랑스 현대 철학자 메를로 퐁티[1908.3.14~1961.5.3]는 "**우리는 순진무구함과 폭력을 선택하는 것이 아니라, 폭력의 종류를 선택하는 것이다.**"라고 주장합니다.
우리가 신체를 가지고 있는 한 폭력은 불가피하기 때문입니다. 우리가 할 수 있는 것은 '비폭력'이 아니라 '최소한의 폭력'이라는 것입니다.

계문의 '연고 없이 살생을 말며' '연고 없이 사육을 먹지 말며'의 진정한 뜻은 바로 최소한의 폭력일 것입니다. 비폭력은 슬로건은 될 수 있어도 사실은 아니기 때문입니다.
생명체가 산다는 것은 무엇인가를 먹는 것이고 그것은 생명을 죽이는 것입니다. 나의 삶은 무엇인가의 죽임에 기반하고 있는 것입니다.
산다는 것은 다른 존재의 신세와 노고 그리고 공급을 받아야만 합니다. 인간은 식물과 동물의 도움을 더 나아가 천지의 도움을 받아야만 합니다.

도움의 다른 표현은 착취입니다. 우리가 한편으론 착취자라는 인식이 있어야 합니다.

    은혜는 피땀의 노고에 신세 지는 '슬픈 은혜'의 면도 있는 것입니다. 이런 인식이 전제될 때 진정으로 우리는 은혜를 입은 존재라는 사실을 직면합니다.

    채식을 권하는 것은 생태계의 폭력을 줄이는 한 방법입니다. 과도한 육식은 생태계의 폭력을 중첩합니다. 육식은 에너지의 밀도가 크기 때문입니다. 이처럼 과도한 육식은 생태계에 큰 부담을 주는 것입니다.

    또한 음식을 남기지 않고 먹는 것은 이 음식만으로 다른 폭력을 가하지 않겠다는 의지입니다. 간식을 삼간다든지 아끼고 나누고 바꿔 쓰고 다시 쓰는 '아나바다 운동'은 폭력을 최소화하겠다는 의지입니다.

    그렇다고 최소한의 폭력이 보은이라 해서 육식을 윤리적으로 지탄해서도 안 될 것입니다. 인간은 육식을 통해 진화해 왔고 육식은 인간의 문화이기 때문입니다.

    채식만 한다고 그것이 폭력에서 아주 자유로워질 수도 없는 것입니다. 식물 입장에서는 채식도 폭력이기 때문입니다.

    우리에게는 폭력에서 벗어나지는 영역이 있는 게 아니라 폭력을 작게 할 뿐입니다. 이러한 최소한의 폭력을 선택하는 노력이 보은의 길에 들어서도록 하는 것입니다.

    본인의 의지에 따라 육식을 금하거나 절제하는 것이지 이를 강제하여 모든 인류가 육식 자체를 금해야 한다는 판단은 타당치 않습니다. 고기를 먹는 것이 너무 가슴 아파서 안 먹는 것은 본인의 의지이지만 육식을 단순히 생명을 경시하는 문화라고 단정할 수도 없습니다. 고기 먹고 더 열심히 힘을 내서 좋은 공덕을 쌓아 나눠가질 수도 있는 것입니다.

    해월 최시형 선생의 말씀처럼 생명은 "하늘이 하늘을 먹는 이천식천以天食天"입니다.

    소태산 대종사의 말로 다시 풀어보면 동포가 동포를 먹기 때문에 최소한의 폭력으로 대해야 하는 것입니다. 최대한 폭력을 줄이고 서로 신세를 적게 지며 피해를 덜 주는 것이 바로 보은報恩의 시작입니다.

소태산 대종사는 원기23년(1938) 무렵 우이동에서 우이령을 넘어 공릉천 냇가를 따라 양주 송추에 있는 황정신행의 별장[지금의 한국보육원]을 일차 다녀오신 적이 있습니다.

황정신행은 소태산 대종사가 상경하시어 돈암동 회관에 계실 때, 이완철 교무 등과 함께 자신의 별장인 양주 송추에 모시고 다녀온 그 당시의 일화입니다.

길 안내를 하던 황정신행이 무심히 솔잎을 훑으니 이를 본 소태산 대종사는 풀 한 포기 나뭇가지 하나라도 꺾지 말고, 생명을 아끼지 않는 마음이 큰 죄를 짓게 되니 삼가라고 말씀하십니다. 사실 황정신행은 괜히 민망하여 솔잎을 뚝뚝 뜯었던 것입니다.

황정신행은 부끄럽기도 하고 산행에 땀도 나서 계곡에 가서 얼굴을 씻으니, 소태산 대종사는 정신행의 행동을 보고 "정신행이 얼굴이 크다."라고 하시며 "흐르는 물이라도 아껴 써야 한다."고 주의를 줍니다.

"이 물이 아래로 흘러가서 논 부치는 사람들이 모두 이 물을 먹고 살고, 모든 움직이는 것들도 이 물을 먹고 삶으로 아껴 써야 하며, 어찌 헤프게 세수를 할 것이오. 흐르는 물이라도 함부로 쓰면 물 없는 곳에 태어나 고초를 받을 수 있소."라고 말씀하십니다.

그러니 아무리 흔한 것이라도 아껴 쓸 줄 모르면 타인의 피땀을 빨아먹는 고혈마라 할 것입니다.

또한, 우리는 자족自足의 존재가 아닙니다. 근본적으로 의존해야 하는 존재입니다.

다른 존재로부터 영양을 공급받아야만 되는 육체적인 관계뿐만 아니라 정신적으로도 타자로부터 도움을 받아야 하는 존재입니다. 자족적일 수 없기 때문에 서로 의존하고 공유하는 사이입니다.

근본적으로 의존하는 존재라는 것을 인식할 때 우리는 타인의 존재와 관심에 감사할 수 있습니다. 은혜를 아는 지은知恩이 되는 것입니다.

우리는 원래 홀로 자족할 수 없는데 함께 하고 공감해주니 고마운 것입니다. 내가 손 내밀 때 상대가 잡아주어야 악수가 되고, 상대가 손 내밀 때만 나는 그 손을 잡을 기회가 있는 것입니다.

　나 스스로 자족할 수 있고 스스로 혼자 행복할 수 있다고 전제하면 타인의 관심과 호의는 부차적인 것이 됩니다. 있어도 그만 없어도 그만이기 때문입니다. 내가 자족적일 수 없는데 함께 있어 주고 손 내밀어 주는 기회를 주니 고마운 것입니다. 이것이 피은被恩이요 사은에 보은하는 자세입니다.

　또한 신세를 안 지려고만 하는 것도 능사가 아닙니다. 신세를 질 때는 신세 지고 그 은혜에 보답하는 것이 사은 보은의 바른길입니다. 신세 질 때 신세 지고 그 신세에 힘입어 더욱 보답하는 것이 사은에 보은하는 것입니다.

　배은하면 될 대로 되라는 식으로 자포자기할 게 아니라 진정으로 뉘우치고 더욱 적극적으로 신세 갚으려 하는 자세가 필요합니다.

　우리는 남의 신세를 안 받고 살 수도 없고 그렇다고 남의 신세를 당연하게만 받아들여서도 안 될 것입니다. 한편으론 신세를 지되 최소화하면서 신세를 갚아가는 그러한 은혜를 생산해 가야 할 것입니다.

　적극적으로 말하면 이 밥을 먹고 더욱 사은에 보은하자는 것이며 희생된 생명을 위해 더욱 서로에게 도움이 되는 관계를 개척하자는 것입니다.

　이 밥을 먹고 공부하여 깨달음의 공덕이 있도록 하는 것도 사은 보은입니다.

　오늘은 은혜를 최소한의 폭력과 자족의 관점에서 살펴보았습니다.

사은과 일원의 진공·묘유·인과

―――― 반갑습니다. 이번 시간에는 일원상의 진리가 어떻게 사은으로 전개되는지 그 관계를 살펴보겠습니다.

『대종경』 교의품 9장의 "일원상은 곧 청정 법신불을 나타낸 바로서 천지·부모·동포가 다 법신불의 화신이요, 법률도 또한 법신불의 주신 바이라"에 따르면 사은은 법신불 일원상의 나타남입니다.

『정산종사법어』 원리편 2장의 초록인 《원광》 제8호에 실린 이공전 수필의 '일원상의 진리와 그 운용법'에서 일원의 진공체와 일원의 묘유와 일원의 인과를 명시하고 있습니다.

《원광》 제8호에 실린 정산 종사의 '일원상의 진리와 그 운용법'입니다.
첫 단락으로, 일원의 진공체와 일원의 묘유를 밝히고 있습니다.
"일원상一圓相의 원래는 모든 상대가 끊어져서 생멸거래가 돈연頓然히 공空하고 대소 유무大小有無가 또한 없으며 부처와 중생의 차별이 끊어지고 선善과 악惡의 업業이 멸하여 말로써 가히 이르지 못하며 사량思量으로써 가히 계교하지 못하며 명상名相으로써 가히 형용하지 못하나니 이는 곧 일원의 진공체眞空體이요, 그 진공한 중에 또한 영지불매靈知不昧하여 광명이 시방을 포함하고 조화造化가 만상을 통하여 무시광겁에 요요하게 항상 주住하고 천만 사물에 은현隱顯함이 자재自在하나니 이는 곧 일원의 묘유妙有이요."

일원의 진공체는 모든 상대가 끊어진 자리로써 눈앞의 언어명상을 떨구어야만 진입할 수 있는 경지로, 현상계의 사고·감정·의지에 붙잡혀서는 앞에 항상 있는데도 볼 수 없는 자리입니다.

이 자리에 들면 일체의 상대성과 이원성이 끊어진 진공한 자리에 안주하면서 또한 텅 빈 거울이 대상이 있든 없든 그 비춤이 여여如如 하듯이 그 영지가 본래 광명하며, 거울이 모든 것을 그대로 비추듯이 조화작용을 스스로 그렇게 원래부터 갖추고 있는 것입니다. 이러한 영지불매하고 조화자재한 자리를 일원의 묘유라 합니다.

즉 〈대각 일성〉의 '생멸 없는 도'는 일원의 진공체이면서 또한 광명과 조화를 본래 갖춘 일원의 묘유 자리입니다.

이어지는 대목입니다.
"진공과 묘유 그 가운데 또한 만법이 운행하여 생멸 거래가 윤회하고 대소 유무가 역력하여 부처와 중생의 차별이 생기고 선과 악의 과보가 달라져서 드디어 육도 사생으로 승급 강급이 생기나니 이는 곧 일원의 인과因果인바"

이는 〈대각 일성〉의 '인과보응되는 이치'를 밝히고 있습니다.

그리고서 진공, 묘유, 인과의 관계를 총합합니다.
"진공과 묘유와 인과가 서로 떠나지 못해서 한 가지 일원의 진리가 되는 것이다."

진공, 묘유, 인과를 종합하면 일원상 한 자리라는 것입니다. 이는 〈대각 일성〉의 '서로 바탕하여 한 두렷한 기틀을 지었도다'와 상통하는 내용입니다.

일원의 진공체는 일원의 묘유를 내함하고 있는 '생멸 없는 불생불멸'의 경지라면, 일원의 인과는 〈대각 일성〉의 '인과 보응되는 이치'에 해당합니다.

상대성과 이원성이 끊어진 절대 자리와 상대적 인과가 여실한 현상 세계가 교차해 있는 일원상은 텅 빈 진공인 동시에 묘유의 자리이면서, 인연에 따라 주면 받고 받으면 주는 돌고 도는 인과의 진리입니다. 진공의 절대계에서 묘유의 광명과 조화가 인과의 현상계로 작동되는 것입니다.

　소태산 대종사께서 '한 두렷한 기틀'이라고 한 일원상은 바로 진공과 묘유뿐만 아니며 현상계인 인과를 하나로 관통하여 '진공과 묘유와 인과가 서로 떠나지 않는 한 가지 일원의 진리'라는 것입니다.

　〈교리도〉에서 인과보응의 신앙문은 생멸에 물들지 않는 불생불멸에 기반하여 잘 짓고 받는 인과보응의 길입니다.
　사은은 일원의 진공체이면서 묘유한 자리가 인연에 따라 생멸 현상되는 인과의 세계입니다.

일원의 묘유	↗	일원의 진공체	= 묘유의 본체	⇒ 사은
	↘	일원의 인과	= 묘유의 작용	

　사은은 일원의 진공체에 기반해 있는 일원의 묘유가 일원의 인과로 작용하는 자리입니다.
　사은은 불생불멸한 진공 자리이면서 영지불매하고 조화가 자재한 묘유 자리가 인연에 따라 인과보응으로 펼쳐지는 생멸인연상입니다. 그러므로 사은은 인과보응의 신앙문인 것입니다.

　사은은 마음과 분리되어 객관적으로 존재하는 것이 아닙니다. 그러한 객관적 사은은 존재한다 해도 의미가 없는 것입니다.
　사은의 실재는 마음 바탕에서 드러나는 천지 만물입니다. 그러므로 청정한 일원상 마음자리에서 사은의 실재를 확인하고 체득해야 합니다.
　자신의 견해에 사로잡혀 사은을 왜곡해서도 안 되지만, 사은의 실재가 마음 여하와 관계없이 독존한다고 단정해서도 안 됩니다. 사은은 마음과 한자리입니다.

　그러므로 청정 일원상 자리에 없어서는 살지 못할 천지의 도가 드러나는 것이며,

청정 일원상 자리에서 무자력자 보호의 도인 부모의 실상을 발견하는 것이며,
　청정 일원상 자리에서 자리이타의 도인 동포의 실상을 드러내는 것이며,
　청정 일원상 자리에서 인도 정의의 공정한 법칙인 법률의 실상을 발현하는 것입니다.

　《원광》제8호에 실린 '일원상의 진리와 그 운용법'은 아마도 『정전』 '일원상의 진리'의 초안으로 여겨집니다. 『정전』 편수 당시 '일원상의 진리'를 초안했던 정산 종사의 원고일 것입니다. 소태산은 이 초안을 좀 더 간략하게 정리한 듯합니다. 일원의 인과를 일원의 묘유 속에 통합했다 할 것입니다.

　오늘은 일원의 진공·묘유·인과와 사은의 관계를 살펴보았습니다.

사은과 경축가

─────── 반갑습니다. 이번 시간에는 소태산 대종사가 대각 직후 지은 〈경축가〉를 통해서 사은을 살펴보겠습니다.

소태산 대종사는 대각 후에 다수의 한시와 가사를 지어 이를 묶어 『법의대전法義大全』이라 이름합니다.

소태산 대종사의 가사는 구인 선진을 위시한 제자들의 구송에 따라 전해져 오던 것을 '종화록'이라는 제목으로 원산 서대원이 채록하여 《회보》 제62호, 시창25년(1940) 신년호에 〈탄식가〉를 위시한 〈경축가〉, 〈권도가〉, 〈만장〉 등을 싣습니다.

〈경축가〉는 일명 〈보은경축가〉라 하였으며, 소태산 대종사가 대각하신 해인 원기 원년(1916) 또는 그 이듬해인 원기 2년(1917) 사이에 지은 가사로 여겨지며, 초기 교리의 순박한 모습을 볼 수 있습니다. 즉 천지은덕·부모은덕·세계은덕·법률은덕의 사중보은四重報恩과 일원대원一圓大圓 등의 용어가 등장합니다. 세계은덕은 후일에 동포은으로 변경되며, 일원대원은 일원상의 초기 표현이라 할 것입니다. 또한 〈경축가〉는 8인 선진이 기도[법인기도] 드리며 심공 할 때 많이 외우던 가사라 합니다.

성가 105장 '세계조판 이 가운데'[부제: 〈보은경축가〉]에 〈경축가〉의 첫 단락이 실려 있습니다. 이 첫 단락에서 보은, 배은, 보은자, 배은자가 등장합니다. 소태산의 대각은 이처럼 사은으로, 모든 존재가 은혜의 당체로 드러난 것입니다.

소태산 대종사의 깨달음인 일원대원은 천지은덕·부모은덕·세계은덕·법률은덕으로 발현하는 자리입니다. 사은은 바로 일원상의 드러남이요 나툼입니다.

〈경축가〉는 사은에 대한 보은을 경축한 노래로, 소태산의 대각은 사은 보은이요 이 사은 보은은 일원상의 나툼입니다.

자! 이제 〈경축가〉를 대목 별로 음미해 보겠습니다.

〈경축가〉

> 세계조판世界肇判 이 가운데 제일 주장 누구신가 만물지중萬物之中 사람이라 사람마다 주장인가 사람이라 하고 보면 위로 보니 보은이요 알로[아래로] 보니 배은이라 보은보공報恩報公하여 있고 배은망덕背恩忘德 알고 보면 제일 주장 되겠더라 없었더라 없었더라 보은자는 없었더라 높았더라 높았더라 보은자는 높았더라 악도로다 악도로다 배은자는 악도로다.

성가 105장의 가사 부분입니다. 이 단락에서 보은, 배은, 보은자, 배은자가 등장합니다. 소태산의 대각은 바로 보은의 안목입니다. 모든 존재가 은혜의 당체로 드러난 것입니다. 보은보공의 공은 공들일 공功 또는 공변될 공公을 쓸 수 있는데 《회보》 제15호에 '보공報公사상'과 《월보》 제39호에 '진심보공盡心報公'이 등장하므로 보은보공報恩報公으로 읽는 것이 타당할 듯합니다.

> 우리 세계 일체 동포 근본이야 같지마는 형형색색 달라 있고 사업동기事業同氣 아니기로 서로 보고 모르도다 사방으로 보고나니 어찌 아니 반가운가 보은보공 알고 보면 무궁지재無窮之財 되어 있고 배은망덕 알고 보면 무궁지보無窮之寶 실렸으니 그 아니 좋으신가.

세계조판은 세상이 열리는 것을 뜻합니다. 『대종경』 전망품 1장에 '개자태극조판'으로 시작되는 『법의대전』의 서문 첫 절처럼 음양 이전의 태극 자리에서 음양으로 펼쳐진다는 뜻입니다.

동포가 근본은 같으나 각각 다르듯이 사업도 동기同氣이나 동기인 줄 모른다는 것입니다. 삼동윤리의 동기연계 동척사업의 원류입니다.

> 입어 보세 입어 보세 천지은덕 입어보세 천지순화 이 가운데 만물포태萬物胞胎 되어 있고 풍운우로 하는 때에 만물양생萬物養生 하여 있고 일월왕래 되는 때에 방방곡곡 밝아 있고 춘하추동 되는 때에 생사유무生死有無 있었도다 이런 은덕 또 있는가
>
> 부모은덕 입어보세 부모은덕 입는 날에 애지중지 길러내어 이리저리 북돋아서 이리저리 자라나니 어찌 아니 은덕인가 이런 은덕 또 있는가
>
> 세계은덕 입어보세 세계은덕 입는 날에는 서로서로 생겨나서 서로서로 작반作伴하여 서로서로 밝혀내어 서로서로 선생 되어 서로서로 지도하니 어찌 아니 은덕인가 이런 은덕 또 있는가
>
> 법률은덕 입어보세 법률은덕 입는 날에 차례법次例法이 생겨나서 상벌로 강령하여 등분等分으로 낙을 삼고 발원發願으로 조직하여 후기약後期約이 생겨나서 세세생생 즐기나니 어찌 아니 은덕인가.

천지은덕=천지은, 부모은덕=부모은, 세계은덕=동포은, 법률은덕=법률은에 관한 소태산 대종사의 감각 감상을 엿볼 수 있습니다. 세계은덕은 후에 동포은으로 변경됩니다.

> 가련하다 가련하다 불신자는 가련하다 너도 입고 나도 입고 서로서로 입어나서 배은망덕 하였나니 어찌 아니 가련인가
>
> 천지로다 천지로다 보은자는 천지로다 귀신일레 귀신일레 보은자는 귀신일레 세계로다 세계로다 보은자는 세계로다
>
> 보은일레 보은일레 수도자修道者가 보은일레 없었더라 없었더라 수도자는 없었더라 수도 이치 아는 사람 부당지사不當之事 아니하고 당연지사當然之事 하였으니 수도자가 이 아닌가.

불신자는 배은자를 말하며, 보은자가 천지이며 신령한 귀신이며 세계이며, 보은하

는 사람이 수도자라는 것입니다. 그러므로 도를 닦는 수도자는 당연한 일과 부당한 일 속에서 당연한 보은의 일과 부당한 배은의 일을 명확하게 분석하여 보은의 길로 나아간다는 것입니다.

> 만세로다 만세로다 수도자는 만세로다 과거사를 보아내어 현재사를 밝혀 내니 미래사의 경사로다 삼세 이치 알고 보니 자유자재 하여 있고 무체무애無滯無碍 되었더라 무체무애 되고 보니 이치 알기 걸림 없고 일용사물日用事物 걸림 없고 왕래往來하기 걸림 없고 존비귀천尊卑貴賤 걸림 없고 수명복록壽命福祿 임의로다 천종만물千種萬物 나열이나 사생四生 중에 제일이요 오복 중에 제일이요 천상천하독존天上天下獨尊일레 남녀 세상 이 때로서 사람이라 하였으니 이런 사업 아니 하고 다시 볼 일 무엇인가.

수도자는 과거사를 보아 현재사를 밝혀내므로 미래사의 경사가 되는 삼세 이치를 꿰뚫기에 사생 중에 제일이요, 오복 중에 제일이요, 천상천하에 존귀한 존재라는 것입니다. 소태산의 불교용어의 섭렵이 보입니다.

> 높고 높은 저 하늘에 무궁 이치 덮여 있고 광대廣大 산하대지山河大地 무궁지물無窮之物 실려 있고 최령하다 보은자는 흉장불사胸藏不死 하여 놓고 무궁무궁 들어가니 배은망덕 없었더라 배은망덕 없었으니 보은가나 불러 보세 삼삼森森으로 벌린 건물 서로서로 주장하여 서로서로 보은하니 화피초목化被草木하여 있고 뇌급만방賴及萬方 이 아닌가 화단에 밝은 화초 지지춘광枝枝春光 되었더라 혼몽 중에 싸인 생명 어서어서 자라나서 어서어서 밝혀 보세 어서어서 밝혀내면 사중보은四重報恩 될 것이요 제도중생濟度衆生 자연이라.

보은자는 가슴 속에 무궁 이치를 품어 불사하여, 배은망덕 없으니 보은가나 불러

보자는 대목이 인상적입니다. 서로서로 보은하니 가지가지 꽃이 피듯이 사은에 보은하는 사중보은 하면 중생제도가 자연 이루어진다는 표현도 인상적입니다.

> 영산에 꽃이 피어 일춘만화—春萬花 아닐런가 일춘만화 되게 되면 사시절이이 아닌가 사시절을 알게 되면 순리역리順理逆理 알 것이요 혼몽자각混夢自覺 될 것이요 풍운변화風雲變化 알리로다 풍운변화 알게 되면 차별 이치 없어지고 일원대원—圓大圓 될 것이니 경축가나 불러보세 경축가 사오성四五聲에 백발이 없어지고 소년시절 이 아닌가 일심으로 경축하니 우리 천지 만만세라 일심으로 경축하니 우리 천지 만만세라.

일춘만화의 봄이 오니 온갖 꽃이 활짝 피듯이, 사시절을 알게 되면 순리역리 알게 되고 풍운변화 알게 되면 차별 이치 없어지고 일원대원이 되는 것입니다. 사시변화와 풍운 변화의 사은은 일원대원입니다. 하나로 두렷한 일원—圓이 사은이요 사은은 크게 두렷한 대원大圓입니다. '경축가 사오성에 백발이 없어지고 소년시절 이 아닌가'처럼 〈경축가〉를 자주 불러 깨달음의 청춘으로 돌아가자는 것이며, '일심으로 경축하니 우리 천지 만만세라'라는 대각의 경축으로 천지를 울리자는 것입니다. 우리 천지가 바로 일원대원의 드러남입니다.

소태산 대종사, 대각을 이루신 후, 심독희자부[心獨喜自負. 마음에 비교할 것이 없이 홀로 기쁘고 스스로 뿌듯함]하여, 그 경로를 생각하시되 "순서 알기가 어렵다" 하시고, "강연이 말하자면 자력으로 구하는 중 사은의 도움이라"[교법의 연원, 『원불교교사』] 하시었습니다. 소태산의 대각에는 사은이 깊어 있습니다. 일원상은 사은으로, 일원상의 사은입니다.
일원상인 사은은 '둥근 은혜'로 대각의 안목으로 드러내 주신 것입니다.

오늘은 사은 장을 총정리하는 마음으로 소태산 대종사께서 직접 지은 〈경축가〉를 살펴보았습니다.

사요四要

시작하는 말

四사要요
自자力력養양成성
智지者자本본位위
他타子자女녀敎교育육
公공道도者자崇숭拜배

사요와 일원상 그리고 사은의 관계

─────── 반갑습니다. 이번 시간부터 제2 교의편 제3장 사요에 대해서 살펴보겠습니다.

사요四要는 자력양성, 지자본위, 타자녀교육, 공도자숭배로 네 가지 중요한 골자요 핵심입니다.

〈교리도〉를 보면 '일원상'을 머리로 모시고 「인과보응의 신앙문」에 들어서면 '사은'과 '사요'를 거쳐 '보은 즉 불공'을 지나 '처처불상 사사불공'으로 마무리합니다. 사요는 인과보응의 신앙문에 속하며, 사은 다음에 배치되어 있고, 이를 '보은 즉 불공'이라 밝히고 있습니다. 보은이 불공이라는 것입니다. 즉 사은에 보은하고 사요를 실천하는 것이 불공으로, 이를 다시 처처불상 사사불공으로 귀결 짓고 있습니다.

이러한 〈교리도〉의 구조와 체계를 통해서 사요의 위상을 확인할 수 있습니다.

첫째, 사요는 일원상에 근원하고 있습니다.
일원상의 진리를 근원으로 모시지 않은 사요는 참다운 사요가 아닙니다.
일원상에 맥을 댈 때 인과보응의 신앙문에 들게 됩니다.
결국 사요는 일원상에 근거한 사요로써 '일원상의 사요'입니다.

자력양성은 짝할 것이 없는 일원상에 근원합니다.
자력양성의 근원처가 일원상으로 온전한 자력처입니다.
어떠한 것에도 비교하고 의존하지 않는 자력처가 바로 온전한 일원상 자리입니다.
어떤 조건이나 환경이나 물질에 기생하거나 의지하지 않는 온전한 자력처입니다.
온전한 일원상 자리에 근원하지 않고서는 자력을 제대로 양성할 수 없습니다.

온전한 자력처인 일원상에 근원하여 자력을 양성하는 것입니다.

지자를 본위本位하는 자리가 일원상 자리입니다.
본위는 곁가지가 아니라 중심입니다. 어떠한 판단이나 선택에서 지혜로운 지자를 중심과 기준으로 삼는 것입니다.
지자본위의 근원처가 일원상 자리입니다. 지우智愚의 분별이 본래 없는 자리에서 지우를 구별하여 지자를 선도자로 삼는 것입니다.
지우 차별이 없는 자리가 드러나야 지자를 본위 할 수 있는 것입니다.
지우의 분별이 없는 가운데 지우가 역력한 일원상 자리가 드러나지 않고서는 지자본위를 제대로 할 수 없습니다.
지자인데 나이가 어리다고 여자라고 본위하지 않는다든지 지자인데 생긴 것이 빈약하다고 본위하지 않는 상황을 맞게 됩니다.
이러한 한계 상황을 뛰어넘어 지자를 본위하기 위해서는 지우의 분별이 없는 가운데 지우를 명백하게 밝히는 일원상 자리에 기반해야 합니다. 그러할 때 지우차별이 없는 가운데 지자를 본위하게 됩니다.

타자녀교육의 근원처가 일원상입니다.
일원상 자리는 자타의 국한이 없기에 자타가 둘이 아닌 자리입니다. 자타의 국한을 벗어나 자타가 둘이 아닌 자리가 일원상 자리입니다.
타자녀교육은 자타의 국한이 없는 자리가 드러나야 합니다. 국한 없는 자리가 드러나지 않고서는 자타가 둘이 아닌 타자녀교육을 제대로 할 수 없습니다.
타자녀는 후진을 이르는 통칭으로, 자타의 국한이 없는 자리에 근원 하여 자타를 둘로 보지 않는 안목으로 모든 후진을 두루 교육하는 것입니다.

공도자숭배의 근원처가 일원상입니다.
지공무사한 일원상 자리에 근거하여 공도자를 숭배하는 것입니다.
지공무사한 마음은 사사로움이 없는 공변된 자리입니다.

나와 너의 차별이 없는 자리이타의 공변된 자리에 근거해서 공도에 헌신하는 것입니다. 공변된 일원상 자리가 드러나지 않고서는 공도자숭배가 제대로 안 되는 것입니다.

이처럼 사요는 일원상 자리에 근거하고 있습니다.
사요는 일원상을 신앙의 대상으로 모시어 실천하는 봉공입니다.

둘째, 사요는 인과보응의 신앙문에서 사은 다음에 있습니다.
사요는 사은의 사회적 변주요 버전입니다.
사요는 사은과 하나입니다. 사은을 전제하지 않고서는 사요는 빛나지 않습니다.
사요는 사은의 다른 모습으로, 사회와 공중公衆의 관점으로 사은을 '다시 읽기'한 것입니다.
사요는 사은을 사회적 차원으로 바라본 세상이요, 천지·부모·동포·법률을 공중의 관점으로 '새로 읽기'한 것입니다.
그러기에 정산 종사는 '사회학자는 사요를 보고 감탄할 것'[『한울안한이치에』]이라고 말씀하십니다.

사회라는 말은 사은 중에 등장합니다. 개인, 가정, 사회, 국가, 세계로 전개되어 있습니다. 이때의 사회는 사회단체로 국가의 범주와 연동된 개념으로 사용하고 있습니다. 그러나 넓은 의미의 사회는 천지·부모·동포·법률을 포괄하는 인간사회입니다. 사회라는 말은 근대에 탄생한 개념으로, 소태산의 일생과 동시대에 유입된 용어입니다. 소태산은 이러한 사회 개념을 공중公衆이라든지 대중大衆이라는 뜻으로 사용합니다.

이처럼 사요는 사은을 사회·공중의 관점으로 '새로 읽기'한 것입니다.
사은에 보은하는 사회 불공이 봉공奉公입니다. 사은 보은이 사요 봉공으로 변주된 것입니다.

셋째, 사요는 인과보응의 신앙문에서 처처불상 사사불공으로 마무리합니다.

사요는 '보은 즉 불공'을 거쳐 '처처불상 사사불공'으로 귀결합니다.

〈교리도〉의 입장에서는 불공이란 보은입니다. 보은을 달리 말해 불공이라 하는 것입니다. 또한 보은은 사요의 입장에서는 봉공입니다. 그러므로 '보은=불공=봉공'입니다.

사은의 변주인 사요의 실천을 통해서 '보은 즉 불공'인 처처불상 사사불공으로 맺는 것입니다.

처처불상의 불상佛像은 깨달음의 실상으로 일원상입니다.

불상의 불佛은 일원상의 일원一圓이라면, 불상의 상像은 일원상의 상相입니다.

자력·지자·타자녀·공도자가 처처불상이라면, 자력양성이 사사불공이며, 지자본위가 사사불공이며, 타자녀교육이 사사불공이며 공도자숭배가 사사불공입니다.

이같이 사요를 실천하여 처처불상 사사불공하는 것은 궁극적으로 〈개교의 동기〉의 '광대무량한 낙원'으로 인도하는 구체적인 방법입니다. 사요 실천을 통해 광대무량한 낙원으로 가꾸어 가는 것입니다.

소태산 대종사는 "나의 교법 가운데 일원을 종지로 한 교리의 대강령인 삼학 팔조와 사은 등은 어느 시대 어느 국가를 막론하고 다시 변경할 수 없으나, 그 밖의 세목이나 제도는 그 시대와 그 국가에 적당하도록 혹 변경할 수도 있나니라."[『대종경』 부촉품 16장]라고 밝히고 있습니다.

이 말씀에 따라 사요는 교리의 대강에서 고치거나 제외할 수 있다고 여기곤 합니다.

그러나 사요는 일원상의 진리에 근원하는 교법이며 사은의 다른 모습이기에 그 강령은 변경되거나 없앨 수 있는 게 아닙니다. 사요의 강령은 변경될 수 없으며 다만 그 조목은 시대와 지역에 따라 타당하게 해석되어야 할 것입니다.

사요는 일원상의 진리에 근원하는 공중公衆에 대한 봉공으로, '인류문명을 전반 세계로 인도하는 안내서'입니다.

오늘은 사요와 일원상, 사요와 사은의 관계에 대하여 〈교리도〉를 통해 살펴보았습니다.

사은의 변주, 사요四要

반갑습니다. 소태산 대종사는 〈교리도〉의 인과보응의 신앙문에 사은과 사요를 신앙문의 방법으로 병립해 놓았습니다. 사은으로 신앙문을 획일해도 되는데 사요를 병립한 이유가 있습니다. 사은과 사요를 병립해 놓은 구조에 소태산 대종사의 깊은 뜻이 실려 있습니다.

사요의 요要는 요긴한 핵심으로, 부챗살이 모이는 중심이요 문지도리와 같은 축입니다.

사은은 없어서는 살 수 없는 은적恩的 관계라면 사요는 이러한 은적 관계를 인간사회의 관계에 변주시킨 중요한 방법입니다. 사요는 사은을 인간 사회관계로 변주한 봉공입니다. **이처럼 사요는 '사회 봉공의 지침서'로 '정신계의 사회과학서'입니다.**

인연의 관계로 보면 천지 만물이 다 은혜로 보은의 대상이며,

공들이는 안목으로 보면 모두가 처처불상으로 불공의 대상이며,

인간사회에서 공도의 시각으로 보면 모두가 공중公衆의 공물公物인 봉공의 대상이 됩니다.

구분하면 보은·불공·봉공의 대상이지만, 한자리로 보면 일원상을 신앙하는 동일 대상입니다.

사요를 실천하는 봉공은 사은에 보은하는 또 다른 모습입니다.

법신불 일원상은 천지·부모·동포·법률의 은혜성입니다.

은혜의 근원을 일원상이라 하며, 없어서는 살 수 없는 관계성을 사은이라 합니다.

이러한 법신불 일원상인 사은을 인간사회의 관점에서 다시 구성한 것이 사요입니다.

사요는 인류 사회의 관점에서 사은에 보은하는 길입니다.

즉, 사요는 법신불 일원상의 발현인 사은을 인간사회에서 실현하는 다른 방법입니다.

사요는 법신불 일원상을 인간사회의 장에서 사회성으로 실현하는 모습입니다.

예를 들면, 자력양성의 '힘 미치는 대로 자력 없는 사람에게 보호를 주자는 것'은 인간사회의 관계 속에서 자력으로 살 수 있도록 '힘 미치는 대로 무자력한 사람에게 보호를 주자'는 자력 공급의 부모 피은의 강령과 통해 있으며,

지자본위의 '근원적으로 차별 있게 할 것이 아니라, 구하는 때에 있어서 하자는 것'은 인간사회의 관계 속에서 스승과 지도인 또는 자극 주는 경계를 통해서 지혜 공급의 은혜성을 실천하는 봉공으로, 동포 피은의 조목인 '사士는 배우고 연구하여 모든 학술과 정사로 우리를 지도 교육하여 줌이요'와 법률 피은의 조목인 '사농공상의 기관을 설치하고 지도 권면에 전력하여 지식을 함양하게 함이요'와 통하며,

타자녀교육의 '자타의 국한을 벗어나야 한다는 것'은 '천지의 광대무량한 도를 체받아서 편착심을 없이 할 것이요'와 상통하며, 타자녀교육의 목표인 '동포가 다 같이 낙원 생활하자'는 것은 동포 보은의 결과와 관련됩니다. 이는 인간사회의 관계 속에서 서로서로 가르쳐주고 길러주는 교육 공급의 은혜성을 실천하는 봉공입니다.

공도자숭배의 '과거 공도사업의 결함 조목'을 보면 '생활의 강령이요 공익의 기초인 사농공상의 전문교육이 적었음이요'는 동포 피은의 강령과 관련되며, '사농공상의 시설기관이 적었음이요'는 법률 피은의 조목과 관련됩니다. 이는 인간사회의 관계 속에서 더불어 살 수 있도록 관계의 토대를 공급해 주는 공익 공급의 은혜성을 실천하는 봉공입니다.

사요는 사은의 연장선 속에 있는 보은의 방법입니다.

이처럼 사요는 사은의 다른 모습으로, 인간 사회관계에 적용되는 사은의 변주요 버전입니다.

이공주 수필의 '사요'에 대한 소태산 대종사의 법문입니다. [《원광》 23호, 1958년 3월호. 구타원 이공주 법문집 II, 『인생과 수양』]

"자력양성 조목의 공부를 잘하면 누구나 의뢰심과 원망심이 끊어지고 따라서 자력생활을 하게 되리니, 이는 남녀평등·인류평등을 권장하는 법이니라. 지자본위 조목의 공부를 잘하면 우치와 무식이 감소하고 인지가 발달함에 따라서 지자가 많이 생겨나게 되리니, 이는 지식평등을 권장하는 법이니라. 타자녀교육 조목의 공부를 잘하면 무산한 타인의 자녀라도 가르치게 되고 따라서 교육의 혜택을 받는 자가 많아지리니, 이는 교육평등을 권장하는 법이니라.

공도자숭배 조목의 공부를 잘하면 공익심과 자선심이 생겨나고 따라서 공익기관이 불어남에 무식과 빈한인이 점퇴되리니, 이는 생활평등을 권장하는 법이니라."

또한 사요를 총결하여 말씀하시기를 "사요법을 실천함에 인류평등·지식평등·교육평등·생활평등이 실현되어 개인·개정·사회·국가 한 걸음 나아가 전 세계 온 인류가 평화 안락한 생활을 하게 되리니, 사은은 우리 인류의 생명수요 사요는 인간의 생활로生活路이니라."

이는 소태산의 사요에 대한 핵심 정리입니다. 평화 안락한 사회를 이루기 위해서는 사요 실천으로 인류평등·지식평등·교육평등·생활평등을 이루는 인간의 생활로를 이행하라는 것입니다.

사요는 원만평등한 일원상에 바탕 하여, 이 평등한 자리로써 개인·가정·사회·국가·세계를 경영하여 인류 사회를 전반세계[평등 세계]로 가꾸는 제생의세법입니다.

소태산 대종사는 일원상의 진리에 기반 하는 사요를 밝혀주신 것입니다. 원만평등한 일원상에 따라 사요를 전개하고 있습니다. 그러므로 사요를 모르고는 일원상에 토대를 둔 사회봉공·사회불공을 개척할 수 없는 것입니다.

사요의 자력양성, 지자본위, 타자녀교육, 공도자숭배는 상호 밀접한 연결 관계입니다. 자력양성 없는 지자본위 없고, 지자본위 없는 타자녀교육 없고, 타자력 교육 없는 공도자숭배 없고, 공도자숭배 없는 자력양성은 없는 것입니다. 또한 자력양성과 공도자숭배의 관계가 서로 깊게 연동되어 있고, 지자본위와 타자녀교육의 관계가 서로 긴밀하게 연동되어 있습니다. 이처럼 사요는 서로가 서로를 필요로 하는 선순환 관계입니다.

　사요 실천은 물질문명 시대에서 정신문명을 가꾸는 지침으로, 사요는 인류문명의 안내서요 정신계의 사회과학서라 해도 무방합니다.
　결국 사요는 일원상의 발현인 사은을 인간사회에 변주하여 봉공 사회가 되도록 한 것입니다. 사은과 사요는 일원상 한자리의 나툼입니다.

　이번 시간에는 사요는 일원상의 직용인 사은의 변주라는 시각으로 살펴보았습니다.

사요四要

자력양성

自_자力_력養_양成_성

『정전』 읽기 Reading

제1절 자력양성(自力養成)

1. 자력양성의 강령

　자력이 없는 어린이가 되든지, 노혼(老昏)한 늙은이가 되든지, 어찌할 수 없는 병든 이가 되든지 하면이어니와, 그렇지 아니한 바에는 자력을 공부삼아 양성하여 사람으로서 면할 수 없는 자기의 의무와 책임을 다하는 동시에, 힘 미치는 대로는 자력 없는 사람에게 보호를 주자는 것이니라.

2. 과거의 타력 생활 조목

　1) 부모·형제·부부·자녀·친척 중에 혹 자기 이상의 생활을 하는 사람이 있으면 그에 의지하여 놀고 살자는 것이며, 또는 의뢰를 구하여도 들어주지 아니하면 동거하자는 것이며, 또는 타인에게 빚을 쓰고 갚지 아니하면 일족(一族)이 전부 그 빚을 갚다가 서로 못 살게 되었음이요,

　2) 여자는 어려서는 부모에게, 결혼 후에는 남편에게, 늙어서는 자녀에게 의지하였으며, 또는 권리가 동일하지 못하여 남자와 같이 교육도 받지 못하였으며, 또는 사교(社交)의 권리도 얻지 못하였으며, 또는 재산에 대한 상속권도 얻지 못하였으며, 또는 자기의 심신이지마는 일동 일정에 구속을 면하지 못하게 되었음이니라.

3. 자력자로서 타력자에게 권장할 조목

　1) 자력 있는 사람이 부당한 의뢰를 구할 때는 그 의뢰를 받아주지 아니할

것이요,

2) 부모로서 자녀에게 재산을 분급하여 줄 때는, 장자나 차자나 여자를 막론하고 그 재산을 받아 유지 못할 사람 외에는 다 같이 분급하여 줄 것이요,

3) 결혼 후 물질적 생활을 각자 자립적으로 할 것이며, 또는 서로 사랑에만 그칠 것이 아니라 각자의 의무와 책임을 주로 할 것이요,

4) 기타 모든 일을 경우와 법에 따라 처리하되 과거와 같이 남녀를 차별할 것이 아니라 일에 따라 대우하여 줄 것이니라.

4. 자력양성의 조목

1) 남녀를 물론 하고 어리고 늙고 병들고 하여 어찌할 수 없는 의뢰면이어니와, 그렇지 아니한 바에는 과거와 같이 의뢰 생활을 하지 아니할 것이요,

2) 여자도 인류 사회에 활동할 만한 교육을 남자와 같이 받을 것이요,

3) 남녀가 다 같이 직업에 근실하여 생활에 자유를 얻을 것이며, 가정이나 국가에 대한 의무와 책임을 동등하게 이행할 것이요,

4) 차자도 부모의 생전 사후를 과거 장자의 예로써 받들 것이니라.

자력양성의 강령

─────── 반갑습니다. 이번 시간에는 사요의 '자력양성의 강령'에 대해 살펴보겠습니다.

사요의 요要는 부채를 접고 필 때의 중심 같은 역할로 중요하고 요긴한 핵심입니다.
사요는 사은의 은혜가 인간사회의 차원으로 달리 변현變現된 사은의 변주라 할 수 있습니다. 그러므로 '사은 보은' 즉 '사요 실천'입니다.
이러한 사요의 첫째 대목인 자력양성은 사요 전체의 성격을 좌우하는 중요성을 가지고 있습니다. 그러므로 '자력양성의 강령'이 정초되지 않는다면 사요 전체가 흔들리게 될 것입니다.

먼저 '자력양성의 강령'을 봉독하겠습니다.

> "자력이 없는 어린이가 되든지, 노혼老昏한 늙은이가 되든지, 어찌할 수 없는 병든 이가 되든지 하면이거니와, 그렇지 아니한 바에는 자력을 공부삼아 양성하여 사람으로서 면할 수 없는 자기의 의무와 책임을 다하는 동시에, 힘 미치는 대로는 자력 없는 사람에게 보호를 주자는 것이니라."

'자력양성의 강령'은 세 단락으로 나눌 수 있습니다.
첫째 단락은 '무자력자'의 정의입니다.
"자력이 없는 어린이가 되든지, 노혼老昏한 늙은이가 되든지, 어찌할 수 없는 병든 이가 되든지 하면이거니와" 단락으로, 무자력자는 도움 없이는 스스로 살 수 없고 스스로 성장할 수 없는 어린이나 나이 들어 노약하거나 정신이 흐린 노인과 병들어 어찌할 수 없는 병자라 규정하고 있습니다.

둘째 단락은 자력양성의 내용입니다.
"그렇지 아니한 바에는 자력을 공부삼아 양성하여 사람으로서 면할 수 없는 자기의 의무와 책임을 다하는" 단락으로, '그렇지 아니한바'는 어린이나 노혼한 노인이나 병자가 아닌 이상에는의 뜻이며, 자력양성이란 자력을 공부삼아 사람의 의무와 책임을 다하는 것이라고 정의합니다.

셋째 단락은 자력양성의 범위입니다.
"동시에 힘 미치는 대로는 자력 없는 사람에게 보호를 주자는 것이니라." 단락으로, 자력양성하여 힘이 미치고 힘닿는 데까지 무자력자를 보호하는 데 기여하라는 자력양성의 범위를 밝히고 있습니다.

소태산 대종사 말씀하시기를 "이 세상에 행복한 사람 둘이 있나니, 하나는 제힘으로 제가 살아가는 사람이요, 둘은 제힘으로 남들까지 살려주며 살아가는 사람이다."[『대종경선외록』 9. 영보도국 20절]라고 행복한 자력의 길을 일러주십니다.
자력을 양성하여 제힘으로 자기의 의무와 책임을 다하는 동시에 모두가 자력을 양성하여 자기의 의무와 책임을 다 할 수 있도록 도와주라는 것입니다.

자력양성의 자력은 일원상 성품자리에 바탕 하는 자력입니다. 자력양성은 의존할 것이 없는 성품 자리에 따라 현실에서 스스로 주인이 되는 권리를 구현하는 의지입니다.

일원상 성품 자리는 짝할 것이 없는 상대심이 끊어진 자리로 항상 홀로 드러나 있는 독존 자리입니다. 이처럼 비교되지 않는 온전한 자력은 일원상 자리에 근원 합니다.
본래 의존할 것이 없는 일원상 성품에 바탕 할 때 자기답게 살 수 있는 것입니다. 누군가에게 의존하거나 종속되어 사는 것이 아니라 자기가 자기의 주인이 되어 자기

의지대로 사는 것입니다. 이러한 삶이 바로 자력 생활입니다.

본래 의존할 것이 없는 성품 자리에 근본 하는 자력의 씨앗을 뿌려 자력의 꽃을 피워 자력의 열매를 맺는 것입니다.

일원상 성품에 토대한 자력양성은 남과 견주어서 자신의 우월성을 확인하는 차원이 아니라, 끊임없이 자기완성의 길을 모색하는 자기 성숙과 자아 확장의 길입니다. 자력양성은 남과 비교하는 우월의 힘이 아니라 자기 안에서 성숙해 가도록 살피는 숙성의 힘입니다.

소태산 대종사는 자력을 공부삼아 양성하여 사람으로서 면할 수 없는 자기의 의무와 책임을 다하는 자력양성을 주창主唱합니다.

자기의 의무와 책임을 다하기 위해 자력을 양성하는 것입니다. 자력양성이 의무요 책임입니다. 왜냐하면 우리가 무자력할 때 자력자의 도움을 받았기 때문에 자력자가 되는 것이 의무요 책임이면서 더불어 무자력자를 보호하는 것이 의무요 책임입니다.

무자력할 때 자력자의 도움으로 자력을 얻게 된 은혜를 자각하여 자력을 양성할 뿐만 아니라 힘 미치는 대로 역량 닿는 대로 무자력자를 보호하는 것입니다.

소태산 대종사는 이러한 자력을 공부삼아 양성하라 합니다. 마치 학생이 학업능력을 키우듯이 자력을 양성하는 과정을 공부심으로 진행해 가라는 것입니다. 공부하듯이 자기 힘을 키우라는 것입니다.

'자력양성'의 시원은 '남녀권리동일'입니다. 자력은 권리입니다.

이 '남녀권리동일'은 후에 '자력양성'으로 명칭이 변경되는데, 남녀의 권리문제를 넘어 인간 일반의 자력으로 지평을 넓힌 것입니다.

권리는 각자의 문제이면서 사람과 사람 간의 문제로, 인간은 권리를 확보하지 못하면 자유롭지 못하고 지배받게 됩니다.

그러므로 인간이 인간답게 살기 위해서는 자신의 권리가 확보되어야 하며 권리를 확보하기 위해서는 자신의 힘을 양성하여 강화하고 고양하여 자기의 힘으로 상황을 해결하고 책임지는 능력이 있어야 합니다.

이러한 권리 확보가 안 되면 타인에게 의존할 수밖에 없으며 더 나아가 종속 받게 됩니다. 의존적 인간은 타인에게 기생하거나 또는 타인의 지배를 받게 됩니다.

권리 추구는 인간 세상의 중요한 문제입니다. 권리를 배양하고 권리를 주장하며 권리를 보호하려는 의지가 있는 사람만이 자기답게 살 수 있기 때문입니다. 자력을 양성하자는 것은 사람으로서의 주체적인 권리를 추구하는 것입니다.

이에 대산 종사는 "자력은 인권人權이요 권리로 자력을 양성하여야 인권차별이 없어지고 인권평등이 된다."[『정전대의』]라고 하셨습니다.

이처럼 자력양성은 자기 권리의 주체 의지요 주권 의지까지 포괄하는 힘입니다. 개인의 능력과 역량의 확대이며 정치 사회적 영역까지를 포괄하는 사회적 권리까지입니다.

자력은 의식, 사상, 이념, 가치, 의미, 정보, 신체, 건강, 정치, 경제, 행복 등의 주권으로, 대산 종사는 이를 정신의 자주력, 육신의 자활력, 경제의 자립력[『정전대의』]으로 대별합니다.

이처럼 자신의 권리를 양성하여 자신의 권리를 주체적으로 누리는 자력 생활은 회피해서는 안 될 우리의 당면과제입니다. 다만 권리는 절대적인 권리가 아닙니다. 상대적인 관계 속에서 상호적인 주권입니다.

이와 같은 자력을 양성하여 자신의 권리를 누린다는 뜻은 달리 말해 타인의 권리도 존중하고 보장해야 한다는 뜻입니다. 내 권리와 타인의 권리는 같은 선상에 있는 것입니다.

내 입장에서의 권리는 타인의 입장에서는 타인의 권리입니다. 내 권리가 침해되지 않도록 하듯이 타인의 권리도 침해당하지 않도록 존중해야 합니다. 타인의 권리를 보호하지 않고서 내 권리가 보호되지 않기 때문입니다.

자력양성자는 자신의 권리를 양성하는 방식으로 타인의 권리도 보호하는 것입니다. 이처럼 주권을 등가等價로 교환하는 것은 사람이라면 외면해서는 안 될 의무요 책임입니다.

그러므로 자력양성자가 가정에 처하면 가족의 권리가 잘 발현되도록 할 것이며, 사회에 처하면 사회 구성원들의 권리가 보호되고 향상되도록 할 것입니다. [자력양성의 조목]

더 나아가 자력양성자는 상호 권리를 존중하는 동시에 무자력자를 보호합니다. 왜냐하면 무자력자를 방치한다는 것은 결국 자신이 무자력할 때의 권리보장을 외면하는 것이기 때문입니다.

소태산 대종사는 "자력을 양성하여 자신의 의무와 책임을 다하는 동시에 힘 미치는 대로 자력 없는 사람에게 보호를 주라."고 하십니다. 소외된 타인의 권리에 관심을 가질 때 진정 자신의 권리도 지켜지기 때문입니다.

자력양성과 무자력자 보호는 연동된 양면입니다. 자력은 개인의 차원을 넘어 사회적 차원의 자력까지를 포괄합니다.

오늘은 사요의 '자력양성의 강령'에 대해 살펴보았습니다.

과거의 타력생활 조목

─────── 반갑습니다. 사요의 '자력양성' 중에서 '과거의 타력생활 조목'에 대해 살펴보겠습니다.

타력생활은 의뢰생활입니다. 자력양성은 의뢰와 연계된 뜻으로 '과거의 타력생활 조목'을 돌이켜 보아서 자력생활하라는 것입니다.

초기교서인 『육대요령』의 법마상전급 3조에 '부정당한 의뢰심을 두지 말라'는 계문을 두었습니다. 의뢰심을 계문으로서 단속할 정도로 중요하게 여긴 것입니다.

사람들은 관계 속에서 살기 때문에 태생적으로 의존적입니다. 서로 의존하는 관계를 떠나서는 살 수 없는 것입니다. 다만 건강한 의존과 병든 의존의 차이가 있을 뿐입니다. 의존하되 병적인 의존인 의뢰생활은 경계하라는 것입니다.

소태산 대종사는 의뢰생활인 '과거의 타력생활 조목'을 제시합니다.

그 첫째 조목이 의뢰생활입니다.

> "부모·형제·부부·자녀·친척 중에 혹 자기 이상의 생활을 하는 사람이 있으면 그에 의지하여 놀고 살자는 것이며, 또는 의뢰를 구하여도 들어주지 아니하면 동거하자는 것이며, 또는 타인에게 빚을 쓰고 갚지 아니하면 일족一族이 전부 그 빚을 갚다가 서로 못 살게 되었음이요."

이 대목은 조선 후기의 사회현상으로, 이를 현대적으로 다시 읽어보면 성인이 되어서도 부모로부터 경제적 독립을 할 수 없는 사회구조라 할 겁니다. 개인부채 또는 가계부채가 늘어나 부채에 사로잡혀 사는 사회현상으로 해석할 수 있습니다. 조선 후기의 병든 의뢰생활이 현재에도 반복 재생될 수 있으니 역사의 가르침을 통해 주의하고 경계해야 할 것입니다. 의뢰생활은 타인에게 짐이 되거나 부담을 떠안기는 삶입니다.

둘째 조목은 남녀권리의 차별입니다.

> "여자는 어려서는 부모에게, 결혼 후에는 남편에게, 늙어서는 자녀에게 의지하였으며, 또는 권리가 동일하지 못하여 남자와 같이 교육도 받지 못하였으며, 또는 사교社交의 권리도 얻지 못하였으며, 또는 재산에 대한 상속권도 얻지 못하였으며, 또는 자기의 심신이지마는 일동 일정에 구속을 면하지 못하게 되었음이니라."

이는 조선 후기의 삼종지도三從之道로써 여성의 남성에 의한 종속의 역사입니다. 가부장 사회의 핵심으로 여성의 남성에 대한 전 생애에 걸친 종속 현상입니다.

현대사회에도 남녀 간에 교육이나 사교의 권리와 재산권에 차별이 있다면 이는 남녀 차별입니다. 또한 사회체제에 있어 여성에게 불합리하고 차별적인 유리천장[보이지 않는 장벽]이 있다면 이도 현대적 의미의 남녀 차별입니다.

과거의 의뢰생활과 남녀 차별을 현대 관점에서 살펴보면 주권의 문제와 관련됩니다.
타력생활이 종속의 삶이라면 자력생활은 자기 삶의 주도권을 가진 주인공의 삶입니다. 자력은 자기의 삶을 종속이 아닌 주인으로 살 수 있게 하는 주권입니다.
의뢰생활인 타력생활은 자기다운 모습으로 사는 게 아니라 상대가 바라는 모습으로 사는 것입니다. 자기다운 가치보다 타인의 기대와 요구에 따라 사는 것입니다. 부모의 기대나 스승의 요구 또는 타인의 시선에 따라 자기의 삶을 규정해 가는 것으로, 삶의 주인공이 아니라 객客이 되는 것입니다.

자력자는 의존적 타력에 기대지 않습니다. 의존은 지배받는 삶입니다. 자력이 없이 의지하면 끝내는 타인에게 종속되는 삶일 뿐입니다. 스스로 자기의 삶을 자기답게 꽃피우는 주인공이 되어야 자신을 사랑할 수 있으며, 자기의 삶을 사랑할 때 타인도 사랑할 수 있습니다. 누군가에 의존하거나 기생하는 의뢰의 삶은 결국 상대에게 조종당하는 격입니다.

남이 아무리 선의로 조언을 한다 해도 그 말은 조언일 뿐입니다. 선택은 자신이 하는 것으로, 조언은 조언으로 끝나야 하는 데 그 조언이 맹목적 의뢰가 되면 조언하는 타인에 의해 조종되는 것입니다. 자기답고 자기의 삶에 당당할 때 상대와 진정한 교류를 할 수 있습니다.

사제 간에서도 진정한 스승은 제자를 지배하고 조종하지 않습니다. 스승은 자력으로 자기답게 살도록 제자를 스승의 영향권에서도 벗어나도록 합니다. 처음엔 스승의 스타일을 따라 자기다운 삶을 가꾸어 가는 디딤돌로 삼도록 하지만 끝내는 이마저도 디디고 넘어서도록 합니다. 이처럼 스승의 색깔에서도 벗어나 자기다울 때 진정 스승과 조우하는 순간이기 때문입니다.

자력을 양성하는 것은 자신다운 가치를 활짝 꽃피우는 것입니다. 개나리는 개나리대로, 고마리는 고마리대로, 할미꽃은 할미꽃대로 자기다운 아름다움을 꽃피우는 삶입니다.

그러므로 우리는 '과거의 타력생활의 조목'을 보감 삼아서 자력생활을 개척해야 합니다.

자력은 세상에서 유일한 '자기다움'입니다. 그러므로 자력생활은 자기만의 가능성과 삶을 긍정하는 능력이라면 의뢰하는 타력생활은 타인에게 의뢰하거나 종속되는 생활입니다.

정산 종사는 자력양성의 대지를 다음과 같이 해설합니다.

"먼저 생활 방면에 자력을 본위 하여 사람으로서 면할 수 없는 의무와 책임을 같이 지키자는 것이요, 정신 방면에서도 자력 신앙을 근본 하여 모든 신앙을 자기가 주인이 되어 믿자는 것이며, 모든 공부를 자기가 주인이 되어 수행하자는 것이며, 모든 사업을 자기가 주인이 되어 정성을 바쳐서 모든 일에 자타력을 병진하되 자력을 근본으로 실행하자는 것이니라." [『정산종사법어』 경의편 10장]

이처럼 자력을 본위 하여 자기가 주인이 되어 믿는 것이며, 자기가 주인이 되어 수행하는 것이며, 자기가 주인이 되어 정성을 다하는 것입니다.

자력자는 주인의 삶을 삽니다. 이러한 자력자는 타인을 자신의 도구로 삼지 않습니다. 타인을 종으로 부리는 순간 그 자신이 그에게 의존하는 삶이 되기 때문입니다.

타인을 주역으로 대할 때 나도 주역이 되는 것입니다. 그러므로 자력자는 자신의 역량이 미치는 만큼 자력 없는 사람을 자력자가 되도록 보호하고 도와주는 것입니다.

즉 자력양성하는 자력자는 상대를 자력자가 되도록 도와주며 그러한 자력자들과 유대하여 자력의 세력을 확장하는 것입니다.

오늘은 사요의 '자력양성' 중에서 '과거의 타력생활 조목'에 대해 살펴보았습니다.

자력자로서 타력자에게 권장할 조목과 자력양성의 조목

반갑습니다. 이번 시간에는 사요의 '자력양성' 절에서 '자력자로서 타력자에게 권장할 조목'과 '자력양성의 조목'에 대해 살펴보겠습니다.

'자력양성의 강령'에서 자력을 양성하여 자기의 의무와 책임을 다하는 동시에 무자력자를 보호하라 하였으며, '과거의 타력생활 조목'에서는 타력생활인 의뢰생활의 현상과 여자가 남자에게 종속되었던 역사를 예시例示하고 있습니다.

소태산 대종사는 이러한 '자력양성의 강령'과 '과거의 타력생활 조목'에 비추어 '자력자로서 타력자에게 권장할 조목'과 '자력양성의 조목'을 제시합니다.

먼저 '자력자로서 타력자에게 권장할 조목'을 봉독하겠습니다.

> 1. 자력 있는 사람이 부당한 의뢰를 구할 때에는 그 의뢰를 받아주지 아니할 것이요,
> 2. 부모로서 자녀에게 재산을 분급하여 줄 때에는, 장자나 차자나 여자를 막론하고 그 재산을 받아 유지 못할 사람 외에는 다 같이 분급하여 줄 것이요,
> 3. 결혼 후 물질적 생활을 각자 자립적으로 할 것이며, 또는 서로 사랑에만 그칠 것이 아니라 각자의 의무와 책임을 주로 할 것이요,
> 4. 기타 모든 일을 경우와 법에 따라 처리하되 과거와 같이 남녀를 차별할 것이 아니라 일에 따라 대우하여 줄 것이니라.

1조는 자력자로서 부당한 의뢰생활을 하는 타력자를 대하는 태도라면, 2조 3조 4

조는 자력자로서 남녀권리동일을 행할 조목입니다.

1조의 부당한 의뢰생활의 경우에 인간은 서로 도움을 주고받으며 살아가지만, 자력 없는 의존은 경계하라는 것입니다. 자력 없는 의존은 부당한 의뢰생활이니 받아주지 말라는 것입니다.

정산 종사는 각성하지 못한 사람들의 의뢰하는 심리에 대해서 "첫째는 자기가 능히 할 일을 남에게 미루고 자기는 편히 지내는 것이요, 둘째는 죄와 복이 자기에게 근본 해서 자타력이 병진하는 이치를 알지 못하고 한갓 이치 없는 타력의 믿음에 미혹함이리라."[『정산종사법어』경의편 11장]라고 적시摘示합니다. 기생하는 의뢰인지, 이치 없는 타력에 의존하고 있는지 각성하라는 것입니다.

또한 재산상속의 경우에 유지하지 못할 상황 외에는 평등하게 상속할 것이며, 대우에서도 남녀를 근본적으로 차별할 것이 아니라 일에 따라 대우하라는 것입니다.

특히 3조의 경우, 소태산 대종사는 앞으로 세상은 부부도 각자의 권리가 강화되어 문패도 나란히 달고 경제권도 각자 관리하며 사랑에만 머물지 않고 각자가 맡을 의무와 책임을 다한다고 전망합니다. 사랑이 어긋날지라도 자식에 대한 부모로써의 책무는 다한다는 것입니다.

이처럼 자력양성은 남녀에 있어 교육의 기회를 균등하게 하고, 의무와 책임도 같이 지며, 지위와 권리도 같이 주어서, 서로 간에 의뢰심을 철폐시켜 여자는 남자가 아니라도 살만하고 남자는 여자가 아니라도 살만한 자력을 얻도록 하는 것입니다. [사은 사요의 필요, 《회보》 제26호]

공타원 조전권 교무는 소태산 대종사의 말씀을 회고합니다.

"부부간에도 의무와 책임을 주로 하지 사랑을 주로 하지 않는다. 문밖에 부부 간판[문패] 따로 붙여놓고 산다. 보고 싶으면 몇 가지 음식 해 놓고 남편 초청해, 음식상도 남녀 똑같이 받고 교육비도 각기 절반씩 부담한다."

소태산 대종사는 미래의 가족은 부부가 각자의 독자적인 경제권을 가진 가운데 서로 교류하는 삶을 살 것이며, 부모 각자의 성을 자녀들에게 물려줄 것이라고 하셨습니다.

부부간에 서로 초대하여 식사 및 성생활을 할 것이며, 자녀를 낳으면 상의하에 부계와 모계를 따르도록 한다는 것입니다. 미래 사회는 부부 각산夫婦各産과 부모 각성父母各姓을 시행한다는 것입니다. 가부장은 과거의 유산이 될 것이며 미래의 가족제도 및 남녀 관계는 권리가 동일한 제도로 구축한다는 것입니다.

이어서 '자력양성의 조목'을 봉독하겠습니다.

> 1. 남녀를 물론 하고 어리고 늙고 병들고 하여 어찌할 수 없는 의뢰면이거니와, 그렇지 아니한 바에는 과거와 같이 의뢰 생활을 하지 아니할 것이요,
> 2. 여자도 인류 사회에 활동할 만한 교육을 남자와 같이 받을 것이요,
> 3. 남녀가 다 같이 직업에 근실하여 생활에 자유를 얻을 것이며, 가정이나 국가에 대한 의무와 책임을 동등하게 이행할 것이요,
> 4. 차자도 부모의 생전 사후를 과거 장자의 예로써 받들 것이니라.

1조는 의뢰생활을 하지 말고 자력생활을 하라는 것이면, 2조와 3조는 남녀권리동일의 실행 조목입니다.

1조에 무자력자에 대한 정의가 명시되어 있습니다. 즉 어리고 늙고 병들고 하여 어찌할 수 없는 경우가 무자력할 때이니, 이러한 경우 외에는 자력으로 살아가라는 것입니다.

소태산 대종사는 고양이가 새끼를 자력이 생기도록 키우는 '고양이의 자녀교양법'이라는 법설[시창27년 1월 공회당 선방]을 통해 슬기로운 고양이를 선생 삼으라 하면서 자력 없는 의뢰생활을 경계시킵니다. 또한 '자력생활은 비하건대 하늘의 창고[천고天庫]를 발견한 것'이라면 '의뢰생활로 구박을 받는 것은 타력생활의 죄벌이 분명하다'라고 비유합니다.

2조에서는 여자도 남자와 같이 교육을 받을 권리를 주장합니다. 자력과 교육은 서

로 떼려야 뗄 수 없는 관계입니다. 교육받아야 자력이 서기 때문입니다.

또한 3조에서는 남녀 각자가 경제력을 창출하는 건실한 직업에 힘써서 생활에 자유를 도모하라는 것이며, 자력을 갖추어 가정이나 국가에 대한 의무와 책임을 동등하게 이행하라는 것입니다. 가정이나 국가의 의무와 책임을 다할 때 더욱 주권을 확립할 수 있다는 원칙입니다.

국가란 국민 또는 시민의 안전과 안녕을 제공하는 기관이므로, 국가의 강제력은 남녀 국민 및 시민을 보호하는 한에서 그쳐야 합니다. 즉 시민의 의무와 책임을 보호하는 선에서 작동되도록 해야 할 것입니다.

4조의 '장자와 차자次子'의 용어도 현대적 의미로 확대하여 읽어보면, 사회적 의무와 책임을 감당할 수 없어서 그 권리를 미룰 수밖에 없을 때 이를 사회적 차자라 할 것입니다. 사회적 의무와 책임을 행할 수 없는 사회적 차자는 권리를 행사할 수 없는 무자력자입니다. 이처럼 사회적 차자에 처할 수밖에 없는 불평등한 사회구조를 극복해서 모두가 사회적 의무와 책임을 다하는 사회적 장자가 되도록 자력을 양성토록 하는 것입니다.

과거 장자가 부모를 생전 사후에 책임지고 봉양하며 봉제사를 모시듯이 자력의 권리를 갖춘 자력자가 되어 사회적 의무와 책임을 다하자는 것입니다.

개인 차원뿐만 아니라 사회적 차원에서 자력을 양성하는 구조를 구축하는 것입니다. 자력을 양성하여 약자를 보호해야 하나 한편으로는 부당한 의뢰는 차단해야 합니다. 의뢰심을 보호하는 것이 아니라 자력을 보호하는 것입니다.

강자는 약자를 수탈하고 착취하는 기생적 타력에 근거하지 말고 자력을 공부삼아 약자를 보호하도록 하며, 약자는 강자의 수탈과 착취에 지혜롭게 대응하면서 자력을 공부삼아 강자의 길로 나가는 자세를 기르라는 것입니다. 이런 사회를 건설하는 것이 자력양성 사회입니다.

소태산 대종사는 양하운 사모를 통해서 자력생활을 강조합니다.

"양하운 사모는 대종사가 회상을 창립하기까지 사가 일을 전담하사 갖은 수고를 다 하셨으며, 회상 창립 후에도 논과 밭으로 다니시면서 갖은 고역을 다 하시는지라, 일반 교도가 이를 죄송히 생각하여 거교적으로 성금을 모아 그 고역을 면하시도록 하자는 의논이 도는지라, 대종사 들으시고 말씀하시기를 '그 말도 예에는 그럴듯하나 중지하라. 이만한 큰 회상을 창립하는데 그 사람도 직접 나서서 창립의 큰 인물은 못 될지언정 도리어 대중의 도움을 받아서야 되겠는가. 자력이 없어서 할 수 없는 처지라면 모르거니와 자신의 힘으로 살 수 있다면 그것이 떳떳하고 행복한 생활이니라.'"

[『대종경』 실시품 25장]

소태산 대종사는 자력생활이 떳떳하고 행복한 생활임을 양하운 사모를 통해서 우리에게 시범을 보여준 것입니다. 자력양성하여 자력생활하라는 것입니다.

오늘은 사요의 '자력양성' 절에서 '자력자로서 타력자에게 권장할 조목'과 '자력양성의 조목'에 대해 살펴보았습니다.

The 읽으면 좋은 법문

우리는 고혈마가 되지 말자

수필인 이공주
《회보》 제14호, 시창20년(1935) 제1월호

──────── 무자력할 때를 제외한 의뢰생활은 타인의 노고에 기생하는 고혈마이며 또한 피땀으로 이룬 타자의 노고를 착취·강탈하는 것은 더 큰 고혈마이다. 정치지도자가 자기에게 주어진 의무와 책임을 다하지 않고 그 권한으로 사익을 채우는 데 쓴다든지, 종교지도자가 신도들의 헌공으로 빌어먹고 살면 이는 민중과 신도들의 고혈을 빨아먹는 의뢰생활이다. 어떠한 경우든지 타인의 권리를 뺏는 것은 고혈마이다. 자력을 양성해야 자신의 권리를 확보할 수 있고 권리를 주장할 수 있다. 자력과 권리는 연동되어 있으며 자력과 의뢰는 상반된다. 이 법설은 정선精選되어 『대종경』 교단품 10장에 수록된다.

한때에 부산 부민정[남부민] 교당에서 종사님 법좌에 출석하시사 대중을 향하여 말씀하여 가라사대 "익산 본관에서는 산업부 경영으로 닭을 키우니까 나는 항상 닭떼[계군鷄群]가 나와서 돌아다니는 것을 자주 보게 된다. 그래서 어떤 때는 유심히 그것들의 행사를 보는바 이놈들이 사방으로 흩어져서 이리저리 쉴 새 없이 돌아다니며 발과 주둥이로 진탕[진창] 혹은 채전밭[채소밭] 할 것 없이 허적이고 찾는 것이 오직 먹을 것이다. 그래서 벌거지[벌레] 개미 거시랑[지렁이] 구더기 등 무엇이나 앞에 앵기는[잡히는] 대로 눈에 보이는 대로 저보다 약한 놈의 생명 등을 겁나게 주워 먹고는 날마다 몸에 살을 찌우고 점점 커 간다. 그와 같이 몸에 살을 찌워서는 결국 사람에게 희생당하는 것은 물론이요 까딱 잘

못하면 저보다 힘이 센 놈[즉 개나, 도야지 같은 놈]에게 그 생명을 빼앗기고 말지만, 거기에는 꼼짝도 못 하게 되지 않는가. 또 그 개나 도야지[돼지]로 말하더라도 저의 수단대로 얻어먹고 몸에 살을 찌워가지고는 결국 사람에게 희생당하고 마나니, 그것을 보면 저 금수 사이에는 법도 없고 차례도 없이 오직 힘센 놈이 모든 패권을 잡고 대대 층층으로 저보다 약한 놈의 고기를 잡아먹고 사는 것이 상사常事이요, 또 그 모든 멍청한 금수들은 지혜 있고 앎이 많은 사람이 들어서 마음대로 이용하고 잡아먹는 것이 사실이다. 그러면 모든 금수를 이용하고 잡아먹는 사람들은 그 무엇이 들어서 잡아먹는지 아는가. 누구든지 알거든 대답하여 보라." 하시었다.

그때 좌중에서 대답하되 "사람은 천지가 잡아먹습니다." 혹은 "귀신이 잡아먹습니다." 혹은 "자기가 들어서 잡아먹습니다." 혹은 "미균이 잡아먹습니다." 혹은 "제 마음이 들어서 잡아먹습니다."라고 하였다. 그때 종사주는 여러 사람의 말을 일일이 청취하시고 말씀하여 가라사대 "사람을 잡아먹는 것은 천지도 아니요, 귀신도 아니요, 미균도 아니요, 오직 같은 사람이 들어서 잡아먹는 것이니라. 잡아먹는다고 하니까 닭이 버러지를 잡아먹듯 개가 병아리를 잡아먹듯 그 고기까지 먹는다는 것이 아니라, 곧 **약하고 어리석은 사람의 피와 땀으로 번 재물을 강하고 앎이 많은 사람이 뺏어 먹거나 둘러 먹고 제 몸에 살찌우는 것을 이름**이니, 사람이 피와 땀을 흘려 죽도록 번 재물을 무단히 뺏어 먹는 것이 사람을 잡아먹는 것이 아니고 그 무엇인가. 다시 말하면 저 사람을 해하여다가 자기의 이익을 도모하고 저는 편안히 앉아서 남에게 의뢰생활하는 것은 고혈마라고도 할 것이요, **사람을 잡아먹는 사람이라고도 할 것이니** ─[차간백이십자부득이략此間百二10字不得已略]─

또 부모의 처지에 있어서 자기의 자력으로 벌어먹을 만하면서도 생육生育하였다는 자세로 자녀의 세정은 생각지 않고 자기네[부모]만 잘 먹이고 잘 입히라고[봉양하라] 하면서 편안히 놀고먹으려는 자는 곧 '자녀의 고혈을 빨아먹는 사람'이라고 할 것이요, 또 자녀의 처지에서 성년이 되어서도 벌어먹을 생각은 아니 하고 저는 빈들빈들 편히 놀면서 언제까지든지 그 부모에게 먹이고 입히라고 하는 자는 '그 늙은 부모의 고혈을 빨아먹고 사는 사람'이라고 할 것이요, 또한 도의 도지사가 그 도의 백성을 위하여 노력함이나 유익 줌은 없이 도지사의 연봉年俸이나 받아서 자기 처자를 데리고 호의호식을 한다면 그는 '도 백성의 고혈을 빨아먹는 사람'이라고 할 것이요, 그 외에도 군수나 면장이나 각자의 의무와 책임은 지키지 못하고 자기 월급이나 받아서 사복私腹을 채운다면 그는 '그 군민과 면민의 고혈을 빨아먹는 사람'이라고 할 것이다. 그뿐만 아니라 우리와 같이 교회의 문을 열고 앉아서 소위 남을 가르쳐 준다는 사람들로서 만일 회원에게 가르침과 유익 줌은 없이 의식衣食이나 회원에게서 얻어 입고 얻어먹는다면 그는 '회원의 고혈'을 빨아먹는 셈이니, 이 어찌 양심을 가진 사람들의 차마 할 바이랴.

그러므로 나는 하루에 열두 시로 나의 마음과 행동을 조사하여 보나니, 내가 오늘은 여러 사람을 위하여 얼마만큼 유익할 일을 하였는가, 만일 유익할 일은 하지 못하고 저 사람들에게서 나오는 의식衣食이나 입고 먹는다든지 알뜰한 시봉이나 받는다면 나는 곧 여러 사람의 고혈을 빨아먹는 비열한 사람이 될 것이요, 다행히 유익할 일을 하였으면 나는 곧 여러 사람에게 자비행을 하였다고 스스로 안심하노라. 또 김기천[하단 교무]이나 김영신[남부민 교무]이 같이 지방 교무로 나오는 사람들이 그 지방 회원에게 유익은 주지 못하고 의식衣食이나 얻어 입고 먹는다면 곧 그 지방 회원의 고혈을 빨아먹는 셈이니 어찌 두렵지 아니하랴. 제군은 이런 말을 범연히 듣지 말고 더욱 주의하여 어찌하든지 남에게 유익을 주는 사람은 될지언정 사람을 잡아먹는 고혈마는 되지 말아야 하겠노라." 하시더라.

전무출신 여자 수용에 관한 건

제안인 이청춘
《월말통신》 제16호, 시창14년(1929) 음 6월분

──────── '전무출신 여자 수용에 관한 건'은 이청춘의 사업 방면 의견 안으로 시창14년(1929) 음 6월 16일 자로 《월말통신》 제16호에 기재된다. 소태산 대종사 당대는 단회를 통한 의견을 제안하는 제도가 있었으며 공부 방면, 사업 방면, 생활 방면으로 구분한다. 이청춘의 의견 안은 남녀권리동일[자력양성]의 차원에서 익산 총부

> 전무출신 공동생활을 남자만 할 것이 아니라 여자들도 가능하도록 준비하여 시행하자는 의견제출이다.

　　조선의 여성은 재래在來부터 남성들의 지휘하에 살아왔음은 새삼스레 논설할 필요가 없으나 특히 본회에 가입한 모든 여성은 이 구속을 떠나 자유스러운 몸으로 자유스러운 환경 속에서 자유적 생활을 하여보려고 공부와 사업을 하지 않습니까. **우리의 주의가 단순히 남자를 상대로 자유를 취하고 동권同權을 원하는 데만 국한한 것은 아니나, 우리 여성으로서 등한시等閑視[대수롭지 않게 보아 넘기기] 난難키는[어렵기는] 이 자유동권自由同權의 문제들입니다.** 그러나 광범廣範하게 조선 여성의 정도는 고사하고도 먼저 본 회원인 우리 여성의 정도를 일고一顧[한번 돌이켜] 합시다. 어떠한가? 균화평일均和平一을 주장하는 도덕가道德家인즉 우리 집[불법연구회]에서도 남자들은 농업부를 조직한다 공업원[농공부원]을 규합한다 하여 직접 본관에 거주하면서 주인의 자격으로 사업과 공부에 전무專務하지 않습니까. 그와 반면에 우리 여성들은 어떠합니까? 동일한 법하法下에 동일한 인생으로서 유명무실有名無實한 손[객]에 불과합니다. 곧 이름 좋은 주인이요 실제 없는 손입니다. 혹 여자라도 선객禪客만은 삼하삼동三夏三冬 입선 기간이나 본관에 주재할 수 있으나 기외시其外時[그 밖의 때]는 남의 집같이 본관을 버리게 됩니다. 열 번이나 벼르고 백 번이나 손꼽아 겨우겨우 본관에 왔다가도 이삼일 후면 또 버리게 됩니다. 버린다는 것보다는 부득이 버려야 할 경우에 있고 나가야 할 환경에 몰려갑니다. 그러므로 알고 보면 **남들이 우리에게 차별대우와 구속을 준 것이 결코 아니라 우리가 지식 없고 생활의 자유가 없고 자주의 능력이 부족하여 스스로 손[客]이 되고 제이자第二者를 만들었습니다. 그것은 그만한 정도와 처지를 상고詳考하여[자상히 살펴] 주인 자격이 될 만한 기관을 창조한 자가 없었던 연고입니다.** 본인의 우견愚見에는 여성계에도 실행단원이 없는 바가 아니며 전무출신 할 자격이 없는 바가 아니지만, 다만 어떠한 방법으로 어떠한 기관을 베풀어서[시설하여] 여자라도 본관에 살만한 모략謀略을 내는 자 없으므로 감히 그만한 생각이라도 가지지 못하였다고 생각합니다. 그러므로 지금부터 삼 개년 동안 여자전무출신 지원자를 모집하여 각자의 출자금과 인원수가 공동생활할 정도에 당할 시時는 남자들과 같이 직접 본관에 거주하면서 공부와 사업에 전문專門하는 것이 본회 사업상으로나 여자 동권상同權上으로나 큰 보조와 본거本據가 될 줄로 압니다. 모사某事를 물론하고 계획과 이상만으로는 성취하기 난難한 바이니, 차의견此意見을 만일 채용케 하신다면 지금부터 발기인을 규합하여 전무출신 지원자의 신입申込을 수리受理하는 동시에 수용에 관한 준비로 취지 급及[및] 규약을 제정하며, 각 신입자에 한하여 출자금을 수취收聚하여 공고한 계획을 수립함이 가할 듯합니다. 생활의 방도는 여성들의 본능本能한 식사부와 세탁부를 영위營爲하거나 그 외其外 상원桑園[뽕나무 밭]을 인수하여 양잠[누에치기]을 하거나 가급적 합력의 작농을 하면 충분할 듯합니다. 그래야만 우리 여자들도 비로소 동권생활同權生活을 할 수 있으며 주인이 될 줄 압니다.

부정당한 의뢰심依賴心을 두지 말라는 데 대하여

이성권

《회보》 제26호, 시창21년(1936) 7월호

─────── 법마상전부 십계문 제3조 '부정당한 의뢰심을 두지 말라'는 『불교정전』 편수 시 삭제된다. 처음에는 의뢰심을 계문 조항으로 둘 정도로 일상에서 삼가도록 한 것이다. 그러나 의뢰심은 사요의 자력양성 조목이므로 계문으로 한정하는 것은 고심한 듯하다.

감상자 이성권은 "부정당한 의뢰심이라 하는 것은 모사某事를 물론하고 육신이 멀쩡하여 제힘으로 능히 할 만한 일을 남에게 의뢰하는 것입니다. 반면에 정당한 의뢰라 하는 것은 정신이나 육신이 노쇠 유치幼稚 혹은 불건강하여 무슨 일이든지 자력으로 할 수 없어 남에게 의뢰를 받는 것입니다. 예를 들면 자력 없는 늙은이가 자녀에게 의뢰하는 것과 자력 없는 어린이가 부모에게 도움받는 것과 자력 없는 병신[병든 몸]이 의뢰를 구하는 것은 다 정정당당한 의뢰라 하겠습니다."라고 해설한다.

자력양성자는 자력을 길러 자력생활을 하면서 정당한 의뢰는 수용한다. 그리고 무자력자에게 힘 미치는 대로 도움을 주는 것이다. 이처럼 정당한 의뢰는 무자력자에게 도움과 지원이 되지만, 부정당한 의뢰는 기생이요 착취이다. 자력으로 살 수 있는 사람이 부당한 의뢰를 구할 때는 그 의뢰를 받아주지 말라는 것이다. 결국 정당한 의뢰생활을 하느냐 부정당한 의뢰생활을 하느냐에 따라 서로 간에 행복하게 살 수 있느냐 불행하게 사느냐의 갈림에 서는 것이다.

사모님의 실생활

김형오
《회보》 제39호, 시창22년(1937) 11월호

──────── 소태산 대종사를 시봉했던 김형오의 감상담이다. 양하운은 교조의 부인이면서도 논농사 밭농사며 양돈 양계 등으로 사가 일을 전담하였으며, 또한 남의 옷을 세탁하는 일로 가용 및 자녀 학비를 조달한다. 김형오는 "**실로 사모님의 생활은 검소질박하신 생활이시니, 현실 조선 농가 생활에 비하여 실로 자력적이요 실행적이요 경제적이요 표본적이라 자랑할 수 있다.**"라며 양하운 사모의 자력생활을 소개한다.

소태산 대종사는 여성의 경제주권을 강조한다. 여성이 주권을 갖기 위해서는 경제자립의 자력생활이 필수라는 것이다.

양하운은 회상 창립 전후로 교조의 부인으로서 사가 일을 전담하며 논과 밭으로 다니며 온갖 고역을 다 하므로 교도들이 이를 죄송히 여기고 거교적인 성금을 모으려 하니, 소태산 대종사는 이를 중지시키고 말씀하시기를 "이만한 큰 회상을 창립하는데 그 사람도 직접 나서서 창립의 큰 인물은 못 될지언정 도리어 대중의 도움을 받아서야 되겠는가. 자력이 없어서 할 수 없는 처지라면 모르거니와 자신의 힘으로 살 수 있다면 그것이 떳떳하고 행복한 생활이니라."[『대종경』 실시품 25장]라고 자력생활을 권면한다.

소태산 대종사는 자력생활이 떳떳하고 행복한 생활임을 양하운 사모를 통해서 보여 준 것이다. 자력을 양성하여 주권을 세우는 자력생활을 하는 것이 행복한 생활이라는 것이다.

양하운 사모는 원기9년경 영산원 식당 채에서 주거하다가 원기10년(1925) 임실군 지사면 개금실로 거처를 옮기고 그해 10월에 이리 송학리로 이사한 후 다시 원기12년(1927) 익산 본관 옆 도치 마을[신룡리 346]로 이사하여 9년간 산다. 한때 총부 구내 곁방살이[3년간]도 하다가 원기20년(1935) 진정리화가 희사한 총부 구내의 집[하운관, 초가 4간]으로 이사한 후 주거에 안정을 얻는다.

수박 따는 것을 본 나의 감상

구두口頭 최동인화 필기筆記 김광선
《회보》 제12호, 시창19년(1934) 10월호

────────── 자력양성의 강령 중 '사람으로서 면할 수 없는 자기의 의무와 책임'과 연관된 감상이다. "사람으로서 반드시 할 일과 아니 할 일을 분명하게 배워서 당연한 일만 하고 부당한 일은 아니하여 의무와 책임을 잘 지켜보겠다."는 각성과 다짐의 소감이다.

저는 가세가 빈한하여 농사의 부업으로 금년에는 서고西苽[수박] 기십幾十 붓을 놓아 보았습니다. 매일 밭에 나아가서 그 서고西苽를 수직守直하든 바 어언간 서고西苽는 익어서

먹을 때가 되었는 고로 혹 사러 오는 사람도 있었습니다. 그러나 저의 가족은 한 사람도 서고西菰의 익은 것을 알아보지 못하여 딸 수도 없고 팔 수도 없는 고로 생각다 못하여 평지리 우리 회관[마령교당]으로 가서 교무 선생님(김광선씨)께 그 사정을 말씀하였습니다. 그런즉 교무 선생님께서는 곳 서고西菰밭으로 오셔서 보시더니 누구에게 물을 것도 없고 의심할 것도 없이 익은 놈을 다 가려서 땄습니다. 그것을 본 저는 하도 신기하여 감탄함을 마지아니하며 「선생님께서는 어떻게 그와 같이 서고西菰의 익은 것을 잘 알으십니까? 하고 물은즉 선생님은 대답하시되 「나도 처음에는 서고西菰의 익고 선 것을 잘 알지 못하더니 여러 해 동안 서고西菰 농사를 하는 머리에 자연히 익고 선 것을 분간하게 된 것이요, 당신네도 금년은 서고西菰 농사가 처음이니까 익고 선 것을 알지 못하나 나와 같이 여러 해를 하고 보면 저절로 알아질 것인데 무엇이 신통하리오.」 하셨습니다. 저는 그 말씀을 듣고 곰곰이 생각하니 과연 무슨 일이나 처음 배울 때에는 못할 것 같이 어렵고 안 될 것 같지만은 자꾸자꾸 하여보면 점차로 알아지고 잘 되는 것과 같이 서고西菰 농사도 여러 해를 하고 보면 그렇게 익숙하게 알아지겠다는 생각이 나는 동시에 한 감상이 났습니다. 다름이 아니라 어찌 서고西菰 농사에 대한 지식만 그러하리오. 인간 백천만사가 다 그러하여 물론 처음에는 무엇이나 알지 못하다가도 자꾸 배우고 익히면 알아지는 것이 사실이다.

그러면 나는 무엇 무엇을 알았는가 하고 생각해본즉 먹고 입고 사는 것이나 겨우 알았을 뿐이지 사람으로서 면할 수 없는 의무와 책임이 무엇인지도 모르고 지냈습니다. 과연 저는 무식하고 우치하였습니다. 아무리 인각人殼은 썼다고 하여도 배우지 못하면 금수와 다를 것이 무엇이겠습니까.

그러면 오늘부터라도 배워서 의무와 책임을 지켜야겠다는 생각이 나는 머리에 좌左[다음]와 같은 결심을 하였습니다. 지금 형편이 전문 공부는 할 수 없으니 부지런히 집안의 생계를 돕는 한편 틈틈이 회관에 가서 공부를 해야 하겠다. 만일 이대로 엄벙덤벙하다가 이 몸을 갈게[바꾸게] 되면 어디 악도를 면하리오. 부지런히 예회에도 빠지지 말고 그 외라도 여가대로 교무 선생님께 가서 사람으로서 반드시 할 일과 아니 할 일을 분명히 배워 당연한 일만 하고 부당한 일은 아니하여 의무와 책임을 잘 지켜보겠다는 생각이 났습니다.

사요 四要

―

지자본위

智者本位

『정전』읽기 Reading

제2절 지자본위(智者本位)

1. 지자본위의 강령
   지자는 우자(愚者)를 가르치고 우자는 지자에게 배우는 것이 원칙적으로 당연한 일이니, 어떠한 처지에 있든지 배울 것을 구할 때에는 불합리한 차별 제도에 끌릴 것이 아니라 오직 구하는 사람의 목적만 달하자는 것이니라.

2. 과거 불합리한 차별 제도의 조목
   1) 반상(班常)의 차별이요,
   2) 적서(嫡庶)의 차별이요,
   3) 노소(老少)의 차별이요,
   4) 남녀(男女)의 차별이요,
   5) 종족(種族)의 차별이니라.

3. 지자본위의 조목
   1) 솔성(率性)의 도와 인사의 덕행이 자기 이상이 되고 보면 스승으로 알 것이요,
   2) 모든 정사를 하는 것이 자기 이상이 되고 보면 스승으로 알 것이요,
   3) 생활에 대한 지식이 자기 이상이 되고 보면 스승으로 알 것이요,
   4) 학문과 기술이 자기 이상이 되고 보면 스승으로 알 것이요,
   5) 기타 모든 상식이 자기 이상이 되고 보면 스승으로 알 것이니라.
   이상의 모든 조목에 해당하는 사람을 근본적으로 차별 있게 할 것이 아니라, 구하는 때에 있어서 하자는 것이니라.

지자본위의 강령

────── 반갑습니다. 이번 시간에는 사요의 '지자본위의 강령'에 대해 살펴보겠습니다.

지자본위는 지자를 본위 삼는다는 뜻입니다.
지자는 지혜 지智, 사람 자者로 지혜로운 사람이라면
본위란 근본 본本, 자리 위位로 지자를 지말枝末이 아니라 중심으로 모시겠다는 것입니다.

지자본위는 그 없는 자리에서 공적영지의 일원상 광명에 따라 차별 제도에 끌려가지 않는 안목으로 지자는 지자로 우자는 우자로 두렷이 드러내는 자리에 근거합니다.
정산 종사는 **"지자본위는 지와 우가 근본적으로 차별이 없으나 지자가 선도하게 하자는 것이 그 주지"**[『정산종사법어』 경의편 9장]라고 밝히고 있습니다.
지우가 근본적으로 차별 없는 자리에서 지와 우를 그대로 드러내어, 지자를 본위하여 선도자로 삼자는 것입니다.

'지자본위의 강령'은 두 단락으로 나누어 볼 수 있습니다.

> 첫째 단락은 **"지자는 우자愚者를 가르치고 우자는 지자에게 배우는 것이 원칙적으로 당연한 일이니,"**라면,
> 둘째 단락은 **"어떠한 처지에 있든지 배울 것을 구할 때는 불합리한 차별 제도에 끌릴 것이 아니라 오직 구하는 사람의 목적만 달하자는 것이니라."**입니다.

첫째 단락에서 중요한 문구는 '원칙적으로 당연한 일'입니다.

지혜로운 지자는 어리석은 우자를 가르치는 것이 원칙적으로 당연한 일이며, 또한 어리석은 우자는 지혜로운 지자에게 배우는 것이 원칙적으로 당연한 일이라는 것입니다. 그런데 지자는 우자를 가르치고 우자는 지자에게 배우는 이 당연한 일이 실행되지 않으면 문제가 되는 것입니다.

지자를 지자로 우자를 우자로 드러내기 위해서는 공적영지의 일원상에 바탕을 둬야 합니다. 그래야 지자다 우자다 할 것이 없는 텅 비어 고요한 자리에서 지자는 지자로 우자는 우자로 구별할 수 있는 것입니다. 지자를 지자로 알아볼 때 지자에게 배울 수 있는 것입니다.

둘째 단락에서 중요한 문구는 '어떠한 처지'와 '불합리한 차별 제도'와 '오직 구하는 사람의 목적'입니다.

'어떠한 처지'는 자기가 처한 모든 환경과 여건 등을 말합니다. 남녀, 노소, 선악, 귀천, 거주, 인종, 성차, 용모, 건강, 종교, 신구 등의 처지에 따라 불합리한 차별 제도가 있게 됩니다. 자기가 대하는 상황과 처지에 따라 불합리한 차별 제도가 도사리고 있습니다.

소태산 대종사는 '과거 불합리한 차별 제도의 조목'으로 반상班常의 차별, 적서嫡庶의 차별, 노소老少의 차별, 남녀男女의 차별, 종족種族의 차별을 제시합니다. 이 중에서 종족의 차별은 『원불교교전』 편수 시에 추가된 내용으로, 이와 같이 '과거 불합리한 차별 제도'의 조목은 시대에 따라 가감할 수 있을 것입니다.

소태산 대종사는 불합리한 차별 세계를 '유치한 아이들 세상'이라 합니다.

"과거에는 반상 차별과 노소 차별과 적서 차별과 남녀 차별로 인하여 시비와 이해를 그만두고 차별 제도로만 모든 생활을 하게 되었으므로, 차별을 따라서 지위와 권능이 있는 대로 '대어大魚는 중어식中魚食하고 중어中魚는 소어식小魚食' 하는 격으로 양반은 상민에게, 늙은이는 젊은이에게, 적자는 서자에게, 남자는 여자에게 모든 것을 착취하여 먹고 살았으나 저 피해자에 있어서는 어느 곳을 향하여 원정寃情할 바가 없었던 야고也故로 그대로 안심하고 사는 동시에 그 반면에 착취하여 먹고 살던 그 사람들은 아무 장애 없이 또한 그대로 계속하여 잘 살았으니, 그때에 있어서는 예사로 알고 하였을 것이나 시비와 이해를 구별할만한 어른의 안목으로 볼 때는 오죽이나 유치하게 보았으랴? 그러므로 나는 과거 세상을 일러서 유치한 아이들 세상이라 하노라." [《회보》제17호]

이러한 불합리한 차별 제도는 시대에 따라 조장되는 사회문화적 차별입니다. 자신이 처한 지위나 가치관 또는 신념이나 경험에 따라 차별이 발생하게 됩니다.

출가자의 입장이 우선되면 재가출가 간에 차별 제도가 도사리게 되고, 재가 간에도 입교의 시기 등의 경력에 따라 차별 제도가 있을 수 있으며, 법위에 있어서도 조건에 따라 불합리한 차별이 발생합니다.

돈이 많고 적음에 따라, 학연과 지연에 따라, 전통과 새로움에 따라, 종교와 인종에 따라 세대에 따라 다양한 차별 제도가 자리 잡게 됩니다.

지자본위는 어떠한 처지에 있든지 배울 것을 구할 때는 불합리한 차별 제도에 끌리지 말고, 오직 구하는 사람의 목적만 달하자는 것입니다.

구하는 데 있어서 불합리한 차별 제도에 끌리면 원만 평등한 일원상 자리가 어둡게 됩니다.

원만 평등한 일원상이 드러나지 않으면 마음이 어두워져 지자를 알아보지 못하고 지자에게 배움을 청하지 못하게 됩니다. 결국 지자를 본위하지 못하는 것입니다.

지자본위는 개인적 차원의 배움만이 아니라 지자를 지도자로 선도자로 삼는 것입니다. 종교가에서도 종교계의 지자가 위를 얻고, 정치가에서도 정치계의 지자가 본위 되고, 경제계에서도 그 분야의 지자가 본위 되고, 학술계에서도 그 분야의 지자가 본위 되고, 각종 단체에서도 그 분야의 지자가 선도자가 되도록 하는 사회운동입니다.

지자본위가 안 되는 사회, 지자가 지자의 지위에 있지 못하는 사회는 불합리한 차별의 사회입니다. 이러한 불합리한 차별 제도를 개혁하기 위해서는 피땀의 노력이 요청됩니다.

법신불 일원상을 신앙의 대상으로 모시면 그 없는 자리에서 공적영지의 일원상 광명을 따라 시방 삼계가 장중의 한 구슬같이 드러나듯, 지자와 우자가 선명하게 드러나서 지자를 지자로 모시게 됩니다.

그러면 구하는 사람이 그 구하는 때에 불합리한 차별 제도에 끌리지 아니하고 모든 분야의 지자를 그 분야의 스승으로 삼아 그 목적하는 바를 달성하는 것입니다. 지자와 우자는 구하는 바에 따라 있게 됩니다.

이처럼 지우 차별이 없는 가운데 지자는 지자대로 우자는 우자대로 대하면서 지자를 본위 하는 것은 처처불상 사사불공이라 할 것입니다.

지자가 본위되어야 합니다. 위位는 자리입니다.

정산 종사는 위位의 필요성을 강조합니다.

"도인도 위를 얻지 못한즉 경륜 포부를 다 실현하지 못하나니, 위가 나쁜 것이 아니고 필요도 한 것이나, 처지를 잘 살피어 오직 대의에 따라 그 위를 얻고, 얻은 후에는 그 권리를 독차지 아니하고 아껴 써야 그 위를 길이 안보하나니라." [『정산종사법어』 무본편 40장]

이처럼 위位는 필요한 것이며 특히 지자가 그 분야의 말末이 아니라 본本의 위를 얻도록 하여 지자가 선도하는 세상이 될 때 지자의 스승이 넘쳐나는 지혜로운 세상이 될 것입니다.

오늘은 사요의 '지자본위의 강령'에 대해 살펴보았습니다.

지자본위의 조목

━━━━━━ 반갑습니다. 이번 시간에는 사요의 '지자본위의 조목'에 대해 살펴보겠습니다.

'지자본위의 강령'이 줄기라면 '지자본위의 조목'은 가지입니다.
그러므로 '지자본위의 조목'은 '지자본위의 강령'을 세부적으로 나열한 것입니다.

지자본위의 지혜의 지智는 지식의 지知와 나누지 않습니다. 사실 지혜는 지식에 기반을 둬야 하고, 지식은 지혜로 승화되어야 합니다. 지식과 지혜는 상호 교섭의 관계입니다. 또한 지智는 단순한 인식론적 탐구에 그치는 것이 아니라 실천적 체험의 앎까지입니다.

'지자본위의 조목'을 봉독하겠습니다.

> 1. 솔성率性의 도와 인사人事의 덕행이 자기 이상이 되고 보면 스승으로 알 것이요,
> 2. 모든 정사政事를 하는 것이 자기 이상이 되고 보면 스승으로 알 것이요,
> 3. 생활에 대한 지식이 자기 이상이 되고 보면 스승으로 알 것이요,
> 4. 학문과 기술이 자기 이상이 되고 보면 스승으로 알 것이요,
> 5. 기타 모든 상식이 자기 이상이 되고 보면 스승으로 알 것이니라.
> 이상의 모든 조목에 해당하는 사람을 근본적으로 차별 있게 할 것이 아니라, 구하는 때에 있어서 하자는 것이니라.

'근본적으로 차별 있게 할 것이 아니라, 구하는 때에 있어서 하자는 것'이 지자본위의 핵심입니다.

청정한 일원상 자리는 지우의 차별이 본래 없기에 구하는 데에 그 방면의 지자를 두렷하게 드러내는 것입니다. 청정하기에 근본적으로 지우의 차별이 없으며 청정하기에 배우고 구하는 데 있어서 지자를 스승으로 모실 수 있습니다.

그러므로 지혜를 구하는 데 있어 근본적으로 차별 있게 할 것이 아니라 그 해당되는 지자에게서 솔성의 도와 인사의 덕행, 모든 정사와 생활에 대한 지식 그리고 학문과 기술, 기타 모든 상식 등을 구하자는 것입니다.

이처럼 스승은 구하는 데에 있는 것입니다. 청정한 일원상 자리는 본래 지우의 차별이 끊어진 자리이기에, 구하는 그 분야에서 지자와 우자를 구별하여 그 분야의 지자를 앞세울 수 있는 것입니다.

'지자본위의 조목'에서 핵심 문구는 '자기 이상이 되고 보면 스승으로 알 것'입니다.

무엇이든지 그 구하는 때에 그 구하고자 하는 분야에서 자기 이상이 되면 선생으로 대하라는 것입니다. 구하는 것에 있어 자기 이상이 되면 그 분야의 선생으로 모시라는 것입니다. 이처럼 지자본위는 철저한 학생 정신입니다.

그러나 지자를 자기 이상이라고 인정하기보다는 무시하거나 시기 질투하기 쉬운 게 인지상정입니다. 그러므로 청정한 일원상에 그치어야 지자를 스승으로 모실 수 있습니다. 청정한 자리에 들어야 지자를 앞세울 수 있는 것입니다.

동학東學의 한 교인이 소태산 대종사를 뵈옵고 "어찌하면 지식이 넓어지오리까."라고 사뢰니 "그대가 나를 찾아와서 묻는 것이 곧 지식을 넓히는 법이요, 나는 그대를 대하여 그대의 말을 듣는 것이 또한 지식을 넓히는 법이라, 예를 들면 살림하는 사람이 살림 기구에 부족함이 있으면 저자에서 기구를 사 오게 되고, 사업하는 사람이 사업의 지식에 부족함이 있으면 곧 세상에서 지식을 얻어 오나니라. 그러므로 나는 무슨 일이든지 나 혼자 연구하여서만 아는 것이 아니요, 여러 사람을 응대할 때에 거기서 지식을 취하여 쓰노니, 그대를 대할 때에는 동학의 지식을 얻게 되고, 또 다른 교인을 대할 때에는 그 교의 지식을 얻게 되노라."[『대종경』 수행품 29장]라고 말씀하십니다.

　소태산 대종사의 묻고 배우는 학문學問의 호학好學 정신을 볼 수 있는 법설입니다. '그대가 나를 찾아와서 묻는 것이 곧 지식을 넓히는 법이요, 나는 그대를 대하여 그대의 말을 듣는 것이 또한 지식을 넓히는 법'이라고 하십니다. 소태산은 타 종교인과의 대화 속에서도 배울 것이 있으면 그 해당되는 사람을 선생으로 삼았던 것입니다.

　또한 소태산 대종사에게 한 제자가 "어떠한 사람이 와서 대종사의 스승을 묻자옵기로 우리 대종사님께서는 스스로 대각을 이루셨는지라 직접 스승이 아니 계신다고 하였나이다."라고 여쭈니 이에 대종사 말씀하시기를 "후일에 또다시 나의 스승을 묻는 사람이 있으면 너희 스승은 내가 되고 나의 스승은 너희가 된다고 답하라."[『대종경』 변의품 21장]라고 일러주십니다.

　소태산은 청정한 일원상 자리에서 제자를 대하기에 제자의 감상이나 행동에서도 배울 것을 찾고 구할 것이 있으면 스승으로 삼은 것입니다. 설사 제자일지라도 구하는 것에 해당하면 스승으로 삼았던 것입니다.

　'지자본위의 조목'은 다섯 조목으로 제시되어 있습니다.
　첫째가 솔성率性의 도道와 인사人事의 덕행德行이요, 둘째가 모든 정사政事요, 셋째가 생활에 대한 지식이요, 넷째가 학문과 기술이요, 다섯째가 기타 모든 상식입니다.
　이 외에도 더욱 세분할 수 있지만 해당 조목을 폭넓게 해석해서 포괄해야 할 것입니다.

　지자본위의 조목은 각각의 상황에 따라 해당 조목이 요청되겠지만 솔성의 도와 인사의 덕행이 기반 되어야 진정한 지자가 될 것입니다.
　솔성의 도가 성품 자리를 거느리는 도라면 인사의 덕행은 사람을 잘 섬기는 덕행입니다.
　솔성의 성性은 풀이 대지에서 생생하게 자라나는 모습으로, 솔성은 마부가 말을 부리듯이 성품의 마부가 마음의 말을 다스리는 것[『대종경』 불지품 6장]이라고 비유합니다.

이처럼 솔성은 마부가 말을 잘 거느리듯이 또는 장군이 군대를 잘 통솔하듯이 무분별의 성품으로 분별심을 임의로 잘 운전하여 지혜롭고 복락이 되도록 마음을 잘 쓰는 공부입니다. [법설수필집 1. 주산 송도성 법문집 『마음은 스승님께 몸은 세상에』]

솔성이 각자의 성품으로 마음을 잘 거느리는 공부라면, 인사人事는 인간의 시비 이해의 일[사리연구의 요지]을 잘 처리하는 것으로 사람을 대하여 잘 모시는 행위입니다. 정산 종사는 "솔성의 도는 체體요 인사의 덕행은 용用이다."라고 그 관계를 밝힙니다. [『솔성의 도와 인사의 덕행, 정산종사수필법문』 상]

소태산은 도인道人이란 대소 유무의 근본 이치에 밝은 사람이라면 덕인德人은 시비 이해의 분명한 취사가 있는 사람[『대종경』 인도품 3장]이라고 명시합니다. 솔성의 도로 인사의 덕행을 나투는 것입니다.

그러므로 먼저 솔성의 도를 밝히어 인사의 덕행을 나투는 역량이 자기 이상인 사람을 스승으로 삼을 줄 알아야 합니다. 이처럼 먼저 솔성의 도로써 인사의 덕행을 나투는 사람을 지자로 본위할 때 모든 정사政事와 생활에 대한 지식과 학문과 기술 및 기타 모든 상식에도 지자본위가 수월하게 될 것입니다.

즉 정치의 일이나 행정의 사무에 당하여 자기 이상이면 차별 제도에 끌리지 않고 스승으로 삼는 지자본위를 제대로 실행할 것이며, 생활에 대한 지식이나 학문과 기술 그리고 기타 모든 상식에서도 자기 이상이면 지자로 삼는 일이 근본적으로 될 것입니다.

솔성의 도와 인사의 덕행이 도학문명·정신문명과 직결된 조목이라면 나머지는 과학문명·물질문명과 관련된 조목이라 할 것입니다.

오늘은 사요의 '지자본위'절 중에서 '지자본위의 조목'에 대해 살펴보았습니다.

The 읽으면 좋은 법문

사은사요

중앙교무부 각연구인전各研究人前
《월말통신》 제20호, 시창14년(1929) 10월 6일

─────── 사요의 지자본위 개념은 '유무식 차별'에서 '지우 차별'을 거쳐 '지자본위'에 이른다.

지자智者는 지식만이 아니라 실행을 포함한다. 결국 지자는 앎과 실행이 겸한 공부인이다. 지우 차별의 차별은 근본적으로 지자와 우자를 구별하여 차별하는 게 아니라 구하는 데 있어 지자를 선도자로 삼아서 지자는 우자를 가르치고 우자는 지자에게 배우는 차별이다. 구하는 그 상황에 따라 그곳에서 배움을 청할 지자를 발견하여 배움을 구하는 것을 지우 차별이라 하는 것이다.

참고로 사요의 '무자력자보호'는 시창15년(1930) 1월에 '공도헌신자이부사지公道獻身者以父事之'로 수정된다.

△ 사요四要

부부권리동일夫婦權利同一

지우차별智愚差別

무자녀타자녀교양無子女他子女敎養

무자력자보호無自力者保護

단但, 우기右記[앞의 기록] 지우차별은 전일 비공식 발표 시 '유·무식 차별有無識差別'로 하였으나 유·무식하다면 다못[다만] 지식만 의미하고 실행을 포함치 못하여 그 범위가 넓지 못한 것 같으므로 '지우 차별'로 정정訂正하였습니다. 이 세상 사람이 겉으로 지식은 많으며 지식이 많을수록 심지가 부정한 자는 악행을 더하나니 이것이 사실된 참다운 지식을 안 것은 아니지마는, 그러나 '지식'이라면 대변 과학의 지식을 의미할 수 있으므로 알고 실행이 겸비한 지자智者를 사용하오니 일반은 지우 차별智愚差別로 사용합시다.

배울 줄 모르는 병

수필인 송도성
《회보》제36호, 시창22년(1937년) 7월호

────── 배울 줄 모르는 병은 《회보》제36호 '현대 문명의 병맥 타진'이란 법설 중의 일부이다. 지우 차별의 지자를 본위 하여 '배울 줄 모르는 병'을 진단 처방하고 있다. 지자와 배움을 벌의 꿀 모으기에 비유한 것이 인상적이다.

배울 줄 모르는 병이다. 사람의 인격을 10분으로 논한다면 그 9분이라는 것은 반드시 배움으로 이루어지는 것이 사실이다. 그 배움을 구하기로 함에는 마치 저 벌[봉蜂]이 꿀을 모으는 것과 같이 어느 방면 어느 계급을 물론하고 나에게 필요한 지식만 있다면 반드시 몸을 굽혀서 그 배울 것을 배워다가 써[그것으로 인하여] 내 것을 삼아야 할 것이다. 벌이 비록 일종의 미물 곤충에 지나지 못하는 것이나 꿀을 제조하는 그 수단을 좀 보라. 참으로 놀랍지 않은가! 각종의 화분이며 염분이며 쓴 것 단 것을 되는대로 취해다가 저의 독창적으로 꿀이라는 물품 하나를 이 세상에 출품하지 않는가.

우리 사람으로서도 모든 지식을 모아다가 나의 목적 하나를 달성하는 것이 꼭 그와 같은 것이거늘, 이 세상 어리석은 사람들의 용심用心하는 것을 보면 제각각 되지 못한 아만심에 사로잡혀서 '내가 어찌 저에게 배우랴' '나의 모르는 것을 어찌 남에게 알리랴' 하여 항상 지식 있는 자를 꺼리고 어름어름[말이나 행동이 우물쭈물하는 모양]하다가 필경 배울 기회를 놓치고 일생을 낭패하는 자가 허다하나니, 이 어찌 큰 병통이 아니며 이러고서야 무슨 향상이 있으리오. 그런고로 우리는 무엇보다 지우 차별智愚差別의 정신을 확립하여 배우는 땅에 있어서는 모든 계급과 모든 차별의 관념을 일체로 소탕하고, 오직 배우기로만 주장하여야 할 것이다.

사요 四要

他子女教育
타자녀교육

『정전』읽기 Reading

제3절 타자녀교육(他子女教育)

1. 타자녀교육의 강령

교육의 기관이 편소하거나 그 정신이 자타의 국한을 벗어나지 못하고 보면 세상의 문명이 지체되므로, 교육의 기관을 확장하고 자타의 국한을 벗어나, 모든 후진을 두루 교육함으로써 세상의 문명을 촉진시키고 일체 동포가 다 같이 낙원의 생활을 하자는 것이니라.

2. 과거 교육의 결함 조목

1) 정부나 사회에서 교육에 대한 적극적 성의와 권장이 없었음이요,
2) 교육의 제도가 여자와 하천한 사람은 교육받을 생의도 못하게 되었음이요,
3) 개인에 있어서도 교육을 받은 사람으로서 그 혜택을 널리 나타내는 사람이 적었음이요,
4) 언론과 통신 기관이 불편한 데 따라 교육에 대한 의견 교환이 적었음이요,
5) 교육의 정신이 자타의 국한을 벗어나지 못한 데 따라, 유산자(有産者)가 혹 자손이 없을 때에는 없는 자손만 구하다가 이루지 못하면 가르치지 못하였고, 무산자는 혹 자손 교육에 성의는 있으나 물질적 능력이 없어서 가르치지 못하였음이니라.

3. 타자녀교육의 조목

　1) 교육의 결함 조목이 없어지는 기회를 만난 우리는, 자녀가 있거나 없거나 타자녀라도 내 자녀와 같이 교육하기 위하여, 모든 교육 기관에 힘 미치는 대로 조력도 하며, 또는 사정이 허락되는 대로 몇 사람이든지 자기가 낳은 셈 치고 교육할 것이요,

　2) 국가나 사회에서도 교육 기관을 널리 설치하여 적극적으로 교육을 실시할 것이요,

　3) 교단(敎團)에서나 사회·국가·세계에서 타자녀교육의 조목을 실행하는 사람에게는 각각 그 공적을 따라 표창도 하고 대우도 하여 줄 것이니라.

타자녀교육의 강령

─────── 반갑습니다. 이번 시간에는 사요의 '타자녀교육의 강령'에 대해 살펴보겠습니다.

타자녀교육은 자타의 국한을 터서 타자녀도 내 자녀 같이 교육하자는 것입니다.
자타의 국한이 트인 자리는 텅 비어 고요한 자리로, 이 자리에 바탕을 둬야 타자녀교육이 가능해집니다. 타자녀교육은 일원상 자리에 기반 하는 교육입니다.
일원상 자리는 자타의 국한이 없기에 자타가 둘이 아닌 자리입니다. 자타의 국한을 벗어나 자타가 둘이 아닌 자리가 일원상 자리입니다.
자타의 국한이 툭 터진 자리에 근원 하지 않고서는 친자녀 타자녀가 둘이 아닌 교육평등을 올바로 이행할 수도, 실행할 수도 없습니다.

정산 종사는 "타자녀교육은 자기 자녀 타자녀를 막론하고 국한 없이 가르쳐서 교육을 융통시키자는 것이 그 주지"[『정산종사법어』 경의편 9장]라고 밝히고 있습니다.
교육은 가르치어 길러내는 것입니다. 가르친다는 것은 자기 자녀를 교육한다는 가까운 의미와 지도할 자리에서 지도자가 되어서 정당한 지도를 한다는 넓은 의미가 있습니다. 또한 교육 기관에 합력한다는 뜻도 두루 포괄합니다.
이처럼 교육 기관을 확장하여 누구나 다 교육받을 수 있는 제도를 구축하며, 타자녀를 위한 장학 사업에 합력하는 것까지 타자녀교육입니다.
모든 사람이 자타의 국한을 벗어나 잘 가르칠 수 있는 교육제도를 확립하는 것입니다. 그리하여 자타가 둘이 아닌 일원상 자리에 근거하여 자타의 국한을 벗어나 자기 자녀 타자녀를 막론하고 교육하는 것입니다.

'타자녀교육의 강령'은 두 단락으로 나누어 볼 수 있습니다.

> 첫째 단락은 "교육의 기관이 편소編小하거나 그 정신이 자타의 국한을 벗어나지 못하고 보면 세상의 문명이 지체遲滯되므로"라면,
> 둘째 단락은 "교육의 기관을 확장擴張하고 자타의 국한을 벗어나, 모든 후진을 두루 교육함으로써 세상의 문명을 촉진促進시키고 일체 동포가 다 같이 낙원의 생활을 하자는 것이니라."입니다.

첫째 단락과 둘째 단락은 대비됩니다.

'교육의 기관이 편소'와 '교육의 기관이 확장', '세상의 문명이 지체'와 '세상의 문명을 촉진', '자타의 국한을 벗어나지 못하고 보면'과 '자타의 국한을 벗어나'가 상대적으로 대비됩니다.

그러니까 좁을 편編, 작을 소小의 편소에서 넓힐 확擴, 펼칠 장張의 확장으로, 늦을 지遲, 막힐 체滯의 지체에서 재촉할 촉促, 나아갈 진進의 촉진으로 국한을 벗어나자는 것입니다.

'타자녀교육의 강령'의 첫째 단락에서는 '교육의 기관이 편소하거나 교육의 정신이 자타의 국한을 벗어나지 못하여 세상의 문명이 지체되는' 현상을 소태산 대종사는 '과거 교육의 결함 조목'으로 제시하고 있습니다.

'과거 교육의 결함 조목'입니다.

> 1. 정부나 사회에서 교육에 대한 적극적 성의와 권장이 없었음이요,
> 2. 교육의 제도가 여자와 하천한 사람은 교육받을 생의도 못하게 되었음이요,
> 3. 개인에 있어서도 교육을 받은 사람으로서 그 혜택을 널리 나타내는 사람이 적었음이요,
> 4. 언론과 통신 기관이 불편한 데 따라 교육에 대한 의견 교환이 적었음이요,

> 5. 교육의 정신이 자타의 국한을 벗어나지 못한 데 따라, 유산자有産者가 혹 자손이 없을 때에는 없는 자손만 구하다가 이루지 못하면 가르치지 못하였고, 무산자는 혹 자손 교육에 성의는 있으나 물질적 능력이 없어서 가르치지 못하였음이니라.

1조의 '정부나 사회의 교육에 대한 적극적 성의와 권장'은 바로 보편적 공교육의 확립입니다.

특히 5조에서 교육의 정신이 자타의 국한을 벗어나지 못하여 유산자는 유산자대로 무산자는 무산자대로 교육이 이루어지지 못한 현상이 과거 교육의 핵심적인 결함입니다.

'타자녀교육의 강령' 둘째 단락에서 '교육의 목적'을 밝히고 있습니다.

즉 "교육 기관을 확장하고 자타의 국한을 벗어나 모든 후진을 두루 교육함으로써 세상의 문명을 촉진시키고 일체 동포가 다 같이 낙원의 생활을 하자"는 것입니다.

교육의 목적은 세상의 문명을 촉진시켜 낙원 생활을 누리도록 하는 것입니다. 결국 타자녀교육도 〈개교의 동기〉의 광대무량한 낙원으로 인도하는 한 방법입니다.

정산 종사는 교육의 중요성을 강조합니다.

"교육은 세계를 진화시키는 근원이요 인류를 문명케 하는 기초니, 개인 가정 사회 국가의 성쇠와 흥망을 좌우하는 것이 교육을 잘하고 잘못함에 있다 할 것이니라."
[『정산종사법어』 세전 '교육에 대하여']

이처럼 교육이 아니고는 문명 세계가 될 수 없고, 교육이 아니면 세계가 진화할 수 없다는 것입니다. 교육에 따라 개인 가정 사회 국가의 흥망성쇠가 좌우된다는 것입니다.

이어서 '교육의 영역과 방향'을 밝힙니다.

"또한 교육에는 크게 나누어 두 가지 부문이 있나니, 하나는 과학 교육이요 하나는 도학 교육이라, 과학 교육은 물질문명의 근본으로서 세상의 외부 발전을 맡았고 도학 교육은 정신문명의 근원으로서 세상의 내부 발전을 맡았나니, 마땅히 이 두 교육을 아울러 나아가되 도학으로써 바탕이 되는 교육을 삼고 과학으로써 사용하는 교육을 삼아야 안과 밖의 문명이 겸전하고 인류의 행복이 원만하리라." [『정산종사법어』 세전 '교육에 대하여']

교육은 도학 교육과 과학 교육으로 대별하여 병행해야 한다고 교육의 방향을 제시합니다. 마땅히 도학에 바탕을 두는 교육과 과학으로써 사용하는 교육을 병행해야 안과 밖의 문명이 겸전하고 인류의 행복이 원만하게 된다는 말씀입니다.

세상의 문명을 촉진시켜 일체 동포가 다 같이 낙원 생활을 누리기 위해서는 타자녀교육을 해야 합니다. 타자녀교육의 핵심은 '자타의 국한을 벗어나 모든 후진을 두루 교육함'에 있습니다.

자타의 국한을 벗어나 모든 후진을 교육하는 타자녀교육이 아니고는 문명을 촉진할 수 없으며 너나 할 것 없이 낙원 생활을 누릴 수 없는 것입니다. 자타의 국한이 없는 타자녀교육을 해야 낙원 세계가 가능한 것입니다.

오늘은 사요의 '타자녀교육의 강령'에 대해 살펴보았습니다.

타자녀교육의 조목과 과거 교육의 결함 조목

─────── 반갑습니다. 이번 시간에는 사요의 '타자녀교육' 절에서 '과거 교육의 결함 조목'과 '타자녀교육의 조목'에 대해서 살펴보겠습니다.

'타자녀교육의 강령'이 줄기라면 '타자녀교육의 조목'은 가지입니다.
그러므로 '타자녀교육의 조목'은 '타자녀교육의 강령'을 세부 조목으로 제시한 것입니다.

타자녀교육의 첫째 조목입니다.

> "1. 교육의 결함 조목이 없어지는 기회를 만난 우리는, 자녀가 있거나 없거나 타자녀라도 내 자녀와 같이 교육하기 위하여, 모든 교육 기관에 힘 미치는 대로 조력도 하며, 또는 사정이 허락되는 대로 몇 사람이든지 자기가 낳은 셈 치고 교육할 것이요"

소태산 대종사는 우리는 '교육의 결함 조목이 없어지는 기회'를 만나고 있다고 하십니다. 결함은 부족하고 불완전하여 장애가 있는 것입니다. 지난 시대에는 교육의 결함 조목이 완고했다면 지금 시대는 교육의 결함 조목이 개선되어 가고 있다는 것입니다. 이는 인류의 의지가 교육이 확장되는 방향으로 나아가려고 한다는 뜻입니다.

타자녀교육은 친자녀 타자녀의 국한에 막혀 사적으로만 자기 자녀를 교육하는 한계를 뛰어넘어 친자녀 타자녀의 국한이 트인 공적 교육으로 교육평등을 실시하자는 것입니다. 처지에 따라 힘 미치는 대로, 사정이 허락되는 대로 교육 사업에 협력하고 타자녀라도 자기가 낳은 셈 치고 교육하자는 것입니다.

  소태산 대종사는 '타자녀교육' 절에서 '과거 교육의 결함 조목'을 상세히 밝히고 있습니다.

  1. 정부나 사회에서 교육에 대한 적극적 성의와 권장이 없었음이요,

공교육의 약화로 교육의 방향이 문명을 촉진하는 방향으로 나아가지 못함입니다.

  2. 교육의 제도가 여자와 하천한 사람은 교육받을 생의도 못하게 되었음이요,

하천한 사람은 돈 없고 권력 없는 사람들로, 구조적으로 교육의 기회가 박탈당하여 교육 불평등 구조에 내몰린 사람들입니다.

  3. 개인에 있어서도 교육을 받은 사람으로서 그 혜택을 널리 나타내는 사람이 적었음이요,

교육이 모든 사람을 위하는 공공성으로 나아가지 못하고 개인의 이익을 위해서만 한정되었다는 것입니다. 교육은 공익의 방향으로 흘러가야 한다는 것입니다.

  4. 언론과 통신 기관이 불편한 데 따라 교육에 대한 의견 교환이 적었음이요,

언론통신 기관이 폐쇄적이고 국소적이어서 교육에 대한 권장이 원활하지 못했다는 것입니다.

  5. 교육의 정신이 자타의 국한을 벗어나지 못한 데 따라, 유산자有産者**가 혹 자손이 없을 때에는 없는 자손만 구하다가 이루지 못하면 가르치지 못하였고, 무산자는 혹 자손 교육에 성의는 있으나 물질적 능력이 없어서 가르치지 못하였음이니라.**

교육의 정신이 자타의 국한을 벗어나지 못하였다는 말이 핵심입니다. 결국 교육은 공공성이 되어야 하며, 친자녀 타자녀에 국한 없이 공적으로 모두가 빠짐없이 교육의 혜택을 받아야 한다는 것입니다.

  또한 교육은 유산자와 무산자에 관계없이 두루 미쳐야 합니다. 유산자는 친자녀가 없다고 교육 사업에 등한히 하고, 무산자는 가르칠 경제적 능력이 없어서 못 가르치는 사태가 있어서는 안 될 것입니다. 교육은 재산유무 권력유무에 관계없이 고루 보급되고 혜택이 미치도록 해야 합니다.

타자녀교육의 둘째 조목입니다.

"2. 국가나 사회에서도 교육 기관을 널리 설치하여 적극적으로 교육을 실시할 것이요"

부모가 처한 불평등 구조가 그대로 자녀에게 전승되어 교육에 차별이 발생하는 구조를 개선하여, 교육의 기회가 균등하고 공정한 교육평등이 되도록 하자는 것입니다.

도학과 과학이 병진 되는 교육 기관이 올바른 교육 기관입니다. 특히 피교육자가 교육에 부담이 되지 않도록 누구나 배우고자 하면 배울 수 있는 교육제도를 확립하고, 또한 배운 교육을 공익사업에 되돌릴 수 있는 선순환 구조를 확립하는 것입니다. 지식과 교육은 공물公物이 되어야 합니다.

타자녀교육의 셋째 조목입니다.

"3. 교단教團에서나 사회·국가·세계에서 타자녀교육의 조목을 실행하는 사람에게는 각각 그 공적을 따라 표창도 하고 대우도 하여 줄 것이니라."

누구나 타자녀교육을 할 수 있는 마음이 나도록 하는 제도를 구축하여, 세상 모든 자녀가 교육받을 평등한 기회가 주어지는 교육평등 사회를 만들자는 것입니다. 표창과 우대는 타자녀교육을 권장하는 정책입니다.

끝으로 교육 융통을 위한 초기교단의 '은부모시자녀법'을 소개하겠습니다.
'은부시녀 결의와 신新 삼형제 탄생에 관한 이야기입니다.
이 이야기는 초기간행물인 《월말통신》 제14호에 나오는 기사입니다. 원기14년(1929) 음 4월 22일[5월 30일]에 경성출장소 창신동 회관에서 '불법연구회' 최초로 소태산 대종사가 직접 죽비를 잡고 '은모시녀 결의식'를 거행합니다.
은모 박사시화와 시녀 이공주, 은모 박사시화와 시녀 김삼매화, 은모 김희순와 시녀 이성각, 은모 민자연화와 시녀 이현공이 은모와 시녀로 결연하는 의식입니다.

이때까지는 은부모를 봉양하는 부모 보은의 입장이 강했습니다.

그러다가 원기15년(1930) 음 10월 26일에 소태산 대종사는 성성원과 최초의 은부시녀 결의식을 거행하기로 합니다. 《월말통신》 제33호의 기사입니다.

원래 은부모시자녀법은 남자는 남자끼리 여자는 여자끼리 맺는 결의였으나 박공명선이 열반을 맞이하여 딸 성성원에게 "내가 일찍부터 종사주 전에 너를 시녀로 바쳐 호시[怙恃: 부모를 삼아 믿고 의지함]를 얻고자 하였으나 뜻을 이루지 못하고 먼저 죽으니 내가 죽어도 또한 한이 있다."는 유언을 남겼다는 말을 소태산 대종사가 듣고서 그 신성을 가상히 여기고 또한 성성원을 가엽게 여기는 애정哀情을 느낀바 은부시녀의 결의를 허락하게 됩니다.

그리하여 오후 3시경에 일동은 좌정한 후 결의식을 행하려 할 때 이공주가 김영신과 조전권도 소태산 대종사와 은부시녀를 맺었으면 좋겠다는 건의를 올리자 소태산은 전에 이공주와 김영신이 맺었던 은모시녀의 결의를 취소케 하고 성성원, 김영신, 조권권과 은부시녀결의를 맺습니다. 그리하여 신新 삼형제가 탄생합니다.

이공주가 김영신과 조전권을 소태산과 은부시녀의 결의를 건의한 말입니다.

"공주가 영신을 시녀로 정하온 본의는 … 은모의 안일과 명예를 구함이 아니오라 오직 영신이 전무출신을 하여 공사에 헌신하려 하오나 무산無産하여 공부를 할 수 없으므로 영신을 공부시킴은 곧 본관 사업을 하는 것이므로 소위 은모시녀가 되었삽고 또 전권도 공주에게 뜻이 없지 않다고 하여 또 결의식이라도 할까 하였더니 이제 오늘은 종사주께옵서 성원을 시녀로 정하시니 이러한 법이 있을진대 영신과 전권을 종사주 전에 시녀로 바치옵고 공주는 힘 미치는 데까지 이전과 다름없이 원조하여 주겠습니다. 그러면 공주는 개인의 시녀를 둔 것이 아니라 일보 나아가 사요四要 중 하나인 타자녀 교양을 하는 셈이 되오며 영신, 전권으로 말하면 종사님을 아버님으로 모시게 되오니 또한 공주를 은모로 하는 것보다 전진상前進上 얼마나 유익이 있을 줄 압니다."

이때의 은부모시자녀법은 타자녀교육의 성격이 강합니다.

은부모시자녀법은 타자녀교육의 한 방법인 동시에 부모 보은의 제도를 겸한 것입니다.

오늘은 사요의 타자녀교육 중에서 '타자녀교육의 조목'과 '과거 교육의 결함 조목'에 대해서 살펴보았습니다.

더보기 Tip

지자본위의 배우는 의미와 타자녀교육의 가르치는 의미

──────── 반갑습니다. 이번 시간에는 지자본위의 배우는 의미와 타자녀교육의 가르치는 의미에 대해 살펴보겠습니다.

사요의 지자본위와 타자녀교육은 〈일상수행의 요법〉에서 '배울 줄 모르는 사람을 잘 배우는 사람으로 돌리자'와 '가르칠 줄 모르는 사람을 잘 가르치는 사람으로 돌리자'라는 실천 덕목으로 제시합니다.

사요의 배우는 자와 가르치는 자의 관계는 명령하고 주입하는 가르치는 입장과 복종하고 길들여지는 배우는 관계가 아닙니다. 서로 존대尊對할 인연으로 설득과 이해, 감화와 공감으로 나아가야 하는 관계입니다.
배우고-가르치는 관계는 독백monloge이 아니라, 마치 언어게임의 규칙이 다른 둘 사이의 대화dialogue와 같은 관계입니다. 일방적으로 전달하고 받아들여야 하는 관계가 아닙니다.
설사 배우고-가르치는 관계가 표면적으론 일방성이 있을 수 있으나 근본적으론 다 파악할 수 없는 심연深淵의 관계입니다.

가르치는 자가 손을 내밀었을 때 배우는 자가 잡아야 악수가 가능하고, 가르치는 자가 손을 내밀어야 배우는 자는 그 손을 잡을 기회가 생기는 것입니다.
이처럼 배우고-가르치는 관계는 서로 대체 불가능한 고유성을 지닌 타자他者로서, 상호 의지하고 공들이는 은혜의 관계입니다.
『대종경』 요훈품 43장의 "중생들은 불보살을 복전福田으로 삼고, 불보살들은 중생을 복전으로 삼나니라."라는 말씀처럼 서로 복전이 되는 대상입니다.

먼저 가르친다는 진의眞意를 살펴보겠습니다.

가르치는 입장에 선다는 것은 상대의 타자성他者性을 전제하는 일입니다. 교육받는 대상은 교육자에 의해 통제하고 조정되는 존재가 아니라 교육자와는 다른 고유한 존재입니다. 배우고 안 배울 권한이 타자에게 있는 것입니다.

학생은 배울 수도 있고 안 배울 수도 있는 존재입니다. 주입의 대상은 아닙니다. 학생의 타자성을 인정하지 않는다면 학생은 선생의 연장延長이 될 뿐입니다.

교육은 기성세대가 편해지고자 후진을 길들이는 면이 있습니다. 그러나 교육의 본의는 인간과 인간의 교류입니다. 표면적으로는 교육하는 자와 교육받는 자의 구별이 있으나, 심연에서는 인간과 인간의 심장이 만나는 교감으로 인도상人道上의 교류입니다.

가르치는 것은 가리키는 안내와 통합니다. 산을 오를 때 길잡이가 길을 안내하듯이 관광할 때 관광가이드가 안내하듯이, 교육은 후진을 낙원 생활로 안내하는 것입니다.

사요의 '타자녀교육의 강령'에서처럼 가르치는 교육은 '교육에 의해 세상 문명이 촉진되어 일체 동포가 낙원의 생활'을 하게 하는 것으로, 가르치는 목적은 바로 낙원 인도입니다. 교육은 낙원 생활을 하도록 인도하는 것입니다.

다만 가르치는 타자녀교육이 후진을 강제하는 것은 아닙니다. 가르치는 권한의 고유성과 더불어 선생과 제자는 종적인 일방의 관계만이 아니라 쌍방 교류입니다.

다음으로 배운다는 진의를 살펴보겠습니다.

배우는 것도 가르치는 선생님이 나와 다른 고유한 타자이기 때문에 배우는 것입니다. 나와 다르지 않고 나의 연장延長이라면 선생님이라는 타자는 나의 확장을 위한 이용일 뿐입니다.

칸트의 말을 빌린다면 '타인을 수단으로만이 아니라 목적으로 대하라는 것'입니다. 타자를 수단으로만 대하면 상대는 나의 도구일 뿐입니다.

가르치고 안 가르칠 권한도 상대에게 있습니다. 그러므로 상대가 더욱 잘 가르칠 수 있도록 자신을 더욱 열어놓아야 합니다. 상대는 나와 다른 존재로 가르침을 공급할 수도 공급하지 않을 수도 있는 자유로운 주체입니다.

지자智者로 모신다는 것은 나와는 다른 심연으로 나에게 없는 미지未知를 줄 권능의 존재로 모시는 것입니다. 지자로 모시고 배운다는 것은 자신을 열심히 열어놓고 선생이란 타자가 내가 모르는 것을 일러 주고 내가 잘하지 못하는 영역을 행할 수 있도록 하는 예술입니다.

인간은 관계 속의 존재입니다. 그러므로 인간은 독단적 권리를 행사하는 절대적 권리를 가진 존재가 아니라, 서로 간에 상대적인 관계 속에서 상대적 권리를 가지는 것입니다.

이처럼 가르치고-배우는 관계는 감응을 주고받는 타자로써 비대칭적인 관계입니다.

가르치고-배우는 관계는 고정된 것이 아니라 그사이의 불공입니다. 가르침에 따라 일방적으로 전도傳導되고 가르침이 그대로 복사되는 대칭관계가 아닙니다.

상호 타자로써 쌍방적으로 불공해야 하는 상대적 타자입니다.

가르치고-배우는 관계는 상호 처처불상이며 상호 사사불공해야 하는 관계입니다.

가르치는 입장에서 배우는 존재가 처처불상이라면, 배우는 입장에서 가르치는 존재가 처처불상입니다. 그러므로 가르치고 배우는 관계는 입장에 따라서 사사불공해야 합니다. 예를 들어 어떨 때는 주입식 교육을 해야 하고 어떨 때는 자율적 교육 방식을 동원해야 합니다. 결국 주입식 교육과 자율적 교육은 사사불공의 양면입니다.

그래서 지자본위와 타자녀교육은 상호 모심이기 때문에 〈교리도〉에서 인과보은의 신앙문에 배치되는 것입니다.

배우고-가르치는 관계는 '지도받을 자리에서 정당한 지도를 잘 받는 것이며, 지도할 자리에서 정당한 지도로써 교화를 잘하는 것'[『정전』 병든 사회와 그 치료법]입니다.

지도받을 자리에서 지도받는 사람의 권한이 있고 지도할 자리에서 지도하는 사람의 권한이 있습니다. 특히 교육은 지도하는 사람의 권한이 보장되어야 교육이 된다는 사실을 간과해서는 안 될 것입니다.

　인간은 가르칠 때 참다운 배움을 얻을 수 있고, 배우지 않은 자는 가르칠 수도 없으며, 또한 가르쳐보지 않고서는 그 배움이 심화할 수 없습니다. 가르치고-배우는 두 항이 서로를 성장시킨다는 뜻을 『학기學記』에서는 교학상장敎學相長이라고 밝히고 있습니다.

　다만 조심할 사항이 있습니다.
　배움이 목적이 되어서는 안 됩니다. 배움에 종속되고 말기 때문입니다.
　배우기만 하면 가르치는 사람의 가치관에 종속되기 때문입니다.
　배운다는 것은 자기화의 과정입니다. 자기다움을 위해 배우는 것입니다. 가르치는 사람의 자기다움을 본받아 자신을 드러내는 것이 목적입니다.
　배움은 자기실현을 위한 수단입니다. 배울수록 자기다움이 빛나야 합니다. 자기다운 부처가 드러나야 하는 것입니다.
　마찬가지로 가르치는 것도 어느 사상이나 이념에 종속되어서는 안 됩니다. 사상도 자기다움의 표현을 위한 도구입니다. 그러기에 가르치는 사람은 배우는 사람을 자신의 복제품으로 만들어서는 안 됩니다. 가르치는 사람은 배우는 사람을 자기다운 부처가 되도록 인도해야 가르침의 사사불공에 이르는 것입니다.

　오늘은 지자본위의 배우는 의미와 타자녀교육의 가르치는 의미에 대해 살펴보았습니다.

The 읽으면 좋은 법문

타자녀 교양법을 실행하자

《시창26년도 사업보고서》

─────── 시창26년(1941) 4월 5일 예회 때 사요의 '타자녀 교양을 실행하자'는 소태산의 법설이다.

교양敎養은 가르쳐서 기른다는 뜻으로 교육과 한 뜻이다. 빈한貧寒과 기아飢餓에 빠져서 어찌할 수 없는 사람들의 자녀를 받아서 의식 취급은 고아원의 일례로 하고 낮에는 직업을 가르쳐 생활 방도를 익히게 하고, 밤에는 학과를 가르쳐서 인도人道 지식을 익히게 하여 장래 공도의 역군이 되도록 키우자는 것이다.

이 법설 말미에 "기상 법설 중 타자녀 교양의 실행 건으로는 수개월 전부터 혹은 무의무탁한 고아 혹은 부모는 있어도 의식 양육할 수 없는 아이 7~8인을 수용하여 차를 응당 애육키로 의식을 자급하고 구병 치료해 가며 차차 충장하는데 따라서 직업 지도와 지식교육을 해가는 중이다."라는 상황보고가 붙어있다.

　　시창26년 4월 5일 예회 시 종사주 대중을 향하여 말씀하여 가라사대, "현하 시국에 감하여 …… 고아원 같은 사업은 일반 사회의 경영으로써 충분한 계획을 세우고 있으니 무의무탁한 고아들은 본회가 아니라도 사회 기관이 양성할 것이나, 지금 반도인의 생활상태가 부모는 있으면서도 또한 의탁할 곳 없는 자녀, 곧 눈뜬 봉사와 같은 모양으로 된 자가 많으니, 과연 빈곤한 자가 자녀는 있으나 집도 없고 직업도 없이 유리방황流離彷徨[정한 집과 직업이 없이 이곳저곳으로 떠돌아다님] 중에 자녀를 먹이지도 못하고 교육까지는 가망도 없는 자 그 얼마나 있는지 모를지라. 이런 가정에 있는 아이는 곧 부모 있는 고아이다.

그런즉 본회에서는 고아원이라는 명칭보다도 본회 인생 요도 사요四要 중 타자녀 교양법을 실행키로 하자는 것이다. 그러나 본회의 경제가 단번에 광범한 시설을 구체적으로 할 수 없으니, 우선 금년도에 15명만 수용하되 걸식고아라고 절대 안 받는 것은 아니나, 다시 말하자면 이러한 고아는 사회 기관에서 응당 수용할 줄만 믿고 단, 거기에도 합응合應 되지 못하고 빈한貧寒 기아飢餓에 빠져서 어찌할 수 없는 사람의 자녀를 받아서 의식 취급은 고아원의 일례로 하고 차차 충장됨에 따라 낮에는 직업을 가르쳐 생활 방도를 익히고, 밤에는 학과를 가르쳐서 인도人道 지식을 익히게 하여 장래 충량忠良한 국민이 되도록 주안을 삼고, 성장 후에는 자원대로 돌아가서 부모 봉양을 하면서 가정생활을 하게 하고, 만일 본회에 헌신하여 출가[전무출신] 사업을 하려는 원이 있으면 또한 그대로 본회에서 노력함도 가하다. 요컨대 자력 없을 때에는 부호扶護[도와서 보호함] 교양[가르쳐 기르다]하고 자력이 생긴 후에는 자원에 맡긴다는 것이다. 대중은 이 뜻을 지실知悉하라[자세히 알라]." 하시다.

특별한 성공을 하기로 하면 특별난 서원과 특별난 계획이 있어야 한다

수필인受筆人 이공주
《회보》 제12호, 시창19년(1934) 10월호

―――― 은부모 시자녀법恩父母侍子女法은 시창14년(1929)부터 시행된다. 이 법은 교도 간에 특별한 은의恩誼로 공부 사업을 권장하기 위하여 남자는 남자 선후진간, 여자는 여자 선후진간 은부자·은모녀의 결의를 맺는 제도이다. 이 법의 시행으로 시창14년~15년 사이에 소태산 대종사를 비롯한 원로 요인들과 후진 청년들 사이에 은부자·은모녀의 결의를 다수 맺는다[각 조단의 정비와 새 회규의 시행, 『원불교교사』].

> 이러한 은부자·은모녀 결의는 교육을 용이토록 하는 타자녀교육을 강화하는 제도의 일환이다. 소태산 대종사는 은부모 시자녀법을 맺은 제자들과 문답 감정勘定을 할 때 엄교 질책을 해도 지도받는 사람의 마음이 상하지 않고 지도를 잘 받아들이도록 하는 환경을 구축할 수 있으며, 또한 일반 제자들도 간접적으로 가르침의 본의가 잘 전해지도록 유도할 수 있다는 것이다.
>
> 은부모 시자녀법은 한편으론 은부모가 시자녀를 자녀로 삼아 교육하는 타자녀교육의 방법이면서 또 한편으론 시자녀가 은부모의 공덕을 모시는 공도자숭배의 방법이기도 하다.

시창19년[1934] 7월, 7인은 종사주宗師主와 시법자녀간侍法子女間에 결의식을 거행한바 종사주 말씀하여 가라사대 "우리가 오늘날 이와 같이 한곳에 모여 중대한 부자녀父子女의 의義를 맺으려 함은 무슨 까닭인가? 그는 다름이 아니다. **제군으로 말하면 보통 사람을 초월하여 특별난 공부와 특별난 사업을 하여 보기로 작정하고 이미 본회에 전무출신 혹은 거진출진이 되었는지라, 그리함으로 나하고도 범범한 사제지간이라는 것보단 일층一層 더 가까운 부자녀간父子女間이라는 특별한 인연을 굳게 맺어서 더할 수 없이 친근하고 다정하자는 것이요, 또 보통 사제지간이라 하는 것은 그 제자가 아니 배우려 들면 그 선생이 억지로는 못 가르치나 부자지간父子之間이라는 것은 그 자식이 잘못하면 그 아비가 강권强勸도 하고 질책도 할 수가 있으니, 이렇게 부자녀父子女의 의義를 맺어 놓으면 내가 제군을 지도하기에도 이무럽고 편리한 점이 많나니라.**

대저 사람이 무슨 일이나 경영할 때 특별나게 잘하여 보기로 하면 물론 특별한 서원과 특별한 계획이 있어야 하겠거늘, 하물며 우리로 말하면 적어도 국한 없는 시방세계를 내 집 삼고 일체 동포를 내 권속 삼으며 고해에 빠진 모든 중생을 제도한다는 고상한 이상과 원대한 포부를 가진 사람들로서 어찌 특별한 행동이 없을까 보냐. 제군이 만일 저세상의 보통 사람들과 같이 가정 향락에 빠진다든지 개인주의에 떨어진다면 우리가 요구하는바 인물은 결코 아니니, 이런 공익사업을 주장하는 도가에서 특별난 인물이 한번 되기로 말하면 물론 개인주의나 가정주의를 초월하여 자격 있는 거진출진이나 전무출신이 되어서,

정신으로나 육신으로나 어느 방면으로든지 이 공부 이 사업에 희생하며, 따라서 알뜰한 동지 사이에는 더욱 특별한 인연을 맺고 맺어서 서로 단결을 도모하되 친부모나 동포 형제간 이상으로 정의가 건네야 그 목적한 바를 달성할지니, 과거 중국의 삼국시대에 유劉·관關·장張 3인이 도원결의桃園結義한 것도 그러한 의미이니라. 그 사람들로 말하면 그 나랏일 하나 잘해보기 위하여 서로 형제의 의를 맺고 서로 의론이 구수鳩首하게 국사를 도모하지 아니하였는가?

그러면 오늘날 우리가 하는 이 결의로 말하면 과거 유劉·관關·장張 3인의 도원결의와도 달라서 중도에 실시를 못 하면 못하였지 일사회一社會나 일국가一國家를 위한 국한 있는 결의가 아니요, 적어도 시방세계 일체중생을 구원하자는 특별한 서원과 계획을 달성하기 위한 귀중한 결의니, 우리는 갱일층更一層 그보다도 더 가까워야 하겠고 닦아야 하겠으며, 만일 정情과 의誼가 떨어진다면 부레풀[어교魚膠, 민어의 부레를 끓어서 만든 풀]로 붙이든지 병원에 가서 수술이라도 하여 붙여야만 하겠다. 고어古語에 이르되 도적질도 손이 맞아야 하고 백지장도 맞잡으면 낫다고 하니 과연 진리의 말이다. 제군도 이런 말을 명심하여 될 수 있는 대로 정情과 의誼를 서로 건네며 단결 합자하여 호상부조互相扶助할 것이요, 잘못된 일은 서로 용서하고 잘된 일은 권면하여 오직 이 공부와 이 사업 한 번 잘하여 보려는 데에만 주력하여 볼지며, 이 말에 동의하거든 다 나서라.

우리의 사업은 그 계획과 범위가 넓고 또 넓은 만큼 일군도 훨씬 많아야 하겠으니, 실實로 이 뜻만 있는 사람이라면 기백 명 기천 명이라도 어서 바삐 나서서 특별한 인연을 맺은 후 특별한 활동을 하여야 하겠다. 저세상에서 활동하는 모든 사람을 본다면 그들의 경영하는바 직업과 계획이 각각 다르고 또한 인질人質과 기국器局도 각각 다르나니, 같은 직업에도 정당한 직업을 가진 자도 있으며 또 같은 농사나 장사를 경영하는 데에도 특별한 계획을 세우고 특별나게 잘하여 보려는 자도 있고 그저 범범한 생각으로 되는 대로 하는 사람도 있는 것이요, 또 정치가에 나타나서 활동하는 사람을 본다고 하여도 진정한 애국심을 가지고 그 나라를 위하여 특별 정책을 세워서 제국의 사표가 될 만한 나라를 만들려고 희생적 노력하는 자도 있고 그저 자기 일신이나 일 가정一家庭의 생활을 구하기 위하여 활동하는 자도 있으니, 어찌 그뿐이리오. 천만사가 다 그러하나니, 무슨 일에나 특별한 서원을 가지고 희생적 노력하는 사람에게는 그만한 효과가 있을 것이요, 그 반면에 범범한 활동을 하는 사람에게는 또한 그만한 효과밖에 없을 것이 사실일 것이다.

제군이여! 제군들로 말하면 기위 나 같은 사람을 만났고 또한 특별한 공부와 특별한 사업을 하여보기로 작정하였으며, 그 위에 특별한 서원과 특별한 계획도 세우기 위하여 이와 같이 특별한 결의까지 맺게 된 것이니, 더욱 각성하여 건달 생활을 하지 말고 참되고 까닭 있는 활동을 하여 시방세계의 개척자가 될지어다.

나는 금번今番[이번]에 결의 지원자가 많은 것을 보니 본회가 점점 확창 발전될 것을 알겠으며, 우리가 이처럼 이중 삼중으로 인연을 맺어 서로 죽자면 죽고 살자면 살만큼 단결이 된다면 우리의 성공은 그 속에 있다고 생각하노라." 하시더라.

은부시녀결의식과 신新삼형제

각지 근황各地近況 – 경성출장소
《월말통신》 제33호, 시창15년(1930) 경오庚午 10월분

———— 은부모 시자녀법恩父母侍子女法은 남자 선·후진과 여자 선·후진 간에 맺는 은부자·은모녀법이다. 다만 시창15년(1930) 음 10월 26일부터 소태산 대종사에 한해서 남녀 구분의 한계를 없앤다. 이렇게 예외 사항이 생기게 된 사건이 성성원과의 은부시녀 결의부터다. 이를 계기로 조전권과 김영신도 소태산과 은부시녀 결의식을 맺는다.

조전권과 김영신은 이미 이공주와 은모시녀를 맺은 상황이므로 이공주는 이 결의를 취소하고 새로이 소태산을 은부로 맺을 것을 청한다. 이공주는 소태산에게 "공주는 개인의 시녀를 둘 것이 아니라 일보를 나아가 **사요 중 하나인 타자녀 교양**을 하는 셈이 되며 영신, 전권으로 말하면 종사주를 아버님으로 뫼시게 되오니 또한 공주를 은모로 하는 것보다는 전진상前進上 얼마나 유익이 있을 줄 압니다."라고 청한다. 이에 소태산은 허락하여 은녀 삼 형제가 탄생한다.

> 이러한 은부자·은모녀법 결의법은 타자녀교육을 강화하는 제도의 하나이다.

각지 근황-경성출장소[창신동 회관]

본월本月[10월] 26일 오후에는 종사주와 성성원과의 부녀지결의식父女之結義式을 거행하기로 했다. 당일 오후 3시경에 일동이 좌정坐定한 후 결의식을 행하려 할 때 이공주가 종사주전宗師主前에 사뢰어 가로되 "공주가 영신을 시녀侍女로 정한 본의는 전에도 말씀드린 바와 같이 은모恩母의 안일과 명예를 구함이 아니라 오직 영신이 전무출신을 하여 공사에 헌신하려 하나 무산無産하여 공부를 할 수 없으므로 영신을 공부시킴은 곧 본회 사업을 하는 것이므로 소위 은모恩母 시녀侍女가 되었고 또 전권專權도 공주에게 뜻이 없지 않다고 하여 또 결의식이라도 할까 하였더니, 이제 오늘은 종사주께서 성원聖願을 시녀侍女로 정하시니 이러한 법이 있을진댄 영신永信과 전권專權을 종사주전宗師主前에 시녀侍女로 바치고 공주는 힘 미치는 데까지 이전과 다름없이 원조援助하여 주겠습니다. 그러면 공주共珠는 개인의 시녀侍女를 둘 것이 아니라 일보를 나아가 사요 중 하나인 타자녀 교양他者女敎養을 하는 셈이 되며 영신永信, 전권專權으로 말씀하면 종사주를 아버님으로 모시게 되오니 또한 공주共珠를 은모恩母로 하는 것보다는 전진상前進上 얼마나 유익이 있을 줄 압니다." 하니, 종사주 청취聽取하시고 가라사대 "너의 말이 좋다. 그러나 영신永信은 이왕에 너와 결의식을 하였는데 나의 딸을 삼으라 하니 너의 딸도 되고 나의 딸도 되라는 말이냐? 만약 전에 결의서結義書를 취소시킨다면 그리하여도 좋으나 만약 그대로 둔다면 못한다." 하시니, 공주共珠는 즉석卽席에서 결의서는 취소하기로 하고 영신永信, 전권專權에게도 의견을 물으니 갱론更論할 것도 없이 소원이라 하여 1시에 신 삼 형제新三兄弟가 되니 성원聖願, 영신永信, 전권專權 차례로 종사주께 사배四拜를 드려 부녀지예父女之禮를 드리고 다음은 신 형제 간新兄弟間에 예례禮를 갖춘 후 세 따님에게 '최초법어'를 낭독하고 간단한 종사주의 훈시가 계신 후 무사히 파석罷席하고 종사주를 모시고 과종果種을 분식分食했다.

전명철행 씨 미행

유허일
《회보》 제65호, 시창25년(1940) 6월호

─────── 소태산 대종사는 남원지부 방문 시 전명철행의 무의무탁한 고아를 양육하는 타자녀교육의 사례를 접하시고 유허일에게 이 미행美行의 일화를 소개토록 한 감상문이다.

씨는 경남 함양 출생으로 방금 남원지부 관내에서 여자 거진출진 격으로써 영육쌍전의 선로線路를 타고 공부 사업 양 방면의 보조를 맞추어 나가는 당년 65세의 보살행자이다. …… 때마침 본회 남원지부의 전신인 남원출장소가 출현하자 씨는 본회에 입회하는 즉시 본회의 교리 중 인생요도 사요의 제3조 실행에 제일보로 출발하게 되었다.

씨는 …… 어찌하면 이 고해 중생이 부모 없는 자녀의 눈물을 없게 하고 또한 자녀 없는 부모의 고통이 없게 할까 하는 관념으로 평소에 묵고 묵은 지극한 원을 품어 오던 차에 본회의 '무자녀자 타자녀 교양법'을 듣고는 자기의 발원과 아울러 일찍부터 힘써오던 이 사업에 철저한 목적을 이룰 기회가 돌아와서 이렇게 정법 회상에 참예한 것으로 생각하여, 무엇보다도 먼저 무의무탁한 고아를 양육하기로 결심하였다.

…… 씨의 생활현상을 말하자면 청빈한 신세로 겨우겨우 의식을 이어 오는 중 단신인 만큼 과過한 기한飢寒은 없이 지내었으나 차차로 하나둘 셋까지 첨가하게 되니 벌이는 없고 칠십 노령에 곤란도 하지만 설사 자기는 헐벗을지언정 이 아이들은 베옷이라도 겨우 정도에 맞게는 입히고 자기는 삼순구식[三旬九食, 삼십 일 동안에 아홉 끼니를 먹는다는 뜻]을 할지언정 이 아이들은 배고프지는 않게 먹여주고 자라는 대로 교육까지도 힘대로 해줄 터인데 우선 조석으로 염불이라도 지성으로 시켜서 숙세 업보를 닦아주기에 힘을 쓰고 있다.

어느 때에 어떤 몰이해한 사람이 씨를 향하여 묻기를 "당신이 이미 나이 늙고 자녀가 없으니 되도록 돈 몇 원이라도 모여서 근친 간에 양자나 양손을 정하여 후사도 맡기려니와 첫째 만년 시봉도 받아야 할 모양인데, 웬 쓸데없는 거지 떼를 모아다가 코를 닦고 똥을 치고 저런 고생을 하며 먹을 것 입힐 것 백방으로 애를 쓰고 돈 한 푼 모으기는커녕 당신이 죽으면 그 애들이 복 입어주고 제사 지낼 줄 아시오? 제발 그런 쓸데없는 짓 그만두오." 하며 씨의 마음을 시험해 보려고 한다.

  씨는 허허 웃으며 답하기를 "사람이 자기 자식 자기 손자를 키울지라도 늙어서 시봉 받고 죽어서 제사 받기만을 위해서 양육을 한다면 실로 범위가 좁고 의무가 소멸하여서 참다운 인생감을 몰각한 일이라, 대저 사람의 할 일은 내 자녀가 되었든지 남의 자녀가 되었든지 오직 인도 정의에 합당한 대로 길러주고 가르쳐 주면 저는 장래에 나에게 보은을 하든지 말든지 나 할 일만 했으면 그만일 것이며, 더구나 내의 본의로 말하면 천진난만한 어린것들이 부모를 잃고 경각의 생사기로에서 비명 하는 것을 보고 문득 측은지심이 일어나는 그 순간이야말로 장래 먹이고 입힐 것까지 걱정할 틈도 없고, 또한 육 척 미만의 이 몸뚱이가 썩어질 때 일을 잘해줄까 못 해줄까를 생각하는 것은 너무도 모순일뿐더러, 우리 종사님 거룩하신 법은 내 자녀가 있는 자라도 여력이 있는 대로는 남의 자녀까지도 교양하려니와 하물며 자녀 없는 자는 구태여 없는 자녀만 구할 것이 아니라 남의 자녀라도 나의 생자녀生子女[낳은 자식]와 같이 하나든지 둘이든지 힘 미치는 대로는 책임지고 교양하라는 명훈이 계시는바, 나는 기왕 생자녀도 없고 우중又重[더욱이] 종사님 말씀이 나의 평생소원에 합당하기 때문에 내 비록 청한생활淸寒生活을 할지라도 되도록 절용절식節用絶食을 하여 나의 단독의 힘으로써 우선 하나고 둘이고 되는 대로 이 법을 실시하는 중이며, 차후에도 힘 미치는 한도까지는 차차 몇이라도 더 수용해서 직업과 학문까지라도 인도해주려는 결심뿐이오. 무슨 만년 시봉이니 사후 절차에 대한 것은 나의 기대하는 조건이 아니다."라고 말하였다.

  과연 금춘今春의 종사주 남원 행차 시에 저 천진난만한 3개 고아가 씨의 온화한 품속에서 곱게 곱게 자라는 것을 친감하시고 자비에 넘치시는 성려하聖慮下에서 거룩하신 명령으로써 외람히 이 붓을 들게 된 것이다. 아 우리 회원 전부가 '**무자녀자 타자녀 교양법**'에 개인 개인이 이와 같이 각성하고 가정 가정이 또한 이와 같이 실행한다면 장차 시방세계에 자비 광명이 비치어서 만억 중생에게 무자녀의 늙은 독부獨婦가 없고 따라서 무부모의 어린 고아가 없이 씨를 선두로 하여 다 함께 **자선활불**慈善活佛이 되리라고 믿는 바이다.

사요四要

공도자숭배
公道者崇拜

『정전』읽기 Reading

제4절 공도자숭배(公道者崇拜)

1. 공도자숭배의 강령

　세계에서 공도자숭배를 극진히 하면 세계를 위하는 공도자가 많이 날 것이요, 국가에서 공도자숭배를 극진히 하면 국가를 위하는 공도자가 많이 날 것이요, 사회나 종교계에서 공도자숭배를 극진히 하면 사회나 종교를 위하는 공도자가 많이 날 것이니, 우리는 세계나 국가나 사회나 교단을 위하여 여러 방면으로 공헌한 사람들을 그 공적에 따라 자녀가 부모에게 하는 도리로써 숭배하자는 것이며, 우리 각자도 그 공도 정신을 체받아서 공도를 위하여 활동하자는 것이니라.

2. 과거 공도 사업의 결함 조목
　1) 생활의 강령이요 공익의 기초인 사·농·공·상의 전문 교육이 적었음이요,
　2) 사·농·공·상의 시설 기관이 적었음이요,
　3) 종교의 교리와 제도가 대중적이 되지 못하였음이요,
　4) 정부나 사회에서 공도자의 표창이 적었음이요,
　5) 모든 교육이 자력을 얻지 못하고 타력을 벗어나지 못하였음이요,
　6) 타인을 해하여서까지 자기를 유익하게 하려는 마음과 또는 원·근·친·소에 끌리는 마음이 심하였음이요,
　7) 견문과 상식이 적었음이요,
　8) 가정에 헌신하여 가정적으로 숭배함을 받는 것과, 공도에 헌신하여 공

중적으로 숭배함을 받는 것이 무엇인지 아는 사람이 적었음이니라.

3. 공도자숭배의 조목
  1) 공도 사업의 결함 조목이 없어지는 기회를 만난 우리는 가정 사업과 공도 사업을 구분하여, 같은 사업이면 자타의 국한을 벗어나 공도 사업을 할 것이요,
  2) 대중을 위하여 공도에 헌신한 사람은 그 노력한 공적에 따라 노쇠하면 봉양하고, 열반 후에는 상주가 되어 상장(喪葬)을 부담하며, 영상과 역사를 보관하여 길이 기념할 것이니라.

공도자숭배의 강령

─────── 반갑습니다. 이번 시간에는 사요의 '공도자숭배의 강령'에 대해 살펴보겠습니다.

'공도자公道者 숭배崇拜의 강령'은 공도자를 공경하며 또한 공도 정신을 체받아 스스로 공도자가 되자는 것입니다.

공도는 공변될 공公, 길 도道로, 공변된 도리입니다.
공변될 공公은 사사롭거나 치우침이 없이 공평하고 공정한 것으로, 공도公道는 공중公衆에 유익을 주는 것입니다. 그러므로 공도公道를 따르는 마음을 공심公心이라 하며, 공도를 실행하는 사람을 공도자公道者라고 합니다.

공도公道는 지공무사한 길로써 공평하고 공정합니다.
텅 비어 선악 업보가 끊어졌기에 선악 업보가 두렷합니다. 그 없는 자리에서 공적 영지의 광명을 따라 선악이 분명한 것입니다. 공公은 공대로 사私는 사대로, 정의는 정의대로 불의는 불의대로 드러나는 것입니다.
그러므로 지공무사한 마음에 근원하지 않고서는 공도를 밟지 못합니다. 공도자숭배는 지공무사한 일원상에 근거합니다.

정산 종사는 "공도자숭배는 공과 사를 결함 없이 쌍전하되 공도를 우선으로 하자는 것이 그 주지"[『정산종사법어』 경의편 9장]라고 밝히고 있으며,
또한 "모든 일에 공과 사가 상대되는 경우에는 공을 본위로 처리하며 힘 미치는 대로 공익을 위하여 노력하는 동시에 공용물을 아끼고 공도자를 알뜰히 숭배할 것이요,

공公을 존중하는 것이 곧 자기를 존중함이 되고 공公을 유익케 하는 것이 곧 자기를 이롭게 함이 되는 원리를 철저히 깨쳐 알고 행할 것"[『정산종사법어』 세전 '공중의 도']이라고 명시합니다.

공도는 자타의 차별이 없는 자리이기에 너와 내가 둘이 아니므로 나도 행복하고 상대도 행복한 자리이타自利利他의 호혜의 길을 가는 것입니다. 그러므로 공도 사회는 함께 잘 사는 평등 사회요 공화共和 사회를 추구합니다.

'공도자숭배의 강령'은 세 단락으로 나누어 볼 수 있습니다.
첫째 단락입니다.

> "세계에서 공도자숭배를 극진히 하면 세계를 위하는 공도자가 많이 날 것이요,
> 국가에서 공도자숭배를 극진히 하면 국가를 위하는 공도자가 많이 날 것이요,
> 사회나 종교계에서 공도자숭배를 극진히 하면 사회나 종교를 위하는 공도자가 많이 날 것이니,"

한마디로 공도자를 극진히 존중하고 숭배하는 사회구조를 건설해야 공도자가 많이 나오는 사회가 된다는 것입니다. 또한 공도자가 많이 나와야 균등 사회가 되기 때문입니다. 정산 종사는 "공도 정신이 골라져야 균등 사회가 된다."[『정산종사법어』 도운편 19장]라고 하십니다.

둘째 단락입니다.

> "우리는 세계나 국가나 사회나 교단을 위하여 여러 방면으로 공헌한 사람들을 그 공적에 따라 자녀가 부모에게 하는 도리로써 숭배하자는 것이며"

공도자숭배의 초기 표현은 '공도헌신자이부사지公道獻身者以父事之'입니다. 공도헌신자를 자녀가 부모 섬기듯 하라는 것입니다.

소태산 대종사는 원기12년(1927) 1월에 '유공인 대우법'을 발표합니다.
"그 유공 종별은 ①정남 정녀로 회상을 위하여 헌신 노력한 이[정남정녀 합동기념: 1월 1일], ②전무출신으로 회상을 위하여 헌신 노력한 이[전무출신 합동기념: 3월 1일], ③재가 회원으로 회상을 위하여 공적이 있는 이[재가 창립주 합동기념: 9월 1일], ④법강 항마부 이상에 승급한 자녀를 희사하여 희사위에 해당한 이[희사위 합동기념: 12월 1일] 등 4종種으로 하고, 각각 성적의 등급과 경우를 따라, 노쇠한 때 봉양하는 법과, 열반한 때 상장喪葬하는 법과, 열반 후 기념하는 법 등을 정하시고, 또한 사당祠堂을 건설하여 영원히 후세의 추모를 받게 하는 규례를 정하시어, 일제히 시행하게 하시었다." [공부·사업 고시법과 유공인 대우법, 『원불교교사』]

이처럼 유공인 대우법은 공도자숭배의 구체적인 방법입니다. 새 예전 편성 시 4종 유공인 기념일과 기념 묘유[사당]는 통일하여 공동 향례를 받도록 새 예법으로 제정합니다.

소태산 대종사는 원기11년(1926)에 발표한 공동생일기념, 명절기념, 공동선조기념, 환세기념의 4기념을 시행합니다.
"이 해[원기11년(1926)]에 대종사, 또한 새 회상의 4기념 예법四紀念禮法을 발표하시니, ①공동 생일 기념[음력 3월 26일]은, 회상의 생일과 교도들의 공동 생일을 한 날로 합동 기념하자는 것이요, ②명절 기념[6월 26일]은 재래의 수많은 명절을 한 날로 교당에서 합동 기념하자는 것이요, ③공동 선조 기념[9월 26일]은 부모 이상 선대의 모든 제사를 한 날로 공동 기념하자는 것이요, ④환세 기념[12월 26일]은 새해를 교당에서 공동 기념하자는 것인바, 이 모든 법을 실행함으로써 절약된 금액으로 공익사업을 하는 동시에 각자의 생활에도 도움을 얻자는 것으로, 이해 있는 이들부터 먼저 실행하라 하시었다." [의례 제도의 개혁과 사기념례, 『원불교교사』]

이 기념비 중 일정액을 헌공하여 무자력자를 보호하는 공익사업에 사용토록 합니다. 4기념을 통해 공도에 헌신토록 한 것입니다.

초기교단은 4기념 예법四紀念禮法과 4종 유공인 대우법을 합한 8대 기념일을 시행합니다. 이 8대 기념일이 향후 4축 2재로 이어지게 됩니다. 결국 4축 2재에 공도자숭배와 공도 헌신이 담겨 있는 것입니다.

셋째 단락입니다.

> "우리 각자도 그 공도 정신을 체받아서 공도를 위하여 활동하자는 것이니라."

공도 정신은 원기4년(1919) 방언공사에서 역사적 시원을 찾아볼 수 있습니다.
소태산 대종사와 구인제자는 방언조합[저축조합] 활동으로 자금을 모아서 길룡리 앞 간석지를 막는 방언공사를 시행합니다. 그러는 가운데 자금이 부족하여 인근 천정리의 부호 김부자[김덕일]에게 자금을 빌리게 됩니다. 이일을 빌미로 김부자는 간석지 개척원을 관청에 제출하여 토지 소유권을 확보하려고 합니다. 빌려준 돈이 아니라 투자한 돈이라고 주장한 듯합니다.
이 일로 단원들은 걱정하였고 그 부호를 미워하니 소태산 대종사는 사필귀정의 이치와 방언공사의 본의를 명시합니다.

"공사 중에 이러한 분쟁이 생긴 것은 하늘이 우리의 정성을 시험하심인 듯하니 그대들은 조금도 이에 끌리지 말고 또는 저 사람을 미워하고 원망하지도 말라. 사필귀정事必歸正이 이치의 당연함이거니와 혹 우리의 노력한 바가 저 사람의 소유로 된다고 할지라도 우리에 있어서는 양심에 부끄러울 바가 없다."
이어서 말씀하시기를 "우리의 본의가 항상 공중을 위하여 활동하기로 한 바인데 비록 처음 계획과 같이 널리 사용되지는 못하나 그 사람도 또한 중인 가운데 한 사람은 되는 것이며, 이 빈궁한 해변 주민들에게 상당한 논이 생기게 되었으니 또한 대중에게 이익을 주는 일도 되지 않는가. 이때 있어서 그대들은 자타의 관념을 초월하고 오직 공중을 위하는 본의로만 부지런히 힘쓴다면 일은 자연 바른 대로 해결되리라."
[『대종경』 서품 9장]

방언공사의 본의가 공중을 위하는 것이니, 자타의 관념을 초월하여 오직 공중을 위하는 본의로만 부지런히 힘쓰자는 것입니다.

공도자숭배의 타당함과 필요성에 대한 소태산 대종사의 말씀입니다.
대종사 하루는 근동 아이들의 노는 것을 보고 계시더니, 그중 두 아이가 하찮은 물건 하나를 서로 제 것이라 하여 다투다가 대종사께 와서 해결하여 주시기를 청하면서 다른 한 아이를 증인으로 내세웠으나 그 아이는 한참 생각하다가 제게 아무 이해가 없는 일이라 저는 잘 모른다고 하는지라, 대종사 그 일을 해결하여 주신 뒤에 인하여 제자들에게 말씀하시기를 "저 어린 것들도 저에게 직접 이해가 있는 일에는 서로 다투고 힘을 쓰나 저에게 이해가 없는 일에는 별로 힘을 쓰지 아니 하나니, 자기의 이해를 떠나 남을 위하여 일하는 사람이 어찌 많을 수 있으리오. 그러므로 자기의 이욕이나 권세를 떠나 대중을 위하여 일하는 사람은 대중이 숭배해야 할 가치가 있는 사람이며, 또한 마음이 투철하게 열린 사람은 대중을 위하여 일하지 아니 할 수 없는 것이니라." [『대종경』 인도품 51장]

자기의 이욕이나 권세를 떠나 대중을 위해 일하는 사람은 공도자로 숭배해야 하며, 마음이 열린 사람은 공도 헌신을 아니 할 수 없다는 겁니다.

오늘은 사요의 '공도자숭배의 강령'에 대해 살펴보았습니다.

공도자숭배의 조목과 과거 공도사업의 결함 조목

─────── 반갑습니다. 이번 시간에는 사요의 '공도자숭배' 절에서 '공도자숭배의 조목'와 '과거 공도사업의 결함 조목'에 대해서 살펴보겠습니다.

'공도자숭배의 강령'이 줄기라면 '공도자숭배의 조목'은 가지입니다.
그러므로 '공도자숭배의 조목'은 '공도자숭배의 강령'을 세부적으로 제시한 것입니다.

'공도자숭배 조목'의 첫째 단락입니다.

> "공도 사업의 결함 조목이 없어지는 기회를 만난 우리는 가정 사업과 공도 사업을 구분하여, 같은 사업이면 자타의 국한을 벗어나 공도 사업을 할 것이요,"

공도자숭배는 가족주의와 충돌하는 듯이 보입니다. 가족을 먼저 가까이하고 위하는 친친親親의 관계를 외면하라는 게 아니라 공적인 활동을 할 때는 가족주의를 앞세우면 공정성이 무너질 위험성이 있으니 유의留意하라는 것입니다. 공적인 삶을 존중하고 우선시하는 것이 중요합니다.

소태산 대종사는 현재를 '공도 사업의 결함 조목이 없어지는 기회'라고 합니다.
지난 세월은 공도 사업의 결함이 있었다는 것이며 현재는 이러한 결함이 개선改善되어 가고 있다는 것입니다. 이는 인류 문명을 공도의 방향으로 시정是正해 가라는 의지라 할 것입니다.

소태산 대종사는 '과거 공도 사업의 결함 조목'을 상세히 밝히고 있습니다.

1. 생활의 강령이요 공익의 기초인 사·농·공·상의 전문 교육이 적었음이요,

이 세상은 사·농·공·상士農工商의 네 가지 생활 강령이 있고, 사람들은 그 강령 직업하에서 활동하여, 각자의 소득으로 천만 물질을 서로 교환할 때 오직 자리이타自利利他로써 서로 도움이 되도록 하는[동포 피은의 강령] 공익기반이 박약했다는 것입니다.

사·농·공·상은 근대 이전의 신분구조나 근대의 계급구조를 말하는 것이 아니라 직업의 대체를 말하는 것입니다.

2. 사·농·공·상의 시설 기관이 적었음이요,

'사·농·공·상의 기관을 설치하고 지도 권면에 전력하여, 우리의 생활을 보전시키며, 지식을 함양하게 하는[법률 피은의 조목] 공익 제도가 발양되지 않은 것입니다.

3. 종교의 교리와 제도가 대중적이 되지 못하였음이요,

종교의 교리와 제도를 대중화하여 일반대중에게 유익하게 하는 공도 정신 및 공도 사회를 고취하지 못하였다는 것입니다.

4. 정부나 사회에서 공도자의 표창이 적었음이요,

표창은 권장하는 것이요 공도자를 발굴하여 적극적으로 후원하는 것입니다. 과거에는 문중이나 인맥의 학연이나 지연에 따라 사사로이 표창하는 경우가 많았고 공도자를 알아보지 못하고 외면하는 경우가 많았다는 것입니다.

5. 모든 교육이 자력을 얻지 못하고 타력을 벗어나지 못하였음이요,

정산 종사는 과거 공도 사업의 결함 조목 중 '모든 교육이 자력을 얻지 못하고 타력을 벗어나지 못하였다' 함을 해설하시기를 "정부의 강압이 심하므로 민중이 합심하여 무슨 일을 개척하거나 건설할만한 정신을 기르고 펼 수 없었음이요, 도가에서도 과거의 인습에 집착된 점이 많아서 대중적 교리가 되지 못하고 타력적 교화에만 그쳤음이요, 일반 가정에서도 대개 미신 행사나 풍수 예언 등에 끌리어 모든 것을 운명으로 돌리고 바라고만 앉아 있었음이라, 그러므로 공도 사업이 결함되었나니라."[『정산종사법어』 경의편 12장]라고 밝혀주십니다.

정부는 민중이 자력을 얻도록 교육하는 게 아니라 도리어 자력을 억제했으며, 종교가 죄복의 근본처를 알지 못하고 타력적 교화에 매몰되었고, 가정은 미신이나 운명 등에 빠져 있어 타력을 벗어나지 못했다는 것입니다. 모든 교육이 타력을 벗어나 자력을 얻도록 진행하지 못했다는 겁니다.

6. 타인을 해하여서까지 자기를 유익하게 하려는 마음과, 또는 원·근·친·소에 끌리는 마음이 심하였음이요,

타인을 해하여서까지 자기를 유익하게 하려는 마음은 이기심으로 공도 정신을 말살하는 것이요, 원·근·친·소에 끌리는 마음은 편착심으로 공도 정신을 등지는 것입니다.

7. 견문과 상식이 적었음이요,

공도 정신을 기르고 공도에 헌신하도록 하는 견문과 상식이 적었던 것입니다.

8. 가정에 헌신하여 가정적으로 숭배함을 받는 것과 공도에 헌신하여 공중적으로 숭배함을 받는 것이 무엇인지 아는 사람이 적었음이니라.

가정에 헌신하여 가정적으로 숭배받음과 공도에 헌신하여 공중적으로 숭배받는 차이가 어떻게 다른지 가르치지도 않았고 공도에 헌신하는 가치를 부추겨 일으키지도 않았으며 알아보려 하지도 못했다는 것입니다.

'공도자숭배 조목'의 둘째 단락입니다.

> "대중을 위하여 공도에 헌신한 사람은 그 노력한 공적에 따라 노쇠하면 봉양하고, 열반 후에는 상주가 되어 상장喪葬을 부담하며, 영상과 역사를 보관하여 길이 기념할 것이니라."

소태산 대종사는 원기12년(1927) 1월에 '유공인 대우법'을 제정하여 공도자를 숭배하고 기념합니다.

"원기12년(1927·丁卯) 1월에, 대종사, 또한 새 회상의 유공인 대우법을 발표하시니, 그 유공 종별은 ①정남 정녀로 회상을 위하여 헌신 노력한 이, ②전무출신으로 회상을 위하여 헌신 노력한 이, ③재가 회원으로 회상을 위하여 공적이 있는 이, ④법강항마부 이상에 승급한 자녀를 희사하여 희사위에 해당한 이 등 4종種으로 하고, 각각 성적의 등급과 경우를 따라, 노쇠한 때 봉양하는 법과, 열반한 때 상장喪葬하는 법과, 열반 후 기념하는 법 등을 정하시고, 또한 사당祠堂을 건설하여 영원히 후세의 추모를 받게 하는 규례를 정하시어, 일제히 시행하게 하시었다." [유공인 대우법, 『원불교교사』]

정남정녀 합동기념으로 1월 1일 기념식을 거행했고, 전무출신 합동기념은 3월 1일, 재가 창립주 합동기념은 9월 1일, 희사위 합동기념은 12월 1일 실시합니다. [유공인 상장례, 『불법연구회 예전』]

《회보》제47호, '희사위 열반 공동기념에 제하여'라는 법설입니다.

한때에 종사주宗師主 법좌에 오르시사 희사위에 대한 법을 설하여 가라사대, "대범, 희사喜事라는 뜻은 현 사회에서 물질의 다소를 물론하고 타인을 위하여 혜시惠施할 때 희사라 하는 것과 그 뜻이 같다. 그러나 희사 중에도 천만층의 구별이 있나니, 우리가 지금 기념식을 거행하는 이 희사로 말하면 보통 세상의 물질적 희사보다도 그 공덕이 더 특수하다고 생각하노라. 왜 그런가 하면 귀중하게 생육生育한 자기의 자녀를 자신에 시봉도 받지 아니하고 공중을 위하여 특별히 희사한 까닭이니, 그 자녀가 일반 사회에 해독을 주었다면 모르되 다대多大한 유익을 주며 일보를 더 나아가 제도중생濟度衆生하는 활불活佛이 되었다면 음적陰的으로 쌓인 그 희사의 공덕이야말로 어찌 일시의 물질 희사에 비하리요. …중략… 자기의 향락과 영화에도 불구하고 그 귀중한 자녀를 내보낼 때 '사람이 세상에 나서 한 가정만 알게 된다면 너를 생육한 그 부모의 공덕이나 너의 일생 사업이 너무나 편소하니, 이제부터는 중인衆人을 위하여 활동하여서 인생다운 참가치를 발휘하라. 나는 아주 노쇠하여 무자력하다면 부득이 너의 의뢰를 구하려니와 자력이 있는 데까지는 내 힘으로써 활동하여 가정생활을 유지하겠으니, 모든 일을 안심하고 잘 노력하라'는 의미심장한 뜻으로 권송勸送하였다면 공중을 위하는 자비불慈悲佛의 행이라 아니할 수 없다."

소태산은 유공인 중 희사위를 공도헌신자로 제시하고 있습니다.

이어 말씀하시기를 "보라! 빈약한 우리 회會의 초창에 희생적 전무출신이 아니면 제도사업의 첫 기초를 어떻게 세우며, 희사제위가 아니셨던들 전무출신이 어디서 나오리오. 그러니 우리는 이 희사의 공덕을 심심深深 사모하여 매년 이 기념이 당하면 미리 심신을 청정 재계하고 정성을 다하여 식을 거행하여야 할지며, 기념비도 될 수 있는 대로 타처他處에 절약하여 정성껏 헌공함이 우리의 도리에 당연하다. 이 기념뿐만 아니라 전무출신, 정남정녀貞男貞女, 재가창립주 기념 등도 동일한 정성으로써 매년 식을 거행하여야 우리의 전정前程에 한량없는 행복이 돌아오게 될 것이요, 만일에 정성이 부족하거나 등한한 생각으로 모든 의식을 형식에 끌려 행한다면 명명明明하신 사은四恩의 큰 벌을 받게 될지니, 일반은 모름지기 이 점에 유의할지며 희사라는 뜻을 각골명심하여 하처하사何處何事를 물론하고 이타적 활동하는 데에 주력할지어다." [김형오 수필, 《회보》 47호, 시창23년 9월호]

공도자숭배의 시원적 표현은 공도헌신자이부사지公道獻身者以父事之로 공도에 헌신한 사람을 부모 모시듯이 하라는 것입니다. 이 뜻이 희사위 열반공동기념의 본의입니다. 그러므로 공도자숭배는 공도자를 부모와 같이 받들고 대우하는 것입니다.

부모 보은의 조목 2조와 4조의 부모를 공도자로 대치하면 부모와 공도자는 같게 됩니다. 공도자를 사회의 부모로 모시고 받들라는 겁니다.

부모 보은의 조목 2조와 4조의 '부모'를 '공도헌신자'로 대치하면 '부모(→공도헌신자)가 무자력할 경우에는 힘 미치는 대로 심지心志의 안락과 육체의 봉양을 드릴 것이요', '부모(→공도헌신자)가 열반하신 후에는 역사와 영상을 봉안하여 길이 기념할 것이니라.'로 다시 읽을 수 있습니다. 즉 공도자를 사회적 부모로 모시라는 것입니다.

소태산 대종사는 "재산이 넉넉한 종교 단체에서는 … 화려하고 웅장한 영정각影幀閣을 지어서 공도자들의 영정과 역사를 봉안하면 사방에서 관람인이 많이 와서 어떠한 귀인이라도 예배하고 보게 될 것이며…"[『대종경』 전망품 25장]라고 말씀하십니다.

상산 박장식 교무의 여동생인 두타원 박효진의 회고담입니다.

일타원 박사시화가 남원 일대의 명문가 안주인 정형섭을 순교巡敎할 때의 이야기입니다.

"어느 날 친정에 갔는데 박사시화 씨가 오셔서 어머니를 교화하고 계셨습니다. 그분은 '앞으로 돌아오는 세상에는 남의 자식이라도 내 자식처럼 가르치게 되고, 남의 부모라도 공도 헌신한 사람은 내 부모와 같이 섬기게 되는 세상이 됩니다.' 하면서 삼학과 사요에 대해서도 말씀하시는데 저는 그만 도취하고 말았습니다." [원불교신문 656호, 대종사를 만난 사람들]

당시의 순교는 사요의 타자녀교육을 비롯해서 공도자숭배의 내용으로 교화했던 것입니다.

오늘은 사요의 '공도자숭배' 중에서 '공도자숭배의 조목'과 '과거 공도 사업의 결함 조목'에 대해서 살펴보았습니다.

더보기 Tip

공도와 자력의 관계

────────── 반갑습니다. 이번 시간에는 사요의 '공도자숭배'와 '자력양성'의 관계에 대해 살펴보겠습니다.

사요에서 '지자본위'의 배움과 '타자녀교육'의 가르침은 밀접하게 연관되는 구조라면, '자력양성'과 '공도자숭배'는 각자의 권리와 공익의 관계로써 서로 바탕이 되고 도움이 되는 구조입니다.

사요의 핵심은 공도자公道者 숭배에 있습니다. 공도자숭배의 실천적인 방법이 〈일상수행의 요법〉 제9조 '공익심 없는 사람을 공익심 있는 사람으로 돌리자' 입니다. 공익심 즉 공심公心에 방점을 찍고 있습니다.

그러나 이 공심을 이해하는데 전제 사항이 있습니다.

공익은 개체를 떠나 어디에 따로 있는 것이 아닙니다. 어디에 따로 있는 공익은 전체주의요 전제주의입니다. 공익심을 오독하면 파시즘이 됩니다. 전체라는 하나를 잘못 해석하면 일방주의, 획일주의, 전체주의가 됩니다.

대산 종사는 하나와 열의 관계를 일원상의 경지에서 밝혀주십니다.

"일원은 공空이 아니요 하나 자리며 그 하나[一]는 낱이 아니요 열[十]에 근원한 자리다. 그러므로 그 열은 하나의 나타난 자리요 그 하나는 열의 본향本鄕이니, 도에 뜻을 둔 사람은 먼저 마땅히 그 하나를 얻어야 한다." [『대산종사 법문집』 제3집]

"하나라고 하는 것은 하나가 아니라 열을 합한 하나요 열이 아니라 하나다. …… 하나 자리가 아니고 열을 합한 하나 자리, 열이 아니고 하나가 된 하나 자리이다." [『대산종사 법문집』 제5집]

이처럼 하나[一]라는 전체의 실상은 열[十]을 관통하는 하나요 열[十]이란 개체와 소통되는 전체입니다. 이 열[十]에는 교환되고 대체할 수 없는 고유한 처처불상으로 가득합니다.

공도는 이와 같이 처처불상의 사회社會입니다. 처처불상이 사귀는[社] 소통의 모임[會]입니다. 타자를 동일한 하나의 규칙이나 규범에 몰아넣는 획일화된 공동체가 아닙니다.

시인 박노해[1957~]는 '개인 있는 우리'[인드라의 구슬, 『사람만이 희망이다』]라고 합니다.
개인의 자유가 전제되지 않으면 공익은 무거운 멍에가 됩니다. 공익으로 귀결되어야 하지만 그 바탕과 시작은 개인의 삶이 기쁨과 즐거움으로 넘쳐나야 합니다. 자신의 의미를 창조하는 약동성과 함께 개개인이 자유로운 주체로 우뚝 서야 합니다. 이 개인의 주체가 바로 자력입니다.

자력을 세워야 힘 미치는 대로 무자력한 사람을 도울 수 있으며, 무자력한 사람에게 기여할 수 있는 능력이 생깁니다. 이것이 자력양성의 본의입니다.

자력인이 되자는 것은 공익심 있는 사람이 되자는 것이며, 공익심 있는 사람으로 돌리기 위해서는 개개인을 자력인으로 양성해야 합니다.

의뢰생활은 자력생활의 반대로 자기 스스로 주체가 되지 못하는 타력생활입니다. 푸코의 언어로 말한다면 '구성하는 주체'가 아니라 '구성되는 주체'로 부자유한 차별세계의 구조 속에 끌려다니는 생활입니다.

또한 인간의 문제를 인간끼리 부딪쳐서 해결하려는 것이 아니라 타력에 의존하는 신神을 끌어들여 신에게 의탁하는 태도입니다.

자력양성의 '사람으로 면할 수 없는 자기의 의무와 책임'은 자력에 근거한 생활입니다. 주체적이고 자율적인 자력에 근거해서 힘 미치는 대로 무자력자를 자력자가 되도록 하는 것입니다.

나도 자유로운 주체이면서 상대도 자유로운 주체로 존중하는 의무와 책임 의식입니다. 이런 의무와 책임을 다하기 위해서는 자력을 길러야 합니다. 자력의 역량만큼 자력 없는 사람을 보호할 수 있기 때문입니다. 이러한 공익의 기여도를 높이기 위해서라도 자력은 양성되어야 합니다.

인간은 자유로움을 추구하는 존재이며, 불쾌함에 지배당하지 않는 낙을 추구하는 존재입니다. 이는 누군가가 대신해 줄 수 없으며 인간끼리 주체적으로 만들어가야 하는 것입니다. 이러한 자력에 따라 무자력한 사람을 보호하는 공사가 공도 헌신이며, 이 공도를 위해 우리는 깨어있는 주체가 되어야 하고 이것이 바로 자력의 근본입니다.

과거의 윤리는 '옳음-그름'의 윤리라 할 것입니다. 미리 주어진 어떤 규정에 맞추어 가면 옳은 것이고 거스르면 그른 것이 됩니다. 즉 공동체의 옳고 그른 규칙이 선재先在되어 있고 이에 개인이 맞추어가는 형식입니다. 윤리의 윤倫은 '무리 윤'으로 윤리는 공동체의 규칙[理]을 뜻합니다.

이에 비해 미래의 윤리는 '좋음-싫음'의 윤리가 될 것입니다. 개인의 차원에서 자신에게 타당한 것이 좋음이 되고 맞지 않으면 싫음이 됩니다.

미리 주어져 있는 것이 아니고 개인의 가치에 따라 선택되는 것입니다.

미래사회는 개인의 주체와 권리가 확대되는 세계가 될 것입니다. 과거 사회가 어떤 집단의 누구라는 즉 '우리'라는 공동체의 소속에 중심을 둔다면, 미래사회로 갈수록 익명성과 개인의 자유성에 근거를 두게 될 것입니다.

이러한 미래의 개인주의는 이기주의와는 다른 것으로 개인의 자유를 소중하게 존중하며 개인과 개인의 자유가 충돌할 때 가장 접점의 지점에서 자유를 제한하는 선상에서 교류하도록 하는 사회입니다.

또한 이러한 개인의 자유로 인해 파생되는 고립[고독]과 소외의 해소를 위해 상호 연대하는 공익성이 더욱더 요청될 것입니다. 개인의 중시와 더불어 타자와의 교감과 소통이 그만큼 중시된다는 것입니다.

그러므로 사요의 자력양성과 공도자숭배는 미래사회의 지침입니다.

'좋음의 윤리'가 자력과 밀접하다면 '옳음의 윤리'는 공도와 밀접합니다.

해야만 되어서 하는 게 아니라 하고 싶은 취향에 의한, 개인의 선택에 따른 공도헌신입니다.

미래사회는 개인의 '좋고-싫음'의 개인주의 윤리가 중시되면서 상황 상황에서 '옳고-그름'의 윤리를 형성해 가는 사회가 될 것입니다.

'좋음의 윤리'와 '옳음의 윤리'를 조화시키는 것이 우리가 풀어야 할 과제가 될 것이며, 개개인에게 유익한 '좋음의 가치'에서 서로 간에 공유되는 옳음을 합의해가는 정의 도덕을 세워야 할 것입니다.

좋음-싫음의 관점에서 설사 불편할지라도 자리이타自利利他의 선상에서 '좋음의 윤리'와 '옳음의 윤리'가 교섭되는 지점을 추구해갈 것입니다.

미래사회는 각자의 존재가치[처처불상]를 확대해 가는 방향으로 나아갈 것이며, 이런 사회가 되기 위해서는 자력양성은 필수입니다.

만일 자력이 약할 경우 미래사회에선 더욱 불행해질 것입니다. 그러므로 스스로 자력을 강화하고 고양해 가야 할 뿐만 아니라 무자력자를 보호해서 자력자가 되도록 기여하는 사회적 책무를 가져야 합니다.

이는 미래의 사회가 개인의 권리와 의무를 함부로 빼앗지 못하고 지배하지도 지배받지도 않는 사회로 진행해 가야 하는 당위성입니다.

과거의 사회가 공동체 속의 개인이라면 미래의 사회는 개인주의의 선상에서 연대하는 공도사회를 지향하는 것입니다.

윤리의 경우도 개인의 '좋고-싫음'의 가치를 전제로 시대와 상황에 따라 '옳고-그름'을 합의해가야 합니다. 이런 옳음의 가치를 합의해 내는 사람은 우리가 공도자로 존중할 것입니다.

개인주의 사회가 될수록 자력양성에 근거한 공도자숭배가 중요해집니다. 단절된 개인이 아니라 연대하는 개인이 요청되기 때문입니다.

또한 자력이 약한 개인은 더욱 불행해지기에 자력을 양성하도록 협력하고 연대하는 공도헌신자를 요청합니다. 즉 단독자인 개인이면서도 자리이타의 공도에 유대하는 공도헌신자로 가꾸어가야 합니다.

자력은 공도에 연대해야 하며 공도사회를 위해서도 자력이 양성돼야 합니다.

미래사회로 갈수록 자력양성과 공도자숭배는 더욱 연동돼야 하는 관계입니다. 자력양성으로 비롯하여 공도자숭배의 사회로 연대하고, 공도자숭배의 사회는 자력양성을 더욱 증강 심화시키는 관계로 나아가야 하는 것입니다.

오늘은 사요의 자력양성과 공도자숭배의 관계에 대해 살펴보았습니다.

공익심과 연대 그리고 반항

─────── 반갑습니다. 이번 시간에는 공도자숭배의 공도를 스피노자의 '기쁨의 윤리학' 및 카뮈의 '반항하는 인간'과 연결하여 살펴보겠습니다. 즉 공익심과 연대 그리고 반항을 연결해 보고자 합니다.

공익심을 말할 때 자신의 이익을 희생하고 남을 이롭게 하는 것으로 이해하는 경향이 있습니다. 그러나 공익심은 자신을 이롭게 하는 자리自利를 박탈하는 것을 전제하지 않습니다. 자신의 이로움을 기반으로 서로 이롭게 하는 것이 공익사회이며 공도公道이기 때문입니다.

자신의 이로움을 소중하게 여기므로 타인의 이로움도 소중하고 나에게 닥치는 해로움을 방어해야 하기에 타인의 이로움에 대한 침해를 단호히 거부할 수 있는 것입니다.

서로의 이로움을 존중하고 공유하는 공도가 무너지면 각자의 이로움도 지킬 수 없습니다. 이로움이 박해받을 때 함께 연대해서 막는 것입니다.

이 지점에서 이로움을 함께 지키는 연대가 가능하며, 이러한 자리이타의 연대가 공익입니다.

스피노자[1632~1677]는 '코나투스Conatus'의 증진을 강조합니다. 코나투스는 자신의 삶을 유쾌하고 즐겁게 증진하려는 '삶의 의지'입니다.

인간은 유한자이기 때문에 자신의 존재를 보존하기 위해 타자와 연결될 수밖에 없고, 타자와 연결될 때 코나투스는 증진되거나 약화할 것입니다. 이때 코나투스가 증진되면 기쁨의 감정이 도래하고, 약화하면 슬픔의 감정이 밀려들게 됩니다. 그러므로 스피노자는 삶의 의지인 코나투스가 증진되는 기쁨은 지속시키고 삶의 의지가 감소하는 슬픔은 피해야 한다고 주장합니다. 이처럼 스피노자는 '기쁨의 윤리학'을 피력했던 것입니다.

그런데 여기서 핵심은 나의 기쁨을 위해서 마주하는 타자를 슬픔에 빠뜨려서는 안 됩니다. 나와 관계한 그 타자가 슬픔에 빠진다면 나의 기쁨도 결국 슬픔으로 변할 것이기 때문입니다.

역으로 타자의 기쁨을 위해서 나 자신의 슬픔을 그냥 인내해서도 안 된다는 것입니다. 나 자신의 슬픔으로 나도 괴로울 뿐만 아니라 결국 타자의 기쁨마저도 일시적인 것이 되어 결국 슬픔으로 변합니다.

사랑하는 연인 사이에 기쁨을 이어가기 위해서는 나의 기쁨과 상대의 기쁨이 공존해야 합니다. 기쁨의 윤리학은 나만의 기쁨이 아니라 서로의 기쁨을 지향합니다.

다시 말해 자기의 삶에 기쁨과 유쾌함을 가져다주는 타자와 소통하고 연대를 도모해야 하는 것입니다.

이를 심화하면 타자와의 유쾌한 연대를 가로막는 모든 부정적인 힘에 맞서 싸워야 하며, 동시에 자기 삶에 슬픔과 우울함의 정서를 가져다주는 타자를 단호하게 막아야 합니다.

그래서 마침내 '기쁨의 윤리학'은 '기쁨의 정치학'으로 변모할 수 있습니다.

안토니오 네그리[1933~]의 다중mulitude도 바로 이런 기쁨의 연대를 도모하는 정치학입니다.

이러한 기쁨의 윤리학과 기쁨의 정치학은 '파란 고해의 일체생령을 광대무량한 낙원으로 인도'하는 〈개교의 동기〉와 직결됩니다. 기쁨은 곧 낙원으로 인도하는 것이라 할 것입니다.

카뮈[1913~1960]는 반항의 연대성을 강조합니다. '나는 반항한다. 그러므로 우리는 존재한다.'라고 합니다.

카뮈는 『반항하는 인간』에서 "우리들 자신이 반항하지 않고 당해왔었던 박해가 타인에게 가해지는 것을 보고 오히려 견디지 못할 수 있는 것이다. …중략… 인간의 연대성은 반항 운동에 근거를 두고 있고, 반항 운동은 역으로 이 공범 관계 속에서만 정당성을 발견한다."라고 주장합니다.

자신은 핍박받고 있지 않지만, 핍박받는 타인을 위해 반항하는 이유는 그 핍박이 나와 무관치 않기 때문이라는 것입니다.

카뮈는 타인이 당하는 핍박이 '우리들 자신이 반항하지 않고 당해왔던 박해'라는 것이며 이를 자각하는 것이 중요하다고 합니다.

우리가 회피했던 핍박이 지금 타인에게 가해지고 있습니다. 그러니 이 박해에 우리는 공범입니다. 타자의 고통은 나와 공범 관계입니다.

저 언덕 위의 돌이 어느 날 떨어져 지나가던 사람이 다치거나 사망했다고 할 때, 저 언덕 위의 돌을 우리가 치웠다면 지금 타인이 그 피해를 보지 않았을 것입니다.

그 위험한 돌을 외면했기에 우리 주위의 무고한 대중이 무작위로 피해를 보게 되는 것입니다.

언덕 위의 돌은 사회제도입니다. 그러기에 우리는 그 피해의 공법입니다. 우리는 이런 사회적 박해에 대해 반항하는 연대를 해야 합니다. 박해에 대해 연대하여 반항해야 합니다.

반항의 연대성을, 연대적 반항을 해야 하는 당위성이 이러한 관계성에 있는 것입니다. 이것이 공도 헌신의 공심公心이요 공익公益입니다.

공익심 없는 사람을 공익심 있는 사람으로 돌리는 것이요 공도자숭배 정신입니다.

소태산 대종사는 원기27년(1942) 5월 26일에 이공주 수필의 '정의 도덕이 없는 세상은 곧 금수 세계다'라는 법문에서 정의 도덕을 주창합니다.

"이 세상은 정의 도덕이 있음으로써 안녕질서를 유지하고, 따라서 우리도 편안한 생활을 하지마는, 만일 인도 정의人道正義의 공정한 규칙 즉 수신·제가·치국·평천하의 도가 없었다면 이 세상은 질서 없는 수라장인 동시에 약육강식의 금수 세계가 되고 말 것이다. 왜 그러냐 하면, 저 무도無道한 금수 세계에는 제일 힘세고 가장 악한 놈이 그중에 패권을 쥐고 약소 생명을 마음대로 잡아먹듯이, 우리 인간 세상에도 만일 정의 도덕의 모든 법칙이 없다면 물론 기운 센 불량자가 나서서 힘 약하고 순진한 사람들을 속이고 해하여 안심하고 살 수가 없을 것이니, 과연 그리된다면 그것이 금수 세계가 아니고 그 무엇이랴." [구타원 이공주 법문집 Ⅰ, 『일원상을 모본하라』]

힘으로 지배하는 패권주의에 대한 강한 부정입니다.

이 세계는 상호 의존적인 세계로, 대립과 차별의 세계는 누군가의 희생과 피땀의 착취가 구조화된 세계입니다. 이러한 차별적 관계에는 이미 불평등이 스며있는 것입니다.

한쪽이 얻는 이득만큼 반드시 누군가는 차별적 고통을 받고 있다는 사실을 통찰해야 합니다. 사실 생명을 유지하고 살아간다는 것 자체는 이미 누군가의 고통을 먹고 사는 것입니다. 현실을 단순히 상호의존적인 은혜로운 세상이라 치부하여 조화와 상생의 논리로만 평면화하는 것은 차별적 세계를 미화하는 권력의 논리입니다.

우리가 이러한 차별 세계의 불평등을 외면하면 억압당할 수밖에 없고, 우리가 억압 없는 사회를 만들어 놓으면 억압당할 일이 없습니다.

우리가 함께 살아가는 사람의 고통과 악업과 불평등의 사회구조를 보고도 외면하면 어느 순간 우리에게 고통의 과보로 돌아온다는 것입니다.

존재하는 모든 것은 상호 연관된 존재로, 설사 현상적으로 대중의 고통이 나의 문제가 아닌 것처럼 보이지만 필연코 나의 문제가 될 수밖에 없는 사실을 자각해야 합니다.

개별적 인과는 악한 일을 하면 그 사람이 벌을 받게 된다고 해석합니다. 이를 자칫 잘못 해석하면 어떠한 부당한 현실을 바라볼 때 나는 잘못한 일이 없으니 그런 고통은 나에게 오지 않을 것이라 여기게 됩니다. 그리고 다른 사람은 그만한 이유가 있어 고통을 받게 된다고 생각합니다.

그런데 내가 막상 차별과 억압에 처하면 이는 개인적 업의 문제만이 아니고 차별을 해소하는 사회적 연대를 방기한 결과임을 뒤늦게 깨닫습니다.

그러므로 사회적 공업共業은 책임을 지우는 부채가 아니라 책임지려는 주인의식으로 접해야 합니다. 스스로 사회적 공도에 봉공을 못 해서 이런 결과가 생겼다는 각성과 책임 의식입니다.

오늘은 공익심과 연대 그리고 반항을 연결하여 살펴보았습니다.

공도와 정의 그리고 윤회

────── 반갑습니다. 이번 시간에는 공도와 정의 그리고 윤회에 관해 살펴보겠습니다.

소태산 대종사는 《월말통신》 제11호에서 "정의正義란 자리이타가 화化하는 법"이라 하셨습니다. 공도公道는 '인도 정의의 공정한 법칙'인 법률에 따라 펼쳐집니다.

정의는 기회균등 및 분배와 관계있습니다. 기회를 동등하게 제공하고 분배하느냐에 따라 공정성의 문제가 대두되기 때문입니다.

아리스토텔레스[BC 384~BC 322]는 정의란 '각자의 몫을 각자에게 주는 것'이라 하였습니다. 기여한 정도에 따라 몫을 나누는 것이 정의라는 것입니다.
그러나 이러한 정의론은 출발부터 주어지는 사회적 조건의 차이에 따라 발생하는 차별 현상을 균질화하는 우려가 있습니다. 처음부터 주어지는 차별의 문제를 외면하게 됩니다.

벤담[1748~1832]은 최대 다수의 최대 행복이라는 공리주의를 주장합니다.

벤담은 『도덕과 입법의 원리 서설』에서 인간이란 고통을 줄이고 쾌락을 선택하는 존재로, 쾌락에 대한 욕구와 더불어 고통에 대한 혐오를 가지는 것이 인간의 보편성이기에, 인간사회는 제한된 자원을 나눌 때 쾌락의 양을 극대화하게 된다고 주장합니다.

이러한 벤담의 정의론에는 소수자의 희생이 발생합니다. 최대 다수의 행복을 위해 소수자가 희생의 밑알이 된다는 것으로, 최대 다수라는 공리公利를 위해 소수의 피해는 피할 수 없는 전제로 받아들입니다. 그것은 역설적으로 인간은 고통에 대해 혐오한다는 차원에서 보면 고통의 양이 감소하지 않는 상황이 됩니다. 결국 다수의 이익을 우선하는 것으로 소수자의 행복을 어떻게 고려할지 과제로 남게 됩니다.

이러한 분배의 문제에 대해 미국의 정치철학자 존 롤스[1921~2002]는 '절차'를 통해 분배를 유도하는 '절차적 정의'를 주장합니다.

이를 '무지의 베일' 정의론이라 부르기도 합니다. 왜냐하면 의사결정의 과정에서 자기의 처지를 알 수 없도록 하기 때문입니다.

의사결정자에게 결정권을 주되 자기가 부자인지? 가난한 사람인지? 남자인지? 여자인지? 알 수 없도록 무지無知의 베일을 씌우는 것입니다. 이를 원초적 입장이라 합니다.

만일, 세 사람이 케이크를 나눌 경우 어떻게 나눌 것이냐는 것입니다. 롤스는 이러한 경우에 무지의 베일을 쓰도록 합니다.

이러할 경우 내게 가장 위험부담이 클 경우[가장 적게 먹게 될 경우]를 전제하여 그 위험부담이 최소화되도록 선택하게 하는 겁니다. 혹여 엄청난 나락에 떨어질 가능성을 염두에 두도록 하는 겁니다. 가장 밑바닥의 상황에 닥치는 최소 수혜자일 상황을 고려토록 하는 것입니다.

최소 수혜자의 이익이 최대화되도록 선택하는 것으로, 롤스는 인간의 이기적 욕심에 따라 선한 의지에 호소하고 있는 것입니다.

이는 자신의 처지를 가장 불리한 사람과 바꾸어 생각하는 역지사지易地思之의 절차적 사고이며, 사회적 약자가 보호받도록 하는 정의론입니다.

다만, 현실은 자신의 처지에서 선택하는 구조라서 어떻게 무지의 베일을 쓰고 선택하도록 할 것인지가 과제가 될 것입니다.

'무지의 베일'의 다른 표현은 윤회의 인과일 것입니다. 윤회의 과정에서는 어떤 인과를 받게 될지 우리는 무지의 베일에 싸여 있기 때문입니다. 윤회의 과정에서 누구라도 변하여 약자가 될 수 있다는 사고입니다.

일생만이 아니라 삼세를 윤회하기 때문에 이 기세간器世間을 약자가 살 수 있는 세상으로 만들어 놓는 것이 결국 자신에게 이로운 것이 될 거라는 태도입니다.

내가 어떠한 윤회를 받을지 모르고 어떠한 인과보응이 될지 모르기 때문에 사회적 조건을 약자가 살 수 있는 환경으로 만들어 놓는 것이 결국은 자신에게 도움이 될 거라는 입장입니다.

알고도 짓고 모르고도 짓는 업에 대해서 서로 해독이 아니라 은혜로 갚는 환경을 조성해 놓으면 결국 어떠한 윤회의 조건 속에서도 주고받는 인과를 상생 선연으로 풀어가게 될 것입니다.

혹시 내가 성차별이 있는 가정에 태어나더라도 남녀 차별이 없는 세상이면 성차별이 약화할 것이며, 혹시 내가 무산자의 집안에서 태어난다고 할지라도 집 없는 고통을 덜어주는 사회라면 집 없는 고통이 줄어들 것이며, 혹시 내가 교육을 충분히 받지 못할 상황에 부닥치게 될지라도 교육 차별이 없는 세상을 구축해 놓으면 교육 차별이 줄어들 것입니다.

즉 사회적 약자를 고려할 때, 소수자를 배려하는 환경을 조성할 때 기회균등 같은 분배의 정의는 실현될 것입니다. 우리는 윤회하기 때문에 더욱 약자를 배려하는 진화된 사회를 구축해야 할 것입니다.

소태산 대종사는 "시비와 이해를 분석하여 주는 정의正義의 법률이 득권得權을 하면 어떠한 계급, 어떠한 처지에 있든지 다른 사람에게 유익을 주어야 잘 사는 것이요, 만일 정의의 법률이 실권失權을 하면 다른 사람을 해롭게 하는 사람이 잘살게 되는 것이다."[《회보》제17호]라고 역설합니다.

정의가 실현되면 공익사회가 됩니다.

정의와 법의 관계에 있어서 법은 정의에 가장 가깝게 입법立法되고 치법治法되도록 해야 할 것입니다. 인도 정의의 공정한 법칙인 법률이 득권해야지 실권하면 우리는 불행해 집니다.

결국 소태산 대종사의 말씀처럼 강자와 약자가 다 자리이타로 화化하게 하여 영원한 강자로 진화시키는 것이 결국 정의의 원칙이 될 것입니다.

그러므로 『대종경』 인도품 26장의 말씀처럼 "참으로 지각 있는 사람은 남이 궁할 때에 더 도와주고 약할 때에 더 보살펴 주어서 영원히 자기의 강을 보전하는 것"입니다.

오늘은 법률 보은과 정의 그리고 윤회의 관계에 대해 살펴보았습니다.

The 읽으면 좋은 법문

개인 생활과 도덕사업

수필인受筆人 조전권
《월말통신》 제22호, 시창14년(1927) 기사己巳 12월

> ─────『정전』「공도자숭배의 조목」에서 '공도사업의 결함 조목이 없어지는 기회를 만난 우리는 가정사업과 공도사업을 구분하여 같은 사업이면 자타의 국한을 벗어나 공도사업을 할 것이요'라고 공도사업을 권장하고 있다.
> 소태산은 공도사업의 일환으로 국경이 없으며 연한이 없는 도덕사업을 제시하며 강조한다. 이 법설은 윤문되어 『대종경』 교단품 6장에 수록된다.

…… 이 세상에서 가장 광범한 범위와 장구長久한 성질을 가진 것이 어떠한 사업인가? 더 말할 것 없이 오직 도덕사업이 그것이다. 어찌하여 그러냐 하면 도덕사업이라 하는 것은 국경이 없으며 연한年限이 없는 것이다. 그런고로 유교는 중국에서 불교는 인도에서 기독교는 유대에서 각각 편협한 일국토一國土에 뿌리박고 일어났건만 오늘에 와서 그들의 교법敎法은 거의 전 세계를 유통流通하여 그 같은 융숭한 대우를 받고 있지 않은가? 그런고로 개인적 가정사업이나 한 걸음 나아가서 일 민족 국가를 위한 사업에 그쳐 노력한 자는 당대는 비록 이름이 있다고 하나 그 시대만 지나면 그 이름은 자연 소멸하는 것이요, 원만한 도덕사업에 그쳐서 일생을 희생한 자는 당대에는 비록 이름이 미미하나 세월이 흐를수록 그 가치와 공덕은 더욱 드러날 것이며 후생後生의 추모하는 정성은 일층 더할 것이다. ……

금수禽獸 사업을 초월하여 영장靈長의 본처에 돌아오라

수필인 전음광
《시창13년도 사업보고서》

──────── 이 법문은 《시창13년도 사업보고서》에 실린 소태산의 법설 일부이다. 사람이 만물 중 영장이라는 것을 자리이타의 공도에 협력하고 공도에 헌신할 수 있는 점에 준거를 두고 있다.

한때에 종사주 금강원에 계시사 설법하여 가라사대 " …… 과거 요순堯·舜의 사업과 걸주桀·紂의 행을 보라. 걸주는 전국의 민중을 압도하여 제 일신의 부귀를 취하며 제 처자 몇 인의 영화를 꾀한 자이다. 요순은 자기의 정신과 육신을 희생해서라도 전국 민중을 위하며 전국 민중에게 행복을 끼치고자 하였다. 그러면 우리 처지로서 이를 요순과 걸주를 선생 삼아 볼 때 어떠한 평판을 하게 될까. 요순은 참으로 사람다운 영장스러운 사업을 한 자요, 걸주는 인도를 벗어나 무식한 금수와 동일한 사업을 한 자라 아니할 수 없다. 우리뿐만 아니라 현실적으로 이 요순은 모든 인중人衆의 진심眞心에 타오르는 존모를 받고, 걸주는 그와 반면에 극도의 타기唾棄[침을 뱉듯이 버린다는 뜻]를 당하나니, 그것은 아무리 하우자下愚者라도 악한 자를 말할 때 걸주를 증거하고 선한 자를 말할 때 요순을 드러냄을 보아 능히 알 수 있다.

이 일을 보아도 장부丈夫, 세상에 난 이상 자리이타自利利他를 쓰다가 되지 않으면 마땅히 다른 사람을 위하여 내 몸을 희생은 할지언정 내 몸을 위하여 다른 사람을 해할 것은 아니며 1, 2인을 해하여 천만인을 위할지언정 천만인을 해하여 1, 2인을 위할 것은 아니다. 또는 의식주가 없으면 차라리 정의의 선상에서 그저 죽기는 할지언정 그것을 찾기 위하여 불의를 하거나 그것에 구애되어 사람다운 사상과 영장다운 사업을 잊어서는 인人이라 칭할 수 없는 즉 금수이니라." 하시더라.

본회 공동생일 기념날

수필자 이공주
《회보》제65호, 시창25년(1940) 6월호

─────── 소태산 대종사는 저축조합을 결성하여 무산자無産者인 8인 제자들과 없는 중에서도 절약할 것을 모아서 방언공사의 공익사업을 전개한다. 또한 기념식이나 새로 제정한 예법에 따라 절약한 금액을 공익사업에 활용한다. 소태산의 절약은 공익을 위한 것이었다. 절약해서 공도에 사용한 것이다.

소태산 재세 당시 4기념례와 4종 유공인 기념일을 합해 8대 기념일[《회보》제47호]이라 하였다. 4기념일은 춘계기념일인 공동생일기념일[음 3.26]과 하계기념일인 명절기념일[음 6.26]과 추계기념일인 공동선조기념일[음 9.26]과 동계기념일인 환세기념일[음 12.26]이며, 4종유공인 기념일은 정남정녀합동기념일[1.1]과 전무출신합동기념일[3.1]과 재가창립주합동기념일[9.1]과 희사위합동기념일[12.1]이다.

다만 8대 기념날은 변동이 있었으며, 이후 지금의 4축2재로 재편된다.[방길튼, 「8대 기념일 소고」, 원불교학연구 제23집] 그러므로 4축2재도 소태산 당대의 8대 기념일 같이 공익에 기여하는 의식으로 부각해야 할 것이다.

종사주 가라사대 "오늘은 본회 공동생일 기념 날이니, 즉 이제부터 25년 전 이날에 본회가 비로소 이 세상에 탄생하였고 따라서 모든 남녀 동지가 모이게 된 것이다. 그래 회원 중 기왕에 생일을 먹는 사람들은 이날에 합자하여 생일기념을 하는 것이 어떠하냐 하였더니, 거기에 동의 참가한 사람이 곧 차처此處[이곳]에 모인 여러분들이다. 그러면 저세상에서도 회갑이나 진갑 등 큰 잔치를 베풀려 하는 데 만일 그때가 극한극서極寒極暑로 음식 장만이나 빈객 내왕에 곤란할 때는 혹 불한불열不寒不熱의 춘추 가절을 택하여 잔치하는 일이 많나니, 과연 오늘의 우리 생일잔치는 여러 방면으로 보아 의미가 심장하다고 생각한다. 그리고 우리가 사가에서 지낼 때는 설사 전錢 10원이나 들여 음식 설비를 한다고 하더라도 친족 친우 몇 사람이 모여 먹고 놀고 즐기는 데 불과하였지마는 오늘의 이 공동생일로 말하면 가령 매인하每人下 일 원씩만 낸다고 하여도 만 명이면 만 원이 되고 그 만 원의 반액은 음식을 장만한다고 하더라도 전에 없던 5천 원이란 불소不少한[적지 않은] 재원이 매년 이 사회에 제공되게 될 것이니 그 얼마나 굉장한 일인가. 불시不啻라[그뿐만 아니라] 만일 관혼상제 전부를 이 식으로 거행한다면 절약되는 중에도 저축이 되어 상당한 공익자금이 생겨나서 그 어떠한 큰 사업이라도 이루리라고 생각한다. 보라! 한 10여 년간 본회에서 각종 기념을 지나며 조금씩 절약 저축한 것이 진합태산塵合泰山 격으로 2만 원에 달하지 아니하였는가. 공익부에서는 그 돈을 기본 삼아 이리 본정에 보화당 건재약국을 개업 경영하였는바 불과 7, 8년에 이제는 5만 원이라는 거액이 완전히 서게 되었다.

그러나 아직은 건설 혹은 확장 도중에 있으므로 집을 구입·수리한다, 약재를 무역한다, 상품을 진열한다 등 각종 설비에 급급汲汲하느라고 약속대로 공익사업을 하지는 못하였다. 즉 매년 순이익이 다소 상당하였으나 실제로 빼내서 쓸 수는 없었다. 그러나 이 앞으로는 기천 원이 나오든지 기백 원이 나오든지 실 사업비에 충당하려 하는바 먼저 계획하였던 양로 양유와 병원 등은 당분간 중지하고 그보다 시급한 인재양성에 착수하여 우선 영재를 키운 후 본래 목적으로 다시 들어가려는 예산이다. 즉 상술한 공익자금 5만 원으로 말하면 본회에서 10여 년간 백 명 내외의 회원들이 생일 명절 제사 등의 비용을 절약한 결과 우리 사회에 제공된 것이니, 만일 무궁한 세월에 전 세상이 관혼상제 등의 제반 예절을 그대로 시행하게 된다면 기만 원[몇만 원] 내지 기억 만원의 큰 사업비가 생겨나서 전 세계 인류에게 무한한 유익을 주게 되리라고 절실히 믿는다. 그러나 이곳에 모인 여러분은 그 어떠한 생각을 가지고 왔는지. 물론 이 중에는 의미 있게 잘 알고 와서 참예한 사람도 있을 것이요 혹은 남이 오니까 따라와서 무의미하게 지내는 사람도 없지 않을 것이니, 그러한 사람은 곧 속히 각성하여 알뜰한 동지가 되어 주기를 바라는 바이다.

그리고 또 한 가지 재미스러운 일이 있으니, 그는 **다름이 아니라 오늘 이 4월 25일**[시창23년 4월 26일 제10회 정기총회에서 생일기념일을 4월 25일로 재개정]**로 말하면 본회에 있어서는 본회의 생일이요 나에 있어서는 나의 생일이며 여러분에 있어서는 각각 여러분의 생일이니, 우리는 서로 주인이 되는 동시에 또한 서로 객이 된다. 그리고 매 인당 단돈 50전이나 1원을 내었건마는 이 큰 강당에서 굉장한 생일기념식을 지내었고 또 이 수수 백

명 회객會客에게 생일 음식을 대접하게 되었으며, 그러고도 남겨서 공익자산에 편입하였다가 교육사업이나 자선사업을 하게 되었으니, 이 얼마나 장쾌한 일인가. 이 소위 일거이삼득一擧二三得인가 한다. 그러나 금년은 흉년이 들고 겸하여 물가가 비싼 관계로 오늘 먹을 음식만은 실로 변변치 않을 것이니, 그리 양해하고 어서 나가 생일 음식을 피차에 대접하며 먹기를 바라노라." 하시더라.

회설

공익기관 창립을 두고

전음광
《월말통신》 제21호, 시창14년(1929) 음 11월

─────── 소태산 대종사 당대에 공익기관을 창립한 과정과 방법을 밝히고 있는 회설이다. 즉 생일 명절 제사 혼인 상장의 일에서 허례를 개선해 소모 낭비되는 금액을 절약하여 모으고, 매 끼니의 양식에서 한 숟가락씩 떠서 시미匙米를 모아 이 사회에 이로움을 미칠 공익기관 창립을 도모한다. 그리하여 유아幼兒 양생소, 유치원, 학교, 양로원, 병원, 사농공상의 기관 창설을 시도한다.

회설에서는 이 공익기관 창립에 합심 합력하자며, 그 방법으로 사기념四紀念[공동생일기념, 명절기념, 공동선조기념, 환세기념]에 가입하든지, 그도 못 하면 한때의 기념이라도, 그도 못 하면 혼인이라도, 그도 못 하면 상장 시라도, 그도 못 하면 시미라도 거두어 이 공익기관의 창립자가 되자고 촉구한다. 사기념예법四紀念禮法은 시창11년(1926)에 발표하면서 그 목적을 '이 모든 법을 실행함으로써 절약된 금액으로 공익사업을 하는 동시에 각자의 생활에도 도움을 얻자는 것'[『원불교교사』]이라 밝히고 있다.

소태산 당대의 모든 의식은 공도 헌신과 연동되어 있다. 사요에서 공도자를 숭배하는 것은 '각자도 그 공도 정신을 체받아서 공도를 위해 활동하자'는 것이라 결론짓고 있다.

…… 재래 우리가 지내오던 각 생일, 명절, 제사, 혼인, 상장 등사等事에 허례 폐식을 개선하고 소모 낭비를 절약하여 입으로 깨고 배로 녹이고 몸으로 발라서 흔적 없이 사라질 그 물질을 모으며 때때로 끼니마다 한술의 좀도리[시미匙米, 절미節米]를 모아 이 돈으로써 이 사회 민중에 이利로움을 끼칠 공익기관을 창립한다면 이 바다에 흐르는 모래를 모아 민중의 살 곳을 만들어 주고 폐포지설弊布紙屑[해진 천과 종이 부스러기]을 모아 종이를 만들어 민중에게 이利를 주는 자 아니랴? 더욱이 각 명절, 생일, 혼장婚葬, 상사喪事 등에 신제례新制禮를 준행하여 신선하고 정중하고 시대적으로 내 도리와 의무는 유루 없이 이행하고 따라서 이러한 공익사업을 할 수 있다면 한 탄환에 기는 꿩과 달리는 노루를 잡은 자가 아니고 누구이랴?

　…… 유아幼兒 양생소를 설치하여 전무출신자[본회 사업에 헌신적 노력]의 자녀를 양육한다면 그 부모는 가정의 구애, 자녀의 구애, 나아가 모든 인간 생활의 구애를 초월하여 육신과 정신을 오로지 이 사업에 바쳐 일할 수 있을 것이며, **유치원**을 설립하여 천진난만하게 양생소에서 길러낸 아름다운 옥댕이 즉 2세 국민들을 어려서부터 정법正法으로 말하고 가르쳐 어린 육근이라도 정법 하에 습관을 들인다면 장래 발육상 그 얼마나 광명정대한 요소要素를 품게 되며, 학교를 설시設始하여 유치원의 교육을 받은 그들을 우리 학교, 우리 교법하에 과학을 응용하여 가르친다면 진속塵俗의 악습이 하소何所[어느 곳]에 침입하여 그 옥玉을 더럽히랴. 최후로 삼강령의 대법 하에 대소 유무의 지식을 넓히고 시비 이해의 훈련을 마쳐 위대한 인격을 이룬다면 이 인물들이야말로 청산 속에서 파내온 한 덩이 옥玉돌을 정으로 쪼고 숫돌에 갈아 조그마한 티가 없이 온전히 빼놓은 옥玉과 같이 참으로 순실무이純實無二한 정금미옥 인물이리라. 이 사람으로서 우리의 사업과 공부계를 맡긴다면 우리 회會에 얼마나 경사이며 전 세계에 얼마나 공헌이 되랴? 또는 **양로원**을 건설하여 젊어서 본회 사업에 노력하던 그 인물들을 안한安閒이[평안하고 한가로이] 모시면 이것이 후래자의 도리가 아니며 인간이 출생 이후 죽도록까지 오로지 행복을 주는 영장다운 생활이 아니고 그 무엇이랴? **병원**을 설립하여 무의무탁한 빈곤 질병 자를 구제하며, **사농공상의 기관**을 세워 벌래야 벌 수 없고 일할래야 일할 수 없고 배울래야 배울 수 없이 가두街頭[거리]에 두류逗留하는[머무는] 동포들의 정신로精神路와 생활로生活路를 개척해 주면 어찌 세계적으로 모범 할 바가 아니랴?

동지들이여, 정신적으로나 물질적으로 남의 뒤에 떨어진 우리에게도 이러한 좋은 포부를 실천하여 우리의 지위를 갱생시키도록 저사위한抵死爲限[죽기를 각오한 마음으로 굳세게 실행함] 동력同力하라!

…… 동지들이여! 이 좋은 기관 창립에 주력자가 되어 사기념四紀念을 다 가입하든지, 그도 못 하면 한때의 기념이라도, 그도 못 하면 혼인이라도, 그도 못 하면 상장 시라도, 그도 못 하면 불은미[佛恩米, 좀도리]라도 거두어 이 원시元始[시작하는 처음] 시대에 창립자가 되라. 그러면 그 공적을 본회에서는 개인 개인에게 나투어 주리라. 더욱이 규칙 실시 시일이 천단淺短함에도 불구하고 공익 총액이 근일近日 400원에 달達하였으며 가입자가 60여 인이니 더 일층一層 동심同心 동력同力 매진邁進하라. 오늘의 부스러기 돈이 이 세상을 놀랠지 세상 사事 뉘 알랴?

기한飢寒을 이기시며 공사公事를 위하시는 우리 사모님 생활

김형오
《회보》 제64호, 시창25년(1940) 3월호

―――― 양하운 사모의 전무출신 권장부 생활을 소개하는 감상문이다. 김형오는 " …… 세탁을 하셔서 그 요금을 받아 가용家用 등을 쓰시는 것이며, 농사를 지으시느라 황등까지 십리허정十里許程을 이른 아침에 가셨다가 밤늦게 돌아오시기며, 자수自手로 퇴비를 만들어 전답에 내시는 등이며, 의복 한 벌도 남과 같이 입어보지 못하시고, 손과 발이 한 번도 부드러운 때가 없이 터져 벌어진 그대로 동분서주하시는 고생만 하신 그 생활 어찌 붓과 말로써 다할 바이랴. 생각건대 사모님께서 이처럼 검소한 생활을 하시는 것이 남녀 권리동일을 주장하고 자력갱생을 부르짖으며 근검절약을 실행하는 현대에 있어서 참으로 실행적이요 가장 의의 깊은

일로써 천추 청사[靑史, 역사상의 기록]에 색색이 빛날 것이며 만인의 사표가 될 바이니, 사모님 자신 상으로 보아서는 당연하시다고 볼 수가 있다."라고 감상을 표한다. 그리고 결론짓기를 "우리는 종사님과 사모님의 지절지충至切至忠하신 은혜를 어느 때나 마음 깊이 잊지 말아야 할 것이요, 특히 우리 전무출신들은 종사님의 공사를 위하여 헌신적 희생적으로 노력하시는 정신을 체받아야 할 것이며, 나아가 전무출신의 가족들은 사모님께서 종사님이 공사하시는 데에 방해되지 않게 자립적 생활 하시는 정신을 모범하여 전무출신 권장인의 의무를 다하기로 하자."라고 한다.

소태산 대종사가 제도사업에 전력할 수 있도록 가정사를 책임지고 있는 양하운 사모의 삶을 공도에 동참하고 헌신하는 삶으로 밝히고 있다. 전무출신 권장부의 삶을 공도 헌신의 삶으로 승화한 내용이다.

대화자로 등장하는 소태산의 차남 길주는 이 감상 2년 후인 시창26년(1941) 12월 19일 만17세로 요절한다[『대종경』 실시품 32장]. 소태산은 법명을 광령光靈이라 내린다. 이 문답의 현장은 익산총부 구내 하운관이다.

희사위 열반 공동기념에 제際하여

수필인 김형오
《회보》 제47호, 시창23년(1938) 9월호

─────── 『정전』「공도자숭배의 조목」에서 '대중을 위해 공도에 헌신한 사람은 그 노력한 공적에 따라 노쇠하면 봉양하고, 열반 후에는 상주가 되어 상장喪葬을 부담하며 영상과 역사를 보관하여 길이 기념할 것'이라고 제시한다.

이처럼 희사위도 공도 헌신자로서 기념의 대상이다. 왜냐하면 희사위는 자녀에게 "나는 아주 노쇠하여 무자력한다면 부득이 너의 의뢰를 구하려니와 자력이 있는 데

> 까지는 내 힘으로써 활동하여 가정생활을 유지하겠으니, 모든 일을 안심하고 중인衆人을 위한 활동에 노력하라"고 권장하니 곧 '희사위는 공중을 위하는 자비불慈悲佛'이기 때문이다.
> 소태산 대종사는 희사위를 비롯해 전무출신·정남정녀·재가창립주를 기념하는 사종 유공인을 기념토록 하고 있다. 사종 유공인을 공도자로 숭배 기념하라는 것이다. 이 법설은 정선되어 『대종경』 인도품 48장에 수록된다.

한때에 종사주宗師主 법좌에 오르시사, 희사위에 대한 법을 설하여 가라사대, "대범, 희사喜捨라는 뜻은 현 사회에서 물질의 다소를 물론하고 타인을 위하여 혜시惠施할 때 희사라 하는 것과 그 뜻이 같다. 그러나 희사 중에도 천만층의 구별이 있나니, 우리가 지금 기념식을 거행하는 이 희사로 말하면 보통 세상의 물질적 희사보다도 그 공덕이 더 특수하다고 생각하노라. 왜 그런가 하면 귀중하게 생육生育한 자기의 자녀를 자신은 시봉도 받지 아니하고 공중을 위하여 특별히 희사한 까닭이니, 그 자녀가 일반 사회에 해독을 주었다면 모르되 다대多大한 유익을 주며 일보를 더 나아가 제도중생濟度衆生하는 활불活佛이 되었다면 음적陰的으로 쌓인 그 희사의 공덕이야말로 어찌 일시의 물질 희사에 비하리오. 언론과 지필로도 표현치 못할 중한 은혜가 있다고 생각하노라.

현금現今의 세속 인심은 대개가 이타利他를 몰각하고 이기심이 충만하여 정신·육신·물질 삼 방면으로 타인의 노력과 수고를 빌리고자 하며, 심지어 해롭게라도 하여 자기의 이익과 생활의 도움은 얻을지언정 자기의 정신과 육신을 수고롭게 하고 물질을 희사하여 타인에게 이익을 주고자 하는 사람은 희소하며, 자녀를 둔 자로서도 '내 자녀를 중인에게 유익 줄 인물로 만들리라' 하는 것보다 우선 자기 일신一身 의뢰할 생각 먼저 하여 일생을 가정에 희생케 하며, 어느 방면으로든지 타인을 이롭게 하는 공익심을 장려하는 것보다 도리어 타인을 해하여서라도 자기만 이롭게 하면 더욱 사랑하고 장하게 여겨 공익심이라고는 생의生意할 여지가 없게 하였나니, 이리됨으로 설혹 명전천추名傳千秋[이름이 역사에 전해질]할만한 활불活佛의 요소가 있는 인물이 있을지라도 애석하게 이기利己에 떨어지고 사상이 비루하여져서 무명색無名色[내세울 만한 명색이 없음]하게도 초목으로 동부同腐[같이 썩다]

하게 되고 말았다. 그 얼마나 타인을 위하는 공익심과 희사의 사상이 박약하다 할까!

이러한 현실의 입장에서 초월하여 자기의 향락과 영화에도 불구하고 그 귀중한 자녀를 내보낼 때 "사람이 세상에 나서 한 가정만 알게 된다면 너를 생육한 그 부모의 공덕이나 너의 일생 사업이 너무나 편소하니, 이제부터는 중인衆人을 위하여 활동하여서 인생다운 참가치를 발휘하라. 나는 아주 노쇠하여 무자력하다면 부득이 너의 의뢰를 구하려니와 자력이 있는 데까지는 내 힘으로써 활동하여 가정생활을 유지하겠으니, 모든 일을 안심하고 잘 노력하라."는 의미심장한 뜻으로 권송勸送하였다면 '공중을 위하는 자비불慈悲佛의 행'이라 아니할 수 없다.

보라! 빈약한 우리 회會의 초창에 희생적 전무출신이 아니면 제도사업의 첫 기초를 어떻게 세우며, 희사제위가 아니셨던들 전무출신이 어디서 나오리오. 그러니 우리는 이 희사의 공덕을 심심深深[깊이] 사모하여 매년 이 기념이 당하면 미리 심신을 청정 재계하고 정성을 다하여 식을 거행하여야 할지며, 기념비도 될 수 있는 대로 타처他處에 절약하여 정성껏 헌공함이 우리의 도리에 당연하다.

이 기념뿐만 아니라 전무출신·정남정녀貞男貞女·재가창립주 기념[사종 유공인 기념] 등도 동일한 정성으로써 매년 식을 거행하여야 우리의 전정에 한량없는 행복이 돌아오게 될 것이요, 만일에 정성이 부족하거나 등한한 생각으로 모든 의식을 형식에 끌려 행한다면 명명明明하신 사은四恩의 큰 벌을 받게 될지니, 일반은 모름지기 이 점에 유의할지며 희사라는 뜻을 각골명심하여 하처하사何處何事를 물론하고 이타적 활동하는 데에 주력할지어다." 하시더라.

 **대희사 대사조모주大師祖母主 열반 제7주 기념문**

불법연구회원 일동

《월말통신》 제30호, 시창15년(1930) 7월분

> 시창8년(1923) 음 7월 15일에 소태산 대종사의 모친 유정천劉定天이 열반한다. 그러므로 시창15년(1930) 7월 15일은 열반 7주기가 된다. 이 기념문에서 소태산의 모친 열반기념식을 올리는 이유로 사람이라면 마땅히 밟아야 할 천지은·부모은·동포은·법률은의 지중한 사은 및 사대요법四大要法[사요]을 깨달아 우리에게 알려주고 사은에 보은하고 사요를 실천하는 인도人道의 길을 밝혀주신 소태산 대종사를 낳아서 길러주셨기 때문이라고 천명한다. 이러한 유정천 대사조모를 대희사위의 공도자로 모신다는 선언이다. 그러니까 희사위 열반기념제를 올리는 것은 공도자숭배를 실행하는 것이다.
>
> 소태산 재세 시에 소태산의 모친을 대희사로 기념하고 있다. 이는 제자들이 소태산 대종사를 대각여래위로 받들고 있는 모습이다.

대사조모주 열반 제7주 기념을 당하와 본 회원 일동은 두어줄 글로써 회고의 비회悲懷를 삼가 어령탑하御靈榻下[위패]에 고하옵나이다. …… 할머님이시여. 이 세상은 천지같이 지중하고 부모같이 지중하고 동포같이 지중하고 법률같이 지중한 은혜를 입으면서도 그 은혜를 입은 줄과 갚을 줄을 모르며, 갚으려는 생각 아니 입었다는 생각까지도 적확適確하게 발명發明하여 말한 자가 없습니다. 그 은혜를 알지 못하며 갚을 줄을 모르므로 이 세상은 인도人道가 없다고 하며 그 인도人道를 분별치 못하게 되었으므로 어둡다고 하옵나이다. 할머님이시여. 이러한 시기에 있어 우리의 종사주 나타나옵사 이 사중은四重恩의 입은 일과 갚을 일을 말씀하옵시고 기외其外 사대요법四大要法[사요]을 설하시와 인생의 향할 길을 소연[昭然, 선명]하게 밝혀 주옵시니 정의 인도人道는 이에 발견되었으며, 영장靈長스러운 사람의 갈 길이 밝게 드러났으니 이 시대를 밝은 시대, 광명한 시대라 아니할 수 있습니까. 할머님이시여. 종사주께옵서 이 정의 인도人道를 밝히심을 따라 이 우주 내 모든 존재는 비로소 그 갈 길과 의무를 분별하여 알게 되었습니다. 어찌 우주에 유정 무정에 고루 주신 은택이 아닙니까? 그러나 할머님이시여. **할머님은 이같이 큰 은혜를 베푸신 종사주를 한 걸음 더 이 세상에 낳아주신 어른이시외다. 인천人天의 대도사大道師이신 종사주를 낳으신 어른입니다. 이 인류 사회를 위하여 그같이 지존至尊하신 종사주를 주**

신 양반兩班입니다. 어찌 그 공로 적사오며 어찌 대희사 아니시오리까. 더욱이 이 세계를 위하여 공부시키려 하실 때 종사주로서 담당하시지 아니하지 못할 가사家事를 담당하셨으며 가족 내에도 이해치 못할 그 시기의 종사주의 행동을 많이 엄호掩護하시며 모든 일에 뒤를 거두사 오늘의 종사주로 하여금 인천人天 대도사大道師로서 인류의 생명로生命路를 개척케 하셨나니 그 공로와 은혜 인도印度의 마야와 중국의 맹모孟母에 비할 바 아니옵나이다. …… 시창15년 7월 15일 불법연구회원 일동 재배再拜 근고謹告

공도 헌신자의 각오

유성열

《회보》 제57호, 시창24년(1939) 8월호

────── 감상자 유성열은 "우리는 사은으로 조성된 공물이므로 사은에 보답하자는 것이며 또한 나를 위하고 남도 위하는 공도 헌신자가 되어 참다운 사업가가 되자"고 주장한다. 그러기 위해서는 공을 위하고서 공을 위한 상이 없는 무념을 행하고 사신적捨身的 관념 하에 인류와 사회를 위해서 일하자고 독려한다.

사요는 사은과 둘이 아니다. 사은에 보은하는 것을 사회 차원으로 보면 사요 실천이 된다. 그러므로 사은 보은을 공중을 위하는 공익의 차원으로 살펴보면 사요 실행의 활동이다.

나는 본회 여러 전무출신 중의 한 사람으로서 재질은 둔탁하고 자격 또한 갖추지 못하였으나 힘 미치는 대로는 대도초창大道初創의 한 일꾼이 되려고 뜻하였는바 우리 모든 전무출신은 이미 몸을 공도에 바쳐 넓은 사업에 생을 마치기로 하였고, 재가 창립 공인들로서도 또한 정신 육신 물질의 힘닿는 대로는 사세事勢의 허락되는 대로 공사를 위하여 진력盡力하는 중이니, 이때를 당하여 공도 헌신자로서 가질 바 각오를 논하여 보는 것은 새삼스러운 것 같으면서도 공연한 일은 아니겠기로 스스로 자신을 경책하는 의미에서 몇 가지 적어보기로 한다.

우리는 먼저 우리의 몸뚱이가 어느 한 사람의 힘으로써 된 일개인의 소유가 아니요, 이는 곧 천지 부모 동포 법률의 사은을 힘입어 조성된 공물이라는 것을 확실히 인식하고 파악하여야 할지니, 이것을 추구할 때 우리는 모든 기능과 정력을 다하여 사은에 보답할 의무가 있다는 것을 스스로 느끼게 될 것이다.

그러므로 모든 사람이 소위 남을 위하여 일한다는 것은 결국 사은에 보답함이요 또한 인생으로서의 당연한 의무이행이라 할 것이 아닌가? 우리는 도리어 내 힘의 미약함과 내 성의의 미급未及에 대한 부족감을 느껴 더욱더 노력하고 더욱더 매진하려는 분심은 발할지언정 거기에 추호라도 사심을 섞어 어떠한 명예를 구하려 한다거나 안일을 꾀한다거나 심하면 공은 적게 들이고 덕은 많이 바라는 등의 어그러지고 무리한 마음은 단연코 포기하여야 할 것이다.

다음으로 또 하나 사업 선상에 나선 자의 취할 태도는 진실로 남을 위하여 일하려 할진대 자아를 희생하여서라도 그 일은 달성하리라는 적극적 신념을 가져야 할 것이니, 돌이켜 과거의 역사를 회고할지라도 고려조高麗朝의 정포은 선생은 비경悲境에 임臨한 기울어진 나라를 구하려 하다가 그 뜻을 이루지 못하고 선죽교 상上에서 애처로운 최후를 마치었고, 예수께서도 머리 붙일 곳이 없이 그 일생을 오로지 힘 약한 무리를 위하여 살았으나 종결에는 머리에 가시관 가슴에 쇠못의 죽임을 당하였으며, 그 외에도 종교가나 정치가 혁명가 등 모든 인류의 은인恩人들이 자기들의 청춘과 행복과 영화를 모조리 바쳐 공중을 위하여 일하다가 필경 허무 비참한 희생을 당한 사람이 허다하였건마는 그들은 하등의 원망도 한탄도 배심背心도 없었던 것은 우리가 다 잘 아는 바이다. 그것은 그분들이 가위자아可爲自我를 망각한 입장에서 오직 한결같이 공사만을 위하는 데 열중하였으므로 사회는 그들에게 조소와 핍박을 주든지 우대와 환영을 주든지 거기에는 상관이 없이 오직 자기 할 일만 한 연고이니, 그러므로 공중을 위하려는 자는 내 몸이 부서지고 피가 마르는 한이 있다 하더라도 내의 근본 마음에는 변함이 없다는 극단적 정신과 행실을 체득하여야 마음이 한가하고 일이 순조로울 것이다.

다음으로 또 하나 생각할 것은 참으로 큰 공은 상이 없는 가운데 쌓인다는 점이다.

옛말에도 은혜는 갚을 줄 모르는 곳에 베푸는 것이 참으로 큰 공이요, 은혜를 베풀되 그 결과를 헤아리지 않는 것이 큰 은혜라 하였거니와 과연 열이나 스물이나 줄 줄만 알고 받을 것을 걱정치 않는 부모의 은혜와 만 생령을 살리고 키우고 지키시되 조금도 상이 없는 천지의 은혜를 보라! 옛날에 불심천자佛心天子라 이르던 양무제梁武帝가 달마대사에게 자기의 공덕을 물었을 때 대사 답하여 말하되 '응용무념應用無念 왈曰 덕德이니라' 하였다 하니 이는 곧 덕을 베풀되 상을 없애라는 법문이시다. 그런즉 남을 위하고자 하는 자는 힘 미치는 대로 아주 공을 많이 베풀 돼 베푸는 그날부터 공을 베풀었다는 관념을 일절 없앨 것이요, 이것을 염두에 두어 그로 인하여 도리어 마음을 괴롭히는 일이 없어야 할 것이다.

보라! 세상은 그 누구를 물론하고 자신의 지위와 명예와 권세와 영요榮耀의 욕망을 채우기 위하여 동에서 서에서 무형의 싸움이 끊일 새 없이 세상은 이로 인하여 어지럽고 인류의 평화는 이에 따라 점점 좀먹어간다. 이 시대가 요구하고 갈망하는 영웅! 그것은 옛날이 승인하던 무위武威의 영웅이 아니요, 사신적捨身的 관념 하에 오직 인류를 위하고 사회를 위하여 일하려는 그 사람일 것이다. 우리는 좀 더 굳은 의지와 굳은 각오 아래 나를 위하고 또한 남도 위하는 참다운 사업가 참다운 공도 헌신자가 되어보자.

공심公心이란?

답안인 이공주
《회보》 제11호, 시창19년(1934) 8·9월호

연구부에서 "여러 사람이 모여 사는 공가公家에서는 무엇보다도 참다운 공심을 제일 귀하게 알고 요구하나니, 이번에는 이 공심의 원리를 철저히 해부하여 알뜰한 우리 동지에게 널리 알리려 하나이다. 그런즉 여러분께서 이를 해답주실 때, 첫째는 이 공심의 원리 즉 어떠한 것이 공심이라는 것을 자세히 밝혀주시고, 둘

> 째는 공심 있는 자의 밖으로 나타나는 행동과 공심 없는 자의 밖으로 나타나는 행동이 어떻다는 것을 조건을 들어서 여실이 밝혀 주시고, 셋째는 이 공심을 영원히 보존할 방법을 자세히 밝혀주시고, 넷째는 공심 있는 자의 말로未路와 공심 없는 자의 말로가 어떻게 된다는 것을 자세히 밝혀 주옵소서. 공부 삼아 해답 해주시기를 바라나이다."라고 '문목 해결 건'을 모집한다.
>
> 이에 문목 답안자 이공주는 공심의 근원은 자리이 타법을 쓰는 것이라고 밝히고 있다. 공심 있는 자는 정신적으로나 육신적으로나 물질적으로나 자리이타自利利他를 사용 하므로 힘 미치는 대로 당하는 곳마다 공중에 유익될 일을 하며, 어떠한 경우에는 공익을 위해 자신을 희생하는 수도 있다고 답한다.

1. 공심이란 무엇인가?

공심이란 공변된 마음이니, 즉 다시 말하자면 자타의 국한을 벗어나서 원근친소와 희로애락에 끌리지 아니하고 불편불의不便不倚하는 마음을 공심이라 합니다.

2. 공심 있는 자의 밖으로 나타나는 행동은

공심 있는 자는 정신적으로나 육신적으로나 물질적으로나 항상 자리이타自利利他를 쓰나니, 그러하므로 그의 행동이 오직 공정하고 원만하여 중인衆人 생각하기를 자신과 다름 없으며 어떠한 경우에는 도리어 공익을 위하여 자신을 희생하는 수도 있으며, 사농공상 간 어느 직업을 하든지 청백겸정淸白兼貞하여 부정한 처사가 없고, 남의 일을 할 때도 정성과 공경을 다하여 조금도 가식이 없어서, 힘에 미치는 대로 당하는 곳마다 공중에게 해를 주지 아니하고 유익될 일만 할 것입니다.

3. 공심 없는 자의 밖으로 나타나는 행동은

공심 없는 자는 공심 있는 자의 반대로, 어느 방면으로든지 공중을 해害하여다가 자기의 이익만 도모하여 어떠한 일이나 자리타해법自利他害法을 주장하나니, 그러하므로 그의 행동은 항상 편벽되고 비열하며 사농공상 간 어떠한 직업이든지 자기에게 있는 권리와 기능을 다하여 당하는 곳마다 오직 공중에게 해독만 줄 것입니다.

4. 공심을 영원히 보존할 방법은

첫째는 공심의 근본적 원리를 철저히 연구하여 공심은 무엇인데 공심을 쓰면 어떠한 이익이 있고 공심을 쓰지 않으면 어떠한 해가 있다는 것을 꼭 알며, 다음에는 공심의 근원인 사은 사요는 우리 인도적人道的 원리이며 누구든지 지켜야 할 의무임을 잊지 말며, 그다음은 항상 공심 있는 자와 친근하고 세속의 이기주의자와는 친밀한 교제를 두지 말며, 그다음은 공부심을 놓지 말고 국한 없는 법설을 많이 들어서 공익의 정신을 더욱 배양하며, 동정 간에는 삼강령 공부를 잘하여 삼대력을 얻고 보면 이것이 대 공심을 영원히 보전할 방법이라 하겠습니다.

5. 공심 있는 자의 말로末路는

공심 있는 자의 말로는 가장 행복할 줄 압니다. 선인善因을 지으면 선과善果를 받는 것이 자연의 이치라 무슨 일에든지 공중의 이익을 준 사람에게는 우연한 복이 많을 것이니, 혹 어떠한 경우에 일시적 고액이 있다고 할지라도 필경 자연 완전의 길을 얻을 것이요 어느 곳에 있던지 항상 공중의 옹호와 존앙을 받을 것이니, 과거 현재를 물론하고 세계적 숭배를 받는 제불제성이시며 국가적 숭배를 받은 충신열사이시며 사회적 숭배를 받은 일반 인사의 만년향락과 찬란한 역사가 모두 공심 있는 자의 말로를 나타낸 것이라 하겠습니다.

6. 공심 없는 자의 말로는

공심 없는 자의 말로는 가장 불행할 줄 압니다. 어떠한 일에든지 자리타해법을 쓰는 머리의 사방에 원수를 지었으리니 인과보응 이치에 따라 우연한 고가 많을 것이며, 혹 어떠한 경우에 일시적 욕망을 채운다고 할지라도 필경 자연 고액으로 변할 것이요, 어느 곳에 있든지 항상 중인의 미움과 배척을 당할 것이요, 과거와 현재를 물론하고 사회배척을 당하는 자나 국가적 배척을 당하는 자나 세계적 배척을 당하는 자들의 고독한 신세와 누추한 이름은 모두 공심 없는 자의 말로를 나타낸 것이라고 하겠습니다.

사요四要

四사要요

自자力력養양成성

智지者자者자本본位위

他타子자女녀敎교育육

公공道도者자崇숭拜배

맺는말

사요와 사회

─────── 반갑습니다. 이번 시간에는 개인·가정·사회·국가·세계에 대해 살펴보겠습니다. 특히 사회를 중심으로 개인·가정·사회·국가·세계의 관계를 알아보도록 하겠습니다.

소태산 대종사는 '개인·가정·사회·국가·세계'를 『정전』 곳곳에 제시합니다.
동포은과 법률은 및 사대강령 그리고 영육쌍전법에 등장하며,
타자녀교육과 공도자숭배에서 '세계·국가·사회와 종교계 또는 교단'으로 달리 표현하기도 합니다. 또한 '인류 사회'라는 표현으로 부모은과 자력양성에 나타납니다.

사회는 '개인·가정·사회·국가·세계'의 관계에서 한 고리입니다.
사회라는 개념의 정립에 따라 '개인·가정·사회·국가·세계'의 관계가 재구성됩니다.
사회는 서구의 근대에 태동한 관념으로 유동적인 개념입니다. 그러므로 사회라는 성격을 어떻게 정의하느냐에 따라 '개인·가정·사회·국가·세계'의 관계가 새롭게 정립됩니다.

결론적으로 말하면 '개인·가정·사회·국가·세계'의 관계는 연속적이면서 비연속적입니다. 개인이 가정으로 가정이 사회로 사회가 국가로 국가가 세계로 나아가는 관계이기도 하며, 개인은 개인의 고유성이 있고, 사회는 사회의 고유성이 있는 것입니다. 개인의 가치가 사회의 가치에 포섭될 수 없고 사회의 가치가 개인 가치의 합으로 규정될 수도 없습니다.

사회는 몇몇 사람들의 의지나 행동에 좌우되지 않으며, 사회는 사람들의 단순한 총합이 아니라 그 이상의 어떤 것이며, 인간의 생각과 행동에 끊임없이 영향을 미치

기도 합니다. 개인과 가정도 연속적이면서 비연속적이고, 사회와 국가의 관계도 마찬가지입니다.

이러한 '개인·가정·사회·국가·세계'의 중요 고리인 사회의 태동과 변천에 대해 알아보겠습니다.

사회라는 용어는 서구 근대에 태동한 전근대에는 없던 용어입니다.

서구 유럽에서 근대는 기독교가 지배한 천년세월인 중세를 전후하여 앞을 고대라하고 중세 이후를 근대라고 통용합니다. 다만 동아시아에는 봉건사회인 중세가 없었기에 근대와 근대 이전이라고 구분해야 타당할 것입니다.

서구의 중세 이후 15C 르네상스와 16C 종교혁명을 거쳐, 17C 갈릴레이를 비롯하여 합리적 과학이론이 발생하고, 18C 도시상공인을 중심으로 한 시민혁명[프랑스 혁명이 대표적]이 일어나고, 18C 중엽 영국에서 일어난 과학에 기술이 결합한 기술혁신의 산업혁명이 19C 유럽 전역으로 퍼져 융성하게 됩니다.

서양 역사의 과정에서 사회계약론이 발생하며 이로부터 상공업 도시 주민의 권리를 보장하는 근대 시민주권이 태동하는 사회라는 가치가 발생합니다.

사회社會라는 용어는 한말 대한제국 고종 재위 기간인 19세말에 유입되기 시작합니다. 국민, 민족, 개인, 인류, 정치, 경제 같은 단어도 마찬가지입니다. 좀 더 구체적으로 말하면 영어 '소사이어티society', 프랑스어 '소시에테societe'를 일본 지식인들이 사회社會로 번역했고 그 번역어를 그대로 받아들인 것입니다.

사회라는 용어는 이러한 서구의 사고가 동아시아에 들어와 소태산의 탄생 전후로 조선에 유입되어 정착되어 갔던 것입니다. 소태산 대종사가 1891년생生이므로 사회라는 용어는 소태산의 탄생 즈음에 유입되어 소태산의 구도와 대각 그리고 교화와 같은 시기를 관통해서 전개된 용어입니다.

사회는 처음에는 회사라고 번역했다가 단어 순서를 바꾸어 사회가 된 것입니다. 사회는 시민사회의 뜻으로 제사[社] 때 모이는[會] 공동체의 감각을 표현한 듯합니다.

한자어 그대로 모일 회會, 단체 사社로 '단체가 모인 것' 정도의 뜻으로 받아들인 듯합니다. 즉 '사람들이 모여서 단체를 만들고, 그 단체들이 또 모여서 거대한 무리가 된다.'는 정도였습니다. 나라와 개인밖에 없던 개념에 중간 단계인 사회가 등장하게 된 것입니다.

이러한 태동을 거쳐 사회라는 용어는 '같은 무리끼리 모여 이루는 집단'이란 뜻과 자연 상태와 대비되는 사회계약론과 관련된 뜻과 국가와 비견되는 유의어로 사용되었던 것입니다.

눈에 보이지도 않고 손에 잡히지도 않는 사회라는 말은 사회계약론과 밀접한 관련이 있습니다. 사회계약론은 홉스, 로크, 루소라는 사상가를 통해 정립되는데 자연 상태로 살던 인간들이 계약에 의해 사회를 만들었다는 것입니다. 개인은 자신의 권리를 사회에 양도하는 대신 시민으로서 정치 참여와 권리를 보장받는다는 것입니다.

그런데 이러한 자연 상태가 상상의 산물인 것처럼 자연 상태에서 논리적으로 유추된 사회계약 역시 사상가의 머릿속에서 그려진 상상의 산물입니다. 사회계약론은 자연 상태에서 사회보다 개인이 먼저 존재했다고 가정하나, 인간은 처음부터 공동체에서 낳고 자란다는 것이 더 사실적일 것입니다. 독립적 존재인 개인individual이라는 개념은 근대 이후에야 등장합니다.

사회계약론자들은 개인-사회-국가의 순서를 정해놓고, 개인들이 모여 사회를 만들고, 사회가 국가를 만들었다는 식으로 이론을 전개합니다. 사회만으로는 공공의 이익과 질서를 튼튼하게 유지하기 힘들기에 법과 제도가 명확한 국가를 만들었다는 논리입니다.

사회는 개인이 자유롭게 이익을 추구하는 영역이라면 국가는 강제력을 가지고 공공의 이익을 위해 개인들을 통제하는 영역이라는 것입니다. 사회는 비교적 사적인 영역이라면 국가는 좀 더 공적인 영역이라는 구분입니다. 그러므로 사실 사회계약론은 국가계약론인 것입니다.

이에 비해 마르크스는 국가를 자본가 계급의 지배 도구 정도로 보았으며, 내가 땀

흘려 일하여 내 손으로 만들어낸 결과물이 자기 것이 아니게 되는 소외 상황을 극복하기 위해서는 자본주의 사회는 폐기되어야 한다고 주장합니다.

마르크스에 의하여 사회계약론에서 대두된 사회란 용어가 '동등한 권리를 가진 사람들이 공동의 이익을 위해 모인 공동체'라는 개념으로 발전해 간 것은 중요한 진전입니다.

산업혁명과 프랑스혁명을 현대사회의 기반이라면, 현대사회는 프랑스혁명과 같은 정치적 자유를 쟁취한 시민으로 구성된 사회이며, 과학 기술 발달에 따른 산업혁명 이후 발달한 물질문명의 풍요로운 사회입니다. 현대사회는 시민사회이자 산업사회라 할 것입니다.

현대사회는 자유로운 개인과 이러한 개인들에 의해 형성된 도시 문명에 기반하고 있습니다. 물질문명이 전제되어야 현대사회는 가능하기 때문입니다. 개인주의의 확산은 사회의 병리 현상이 아니라 새로운 사회를 생성하는 변화의 일부라 할 것입니다.

인간은 다른 사람들과 적절한 유대관계도 필요하지만 자기만의 공간에서 혼자 있고 싶어 하기도 합니다. '따로 또 같이'가 공존해야 합니다. 자유로운 개인이 공공의 이익을 위해 서로 연대해야 합니다. 이 점이 현대사회가 공동체일 수 있는 이유입니다.

그러나 현대사회도 또한 새로운 패러다임에 따라 변할 것입니다. 어쩌면 현대사회에 사는 우리는 자신이 스스로 생각하고 결정했다고 믿고 있는 일도 많은 부분에서 사회가 요구하는 대로 혹은 강제하는 대로 조종당하거나 그저 따라갈 수밖에 없을지도 모릅니다.

사회는 보이지 않는 물질의 세력입니다. 이런 점에서 사회는 힘을 갖고 있습니다.

소태산은 이러한 관점에서 '병든 사회'를 제시합니다. 깨어있는 일원상이 발현된 정신의 세력이 확장되어야 사회도 사은의 사회로 개척하고 사요의 사회로 전개할 수 있을 것입니다.

오늘은 사회를 중심으로 개인·가정·사회·국가·세계의 범주와 현대사회에 대해 살펴보았습니다.

사은·사요四恩四要의 필요

━━━━━━━ 반갑습니다. 소태산은 '사은·사요는 유가법'을 통합 활용한 법[《회보》제4호]이라고 밝힙니다. 이러한 사은·사요를 총괄하는 입장에서 '사은사요의 필요'라는 법문을 살펴보겠습니다.

'사은사요의 필요'는 이공주 수필로《회보》제26호인 원기21년(1936) 7월호에 발표된 소태산 대종사의 법문입니다. 흥미로운 것은 소태산 재세 시 이공주에 의해 수필된 법설과 동일한 내용이 원기104년(2019)에 공개[원기99년 최영진 발굴]된『대종경』초고 필사본의「교의품」'1. 사은사요의 필요'에 등장한다는 것입니다.

『대종경』은 처음 13품으로 정리하였다가 16품으로 확대되며 최종 15품으로 결집합니다. 13품『대종경』은 원기42년 4월 편집[『교고총간』 6권 276쪽]된 것으로,『대종경』초고 필사본은 13품『대종경』의 1차 편집본으로 여겨집니다. 특히 인과품 1, 2를 포함한 13품으로『대종경』의 목차와 문체의 원형을 볼 수 있습니다. 이후 원기43년 6월에 16품으로 편집[『교고총간』 6권 280쪽]되고 최종 15품으로 확정되어 지금에 이르고 있습니다.

'사은사요四恩四要의 필요'는 이공주 수필본이 원형이기에 이공주 수필 법문을 봉독하면서 대목 대목의 대의를 살펴보겠습니다.

1. "한때에 익산교당에서 종사님 법좌에 출석하시사 대중을 향하여 말씀하여 가라사대,"

익산교당은 익산총부로 법설처가 대각전으로 여겨집니다. 원기20년 대각전이 건축된 후로는 정례법설은 대각전에서 법상[法床, 설법할 때 올라앉는 상]을 갖추고서 이루어지며, 저녁 또는 수시설법은 주로 공회당에서 시행됩니다. 종사님은 당시 소태산의 존칭입니다.

2. "본회의 교리 중 인생人生의 요도要道 사은사요로 말하면 여러 가지로 병든 세상을 성한 세상으로 치료시키는 필요한 방법이며, 진실로 적절한 약방문이라고 나는 생각하노라."

인생의 요도 사은사요를 병든 세상을 성한 세상으로 치료하는 적절한 약방문으로 삼고 있습니다. 그러니까 인생의 요도인 사은사요는 병든 세상 치료의 약방문입니다.

3. "그러면 이 세상은 어떠한 병이 들었는가? 곧 개인이나 가정이나 사회나 국가가 서로서로 은혜는 발견하지 못하고 도리어 원수만 발견하여 피차에 원망하고 질시하는 불화不和의 병이 들었나니, 보라! 다시없이 친근하고 다정한 한 가족 사이에도 서로 자기에게 잘못하고 야속한 점만을 발견하여 아내는 그 남편을 원망하고, 남편은 그 아내를 미워하고, 자녀는 그 부모를 원망하며, 부모는 그 자녀를 미워하고, 아우는 그 형을 원망하며, 형은 그 아우를 미워하고, 노복은 그 주인을 원망하며, 주인은 그 노복을 미워하여 서로서로 불만과 불평이 들어 가장 산란하고 괴로운 생활을 하지 않는가?"

세상의 병은 개인·가정·사회·국가가 피차 원망하고 미워하는 불화의 병입니다.

소태산 재세 당시만 해도 머슴의 풍습이 아직 남아 있었던 것 같습니다. 근대에 접어들었으나 아직 전근대의 관습이 공존한 상황입니다. 이에 머슴과 주인으로 비유한 겁니다. 노복과 주인의 관계를 현대적 시각으로 보면 고용계약의 관계로 봐야 할 것입니다. 고용과 피고용의 관계로 서비스업의 일종이 될 것입니다.

4. "과연 그와 같이 한집안 식구가 서로 화평치 못하고 불안하게 지낸다면, 물론 그 사이에는 갈등이 생겨나서 모든 것이 귀찮을 것이며 권속도 악마같이 보일 것이다. 그뿐만 아니라, 살림에도 알뜰한 생각이 나지 않고 자연히 일도 하기 싫은 퇴굴심이 나서 그 가정은 망하고야 말 것이니, 그러한 가정을 일러 나는 '병들었다' 하

노라."

　병든 가정에 대한 정의입니다.

　5. "또는 사회 사회와 국가 국가와의 사이를 본다고 하더라도 각자의 권리와 기능대로는 서로 시기하고 미워하며 속이고 둘러서 재산과 권리를 탈취하려 하며, 그 뜻대로 되지 않으면 전쟁을 일으켜서 수다한 재물과 인명의 희생자를 내게 하나니, 이도 또한 병든 세상이 아니고 무엇인가? 그러면 상술한 바와 같이 세상은 대부분이 그러한 병이 들어서 너 나 할 것 없이 편안한 생활은 할 수가 없게 된 것이 사실이다."

　병든 세상에 대한 정의로, 산업혁명 이후의 제국주의에 대한 비판으로 볼 수 있습니다. 당시 지배와 피지배의 관계를 정당화했던 병든 국제질서의 제국주의의 전쟁과 식민지 수탈의 문제를 적시한 것입니다.

　6. "그러므로 나는 진작부터 '어떻게 하면 이 병든 세상을 완전한 세상으로 만들어서 고해 중생들로 하여금 안락한 생활을 하게 할꼬?' 하는 생각을 갖게 되었으며, 따라서 백방으로 연구한 결과에 천우신조天祐神助하여 한 묘한 화제를 얻었나니, 그것은 별것이 아니라, 곧 원수를 은혜로 바꿔버리라는 것이다."

　병든 세상을 완전한 세상으로, 고해 중생을 안락한 생활로 바꾸기 위해서 일상 수행의 요법 5조처럼 '원만생활을 감사생활로 돌리자'로 원수를 은혜로 바꿔버리자는 화제和劑를 제시합니다. 화제는 약화제藥和劑의 준말로 약을 짓기 위해 약명과 분량을 적은 약방문입니다.

　7. "그러나 별안간에 무조건 하고 원수로 보던 것을 은혜로 보라 한다면 아무라도 실행할 수가 없겠으므로 나는 먼저 모든 은혜의 근본 시조始祖 되는 사은, 즉 천지·부모·동포·법률을 제창하고 이어서 피은·보은·배은의 조목과 결과까지 자상히 밝혀 놓았나니, 사은을 강령적으로 간단히 분석한다면 즉 천지에서는 응용무념지덕應用無念之德으로써 은혜가 되었고, 부모에게서는 자력 없을 때 극진한 보호받는 것

으로써 은혜가 되었으며, 동포에게서는 자리이타自利利他로써 은혜가 되었고, 법률에서는 시비是非 가려 주는 것으로써 은혜를 입게 된 것이니라. 그러면 누구든지 이 사은편을 잘 배워서 그대로 보은지도報恩之道를 행하는 자가 생겨난다면 많이 생겨날수록 이 세상은 평화하고 안락하여져서 원수로 보던 병은 완치되고 말 것이다."

사은에 대한 총괄입니다. '모든 은혜의 근본 시조始祖 되는 사은'인 천지의 응용무념지덕應用無念之德을 비롯한 부모·동포·법률에서 입은 은혜를 배워서 보은의 도를 행하여 원수로 보던 병을 완치하자는 것입니다. 개인뿐만 아니라 가정·사회·국가·세계를 보은의 길로 인도하자는 것으로, 사회의 관계도 국가와 국가 간의 관계도 보은의 도가 실행되도록 하자는 것입니다.

소태산은 사은의 보은 도리를 강자와 약자의 관계로 전환하여 사회 국가의 관계가 지배 피지배, 지배국 식민국이 아니라 강자 약자가 진화하는 사회로 추구하자는 것입니다.

소태산은 '사대은四大恩 결론'[이공주 수필]으로 "이 無上한 선법善法인 사은四恩의 보은 조목만 누구나 유루遺漏없이 실행한다면 개인이나 국가나 그 중간에 막히고 맺혔던 원수는 은혜로 변하고 원한은 환희歡喜로 전환되고 말 것이니, 과연 이 법이야말로 온 세상 전 인류의 상극지신相克之神을 소탕시키고, 따라서 암흑의 원망생활을 광명의 감사생활로 돌려주는 묘방妙方이요, 양약이라 하노라."[《원광》 22호, 1958년 2월호. 구타원 이공주 법문집 Ⅱ, 『인생과 수양』]라고 말씀합니다.

8. "그러나 이 외에도 또 다른 병이 있으니 그것은 다름이 아니라, 남녀 간에 서로 자력自力생활을 하지 못하고 오직 의뢰생활을 하는 것이다. 그래서 나는 남녀권리동일男女權利同一이라는 과목을 내어 남녀에게 교육도 같이 시키고, 의무 책임도 같이 지우며, 지위와 권리도 같이 주어서 피차에 의뢰심은 철폐시키고 자력을 장려하여 여자는 남자 아니라도 살만하고, 남자는 여자 아니라도 살만한 힘을 얻게 함이요."

자력을 장려하여 의무와 책임도 같이 지우고 지위와 권리도 같이 주어 자력생활하도록 하는 자력양성의 필요성입니다.

9. "그다음은 과거 불합리한 차별 제도로 인하여 모든 사람의 배우는 성심誠心이 부족했던 것이다. 그래서 나는 지우 차별智愚差別이라는 과목을 내어 지나간 세상에 불공평하던 차별 제도는 철폐시키고, 이제는 백정 재인才人이라도 지식만 충분하고 보면 써 주고 선생으로 대우하자는 말이니, 이는 곧 누구에게든지 배우려는 성심을 권장하는 말이다."

누구에게든지 배우는 성심을 권장하여 지자라면 불공정한 차별 제도에 끌릴 것이 아니라 선생으로 대우하는 지자본위의 필요성입니다.

10. "그다음은 내 자녀나 남의 자녀에게 국한을 터서 가르치는 성의가 부족했던 것이다. 그래서 나는 무자녀자 타자녀교양無子女者他子女敎養이라는 과목을 내어 자녀 없는 사람은 남의 자녀라도 힘 미치는 대로는 책임지고 가르쳐서 문맹을 퇴치하는 동시에 영재를 많이 양성하자 함이니, 이는 곧 가르치는 성심을 권장함이요."

남의 자녀라도 힘 미치는 대로 가르는데 성심을 다하라는 타자녀교육의 필요성입니다.

11. "그다음은 모든 사람이 가정 주의에 떨어져서 남의 도움은 좋아하나, 내가 남을 도와주기는 싫어하는 머리에 공익사업을 하는 자가 희소했던 것이다. 그래서 나는 공도헌신자이부사지公道獻身者以父事之라는 과목을 내어 어느 방면으로든지 남을 위하여 노력한 사람은 생전 사후를 부모와 같이 섬기어 주자 함이니, 이는 곧 나를 희생하여 남을 유익 주는 자선심을 장려함이니라."

공도자숭배의 필요성입니다. 남을 위하여 노력한 공도자를 생전 사후로 부모와 같이 섬기자는 뜻입니다.

12. "그러면 우리가 이상에 말한 바와 같이 사은으로 모든 원수를 풀어버리고 은혜를 발견하며, 사요로 자력생활, 배우는 성심, 가르치는 성의, 공익심 등을 권장하

며, 따라서 실제 실행을 하여보라. 그런다면 이 세상은 결함 없는 전반세계氈盤世界가 될 것이요, 사람들은 불보살로 변하여 다시없는 이상의 천국에서 남녀노소가 극락 수용을 하게 될 것은 의심치 않노라."

사은사요를 통해 전반세계를 이루자는 것으로, 사은사요의 필요에 대한 총괄입니다. 사은으로 원수를 풀고 은혜를 발견하며, 사요로 자력생활, 배우는 성심, 가르치는 성의, 공익심을 실행하면 이 세상은 결함 없는 전반세계가 되어, 다시없는 이상 천국에서 극락을 수용하게 된다는 것입니다.

소태산 대종사는 사은사요로 병든 가정과 사회 국가를 치료하여 병든 세상을 성한 세상으로 가꾸자는 것입니다. 그러므로 사은사요에 통달하지 않고는 전반세계뿐만 아니라 소태산 대종사의 경륜에 동참할 수도 없는 것입니다.

오늘은 사은사요를 끝마무리하는 차원에서 소태산 대종사의 법문인 '사은사요의 필요'로 정리하였습니다.

삼학 三學

시작하는 말

三삼	精정	事사	作작
學학	神신	理리	業업
	修수	研연	取취
	養양	究구	捨사

삼학과 일원상

―――――― 반갑습니다. 이번 시간부터 『정전』 교의편 제4장 '삼학'을 시작하겠습니다. 먼저 '삼학' 장에 들어가기에 앞서 삼학과 일원상의 관계에 대해 살펴보겠습니다.

『정전』「교법의 총설」을 보면 "법신불 일원상을 수행의 표본으로 모시고 수양, 연구, 취사의 삼학으로써 수행의 강령으로 정하였으며"라는 대목이 나옵니다. 삼학을 처음에는 '수양, 연구, 취사로써 수행의 강령'을 삼는다는 뜻에서 '삼강령三綱領'이라 했습니다.

표본標本이 '표준으로 삼는 본보기'라면,
강령綱領은 그물의 벼릿줄이며 옷의 깃으로, 벼릿줄만 당기면 그물 전체가 따라 올라오고, 옷의 깃을 잡으면 옷의 모양을 유지한 채 집어 들 수 있는 것입니다.
결국 법신불 일원상[일원상의 진리]을 표본하면 수행의 준거가 서게 되며, 수양, 연구, 취사의 삼학으로 강령 잡으면 수행이 전체적으로 추어 잡아지는 것입니다.

그러므로 법신불 일원상은 삼학으로 펼쳐져야 하고 삼학은 법신불 일원상에 근거해야 합니다.
법신불인 일원상에만 그쳐 있어도 안 되고 삼학만 있어도 안 됩니다.
일원상에만 그쳐 있으면 현실에서 무력할 수 있고, 삼학만 있으면 근원이 단절된 자의적恣意的 행위가 되고 말 것입니다. 즉 삼학의 작용 없이 일원상에만 한정되어도 안 되고, 일원상의 근원 없이 삼학으로만 치달려도 안 되는 것입니다.
그러기에 〈일원상 서원문〉에서 "심신을 원만하게 수호하는 공부를 하며, 또는 사리를 원만하게 아는 공부를 하며, 또는 심신을 원만하게 사용하는 공부를 지성으로 하여"의 전제로 "이 법신불 일원상을 체받아서"라고 한 것입니다.

일원상의 진리를 수행의 표본으로 체받으면 삼학으로 발현하는 기반이 튼실하게 되며, 반면에 일원상의 진리가 삼학으로 발현되지 못하면 이는 무력한 수행이 됩니다.

일원상은 분별 없는 자리와 분별 있는 자리를 관통하므로, 분별 없는 줄만 알고 분별 있는 줄을 모르면[『정전』 참회문] 하나만 알지 둘[전체]은 모르는 것입니다.

만일 상대가 끊어진 절대 자리만 체득하면 모든 것이 완성된다고 여기면, 이는 일원상의 진리를 수행의 표본으로 삼는 뜻을 잘못 이해한 것입니다.

분별 없는 자리만 체득하면 수양할 것도 없고 연구할 것도 없고 취사할 것도 없다고 하며, 공부도 수행도 다 마쳤다고 한다면 '일원상의 수행'을 오해한 것입니다.

분별 없는 자리에서 보면 분명 수양할 것도 연구할 것도 취사할 것도 없는 본래 닦을 것이 없는 자리입니다. 그러나 이렇게 닦을 것이 없는 자리는 끊임없이 닦아가되 본래는 닦을 것이 없는 자리로써, 실제로 닦는 자체가 없다는 게 아닙니다. 그러므로 처한 현실에 따라 수양, 연구, 취사의 삼학으로 끊임없이 닦아야 합니다.

자성에는 본래 삼대력이 구족해 있다고 해서 삼대력을 닦지 말라는 게 아니라, 이렇게 구족한 삼대력을 현실에서 구현되도록 단련하라는 것입니다.

본래 삼대력이 구족한 일원상은 수행의 표본으로 모시는 자리이며, 이 자리는 또한 현실에서 끊임없이 수양, 연구, 취사의 삼학으로 삼대력을 나투어야 하는 것입니다.

만일 성품만 붙잡고 있으면 삼학이 절로 다 구현된다고 여기면 큰 착각입니다.

우리는 닦을 것이 없는 자리에 바탕하여 삼학으로 끝없이 닦아가야 하며, 삼학으로 닦고서도 또한 닦을 것이 없는 자리에 머물러야 합니다.

설사 닦을 것이 없는 본래 자리에 들었다 해도 삼학으로 수행하지 않으면 '일원상의 수행'은 아닌 것입니다. 이는 닦을 것이 없는 자리에 따라 더 이상 닦지 않아도 될 정도로 온전하게 수행하라는 뜻인 '일원상의 수행'에 대한 오해이며 삼학 수행에 대한 미진未盡일 뿐입니다.

피서하는 것처럼 경계에 멸진정滅盡定의 선정에 들 수는 있어도 현실에서 삼학을 나투지 못한다면 이는 '일원상 수행'의 진정한 공덕은 아닙니다.
성품에 머물러 있기만 하면 더 이상 배울 것도 또한 더 수행할 것도 없다고 여긴다면 이는 '일원상의 수행'에 대한 오류입니다. 또는 막행막식莫行莫食을 수행의 진면목이라 여기는 것은 공부길에 대한 왜곡입니다.

그러므로 소태산은 『정전』 참회문에서 "견성만으로써 공부를 다 한 줄로 알고, 견성 후에는 참회도 소용이 없고 수행도 소용이 없다고 생각하는 사람이 많으나, 비록 견성은 하였다 할지라도 천만 번뇌와 모든 착심이 동시에 소멸되는 것이 아니요 또는 삼대력三大力을 얻어 성불하였다 할지라도 정업定業은 능히 면하지 못하는 것이니, 마땅히 이 점에 주의하여 사견邪見에 빠지지 말며 불조의 말씀을 오해하여 죄업을 경하게 알지 말지니라."라고 경계하고 있습니다.

일원상 자리는 분별 없는 자리와 분별 있는 자리가 둘이 아닌 한자리입니다.
이러한 일원상 자리에 근거하여 삼학으로 끊임없이 수행할 때 분별 있는 현실에도 떨어지지 않고, 또한 분별 없는 자리에 머물러만 있는 무용한 수행인이 되지 않는 것입니다.

소태산 대종사는 원기23년(1938) 4월 26일 제10회 정기총회 다음날에 대각전에서 설법하십니다. 이공주 수필로 《회보》 제50호에 실린 법설입니다.
소태산 대종사는 친히 칠판에 한 개는 결함이 없는 원만한 일원상을, 또 한 개는 한 귀퉁이가 일그러진 결함이 있는 일원상을 그리시고, 그 중 원만한 일원상을 가리키며 말씀하십니다.
"이것은 곧 부처님의 마음으로, 다시 말하면 천지·부모·동포·법률의 본원이며 제불제성諸佛諸聖과 범부·중생의 불성佛性으로 ……, 이 일원의 진리를 깨치면 견성을 한 것이며 곧 연구력을 얻었다 할 것이요, 이 일원과 같이 마음을 원만하게 지켜 일호의 사심邪心도 없다면 양성을 한 것이며 곧 수양력을 얻었다 할 것이요, 이 일원을 모방하여 모든 일에 중도中道를 잃지 않고 원만행을 베푼다면 솔성을 한 것이며 곧 취사력을 얻었다 할 것이다."

일원상에 근원해서 삼학 수행하여 삼대력을 얻으라는 것입니다. 즉 일원상은 수행의 표본이고 삼학은 수행의 강령으로, 수행의 표본과 수행의 강령은 한자리입니다. 삼학 수행은 일원상에 근원하며, 일원상에 근원한다는 것은 삼학으로 전개하는 것입니다.

이어서 결론 맺으며 삼학 공부에 정진하기를 당부합니다.
"이와 같이 삼대력만 얻고 보면 즉시 부처요 성인이며, 이 결함 없는 일원상이요, 만일 사심邪心에 끌려 원만치가 못하다든지 사리事理간에 아는 것이 부족하다든지 실행이 없다면 즉시 범부요 중생이며, 이 한편이 결함된 일원상이니라. 그러면 제군은 어느 편이 되려 하는가? 번설煩說을 불요不要하고 이 원만한 일원상이 되어야 할 것이요, 원만한 일원상이 되기로 말하면 삼대력을 아울러 얻어야 할 것이니, 각자의 처지와 환경을 따라 삼강령[삼학] 공부에 정진불퇴하기를 부탁하노라."

삼대력을 얻으려면 일원상을 수행의 표준으로 삼아야 하고, 일원상을 발현하려면 삼학 수행하여 삼대력을 얻어야 합니다. 이처럼 삼학은 일원상에 근원하여 삼대력을 나투는 수행입니다.
결국 일원상과 삼학은 하나로써 일원상의 삼학이요 삼학의 일원상입니다.

『정전』에서 '일원상' 장과 '삼학' 장을 따로 둔 것은 일원상을 수행의 표본으로 모시고 삼학을 수행의 강령으로 삼아 삼대력을 얻으라는 소태산 대종사의 큰 뜻이 깃들어 있는 것입니다.

오늘은 삼학과 일원상의 관계에 대해 살펴보았습니다.

🔍 더보기 Tip

삼학 수행의 표본인 법신불 일원상에 관한 비유

────────『정전』「교법의 총설」의 '법신불 일원상을 수행의 표본으로 모시고 수양, 연구, 취사의 삼학으로써 수행의 강령으로 정하여'에서 삼학 수행의 표본인 법신불 일원상에 관한 비유입니다.

• **허공**

　마치 허공[하늘]은 구름이 덮는다 해도 근본적으로 오염되고 훼손되지 않듯이, 마음에 분별의 구름이 치성해도 마음 허공은 본래 청정하여 오염될 수 없는 것입니다.
　이 같은 마음 허공에 들면 분별의 구름이 일어나도 이를 두렷이 자각할 뿐이지 분별 망상의 구름에 사로잡히고 오염되지 않는 것입니다.

• **빛**

　마치 빛이 있기에 밝음도 있고 그림자도 있듯이 가리면 어둠이요 비치면 밝음입니다. 이와 같은 마음의 혜광慧光을 드러내면 경계를 따라 생기는 마음의 그림자도 본래 빛인 줄 알게 됩니다.

• **오뚝이**

　마치 오뚝이는 흔들려도 중심을 잃지 않듯이, 다만 중심에 자리하지 못하고 오뚝이의 끝에 있으면 이리저리 흔들릴 뿐입니다. 중심에만 그쳐 있으면 흔들려도 중심을 잡고 있는 것입니다. 또는 태산은 태풍이 휘몰아쳐도 부동하듯이 온갖 분별 망상이 치성해도 마음의 본래는 여여부동如如不動합니다.

　법신불 일원상을 비유하면 구름에 대한 걸림 없는 하늘이요, 어둠에 대한 태양의

법신불 일원상을 비유하면 구름에 대한 걸림 없는 하늘이요, 어둠에 대한 태양의 광명이요, 흔들림에 대한 오뚝이의 중심과 같습니다.

흰 구름이 되었든 검은 구름이 되었든 하늘은 구름에 물들지 않고, 태양 빛이 있어야 그림자도 있게 되며, 오뚝이의 중심이 있으므로 흔들림도 있게 되는 것입니다.

그러므로 오뚝이의 중심에 머무르면 흔들리는 중에도 흔들림이 없고, 태양의 빛을 밝히면 그림자에서도 빛을 발견하며, 하늘의 허공에 머무르면 먹구름이 밀려오든 뭉게구름이 펼쳐지든 걸림 없는 하늘이 전개됩니다.

그러므로 마음의 하늘이요 마음의 태양이며 마음의 중심인 법신불 일원상을 수행의 표본으로 삼으면 요란한 중에도 원래 요란함이 없는 수양이며, 어리석은 중에도 원래 어리석음이 없는 연구요, 그른 중에도 원래 그름이 없는 취사로 작동하는 것입니다.

'삼학' 장의 구성

─────── 반갑습니다. 이번 시간에는 『정전』 제2편 제4장 삼학의 구성과 구조에 대해 살펴보겠습니다.

삼학의 학學은 '배울 학'으로 읽는 것이 일반적이나 '공부할 학, 수행할 학'으로 읽어야 합니다. 공부한다는 것은 단순히 배운다는 의미가 아니라 심신을 단련하여 수양력·연구력·취사력의 삼대력을 나투는 수행입니다. 이처럼 힘으로 작동되지 않는 삼학은 온전한 삼학이 아닙니다.

'삼학' 장은 제1절 정신수양, 제2절 사리연구, 제3절 작업취사로 이루어져 있으며, 삼학 각각은 요지, 목적, 결과로 구성되어 있습니다.
〈요지〉는 정신과 수양, 사리와 연구, 작업과 취사의 정의를 간명하게 밝히고 있으며,
〈목적〉은 정신수양, 사리연구, 작업취사를 수행하는 이유와 목적을 명료하게 보여주고 있으며,
〈결과〉는 삼학수행의 결과인 수양력 연구력 취사력을 분명하게 제시하고 있습니다.

『정전』의 특징은 명확한 정의定義에 있습니다. 삼학의 경우도 요지·목적·결과로 분류하여 규정합니다.
다만 여기서 유의해야 할 점이 있습니다. 이러한 정의를 고정된 개념으로 파악해서는 안 됩니다. 『정전』의 정의는 맥락상의 정의이며 상황에 따른 규정입니다. 고착된 정의가 아니라 상황에 따라 대중하는 통찰입니다.

〈삼학의 요지〉는 일원상의 진리에 근거하고 있습니다.

즉 정신수양의 정신은 일원상의 경지요, 사리연구의 이理인 천조의 대소 유무는 일원상의 내용이며, 작업취사의 정의는 일원상의 구현입니다.

또한 〈삼학의 목적〉은 '파란 고해의 일체생령을 광대무량한 낙원으로 인도하자'는 〈개교의 동기〉에 맥을 대고 있습니다. 이고득락離苦得樂이 목적입니다. 그러니까 삼학을 하는 목적은 파란 고해에서 광대무량한 낙원으로 인도하는 것입니다.

삼학을 수행하였는데 정당한 고락의 낙원 생활을 누리지 못하고 부정당한 고락인 파란 고해에 살고 있다면 삼학 수행하는 목적에 부합치 못한 것입니다. 삼학을 수행하는 목적은 정당한 고락으로 영원한 낙 생활을 하는 것입니다. 삼학은 광대무량한 낙원으로 인도하는 수행입니다.

삼학의 목적대로 수행하면 삼학의 결과인 삼대력을 나투게 됩니다. 삼대력은 자주의 힘인 수양력과 지혜의 힘인 연구력 그리고 실행의 힘인 취사력입니다.

수양력이 있고 연구력이 있으며 취사력이 있는 그때가 낙원입니다. 바로 삼대력을 나툴 때가 광대무량한 낙원 생활입니다.

그리고 〈삼학의 결과〉는 수양력·연구력·취사력으로 귀결합니다.

삼학의 결과인 수양력·연구력·취사력은 『정전』의 결론인 법위등급에 제시되어 있습니다. 삼학 수행의 정도가 법력이요 법위입니다. 그러므로 삼학의 결과는 법위등급에 따라 그 인격을 실현하고 점검해야 합니다.

왜냐하면 삼학수행의 결과가 성불이요 성불은 삼대력으로 구현되기 때문입니다. 일원회상의 성불은 수양력 연구력 취사력의 법력을 원만하게 갖추는 것입니다.

소태산 대종사는 "이 공부[공부의 요도인 정신수양, 사리연구, 작업취사]를 지성으로 하면 학식 있고 없는 데에도 관계가 없으며 총명 있고 없는 데에도 관계가 없으며 남녀노소를 막론하고 다 성불함을 얻으리라."[『대종경』 교의품 5장]라고 밝히고 있습니다.

삼학수행을 하면 학식 유무, 총명 유무, 성별과 나이를 막론하고 성불할 수 있는 것입니다.

　소태산 대종사의 수행도 삼학이요, 원불교의 마음공부도 삼학입니다.
　삼학은 원불교 수행의 정체성입니다. 삼학은 일원상에 기반을 둡니다.
　일원상에 기반 두지 않는 삼학은 소태산의 삼학이라 할 수 없습니다.
　일원상을 표본 삼지 않는 삼학은 기초 없는 건물과 같으며 수원지 없는 농사와 같습니다.
　삼학 건물은 일원상의 기초 위에 지어져야 튼실하며, 삼학 농사는 일원상의 저수지에 근원 해야 풍년 농사가 됩니다.

　그러기 때문에 『정전』 「교법의 총설」에서 '법신불 일원상을 수행의 표본으로 모시고 수양, 연구, 취사의 삼학으로써 강령을 정하라'고 하였으며,
　〈일원상 서원문〉에서 "우리 어리석은 중생은 이 법신불 일원상을 체받아서 심신을 원만하게 수호하는 공부를 하며, 또는 사리를 원만하게 아는 공부를 하며, 또는 심신을 원만하게 사용하는 공부를 지성으로 하여……"라고 권면합니다.

　삼학은 일원상의 발현이요 구현으로 일원상에 근원하여 나투는 마음공부입니다.
　일원상에 기반 두지 않는 삼학은 단순한 기술이요 테크닉이요 처세입니다.
　일원상에 토대한 삼학이라야 큰 공부요, 일원상의 삼학이어야 법력입니다.

　반대로 일원상에만 안주하여 삼학으로 나투지 못한다면 이 또한 무력한 공부입니다.
　매사에 정신을 수양하여 청정한 일원상인 정신을 나투어야 하며,
　매사에 사리를 연구하여 대소 유무의 이치인 일원상의 내역에 따라 시비 이해의 일을 명명明明하게 밝히며,
　매사에 작업을 취사하여 정의의 발현인 지공무사至公無私한 일원상을 실행해야 합니다.

삼학은 완료가 아니라 과정입니다. 그 일 그 일에서 하고 또 하는 것입니다.

삼학은 이 일에서 하고 또 저 일에서 하고 또 하는 과정입니다.

이처럼 삼학은 지정의知情意로 나투는 공부이며, 감각과 생각과 감정으로 작용하는 공부입니다.

현실에서 복혜를 단련하는 실질적인 공부를 해야 한다는 일화가 있습니다.

구타원 이공주의 장남인 묵산 박창기는 원기17년(1932) 8월 31일 모친과 함께 호남선 열차를 타고 이튿날 아침 익산총부에 도착합니다. 이로부터 전무출신의 삶이 시작됩니다.

박창기가 전무출신에 출가하여 처음 한 일이 소태산 대종사의 거처인 금강원 방 청소였습니다. 박창기는 방 청소를 할 때 서툴러서인지 걸레를 꽉 짜서 하는 게 아니고 건성으로 닦았던 것입니다.

소태산 대종사는 창기의 방 청소하는 걸 보고 걸레를 받아 꽉 짠 후 구석구석을 닦으니, 박창기가 묻기를 "아니 종사님같이 복족족 혜족족 하신 성인이 무슨 그까짓 청소를 하십니까? 저 같은 중생이나 복 짓게 주세요."라고 하였습니다.

소태산 대종사 말씀하시기를 "나와 너의 차이가 너는 안 닦더라도 그것이 계속될 줄 알지만, 나는 아무리 부처를 이루었다 하더라도 계속 닦지 않으면 안 되는 것을 확실히 알기 때문에 닦는 것이다."라고 대답하십니다. [서문 성, 『원불교예화집 2』]

삼학 수행은 실지 경계에 직면하는 공부입니다.

현실에서 실질적인 복락을 장만하는 유효한 공부입니다. 삼학은 관념적 차원의 마음공부가 아니라 현실의 구체적 상황을 해결하고 운영해 가는 공부입니다. 그러면서도 또한 구체적인 현실에서 근원적인 일원상의 차원으로 체득하는 공부입니다.

삼학은 공부길로써 삼학의 대중은 인생의 나침반이요 기관수입니다.

소태산 대종사는 "공부하는 사람은 세상의 천만 경계에 항상 삼학의 대중을 놓지 말아야 할 것이니, 삼학을 비유하여 말하자면 배를 운전하는데 지남침 같고 기관수

같은지라, 지남침과 기관수가 없으면 그 배가 능히 바다를 건너지 못할 것이요, 삼학의 대중이 없으면 사람이 능히 세상을 잘 살아 나가기가 어렵나니라."[『대종경』 교의품 22장]라고 당부하십니다.

공부길인 삼학의 대중을 잡을 때 인생의 길을 잘 밟아갈 수 있는 것입니다.

오늘은 '삼학' 장의 구조와 구성에 대해 살펴보았습니다.

수양, 연구, 취사와 계정혜

─────── 반갑습니다. 이번 시간에는 소태산 대종사의 정신수양, 사리연구, 작업취사의 삼학과 불교의 계·정·혜 그리고 유··불·선 삼교의 관계에 대해 살펴보겠습니다.

소태산 대종사는 정신수양, 사리연구, 작업취사를 처음에는 삼강령이라 하였습니다. 원기5년(1920)에 변산에서 '인생의 요도 사은사요'와 '공부의 요도 삼강령 팔조목'을 교리강령으로 정합니다. 이로부터 정신수양, 사리연구, 작업취사는 삼강령으로 불리게 됩니다.

이렇게 정신수양, 사리연구, 작업취사는 원기28년(1943년)에 발간한 『불교정전』에서 '삼강령'으로 불리던 명칭을 '삼학'으로 변경합니다.

원기28년(1943)에 발간한 『불교정전』의 〈교리도〉에서 '진공묘유의 수행문'의 실행 방법으로 삼학을 제시하며 '계-솔성率性-작업취사, 정-양성養性-정신수양, 혜-견성見性-사리연구'라고 하였으며, 『대종경』 교의품 5장에서 "일원의 원리를 깨닫는 것은 견성見性이요, 일원의 체성을 지키는 것은 양성養性이요, 일원과 같이 원만한 실행을 하는 것은 솔성率性인 바, 우리 공부의 요도인 정신수양, 사리연구, 작업취사도 이것이요, 옛날 부처님의 말씀하신 계·정·혜戒定慧 삼학도 이것으로써, 수양은 정이며 양성이요, 연구는 혜며 견성이요, 취사는 계며 솔성이라" 밝히고 있습니다.

즉 수양, 연구, 취사는 계·정·혜이며, 일원의 원리를 깨닫고 일원의 체성을 지키고 일원의 원만한 실행하는 견성·양성·솔성이라 한 것입니다.

다만 여기서 주의해야 할 점은 소태산의 삼학을 불교의 계, 정, 혜에 초점을 두고 해석해서는 안 된다는 것입니다. 소태산의 수양, 연구, 취사의 삼학으로 계, 정, 혜를 해석해서 수용한 것입니다.

소태산의 정신수양, 사리연구, 작업취사는 불교의 계, 정, 혜와 상통하나 그 자체는 아닙니다.
소태산의 삼학인 정신수양, 사리연구, 작업취사는 불교의 삼학인 계·정·혜와 지향점과 결론이 다릅니다.
한 예로 불교의 계·정·혜에서 계는 정과 혜의 기초라면, 불교의 계에 상응하는 작업취사는 정신수양과 사리연구를 거쳐 실효과를 얻는 결실에 해당합니다. 불교의 계는 정과 혜의 초입이라면 작업취사는 정신수양과 사리연구의 결론입니다. 작업취사의 실행이 없다면 결실 없는 나무에 불과하다는 것입니다.
계·정·혜의 삼학에서는 정과 혜가 중심이나 정신수양, 사리연구 작업취사의 삼학에서는 취사가 중심입니다. 불교의 삼학은 계→정→혜로써 혜가 결론이라면 소태산의 삼학은 정신수양→사리연구→작업취사로써 취사가 결론입니다.
소태산의 삼학은 삼강령三綱領으로 세 가지 수행 강령입니다. 삼학의 학學은 공부요 수행으로 삼학은 삼강령을 공부하고 수행하라는 뜻입니다.

원기21년(1936) 6월, 《회보》 제25호에 '삼강령의 필요'라는 제목으로 구타원 이공주가 수필한 소태산 대종사의 법설을 들어보겠습니다.
불교의 계정혜와 상통하면서도 수양, 연구, 취사로 계정혜를 통합 활용하는 소태산의 삼학을 살펴볼 수 있는 법문입니다.

"이 3강령[=삼학]을 재래 불법佛法에 연락 붙여 말한다면 계정혜戒定慧와 같나니, 계戒라 하는 것은 '경계할 계' 자인 만큼 무엇이나 부당한 일은 하지 말고 정당한 일만 하라는 말이니 곧 작업취사作業取捨를 이름이요, 정定이라 하는 말은 '정할 정' 자인 만큼 사람의 마음을 정한 즉 심행처心行處가 없어지고 정신이 온전하여지나니 곧 정신수양精神修養을 이름이며, 혜慧라 하는 것은 '밝을 혜' 자인 만큼 밝은즉 알음알이가 많아서 우연한 생사고락의 모든 이치에 걸림 없이 안다는 말이니 곧 사리연구事理硏究를 이름이니라."

소태산은 정신수양, 사리연구, 작업취사의 삼학을 재래 불법에 연락 붙여 말씀하십니다.
'연락 붙여'의 '연락'은 서로 잇대어 주는 것이며 '붙여'도 연결해 준다는 뜻입니다. 재래의 계정혜와 연관하여 설명하겠다는 것입니다.
그런데 소태산의 계정혜 설명은 정신수양, 사리연구, 작업취사의 부연 설명이지 불교에서 주장하는 계정혜 자체를 설명한 것은 아닙니다. 계정혜의 자의字意에 따라 정신수양, 사리연구, 작업취사의 삼학을 밝힌 것입니다.
'경계할 계' 자, '밝을 혜' 자, '정할 정' 자의 뜻을 가져와서 작업취사, 사리연구, 정신수양을 풀어낸 것입니다. 재래 불법의 계정혜를 밝히는 것이 아니라 계정혜의 단어 뜻을 통해 정신수양, 사리연구, 작업취사를 밝히고 있는 것입니다.
'경계할 계' 자의 뜻처럼 부당한 일은 하지 말고 정당한 일만 하라는 뜻의 작업취사를 밝히고 있고, '정할 정' 자의 뜻을 통해 마음을 정한 즉 심행처心行處가 없어지고 정신이 온전해지는 정신수양을 밝히고 있으며, '밝을 혜' 자를 통해 밝은즉 알음알이가 많아서 우연한 생사고락의 모든 이치에 걸림 없이 안다는 사리연구를 밝히고 있습니다.

정산 종사는 삼학에 대한 소태산의 본의를 명료하게 밝힙니다.
"과거에도 삼학이 있었으나 계정혜와 우리의 삼학은 그 범위가 다르나니, 계는 계문을 주로 하여 개인의 지계에 치중하셨지마는 취사는 수신 제가 치국 평천하의 모든 작업에 빠짐없이 취사케하는 요긴한 공부며, 혜도 자성에서 발하는 혜에 치중하여 말씀하셨지마는 연구는 모든 일 모든 이치에 두루 알음알이를 얻는 공부며, 정도 선정에 치중하여 말씀하셨지마는 수양은 동정 간에 자성을 떠나지 아니하는 일심 공부라, 만사의 성공에 이 삼학을 벗어나지 못하는 것이니 이 위에 더 원만한 공부길은 없나니라." [『정산종사법어』 경의편 13장]

불교의 계정혜와 정신수양 사리연구 작업취사의 삼학은 중심점과 영역이 다르다는 것입니다. 한 예로 불교에서의 알음알이는 분별로서 있어서는 안 되는 자성의 장애물로 보나, 소태산은 자성의 혜광에 따라 나타나는 알음알이로 긍정적이고 적극적으로 사용합니다.

향산 안이정이 정기훈련 중 삼학을 가지고 강연하는데 결론으로 "정력을 얻고 혜력을 얻고 계력을 얻어, 이 삼대력을 얻어 원만한 인격을 이루기까지 노력할 것을 다짐합니다."라고 외치니, 소태산 대종사는 "에이 녀석 계력이 무엇이냐 취사력이라고 해라"[안이정, 『원불교 교전해의』]며 고쳐줍니다.

계력 보다는 취사력이라고 해야 원불교의 정체성이 분명해집니다. 불교의 계정혜와 원불교의 수양, 연구, 취사는 그 뜻과 폭이 다른 것입니다.

'삼강령의 필요' 법문의 마무리 부분입니다.

"이 3강령을 저 노대老大종교에 대하여 분석한다면, 유불선儒佛仙 삼도三道라고도 할 수가 있으니, 작업취사는 범절凡節을 밝히는 유교로써 곧 솔성지도率性之道를 이름이요, 사리연구는 천지 만물의 근본 이치를 각득覺得하자는 불교로써 곧 견성지도見性之道를 이름이요, 정신수양은 정신을 온전히 하여 정력定力을 얻자는 선교仙敎로써 양성지도養性之道를 이름이니, 누구든지 이 3강령을 공부하여 삼대력을 얻는다면 이는 소위 선가仙家의 신선이요, 유가의 성현이며, 불가의 부처라고 할 수가 있으며, 또한 누구든지 이 3도를 합해 행한다면 동서양을 물론하고 악도에 떨어진 만 중생을 제도하고도 남음이 있으리라고 생각하노라."[《회보》제25호]

정신수양, 사리연구, 작업취사의 삼학을 유불선 삼교와 연관 짓고 있는 법문입니다.
작업취사는 유교로써 곧 솔성지도率性之道요, 사리연구는 불교로써 곧 견성지도見性之道요, 정신수양은 선교로써 영성지도養性之道로써, 이를 수양, 연구, 취사의 일원화一圓化[『대종경』 교의품 1장]라 합니다. 즉 수양, 연구, 취사는 일원상 성품의 발현으로 견성·양성·솔성입니다.

결국 원불교의 삼학인 정신수양, 사리연구, 작업취사는 불교의 계정혜에 한정한 것도 아니며 유불선에 포섭되는 것도 아닌, 불교의 계정혜를 비롯해서 유불선도 통합 활용하는 수행입니다.

그러므로 정신수양, 사리연구, 작업취사의 삼학으로 수양력·연구력·취사력인 삼대력을 얻으면 불교의 계정혜뿐만 아니라 유불선 삼교와 동서양 모든 사상을 다 관통하여 만 중생을 제도하는 능력이 생기는 것입니다. 결국 우리는 소태산의 삼학인 정신수양, 사리연구, 작업취사의 본의대로 추구해야 합니다.

오늘은 소태산의 정신수양, 사리연구, 작업취사의 삼학과 불교의 계정혜 그리고 유불선 삼교의 관계에 대해 살펴보았습니다.

삼학三學

정신수양

精神修養
정신수양

제1절 정신수양(精神修養)

1. 정신수양의 요지

　정신이라 함은 마음이 두렷하고 고요하여 분별성과 주착심이 없는 경지를 이름이요, 수양이라 함은 안으로 분별성과 주착심을 없이하며 밖으로 산란하게 하는 경계에 끌리지 아니하여 두렷하고 고요한 정신을 양성함을 이름이니라.

2. 정신수양의 목적

　유정물(有情物)은 배우지 아니하되 근본적으로 알아지는 것과 하고자 하는 욕심이 있는데, 최령한 사람은 보고 듣고 배우고 하여 아는 것과 하고자 하는 것이 다른 동물의 몇 배 이상이 되므로 그 아는 것과 하고자 하는 것을 취하자면 예의 염치와 공정한 법칙은 생각할 여유도 없이 자기에게 있는 권리와 기능과 무력을 다하여 욕심만 채우려 하다가 결국은 가패 신망도 하며, 번민 망상과 분심 초려로 자포 자기의 염세증도 나며, 혹은 신경 쇠약자도 되며, 혹은 실진자도 되며, 혹은 극도에 들어가 자살하는 사람까지도 있게 되나니, 그런 고로 천지 만엽으로 벌여가는 이 욕심을 제거하고 온전한 정신을 얻어 자주력(自主力)을 양성하기 위하여 수양을 하자는 것이니라.

3. 정신수양의 결과

　우리가 정신수양 공부를 오래오래 계속하면 정신이 철석 같이 견고하여,

천만 경계를 응용할 때에 마음에 자주(自主)의 힘이 생겨 결국 수양력(修養力)을 얻을 것이니라.

정신수양의 정신

─────── 반갑습니다. 이번 시간에는 삼학의 '정신수양의 요지' 중에서 '정신'에 관해 살펴보겠습니다.

'정신수양의 요지'입니다.

> "정신이라 함은 마음이 두렷하고 고요하여 분별성과 주착심이 없는 경지를 이름이요, 수양이라 함은 안으로 분별성과 주착심을 없이하며 밖으로 산란하게 하는 경계에 끌리지 아니하여 두렷하고 고요한 정신을 양성함을 이름이니라."

정신수양의 요지는 두 단락으로 구성되어 있는데, 소태산 대종사는 첫 단락에서 정신수양의 '정신'이 무엇인지 그 뜻을 명확하게 먼저 밝히고 있습니다.
즉 정신이란 마음이 두렷하고 고요하여 분별성과 주착심이 없는 경지입니다.
정신은 마음의 경지境地로써, 본래 자리에 바탕을 둔 마음 상태입니다.
정신수양의 정신은 일원상 성품 자리를 수양 공부로 드러낸 성품의 발현 상태입니다.

정산 종사는 성품과 정신과 마음과 뜻에 대해서 간명하게 분석합니다.
"성품은 본연의 체요, 성품에서 정신이 나타나나니, 정신은 성품과 대동하나 영령한 감이 있는 것이며, 정신에서 분별이 나타날 때가 마음이요, 마음에서 뜻이 나타나나니, 뜻이 곧 마음이 동하여 가는 곳이니라." [『정산종사법어』 원리편 12장]

성품은 본디 그러한 본연의 체이기에 성품은 마음의 바탕이라면 마음은 성품의 작용으로, 비유하면 체體는 몸이라면 용用은 몸짓이듯 성품을 떠나지 않고 마음을 작용하는 것입니다. 마치 몸과 몸짓은 불리불가不離不可이듯 성품의 체와 마음의 용은 한 자리입니다.

이러한 체인 성품과 용인 마음을 통괄하는 경지가 정신입니다. 그러므로 정신은 성품에 바탕을 둔 마음의 경지로써 무어라 할 것이 없는 본연 성품이면서 영령한 감이 있는 깨어있는 경지입니다.

마음은 천차만별로 전개됩니다. 온갖 마음으로 펼쳐집니다.
지금 자동차가 지나가고 있습니다. 차 소리를 듣고 있습니다.
이렇게 듣고 있는 당처에 그쳐보십시오.
지금 듣고 있는 마음은 신령하게 알아차리되 텅 비어 고요한 자리입니다.
이 자리는 시끄러운 가운데 시끄럽지 아니하고 요란한 가운데 요동치지도 않고 산만하게 분별하는 가운데 흐리멍덩하지도 않습니다.
듣고 있는 이 자리는 본래 청정하고 부동하며 두렷합니다.
이러한 청정 부동한 자리를 떠나지 않고 있는 마음의 경지를 '정신'이라고 한 것입니다.

정신수양의 '정신'은 본래 고요한 성품 자리가 발현된 경지를 '맑을 정精'이라 하고, 본래 두렷한 성품 자리가 발현된 경지를 '신령할 신神'이라 한 것입니다.
이를 도식적으로 정리하면 고요함은 적적寂寂이요 공적空寂이라면, 두렷함은 성성惺惺이요 영지靈知로, 고요함은 정신의 정精이라면 두렷함은 정신의 신神입니다.
그러므로 『정전』 좌선의 방법에서 "정신은 항상 적적寂寂한 가운데 성성惺惺함을 가지고 성성한 가운데 적적함을 가질지니"라고 한 것입니다.
즉 정신은 맑고 신령하여 두렷하게 깨어있는 적적성성한 마음의 경지로, 마치 보름달이 고요한 밤하늘에서 환히 비추고 있는 격입니다.

『정산종사법어』 세전에서 "두렷하다 함은 우리의 자성이 원래 원만구족하고 지공무사한 자리임을 이름이요, 고요하다 함은 우리의 자성이 본래 요란하지 아니하고 번뇌가 공한 자리임을 이름이니,"라고 명시합니다.

두렷하고 고요하다는 뜻인 원적圓寂은 우리의 자성에 바탕을 두고 있는 마음입니다. 또 이를 달리 말하면 원적무별圓寂無別한 진경[『정전』 좌선의 방법]이라 합니다.

두렷하다는 것은 원만구족 지공무사한 자성에 바탕을 둔 마음의 경지를 뜻하며, 고요하다는 것은 본래 요란하지 아니하여 번뇌가 공한 자성 자리에 바탕 하는 마음의 경지를 뜻하며, 무별하다는 것은 분별성과 주착심이 없는 경지를 뜻합니다.

그렇다면 분별성分別性과 주착심住着心은 어떠한 상태일까요?

마음은 분별합니다. 그러므로 사람은 분별하면서 살아갑니다. 다만 이렇게 분별하는 가운데 분별하는 주체가 있다고 여기는 것이 분별성입니다. 분별하는 그 무엇이 실체적으로 있다고 여기는 것입니다. 분별은 하되 분별하는 그 무엇이랄 것이 본래 없는데 분별하는 나라는 실체가 있다고 여기는 것이 분별성입니다.

또한 분별하면 주착住着하게 됩니다. 마음이 그때그때 무엇이라고 판단하고 이름 붙이고 기억합니다. 그렇지만 이러한 판단과 명명도 심지어 기억도 원래부터 그것이 있는 게 아니라 인연 관계 속에서 그때 그 상황에 따라 있을 뿐입니다. 본래 있는 게 아닙니다. 그런데 이러한 있게 됨에 집착하여 고착시켜 버리는 것이 주착심입니다.

분별성은 분별하는 성질로, 분별하는 마음의 경향성인 분별하는 습성習性이라면, 주착심은 분별하는 습성에 따라 애착 탐착 원착으로 고착되는 식심識心입니다. 분별성은 '조각나는 마음'이라면 주착심은 '얽매이는 마음'입니다.

정산 종사는 "정신이란 분별성과 주착심이 없는 경지인데, 분별성이란 예쁘고 밉고 좋아하고 싫어하는 마음들이 잠시 잠시 일어나는 것이요, 주착심은 그 분별성이 마음에 자리 잡고 있는 것이다. 이러한 분별성과 주착심이 없는 때가 정신이다."[『한울안한이치에』]라고 밝히고 있습니다.

분별하는 습성에 따라 마음이 일어나고 그 마음이 굳어지어 주착심이 되는 것입니다.

정신은 분별하는 습성과 주착하는 식심을 내려놓고 두렷하고 고요한 마음에 그치는 경지입니다.

하나로 두렷한 실상인 일원상一圓相이 발현된 경지가 정신입니다.
정신은 곧 일원상 성품이 드러난 경지로, 일원상과 정신은 한자리입니다.
『원불교 정전해의』[한정석 지음]에서 "정신이 두렷하고 고요하다는 것은 성품이다. 성품과 정신은 한 경지다."라고 밝히고 있습니다. 결국 하나로 두렷한 일원상 자리와 두렷하고 고요한 경지인 정신은 한자리입니다.
본래 두렷하고 고요한 일원상을 수행의 표본으로 삼아 마음이 두렷하고 고요하여 분별성과 주착심이 없는 경지에 들면 이러한 마음 상태가 바로 정신입니다.

즉, 마음이 두렷하고 고요하여 분별성과 주착심이 없는 경지인 원적무별한 진경에 그치는 이 자리가 사람의 순연한 근본정신입니다. [『정전』 정기훈련법 중 좌선]
이처럼 분별성과 주착심에 물들지 않는 순연한 근본정신인 원적무별한 진경에 그치면 다시없는 심락을 누리게 됩니다. [『정전』 좌선법]
정신수양의 '정신'은 일원상 성품 자리를 수양으로 발현한 마음의 경지입니다.

오늘은 정신수양의 정신에 대하여 살펴보았습니다.

정신수양의 수양

─────── 반갑습니다. 이번 시간에는 삼학의 '정신수양의 요지' 중에서 '수양'에 관해 살펴보겠습니다.

'정신수양의 요지'의 수양에 관한 정의입니다.

> "수양이라 함은 안으로 분별성과 주착심을 없이하며 밖으로 산란하게 하는 경계에 끌리지 아니하여 두렷하고 고요한 정신을 양성함을 이름이니라."

수양은 두렷하고 고요한 정신을 양성하는 것으로, 마음이 두렷하고 고요하여 분별성과 주착심이 없는 경지인 정신을 닦고 기르는 것입니다.

정신은 성품을 마음에 드러내는 경지입니다.
그런데 우리는 분별성과 주착심에 빠져서 정신을 외면합니다. 정신을 챙기는데 관심을 갖기 보다는 경계에 빠져 있는 것입니다.
기쁘고 슬프고 좋고 괴롭고 짜증 나는 생각과 감정에 사로잡혀, 이같이 산란하게 하는 경계에 매몰되어 있는 것입니다.

이에 소태산 대종사는 정신을 수양할 방법을 제시해 주십니다.
안으로는 분별성과 주착심을 없이 하며, 밖으로는 산란하게 하는 경계에 끌리지 말라는 것입니다. 수양의 방법으로 '안'과 '밖'을 명시하는데, 안팎이 동정動靜과 연결됩니다.

첫째, 한 경계에서 안팎이 동시적이라고 보는 관점입니다.

동動할 때는 외경이 가까운 시간이라면 정靜할 때는 외경이 먼 시간으로[『정전』 염불의 공덕], 외경이 가까운 동할 때도 안과 밖의 수양이 동시적으로 있고, 외경이 먼 정할 때도 안과 밖의 수양이 동시적으로 있다는 견해입니다. [동動할 때 → 안과 밖으로, 정靜할 때 → 안과 밖으로]

둘째, 안과 밖을 동과 정으로 연관 짓는 시각입니다.

안으로가 정할 때 수양이라면 밖으로는 동할 때 수양으로, 안으로는 정할 때 '내심內心으로'라면 밖으로는 동할 때 '외경外境으로'의 뜻으로 보는 견해입니다. [안으로=정할 때=내심內心, 밖으로=동할 때=외경外境]

이 두 방식은 상황에 따라 적용될 것이나, 둘째 방법을 중심으로 설명하겠습니다.

즉 안으로 외경이 먼 정할 때는 내심內心으로 정신을 차려 정신을 챙기라는 것이며, 밖으로 외경外境이 가까운 동할 때는 외경에 끌려 정신을 뺏기지 말라는 것입니다.

안으로는 정신을 차려 정신을 챙기고, 밖으로는 경계에 정신을 뺏기지 말라는 것입니다.

정신수양의 '수양'은 〈무시선법〉의 "밖으로 천만 경계를 대하되 부동함은 태산과 같이 하고, 안으로 마음을 지키되 청정함은 허공과 같이 하여"와 상통합니다. 선禪 공부를 수양의 관점으로 읽을 수 있습니다. 안으로 마음을 지키되 허공같이 청정하고 밖으로 경계를 대하되 태산같이 부동한 경지가 바로 정신입니다.

내심과 외경은 둘이 아니므로 마음을 떠나지 않고 드러나는 외경이며, 외경에는 마음이 자리 잡고 있습니다.

소태산 대종사는 내정정 외정정의 수행을 제시해 주십니다.

"외정정은 동하는 경계를 당할 때에 반드시 대의大義를 세우고 취사를 먼저 하여 망녕되고 번거한 일을 짓지 아니하는 것으로 정신을 요란하게 하는 마魔의 근원을 없이하는 것이요, 내정정은 일이 없을 때에 염불과 좌선도 하며 기타 무슨 방법으로든지 일어나는 번뇌를 잠재우는 것으로 온전한 근본정신을 양성하는 것이니, 외정정은 내정정의 근본이 되고 내정정은 외정정의 근본이 되어, 내와 외를 아울러 진행하여야만 참다운 마음의 안정을 얻게 되리라." [『대종경』 수행품 19장]

마음을 정定하여 고요하게 정靜하는 정정定靜공부는 수양의 다른 표현입니다.
내정정은 일이 없는 정할 때 온전한 근본정신을 양성하는 것이라면, 외정정은 동하는 경계를 당할 때 정신을 요란하게 하는 마魔의 근원을 없이하는 것입니다.
즉 내정정은 안으로 분별성과 주착심을 없이하는 것이라면, 외정정은 밖으로 산란하게 하는 경계에 끌려가지 아니하는 것입니다.

소리를 듣고 냄새를 맡고, 음식을 맛보고, 감촉을 느끼고 생각하고 감정이 일 때
내심으로 분별성과 주착심을 없이 하여 정신을 차리면 '안으로 수양'이요,
외경으로 산란하게 하는 경계에 끌리지 아니하여 정신을 뺏기지 않으면 '밖으로 수양'입니다.
결국 정신수양의 '수양'은 두렷하고 고요한 정신을 양성하는 것입니다.

즉 외경이 먼 한가한 상태에서는 분별성과 주착심을 없이 하여 두렷하고 고요한 정신을 양성하는 것이며, 외경이 가까운 복잡한 상황에서는 산란하게 하는 경계에 끌리지 아니하여 두렷하고 고요한 정신을 양성하는 것입니다.
정할 때 내심으로 두렷하고 고요한 정신을 차리는 것이며, 동할 때 외경을 대하여 두렷하고 고요한 정신을 챙겨 경계에 정신 뺏기지 아니하는 것입니다.

정산 종사는 "수양은 망념을 닦고 진성을 기름[修其妄念 養其眞性]이 그 대지"[『정산종사법어』 경의편 19장]라고 정의합니다.
망념을 닦는다는 수기망념修其妄念은 망념에 끌리지 않고 망념에 관심 두지 않는

것이라면, 진성을 기른다는 양기진성養其眞性은 망념에 끌려다니는 흐름을 멈추고 그 현전의 자리인 성품을 드러내는 마음의 경지로써, 두렷하고 고요한 정신을 양성하는 것입니다.

또한 "수양의 방법은 염불과 좌선과 무시선 무처선이 주가 되나 연구와 취사가 같이 수양의 요건이 된다."[『정산종사법어』 경의편 15장]라고 합니다. 지혜와 실행이 일심의 요건이 되는 것입니다. 수양은 연구와 취사와 독립된 수행이 아니라 불가분리의 관계가 있는 수행입니다.

이처럼 정신수양은 행주좌와어묵동정의 무시·무처에서 두렷하고 고요한 정신을 양성하는 것입니다. 염불, 좌선, 주문, 사상선, 그 일 그 일에 일심하는 것이 다 정신수양의 한 방법입니다.

두렷하고 고요한 일원상 성품 자리를 마음에 드러낸 경지가 정신입니다.
그러므로 정신수양은 일원상을 드러내는 수양입니다.
일원상 성품 자리가 드러나지 않는 수양은 그냥 수양이지 정신수양은 아닙니다.
일원상 성품을 수행의 표본으로 삼은 수양 공부가 곧 정신수양입니다.

오늘은 정신수양의 수양에 대해 살펴보았습니다.

정신수양의 목적

─────── 반갑습니다. 이번 시간에는 삼학 중 '정신수양의 목적'에 대해 살펴보겠습니다.

'정신수양의 목적'은 정신수양이 필요한 이유와 목적으로 대별할 수 있습니다. 서두에서 정신수양이 요청되는 원인으로 욕심을 제시합니다.

> "유정물有情物은 배우지 아니하되 근본적으로 알아지는 것과 하고자 하는 욕심이 있는데, 최령한 사람은 보고 듣고 배우고 하여 아는 것과 하고자 하는 것이 다른 동물의 몇 배 이상이 되므로 그 아는 것과 하고자 하는 것을 취하자면 예의염치와 공정한 법칙은 생각할 여유도 없이 자기에게 있는 권리와 기능과 무력을 다하여 욕심만 채우려 하다가……"

정신수양은 유정물有情物 중 인간에게 특히 요청되는 공부입니다. 유정물의 동물은 배우지 아니하되 근본적으로 알게 되는 것과 하고자 하는 욕심이 있습니다. 의식을 가진 유정 동물은 욕심이라는 본능을 태생적으로 가지고 있습니다.

이처럼 본능은 자연적인 생명 활동이나 유정물 중 사람은 보고 듣고 배우고 하여 그 아는 것과 하고자 하는 것이 다른 동물의 몇 배 이상이 되므로 문제가 발생하게 됩니다. 이 상황이 정신수양이 요청되는 지점입니다.

'정신수양의 요지'로 보면 아는 것이 분별성이라면 하고자 하는 욕심은 주착심입니다. 이러한 앎의 분별성과 욕심의 주착심은 배우지 아니하되 근본적으로 있는 본능이라는 것입니다.

의식이 진화된 최령한 인간은 보고 듣고 배우는 문명 활동을 통해 아는 것과 하고자 하는 욕심이 증폭되므로, 그 아는 것과 하고자 하는 것을 취하자면 예의염치와 공정한 법칙은 생각할 여유도 없이 자기가 가진 권리와 기능과 무력을 다하여 욕심만 채우려 한다는 것입니다.

〈개교의 동기〉로 보면 자기에게 있는 권리와 기능과 무력이 물질의 세력이라면, 예의염치와 공정한 법칙을 생각하는 여유는 정신의 세력이며, 욕심만 채우려 하는 것은 물질의 노예 생활입니다.

예의염치와 공정한 법칙을 생각하는 여유는 마음이 두렷하고 고요한 정신의 다른 표현입니다. 두렷하고 고요한 정신은 일원상 성품의 드러남으로써 예禮와 의義로 나타나고 청렴하고 잘못을 부끄러워할 줄 아는 마음이며 공정한 법칙을 나타내는 마음으로, 정신의 세력이 확장된 상태입니다.

예의염치와 공정한 법칙인 정신의 세력을 확장할 여유도 없이 자기에게 있는 권리와 기능과 무력인 물질의 세력에 항복 되어 욕심의 노예가 되는 형국입니다. 이러한 형국이 정신수양을 절실히 요청하는 지점입니다.

결국 정신수양도 〈개교의 동기〉의 '정신의 세력'을 확장하는 한 방법입니다.

이어서 욕심의 결과를 구체적으로 나열합니다.

> "결국은 가패 신망도 하며, 번민 망상과 분심 초려로 자포자기의 염세증도 나며, 혹은 신경쇠약자도 되며, 혹은 실진자도 되며, 혹은 극도에 들어가 자살하는 사람까지도 있게 되나니,"

욕심만 채우려 하다가 가패신망, 염세증, 신경쇠약자, 실진자, 자살자 등이 발생하기에 수양이 필요한 것입니다.

정신수양으로 정신의 세력이 확장되지 못하고 물질의 세력에 항복되어 욕심의 노예 생활을 면치 못하면 파란 고해가 펼쳐지게 됩니다.

정신수양

소태산 대종사는 정신수양이 결여되어 욕심만 치성하면 패가망신, 번민망상과 분심초려로 인한 자포자기의 염세증, 더 나아가 신경쇠약자, 실진자, 자살자로 이어지는 파란 고해를 염려합니다.

자기의 권리와 기능과 무력이라는 물질의 세력으로 욕심만 채우려 하다가 물질의 노예가 되어 파란 고해의 생활을 하게 됩니다. 욕심은 인간의 기본적인 에너지로 나쁜 것은 아니지만 정신수양이 결여된 욕심은 파란 고해를 불러옵니다.

즉 가정이 파괴되고 자신도 망가지는 가패신망家敗身亡도 되며, 속을 태우고 괴로워하는 번민煩悶과 피해망상과 과대망상의 헛된 망상妄想과 분노로 들끓는 분심忿心과 속을 새까맣게 태우는 초려焦慮로 자기를 포기하고 자신을 돌보지 않으며 세상을 싫어하고 귀찮게 여기는 자포자기自暴自棄의 염세증厭世症도 나며, 발작이나 공황으로 이어지는 신경쇠약자神經衰弱者도 되며, 혹은 실성한 실진자失眞者도 되며, 혹은 극도에 들어가서는 스스로 목숨을 끊는 자살자自殺者도 되는 것입니다.

결론으로 정신수양의 목적을 명시합니다.

> "그런 고로 천지만엽으로 벌여가는 이 욕심을 제거하고 온전한 정신을 얻어 자주력自主力을 양성하기 위하여 수양을 하자는 것이니라."

물질의 세력에 끌리는 욕심을 항복 받기 위해서도 정신의 세력을 확장해야 합니다. 특히 아는 것과 하고자 하는 것에 따라 치성하는 욕심이 마치 나뭇가지와 잎들이 사방으로 뻗어나가는 천지만엽의 형세처럼 펼쳐질 때, 욕심을 제거하기 위해서 정신수양은 꼭 필요합니다.

수양을 통해 온전한 정신의 세력을 확장하여 욕심의 세력을 항복 받아 자주력自主力을 양성하라는 것입니다.

온전한 정신은 일원상의 발현입니다. 일원상 성품을 수행의 표본으로 삼아 두렷하고 고요한 정신을 챙겼을 때가 바로 욕심 경계에 끌리지 않고 욕심을 항복하는 주인이 되어 자주력이 확보되는 것입니다.

온전한 정신을 챙겨서 자주력을 얻는 생활을 할 때, 가패 신망의 파란 고해의 생활에서 벗어나며, 설사 번민망상과 분심초려의 자포자기의 염세증이 있다고 해도, 또는 신경쇠약과 실성으로 치닫는 생활이라 해도, 끝내는 자살을 도모하는 상황에 봉착한다 해도 이에 빠지지 않고 벗어날 수 있는 여력이 있는 것입니다.

자주력을 확보할 때 욕심 경계에서도 자신을 광대무량한 낙원으로 인도할 수 있는 것입니다.

정신수양을 하자는 것은 패가망신, 번민망상과 분심초려로 인한 자포자기의 염세증, 신경쇠약자, 실진자, 자살자로 이어지는 파란 고해에 빠지지 않기 위해서입니다.

고락 경계를 초월하여 고락에 끌려가지 않는 주인공이 되자는 것이 정신수양의 목적입니다. 즉 파란 고해의 욕심 경계에 휩싸인다 해도 온전한 정신을 챙겨서 모든 경계의 주인 되는 자주력을 양성하는 것입니다.

다만, 욕심을 제거한다는 뜻은 욕심을 적대시하거나 소멸시킨다는 게 아니라 욕심에 초탈하여 욕심에 끌려다니지 않는 것입니다. 제거除去는 덜 제, 보낼 거로 욕심 경계에 관심이 쏠려 욕심에 끌려다니는 것을 덜어내어 집착하지 않고 흘려보내는 것입니다. 마치 저 하늘처럼 어떠한 구름이 온다 해도 있다가 가도록 할 뿐이지 미워하지도 싫어하지도 않는 것입니다. 오직 걸림 없는 허공의 마음에 주해 있는 것입니다.

물질이 개벽 되는 미래세상일수록 정신의 세력을 확장하는 한 방법인 정신수양은 더욱 요청됩니다. 물질의 세력에 따라 생기는 욕심을 항복 받기 위해서도 정신수양은 절실히 요청됩니다.

오늘은 정신수양의 목적에 대해 살펴보았습니다.

정신수양의 결과

━━━━━ 반갑습니다. 이번 시간에는 삼학 중 '성신수양의 결과'에 대해 살펴보겠습니다.

'정신수양의 목적'은 "천지만엽으로 벌여가는 이 욕심을 제거하고 온전한 정신을 얻어 자주력自主力을 양성하기 위하여 수양을 하자는 것이니라."라고 결론짓고 있습니다.

이러한 정신수양의 목적에 도달하면 이뤄지는 결론이 바로 '정신수양의 결과'입니다.

정신수양의 결과를 봉독하겠습니다.

> "우리가 정신수양 공부를 오래오래 계속하면 정신이 철석같이 견고하여, 천만 경계를 응용할 때에 마음에 자주自主의 힘이 생겨 결국 수양력修養力을 얻을 것이니라."

정신은 마음이 두렷하고 고요하여 분별성과 주착심이 없는 경지이므로, 정신수양은 이와 같은 정신을 오래오래 계속 양성하는 공부입니다.

오래오래 계속한다는 것은 수고 없이 속히 이루고자 하는 욕속심을 내려놓고 하고 또 하는 공부를 지속하는 적공積功입니다.

두렷하고 고요한 마음의 경지는 속히 얻으려는 욕속심으로는 도달하기 어려운 것입니다.

정신의 경지는 욕심으로 얻어질 수 없는 자리입니다. 왜냐하면 욕심으로 추구하면 할수록 분별성과 주착심에 함몰되기 때문입니다.

원래 두렷하고 고요한 이 자리가 욕심 경계에 끌려가지 않는 마음입니다. 그 상황 상황에서 두렷하고 고요한 마음의 경지를 드러내는 것입니다.

정신수양 공부를 오래오래 한다는 것은 분별성과 주착심으로 달려가는 마음을 멈추고 산란하게 하는 경계에 끌려가지 않도록 경계 경계마다 수양하고 또 하는 것입니다.

지금 강의를 듣는 이 자리에서 두렷하고 고요한 마음의 경지를 드러내면 됩니다.
소리에 끌려가는 게 아니라 듣고 있는 당처에 머무르면 두렷하고 고요한 마음입니다.
이 자리에서 소리를 듣고 있으면 마음이 두렷하고 고요한 정신의 경지입니다.
이것이 바로 정신을 챙기는 것이며 경계에 정신을 뺏기지 않는 공부입니다.

경계를 쫓아가면 분별성과 주착심에 떨어집니다. 분별성과 주착심이 욕심입니다.
경계에 끌려가는 것은 분별성과 주착심이 치성하다는 것입니다.
멈추어서 경계를 드러내는 그 당처에 그칠 때 온전한 정신이 챙겨집니다.
이때 마음이 두렷하고 고요하여 분별성과 주착심에 물들지 않는 경지에 들게 됩니다.
이렇게 온전한 정신을 확보해야 합니다.
온전한 정신을 상황 상황에 따라 드러내고 또 드러내서 철석같이 견고하게 해야 합니다.
마음이 두렷하고 고요하여 분별성과 주착심이 없는 경지가 흩어지지 않도록 오래오래 계속해야 합니다. 오래오래는 하고 또 하는 것입니다. 확인하고 적용하고 또 적용하는 것입니다.

소태산 대종사는 정신이 끌려가는 실상을 일러주십니다.
주산 송도성은 신문을 애독하여 신문을 받으면 보던 사무도 그치고 읽으며, 급한 일이 있을 때에는 기사의 제목이라도 본 후에야 안심하고 사무에 착수하므로, 소태산 대종사, 하루는 경계하시기를 "네가 소소한 신문 하나 보는 데에 그와 같이 정신을 빼앗기니 다른 일에도 혹 그러할까 근심되노라. 사람마다 각각 하고 싶은 일과 하기 싫은 일이 있는데 범부는 그 하고 싶은 일을 당하면 거기에 끌리어 온전하고 참된 정신을 잃어버리고, 그 하기 싫은 일을 당하면 거기에 끌리어 인생의 본분을 잃어버려서 정당한 공도公道를 밟지 못하고 번민과 고통을 스스로 취하나니, 이러한 사람은 결코 정신의 안정과 혜광慧光을 얻지 못하나니라. 내가 이러한 작은 일에 너를 경계하는 것은 너에게 정신이 끌리는 실상을 잡아 보이는 것이니, 너는 마땅히 그 하고 싶은 데에도 끌리지 말고, 하기 싫은 데에도 끌리지 말고, 항상 정당한 도리만 밟아 행하여 능히 천만 경계를 응용하는 사람은 될지언정 천만 경계에 끌려다니는 사람은 되지 말라. 그러하면, 영원히 너의 참되고 떳떳한 본성을 여의지 아니하리라."[『대종경』 수행품 20장]라고 주의시킵니다.

경계는 하고 싶은 일과 하기 싫은 일로 대별할 수 있습니다. 경계에 끌린다는 것은 하고 싶은 일을 당하면 거기에 끌리고 하기 싫은 일을 당하면 거기에도 끌리는 것입니다.

온전하고 참된 정신을 잃지 말고 정당한 공도만 밟아서 번민과 고통을 취하지 말라는 것입니다. 그러면 정신의 안정과 혜광慧光을 얻게 된다는 것입니다.

그러므로 떳떳한 본성을 여의지 아니하여 정당한 도리만 밟아 행하여 천만 경계를 응용하는 사람은 될지언정 천만 경계에 끌려다니는 사람은 되지 말라는 것입니다.

아무리 온갖 경계에 접하여 작용해도 그 마음은 한자리입니다.
보이는 경계에 끌려가지 않으면 보는 당처에 두렷하고 고요한 주인공이 드러나고
들리는 경계에 끌려가지 않으면 듣는 당처에 두렷하고 고요한 주인공이 드러나고
일체의 경계에 끌려가지 않으면 경계를 알아차리는 당처에 두렷하고 고요한 주인공이 드러납니다. 경계에 끌려만 가지 않으면 온전한 정신이 어딜 가지 않고 현존합니다.

온갖 경계를 응용할 때 온전한 정신을 차리면 마음에 자주의 힘이 생깁니다. 이를 수양력을 얻었다고 합니다. 온전한 정신이 두렷하고 고요한 주인공입니다.

자주력은 스스로 주인이 되는 힘으로 경계에 끌려가고 물들지 않는 힘입니다.

욕심이 주인 되는 게 아니라 온전한 정신이 주인 되는 것입니다.

스스로 주인이 되기 위해서는 경계에 끌려 경계에 매몰되어서는 안 됩니다.

경계에 정신이 뽑히면 경계의 노예가 됩니다. 경계에 끌리면 정신이 마비됩니다.

경계에 빠져 정신을 뺏기는 것과 깨어있으면서 알아차리고 감상하는 것은 다릅니다. 깨어있으면서 상황을 파악하거나 감상하면 주인이지만 경계에 끌리어 매몰되면 노예가 되는 것입니다.

경계의 자력磁力으로부터 거리를 확보해야 합니다. 여유의 거리와 통찰의 간격이 필요합니다. 이 여유와 통찰의 마음이 온전한 정신입니다.

온전한 정신을 차리지 못하면, 일이 없을 때는 무기無記에 빠지고 일이 있으면 망상에 빠지게 됩니다[『대종경』 수행품 12장]. 온전한 정신은 조각난 마음도 부주의한 방심도 아닌 두렷한 일심이요 완전한 일심입니다. [『대종경』 수행품 17장]

자주력은 온전한 정신으로 경계를 제어하는 마음의 힘입니다.

경계에 끌려가지 않고 경계에 흔들리지 않는 부동한 자리가 드러나야 자주력이 세워지는 것입니다.

자주의 힘이 생기려면 두렷하고 고요한 정신을 수양해야 합니다.

온전한 정신이 철석같이 견고해질 때, 마음에 자주의 힘이 생기는 것입니다.

정산 종사는 수양력 평가의 기준으로 "정할 때 마음 나가는 번수와 동할 때 마음 끌리는가 아니 끌리는가를 대조하면 수양력 정도를 알 것이요"[『정산종사법어』 경의편 17장]라고 밝히고 있습니다.

정할 때 두렷하고 고요한 정신을 놓친 번수를 파악하고 동할 때 경계에 마음이 끌려 온전한 정신 뺏긴 정도를 파악하면 수양력 정도를 알 수 있습니다. 정신을 놓친 정도와 경계에 정신을 뺏긴 정도가 수양력 평가의 기준이 됩니다.

자주력 곧 수양력으로, 밖으로 온갖 경계에 끌려가는 욕심을 제거하고 안으로 온전한 정신을 차려 경계의 주인이 되는 것입니다.

　좌선도 염불도 온전한 정신인 자주력을 양성하는 방법입니다. 염불하는 주인공, 좌선에 주의하는 적적성성한 주인공을 앞에 나타나게 하는 것입니다. 이것이 자주력으로 단순한 일심 집중이 아니라 마음이 두렷하고 고요하여 분별성과 주착심이 없는 경지를 세우는 것입니다.

　오늘은 정신수양의 결과에 대해 살펴보았습니다.

🔍 더보기 Tip

분별성과 주착심 그리고 기억

─────── 반갑습니다. 이번 시간에는 분별성과 주착심을 기억과 관련하여 살펴보겠습니다.

『정전』「정신수양의 요지」에서 마음이 두렷하고 고요하여 '분별성과 주착심'이 없는 경지를 정신이라 하며, 수양이란 안으로 '분별성과 주착심'을 없이하며 밖으로 산란하게 하는 경계에 끌리지 아니하여 두렷하고 고요한 정신을 양성하는 것이라 명시하고 있습니다.

분별성은 분별하는 습성이며 주착심은 고착된 마음의 패턴입니다.
일반적으로 이를 선입견이나 고정관념 또는 집착이라고 합니다.
이러한 분별성과 주착심은 생각과 관련이 있으며 생각은 기억과 밀접한 연관이 있습니다.

기억은 중요합니다. 기억이 없다면 인간은 개체의식이 존재할 수 없습니다.
어제를 기억 못 한다면 오늘의 나라는 개체성은 없을 것이며 미래의 기대도 없을 것입니다.
기억이 있기에 과거를 추억하고 기대하게 되어 미래를 희망할 수 있는 것입니다.
기억에 근거해서 미래를 기대하는 것입니다. 어느 때는 염려로 어느 때는 희망으로 어느 때는 추억으로 어느 때는 잊고 싶은 악몽이 될 것입니다.
그러므로 과거는 미래를 관통하고 있으며, 미래는 과거를 품고 있습니다.

이러한 기억은 한편으론 디딤돌이지만 또 한편으로는 걸림돌이 되기도 합니다.

그러기에 기억은 어떻게 사용하느냐에 따라 디딤돌도 걸림돌도 될 수 있습니다.

기억이 걸림돌이 되는 경우가 분별성과 주착심이 작동되는 때입니다. 기억이 집착될 때 걸림돌이 됩니다. 기억은 소중하나 집착은 놓아야 합니다.

집착한다는 것은 기억에 묶여 있는 것으로, 과거에 붙들리고 현재에 연연하며 미래를 염려하는 마음입니다. 이러한 집착은 부재 의식에서 발생합니다.

기억의 메커니즘을 살펴볼 필요가 있습니다.
프랑스 철학자 베르그송[1859~1941]의 사유에 따라 기억과 부재 의식에 관해 알아보겠습니다.

기억은 고통을 가져오기도 합니다. 기억이 기쁨도 주지만 견딜 수 없는 슬픔도 줍니다.

예를 들어보면 소중하게 여기는 것을 다시 볼 수 없을 때 그 부재不在가 주는 고통은 헤아리기 힘들 정도의 고통을 줍니다. 다시 만날 수 없고 다시 볼 수 없다는 느낌은 그만큼 그것이 있었을 때 느꼈던 행복을 더 부각하기 때문입니다.

사랑했던 애인과 이별했을 때 알콩달콩했던 기억이 더 아른거릴 것이며, 부모님을 여의었을 때 부모의 잔소리마저도 그리워지고, 자식을 사고로 일찍 보낸 부모는 그 또래의 아이를 보면 더 보고 싶은 그리움에 가슴이 시려올 것이며, 건강을 잃은 사람은 건강할 때의 모습으로 사무치게 돌아가고 싶을 것입니다.

부재하다는 의식은 기억과 관련이 있습니다. 또한 부재로 인한 고통도 기억과 관련된 것입니다. 없다는 의식은 무언가가 있다는 것을 기억하고 동시에 그것이 지금 없다는 것을 알았을 때 생기는 의식입니다.

탁자 위에 컵이 있는 것을 아는 사람이 나갔다 와 보니 탁자 위에 컵이 부재할 때 컵이 없다고 하는 것입니다. 그때 만일 친구가 놀러왔다면 그 친구는 탁자만 보게 될 것이고 컵이 없다는 부재 의식은 없습니다.

그러므로 없다는 기억이 있다는 기억보다 무엇 하나 더 있는 것입니다. 있다는 기억의 전제 위에 없다는 생각이 덮어있는 것입니다.

바라는 바에 부응하는 게 없다는 부재 의식은 우리의 마음에서만 가능합니다.

여기서 중요한 포인트는 없는 것에 사로잡힐 때 현재에 충실할 수 없다는 것입니다.

바라는 바가 부재하다는 부재 의식에 사로잡힐 때 현재를 깨어있는 마음으로 알아차리고 누릴 수 없게 됩니다. 발밑에 피어있는 소담한 꽃을 느낄 수도 없고 주변 동료들의 하소연에 공감할 수도 없고 심지어 지금 먹고 있는 밥맛도 모르게 됩니다.

또한 기억은 집착을 불러옵니다. 그것만 보게 합니다. 집착은 시야를 근시안으로 만듭니다. 주변을 돌아볼 여유를 없게 합니다. 그것만이 유일한 길이며 그것만이 행복이라 여기게 하여 다른 길은 살펴볼 여유를 없게 합니다. 강박에 빠지게 됩니다.

어느 선사가 화두를 주면서 그 화두에 대해 말을 해도 30방, 말을 안 해도 30방이라고 제자를 다그칠 때, 만일 맞지 않을 생각에 사로잡혀있다면 눈앞에 텅 비었으되 환히 비추고 있는 자리는 덮이게 됩니다. 이 집착을 놓을 때 눈앞에 역력한 공적영지가 감지되는 것입니다.

이처럼 분별성과 주착심에 사로잡히지 않을 때 공적영지가 드러나는 것입니다.

분별성과 주착심이 없는 정신의 세력을 확보할 때 과거의 기억과 후회에도 붙잡히지 않고 미래의 기대와 불안에도 붙잡히지 않으며, 과거와 미래에 결부된 현재도 내려놓을 수 있게 됩니다. 그러면 과거와 미래가 단절된 현재에 머물 수 있는 것입니다.

과거에 묶이지도 않고 현재에 연연하지도 않으며 미래를 염려하지도 않게 됩니다.

그러할 때 지금 불어오는 바람의 감촉도 옆에서 근심에 사로잡혀있는 동료의 마음도 들여다볼 여유가 있게 될 것입니다. 애증의 집착에서 통찰의 거리를 둘 때 그 사람의 다른 면도 살펴볼 수 있는 것입니다. 두렷하고 고요한 정신이 살아있는 것입니다.

분별성은 분별하는 성질로 분별하는 습성이라면 주착심은 이러한 분별성이 강화된 마음입니다. 정신은 분별성이 없지, 분별이 없는 것은 아니며 주착심이 없지 주住하는 마음이 없는 게 아닙니다.

정신은 불생불멸의 성품과 생멸의 마음을 관통하는 자리입니다. 그러므로 정신은 기억에 물들지 않는 성품에 바탕 하여 기억을 역력히 알아차리고 있는 마음의 경지입니다.

기억 이전의 텅 빈 자리이면서 기억할 것은 기억하고 기억하지 않을 것은 기억하지 않을 수 있는 마음의 경지입니다. 즉 유념할 것은 유념하고 무념할 것은 무념하는 마음입니다.

분별성과 주착심은 집착된 기억이며 밖으로 산란하게 하는 경계에 끌리는 것입니다.

그러므로 정신은 이러한 기억에 물들지 않는 기억 이전 자리에 바탕 하여 집착 없이 기억할 것은 기억하는 마음의 상태입니다.

이것이 분별성과 주착심이 없는 두렷하고 고요한 정신이요 정신을 수양하는 것입니다.

오늘은 분별성과 주착심을 기억과 관련하여 살펴보았습니다.

삼학三學

사리연구

事리理연研구究

『정전』 읽기 Reading

제2절 사리연구(事理研究)

1. 사리연구의 요지

사(事)라 함은 인간의 시·비·이·해(是非利害)를 이름이요, 이(理)라 함은 곧 천조(天造)의 대소 유무(大小有無)를 이름이니, 대(大)라 함은 우주만유의 본체를 이름이요, 소(小)라 함은 만상이 형형색색으로 구별되어 있음을 이름이요, 유무라 함은 천지의 춘·하·추·동 사시 순환과, 풍·운·우·로·상·설(風雲雨露霜雪)과 만물의 생·로·병·사와, 흥·망·성·쇠의 변태를 이름이며, 연구라 함은 사리를 연마하고 궁구함을 이름이니라.

2. 사리연구의 목적

이 세상은 대소 유무의 이치로써 건설되고 시비 이해의 일로써 운전해 가나니, 세상이 넓은 만큼 이치의 종류도 수가 없고, 인간이 많은 만큼 일의 종류도 한이 없나니라. 그러나, 우리에게 우연히 돌아오는 고락이나 우리가 지어서 받는 고락은 각자의 육근(六根)을 운용하여 일을 짓는 결과이니, 우리가 일의 시비 이해를 모르고 자행자지한다면 찰나 찰나로 육근을 동작하는 바가 모두 죄고로 화하여 전정 고해가 한이 없을 것이요, 이치의 대소 유무를 모르고 산다면 우연히 돌아오는 고락의 원인을 모를 것이며, 생각이 단촉하고 마음이 편협하여 생·로·병·사와 인과보응의 이치를 모를 것이며, 사실과 허위를 분간하지 못하여 항상 허망하고 요행한 데 떨어져, 결국은 패가망신의 지경에 이르게 될지니, 우리는 천조의 난측한 이치와 인간의 다단한 일을 미리 연구하였다가 실생활에 다다라 밝게 분석하고 빠르게 판단하여 알자는 것이니라.

3. 사리연구의 결과

우리가 사리연구 공부를 오래오래 계속하면, 천만 사리를 분석하고 판단하는 데 걸림 없이 아는 지혜의 힘이 생겨 결국 연구력을 얻을 것이니라.

사리연구의 사事

─────── 반갑습니다. 이번 시간부터 삼학 중 '사리연구'에 대해서 살펴보겠습니다.

'사리연구'도 '정신수양'처럼 요지와 목적과 결과로 구성되어 있습니다.
이 중 '사리연구의 요지'는 크게 두 단락으로 대별할 수 있는데,
첫 단락은 사리事理에 대한 정의라면, 둘째 단락은 연구研究에 대한 정의입니다.
그리고 첫 단락은 다시 사事와 이理로 세분할 수 있습니다.
결국, 대별하면 두 단락이요 세분하면 세 단락으로 구분할 수 있습니다.

편의상 세 단락으로 구분하겠습니다.
첫째 단락은 "사事라 함은 인간의 시·비·이·해是非利害를 이름이요"라면,
둘째 단락은 "이理라 함은 곧 천조天造의 대소 유무大小有無를 이름이니, 대大라 함은 우주만유의 본체를 이름이요, 소小라 함은 만상이 형형색색으로 구별되어 있음을 이름이요, 유무라 함은 천지의 춘·하·추·동 사시 순환과, 풍·운·우·로·상·설風雲雨露霜雪과 만물의 생·로·병·사와, 흥·망·성·쇠의 변태를 이름이며"이며,
셋째 단락은 "연구라 함은 사리를 연마하고 궁구함을 이름이니라."입니다.

오늘은 이 세 단락 중에서 첫째 단락을 살펴보겠습니다.

> "사事라 함은 인간의 시·비·이·해是非利害를 이름이요"

『원불교교전』의 저본인 『불교정전』에서는 "사라 함은 인간의 시비와 이해를 이름

이니라." 하여 시·비·이·해를 시비와 이해로 구분하고 있습니다.

'일 사, 사건 사'인 사事는 인간의 시·비·이·해라고 정의하고 있습니다.
인간人間은 사람 사이로, 사람과 사람 사이의 관계에는 시·비·이·해가 따르기 마련입니다.

시·비·이·해는 옳을 시是, 그를 비非, 이로울 이利, 해로울 해害로,
시비와 이해를 상응적 관계로 또는 교차적 관계로 풀어볼 수 있습니다.

첫째, 시비와 이해를 상응 관계로 파악하는 것입니다.
옳은 시是가 이로운 이利로, 그른 비非가 해로운 해害로 직결하는 관계입니다.
옳은 일을 지으면 이로운 결과가 있게 되고, 그른 일을 지으면 해로운 결과가 있게 된다는
선인선과善因樂果 악인악과惡因苦果의 인과 관계입니다.
부당지사不當之事의 비非와 당연지사當然之事의 시是에 따라 이利와 해害를 추구하는 것입니다[《월말통신》 제3호, 인생과 계율의 관계].
보은하면 보은의 결과가 배은하면 배은의 결과가 따르듯이, 보은은 시是요 그 결과는 이利라면 배은은 비非요 그 결과는 해害라는 대칭적 상응 관점입니다.

| 是 | 善因
(당연지사) | 보은 | → | 利 | 樂果 | 보은의 결과 |
| 非 | 惡因
(부당지사) | 배은 | → | 害 | 苦果 | 배은의 결과 |

둘째는 시비와 이해를 상호 교차적으로 파악하는 것입니다.
시·비·이·해를 각각 교차해서 보는 시각은 고락의 차원과 관련지을 수 있습니다.
『정전』 수행편 '고락에 대한 법문'에서 "사람이 이 세상에 나면 싫어하는 것과 좋아하는 것 두 가지가 있으니, 하나는 괴로운 고요 둘은 즐거운 낙이라." 하면서, 고락

을 영원한 고락과 변하는 고락 그리고 정당한 고락과 부정당한 고락으로 구분하고 있습니다.

즉 ①영원한 고 ②영원한 낙 ③낙이 변하여 고가 되는 낙변고樂變苦 ④고가 변하여 낙이 되는 고변낙苦變樂 ⑤정당한 고락 ⑥부정당한 고락으로 구별합니다.

'고락에 대한 법문'의 관점으로 볼 때 시·비·이·해도 고락의 다양한 모습이라 할 것입니다.

예를 들면 '정당한 고'는 현 상황은 괴롭지만 결국 옳은 방향으로 진행된다는 시각으로, 즉 해로울 해害에서 옳을 시是로 전개되어 이로울 이利가 되는 상황인식이라면, '부정당한 낙'은 지금 당장은 이로운 듯해도 결국은 그르게 되어 해로울 해害가 될 것이라는 시각으로, 즉 이로울 이利에서 그를 비非로 전개되어 해로울 해害가 되는 상황인식입니다.

소태산 대종사는 『대종경』 인도품 17장에서 고락이 교차하는 현상을 해생어은害生於恩으로 제시하고 있습니다.

이공주 사뢰기를 "제가 저번에 이웃집 가난한 사람에게 약간의 보시를 하였삽더니 그가 그 후로는 저의 집일에 몸을 아끼지 아니하오니 복은 지을 것이옵고 지으면 받는 것이 그와 같이 역력함을 알았나이다." 대종사 말씀하시기를 "그대가 복을 지으면 받아지는 이치는 알았으나 잘못하면 그 복이 죄로 화하는 이치도 아는가." 공주 사뢰기를 "복이 어찌 죄로 화하겠나이까." 대종사 말씀하시기를 "지어놓은 그 복이 죄가 되는 것이 아니라 복을 지은 그 마음이 죄를 짓는 마음으로 변하기도 한다 함이니, 범상한 사람들은 남에게 약간의 은혜를 베풀어 놓고는 그 관념과 상을 놓지 못하므로 저 은혜 입은 사람이 혹 그 은혜를 몰라주거나 배은망덕背恩忘德을 할 때에는 그 미워하고 원망하는 마음이 몇 배나 더하여 지극히 사랑하는 데에서 도리어 지극한 미움을 일어내고, 작은 은혜로 도리어 큰 원수를 맺으므로, 선을 닦는다는 것이 그 선을 믿을 수 없고 복을 짓는다는 것이 죄를 만드는 수가 허다하나니, 그러므로 달마達磨께서는 '응용무념應用無念을 덕이라 한다' 하셨고, 노자老子께서는 '상덕上德은 덕이라는 상이 없다' 하셨으니, 공부하는 사람이 이 도리를 알고 이 마음을 응용하여야 은혜가 영원한 은혜가 되고 복이 영원한 복이 되어 천지로 더불어 그 덕을 합하게 될 것이니, 그대는 그 상 없는 덕과 변함없는 복을 짓기에 더욱 꾸준히 힘쓸지어다."

복을 지으면 받아지는 이치뿐만 아니라 그 복이 죄로 화하는 이치도 알아야 한다는 것입니다. 복을 짓는 것은 시是이므로 이利를 받게 되나 그 복을 어떻게 처리하느냐에 따라 해害가 되기도 한다는 것입니다.

은혜에서 해가 나온다는 뜻은 지어 놓은 복이 죄가 되는 것이 아니라 '복을 지은 좋은 마음'[是]이 '죄를 짓는 그른 마음'[非]으로 변하기도 한다는 것입니다. 즉 은혜 입은 좋은 상황[利]에서 그 은혜를 몰라주거나 배은망덕을 할 때면 미워하고 원망하는 해로운 마음[害]이 몇 배 더하여 사랑하는 데[是]에서 도리어 미움[非]을 일어내고, 작은 은혜[利]로 도리어 큰 원수[害]를 맺게 되며, 복을 짓는다는 것[是]이 죄를 만드는 수[非]가 허다하다는 것입니다.

이는 해생어은害生於恩의 현상으로 은혜와 해독의 시비 이해가 상호 교차적으로 전개되는 것입니다.

또한 항상 옳을 시是이면서 이로울 이利로 전개되는 '영원한 은혜와 영원한 복, 영원한 낙' 짓기에 꾸준히 힘쓰라고 당부합니다. 그러기 위해서는 응용에 무념하라는 것입니다.

이처럼 시비와 이해를 교차적으로 대응시키면 다양한 상황으로 전개됩니다.

몇 가지 상황을 예시해 보면, '정당한 고'는 해害→시是 격이라면, '부정당한 낙'은 이利→비非 격이며, '정당한 낙'은 이利→시是 격이며, '영원한 낙'은 시是→이利 격이며, '낙변고'는 이利→해害 격이며, '고변낙'은 해害→이利 격이며, '부정당한 고'는 비非→해害 격이며, '영원한 고'는 해害→비非 등으로, 시비와 이해가 상호 교차적으로 전개되는 것입니다.

是 → 利	영원한 낙	利 → 是	정당한 낙
利 → 非	부정당한 낙	利 → 害	변하는 낙
害 → 是	정당한 고	害 → 利	변하는 고
害 → 非	영원한 고	非 → 害	부정당한 고

결국, 시비 이해는 시와 이, 비와 해를 상응시키는 인과 관계로 파악하든지, 시비와 이해 각각을 서로 교차적으로 대응시키는 고락 관계로 파악할 수 있습니다.

어찌 파악하든 이렇게 시비 이해를 밝히는 것은 시비 이해를 초월하여 시비 이해에 매몰되지 않는 가운데 시비 이해를 분명하게 밝히기 위해서입니다.

한 가지 고려해야 할 점은 시비와 이해를 '옳으냐? 그르냐?'는 정의의 시각과 '이로우냐? 해로우냐?'는 이해의 관점뿐만 아니라 '선하냐? 악하냐?'는 윤리적인 시각이나 '아름답냐? 추하냐?'의 미학적 시각 또는 '강하냐? 약하냐?'의 힘의 시각 등 경제, 정치, 사회, 문화의 시선으로까지 확장해야 할 것입니다. 왜냐하면 세상은 다양한 가치로 다변하기 때문입니다.

오늘은 사리연구의 사事인 인간의 시비 이해에 대해 살펴보았습니다.

사리연구의 이理

반갑습니다. 이번 시간에는 '사리연구의 요지' 중에서 이理에 대해 살펴보겠습니다.

'사리연구의 요지'에서 이理의 정의입니다.

> "이理라 함은 곧 천조天造의 대소 유무大小有無를 이름이니, 대大라 함은 우주 만유의 본체를 이름이요, 소小라 함은 만상이 형형색색으로 구별되어 있음을 이름이요, 유무有無라 함은 천지의 춘·하·추·동 사시 순환과, 풍·운·우·로·상·설風雲雨露霜雪과 만물의 생·로·병·사와, 흥·망·성·쇠의 변태를 이름이며"

소태산 대종사는 사事를 인간人間의 시·비·이·해是非利害라 한다면, 이理는 천조天造의 대소 유무大小有無라고 정의합니다.

사건의 사事가 인간의 문제라면 이치의 이理는 천조의 문제라는 것입니다.

천조는 하늘 천天, 지을 조造로 하늘의 지음 즉 진리의 작용을 말합니다.

동아시아에서 천天은 이理를 뜻합니다. 그러니까 진리의 모습을 천리天理라 합니다.

이치의 이理는 옥[玉]의 무늬[里]로 천지자연의 원리를 뜻합니다.

천조는 인위人爲가 없는 자리입니다. 인간의 조작이 개입되지 않는 자리입니다.

자기가 보고 싶은 대로의 투영이 아니라 있는 그대로의 실제를 뜻합니다.

이 자리가 일원상의 진리입니다.

결국 '이理=천조天造=일원상一圓相'으로, 법신불 일원상을 사리연구에서 이理로 표현한 것입니다. 이理는 일원상의 다른 표현입니다.

사리연구의 이理는 천조天造이며 천조는 대소 유무大小有無로 일원상의 진리입니다.
대소 유무는 소태산 대종사의 고유한 진리 인식으로, 대각의 실상을 대소 유무로 드러내 주신 것입니다.

우주만유의 본체인 대大는 본래로써 큰 자리라면, 만상이 형형색색으로 구별된 소小는 만상이 드러나는 현상으로 구체적인 작은 자리요, 천지의 사시 순환과 풍·운·우·로·상·설과 만물의 생·로·병·사와 흥·망·성·쇠의 변태인 유무有無는 있다가 없어지고 없다가 있어지는 변화하는 자리입니다.
대소 유무는 일원상의 진리로, '대소 유무에 분별이 없는 자리로써 공적영지의 광명을 따라 대소 유무에 분별이 나타나는 것'으로써, 대소 유무는 일원상인 한자리입니다.
대大는 일원상 성품 자체[性體]라면, 소小는 성품 자리에서 드러나는 만상[性現]이요, 유무有無는 성품 자리에서 변화 작용[性用]하는 것입니다. 대는 청정한 자리라면, 소는 청정한 자리에서 드러난 현상이며, 유무는 청정한 자리에서 변화하는 작용입니다.
대가 만법으로 분별 되기 이전이라면, 소는 형형색색으로 구별되는 만법·만상이요, 유무는 온갖 변태하는 변화로, 춘하추동의 사시순환과 풍운우로상설의 변태와 생로병사와 흥망성쇠의 인생 변화 작용이 두렷한 자리입니다.
대는 천지미분전이라면, 소는 천지 만물로 구분된 자리요, 유무는 천지 만물의 변화하는 자리입니다. 이처럼 대는 규정되기 이전 자리라면 소와 유무는 관계와 인연에 따른 현상이요 변화입니다.

그러므로 대는 천지 만물로 분별 되기 이전의 무분별 처라면, 소는 형형색색으로 현상되는 개성과 특성과 죄복으로 나타나는 처처불상의 자리이며, 유무는 변화상으로 음양상승의 변태요 죄복의 변화인 인과보응의 작용입니다.

이처럼 대소 유무는 청정한 대大자리를 여의지 않고 형형색색의 소小자리가 흥망성쇠로 유무有無 변태합니다. 소小의 변태가 유무有無로 변화하며 유무 또한 대大를 여의지 않는 것입니다.

대소 유무는 위상의 차가 없는 한자리로써, 분별없는 대자리에 들었다는 것은 실지 그대로인 소자리를 드러내고 변화하는 유무 작용 그대로를 자각하는 것입니다.

자기가 보고 싶은 대로 보려는 분별 집착의 소견에서 벗어나 청정한 자리에서 현상되는 실제와 변화하는 작용 그대로를 자각하는 것입니다.

주산 송도성 수필의 '변태되는 이치'라는 제목의 소태산 대종사의 법설입니다.

원기8년(계해癸亥) 음 3월 초에 소태산 대종사 봉래정사로부터 영산에 가셨다가 동년 음 5월에 다시 봉래산으로 돌아오시어 제자들에게 말씀하십니다.

"내가 거번去番에 영산에 갈 때에는 초목이 미발未發하여 도로道路가 분명하더니, 이번에 올 때에는 녹음綠陰이 우거져서 도로가 진황陳荒[풀이 덮힘]하였으며, 전일 황산黃山이 금일의 청산靑山이 되었거늘, 나는 이것을 보고 우연한 생각이 일어났었다. 앞날에 있던 산하대지山河大地가 아니고 다른 산하대지가 나타나서 이러한가? 아니다. 산하대지는 항상 그 산하대지로되, 태도態度를 변하여 이와 같이 되었도다. 그러나 뉘가 이 변태 되는 이치를 알리요." [주산 송도성 법문집, 『마음은 스승님께 몸은 세상에』]

산하대지는 항상 그 산하대지입니다. 산하대지에 붙들리지 말고 산하대지가 드러나는 당처를 봐야 합니다. 이 자리가 항상 그 산하대지를 드러내는 대大자리로 이 자리에서 황산에서 청산으로 청산에서 황산으로 유무有無 변태하는 것입니다.

소태산은 전주 교도 김동순[시창6년인 1921년에 김동순의 후원으로 허술했던 길룡리 방조제 목조 수문을 콘크리트로 견고하게 축조한다]의 열반에 "푸렇다 누렇다 이 사이에 완산칠봉 다시 본다. 소소영령한 이 천지가 변화무궁 여기로다."로 시작하는 만장을 지어 보냅니다. 소소영령한 천지에서 보면 유무 변태가 없는 대大자리에서 유무有無로 변화무궁 하는 것입니다.

소태산 대종사는 원기28년(1943) 3월 6일, 이공주 수필의 '무형한 선생과 경전'이라는 법설에서 유무의 이치를 밝혀주십니다.

"대저, 불법佛法의 진리라 하는 것은 원래 팔만장경에만 한하여 있는 것이 아니요, 오직 온 우주에 꽉 차 가지고 있는 것이니, 가령 한낮에 태양을 보면 항상 그렇게 명랑할 것 같지마는 몇 시간만 지나가면 점진적으로 서편에 들어가 버리고, 그 이튿날 아침에 다시 동천에서 솟아오르지 않던가? 그러면 그 태양을 무심이 보지 않고 유심히 '그 어디를 갔다 오는가?' 하고 연구하는 것은 곧 불법佛法이요, 연구한 결과 주야가 연속 부절不絕하여 낮 속에 밤이 들어있고, 밤 속에 낮이 들어 있어 둘이 아니라는 것을 깨치는 것은 곧 진리를 안 것이다. 그와 같이 사시절후의 한서寒暑 내왕도 다른 데서 오는 것이 아니라, 찬 데서[동절] 더운 것이[하절] 나오고 더운[暑] 데서 찬[寒] 것이 나온 것이며, 우리 인간의 고락 영고榮枯도 서로 머리하고 서로 꼬리하여 각자 육근 작용을 따라 고도 오고 낙도 오며, 영화榮華와 불길不吉이 교체되나니 ……." [구타원 이공주 법문집 Ⅰ,『일원상을 모본하라』]

천지의 주야 사시의 순환이며 고락 영고의 모든 변태인 유무有無 자리를 밝혀주신 것입니다. 음 속에 양이 있고 양 속에 음이 있듯이 인因 속에 과果가 있고 과果 속에 인因이 있는 인과의 이치에 따라 고도 오고 낙도 오며, 영화와 불길不吉이 무상無常하게 교체된다는 것입니다.

정산 종사는 "인생도 인과의 진리로 인因하면 과果, 과果하면 인因이 되어 과果와 인因은 서로 연쇄적 관계를 가지고 돌고 돌아 순환하는 것이 추호도 어김없이 마치 저 음양상승과 같다."[인과보응의 이치,『정산종사 수필법문』하]라고 말씀하십니다.

이처럼 고락 영고의 변태도 서로 머리와 꼬리로 이어져 있으므로 변화를 어떻게 받아들이냐에 따라 그 유무 변화의 결과가 달라지는 것입니다.

대소 유무의 이치를 따라 사은四恩이 펼쳐집니다. 사은은 우주만유의 본체인 청정한 대大자리에 바탕 하여, 이 청정한 대자리에서 천지·부모·동포·법률의 사은이 드러납니다. 사은의 '피은의 도'에 따라 '피은의 조목'이 형형색색의 소小자리로 나타나며 또한 사은의 도를 체받아 보은하면 보은의 결과가 배은하면 배은의 결과로 변태되는 인과의 유무有無로 변화합니다.

구체적 사항에 따라 대소 유무를 확인해 보겠습니다.
원망하는 분노가 일어날 때 이러한 원망생활을 대소 유무로 직시해 보면,
대大는 원망의 분노 이전 자리로써 원망하는 분노에 물들지 않는 청정한 자리입니다.
소小는 원망하는 분노가 두렷이 드러나는 마음 상태입니다. 이 원망의 마음인 소자리는 대자리를 떠나지 않기에, 원망에 물들 것이 없는 청정한 대자리에서 원망하는 분노의 소자리를 선명하게 알아차리는 것입니다. 마치 맑은 거울에 사물이 선명하게 비치는 격입니다.
유무有無는 원망의 분노가 일어났다가 사라지는 생주이멸의 변화가 두렷한 자리이며, 청정한 자리에서 원망할 일을 어떻게 대하느냐에 따라 흥망성쇠로 변화하는 원리가 역력한 자리입니다.

시비 이해의 일에 대소 유무의 이치를 적용하면,
대大는 시비 이해로 분별하기 이전 자리로 시비 이해에 물들지 않는 자리이며,
소小는 청정한 자리에서 시비 이해가 두렷이 드러난 자리입니다. 판단하는 기준이 있으면 그 판단기준에 따라 선불선善·不善이 나누어지고 그에 따라 좋고 싫은 감정이 발생하는 것입니다. 내 마음에 따라 시비 이해가 분별 되는 것입니다. 이러한 시비 이해의 현상은 청정한 대大에 바탕 할 때 있는 현상 그대로 선명하게 자각되는 것입니다.
유무有無는 있다가 없어지고 없다가 있는 시비 이해의 변태로, 시비 이해에 따라 변화하는 고락 변천의 이치가 분명한 자리입니다.

이와 같이 대소 유무의 이치를 밝히는 것은 인간의 시비 이해에서 운용하기 위해서입니다. 대소 유무의 이치는 일원상의 다른 표현입니다. 이처럼 일원상인 대소 유무의 이치를 연구의 표본으로 삼아 인간의 삶에서 시비 이해를 잘 운영하는 것입니다.

다만, 시비 이해의 일은 형형색색의 소小자리이면서 유무有無로 변화하는 자리이며 또한 본체인 대大자리에 바탕 되어 있습니다. 그러므로 실상에 있어서는 이理와 사事가 둘이 아닙니다[『대종경』 성리품 4장]. 그러기에 궁극적으론 사리事理가 일원상입니다.

오늘은 사리연구의 理에 대해 살펴보았습니다.

사리연구의 연구

─────── 반갑습니다. 이번 시간에는 사리연구의 '연구'에 대해 살펴보겠습니다.

'사리연구의 요지'에서 연구에 관한 정의입니다.

> "연구라 함은 사리를 연마하고 궁구함을 이름이니라."

즉 연구는 인간의 시비 이해인 사事와 천조의 대소 유무인 이理를 연마하고 궁구하는 것입니다.
연구는 연마의 연研과 궁구의 구究를 합한 말입니다.
연마는 갈 연研, 갈 마磨로 갈아서 광채를 내는 공부라면,
궁구는 다할 궁窮, 다할 구究로 속속들이 파고드는 공부입니다.

원기47년(1962)에 발간된 『원불교교전』에서 『불교정전』에 없던 '연구'에 관한 정의를 '사리연구의 요지' 마무리로 추가합니다.
『정산종사법어』 경의편 19장에서 "연구는 지혜를 연마하며 본원을 궁구함[硏其智慧 究其本源]이 그 대지"라고 명시합니다.
이 말씀이 '사리를 연마하고 궁구하라'는 연구의 내용이라 할 것입니다. 연마는 지혜를 단련하는 것이고, 궁구는 본원을 꿰뚫는 것입니다.
이에 따르면 본원을 궁구하는 것이 대소 유무를 꿰뚫는 공부라면 지혜를 연마하는 것은 시비 이해를 밝히는 공부라고 할 것입니다.
지혜와 본원은 서로 바탕 하는 관계입니다. 지혜는 본원에 기반하고, 본원은 지혜

로 발현되는 것입니다. 결국 본원을 궁구하는 것은 시비 이해 속의 대소 유무를 발견하는 공부라면, 지혜를 연마하는 것은 대소 유무에 따라 시비 이해를 밝히는 공부입니다.

본원은 근본 원리라면 지혜는 구체적인 적용이라 할 것입니다.

그러므로 사리연구는 대소 유무의 본원을 궁구하여 시비 이해의 지혜를 연마하는 것입니다. 천조의 대소 유무에 따라 인간의 시비 이해를 밝히는 것입니다.

통을 굴리기 위해서는 통 밖으로 나와야 하듯이, 시비 이해를 밝히기 위해서는 시비 이해에 매몰되어서는 안 되는 것입니다. 시비 이해에 물들지 않으면서 시비 이해를 드러내는 자리가 천조의 대소 유무로, 대소 유무의 이치에 따라 인간사의 시비 이해를 밝히는 것입니다.

사事와 이理는 서로 떠날 수 없는 관계입니다. 인간의 시비 이해와 천조의 대소 유무는 결부되어 있습니다.

시비 이해 속에서 대소 유무를 찾아야지 시비 이해 밖에서 대소 유무를 찾는 것은 현실과 동떨어진 뜬구름 잡는 망상이며, 대소 유무에 근거하여 시비 이해를 밝혀야지 대소 유무를 외면하고 시비 이해만을 밝히는 것은 욕망 따라 자행恣行하는 것과 마찬가지입니다.

사리연구는 일원상에 기반을 둔 공부입니다.
정신수양 공부 시에는 일원상의 진리가 마음 차원에서 정신으로 드러나듯이,
사리연구 공부 시에는 일원상의 진리가 대소 유무의 이치로 드러나는 것입니다.
시비 이해의 구체적인 상황에 대소 유무의 이치를 적용해야 하는 것입니다.
일원상인 대소 유무에 따라 시비 이해를 구체적으로 밝히는 것입니다.
이것이 바로 사리를 연마하고 궁구하는 사리연구입니다.

대소 유무는 천조의 이치라면 시비 이해는 인간사입니다.
시비 이해는 인간과 인간의 사이에서 있어지는 사건들입니다.

대소 유무의 이치를 인간의 시비 이해에 적용해야 하는 것입니다.
본원인 대소 유무의 이치에 따라 시비 이해의 일을 연구하여 지혜를 밝히는 것입니다.

소태산 대종사는 천권과 인권에 대해 밝혀주십니다.
"사람이 천지의 할 일을 다 못하고 천지가 또한 사람의 할 일을 다 못 한다고 할지라도 천지는 사리 간에 사람에게 이용되므로 천조의 대소 유무를 원만히 깨달아서 천도를 뜻대로 잡아 쓰는 불보살들은 곧 삼계의 대권을 행사함이니, 미래에는 천권天權보다 인권人權을 더 존중할 것이며, 불보살들의 크신 권능을 만인이 다 같이 숭배하리라." [『대종경』 불지품 13장]

천조의 대소 유무는 천권天權이라면 인간의 시비 이해는 인권人權입니다.
천조의 대소 유무는 천도요 천권이라면 인간의 시비 이해는 인도요 인권입니다.
천조의 대소 유무는 천지의 도라면, 인간의 시비 이해는 인간의 길입니다.
인간은 인간의 길인 시비 이해의 타당한 길을 걸어야 합니다.
이러한 천조의 대소 유무를 인간의 시비 이해에 가져다가 사용하므로 인간은 영장靈長입니다. 천도를 인도에 밝혀서 사용하는 것입니다.

사리연구는 천조의 대소 유무를 깨달아서 인간 만사에 천도를 뜻대로 잡아 쓰는 인권을 단련하는 공부입니다.
이처럼 사리연구는 천조의 대소 유무인 천권을 인간의 시비 이해인 인도에 밝히는 것입니다.
즉 대소 유무의 이치와 인간의 시비 이해를 연마하고 궁구하는 공부로써, 본원인 천조의 대소 유무에 따라 인간의 시비 이해를 밝히는 지혜입니다.

소태산 대종사는 "사리연구事理研究에 사事 자의 의義는 정치에 속할 것이요, 리理 자의 의는 종교에 속할 것이다."[《월말통신》 제4호 '법회록']라고 사리를 종교와 정치에 연결하고 있습니다. 이처럼 사리는 정치와 종교의 생활 전반에 걸쳐 있습니다.

또한 사리연구는 물리학·수학·화학·생물학·자연과학·윤리학·정치학·사회학·논리학·인공지능 등의 이치까지 포괄해야 합니다. 이러한 이치까지도 관통하여 상황에 적합한 시비 이해를 적용해 가야 합니다. 건강을 예로 들면 생리, 심리, 물리, 논리 등의 모든 유형·무형의 이치에 맞는 건강의 시비 이해를 연마하고 궁구하는 것입니다.

정산 종사는 "연구의 방법은 견문과 학법과 사고가 주가 되나 수양과 취사가 같이 연구의 요건이 된다."[『정산종사법어』 경의편 15장]라고 말씀하십니다.

대소 유무의 이치에 따라 인간의 시비 이해를 연마하고, 궁구하기 위해 견문하고 배우고 사고하는 것이 주가 된다면 일심과 실행이 이를 뒷받침하도록 해야 합니다.

오늘은 사리연구의 연구에 대해 살펴보았습니다.

사리연구의 목적

─────── 반갑습니다. 이번 시간에는 삼학 중 '사리연구의 목적'에 대해 살펴보겠습니다.

'사리연구의 목적'은 세 단락으로 구분할 수 있습니다.

첫째 단락입니다.

> "이 세상은 대소 유무의 이치로써 건설되고 시비 이해의 일로써 운전해 가나니, 세상이 넓은 만큼 이치의 종류도 수가 없고, 인간이 많은 만큼 일의 종류도 한이 없나니라."

소태산 대종사는 첫째 단락에서 '세상'에 대해 정의합니다.

우리가 사는 이 세상은 대소 유무의 이치로 건설되어 있고 시비 이해의 일로 운전해 가는 곳으로, 대소 유무의 이치로 건설된 천조의 세상이며 시비 이해의 일로 운전해가는 인간의 세상이라는 것입니다. 이것이 소태산 대종사의 세상관입니다.

그러므로 이 세상에서 천조의 대소 유무인 일원상의 이치에 따라 인간의 시비 이해를 운전해 가는 사람의 길을 가라는 것입니다.

또한 세상이 넓은 만큼 이치의 종류도 수가 없고, 인간이 많은 만큼 일의 종류도 한이 없다는 것입니다. 대소 유무의 이치도 시공간의 프리즘에 따라 다채롭게 펼쳐지며 시비 이해의 일도 인간의 특성과 관계의 프리즘에 따라 다양하게 펼쳐지는 것입니다.

소태산 대종사는 세상은 일과 이치의 산 경전이라고 밝혀주십니다.

"세상 전체가 곧 일과 이치 그것이니 우리 인생은 일과 이치 가운데에 나서 일과 이치 가운데에 살다가 일과 이치 가운데에 죽고 다시 일과 이치 가운데에 나는 것이므로 일과 이치는 인생이 여의지 못할 깊은 관계가 있는 것이며, 세상은 일과 이치를 그대로 펴놓은 경전이라"하며 "우리는 이 경전 가운데 시비선악의 많은 일들을 잘 보아서 옳고 이로운 일을 취하여 행하고 그르고 해 될 일은 놓으며, 또는 대소 유무의 모든 이치를 잘 보아서 그 근본에 깨침이 있어야 할 것이니, 그런다면 이것이 산 경전이 아니고 무엇이리요." [『대종경』 수행품 23장]

이처럼 세상은 일과 이치이며 일과 이치가 산 경전이니 일과 이치 속에서 살면서 일과 이치를 잘 연구하라는 것입니다.

둘째 단락입니다.

"그러나 우리에게 우연히 돌아오는 고락이나 우리가 지어서 받는 고락은 각자의 육근六根을 운용하여 일을 짓는 결과이니, 우리가 일의 시비 이해를 모르고 자행자지한다면 찰나찰나로 육근을 동작하는 바가 모두 죄고로 화하여 전정前程 고해가 한이 없을 것이요, 이치의 대소 유무를 모르고 산다면 우연히 돌아오는 고락의 원인을 모를 것이며, 생각이 단촉하고 마음이 편협하여 생·로·병·사와 인과보응의 이치를 모를 것이며, 사실과 허위를 분간하지 못하여 항상 허망하고 요행한 데 떨어져, 결국은 패가망신의 지경에 이르게 될지니,"

둘째 단락에서는 일의 시비 이해를 모르고 살면 앞길에 고해가 한이 없을 것이며, 이치의 대소 유무를 모르고 산다면 결국 패가망신에 이르게 된다는 것입니다.

결국 사리연구를 하는 이유와 목적은 고를 버리고 낙 생활하기 위해서입니다.

둘째 단락에서 세부적으로 사리연구를 해야 되는 이유를 네 가지로 밝히고 있습니다.

1. 시비 이해를 모르면 죄고에 빠져 고해가 한이 없기 때문입니다.

만일 시비 이해를 모르고 자기 마음대로 습관대로 행하면 어떻게 하면 불행해지고 어떻게 하면 행복해지는지 그 원리를 알지 못해 한없는 불행의 길에 들어서게 됩니다. 그러므로 육근을 동작하는 바가 행복은 원하나 불행을 초래하여, 육근 동작이 다 죄고를 불러일으켜 앞길에 고해가 한없이 펼쳐지는 것입니다.

2. 대소 유무의 이치를 모르면 우연히 돌아오는 고락의 원인을 몰라 패가망신하기 때문입니다.

우리에게 우연히 돌아오는 고락이나 우리가 지어서 받는 고락은 각자의 육근六根을 운용하여 일을 짓는 결과입니다.

고락은 각자의 육근을 운영하여 시비 이해의 일을 짓는 결과입니다. 우연히 돌아오는 고락은 불특정 대중인 공중에게 지어서 불특정 다수로부터 우연히 받게 되는 고락입니다. 이를 모르면 우연한 고락을 외부에서 주어지는 행운과 불행으로만 받아들이게 되는 것입니다.

대소 유무의 이치를 알아야 고락에 물들지 않는 자리에서 고락이 분명하게 드러나며 고락으로 변태하는 원리에 따라 우연한 고도 낙으로 돌리고 이 낙이 영원한 낙이 되도록 하는 것입니다.

3. 대소 유무의 이치를 모르면 생각이 단촉하고 마음이 편협하여 생로병사와 인과보응의 이치를 몰라 패가망신하기 때문입니다.

대소 유무의 이치 즉 생로병사에 물들지 않는 대大자리에서 생로병사의 현상인 소小자리를 확연하게 드러내고 생로병사로 변태하는 유무有無자리를 밝혀야 생각이 단촉하고 마음이 편협해지지 않게 되며, 또한 흥망성쇠가 끊어진 대大자리에서 흥망성쇠로 인과 보응되는 유무有無 변화의 원리를 밝혀내야 생각이 짧고 마음이 협소해지지 않아 패가망신하지 않게 됩니다.

사은에 보은하면 보은의 결과가 오고, 사은에 배은하면 배은의 결과가 있게 되는 것이 인과보응이며, 사요를 실천하면 다 함께 공생공화하는 낙원세상이 있게 되고 사요를 실천하지 못하면 불평등한 부조리의 사회에서 살게 되는 것입니다. 이것이 바로 인과보응의 이치입니다.

4. 대소 유무의 이치를 모르면 사실과 허위를 분간하지 못하여 허망하고 요행한 데 떨어져 패가망신하기 때문입니다.

대소 유무의 이치에 따라 시비 이해를 연마하고 궁구할 때 사실과 허위의 시비 이해가 분간되는 것입니다. 대소 유무의 이치에 근원할 때 사실과 허위를 분간하여 허망하고 요행한 데 떨어지지 않게 되어 고에 빠지지 않게 되는 것입니다.

셋째 단락입니다.

> "우리는 천조의 난측한 이치와 인간의 다단한 일을 미리 연구하였다가 실생활에 다다라 밝게 분석하고 빠르게 판단하여 알자는 것이니라."

셋째 단락에서는 천조의 헤아리기 어려운 이치와 인간의 온갖 다단한 일을 미리 연구하여서 실생활에 다다라 밝게 분석하고 빠르게 판단하여 알자는 것입니다.

분석은 확실하게 밝히는 것이며 판단은 잘 판가름하는 것입니다.

『원불교교전』의 저본인 『불교정전』에서는 '빠르게 분석하고, 밝게 판단'한다고 되어 있습니다.

이를 『정전』에서는 분석은 '밝음' 정도로 판단은 '빠름' 정도로 정리한 것입니다.

'미리 연구'해야 하는 이유는 대소 유무의 이치가 헤아리기 난측하고 시비 이해가 다단多端하기 때문입니다. 미리 연구하지 않으면 생각나는 대로 습관대로 하게 됩니다. 대소 유무의 이치를 따라 시비 이해를 미리 연구해 놓아야 실생활에 다다라 밝게 분석하고 빠르게 판단할 수 있는 것입니다.

이처럼 사리연구하는 이유는 실생활에 다다라 대소 유무의 이치에 따라 시비 이해로 운전하기 위해서입니다.

실생활에 달達하는 것이 생활화입니다. 생활화는 생활에 적용하는 것입니다. 생활에 매몰되는 것이 아니라 대소 유무의 이치를 생활 속에서 시비 이해로 운전해 가는 것입니다.

일원상은 대소 유무의 이치입니다. 이 이치에 따라 시비 이해의 일을 잘 운전하는 것이 사리연구의 목적입니다.

고락을 초월한 대大자리와 고락이 분명한 소小자리와 고락의 변화원리에 따라 작용하는 유무有無자리에 근거하여 고락의 시비 이해를 잘 분석하고 판단하는 것이 바로 사리연구의 목적입니다.

이는 곧 사은에 보은하고 사요를 실천하여 은혜로운 세계와 평등 세상의 낙원을 건설하자는 것입니다. 사은 보은과 사요 실천이 시비 이해의 기준이 되는 것입니다.

이처럼 사리연구의 목적도 파란 고해의 일체 생령을 광대무량한 낙원으로 인도하는 것입니다.

오늘은 삼학 중의 '사리연구의 목적'에 대해 살펴보았습니다.

사리연구의 결과

─────── 반갑습니다. 이번 시간에는 삼학 중 '사리연구의 결과'에 대해 살펴보겠습니다.

사리연구의 목적은 "우리는 천조의 난측한 이치와 인간의 다단한 일을 미리 연구하였다가 실생활에 다다라 밝게 분석하고 빠르게 판단하여 알자는 것이니라"로 마무리 짓고 있습니다.

그러므로 사리연구의 목적처럼 사리 간에 밝은 분석과 빠른 판단을 얻도록 하여 연구력을 확보하는 것이 사리연구의 결과입니다.

사리연구의 결과입니다.

> "우리가 사리연구 공부를 오래오래 계속하면, 천만 사리를 분석하고 판단하는 데 걸림 없이 아는 지혜의 힘이 생겨 결국 연구력을 얻을 것이니라."

연구력은 대소 유무의 이치에 따라 시비 이해의 일을 잘 운전하는 것입니다. 대소 유무의 이치는 일원상의 진리입니다. 연구력은 일원상의 내역인 대소 유무의 이치에 따라 시비 이해를 밝혀가는 지혜의 힘입니다.

사리연구는 오래오래 계속하는 공부입니다.
오래오래는 하고 또 하는 것입니다. 왜냐하면 어제 잘했다고 오늘 일이 자연 보장되는 것은 아니기 때문입니다. 잘할 개연성이 있을 뿐입니다.
그러므로 본래 밝은 일원상의 지혜를 밝혀서 사리 간에 연구하고 또 연구하는 것입니다. 대소 유무의 이치에 따라 시비 이해의 일을 운전하고 또 하는 것입니다.

그리하여 천만 사리를 분석하고 판단하는 데 걸림 없이 아는 지혜의 힘을 갖추는 것입니다.

지혜의 힘은 경험치에만 한정하지 않습니다. 대소 유무의 근본지에 바탕 하는 시비 이해의 경험치까지입니다. 인간의 시비 이해는 다양한 경험을 통해 도달할 수 있지만 대소 유무의 근본지에 바탕을 둬야 합니다. 시비 이해의 일에 대소 유무의 이치가 적용될 때 지혜의 힘을 갖춘 연구력이 생기는 것입니다.

시비 이해는 인연에 따라 달라지고 시대와 장소에 따라 달라집니다. 그러므로 그 상황에 타당한 시비 이해를 운전해야 합니다. 이처럼 시비 이해를 판단하고 분석하는 데에는 다양한 상황에 따라 적용되는 지혜가 요청됩니다.

'천만 사리'는 사리연구의 목적 중 "세상이 넓은 만큼 이치의 종류도 수가 없고, 인간이 많은 만큼 일의 종류도 한이 없나니라."와 상통합니다.

대소 유무의 이치도 경계를 따라 다양한 스펙트럼으로 펼쳐지며, 시비 이해의 일도 경계를 따라 다양한 스펙트럼으로 펼쳐지는 것입니다.

처한 상황과 인연에 따라 천만 가지로 드러나는 것입니다. 시비 이해의 일과 대소 유무의 이치가 한자리이면서 천만 사리로 다양하게 펼쳐지는 것입니다.

사리연구의 공부를 오래오래 계속 정성스럽게 하면 온갖 상황에 적합한 사리를 분석하고 판단하는 데 걸림 없이 아는 지혜의 힘이 생기는 것입니다. 이 지혜의 힘을 지혜력 또는 연구력이라 합니다.

연구력은 사리연구의 힘입니다.
연구력은 천조의 대소 유무와 인간의 시비 이해를 밝게 분석하고 빠르게 판단하는 지혜의 힘입니다. 한마디로 연구력은 사리연구력입니다.
선악 업보가 끊어진 대大자리와 공적영지의 광명을 따라 선악 업보에 차별이 생겨나는 소小자리와 은생어해 해생어은 되는 선악 업보의 변화 작용이 확연한 유무有無 자리에 근거하여 시비 이해를 분석하고 판단하는 지혜의 힘입니다.

대소 유무의 이치에 바탕 하지 않는 시비 이해의 분석과 판단은 연구력의 본령이 아닙니다.

대소 유무의 이치에 따라 분석하고 판단하는 시비 이해가 바로 연구력입니다.

공적영지의 일원상 광명은 대소 유무의 분별이 없는 가운데 대소 유무에 분별이 나타나는 지혜입니다. 이처럼 사리연구는 일원상의 지혜 광명에 근원합니다.

대소 유무의 이치가 진리입니다. 한 생각 이전의 분별할 것이 없는 자리가 진리의 실상이고 또한 그 한 생각 이전 자리에서 역력히 드러나는 현상과 변화의 작용이 실제입니다. 그러므로 대소 유무의 이치에 따라 인간의 시비 이해를 건설하는 것이 사실적인 도덕의 훈련이요, 대소 유무의 이치에 맞게 시비 이해를 운영하는 것이 사실적 도덕의 운영입니다.

소태산은 연구력을 도통과 법통으로 밝혀주고 있습니다.

"공부가 최상 구경에 이르고 보면 세 가지로 통함이 있나니 그 하나는 영통靈通이라, 보고 듣고 생각하지 아니하여도 천지 만물의 변태와 인간 삼세의 인과보응을 여실히 알게 되는 것이요, 둘은 도통道通이라, 천조의 대소 유무와 인간의 시비 이해에 능통하는 것이요, 셋은 법통法通이라, 천조의 대소 유무를 보아다가 인간의 시비 이해를 밝혀서 만세 중생이 거울하고 본뜰 만한 법을 제정하는 것이니, 이 삼통 가운데 법통만은 대원정각大圓正覺을 하지 못하고는 얻을 수 없나니라." [『대종경』 불지품 10장]

연구력은 도통과 법통으로 드러납니다.

이를 『정전』 법위등급에 연관하면 법강항마위의 '대소 유무의 이치에 걸림이 없으며'와 출가위의 '대소 유무의 이치를 따라 인간의 시비 이해를 건설하며'에 해당합니다.

도통과 법통은 대소 유무와 시비 이해의 사리에 능통한 것으로, 도통은 대소 유무의 이치에 통달하는 것에 중점을 둔다면, 법통은 대소 유무의 이치에 따라 시비 이해의 건설에 중점을 두고 있습니다. 법통은 출가위의 연구력이면서 대각여래위에서 원숙 되는 연구력입니다.

오늘은 사리연구의 결과에 대해 살펴보았습니다.

🔍 더보기 Tip

관천기의상과 사리연구

─────── 반갑습니다. 이번 시간에는 소태산 대종사의 구도의 출발점인 하늘을 보고 의심을 내신 관천기의상과 사리연구의 관계에 대해 살펴보겠습니다.

관천기의상觀天起疑相은 소태산 대종사의 일생을 10가지 모습으로 나눈 10상 중 그 첫째로, 하늘을 보고 의심을 내신 모습입니다. 의심은 소태산 대종사의 발심과 구도와 대각의 핵심 키워드이기에 그 총체적 함의를 파악하는 것이 매우 중요합니다.

소태산은 소년 시절에 의문을 발합니다.
소년 소태산 의심의 발로는 『원불교교사』 '대종사의 발심'에 드러나 있습니다.
"대종사, 7세 되시던 해, 어느 날, 화창한 하늘에 한 점 구름이 없고, 사방 산천에 맑은 기운이 충만함을 보시다가, 문득 '저 하늘은 얼마나 높고 큰 것이며, 어찌하여 저렇게 깨끗하게 보이는고' 하는 의심이 일어나고, 뒤를 이어 '저와 같이 깨끗한 하늘에서 우연히 바람이 일고 구름이 일어나니, 그 바람과 구름은 또한 어떻게 일어나는 것인가?' 하는 의심이 일어났다.

이러한 의심이 시작됨을 따라 모든 의심이 꼬리를 물고 일어나서, 9세 때부터는 나를 생각한즉 내가 스스로 의심이 되고, 부모와 형제간을 생각한즉 부모와 형제간 되는 일이 의심되고, 물건을 생각한즉 물건이 또한 의심되고, 주야가 변천하는 것을 생각한즉 그것이 또한 의심되어, 이 의심 저 의심이 한 가지로 대종사를 답답하게 하였다.

그 후 10세 때부터 부모의 명에 의하여 겉으로는 비록 한문 서당에 다니시었으나, 글 배우는 데에는 뜻이 적으시며, 의복·음식·유희 등에는 조금도 생각이 없으시고, 오직 이 수많은 의심을 풀어 알고자 하는 한 생각으로 마음이 차 있었다."

『원불교교사』의 '대종사의 발심' 대목을 읽을 때마다 이 의심이 소태산의 생애에 어떠한 영향을 미쳤는지? 향후 구도와 대각 그리고 교화에 어떤 영향을 주었는지 궁금하였습니다.

　이 '의심'이라는 발심으로 표출된 내용을 상세하게 구체적으로 파악할 필요가 있는 것입니다.

　석가모니는 노병사의 고통스러운 삶에서 해탈하겠다는 분명한 구도의 동기가 있습니다. 그래서 이 생로병사의 고통을 해결하기 위해 갖은 구도를 통해 '4제 8정도 12인연'이라는 해법을 내놓고 있습니다.

　그런데 소태산의 의심에는 이런 고苦에 대한 문제의식이 직접적으로 보이지 않습니다. 고통을 해결하려는 모습보다는 모르는 문제를 풀기 위해 애쓰는 탐구적 모습이 두드러집니다.

　그렇다면 소태산에게 궁금함이라는 이 의심은 무엇일까요? 모르는 것을 알고자 하는 이 의심이 고苦와 같은 인생의 실존을 풀어줄 열쇠가 될 수 있을까요?

　이 의심의 정체를 파악하기 위해 소년 소태산이 옥녀봉 하늘을 바라보며 의심을 내셨던 상황을 다시 탐구할 필요가 있습니다.

　소년 소태산은 옥녀봉에 올라 하늘에 구름이 떠다니고 산 아랫마을에서 연기가 피어오르는 것을 보고 우주가 변화하는 진리에 대하여 깊이 몰두합니다. 사물을 대함에 주의하는 천성이 있기에 매양 묻기를 잘하셨으며 보는 것마다 의심을 내어 의심이 꼬리에 꼬리를 물고 일어나며, 천진한 호기심에서 비롯된 의심이 자연에 대한 소박한 의심으로부터 자신의 존재와 대인·대물 관계 및 일체의 변천까지 의심이 확대되었던 것입니다.

　의심은 밖으로부터 부여된 것이 아니라 자기 내부에서 일어나는 걸 알고자 하는 힘입니다. 어떠한 외재하는 규정에 따라 풀어내야 하는 숙제가 아니라, 자기의 궁금증에 따라 모르는 것을 알고자 하는 의지입니다.

　소년 소태산은 7세부터 소소한 호기심에서 비롯하여 자연현상으로부터 인간 만사에 이르기까지 모르는 것을 알고자 했던 것입니다. 궁금했던 것입니다. 궁금함은 모른다는 사실에서부터 시작되는 탐구입니다. '오직 수많은 의심을 풀어 알고자 하는 한 생각'으로 마음이 차 있었던 것입니다.

이러한 소년 소태산의 관천기의상의 의심은 향후 『정전』에서 대소 유무大小有無와 시비 이해是非利害로 정립됩니다. 대소 유무는 이理라 하고 시비 이해는 사事라 하여 사리를 연구하도록 한 것입니다.

소태산은 관천기의상의 의심을 파고들어 사리연구로 확립합니다. 의심의 탐구가 사리연구로 전개된 것입니다.

대산 종사는 "대종사님은 어린 시절 대大는 천리의 자연현상을 통해, 소小는 비근한 부모 간 촌수를 통해, 유무有無는 주야 사시 인간의 생로병사를 통해 4년간 궁굴리는 공부로 대각의 열쇠인 대소 유무의 이치를 차례로 의심하셨다."라고 말씀하셨습니다.

변화의 유무有無를 모르면 혼란스럽습니다. 이런 변화의 원리를 잘 파악할 때 여유를 얻을 수 있고 낙원을 맞아올 수 있습니다. 또한 형형색색의 현상인 소小에 대해 분석이 분명하지 못하면 미로에 빠지듯이 국집 되어 편협해집니다. 그리고 현상의 바탕인 본체를 모르면 현상에 국한되고 현상의 변화에 묶이게 되는 것입니다. 현상의 바탕이요 변화하는 본체 자리인 대大를 모르면 결국 국한에 떨어져 허망해집니다.

무분별의 대大자리를 알아서 이 대자리에서 각각 개성과 차이와 차별로 드러나는 소小의 현상과 사시 순환의 변화와 흥망성쇠로 변태하는 유무有無까지 밝혀야 하는 것입니다.

또한 시비 이해를 모르면 고에서 벗어날 수 없습니다. 왜냐하면 시비 이해는 바로 인간 고락과 제 문제를 집약한 것이기 때문입니다. 대소 유무의 이치를 밝혀 시비 이해의 일을 잘 운전하면 고락의 문제를 해결할 수 있습니다. **그러므로 대소 유무의 의심은 낙원 인도의 바로미터입니다.**

소년 소태산의 의심은 우주와 인생의 원리를 파악하여 파란 고해를 해결하고자 하는 일체의 문제의식입니다. 그러니 관천기의상의 의심은 고해에서 낙원으로 인도하기 위함으로, 해결 안 할 수 없는 몸부림이요 구도의 에너지입니다.

결국 소년 소태산의 관천기의상은 파란 고해의 일체생령을 광대무량한 낙원으로 인도하려는 〈개교의 동기〉의 발심이요 포부요 서원과 맥을 같이 하는 것입니다.

의심은 관습적이고 습관적인 시각에서 벗어나는 구도의 몸짓입니다. 낯설게 느끼고 일상을 새롭게 감지하는 구도입니다. 어린 소태산은 소년·청년으로 성장해 갈수록 당면한 문제에 고뇌합니다. 소태산의 의심은 문제를 발견하여 문제해결에 뛰어들게 한 것입니다. 일대 변혁의 시대적 당면 문제인 물질문명에 직면하는 통찰이요, 이러한 물질문명에 합당한 사고방식의 부재라는 문제에 봉착했던 것입니다.

그리고 문명의 괴리현상을 해결해 보려고 문제에 뛰어든 것으로, 주어진 해답을 따라 하는 삶이 아니라 자신이 직접 해결해 보려는 모험에 뛰어든 삶입니다. 이것이 바로 관천기의상에서 비롯한 구도의 삶입니다.

이처럼 소태산에게 있어 의심은 도를 깨닫는 뿌리요 성자의 기틀을 잉태하는 에너지입니다.

관천기의상의 의심은 소태산의 구도와 대각 그리고 전법轉法의 전 과정을 관통합니다.
의심에 발심하여 몰두하기도 하고 의심을 돈망하기도 하고 의심하는 마음 당처에 멈춰 있기도 하고 의심의 바탕을 깨달아 마음의 광명을 드러내기도 합니다. 의심은 소태산에게 있어 구도의 플랫폼platform과도 같습니다.

오늘은 소태산 대종사의 구도 과정의 출발점인 하늘을 보고 의심을 내신 관천기의상과 사리연구의 관계에 대해 살펴보았습니다.

삼학三學

작업취사

作業取捨
작업취사

『정전』 읽기 Reading

제3절 작업취사(作業取捨)

1. 작업취사의 요지

작업이라 함은 무슨 일에나 안·이·비·설·신·의(眼耳鼻舌身意) 육근을 작용함을 이름이요, 취사라 함은 정의는 취하고 불의는 버림을 이름이니라.

2. 작업취사의 목적

정신을 수양하여 수양력을 얻었고 사리를 연구하여 연구력을 얻었다 하더라도, 실제 일을 작용하는 데 있어 실행하지 못하면 수양과 연구가 수포에 돌아갈 뿐이요 실효과를 얻기가 어렵나니, 예를 들면 줄기와 가지와 꽃과 잎은 좋은 나무에 결실이 없는 것과 같다 할 것이니라.

대범, 우리 인류가 선(善)이 좋은 줄은 알되 선을 행하지 못하며, 악이 그른 줄은 알되 악을 끊지 못하여 평탄한 낙원을 버리고 험악한 고해로 들어가는 까닭은 그 무엇인가. 그것은 일에 당하여 시비를 몰라서 실행이 없거나, 설사 시비는 안다고 할지라도 불같이 일어나는 욕심을 제어하지 못하거나, 철석같이 굳은 습관에 끌리거나 하여 악은 버리고 선은 취하는 실행이 없는 까닭이니, 우리는 정의어든 기어이 취하고 불의어든 기어이 버리는 실행 공부를 하여, 싫어하는 고해는 피하고 바라는 낙원을 맞아오자는 것이니라.

3. 작업취사의 결과

우리가 작업취사 공부를 오래오래 계속하면, 모든 일을 응용할 때에 정의는 용맹 있게 취하고, 불의는 용맹 있게 버리는 실행의 힘을 얻어 결국 취사력을 얻을 것이니라.

작업취사의 작업

─────── 반갑습니다. 이번 시간에는 '작업취사의 요지'에서 '작업'에 대해 살펴보겠습니다.

'작업취사의 요지'는 두 단락으로 나눌 수 있습니다.
첫째 단락은 '작업'에 관한 정의라면 둘째 단락은 '취사'에 관한 정의입니다.

> "작업이라 함은 무슨 일에나 안·이·비·설·신·의眼耳鼻舌身意 육근을 작용함을 이름이요" "취사라 함은 정의는 취하고 불의는 버림을 이름이니라."

먼저 작업의 정의입니다.
'작업'은 지을 작作, 일 업業으로 '**무슨 일에나 안의비설신의 육근을 작용하는 것**'입니다.
즉 '무슨 일'의 '일[事]'은 인간의 시비 이해로서 '무슨 일에나'는 작업의 '업業'이라면 '안이비설신의 육근을 작용함'은 작업의 '작作'입니다.
한마디로 작업은 일을 하는 것으로, 안이비설신의 육근으로 시비 이해의 일을 짓는 것입니다.

산다는 것은 이처럼 시비 이해의 일을 짓는 심신 작용의 작업입니다.
이러한 심신 작용의 작업을 벗어나는 삶은 불가능하며 이를 바라는 것은 헛된 공상입니다.
업을 닦거나 업을 청산하자는 말도 실상은 업을 새롭게 잘 짓자는 뜻입니다.

작업은 무슨 일이 되었든지 그 일에 육근을 작용하는 것입니다.
'무슨 일에나'는 『불교정전』에서는 '대소사大小事간'으로 표현합니다.
시비 이해의 일은 다양하여 큰일도 있고 작은 일도 있습니다.
또한 일에는 순한 일도 있고 힘겨운 일도 있고 이것도 저것도 아닌 일도 있습니다.
이처럼 우리는 행주좌와어묵동정 간 다양한 일에 당면합니다.
응용하는 데에나 경계를 대하는 데에나 '시비 이해의 일'이 있습니다.
결국, 작업은 몸과 마음으로 짓는 심신 작용의 행위입니다.

그런데 안의비설신의 육근 작용은 단순한 심신 작용으로 끝나지 않습니다.
일원상 성품 자리를 놓치고 육근 작용하는 작업이 있고 일원상 자리에 근거해서 육근을 작용하는 작업이 있습니다.
그러나 작업은 실로 일원상 성품 자리를 벗어난 적이 없습니다. 망각하고 있을 뿐이지 일원상을 떠난 적이 없습니다. 육근 작용은 일원상 자리에 기반을 두고 있습니다.

〈일원상 법어〉에서 "이 원상은 눈·코·귀·입·몸·마음을 사용할 때 쓰는 것이니 원만구족하고 지공무사한 것이로다."라고 합니다.
그러므로 육근을 작용한다는 것은 원만구족하고 지공무사한 성품을 작용하는 것입니다.
결국 작업은 원만구족하고 지공무사한 성품의 드러남이요 작용입니다.
눈을 사용할 때 일원상 성품에 바탕을 두고 있는 것이며
귀를 사용할 때 일원상 성품에 토대를 두고 있는 것이며
코를 사용할 때, 입을 사용할 때 일원상 성품에 기반을 두고 있는 것이며
몸을 사용할 때도 마음을 사용할 때도 일원상 성품에 근거를 두고 있는 것입니다.

작업은 모든 일에서 원만구족하고 지공무사한 일원상 성품에 기반하는 것으로,
일원상 성품에 바탕을 두고 안의비설신의 육근을 작용하는 것입니다.
다만 우리는 일원상 성품 자리를 망각하고 작업할 경우가 허다할 뿐입니다.

일원상에 토대를 두고서 작업하느냐 그렇지 않으냐가 중요합니다.
그러므로 우리는 일원상을 수행의 표본으로 삼고서 작업해야 합니다.

오늘은 작업취사의 요지에서 작업에 대해 살펴보았습니다.

작업취사의 취사

———— 반갑습니다. 이번 시간에는 '작업취사의 요지'에서 '취사'에 대해 살펴보겠습니다.

취사의 정의입니다.

> "취사라 함은 정의는 취하고 불의는 버림을 이름이니라."

취사는 취할 취取, 버릴 사捨로, 정의正義는 취하고 불의不義는 버리는 공부입니다.
취사는 작업의 방향이요 선택입니다.

보통 취사심은 경계를 쫓아 분별하여, 분별 사량하는 욕심에 따라 마음에 드는 것은 취하고 마음에 안 드는 것은 버리는 분별심을 뜻합니다.
작업취사의 취사는 이러한 분별의 취사가 아니라 무분별의 분별이요 지혜의 취사입니다. 분별이 없는 자리에서 명료하게 분별하여 취사하는 것입니다. 무분별 중에 분별을 두렷하게 드러내는, 일원상 성품 자리에 근원 하는 취사입니다.

취사의 갈림길은 정의正義와 불의不義입니다.
정산 종사는 "취사는 중정을 취하고 사곡을 버림[取其中正 捨其邪曲]이 그 대지니라."[『정산종사법어』 경의편 19장]라고 명시합니다. 중정은 일원상의 발현이라면 사곡은 일원상에서 어긋난 잘못된 이해와 행위입니다.

소태산 대종사는 "무슨 일이나 잘된 것은 정의요 곧 일원상을 체받는 것이며, 그 반대로 잘못된 것은 다 불의요 곧 일원상을 체받지 못한 것이니, 제군들은 명심하여 억천만사億千萬事에 일원상을 모본하라."[《회보》 제40호]라고 안내합니다.

정의는 일원상을 체받아 취사하여 잘 되는 것이라면 불의는 일원상을 체받지 못하여 잘못되는 것입니다.

안이비설신의 육근을 공적영지의 일원상 광명에 따라 작용하면 정의이며,
육근을 진공묘유의 일원상 조화로 작용하면 정의이며,
육근을 일원상과 같이 원만구족하고 지공무사한 각자의 마음에 따라 사용하면 정의이며,
제불·조사·범부·중생의 성품 자리를 떠나지 않고 작용하면 정의입니다.
이를 '성품인 정의의 작업'[한정석, 『원불교 정전해의』]이라고 해의할 수 있습니다.

작업취사는 일원상인 성품을 발현하여 온전한 생각으로 정의를 취하는 육근작용이며, 성품을 가리는 장애를 제거하여 성품으로 불의를 사捨하는 육근작용입니다.

정신수양의 정신은 맑고 신령한 일원상 성품의 발현이요, **사리연구**의 이理인 대소 유무는 일원상의 내역이며, **작업취사**의 정의는 일원상의 구현입니다. 그러므로 작업을 취사하는 것은 일원상의 발현인 정신을 수양하고, 일원상의 내역인 대소 유무의 이치에 따라 시비 이해의 일을 연구하여, 일원상의 구현인 정의를 실행하는 것입니다.

첫째, 작업취사는 사은 사요를 관통합니다.
소태산 대종사는 "사은의 도를 단련하여 세간 생활에 적절한 작업취사의 과목을 정하라"[『대종경』 서품 19장]라고 제시합니다.
그러므로 사은에 보은하는 것이 작업취사이며, 또한 사요는 사은의 또 다른 모습이므로 사요 실천이 곧 정의 실행의 작업취사입니다. 즉 사은에 보은하고 사요를 실천하는 것이 정의는 취取하고 불의는 사捨하는 작업취사입니다.

정의는 '인도 정의의 공정한 법칙'인 법률은에 보은하는 것이며, '불의를 제거하고 정의는 세우는 도'인 법률 보은의 대요를 실행하는 것입니다. 그러므로 법률 보은은 작업취사입니다.

또한 정의는 자리이타의 도를 실행하는 동포 보은입니다.

소태산 대종사는 "정의正義란 자리이타가 화化하는 법"[《월말통신》 제11호]이라고 명시합니다. 또한 『불법연구회취지규약』의 「본회의 취지 설명」 중에서 "자리이타自利利他가 화化하지 못하여 내가 이利를 취하면 저 사람이 해害가 되고 저 사람이 이利를 취하면 내가 해害를 입는 고로 서로 상충相衝하여 서로 의리義理가 끊어지고 자행자지自行自止로 백발이 다 된 우리"라고 탄식합니다.

이처럼 자리이타의 도가 실행되는 것이 정의입니다. 그러므로 공정한 자리에서 자리이타를 행하는 동포 보은이 정의입니다. 또한 강자·약자 진화상의 요법처럼 강자·약자가 자리이타로 진화하는 것이 정의입니다. 정의는 서로 간에 자리이타가 되도록 심신 작용하는 것입니다.

결국 자리이타가 되도록 하는 것이 정의이며 자리이타를 실행하는 것이 정의를 취하는 작업취사입니다.

둘째, 작업취사는 '무시선의 강령'을 관통합니다.

『정전』 수행편 무시선법의 결론인 '무시선의 강령'에서 일심 양성과 정의 양성이 제시됩니다.

"육근六根이 무사無事하면 잡념을 제거하고 일심을 양성하며, 육근이 유사하면 불의를 제거하고 정의를 양성하라." [『정전』 무시선법]

양원국이 정산 종사에게 무시선법의 정의와 불의의 관계를 물으니 답하시기를 "일심이 동하면 정의가 되고, 잡념이 동하면 불의가 되느니라."[『정산종사법어』 경의편 30장]라고 문답합니다.

정의는 동정 간 일심으로 사리에 지혜를 발하여 실행하는 경지입니다. 정신수양과 사리연구가 바탕 되지 않으면 제대로 정의를 취할 수 없기 때문입니다.

일심에 들면 일원상의 경지이며 잡념이 발하면 일원상을 놓친 상태입니다. 이처럼 일심이 발하면 정의가 작동하고 일심을 놓치면 불의가 되는 것입니다.

작업취사는 '무시선의 강령'으로 보면 동할 때의 공부로써 정의 양성이 주체입니다. 일심 양성과 정의 양성은 일원상 한자리로써 무사할 때는 일심을 드러내고, 유사할 때는 정의를 발하는 것입니다.

작업취사는 양심 구현으로부터 사회의 정의 구현까지 총괄하는 공부로 개인·가정·사회·국가·세계로 확장하는 것입니다.

셋째, 작업취사는 시중時中하는 공부입니다.

문정규가 소태산에게 여쭙기를 "경계를 당할 때 무엇으로 취사하는 대중을 삼으오리까." 말씀하시기를 "세 가지 생각으로 취사하는 대중을 삼나니, 첫째는 자기의 본래 서원誓願을 생각하는 것이요, 둘째는 스승이 가르치는 본의를 생각하는 것이요, 셋째는 당시의 형편을 살펴서 한편에 치우침이 없는가를 생각하는 것이라, 이 세 가지로 대중을 삼은즉 공부가 항상 매昧하지 아니하고 모든 처사가 자연 골라지느니라."[『대종경』 수행품 33장]

작업취사는 그때 그 상황에 따라 적절히 시중時中하는 것으로, 서원과 스승의 본의 그리고 당시 형편에 따라 취사하라는 것입니다.

정산 종사는 "취사의 방법은 경험과 주의와 결단이 주가 되나 수양과 연구가 같이 취사의 요건이 되느니라."[『정산종사법어』 경의편 15장]라고 말씀하십니다. 일심과 지혜가 취사의 요건이 됩니다.

오늘은 작업취사에서 취사에 대해 살펴보았습니다.

작업취사의 목적

———— 반갑습니다. 이번 시간에는 '작업취사의 목적'에 대해 살펴보겠습니다.

'작업취사의 목적'은 두 단락으로 구분할 수 있습니다.
첫째 단락입니다.

> "정신을 수양하여 수양력을 얻었고 사리를 연구하여 연구력을 얻었다고 하더라도, 실제 일을 작용하는 데 있어 실행하지 못하면 수양과 연구가 수포에 돌아갈 뿐이요 실효과를 얻기가 어렵나니, 예를 들면 줄기와 가지와 꽃과 잎은 좋은 나무에 결실이 없는 것과 같다 할 것이니라."

첫째 단락은 삼학 중 작업취사의 위상입니다.

작업취사는 삼학 수행의 결실입니다. 수양력이 있고 연구력이 있다고 해도 취사력이 없으면 '열매 없는 나무'와 같으며, '보기 좋은 납 도끼'[『대종경』 성리품 7장]와 같아 별 소용이 없게 됩니다. 이처럼 작업취사의 실행력이 없다면 삼학 수행은 효과를 낼 수 없습니다. 그러므로 실생활에서 작업취사의 실행으로 취사력의 열매를 맺어야 합니다.

수양력과 연구력을 취사력으로 귀결시키는 것이 삼학 수행의 본의입니다.

이처럼 소태산의 수행은 삼학으로써 정신수양과 사리연구의 독자성을 존중하면서도 작업취사에 중심과 귀결을 두고 있습니다. 정신수양과 사리연구가 작업취사의 중요한 과정이지만 정신수양과 사리연구에 그치면 열매를 맺지 못한 나무 같다는 것입니다. 귀결은 작업취사로 맺어져야 합니다. 그래야 실제 생활에 유익하기 때문입니다. 이 점이 삼학 수행의 핵심입니다.

둘째 단락입니다.

> "대범, 우리 인류가 선善이 좋은 줄은 알되 선을 행하지 못하며, 악이 그른 줄은 알되 악을 끊지 못하여 평탄한 낙원을 버리고 험악한 고해로 들어가는 까닭은 그 무엇인가. 그것은 일에 당하여 시비를 몰라서 실행이 없거나, 설사 시비는 안다고 할지라도 불같이 일어나는 욕심을 제어하지 못하거나, 철석같이 굳은 습관에 끌리거나 하여 악은 버리고 선은 취하는 실행이 없는 까닭이니, 우리는 정의거든 기어이 취하고 불의거든 기어이 버리는 실행 공부를 하여, 싫어하는 고해는 피하고 바라는 낙원을 맞아오자는 것이니라."

둘째 단락은 평탄한 낙원을 버리고 험악한 고해에 들게 되는 까닭과 작업취사의 목적입니다.

작업취사의 목적은 "우리는 정의거든 기어이 취하고 불의거든 기어이 버리는 실행 공부를 하여, 싫어하는 고해는 피하고 바라는 낙원을 맞아오자는 것이니라."라는 결론입니다.

기어이期於-는 '기필코', '기어코' '결단코', '반드시' 그 기간 내에 이루어 내겠다는 뜻으로, 정의는 기어이 취하여 바라는 낙원을 맞아 오자는 것이며, 불의는 기어이 버리어 싫어하는 고해는 피하자는 것입니다. 한마디로 작업취사는 낙원 생활의 정로正路입니다.

결국 작업취사는 파란 고해의 일체생령을 광대무량한 낙원으로 인도하자는 '개교의 동기'에 근거합니다. 작업취사는 광대무량한 낙원 인도의 실천으로 정신개벽의 한 방법입니다.

우리 인류는 선善이 좋은 줄 알되 선을 행하지 못하며, 악惡이 그른 줄 알되 악을 끊지 못하여 평탄한 낙원을 버리고 험악한 고해로 들게 됩니다.

선善은 사은 보은이요 사요 실천이라면 악惡은 사은 배은이요 사요 위배입니다. 그러므로 선善은 선순환하는 진급의 길이라면 악惡은 악순환하는 강급의 길이므로, 낙원은 진급과 은혜의 길이고 고해는 강급과 해독의 길입니다.

소태산 대종사는 평탄한 낙원을 버리고 험악한 고해에 들게 되는 이유를 세 가지로 밝혀주십니다.

첫째, 일에 당하여 시비를 몰라서 실행이 없기 때문입니다.

'일을 당하여'의 뜻은 시비에 당면했다는 것으로, 대하여 옳고 그른 시비를 분석하고 판단하는 '연구력'이 부족하여 실행하지 못하기 때문에 낙원에 들지 못하는 것입니다.

시비는 정의와 불의로, 정의가 정당한 고락이라면 불의는 부정당한 고락입니다. 시비는 이처럼 고락을 포괄하고 있습니다. 시비와 고락은 연동되어 있습니다.

둘째, 설사 시비는 안다고 할지라도 불같이 일어나는 욕심을 제어하지 못하기 때문입니다.

욕심에 끌리어 욕심의 노예가 되기 때문에 험악한 고해에 드는 것입니다. 정당한 고를 수용하지 못하고 부정당한 낙에 함몰되는 욕심을 제어하는 '수양력'이 미약한 것입니다.

셋째, 철석같이 굳은 습관에 끌리거나 하여 악은 버리고 선을 취하는 실행이 없기 때문입니다.

굳어버린 잘못된 습관을 탈피하는 '실행력'이 확실치 않기 때문에 낙원에 들지 못하는 것입니다. 정당한 고락을 취하고 부정당한 고락을 버리는 기질 변화가 분명히 되기까지 실행력을 단련하지 못하였기 때문에 고해에 들게 됩니다.

결국 수양과 연구로 실행하는 취사까지 되어야 고해에 들지 않고 낙원을 맞이하는 것입니다.

그러기 위해서는 욕심에 물들지 않는 청정 일원상 자리에 들어야 하며, 시비에 훤히 밝은 명명한 일원상 자리에 합해야 하며, 습관 이전 처인 본래의 일원상 자리에서 중심 잡아야 합니다.

이처럼 작업취사는 일원상을 수행의 표본으로 삼아 취사력을 나투는 공부입니다. 그러므로 정의는 일원상이 드러나는 것이며 불의는 일원상을 가리는 것입니다.

작업취사의 목적은 **"우리는 정의거든 기어이 취하고 불의거든 기어이 버리는 실행 공부를 하여, 싫어하는 고해는 피하고 바라는 낙원을 맞아오자는 것이니라."**입니다.

바라는 낙원으로 인도하는 것이 정의라면 싫어하는 고해를 초래하는 것은 불의입니다.

소태산 대종사는 『정전』'고락에 대한 법문'에서 "우리는 정당한 고락과 부정당한 고락을 자상히 알아서 정당한 고락으로 무궁한 세월을 한결같이 지내며, 부정당한 고락은 영원히 오지 아니하도록 행·주·좌·와·어·묵·동·정간에 응용하는 데 온전한 생각으로 취사하기를 주의할 것이니라."고 말씀하십니다.

즉, 정당한 고락은 일원상이 드러나는 정의요 낙원이라면, 부정당한 고락은 일원상이 사장死藏된 불의요 고해입니다. 이러한 정의와 불의, 고해와 낙원의 기로에 작업취사가 있습니다.

아무리 낙이라고 하여도 그 낙이 부정당한 낙이라면 단호하게 끊는 결단력이 요청되며, 그 고가 아무리 힘겹다고 해도 정당한 고라면 달게 받아 승화해 가는 것입니다. 정당한 고는 정당한 낙의 다른 모습입니다.

소태산 대종사는 영산방언답을 간척하고 정관평貞觀坪이라 명명합니다.

이는 곧고 지조 있는 정貞한 자리를 관觀 하라는 것입니다. 정관평은 경계와 일속의 평야[坪]에서 정한 자리를 관하여 올곧은 정의를 나투라는 것입니다.

방언역사를 통해 신심의 유무와 복록의 소종래와 솔성하는 법, 사업 성취력 등 취사하는 방법을 보여주신 것[『대종경』 서품 10장]입니다.

방언공사는 정당한 고락인 정의거든 기어이 행하고 부정당한 고락인 불의거든 기어이 버리는 작업취사의 시범이요 실행입니다.

오늘은 삼학 중에서 작업취사의 목적에 대해 살펴보았습니다.

작업취사의 결과

─────── 반갑습니다. 이번 시간에는 '작업취사의 결과'에 대해 살펴보겠습니다.

작업취사의 결과입니다.

> "우리가 작업취사 공부를 오래오래 계속하면, 모든 일을 응용할 때에 정의는 용맹 있게 취하고, 불의는 용맹 있게 버리는 실행의 힘을 얻어 결국 취사력을 얻을 것이니라."

'모든 일을 응용할 때'의 응용은 응해서 작용하는 것으로 일을 대하여 안이비설신의 육근을 작용하는 것입니다. 결국 작업의 다른 표현입니다.

삼학 공부의 결과는 '오래오래 계속하면'으로 시작합니다.
오래오래는 오래 구久로 지구持久·지속을 말하며, 계속繼續은 끊어지지 않게 이어가는 또는 끊어졌으면 다시 잇는 적공積功입니다. 그러므로 오래오래 계속한다는 것은 일원상 자리에 바탕을 둔 삼학 공부를 지속하여 끊어지지 않게 이어가는 공부입니다.
순간순간 그 상황 상황에서 불리자성不離自性하는 작업취사 공부입니다.
즉 청정 일원상을 발현하여 정의인 줄 알거든 크고 작은 일을 막론하고 죽기로써 실행하고, 불의인 줄 알거든 크고 작은 일을 막론하고 죽기로써 하지 않는 실행 공부입니다.

이같이 작업취사는 〈일원상의 수행〉처럼 '일원상을 수행의 표본으로 삼아 일원상 같이 원만구족하고 지공무사한 각자의 마음을 사용하는 공부'이며, 〈일원상 서원문〉

작업취사 • 499

의 '법신불 일원상을 체받아서 심신을 원만하게 사용하는 공부'입니다.

그러므로 작업취사는 일원상에 근원 하여 정당한 고락인 정의는 구현하고 부정당한 고락인 불의는 제어하는 것입니다. 즉 일원상 자리를 발현하여 정의는 취하고 불의는 버리는 공부입니다.

'무시선의 강령'처럼 육근이 시비 이해에 직면해 있는 유사有事 시에는 불의를 제거하고 정의를 양성하는 공부입니다.

일원상 없는 정의는 작업취사의 정의가 아닙니다. 분별 망상의 욕심의 옷을 입고 있는 처세술입니다. 작업취사는 원만구족하고 지공무사한 일원상에 근거합니다. 일원상 자리에 준거한 정의는 사은에 보은하는 것이며 사요를 실천하는 것입니다.

작업취사는 광대무량한 낙원을 맞아오는 의지입니다.

취사는 정당한 고락인 정의는 용맹 있게 취하고 부정당한 고락인 불의는 용맹 있게 버리는 실행 의지입니다.

취사력은 정당한 고락인 정의와 부정당한 고락인 불의의 갈림길에서 정의를 선택하는 힘으로, 부정당한 고해의 삶을 버리고 정당한 낙원의 삶으로 나아갈 것을 선택하는 의지입니다.

지금 이 자리에서 불의를 버리고 정의를 선택하는 취사의 의지입니다.

'용맹 있게'의 다른 표현은 솔성요론 13조 "정당한 일이거든 아무리 하기 싫어도 죽기로써 할 것이요"와 솔성요론 14조 "부당한 일이거든 아무리 하기 싫어도 죽기로써 할 것이요"에 등장하는 '죽기로써'입니다.

취사력은 정의는 용맹 있게 '취할 취'하고 불의는 용맹 있게 '버릴 사'하는 것이며, 정의이면 죽기로써 취하고 불의이면 죽기로써 버리는 것입니다.

고락과 생사의 경계 속에서 아무리 하기 싫은 일을 당해도 정당한 고락인 정의이면 용맹 있게 실행하고, 아무리 하고 싶은 욕심이 생겨도 부정당한 고락인 불의이면 용맹하게 극복하는 것입니다.

즉 정당한 고락인 사은 보은과 사요 실천은 용맹 있게 실행하는 것입니다. 또한 사회적인 정의에도 용맹 있게 실천할 수 있는 지도력이 생깁니다.

인류가 저수지와 수로를 만들어 가뭄과 홍수로부터 구원되었듯이, 작업취사의 길을 걷지 않으면 고해는 멀리하고 낙원을 맞아올 수 없는 것입니다.

현재 당면한 삶의 고통은 일회적이고 순간적인 것이 아니라 해소하지 않으면 다시 반복되는 것입니다. 지금 여기에서 주체적으로 취사하는 선택! 이것이 바로 구원의 핵심입니다. 작업취사는 진정한 행복의 길을 열어주는 구원론의 혁명이요 전회轉回입니다.

지금 여기에서 불의를 '제거할 사捨'하지 않으면 또다시 반복될 뿐입니다.

이런 고해를 벗어나기 위해서는 바로, 이 순간에 고해를 초래하는 불의를 사捨해야 합니다. 힘들지만 이 순간만 넘기면 된다는 비겁하고 굴욕적인 삶은 극복해야 합니다.

현재를 미래의 수단과 보험으로만 여기는 삶은 고통의 연속이며 고통의 노예 생활입니다.

지금 행복해지려면 지금 행복을 용감하게 취해야 하며, 고통을 해결하려고 지금 용감하게 고통을 사捨해야 합니다. 그렇지 않으면 고통은 반복됩니다. 미루면 반복될 뿐입니다.

그 경계에서 취사하는 이 선택이 바로 고해를 초래할 수도 있고 낙원을 인도할 수도 있는 것입니다. 지금의 선택이 새로운 인연이 되어 다시 돌아온다고 할 때 후회하지 않을 선택을 하는 것입니다.

지금 여기 선택의 기로에서 은혜는 입을지언정 해독은 입지 않을 선택을 하는 것입니다.

정당한 고락은 아무리 하기 싫어도 죽기로써 할 것이며, 부정당한 고락은 아무리 하고 싶어도 죽기로써 아니 하는 것입니다. 이것이 작업취사의 핵심입니다.

정당한 고락은 지공무사한 일원상 자리가 드러나는 것이며 부정당한 고락은 일원상을 가리는 것입니다. 그러므로 일원상의 발현인 정당한 고락은 용맹 있게 취하고 일원상을 가리는 부정당한 고락은 용맹하게 버리는 것이 취사력입니다.

작업취사는 '오래오래 계속'하는 공부입니다.
하고 또 할 때 취사의 힘은 능해집니다. 설사 능해졌다 해도 적용하고 또 적용하는 것입니다.
오래오래 계속한다는 것은 속히 이루려는 욕속심에 사로잡히는 것도 아니며 할 수 없다는 현애상에 빠지는 것도 아닙니다.
취사력은 수양력과 연구력의 합력에 따라 갖추어지는 경지입니다.
그러므로 취사력은 삼학의 열매로 수행의 화룡점정畫龍點睛입니다.

오늘은 작업취사의 결과에 대해 살펴보았습니다.

삼학三學

맺는말

三삼	精정	事사	作자
學학	神신	理리	業업
	修수	硏연	取취
	養양	究구	捨사

삼학병진과 삼대력

─────── 반갑습니다. 삼학은 정신수양 사리연구 작업취사입니다. 이 삼학을 수행하면 수양력 연구력 취사력의 삼대력을 얻게 됩니다.

수양력은 자주의 힘, 연구력은 지혜의 힘, 취사력은 실행의 힘이라 달리 말합니다.

이러한 삼대력은 실제로 '법위등급'을 통해 확인되어야 하며, 각자의 법위에 따라 삼대력을 확인하고 삼대력을 구현해야 할 것입니다.

소태산 대종사는 정신수양 사리연구 작업취사의 삼학을 아울러 행하는 삼학병진 三學並進을 강조합니다.

일원상을 수행의 표본으로 삼아서 삼학병진으로 삼대력을 얻으라는 것입니다.

청정한 일원상으로 정신을 수양하여 수양력을 나투고, 명명한 일원상으로 사리를 연구하여 연구력을 나투고, 지공무사한 일원상으로 작업을 취사하여 취사력을 나투라는 것입니다.

이처럼 성품 자리인 일원상과 수행의 방법인 삼학과 수행의 결과인 삼대력은 상호 밀접하게 연관된 한자리입니다.

삼학병진에 관한 내용으로, 원기22년 《회보》 제34호에 실린 이공주 수필受筆의 법설입니다.

"우리가 경전으로 배울 때나 말로 할 때는 삼대력이라 혹은 삼강령이라 하여 어쩌면 수양 공부요, 어쩌면 연구 공부요, 어쩌면 취사 공부라고 구별하지마는 그 실은 삼대력이 한꺼번에 얻어지나니, 이제 몇 가지 예를 든다면 대개 아래와 같다.

즉 법설을 들으면서 삼대력을 익히는 법은 법설을 들을 때에 모든 잡념을 끊어버리고 오직 일심으로 듣는 것은 수양력을 익힌 것이요, 그 말을 들음에 따라 사리事理

간에 모르던 것이 알게 되고 의심나던 것이 확연히 깨쳐졌다면 연구력을 익힌 것이며, 밖에 나가고 싶어도 결단코 참고 꼭 앉아서 잘 들었다면 취사력을 익힌 것이다.

또 길을 가면서 삼대력 공부하는 법은 길을 갈 때 아무 사심邪心도 없이 마음이 온전하여 돌부리에 차이거나 넘어지지도 아니하고 오직 일심으로 그 길을 갔다면 수양 공부를 잘한 것이요, 길 가다가 높고 낮은 데를 척척 분별할 줄 알며, 가는 도중에도 견문 간에 알게 된 것이 있다면 연구 공부를 잘한 것이며, 어디를 물론하고 가는 것이 옳다고 생각한 이상에는 아무리 가기가 싫던지 다른 연고가 있다 하더라도 기어이 그곳에 가는 것은 취사 공부를 잘한 것이다.

또 이외에도 삼대력 공부는 무엇을 하면서도 할 수가 있나니, 즉 마음이 좋은 데나 낮은 데에도 끌리지 아니하고, 하고 싶은 데나 하기 싫은 데에도 끌리지 않기를 공부 삼아서 한다면 수양력을 얻는 길이요, 보든지 듣든지 생각하든지 하여튼 사리 간에 알음알이가 생기도록 하는 것은 연구력을 얻는 길이며, 정당한 일과 부정당한 일을 구분해서 정당한 일은 기어이 행하고 부당한 일은 죽기로써 안 하기로 하는 것은 취사력을 얻는 길이니, 누구나 이 삼대력 공부만 잘한다면 일방으로는 소관사所關事를 성취하게 되고 일방으로는 삼대력 얻는 공부를 잘하게 되므로, 나는 이것을 일러 일거양득이라고 하노라."

'우리가 경전으로 배울 때나 말로 할 때는 삼대력이라 혹은 삼강령이라 하여 어쩌면 수양 공부요, 어쩌면 연구 공부요, 어쩌면 취사 공부라고 구별하지마는 실은 삼대력이 한꺼번에 얻어지는 것'입니다.

삼학은 동시적으로 한꺼번에 얻어지는 수행입니다. 한 경계에서 한꺼번에 삼학을 병진하는 것입니다.

성품 자리에 온전히 그치면 동시에 성품의 광명이 솟고 성품의 광명이 솟으면 성품으로 취사를 하는 것입니다. 삼학은 상호 침투해 있는 한자리입니다.

논리적으로는 순서가 있으나 실지는 동시에 중첩해 있는 것입니다. 그 일 그 일에 일심하면서 그 일 그 일에 알음알이를 밝히는 중에 그 일 그 일에 실행하는 것입니다.

이처럼 삼학은 서로 떠날 수 없는 관계입니다.

소태산 대종사는 삼학병진을 쇠스랑의 세 발에 비유합니다.

"우리가 경전으로 배울 때에는 삼학이 비록 과목은 각각 다르나, 실지로 공부를 해 나가는 데에는 서로 떠날 수 없는 연관이 있어서 마치 쇠스랑의 세 발과도 같나니, 수양을 하는 데에도 연구·취사의 합력이 있어야 할 것이요, 연구를 하는 데에도 수양·취사의 합력이 있어야 할 것이요, 취사를 하는 데에도 수양·연구의 합력이 있어야 하나니라. 그러므로 삼학을 병진하는 것은 서로 그 힘을 어울려 공부를 시체 없이 선진하게 하자는 것이다."[『대종경』 교의품 21장]

삼학병진은 그 일 그 일에 따라 정신수양 사리연구 작업취사의 주체는 있되 서로 연동되는 수행입니다. 즉 중첩되고 통합적으로 아우르는 공부입니다.

이에 대해 정산 종사는 "수양의 방법은 염불과 좌선과 무시선 무처선이 주가 되나 연구와 취사가 같이 수양의 요건이 되며, 연구의 방법은 견문과 학법學法과 사고가 주가 되나 수양과 취사가 같이 연구의 요건이 되며, 취사의 방법은 경험과 주의와 결단이 주가 되나 수양과 연구가 같이 취사의 요건이 되느니라."[『정산종사법어』 경의편 15장] 라고 부연하여 설명을 덧붙여 주셨습니다.

삼학은 수양이 주체가 될 때가 있고 연구와 취사가 주체가 될 때가 있으나 수양이 주체한다 해도 연구와 취사의 요건이 합력하여 있으므로 동시적으로 이루어지는 것입니다. 이처럼 연구와 취사의 경우도 마찬가지입니다.

소태산 대종사는 삼학 편수를 금기하고 삼학병진을 강조합니다. 그 일 그 일에 수양하고 연구하여 취사를 나투라는 것입니다. 이처럼 삼학은 동시에 연동되고 중첩되어 동시에 이루어 나가는 수행입니다. 수양하는 자리가 연구하는 자리로 나아가면서 또한 취사하는 자리로 진행되는 것입니다.

그런데 수양하는 영역이 따로 있고 연구하는 영역이 따로 있고 취사하는 영역이 따로 있다고 한정하면서 수양 연구 취사를 따로따로 편수해서는 안 된다는 것입니다.

수양 연구 취사를 양적으로 균형 맞추라는 것도 아닙니다. 수양 연구 취사의 삼학은 하나로 꿰뚫어지는 공부로써, 수양력 연구력 취사력은 일원상 한자리에서 드러나는 복수적 힘입니다.

삼학병진은 성품인 일원상을 단련하는 무시선이요 '사실적 도덕의 훈련'입니다.

오늘은 삼학병진과 삼대력의 관계에 대해 살펴보았습니다.

🔍 더보기 Tip

삼학의 결과와 법위등급

─────── 반갑습니다. 이번 시간에는 삼학의 결과와 법위등급의 관계에 대해 살펴보겠습니다.

법위등급은 원불교에서 공부인의 수행 정도를 3급 3위의 여섯 단계로 나눈 수행 계위입니다.

3급은 보통급, 특신급, 법마상전급이라면, 3위는 법강항마위, 출가위, 대각여래위로써 법강항마위부터는 성위(聖位)의 반열에 오른 자리입니다.

법위등급은 삼대력의 법위로 구성되어 있습니다. 공부인의 수행 정도는 삼학의 정도를 말합니다. 삼학의 수행 정도에 따라 법위를 구분해 놓은 것이 법위등급입니다.

다만, 법위등급 각 조목을 삼대력 각각에 배당할 수도 있고, 법위등급 각 조목을 삼대력 전체로 볼 수도 있습니다. 취사력을 예로 들면 수양력과 연구력이 요소로 들어 있듯이 법위등급 각 조목은 삼대력 전체를 담고 있는 것입니다.

일단은 편의상 법위등급의 각 조목을 삼대력의 요소로 분해해서 살펴보겠습니다.

취사력의 법위입니다.

* 보통급은 유무식·남녀·노소·선악·귀천을 막론하고 처음으로 불문에 귀의하여 보통급 십계를 받은 사람의 급이요,
* 특신급은 보통급 십계를 일일이 실행하고, 예비 특신급에 승급하여 특신급

십계를 받아 지키며,
* 법마상전급은 보통급 십계와 특신급 십계를 일일이 실행하고 예비 법마상전급에 승급하여 법마상전급 십계를 받아 지키며,
　　법마상전의 뜻을 알아 법마상전을 하되 인생의 요도와 공부의 요도에 대기사大忌事는 아니하고, 세밀한 일이라도 반수 이상 법의 승勝을 얻는 사람의 급이요,
* 법강항마위는 법마상전급 승급 조항을 일일이 실행하고 예비 법강항마위에 승급하여, 육근을 응용하여 법마상전을 하되 법이 백전백승하며,
* 출가위는 법강항마위 승급 조항을 일일이 실행하고 예비 출가위에 승급하여, 대소 유무의 이치를 따라 인간의 시비 이해를 건설하며,
* 대각여래위는 출가위 승급 조항을 일일이 실행하고 예비 대각여래위에 승급하여, 대자대비로 일체 생령을 제도하되 만능萬能이 겸비하며,

연구력의 법위입니다.

* 특신급은 우리의 교리와 법규를 대강 이해하며,
* 법마상전급은 법과 마를 일일이 분석하고 우리의 경전 해석에 과히 착오가 없으며,
* 법강항마위는 우리 경전의 뜻을 일일이 해석하고 대소 유무의 이치에 걸림이 없으며,
* 출가위는 현재 모든 종교의 교리를 정통하며,
* 대각여래위는 천만 방편으로 수기응변隨機應變하여 교화하되 대의에 어긋남이 없고 교화 받는 사람으로서 그 방편을 알지 못하게 하며,

수양력의 범위입니다.

> * 특신급은 모든 사업이나 생각이나 신앙이나 정성이 다른 세상에 흐르지 않는 사람의 급이요,
> * 법마상전급은 천만 경계 중에서 사심을 제거하는 데 재미를 붙이고 무관사無關事에 동하지 않으며,
> * 법강항마위는 생·로·병·사에 해탈을 얻은 사람의 위요,
> * 출가위는 원근 친소와 자타의 국한을 벗어나서 일체 생령을 위하여 천신만고와 함지사지를 당하여도 여한이 없는 사람의 위요,
> * 대각여래위는 동하여도 분별에 착이 없고 정하여도 분별이 절도에 맞는 사람의 위니라.

삼학의 결과는 수양력 연구력 취사력인 삼대력으로, 자주의 힘, 지혜의 힘, 실행의 힘입니다.

이러한 삼대력은 법위등급을 통해 확인할 수 있으며, 각자의 법위에 따라 해당하는 삼대력이 구현되어야 할 것입니다.

특신급을 예로 살펴보겠습니다.

특신급은 "모든 사업이나 생각이나 신앙이나 정성이 다른 세상에 흐르지 않는 사람의 급"입니다.

특신급은 일원상을 신앙의 대상과 수행의 표본으로 모시어 천지·부모·동포·법률의 사은과 수양, 연구, 취사의 삼학을 신앙과 수행의 강령으로 삼는 이 마음이 다른 세상에 흐르지 않는 급입니다. 이 법 밖으로 나가지 않는 신심입니다. 이러한 특신이 수양력입니다.

특신급은 모든 사업이나 생각이나 신앙이나 정성이 이 법 밖의 다른 세상으로 흘러가지 않는 공부 단계입니다. 일원상을 신앙의 대상과 수행의 표본으로 모시어 사은과 삼학을 신앙과 수행의 강령으로 삼는 마음이 확고하게 확립되지 않으면 특신급은

아닙니다.

　이러한 특신이 서질 때가 수양력이며 또한 연구력이고 취사력입니다. 결국 일원상을 신앙의 대상과 수행의 표본으로 모시어 사은과 삼학을 신앙과 수행의 강령으로 삼겠다는 이 마음을 놓치면 소태산 대종사께서 밝혀주신 법위는 기반이 무너지게 됩니다.

　이번 시간에는 삼학의 결과와 법위등급의 관계에 대해 살펴보았습니다.

삼학은 소태산 대종사의 구도 산물이다

─────── 반갑습니다. 이번 시간에는 소태산의 구도와 삼학의 관계에 대해 살펴보겠습니다.

먼저 소태산 대종사의 어린 시절의 품성과 삼학을 비교해 보는 것도 흥미로운 주제가 될 것입니다. 교법은 객관적 진리만을 나타낸 것이 아니라 소태산의 고유한 개성이 투영된 것입니다.

소태산의 수행은 정신수양, 사리연구, 작업취사의 삼학입니다. 어린 시절 소태산 대종사의 품성이 삼학과 어떤 연관이 있는지 또는 어떤 영향을 주었는지 살펴볼 필요가 있습니다.

『원불교교사』의 「대종사의 탄생과 유시」에서 '기상이 늠름하시고 도량이 활달하신 품성'과 '큰 뱀을 보고도 놀라지 않고 쫓으신 일화'는 정신수양과 관계가 있고, '모든 사물을 대함에 주의하는 천성이 있어 보고 듣고 말하고 행동함을 항상 범연히 아니하시며 매양 어른들을 쫓아 그 모든 언행에 묻기를 좋아하신 품성'은 사리연구와 관계가 있으며, '남과 약속에 한 번 하기로 한 일은 아무리 어려운 일이라도 반드시 실행하시는 품성'은 작업취사와 관계가 있다고 볼 수 있습니다.

특히 주의하는 천성과 하기로 한 일은 반드시 실행하는 품성에 주목해야 합니다. 『정전』의 훈련법은 정기훈련과 상시훈련으로 되어있으며 정기훈련 11과목 중에 '주의'가 있고 상시훈련은 '주의할 것이요'로 끝나고 있습니다. 상시훈련은 '주의' 공부라 해도 타당합니다.

삼학 중에서 작업취사는 소태산 대종사의 수행 중심이요 귀결입니다. 수양력이 있고 연구력이 있다고 해도 취사력이 없으면 열매 없는 나무이며[『정전』작업취사의 목적] 납 도끼[대종경 수행품 7장]와 같기에 보기에는 멀쩡하나 실속이 없는 것과 같습니다.

소태산 대종사의 구도 과정에서 '이 일을 장차 어찌할꼬'하는 마음은 수양과 연구를 비롯하여 작업취사를 어떻게 할 것인지로 귀결됩니다. 이처럼 소태산의 수행은 수양과 연구의 독자성을 존중하면서도 취사에 중심과 귀결을 두고 있습니다.

소태산 대종사 4세 때 부친과의 약속을 지키기 위해 '동학군[동학군을 가장한 난당] 왔다'는 경보로 부친을 몹시 놀라게 한 일과, 10세 때 서당 훈장님을 놀라게 하겠다는 약속에 그날 해지기 전에 훈장이 겨울을 지낼 땔감이며 또한 내다 팔기 위해 쌓아놓은 나뭇가지 더미에 불을 놓아 훈장을 매우 놀라게 한 점과 이 방화가 크게 번지지 않도록 미리 훈장의 아들을 데리고 가서 바로 신고하게 한 주도면밀한 행위의 어린 시절 일화는 교리적 특성과 연관되어 있음을 주목해야 합니다.

이 두 일화는 소년 대종사가 한 번 하기로 한 일은 꼭 실행하고 약속은 반드시 지키는 천성을 보여준 일화입니다.

이는 『정전』「솔성요론」의 '정당한 일이거든 아무리 하기 싫어도 죽기로써 할 것이요, 부당한 일이거든 아무리 하고 싶어도 죽기로써 아니할 것이요'의 내용과 「최초법어」의 '지행을 같이하고 대조할 것이요, 지도받는 사람에게 신용을 잃지 말 것이요'와 관계가 있다 할 것입니다.

신용을 지키고 약속은 꼭 지키는 품성은 「작업취사」의 '정의는 용맹 있게 취하고, 불의는 용맹 있게 버리는 실행의 힘'과 '정의는 기어이 취하고 불의거든 기어이 버리는 실행 공부'에 녹아 있습니다.

소태산 대종사의 어린 시절의 품성은 정신을 수양하고, 사리를 연구하며, 작업을 취사하는 삼학과 관련되어 있습니다. 이 삼학은 대종사의 구원겁래久遠劫來의 서원이요 구도의 습성이라 할 것입니다. 결국 삼학공부는 소태산 대종사의 구원겁래의 서원에 따른 고유한 체험입니다. 정신수양, 사리연구, 작업취사의 삼학은 소태산의 피땀 어린 구도의 산물로서 우리에게 주신 선물입니다.

그러므로 우리는 소태산 대종사의 고유한 체험인 정신수양, 사리연구, 작업취사의 삼학을 수행해야 합니다. 우리의 수양은 정신을 수양하는 것이며, 연구는 사리를 연구하는 것이며, 취사는 작업을 취사하는 것입니다. 이 삼학이 정법입니다.

둘째, 소태산 대종사의 발심-구도 대각의 과정은 삼학의 수행 과성이며, 창립정신도 공익 실현을 중심으로 하는 삼학수행이라 해도 무방합니다.

관천기의상의 체험은 의심에 몰두하는 연구몰입 과정입니다. 의심이 꼬리에 꼬리를 물어 이것을 의심하면 저것이 의심되고 저것을 의심하면 이것저것 모든 것이 의심되는 과정입니다. 이것은 사리 간에 모든 것을 해결하려는 연구체험입니다.

삼령기원상의 체험은 의심을 해결하고자 하는 서원과 이 의심을 해결하려는 확고한 마음으로, 마음을 정한 수양력이라면 강변입정상으로 대표되는 체험도 수양의 과정이라 할 수 있습니다. 의심을 해결하기 위한 집중과 몰입은 결국 '이 일을 장차 어찌할꼬?' 하는 생각마저 놓아버리는 망아忘我의 과정으로까지 이어집니다. 노루목에서 식사도 잊고 귀영바위에서 소변을 보신 뒤 수습할 생각도 없으며 선진포에서 '우두커니'가 되어 시간과 처소를 잊는 입정入定의 경지는 다 정신수양의 체험입니다.

구사고행상 중의 일화를 보면 작업취사의 내용을 볼 수 있습니다. 한 처사가 청년 대종사의 의심을 다 해결해 준다며 신장을 부르는데 초상이나 해산하지 않은 방을 요청합니다. 이에 청년 대종사는 무슨 공부가 사람의 생사 있는 곳을 피하여 구하냐며 허무맹랑한 사술이라 여기게 됩니다.

소태산의 작업취사는 인도상人道上 요법에 근거합니다. 『정전』을 보면 인간, 인도, 인생, 사람이라는 단어가 많이 나옵니다. 이는 사람으로서 마땅히 밟아야 할 길을 제시한 것으로, 신통이나 요행 또는 권모술수의 길을 밟아서는 안 된다는 것입니다.

이 인도상 요법은 작업취사의 성격이 강하며 복혜가 증진되도록 하는 것으로 방언공사의 공익성과 법인성사의 창생을 위한 헌신에서도 확인할 수 있습니다.

방언공사의 목적은 당시 쌀밥을 먹을 수 있도록 농지를 개간하여 지역사회에 유익을 주기 위한 성격이 있으며, 법인기도는 창생의 행복을 위해 이 한 몸 헌신하겠다는 기도로 이는 다 작업취사의 실현입니다.

　소태산 대종사는 영산방언답을 간척하고 정관평貞觀坪이라 명명한 것에도 깊은 뜻이 있습니다. 각자가 당면하는 일과 경계의 평야[坪]에서 곧고 지조 있는 정貞한 마음자리를 관觀해서 정의를 실행하라는 뜻이 담겨 있습니다. 소태산은 팔인 단원의 방언 역사를 통해 신심의 유무, 복록의 소종래와 솔성 하는 법, 사업 성취력 등의 취사하는 방법[『대종경』 서품 10장]을 일러주신 것입니다.

　정관평은 작업취사의 시범장이며, 구간도실과 구인봉은 공익을 실행하는 취사의 실천장인 것입니다.

　소태산 대종사의 구도 과정에서 정신수양, 사리연구, 작업취사의 삼학은 서로 바탕이 되고 도움이 되는 병진 관계입니다. 의심에 몰두하는 것은 연구이면서 수양이며, 아울러 궁극적으로 문제를 해결하는 취사의 과정입니다.

　이처럼 삼학은 소태산의 발심–구도–대각의 체험입니다. 정신수양, 사리연구, 작업취사는 소태산의 발심·구도에 의한 창조적인 교법입니다. 불교의 계정혜와 연원 관계가 있지만 이것은 불법을 존중하는 태도이며 수용하는 관점이지 정신수양, 사리연구, 작업취사의 삼학 자체가 계정혜의 부연도 아니고 계정혜에 종속되는 의미도 아닙니다.

　정신수양, 사리연구, 작업취사의 삼학은 소태산의 발심이며 구도이며 대각의 고유한 체험으로써 우리를 광대무량한 낙원으로 인도하는 선물이며 창립정신을 실현하신 힘입니다.

　소태산 대종사의 정신수양, 사리연구, 작업취사의 삼학은 불교의 계정혜 삼학을 연원으로서 회통會通하는 것이지, 그 자체는 소태산의 독창적이고 고유한 체험입니다.

　정신수양, 사리연구, 작업취사의 삼학으로 불교의 계정혜뿐만 아니라 유불선 및 모든 종교와 사상을 통합 활용하는 것입니다.

　오늘은 소태산의 구도와 삼학의 관계에 대해 살펴보았습니다.

The 읽으면 좋은 법문

삼강령의 필요

수필인受筆人 이공주
《회보》 제25호, 시창21년(1936) 6월호

──────── 《회보》 제25호 말미에 "5월 7일 오후 3시경에 임시로 공회당에 집합한 후 종사주께옵서 삼강령에 대한 필요를 말씀하옵시다."라는 기록이 보인다. 그러므로 이 '삼강령의 필요'는 시창21년(1936) 5월 7일 오후 3시경에 공회당에서 설하신 특별 법문이다.

정신수양, 사리연구, 작업취사의 삼학을 들이대어야 어떠한 일이든지 성공할 수가 있지 만일 한 가지라도 부족하다면 그 일을 이룰 수 없다는 것이요, 온전한 마음 즉 일심과 알음알이와 실행의 삼 건三件이 육신에 대한 의식주 삼 건과 같이 필요하다는 법설이다.

정신수양, 사리연구, 작업취사의 삼학은 소태산의 수행법이요 마음공부법이다. 소태산은 불교의 계정혜 자의字意를 인용해서 정신수양, 사리연구, 작업취사의 본의를 밝히고 있다. 정할 정定 자 뜻을 끌어와서 정신수양을 밝히고, 밝은 혜慧 자 뜻을 가져와서 사리연구를 밝히며, 경계할 계戒 자를 통해 작업취사를 밝히고 있다. 불교의 계정혜를 인용하여 정신수양, 사리연구, 작업취사의 진의眞義를 밝힌 것이다.

소태산은 정신수양, 사리연구, 작업취사의 삼학으로 불교의 계정혜를 포괄하면서 더 나아가 유불선도 포섭하고 있다. 그러므로 소태산의 삼학은 불교의 계정혜 및 유불선 등 만법을 통합 활용하는 소태산의 고유한 수행법이다.

한때에 익산교당에서 종사님 법좌에 출석하시사 대중을 향하여 말씀하여 가라사대 **"우리 집 공부의 요도 삼강령으로 말하면 우리 인생에 적절하고 필요한 법이며 잠깐도 떠날 수 없는 법이니, 예를 들면 육신에 대한 의식주 삼 건三件과 조금도 다름이 없다고 하노라.**

즉 우리의 육신이 이 세상에 나오고 보면 첫째 먹고 입고 거처할 집이 있어야 살 수가 있지 만일 한 가지라도 없다면 우리의 존재를 보전할 수 없는 것과 같이, 우리의 정신에는 삼강령인 정신수양, 사리연구, 작업취사를 들이대어야 어떠한 일이든지 성공할 수가 있지 만일 한 가지라도 부족하다면 그 일을 이룰 수가 없나니,

보라! 제군 등이 입선하여 이와 같이 경전 공부를 하는 것도 정신에 속한 일로써 이 공부를 잘하기로 말하면 무엇보다도 먼저 **온전한 마음 즉 일심**을 들이대어야지, 만일 사심이 들어서 마음이 안정치 못하다거나 생각이 번거하다면 이 자리에서 아무리 명석한 말을 듣는다고 하여도 이 뜻은 하나도 모를 것이 사실이다.

불시不啻[그뿐만 아니라] 길을 가는 데에도 일심이 아니면 어먼[딴] 길로 갈 것이요, 나무를 베는 데에도 일심이 아니면 손을 자를 것이며, 잠을 자는 데에도 일심이 아니면 잠을 잘 자지 못할 것이요, 이 외에도 대소사를 물론하고 정신이 온전하지 못하여 일심이 되지 못하고 사심이나 공상空想으로 마음이 시끄러운, 즉 만사를 불성不成하나니, 과거에 충신이나 효자나 열녀도 오직 순일한 일심으로 쫓아 된 것이요, 성현 불보살도 근본은 일심으로 쫓아 이룬 것이며, 나로 말하여도 제군의 강연 회화나 일기의 값[감정勘定]을 주려면 정신이 온전하여 일심이 되어야지, 만일 누가 온다든지 다른 일이 있어 정신이 시끄러운, 즉 듣던 말의 까닭을 놓쳐서 그 값을 줄 수가 없나니, 일심[정신수양]이란 그와 같이 우리에게 필요한 것이니라.

또 그다음은 **알음알이**가 있어야 할 것이니, 아무리 우리의 정신은 온전하다 하더라도 모든 일에 시비 이해를 가려내는 구별력區別力과 이 우주 만물의 본래 이치와 인간의 생사고락을 알지 못한다면 무슨 일이든지 이루지 못할 것은 또한 사실이라. 자고自古로 대인들은 천조天造의 대소 유무와 인간의 시비 이해를 밝게 앎으로 무엇이나 구별이 분명하고 군색함이 없나니, 그러므로 한 동리洞里에 드러난 사람보다는 한 면面에 드러난 사람이 아는 것이 많은 것이요, 한 도내道內에 드러난 사람보다는 일국一國에 드러난 사람의 알음

알이가 더 많은 것이며, 세계에 드러난 제불제성은 일국에 드러난 사람보다 그 알음알이가 훨씬 많은 것이니, 과연 우리의 정신을 운전하는 데에는 그 아는 것[사리연구]이 또한 그와 같이 필요하다는 말이다.

또 그다음은 **실제 실행**[작업취사]이 있어야 할 것이니, 아무리 우리의 정신이 온전하여 일심이 되었고 사리 간에 알음알이가 많다 하더라도 만일 그대로 행하지 못한다면 그 안 것이 수포화水泡化될 것은 명약관화明若觀火한 사실이 아닌가.

그래서 정신을 운전해 쓰는 데에는 일심과 알음알이와 실행의 이 삼 건三件이 육신에 대한 의식주 삼 건과 똑같이 필요하다는 말이니, 저세상 모든 사람이 각자의 경영하는 바 일에 성공하지 못하는 것도 그 원인은 마음이 온전하지 못하다거나 알음알이가 충분하지 못하여 선악 시비를 분석하지 못한다거나 혹은 실행이 없는 까닭이니라.

또 이 삼강령을 재래 불법에 연락連絡 붙여 말한다면 계정혜와 같나니, **계라 하는 말은 경계할 계 자戒字**인만큼 무엇이나 부당한 일은 하지 말고 정당한 일만 하라는 말이니 곧 작업취사를 이름이요, 정이라 하는 말은 정할 정 자定字인만큼 사람의 마음을 정定한즉 심행처가 없어지고 정신이 온전하여지나니 곧 정신수양을 이름이며, 혜라 하는 말은 밝을 혜 자慧字인만큼 밝은즉 알음알이가 많아서 우연한 생사고락의 모든 이치에 걸림 없이 안다는 말이니 곧 사리연구를 이름이니라.

또다시 이 삼강령을 저 노대종교老大宗敎에 대하여 분석한다면 유불선 삼도三道라고도 할 수가 있으니. 작업취사는 범절凡節을 밝히는 유교로써 곧 솔성지도率性之道를 이름이요, 사리연구는 천지 만물의 근본 이치를 각득하자는 불교로써 곧 견성지도見性之道를 이름이며, 정신수양은 정신을 온전히 하여 정력을 얻자는 선교仙敎로써 양성지도養性之道를 이름이니. 누구든지 이 삼강령을 공부하여 삼대력을 얻는다면 차소위此所謂 선가의 신선이요 유가의 성현이며 불가의 부처라고 할 수가 있으며, 또한 누구든지 이 삼도三道를 합해 행한다면 동서양을 물론하고 악도에 떨어진 만萬중생을 제도하고도 남음이 있으리라고 생각하노라." 하시더라.

집에서 살림하면서 공부하는 방식

수필인 이공주
《회보》 제34호, 시창22년(1937) 4·5월호

─────── 소태산은 경전으로 배울 때나 말로 할 때는 '삼학이다 삼대력이다'라고 하여 어떨 때는 수양 공부요 또는 연구 공부요 또는 취사 공부라고 구별하지마는 삼대력은 한꺼번에 얻어진다고 명시한다. 삼학은 동시적으로 한꺼번에 행하는 것이다. 정신수양·사리연구·작업취사의 삼학은 각각 1/3씩이 아니라 수양으로 보면 마음 전체가 수양력이고, 연구로 보면 마음 전체가 연구력이고, 취사로 보면 마음 전체가 취사력이다. 그때 그 상황마다 삼학의 주체는 있되 독립된 실체가 아니라 서로 연동된 세 관점의 마음공부이다. 삼학은 서로가 서로의 요건으로 이어져 있는 것이다.

예를 들면 수양할 때는 수양이 주체가 되나 연구와 취사가 수양의 요건이 된다. 수양을 하면서 그것이 동시에 연구로 작동되고 연구가 취사로 귀결된다. 수양이 연구로 통하고 연구는 취사로 행하는 것이다. 즉 취사가 된다는 것은 연구로 밝아지고 수양이 바탕하고 있다. 설명하자니 '수양이다 연구다 취사다'라고 구분해서 말하지 실제는 한꺼번에 동시적으로 진행되는 것이다. 연구가 취사로 작동되고 취사가 수양으로 자리 잡고, 수양은 연구로 움직이고 연구는 취사로 역사한다. 또한 수양에 결함이 있으면 동시에 연구와 취사에도 문제가 있게 되고, 연구에 문제가 있으면 취사와 수양에도 영향이 미치고, 취사가 미치지 못하면 수양과 연구에도 부족이 생긴다.

이처럼 이 세 관점의 삼학은 동시적으로 연동된 관계이다. 이와 같은 삼학은 사람 사이에서 사람이 밟아갈 사실적인 인간의 길[인도人道]이다. 삼학은 사람의 생명줄이요 생활의 강령이 되는 사농공상의 직업상에서 행할 길이다. 이 법설은 『대종경』 교의품 21장의 부연법설이라 할 것이다.

이날은 익산교당 대각전 내에서 제23회 (병자) 동선 해제식[시창22년 음 2월 6일]을 거행

할 새 종사님 법좌에 출석하시사 일반 선도禪徒에게 말씀하여 가라사대

"제군은 삼동선[三冬禪, 3개월 동선]을 무사히 마치고 이제부터는 각각 집에 돌아가서 세간생활을 하게 되므로, 내 오늘은 특별히 집에서 살림하면서 공부하는 법[삼대력 얻는 방식]을 대강 말해주려 하노니, 명심불망銘心不忘하여 그대로 실행해 보길 바라노라.

…… 과연 그 방식은 어떠한 것일까? 그는 별것이 아니니 우리가 경전으로 배울 때나 말로 할 때에는 심대력이라 혹은 삼상령이라 하여 어쩌면 수양 공부요 어쩌면 연구 공부요 어쩌면 취사 공부라고 구별을 하지마는 그 실은 삼대력이 한꺼번에 얻어지나니, 이제 몇 가지 예를 든다면 대개 좌[左, 다음]와 같다.

즉 법설을 들으면서 삼대력을 익히는 법은 법설을 들을 때에 모든 잡념을 끊어 버리고 오직 일심으로 듣는 것은 수양력을 익힌 것이요, 그 말을 들음에 따라 사리 간에 모르던 것이 알게 되고 의심나던 것이 확연히 깨쳐졌다면 연구력을 익힌 것이며, 밖에 나가고 싶어도 결단코 참고 꼭 앉아서 잘 들었다면 취사력을 익힌 것이다.

또 길을 가면서 삼대력 공부하는 법은 길을 갈 때에 아무 사심도 없이 마음이 온전하여 돌부리에 차이거나 넘어지지도 아니하고 오직 일심으로 그 길을 갔다면 수양 공부를 잘한 것이요, 길 가다가 높고 낮은 데를 척척 분별할 줄 알며 가는 도중에도 견문 간에 알게 된 것이 있다면 연구 공부를 잘한 것이며, 어디를 물론하고 가는 것이 옳다고 생각한 이상에는 아무리 가기가 싫든지 다른 연고가 있다고 하더라도 기어이 그곳에 가는 것은 취사 공부를 잘한 것이다.

또 이 외에도 삼대력 공부는 무엇을 하면서도 할 수가 있나니 즉 마음이 좋은 데나 낮은 데에도 끌리지 아니하고 하고 싶은 데나 하기 싫은 데도 끌리지 아니하고 공부 삼아 한다면 수양력을 얻는 길이요, 보든지 듣든지 생각을 하든지 하여간 사리 간에 알음알이가 생기도록 하는 것은 연구력을 얻는 길이며, 정당한 일과 부당한 일을 구분해서 정당한 일은 기어이 행하고 부당한 일은 죽기로써 아니 하기로 하는 것은 취사력을 얻는 길이니, 누구나 이 삼대력 공부만 잘한다면 일방一方으로는 소관사所關事를 성취하게 되고 일방으로는 삼대력 얻는 공부를 잘하게 되므로, 나는 이것을 일러 일거양득一擧兩得이라고 하노라.

그러나 과거 세상 유가儒家에서는 소위 유명하다는 사람들이 세상사를 모두 잊어버리

고 평생에 글이나 읽고 들어앉아서 그의 처자 권속은 먹는지 굶는지 입는지 벗는지도 몰랐으며, 또 자기네는 선비니 학자니 하는 말을 들으면서도 그의 가족에게는 사람으로 사람 노릇을 하는 데에 필요를 주는 소학小學 한 권도 알기 쉬운 조선말로 번역하여 가르쳐 주는 사람이 희소하였으며, 불시不啻[그뿐만 아니라] 사람의 생명줄이요 생활의 강령이 되는 사농공상의 직업도 도외시하였나니, 사실 그러한 인물들이 공부했다 한들 그 무슨 효과를 이 세상에 널리 나타내었겠는가? 또 불가의 승려로 말하여도 부모 형제 처자와 모든 생활의 직업을 벗어나서 타력생활로 심산궁곡[深山窮谷, 깊은 산 깊은 골짜기]에서 독선기신[獨善其身, 자기 한 몸의 처신만을 온전히 하는 일] 할 뿐이었으며, 소위 이름 높은 공부를 한다는 사람들로서 모든 사회에 유익 주는 점은 없고 다만 유의유식[遊衣遊食, 하는 일 없이 놀면서 입고 먹음]할 뿐이었으니 그 사회는 자연 그 본本을 떠서 놀고먹는 사람이 많게 되었고, 따라서 부지중 개인 가정 사회 국가에 많은 해독이 미치게 되었으므로, 나는 그것을 유감으로 생각하고 과거의 편벽된 모든 법을 개혁하여 유무식 남녀노소를 망라하고 각자 직업에 충실하면서도 공부할 수 있는 이 삼강령 법을 제정하였나니, 제군은 번거煩遽와 종용[從容, 조용]도 가리지 말며, 세간 출세간의 처소도 관계 말고, 오직 동정 간에 삼대력만 준비하라. 그렇다면 다방면으로 쓸모 많은 사람이 되어 어디를 가든지 귀대[貴待, 귀한 대우]와 앙모[仰慕, 우러러 받듦]를 받게 되리라." 하시더라.

처세가

조송광
《회보》 제45호, 시창23년(1938) 6월호

―――――― 정신수양·사리연구·작업취사의 삼학으로 처세하자는 내용이다.
4·4조의 146구의 정신수양·사리연구·작업취사의 삼학에 관한 가사체의 글이다.
'천조로 된 대소 유무', '인조로 된 시비 이해', '우연고락 자작고락' 등의 용어는 압축

미가 빼어나다. 서사, 본사, 결사로 구성되어 있으며 본사는 정신수양과 사리연구와 작업취사의 내용으로 짜여 있다.

['/'은 서사·본사·결사 및 본사의 정신수양·사리연구·작업취사의 단락 구분이다.]

〈처세가處世歌〉

눈을 들어 세상 보니 누구누구 모였는고
어화 세상 우리 동포 처세가나 불러 보세. /
무엇으로 목적하며 무엇으로 주장할까
제일 먼저 하올 것은 정신수양 그 일이네.
정신이라 하는 것은 원적무별圓寂無別 이 아닌가
방원장단方圓長短 없건마는 소소영령昭昭靈靈 하여 있고
이목구비 없건마는 불생불멸不生不滅 하여 있고
금도 옥도 아니건만 만물지중 귀貴해 있고
거래처도 없건마는 분별심도 능히 낸다.
야반청신夜半淸晨 좋은 시간 내內수양을 힘을 쓰고
억천만사億千萬事 작용할 때 외外수양을 주장하여
일심조성 하고 보면 능동능정能動能靜 하여 있고
생사거래 하올 때에 자유자재 하올지며
연구취사 하올 때에 원동력이 되올지라
금을 주고 사겠는가 옥을 주고 사겠는가
어화 우리 동지들아 천하보물 여기 있네
일심정력 다하여서 정신수양 힘을 쓰소. /
그다음 하올 일은 사리연구 그 일이네.
호호망망 넓은 천지 일과 이치 한이 없다.
천조天造로 된 대소 유무 인조人造로 된 시비 이해
인간 생활하려면은 불가피로 알 일이나

사근취원捨近取遠 하는 중생 발심조차 아니 나네.
대소 유무 모르므로 우연고락 몰라있고
생로병사 몰라있고 흥망성쇠 몰라있고
인과보응 몰라있고 사시순환 몰라있고
풍운우로 몰라있고 일월왕래 몰랐으니
천지 만물 근본이치 우매중생 알 수 있나
생각조차 편협하고 마음 또한 단촉하네.
시비 이해 모르므로 물과 불을 가림 없어
육근작용 하는 일이 허위요행 위태롭네.
어둔 밤에 등 없으면 가는 곳이 어디일까
전지도지顚之倒之 하올 것은 너나없이 알고 있네.
사리연구 없는 자는 어둔 밤에 등 없음과
추호도 틀림없다 어리석은 저 중생은
사리분별 모르고서 우연고락偶然苦樂 당할 때와
자작고락自作苦樂 당할 때에 까닭 없이 좋아하고
까닭 없이 슬퍼하네 허망하고 우습도다
우연고락 자작고락 당할 때에 하는 말이
선영분묘先塋墳墓 잘 썼더니 이런 영화 돌아 왔네
사주팔자 잘못타서 이런 악운 돌아 왔네
산신용왕 칭찬하고 신장조왕 탓을 하여
자작지얼自作之孼 반성 없고 원망생활 그쳤으니
이 아니 가소可笑론가 어화 우리 동지들아
죄고도 내가 짓고 복락도 내 지으니
사리연구 어서 하여 근본이치 알아보소 /
그다음의 하올 일은 작업취사 그 일이네
실행 없는 저 사람이 결과 볼 것 무엇인가
입으로는 성현군자 행실에는 조달 도적

속으로는 욕심 품고 겉으로는 선량한 체

이리하여 이 세상이 파란고해 되었으니

이론도 좋거니와 실행이 더욱 좋다

대소 유무 알았으면 그대로 실행하고

시비 이해 알았으면 옳고 존[좋은]일 실행하며

하고 싶은 저 욕심이 불같이 일어나도

하기 싫은 저 습관이 철석같이 굳었어도

저사위한抵死爲限 인내하고 금강도로 삭단削斷하여

정의로써 길들이고 정의로써 실행하면

길 못 들인 저 송아지 자행자지 날뛰다가

굴레 씌워 길들이고 고삐 매여 지도하면

이랴 저랴 한 소리에 동정자내動靜自在 함과 같이

철모르든 우리 육근 매사 절도 골라 맞고

실행력이 생겨나서 정의실행 어렵잖네

그 길 한번 들여 노면 거진출진 될 것이요

대경망경對境忘境 될 것이며 육근적賊을 항복받고

법강항마 제일층에 도원수로 좌정하여

고해중생 제도하며 만세태평 하올지니

어서어서 힘을 써서 취사공부 바삐 하소 /

제일 수양 힘을 얻고 제이 연구 힘을 얻고

제삼 취사 힘 얻으면 도학군자 예서 나고

현인보살 예서 나고 명성활불明聖活佛 예서 나고

개인극락 될 것이요 가정안락 될 것이요

사회평화 될 것이요 국태민안 하올지니

삼강공부 어서 하여 처세가로 놀아보세.

동정動靜 간 삼대력을 얻는 빠른 길

수필인 김대거
《회보》 제47호, 시창23년(1938) 9월호

─────── 삼학으로 삼대력을 얻는 길은 정할 때든 동할 때든 언제 어디서든지 행할 수 있는 대도이다. 이 법설은 『대종경』 수행품 2장과 3장에 수록된다.

삼대력 얻는 빠른 길

수필인 이공주
《회보》 제50호, 시창23년(1938) 12월호

─────── 소태산 대종사는 찌그러진 일원상과 결함 없는 둥근 일원상을 그리시고 결함 없는 원만한 일원상을 가리켜 천지, 부모, 동포, 법률의 본원이요 제불제성과 범부중생의 불성이며 우주만물을 내고 들일 능력과 복주고 죄주는 권리가 있는 자리라고 밝혀주신다.

이처럼 결함 없는 원만한 일원상 자리를 수행의 표준으로 삼도록 한다. 즉 수양을 할 때도 원래 사심이 없는 이 자리를 표본 하여 원근친소에 끌리지 않으면 사심 없는 일원상같이 되어 수양력을 얻게 되며, 연구를 할 때도 원래 걸림이 없이 밝은 이 자리에 바탕 하여 사리 간에 막힘이 없으면 두렷한 일원상같이 되어 연구력을 얻게 되며, 취사를 할 때도 원래에 치우치고 그름이 없는 일원상을 본받아서 중도를 잃지 않는 원만행을 하면 취사력을 얻는 것이다.

삼학 수행하여 수양력, 연구력, 취사력의 삼대력을 얻으면 원만한 일원상이요 삼학

> 수행이 결여되어 삼대력이 미약하면 찌그러진 일원상이다. 만일 원만한 일원상이 되기로 하면 삼대력을 아울러 얻어야 하고 삼대력을 얻기 위해서는 삼학 공부해야 한다. 이처럼 일원상과 삼학과 삼대력은 하나로 연동되어 있다. 결국 삼학을 떠나서 일원상이 따로 없고 일원상을 떠난 삼학은 의미가 없다. 한마디로 일원상의 삼학이요 삼학의 일원상이다.

이날은 제10회 총대회[시창23년 4월 26일]를 맞은 그 익일[翌日, 다음날]이었다. 오전 10시부터 남녀 수백 대중이 대각전에 운집하여 청법을 기대할 때, 종사주 법좌에 출석하시어 …… 친히 칠판에 일원상 두 개를 그리시니, 그 한 개는 결함이 없는 원만한 일원상이요 또 그 한 개는 한 귀퉁이가 일그러진 결함이 있는 일원상이었다. 그중 원만한 일원상을 가리켜 이르시되 이것은 곧 부처님의 마음이요 다시 말하면 천지 부모 동포 법률의 본원이며 제불제성과 범부중생의 불성으로 우주만물을 내고 드릴 능력과 복주고 죄주는 권리가 있음으로써, 이 일원의 진리를 깨치면 견성을 한 것이며 곧 연구력을 얻었다 할 것이요, 이 일원과 같이 마음을 원만하게 지켜 일호의 사심도 없다면 양성을 한 것이며 곧 수양력을 얻었다 할 것이요, 이 일원을 모방하여 모든 일에 중도를 잃지 않고 원만행을 베푼다면 솔성을 한 것이며 곧 취사력을 얻었다 할 것이다.

이처럼 삼대력만 얻고 보면 즉시 부처요 성인이며 이 결함 없는 일원상이요, 만일 사심에 끌려 원만치가 못하다든지 사리 간에 아는 것이 부족하다든지 실행이 없다면 즉시 범부요 중생이며 이 한편이 결함된 일원상이니라.

그러면 제군은 어느 편이 되려 하는가? 번설[煩說, 번잡한 설명]을 불요[不要, 불필요]하고 이 원만한 일원상이 되어야 할 것이요 **원만한 일원상이 되기로 하면 삼대력을 아울러 얻어야 할 것이니, 각자의 처지와 환경을 따라 삼강령 공부에 정진 불퇴하기를 부탁하노라** 하시더라.

 **[법설]**

정당한 일 하는 사람과 부당한 길 밟는 자

수필인 송도성
《월말통신》 제10호, 시창13년 무진戊辰 12월

─────── 마음이 번거하거나 편안한 원인은 매사를 정당하게 행하느냐 부당하게 행하느냐에 달려있다. 정당한 일을 행하는 사람은 행할수록 너그럽고 편안하며 평탄한 길이 열리고, 부당한 일을 행하는 사람은 행할수록 복잡하고 험난한 길에 들어서게 된다. 결국 안정을 구하는 정신수양은 정당하게 실행하는 작업취사와 연동되어 있다. 즉 작업취사를 잘하는 것이 안정에 드는 정신수양이며 또한 정당하고 부당한 것을 구별하는 사리연구로 이어진다. 이처럼 삼학은 따로따로의 과목이 아니라 하나로 연동된 연속선상에서 작동하는 마음공부이다.
이 법설은 약간 윤문하여 『대종경』 수행품 18장에 수록된다. 또한 『대종경』 수행품 19장의 외정정外定靜과 관련된다.

 **[회설]**

인격완성

전음광
《월보》 제45호, 시창18년(1933) 2·3월호

─────── 《월보》 제45호에 수록된 '인격 완성'은 약간 문구 수정하여 《회보》 제21호에 재록再錄한다. 완전한 인격을 이루기 위해서도 더 나아가 세계적 대인격을 이루기 위해서도 정신수양·사리연구·작업취사의 삼학으로 삼대력을 갖추는 것 밖에는 다른 방법이 없다고 주장한다. 그러므로 참다운 인격을 갖추기 위해서는 인격조성人格造成 공사인 삼학공부에 매진하라는 것이다.

······ 참으로 완성된 인격이라고 하는 것은 좌[左, 다음]의 삼대요소三大要素가 충분해야 하는 까닭이다.

1. 그 정신이 견고하여 범사凡事를 작용할 때 경거망동하는 태도가 없으며 하기 싫은 일과 하고 싶은 일에 끌리지 아니하고 능히 안분과 인내를 세울만한 능력이 있어야 할 것이요,

2. 지혜가 구족하여 천조天造의 대소 유무니 인간의 시비 이해에 걸림 없이 분석해 알아야 할 것이요.

3. 실행력이 충분하여 불의不義는 밟지 아니하고 백천만사百千萬事를 정의로만 작용하는 용단이 있어야 할 것이다.

이상 삼대三大의 원력原力을 구비하는 사람은 완전무결한 인격을 완성하였다 할 수 있으며 세계적 모범 인물로 추존할 수 있는 것이다.

그러하거늘 현하의 모든 인격을 해부해 보면 이상 삼대원력三大原力을 구비한 자가 없음은 말할 것도 없고, 또는 그 한 가지 조건 내에서라도 충분한 제諸 한도限度의 능력을 갖춘 자가 없음은 물론이려니와, 그중에도 지혜가 조금 있어 사물 간에 아는 재주를 남보다 낫게 품수한 자는 일을 당하여 경거망동을 하거나 정의 불의를 취사하는데 실행력이 없어서 수양력과 취사력에 보잘것없게 되는 수가 있고, 또 정신은 튼튼하고 온전하여 희로애락에 과히 못 견디지는 아니하며 애착 탐착에 과히 흔들리지 아니하여서 수양력은 있다고 하여도 원체 멍청하여 사리 간에 구별이 잘 나지 아니하며 정의 불의를 취사하는 데에도 극기복례克己復禮의 능력이 없어서 연구력과 취사력에 결핍을 보게 되는 수가 있으며, 또 혹은 일에 당하여 정의 불의를 취사하는데 자기 아는 데까지는 꼭꼭 실행을 세워나가며 극기克己의 용단이 독실하여 취사력은 갖추었다 하더라도 두뇌가 명석지 못하고 정신이 온전치 못하여 연구력에 결핍을 보게 되는 자가 있게 된다.

이러하니 참으로 인격을 비판할만한 안목과 이지理智를 갖춘 자로서 현대 인류를 관찰할 때 그 인격의 미비함과 진인격眞人格의 희귀함을 개탄하련만, 그래도 현대인은 자기에게 두 가지 재주가 있음을 빙자하여 한 가지 재주 있는 사람을 비웃으며, 한 가지 재주 있는 사람은 한 가지도 없는 사람을 조소하면서 그 재미滋味 그 낙樂으로 살아간다.

참사람을 이루려면 도학道學의 공부를 하라

전음광
《회보》 제30호, 시창21년 병자 11·12월호

회설자는 "**도학이란 도를 배우는 것으로 인간으로서 참 인간이 되도록 하는 공부법**"이라고 강조한다. 소태산은 종교라는 뜻을 글자 그대로 '무상無上의 가르침'으로 도를 배우는 '도학'의 또 다른 표현으로 사용한다.

회설자는 "도학은 인생의 심리를 수양하는 방법과 심리를 연구하는 방법과 심리를 작용하는 방법을 담당 교육하여 오로지 참사람 조성을 전문한다."라고 밝히고 있다.

"현대교육의 각 학과는 대개가 인생의 육체 생활에 필요한 자료를 제공하는 기술적 학문에 주체하여 교육하기에, 인생에서 불의한 욕심을 참아서 일심을 얻게 하며, 천리天理의 흥망성쇠와 인간의 생로병사를 알게 하며, 정의 불의를 취사 실행케 하여 정신적 참된 인격을 완성하는 데에는 한계가 있으므로 참 인격을 완성하기 위해선 현대교육과 아울러 도학이 필요하다."라는 것이다.

그러므로 참사람은 삼학공부로 삼대력을 구비한 사람이다. 즉 "정신에 수양의 힘을 튼실하게 하여 어떠한 역경과 어려운 일이 닥쳐올지라도 백절불굴하는 정신력을 가지며, 대소 유무의 천리天理와 시비 이해의 인사人事에 지식이 풍족하며, 불의한 일을 참고 정의를 실행하는데 큰일이나 작은 일에나 하기로 착수할 때는 그 일에 실패 없이 성공하는 사람을 참사람이라"고 한다.

"참사람이 되는 길은 정신을 견고히 하는 법과 천리天理 인사人事를 밝혀 놓은 법과 정의 불의를 구분하여 취사 실행을 권면 촉진하는 세 가지 강령 외에 다른 길은 없는 것"이다. 결국 삼학으로 삼대력을 갖추어야 참사람이 되는 것이다.

사마邪魔를 정복하고 평화를 만회挽回하는 삼강령에 대하여

전음광
《월말통신》 제23호, 시창15년(1930) 경오庚午 정월

―――――― 회설자 전음광은 '탐심·진심·치심은 맞물려 윤동輪動하며 이렇게 발동하는 탐진치 삼독三毒을 삼학의 힘으로 제거할 수 있다'고 설파한다. "정신에 수양력이 충분하면 탐진치의 힘이 동動치 못할 것이요, 연구의 힘을 얻어 대소 유무와 시비 이해에 앎이 있으면 탐진치의 동動할 기틀을 미리 알아 제거할 것이며, 모든 일을 작용할 때 취사取捨를 주장하여 실행력을 얻고 보면 탐경貪境과 진경嗔境을 초월하여 삼독의 사마私魔가 침입할 수 없다"는 것이다. 즉 간이簡易한 수양, 연구, 취사의 삼학은 사마私魔를 정복하고 세계평화를 만회하는 마음공부법이다.

…… 계란은 화化하여 닭으로 된다. 그와 같이 보통 사람의 만족을 채우려는 한 욕심은 그 도수度數가 강하게 될 때 곧 탐심을 낳고 탐심은 만족을 구하다가 되지 않을 때 곧 진심嗔心을 낳고 진심은 곧 치심痴心을 새끼 친다. 그리하여 탐심은 예禮 아닌 만족을 구하며, 진심嗔心은 사람으로 하여금 시비선악과 예의염치를 경각간[頃刻間, 눈 깜빡할 동안] 증憎게 하여 분별력을 말살시키며, 치심은 어리석은 행동을 직접 단행하게 하는 것이다. **그 탐진치가 발동으로부터 전환하는 경로는 순간순간에 찰나 찰나로 변화하는 것이며 그 마음이 세 가지 특수한 종류가 있는 것이 아니요 오직 그 마음이 그 마음을 떠나지 않고 삽시간에 윤동輪動하는 것이다.** 무한한 천막天幕, 광활한 토대 위에 안락한 생활을 할 이 인간으로 하여금 악전고투의 난경으로 몰아넣는 것은 오직 이 탐진치이다. 그러므로 이것을 일러 삼독三毒이라 한다. …… 누구든지 자리이타自利利他를 떠나 탐심을 부린 관계로 서로 용납하지 못함으로 진심이 날 것이요, 진심이 남으로써 평시平時에 알던 시비 이해, 염치를 다 몰각沒却하여 버리고 악담惡談을 비롯하여 구타, 상해, 지어至於 치사致死까지 무지無知한 패행[悖行, 도리에 어그러진 행위]을

정심正心을 가지고는 볼 수도 없는 그 일을 자기는 가장 호발浩發하게 통쾌하게 장부답게 하고 나선다. …… 탐진치가 오로지 한마음 가운데 있어 그 동動하는 기틀이 번개같이 빠르고 그 힘이 전기같이 강하나니, 이것을 공격 박멸하려면 제일 마음 다스리는 정법 하에 철저한 성의불굴誠意不屈의 인내를 가져야 할 것이다. 그것은 아무리 물질 만능이고 과학문명인 이 시대지만 물질과 과학의 힘으로는 절대 불가능한 일이다. 적어도 심리적心理的 훈련을 가加하는 정법을 만나지 않으면 아니 된다. 또는 설사 만났더라도 각자 성의가 부족하여 적극적으로 실행에 전력專力하지 않으면 아니 된다. 그러면 그 마음을 길들이는 정법은 무엇인가? 이 마음이 자주력이 없고 사리 간에 무식하고 일 당하여 실행이 없으므로 탐진치가 발동하며 탐진치가 농락하나니 먼저 이 마음으로 자주력을 얻도록 수양시켜야 하겠고 마음에 일과 이치의 연구를 시키며 일 당하여 실행력을 얻도록 취사법을 가르쳐야 할 것이다. 그리하여 이로써 전문공부를 시켜야 한다. 아! 삼강령아. 진실로 삼독三毒을 제거除去할 능력이 있는가? 정신에 수양력이 충분하면 탐진치의 힘이 가可히 동動치 못할 것이요, 연구의 힘을 얻어 대소 유무와 시비 이해에 앎이 있으면 탐진치의 동動할 기틀을 미리 알아 제거할 것이며, 모든 일을 작용할 때 취사取捨를 주장하여 실행력을 얻고 보면 탐경貪境과 진경瞋境을 초월하여 능히 중도中道에 처하나니, 어느 겨를에 이 사마私魔가 침입하리오. ……

선善이 적다고 안 할 것이 아니며 악惡이 적다고 할 것이 아니다

전음광
《회보》 제15호, 시창20년(1935) 2·3월호

'선善이 적다고 안 할 것이 아니며 악惡이 적다고 할 것이 아니다'는 회설은 《월말통신》 제26호, 시창15년(1930) 4월 1일 자로 기재되며, 《회보》 제15호에 자구 수정하여 재록再錄된다.

'선이 적다고 안 할 것이 아니요 악이 적다고 할 것이 아니다'는 『정전』「작업취사의 목적」중 '대범 우리 인류가 선이 좋은 줄은 알되 선을 행하지 못하며, 악이 그른 줄은 알되 악을 끊지 못하여 평탄한 낙원을 버리고 험악한 고해로 들어가는 까닭'의 대목과 '정의거든 기어이 취하고 불의거든 기어이 버리는 실행 공부를 하여, 싫어하는 고해는 피하고 바라는 낙원을 맞아 오자는 것이니라'의 대목과 관련된다. 여기서 정의는 선으로 정당한 고락이라면 불의는 악으로 부정당한 고락이다.

무형無形한 함정

김기천

《회보》제15호, 시창20년(1935년) 2·3월호

──────── 감상자 김기천은 오욕의 함정에 빠지지도 않고 평탄한 곳으로 나가기 위해서는 도학의 안목이 열려야 한다고 강조한다. 도학은 경계에 흔들리지 않을만한 자주력을 얻게 하고, 또는 일의 시비 이해와 이치의 대소 유무를 밝혀 모든 지혜를 얻게 하며, 또는 정의는 취하고 불의는 사捨하는 실행력을 얻게 하는 공부법이다. **도학의 정수는 바로 삼학이다.** 만약 삼학 수행으로 삼대력만 성취한다면 어떠한 함정도 회피하고 낙원을 이루게 된다는 감상이다. '무형한 함정'은 삼학의「작업취사의 목적」중에서 '험악한 고해'를 달리 말한 것이다. 심조心造의 함정, 불의의 구렁, 오욕五慾의 함정은 무형한 함정으로써 평탄한 낙원을 버리고 험악한 고해로 빠지는 것이다.

…… 그러면 무엇을 가져야 이 오욕五慾의 함정에 빠지지도 않고 평탄한 데로 나아갈까? 이것은 반드시 도학의 안목이 열려야 할 것이다. **왜 그러냐 하면 도학이라 함은 인생의 요도를 밝혀서 사람으로 하여금 모든 경계에 흔들리지 않을만한 자주력 정신을**

얻게 하며, 또는 일의 시비 이해와 이치의 대소 유무를 밝혀 모든 지혜를 얻게 되며, 또는 정의는 취하고 불의는 사捨하는 실행력을 얻게 함이니, 우리가 만약 죽는 경우를 당하여도 변치 않을 만한 신성으로서 공부에 정진하여 이 삼대력만 성취한다면 아무리 저 세간 만물을 대한다고 할지라도 불의한 탐욕심이 앞을 서지 않고, 정의의 지혜가 먼저 나타나서, 모든 일에 중도中道와 덕의德義를 행하여, 이상에 말한 함정을 회피하고 도리어 낙원을 이루게 될지라. 이로써 본다면 사람의 함정이 근본적으로 갖추어 있는 것이 아니요, 오직 우리의 마음이 들어서 혹은 낙원을 만들고 혹은 함정을 만드는 것이니, 우리는 일신一身 일가一家 일 사회一社會 일 국가一國家의 운전수인 이 마음을 잘 밝혀서 일신이나 일 가정이나 일 사회나 일 국가를 이 무형한 함정으로 몰아넣지 말고 평탄한 낙원으로 인도하여야 할 줄 믿는다.

삼독과 육적六賊이며 그 대치법對治法

양원국 구두口頭, 김기천 필기筆記
《회보》 제11호, 시창19년(1934) 8·9월호

―――――― 감상자 양원국은 불교 신자 출신으로 익숙한 탐진치 삼독 및 육근의 식심과 이에 따라 발생하는 육적[六賊, 六塵] 그리고 육바라밀의 불교 용어를 빌려 정신수양, 사리연구, 작업취사의 삼학이 필요한 당위성을 역설한다.

양원국은 '삼독은 서로 뒤를 이어 병행하는 관계'라고 설명한다. 즉 탐심이 행하면 진심과 치심이 따라 일어나서 천만 가지 죄악이 삼독의 공작共作이라는 것이다. '육적六賊은 육근六根의 식심識心이 망동함이니, 이 육적의 유혹에 따라 탐진치 삼독심이 양성되고, 삼독심으로 육적六賊이 사용되어, 이 삼독 육적이 서로 바탕하고 서로 조장하여 멸망의 길로 인도하여 그 형세가 인류의 앞길에 큰 암적 존재라는 것'이다.

이 삼독과 육적을 퇴치하려면 오직 삼학공부를 해야 한다는 것이다. "**삼학은 삼독을**

소제하여 삼대력을 얻게 하고 육적을 항복 받아 도심道心의 본능을 회복하는 공부라는 것이다. 즉 정신을 수양하여 항상 정定을 익히면 삼독 육적이 망동하지 못하며, 사리를 연구하여 항상 혜慧를 닦으면 삼독 육적의 근본 뿌리가 드러나서 마음을 유혹 못 하며, 작업을 취사하여 항상 실력을 단행하면 삼독 육적이 여지없이 박멸되므로, 이 삼학공부만 독실하면 삼독 육적의 악도 고해에 타락될 여지가 없다"는 것이다.

공부요도 삼강령은 고해苦海의 대교大橋이다

김종성

《회보》 제19호, 시창20년(1935) 8·9월호

─────── 이 감상은 용두산 공원에서 바라본 부산대교[현 영도대교] 낙성식 상황을 스케치한 것이다. 당시 16만 인구의 부산-영도 사이는 파도가 심한 구간이라 교통 문제를 해결하고자 대교를 건설했다는 것이다. 그러면서 파도가 심한 바다와 대교를 빗대어서 인생의 고해를 건너갈 다리와 다리 놓는 법이 바로 삼학이라는 것이다. '만일 수양 공부를 많이 하여 모든 경계에 흔들리지 않을 만한 자주력을 얻고, 연구 공부를 많이 하여 천만 사리를 대할 때 조금도 막힘이 없이 환하게 알며, 취사 공부를 많이 하여 능히 정의는 취하고 불의는 버리는 실행력을 얻는다면 이러한 사람 앞에 고해가 닥쳐도 문제없다'는 것이다. 그러므로 '정신수양, 사리연구, 작업취사의 삼학은 고해에 빠진 중생을 고 없는 낙원으로 건네주는 튼튼한 세계적 대교'라는 감상이다.

갑술甲戌[1934년] 10월 17일은 부산부釜山府 대교大橋 낙성식일落成式日이다. …… 우리 일행은 서로 손을 잡고 용두산 공원으로 올라가 휴식하며 앞에 있는 신설 대교와 사방 산천을 둘러보니 과약[果若, 아닌 게 아니라 정말로] 산천도 기장奇壯하고 인물도 번성하여 16만 인구에 사방 백 리의 해륙海陸을 점령한 대항大港이다. …… 아! 우리 인생들이여 하루속히 이 고해에 다리와 그 다리를 놓는 방법을 찾으라. 그러면 이 고해의 다리와 그 놓는 방법은 무엇일까? 그것은 두말할 것 없이 우리 교리 중에 들어와서 간단히 공부의 요도 삼강령만 알아 가져도 이 다리와 그 놓는 방법이 자재自在하리라. 어찌하여 그러하고 보면 **우리가 만일 수양 공부를 많이 하여 모든 경계에 흔들리지 않을 만한 자주력 정신을 얻고, 연구 공부를 많이 하여 천만 사리를 대할 때 조금도 막힘이 없이 환하게 다 알며, 취사 공부를 많이 하여 능히 정의는 취하고 불의는 사하는 실행력을 얻는다면 이러한 사람의 앞에 무슨 고해가 있으리오.** 다시 악업을 짓지 아니함에 따라 물론 고가 오지 않을 것은 사실이나 설사 전일前日의 업보로서 모든 고가 닥쳐온다고 할지라도 능히 그를 초월하여 육신은 비록 고를 받되 그의 마음 가운데에는 조금도 고가 없으리니, **이리된다면 우리의 삼강령이 곧 고해에 빠진 중생을 저 고 없는 낙원으로 건네주는 다리가 아니고 무엇이리오.** 저 부산대교는 삼백육십만 원의 거액을 들여놓았으되 다만 몇만 명 편의를 줄 뿐이나, 이 삼강령의 다리는 비록 수다한 물력物力을 허비치 않고라도 다만 심공心功만 들이고 보면 그 사람의 앞에 삼대력의 튼튼한 다리가 스스로 놓이리니, 한 사람이 이 삼대력을 가지면 한 사람의 다리가 될 것이요, 천만 사람이 이 삼대력을 가지면 천만 사람의 다리가 되어 빈부귀천을 물론하고 못 가질 사람이 없는 세계적 대교이다.

[감상]

자취自取하는 함정

송벽조
《회보》 제18호, 시창20년(1935) 7월호

> "사람이 만일 사리에 분석이 없고 또한 보고 듣는 대로 정신이 이리저리 흔들리면 마치 파리가 파리통의 함정에 빠지는 것과 같다는 것이다. 설사

불의인 줄 알면서도 불의를 사捨하는 실행력이 없다면 예 아닌 식물食物, 예 아닌 색色, 예 아니 재물, 분수에 넘치는 명예, 분수없는 안일安逸 등의 경계를 달게 여기다가 끝내는 그 함정에 빠져 신망가패身亡家敗의 곤경에 처하게 된다."는 것이다. 정신수양, 사리연구, 작업취사의 삼학이 없으면 오욕의 함정에 빠진다는 감상이다.

수리조합의 몽리 구역과 삼강령 팔조목

이준경

《월말통신》 제7호, 시창13년(1928) 음 9월

─────── 농업부원 이준경이 시창13년 무진 5월 3일에 황등호수의 수리시설을 보고 느낀 감상담이다. 수리조합이 설시되면 물을 공급받는 구역은 가뭄에도 안전하게 농사를 지을 수 있는 것처럼 삼학팔조를 저수하여 우리의 삶에 공급하면 마치 수리조합의 물을 공급받는 몽리 구역에 사는 격이 된다는 감상이다.

세계의 모든 사람이 이 삼학팔조의 수리조합에서 공부법의 물을 공급받아 자기 삶의 농사를 짓도록 하자는 것이다. 이렇게 되면 일원회상도 발전하고 세계의 복리도 증진되는 자리이타가 되는 것이다.

무진戊辰[1928년] 하간夏間에 한발旱魃이 심하여 이앙이 늦어서 일반 농가의 큰 걱정이 되었다. 그러나 본회 농업조합에서 경영하는 농처農處는 대개 임익수리조합臨益水利組合의 몽리[蒙利, 저수지나 보洑 따위의 수리 시설 등으로 물을 받음] 구역인 관계로 이 같은 대한大旱에도 염려 없이 이앙[移秧, 모내기]을 하게 되었는바, 농업원 이준경 씨는 차此에 대하여 한 감각이 있었다고 하니 그 감각된 말씀은 아래와 같더라.

"저는 저 양양洋洋한 수리조합 저수지[황등호수]를 바라보며 홀연히 한번 생각하여 보았습니다. 저 수리조합은 원래에 있었던 것이 아니라, 근대인의 명석한 두뇌로서 깊이 연구한 결과에 피해지 얼마를 희생하여 수읍數邑이 몽리할 만한 훌륭한 기관을 설비하고 보니, 그야말로 인력으로써 능히 천재天災를 방어하는 바가 되었으니 참으로 자리이타自利利他가 아니라 할 수 없습니다. 수리조합은 몽리 인민으로부터 수세수익水稅收益이 있으니 이利라 할 것이요, 몽리 인민人民은 수세水稅 얼마만 지불하면 아무리 대한大旱이라도 안심하고 작농하게 되었으니 이利라 할 것입니다. 과연 사람 연구의 위력은 실로 이같이 필요한 것이로구나 하는 동시에 우리 선생님께옵서 새로이 개도開導하옵신 삼강령 팔조목으로 공부하는 지묘至妙한 교리와 무량한 공덕을 한번 생각하여 보았습니다. **만약 우리 인생이 이 법을 알아서 행할진대 행주좌와어묵동정行住坐臥語默動靜에 무시간단無時間斷으로 몽리가 될 것이며, 또는 이 법을 행함에 대하여 특별히 수고할 것도 없으니, 우리 동지 된 제씨諸氏는 일심합력하여 우리의 삼강령 팔조목으로 혜복의 길을 개척하고 본회의 기초를 영원한 세상에 완전히 세워 놓으면, 사주세계四洲世界를 몽리 구역으로 하여 일체중생에게 무량한 공덕을 입힐 것이니, 사주세계 일체중생은 본회로 인하여 복리를 증진하고 본회는 사주세계 일체중생으로 인하여 기초가 섰으니, 이게 이른바 자리이타가 아니고 그 무엇이리오.** 이러한 기회를 당한 우리는 일층 맹진猛進하여 거창한 이 사업을 성공하게 될 것을 각오하고 심맹心盟하였습니다."라고 하더라. [무진 5월 3일 감각]

법회록 2
수필인 송도성
《월말통신》 제4호, 시창13년(1928) 6월 27일

──────── '법회록' 후반부 법설은 정선되어 『대종경』 교의품 39장에 수록된다.
　　소태산은 익산본관 금강원에 모인 사람들이 장차 세계의 정신적 주인이 되고, 소태산

> 의 교법이 세계의 종법宗法이 될 수 있다고 자부한다. 또한 열 사람만 완전하게 훈련해 놓으면 능히 세상을 흔들어 놓을 수 있는데, 이곳에 훈련된 사람이 모여 있으니 더 할 나위 없다는 것이다. 그러므로 사은사요 삼학팔조의 교법을 배워서 이 법대로 알아 행하는 사람을 만나고 또한 그러한 사람이 되자는 것이다.
> 또한 사리연구事理研究의 사事 자 뜻은 정치에 속하고 리理 자의 뜻은 종교에 속하니 마땅히 정치와 종교를 아울러 밝혀서 복혜양족福慧兩足하자는 것이다.

…… 여러분이여! 면려[勉勵, 스스로 애써 노력함] 할지어다. 우리의 법을 잘 연마하여 전 세계 인류에게 무상묘법無上妙法이 된다면 아니 취해갈 자 그 누구이랴. 편협한 조선 일우의 익산 금강원에 잠복한 우리가 장차 세계의 정신적 주인이 되고, 한 국토에도 고루 퍼지지 못한 우리의 교법이 세계에 종법宗法이 될는지도 누가 아느냐? 그런고로 우리는 사람 수효 많은 것을 취하지 않는다. 원대한 발원과 독실한 성의만 있는 사람이면 다만 몇 사람이라도 좋다. 사실 열 사람만 완전하게 훈련해 놓으면 능히 시방세계를 운전하며 전 우주를 흔동[掀動, 마구 흔듦]할 터인데, 하물며 이 같은 대중이 모였으니 무슨 걱정이 있느냐. 내가 이상에 말한바 그 법이 있으나 그 사람을 만나지 못하면 행할 수 없다는 뜻을 재삼 반복하여 밝힌 것은 여러분으로 하여금 그 사람이 되어서 그 법을 행하려는 생각을 심두心頭에 깊이 인상되도록 하려 함이다.

여러분이여! 다시 우리의 표준인 삼대 강령[정신수양, 사리연구, 작업취사]의 뜻을 깊이 한 번 새겨보라. **사리연구事理研究에 사事 자의 의義는 정치에 속할 것이요, 리理 자의 의는 종교에 속할 것이다. 여러분은 마땅히 정치와 종교를 아울러 밝혀서 복혜양족福慧兩足을 유감없이 얻을지어다.**

그와 같이하기로 하면 먼저 그 길을 알아야 할 것이니 연구를 하여야 할 것이며, 연구를 하기로 하자면 먼저 수양을 요할 것이다. 수양력과 연구력이 풍부하면 모든 일에 취사함에 아니 되는 일이 어디 있으며, 못할 사람이 어디 있으리오. 이같이 훌륭한 강령을 세운 여러분이여! 날마다 즐거워하며 날마다 춤출지어다. [도성 기記 시창13년 6월 27일]

삼강령의 총론 – 공부인의 삼학과 비공부인의 삼학

전음광

《시창13년도 사업보고서》

———————— 인생과 삼학은 떼려야 뗄 수 없는 관계로 알든 모르든 인생살이에 삼학이 작동된다. 정산 종사는 "공부하지 않는 이에게도 삼학은 있으나 이는 부지중 삼학이요 주견 없는 삼학이요 임시적 삼학이라면, 공부인의 삼학은 공부적 삼학이요 법도 있는 삼학이요 간단間斷 없는 삼학이라"[『정산종사법어』 경의편 14장]라고 비공부인과 공부인의 삼학을 밝혀주신다. 비공부인의 부지중 삼학이 아니라 간단없는 공부인의 삼학으로 작동하라는 것이다.

삼강령과 인생의 관계를 다시 한번 현실적으로 참조하여 보자. 저 준준무식蠢蠢無識의 하우자下愚者라도 저의 운명상 중대 관계가 있는 난경이 박두[迫頭, 닥쳐올]할 시는 반드시 그 해결책을 얻기 위하여 제 생각 닿는 데까지는 이리저리 깜박깜박 궁리하고 또 궁리할 것이며, …… 그 머리에 가부간 한 생각을 득한 시는 그중에도 제게 제일 유익한 방법은 취하고 해될 일은 사捨할 것이니, 이것은 누가 가르치고 제가 배운 바도 없건마는 은연자연중 저도 모르는 순간에 수양, 연구, 취사 곧 삼강령을 아울러 씀이라, 이를 추측하면 인생이 무엇이든지 하기로 할 때 알든 모르든 이 삼강령을 어쩔 수 없이 쓰게 되는 것만은 사실이다.

이처럼 무식한 자까지도 삼강령을 무가내하[無可奈何, 막무가내]로 쓸 때가 있거든 하물며 그 이상 대소 유무와 시비 이해에 가능하여 매사에 성공을 바라는 자야말로 알고 보면 오죽이나 이 삼강령을 써 왔으랴? 그 길을 밟아왔건마는 그 길인 줄을 모르고 맹목적으로 살아온 우리를 시시[時時, 때때로]로 생각할 때에 어찌 그 각성 없고 몽매함을 저주치 않으며, 우리가 쓰면서도 몰랐던 그것을 발견하여 주신 종사주의 은덕을 생각할 때 어찌 그 새삼스레 솟는 감루[感淚, 감격의 눈물]를 금할 바이랴?

다시 한번 그 실증을 보라. 저 분별 없는 5~6세 유아도 이 삼강령을 쓸 때가 있나니, 그것은 그 아이가 부모에게 항상 과자를 얻어먹다가 일일[一日, 하루]은 부모도 없는 사이에 저 혼자 과자 생각이 났으나 그 둔 곳을 알지 못하여 이곳저곳을 찾는 그 찰나에 부지중 손에 쥐었던 장난감과 젖 먹고 어린양[어리광] 할 생각까지도 다 잊을 것이요, 단순한 그 생각이 과자가 어디 있는가 하는 데에 온전히 모을 것이며, 그 순간에 따라 제 생각대로는 그 둔 곳을 이리저리 궁리도 하여볼 것이며, 따라서 제 마음에 없으리라는 곳은 놓고 있으리라는 곳은 취하여 조사도 하여볼 것이니, 이것도 그 어린 것이 수양의 방법을 알아 정신을 온전히 모은 것도 아니요. 연구의 방법을 알아 이리저리 궁리한 것도 아니며 취사의 방법을 알아 이것을 놓고 저것을 취한 바가 아닌 것은 일반적으로 다 승인할 바이다. 이를 추측하면 사람이란 명칭을 대帶한 자로서는 반드시 이 삼강성三綱性을 근본적으로 품수하여 자연화되는 것이라고 아니할 수 없으며, 어쩔 수 없이 쓰게 되는 것만은 더욱 적확한 사실일 것이다.

그러나 이같이 인생으로서는 제일 널리 쓰고 제일 많이 쓰고 제일 긴요한 삼강령, 매매사사와 일동일정에 기어이 간섭되어야 할 삼강령, 또는 안 쓸래도 큰일에는 자연히 쓰게 되는 삼강령, 안 쓰면 곧 멸망과 실패가 오는 삼강령, 쉽게 말하면 인류의 생명과 같은 삼강령, 더욱이 지우청탁을 물론하고 보편적으로 쓰게 되는 삼강령이지만 또한 그 반면에 잘 쓰고자 하나 써지지 아니하며, 쓴다고 하여도 매매사사每每事事에 계속되지 못하며, 같은 사람 중에도 잘 쓰고 못 쓰는 차별이 있게 되나니, 그것은 곧 삼강령인 줄을 알아 미리 공부가 없는 연고이다.

누구를 물론하고 선악 간 어떠한 난경을 당하거나 난경이 아닌 쉬운 일이라도 처음 할 때는 저도 모르는 사이에 이 삼강령을 사용하지마는, 그 외 쉬운 일이나 익은 일에는 삼강령에 조금도 주의와 생각이 없이 보는 대로 듣는 대로 생각나는 대로 엄벙덤벙 육근을 작용할 때 정당한 일이라도 괴롭거나 하기 싫으면 않고, 부당한 일이라도 즐겁거나 하고 싶으면 단행하였나니, 미리 준비가 없는 고로 일에 당하여 잘 쓰고자 하나 써지지 아니하여 매사에 계속적으로 되지 못하며, 그에 따라 같은 사람 중에도 잘 쓰고 못 쓰는 분별이 있는 것이다. 삼강령에 이같이 등한한 자로서 험준한 세상에 어찌 그 안심입명을 바랄 수 있으랴. 더욱이 이 모든 재화災禍와 실패는 쉽고 적은 일에 주의심이 없는 데에 따라 일어나므로 써라.

　…… 다시 말하면 이 삼강령은 인생으로서 **고해를 건네는 함선**이요, **밟아나갈 궤도**이니, 바다를 건너려 할 때 이 함선을 벗어나고 길을 가려 할 때 궤도에 탈선이 된다면 어찌 그 고苦와 고보다도 더한 운명의 탄[歎, 탄식]을 면할 바이랴. 우리는 그 어느 조용한 곳에서 곰곰이 생각하여 보라. 사실인가? 아닌가를?

삼강령의 총론 – 삼학 운전수와 삼학의 의식주
전음광
《시창13년도 사업보고서》

──────── 삼학을 자동차 운전에 비유하고 있다. **『대종경』 교의품 30장**의 마음운전수와 연관되는 내용으로 삼학 운전법을 실전에서 단련하라는 것이다. 또한 육신의 의식주를 미리 준비하듯이 삼학의 의식주도 미리 준비해야 한다는 것으로 **『대종경』 교의품 18장**과 관련되는 내용이다.

　…… 또 그 한 예를 들면 **사람은 곧 자동차와 같나니, 육신은 자동차의 형체와 같고 정신은 운전수와 같다.** 철제의 자동차가 여객과 하물[荷物, 짐]을 만재[滿載, 가득 실음]하고 천리원정千里遠程을 돌파하지마는 인人의 차는 사람으로서 이 세상에 행할 의무를 만재하고 만리원정萬里遠程의 피안을 목표로 진행하는 것이다.

　그러나 저 자동차야 장거리를 원행遠行할 때 여하한[如何, 어떠한] 고장이 없이 목적지까지 안착기로 하면 그 무엇을 미리 준비하여야 할까? 차체車體의 장식이 화려하여야 할까? 차체의 장식의 화려함보다 운전법에 능한 운전수를 만나야 할 것이다.

　만일 기술불능技術不能의 운전수를 만난다면 좌左할 것을 우右하든지 우할 것을 좌하든지 차와 차가 충돌하든지 하여 차체를 파괴하며 여객과 하물을 손상하는 원운怨運이 올 것이다.

이처럼 자동차의 흥망은 그 운전수의 능불능能不能에 있거니와 사람 된 의무 등 가득 싣고 파란중첩波瀾重疊한 시비선로是非線路를 용왕勇往하려는 육근차六根車에는 무엇을 미리 준비하여야 역시 중도 고장이 없이 목적지까지 안착할 것인가?

그것도 차체다운 육체를 주단화복綢緞華服으로 장식하여야 할 것인가? 아니다. 이것도 그 운전수인 정신이 밝아야 하고 운전법이 능하여야 하고 실제 운전에 많은 시련試鍊이 있어야만 아무리 험악한 도로나 악풍고우惡風苦雨가 밀려오는 난관을 당하여도 꾸준히 분진奮進하여 목적지를 달達하는 것이다. 그와 반면에 만일 운전수가 어둡고 운전법에 앎이 적고 실제 시련이 없다면 운전은 곧 실패로 전轉하여 사람 된 의무를 깨트리며 육신 차체肉身車體를 파괴하는 멸망의 참경에 빠지는 것이다.

그러므로 본회의 삼강령 내 정신수양은 이 인생의 지배자인 육체의 운전수인 정신을 미리 밝혀 만드는 방법이요, 사리연구는 그 사리선로事理線路에 천만 가지 운전방식을 알리는 방법이며, 작업취사는 그 운전수에 실제의 훈련을 시키는 방법이다.

이를 보면 삼강령이 인생에 필요한 것은 더욱 자세히 알 것이며 안다면 기뻐할 것이다. 그러나 자동차는 차체 제조소 운전수 훈련처가 별개로 재在하여, 운전술에 전문훈련을 수受한 자가 아니면 차를 맡기지 않으므로 이미 운전면허를 득한 자로써 주의만 한다면 빈번頻頻한 실패는 없으려니와, 인人의 차는 차의 운전수가 동일 동시에 합체적으로 출생한 것이므로 운전수가 훈련받을 여가가 없이 출현 당시부터 실제 운전에 착수하나니, 만일 영영 훈련이 없이 그대로 운전만 한다면 전기前期와 여如히[같이] 실패될 것은 예豫히[미리] 단정할 바이다.

사람의 정신에 훈련이 없이 육근을 동작케 한다는 것은 산촌궁곡에 자동차를 보지 못한 우민愚民으로서 자동차를 운전케 함과 같나니, 논둑 밭둑과 갈 데 안 갈 데를 어찌 알아 차의 안전을 보장할 수 있으랴. 그러므로 인의 운전수인 정신이 전문 훈련을 받지 못함에 따라 인생으로서 고에 빠지는 근원이 되며 만萬 죄악의 요소가 되는 것이다.

현대의 학생계를 보라. 유소 시 학식을 준비하여야만 장성 후 사회생활에 자유스러움과 여如히[같이] 인人의 운전수도 실은 의무의 짐이 경輕하고[가볍고] 일이 적을 때부터 미리 훈련받아야만 의무의 짐이 중重하고[무겁고] 나아갈 길이 잡답[雜沓, 사람들이 몰려 붐빔]하더라도 정의의 선로를 찾아 고장 없이 진행할 것이다.

이 세상 불의를 감행하는 자는 다 그 운전수가 미리 훈련받지 못하고 자행자지한 연고이니, 이를 추찰[推察, 미루어 살핌]하여도 운전수를 미리 훈련시킬 필요는 재언再言을 금할 바이다.

그러므로 그 운전수를 훈련하는 방법인즉슨 본회의 삼강령을 우리는 감식고퇴[甘食苦退, 달면 삼키고 쓰면 뱉고]하지 말고 일 없고 한가할 때부터 미리 전문 공부를 하여 두었다가 일에 당하여 궁색함이 없게 하여야 할 것이다.

일 없을 때는 낭유적[浪遊的, 하는 일 없이 빈둥빈둥 노는] 생활로 수양 연구 취사에 아무 생각이 없다가 일에 당하여 창졸간[倉卒間, 급작스러운 사이] 산란한 정신을 모으고자 한들 정신이 어찌 모아지며, 아무리 연구한들 수양과 연구의 힘이 없는 자로 대소 시비大小是非가 어이 알게 되며, 아무리 유익할 방법을 취한들 이利가 어찌 돌아오랴. 마치 예비치 못한 방죽防築물을 불어난 후에 찾는 것과 같다.

대소사 간 간섭이 되는 이 삼강령인 만큼 우리는 미리 수양하고 연구하고 취사하는 법을 연습하여 우리 각자의 운전수를 명철하고 지혜 있고 실제의 시련 있도록 만든 후에 용력을 다하여 저세상에 운전한다면 우리는 간 곳마다 환영의 낙과 영광의 춤이 오리라.

또 한 예를 들면 의식주는 인人에게 둘도 없는 요용물要用物인 만큼 그것이 아니면 인人은 일일도[하루도] 그 생명의 존재를 허할 수 없다. 그러나 사람이 그 의식주에 곤란困難을 면하려면 항상 의식주가 있는 금일[今日, 오늘]에 있어 명일[明日, 내일] 것을 준비하여야만 명일에 당하여 곤란을 멸할 것이니, 만일 금일의 풍족만 기화奇貨로 안다면 명일의 고는 단정斷定한 고일 것이다.

삼강령은 인人의 의식주와 같나니 미리 전문 공부가 없이 사事에 임하여 쓰려고 하는 것은 준비치 못한 의식주를 쓸 데에 찾는 것과 다름없도다.

팔조 八條

시작하는 말

八팔
條조

信신
忿분
疑의
誠성

不불
信신
貪탐
慾욕
懶나
愚우

팔조와 삼학 그리고 일원상

———— 반갑습니다. 이번 시간에는 팔조와 삼학 그리고 일원상의 관계에 대해 살펴보겠습니다.

팔조八條는 여덟 조목으로, 진행進行 사조四條인 신信·분忿·의疑·성誠과 사연捨捐 사조인 불신不信·탐욕貪慾·나懶·우愚로 구성되어 있습니다.

진행 사조는 진행하고 촉진하는 네 가지 조목이라면, 사연 사조는 버려야 하는 네 가지 조목입니다.

신·분·의·성의 진행 사조가 삼학 수행을 진행하는 원동력이라면 불신·탐욕·나·우의 사연 사조는 삼학 수행을 저해하는 방해물입니다. 즉 진행 사조는 삼학 수행의 디딤돌이요 촉진제라면 사연 사조는 삼학 수행의 걸림돌이요 장애물입니다.

이 팔조의 부연 설명인 『불법연구회 근행법勤行法』의 팔조八條에 관한 정의입니다.
"팔조는 삼학三學을 운전하는 원동력으로써,
신과 분과 의와 성은 진행 건進行件이요, 불신과 탐욕과 나와 우는 사연 건捨捐件이니,
신信은 만사를 이루려 할 때[성사成事·성공成功] 마음을 정하는 힘이 되고,
분忿은 만사를 이루려 할 때 권면하고 촉진하는 힘이 되고,
의심疑心은 만사를 이루려 할 때 모르는 것을 알아내는 힘이 되고,
정성精誠은 만사를 이루려 할 때 그 구경究竟 목적에 달하게 하는 힘이 되나니,
일체 만사가 삼학이 아니면 능히 성공치 못하고, 삼학은 또한 진행 사조가 아니면 능히 운전치 못하는 것이며,
불신不信은 만사를 이루려 할 때 결정을 얻지 못하게 하는 것이요,
탐욕貪慾은 모든 일[만사]에 상도를 벗어나서 과히 취하고자 함이요,

나懶는 만사를 이루려 할 때 하기 싫어하는 것이요,

우愚는 사리事理를 알지 못하고 자행자지自行自止하는 것이니,

이 사연 사조는 곧 삼학을 방해하여 만사에 실패케 하는 근본이니라."

팔조는 삼학三學을 운전하는 원동력으로써, 만사가 삼학이 아니면 능히 성공치 못하고, 삼학은 또한 신·분·의·성의 진행 사조가 아니면 능히 운전치 못하는 것이며, 불신·탐욕·나·우의 사연 사조는 곧 삼학을 방해하여 만사에 실패케 하는 근본이라고 설명합니다.

소태산 대종사는 "우주의 본가인 일원상은 삼대력의 열쇠를 얻어야 들어갈 것이요, 그 열쇠는 신·분·의·성으로써 조성하느니라."[『대종경』 불지품 20장]라고 안내합니다.

우주의 본가인 일원상을 내 소유로 삼는 살림살이를 하기 위해서는 수양력, 연구력, 취사력인 삼대력의 열쇠를 얻어야 하고 그 열쇠는 신·분·의·성으로 조성된다는 것입니다. 즉 신·분·의·성으로 삼대력의 열쇠가 만들어지고 이 삼대력의 열쇠로 우주의 본가인 일원상을 열고 들어갈 수 있습니다.

일원상을 표본 삼아 삼학을 수행하면 삼대력을 얻게 되고, 또한 삼학으로 삼대력을 얻으면 일원상을 열고 들어가는 것입니다. 즉, 삼대력은 본래 구족한 일원상의 회복이며 또한 일원상의 발현입니다.

결국 신·분·의·성의 원동력을 공급하여 삼학 수행을 하면 삼대력을 얻게 되고 삼대력을 얻으면 일원상의 진리에 들어 일원상 살림을 할 수 있습니다.

이처럼 신·분·의·성은 삼학 수행의 원동력이요 에너지입니다. 신·분·의·성으로 삼학 수행하면 삼대력이 조성되어 일원상에 들게 됩니다.

그러므로 일원상을 내 살림으로 삼기 위해서는 삼학 수행의 걸림돌은 제거하고 디딤돌은 놓아야 합니다. 삼학 수행의 디딤돌이 바로 신·분·의·성입니다.

삼학 수행으로 삼대력을 얻어 일원상의 진리를 체득하겠다는 원願이 있어야 하고,

그 원을 이루겠다는 굳은 결심의 신信이 서야 하며, 그 신에 따라 용장하게 발분發憤하여 알고자 하는 탐구심인 의疑를 내야 하며, 간단없는 정성으로 이를 익히고 닦는 성誠이 있어야 합니다.

이러한 '신·분·의·성'의 원동력을 충분히 숙성하여 삼학을 원만하게 수행하면 삼대력을 갖추게 되어 일원상 자리에 진입하는 것입니다.

진행 사조인 신·분·의·성은 삼학 수행의 원동력입니다. 진행 사조는 촉진의 조도력이라면 사연 사조는 장애의 걸림돌입니다.

정신수양하는 데도 신·분·의·성의 원동력을 공급하여 수양력을 발휘케 하고, 사리연구와 작업취사의 경우에도 진행 사조의 신·분·의·성을 공급하여 연구력과 취사력을 발동케 합니다.

마치 진행 사조는 자동차 엔진의 가솔린과 윤활유와 같다면 사연 사조는 엔진의 때를 청소하는 세정제와 같은 역할입니다.

다만, 삼학과 팔조의 관계에서 팔조는 삼학을 조흥 시키는 조도력助道力이지만 삼학에 팔조가 포괄되기도 합니다.

팔조를 삼학의 조력적·보조적 요소와 부가적·부속적 요소로만 한정해서는 안 될 것입니다. 신·분·의·성은 삼학을 추진하는 삼학의 조도력이요 원동력이면서 또한 삼학 그 자체이기도 합니다.

신·분·의·성은 그 자체가 삼학입니다. 신·분·의·성의 진행 사조가 정신수양으로 작동하고 또한 사리연구로 작용하고 작업취사로 작동하는 것입니다. 삼학과 신·분·의·성은 나누어 보면 신·분·의·성이 삼학의 원동력이지만 합해 보면 신·분·의·성과 삼학은 상호 융통된 한자리입니다.

팔조는 삼학을 촉진하는 에너지이면서 삼학의 변주로 볼 수 있습니다.

즉 신信은 서원을 포괄한 마음을 정定하는 수양력이라면, 의疑는 일과 이치를 알고자 하는 연구력이며, 분발심의 분忿과 간단없는 마음인 성誠은 취사력입니다. 수양의 신信→취사의 분忿→연구의 의疑→취사의 성誠으로 공부와 사업 간에 삼학을 간단없이 진행하는 방법입니다. 이처럼 신·분·의·성은 삼학의 변주요 또 하나의 버전입니다.

신→분→의→성은 선순환 관계로써 신에서 출발하여 성으로 귀결되지만, 신·분·의·성은 각각이 출발점이면서 귀결점입니다. 분→의→성→신, 의→성→신→분 등으로 순환합니다.

예를 들면 신信은 무엇이 바른길인지 따져보는 의疑에서 출발하여 바른 판단이 서면 확고하게 결심하는 신信을 세우는 것입니다. 그러니까 의→성→신으로 확고한 신信을 세워 분忿으로 나아가는 것입니다.

이처럼 신·분·의·성은 서로서로 바탕하고 있는 관계로, 앞의 예처럼 신信은 의疑에 기반한 신信으로 이 신信에 따라 분忿을 발하여 성誠으로 이어가는 것입니다.

팔조는 삼학을 통하여 '만사를 이루려 할 때'에 적용하는 것입니다.

정산 종사는 "신·분·의·성을 마음공부에 들이대면 삼학 공부에 성공하고 사농공상에 들이대면 직업에 성공하나니라."[『정산종사법어』 권도편 32장]라고 말씀하십니다. 그러므로 신·분·의·성은 마음공부에 들이대면 삼학 수행이 증진되고, 사농공상의 직업에 들이대면 사업 성공이 되는 것입니다.

만사에 신·분·의·성을 동력으로 삼아 삼학으로 진행하면 성공하는 것입니다. 만사는 온갖 일로써, 신·분·의·성의 원동력으로 수양력과 연구력과 취사력의 삼대력을 나투어서 공부와 사업 간에 지혜와 복락을 이루는 것이 성공하는 것입니다.

소태산 대종사는 신·분·의·성의 매진邁進을 강조합니다.

"처음 발심한 사람이 저의 근기도 잘 모르고 일시적 독공篤工으로 바로 큰 이치를 깨치고자 애를 쓰는 수가 더러 있으나 그러한 마음을 가지면 몸에 큰 병을 얻기 쉽고, 마음대로 되지 않을 때에는 퇴굴심退屈心이 나서 수도 생활과 멀어질 수도 있나니 조심할 바이니라.

그러나 혹 한 번 뛰어서 불지佛地에 오르는 도인도 있나니 그는 다생겁래에 많이 닦아 온 최상의 근기요 중·하中下의 근기는 오랜 시일을 두고 공을 쌓고 노력하여야 되나니, 그 순서는 첫째 큰 원이 있은 뒤에 큰 신信이 나고, 큰 신이 난 뒤에 큰 분忿이 나고, 큰 분이 난 뒤에 큰 의심이 나고, 큰 의심이 있은 뒤에 큰 정성이 나고, 큰 정성이 난 뒤에 크게 깨달음이 있으며, 깨달아 아는 것도 한 번에 끝나는 것이 아니라 천통 만통이 있나니라." [『대종경』 수행품 43장]

신·분·의·성에 따라 매진해 나가면 깨달음에 이르며, 계속 깨달음을 지속해 나갑니다.

〈교리도〉에서 '진공묘유의 수행문'은 삼학으로 수행의 방법을 단일하지 않았습니다. 삼학과 아울러 팔조를 병립해 놓은 교리 구조는 소태산 대종사의 구도와 적공의 체험으로써 우리에게 주신 자비 경륜입니다.

오늘은 팔조와 삼학 그리고 일원상과의 관계에 대해 살펴보았습니다.

팔조 八條

진행 사조

進行四條^{진행사조}
信念疑誠^{신분의성}

『정전』 읽기 Reading

제1절 진행 사조(進行四條)

1. 신(信)

신이라 함은 믿음을 이름이니, 만사를 이루려 할 때에 마음을 정하는 원동력(原動力)이니라.

2. 분(忿)

분이라 함은 용장한 전진심을 이름이니, 만사를 이루려 할 때에 권면하고 촉진하는 원동력이니라.

3. 의(疑)

의라 함은 일과 이치에 모르는 것을 발견하여 알고자 함을 이름이니, 만사를 이루려 할 때에 모르는 것을 알아내는 원동력이니라.

4. 성(誠)

성이라 함은 간단 없는 마음을 이름이니, 만사를 이루려 할 때에 그 목적을 달하게 하는 원동력이니라.

진행 사조進行四條, 신·분·의·성

─────── 반갑습니다. 이번 시간에는 팔조 중에서 진행 사조에 대해 살펴보겠습니다.

진행 사조進行四條는 신·분·의·성입니다.

신·분·의·성은 삼학 수행을 진행하는 원동력으로 디딤돌이며 촉진제이며 발판입니다. 마치 엔진의 동력과 같은 역할로, 신·분·의·성은 삼학을 촉진해 만사를 이루도록 하는 힘입니다.

정산 종사는 "삼학이 아무리 범부를 성자가 되도록 한다고 할지라도 팔조로써 공력을 들여야만 하는 것이다. 삼학공부는 팔조로 불지경佛地境에 도달하게 한다. 신·분·의·성은 성불이 되는 원동력이요, 불신·탐욕·나·우는 성불을 못하게 하는 마구니이다."[박제권 수필, 『정산종사 수필법문』 하]라고 밝힙니다.

여기서 중요한 지점은 신·분·의·성의 진행 사조는 삼학 수행의 길에서 벗어나서는 안 된다는 것입니다. 신·분·의·성은 삼학 선상의 공부입니다. 삼학과 한 길입니다.

1. 신信

신이라 함은 믿음을 이름이니, 만사를 이루려 할 때에 마음을 정하는 원동력原動力이니라.

신信은 믿음으로, 마음을 정하는 힘입니다. 결정하고 결심하는 동력입니다.

결정 후에 안정이 됩니다. '결정할 정定' 하면 '고요할 정靜'해 집니다.

또한 신에는 원願이 내포되어 있습니다. 결심 속에는 서원이 자리하고 있는 것입니다.

진행 사조의 신信은 삼학 수행으로 삼대력을 나투겠다는 발심이요 결심입니다. 삼학으로 삼대력을 나투어서 마음의 자유와 지혜와 복락을 이루겠다는 확신입니다.

정산 종사는 "신信이란 정신수양, 사리연구, 작업취사를 하면 반드시 성불할 수 있다는 것을 믿는 것이다. 신은 만사성공의 바탕이요 초입지문初入之門의 공부이다."라고 밝히며, "중근기일수록 삼대력을 갖추고야 말겠다는 굳은 신념이 있어야 한다."[『정산종사 수필법문』하]라고 강조합니다.

이같이 삼학 수행에 대한 믿음이 확고해진 마음은 일체의 요동이 없는 자리입니다. 결정한 결심은 흔들림이 없는 상태입니다. 즉 마음을 정한 믿음은 부동한 한 마음입니다.

다만 의가 없는 신은 맹신에 떨어집니다.

2. 분忿

분이라 함은 용장한 전진심을 이름이니, 만사를 이루려 할 때에 권면하고 촉진하는 원동력이니라.

분忿은 용장한 전진심입니다. 용장勇壯은 용감하고 씩씩하고 의지가 굳센 뜻이라면 전진심前進心은 퇴굴치 않고 향상해 가는 정당한 의욕입니다.

권면勸勉은 권유하고 격려하여 힘쓰게 하는 것이며, 촉진促進은 촉구하여 나아가게 하는 것입니다. 이처럼 분忿은 담대하게 나아가도록 권면하고 촉진하는 힘입니다.

소태산 대종사는 『대종경』 실시품 2장에서 참선을 하지 않는 상좌를 꾸짖는 노승에게 억지로 참선을 강권할 것이 아니라 참선에 분발심이 나도록 실지를 보여주어야 한다고 권유합니다. 마치 저 바위에 금이 들었으니 무조건 채굴하라고 하면 채굴하겠냐고 물으며 "내가 먼저 채굴하여 그것을 광채 있게 쓰면 사람들이 나의 부유해진 연유를 알고자 할 것이며, 그 알고자 하는 마음의 정도를 보아서 그 내역을 말해 준다면 그 사람들도 감사한 마음으로 그 금을 채굴하려 할 것이다."라며 실질적인 의욕을 일으킬 방법을 제시합니다.

내가 먼저 채굴하여 광채 있게 쓰면 이를 보고 채굴하려는 분발심이 생긴다는 것입니다.

분忿은 분발憤發로, 분발을 극대화하기 위해 성낼 분忿으로 표현하고 있습니다. 현실의 안일에 안주하지 않는 정당한 분노입니다.

분忿은 삼학 수행에 분발하여 삼대력을 발하도록 권면하고 촉진하는 의지입니다.

정산 종사는 "분忿이란 어찌할꼬? 하는 지극한 정열情熱이 발할 때 분심이 나며 의심이 생긴다."라고 밝히며, "중근기일수록 적은 효력에 안심치 말고 더욱 채찍질하여 삼대력을 익혀 나가는 분심을 내야 한다."[『정산종사 수필법문』 하]라고 강조하십니다.

이처럼 권면하고 촉진하는 마음에 들면 그 자리는 물러설 게 없는 마음으로써 이 마음으로 분발하는 것입니다.

성가 139장 〈부처는 누구이며〉처럼 "부처는 누구이며 중생은 누구런가 부처나 중생이나 본래는 하나라네 구름이 흩어지면 푸른 하늘 비치듯이 본래 자리 깨고 보면 우리도 부처라네."라고 분발하는 것입니다.

정산 종사는 "법강항마위까지는 '부처는 누구며 나는 누구냐' 하는 큰 발분으로 기운을 돋우며 정진해야 한다면 법강항마위부터는 중생과 부처가 본래 하나라는 달관으로 상相을 떼고 티를 없애는 것으로 공부를 삼아야 그 공부가 길이 향상된다."[『정산종사법어』 권도편 51장]라고 밝히고 있습니다. 법마상전급까지의 분발과 법강항마위부터의 분발 방법을 일러주고 있습니다.

3. 의疑

의라 함은 일과 이치에 모르는 것을 발견하여 알고자 함을 이름이니, 만사를 이루려 할 때에 모르는 것을 알아내는 원동력이니라.

의疑는 모르는 것을 발견하여 알고자 하는 탐구심으로, 인간의 시비 이해와 천조의 대소 유무 간에 모르는 것을 발견하여 알아내는 힘입니다.

그러므로 천조의 대소 유무가 일원상의 진리라면 인간의 시비 이해는 일원상의 진리인 대소 유무에 따라 인간의 시비 이해를 운용하는 것입니다.

이처럼 의疑는 대소 유무의 이치에 따라 시비 이해를 운전하는 데 있어 모르는 것을 발견하여 알아내는 원동력입니다. 삼학수행을 향한 탐구심입니다.

즉 정신을 수양하는 데 있어서 수양이 잘 안 되는 일이 있으면 그 원인과 방법을 알아내는 것이며, 사리를 연구하는 데 있어서 연구가 잘 안 되는 일이 있으면 그 원인과 방법을 알아내는 것이며, 작업을 취사하는 데 있어서도 취사가 잘 안 되는 일이 있으면 그 원인과 방법을 알아내는 탐구심이 바로 의疑입니다.

정산 종사는 "의疑란 의심이 뭉쳐야 대각의 경지를 이룰 수 있다. 의심이 의단疑團이 된다."라고 밝히며, "중근기의 의疑란 불신·탐욕·나·우의 마구니로 인하여 막힌 지혜를 돌파하는 것으로, 우주만유의 본래자리를 알아가는 데 있어서 의두 연마에 전력하여 대의심을 해결해야 한다."[『정산종사 수필법문』 하]라고 말씀하십니다.

모르는 것을 알고자 하는 의심은 본래 모른다 할 것이 없는 밝고 밝은 자리입니다. 이렇게 명명明明한 일원상으로 모르는 것을 탐구하는 것이 의疑입니다.

4. 성誠

성이라 함은 간단없는 마음을 이름이니, 만사를 이루려 할 때에 그 목적을 달하게 하는 원동력이니라.

성誠은 간단間斷없는 마음으로써 간격과 단절이 없는 마음입니다. 설사 실수하고 좌절할지라도 다시 하고 또 하는 마음입니다. 이루려는 목적에 달達하도록 하는 힘으로써 그 목적에 단절이 있고 간격이 있다고 할지라도 이에 좌절하고 중도 포기하지 않는 마음입니다.

정산 종사는 "성誠은 내외심이 없고 간단없는 공부로 불지경佛地境에 이르게 한다."라고 밝히시며, "중근기의 성誠이란 조금 잘된다고 해서 해이하지 않고 삼대력을 무시로 놓지 말고 정진을 쌓아야 한다면, 상근기의 성誠은 대각여래위의 부처님도 수련의 마음을 놓지 않는다. 즉 무위이화無爲而化 자동적으로 성誠을 실현한다."[『정산종사 수필법문』 하]라고 말씀하십니다.

이처럼 성誠은 간단없는 삼학 수행으로 목적하는 삼대력을 나투게 하는 원동력입니다. 삼학 공부하는 중 설사 이루고자 하는 삼대력에 다다르지 못하였다고 할지라도 다시 행하고 또 행하는 힘입니다.

　　신·분·의·성의 진행 사조는 성誠으로 귀결합니다. 신과 분을 거쳐 의에서 끝나면 견성의 성과는 있을지 몰라도 솔성으로는 나가지 못합니다. 성으로 귀결되지 않으면 신·분·의는 열매 맺지 못한 나무와 같습니다. 자신의 말[언言]을 실천[성成]하지 못하는 성誠은 진정한 성이 아니듯 신분의성은 목적에 달하도록 하는 성에 이르려야 합니다.

　　진행 사조의 결말은 '만사를 이루려 할 때'라는 대목에 있습니다.
　　만사를 이루려 하는 것은 일을 성사成事시키는 것이요 일을 성공成功시키는 것으로, 이때 신·분·의·성의 동력이 공급되어야 하고 또한 불신·탐욕·나·우의 마장은 제거해야 합니다.
　　신·분·의·성은 만사를 이루는 힘입니다.
　　만사는 공부와 사업의 온갖 일들로, 공부와 사업 간에 신·분·의·성의 원동력으로 수양력을 나투고, 연구력을 나투고, 취사력을 나투어서 지혜와 복락을 이루는 것입니다.

　　오늘은 팔조 중에서 진행 사조에 대해 살펴보았습니다.

팔조 八條

사연 사조

捨^사捐^연四^사條^조

不^불信^신 貪^탐慾^욕 懶^나 愚^우

『정전』읽기 Reading

제2절 사연 사조(捨捐四條)

1. 불신(不信)

   불신이라 함은 신의 반대로 믿지 아니함을 이름이니, 만사를 이루려 할 때에 결정을 얻지 못하게 하는 것이니라.

2. 탐욕(貪慾)

   탐욕이라 함은 모든 일을 상도에 벗어나서 과히 취함을 이름이니라.

3. 나(懶)

   나라 함은 만사를 이루려 할 때에 하기 싫어함을 이름이니라.

4. 우(愚)

   우라 함은 대소 유무와 시비 이해를 전연 알지 못하고 자행 자지함을 이름이니라.

사연 사조捨捐四條, 불신·탐욕·나·우

─────── 반갑습니다. 이번 시간에는 팔조 중에서 사연 사조에 대해 살펴보겠습니다.

소태산 대종사는 원기5년(1920) 변산에서 새 회상의 기본 교리인 사은사요 삼학팔조를 선포합니다. 이 중에서 "팔조는 신信 분忿 의疑 성誠과 불신不信 탐욕貪慾 나懶 우愚이니, 신·분·의·성 사조로는 진행건進行件을 삼고, 불신·탐욕·나·우 사조로는 사연건捨捐件을 삼아, 삼학 공부를 운용하는 요법이 된다."[『원불교교사』]라고 발표합니다.

사연 사조捨捐四條는 불신·탐욕·나·우입니다.
사연 사조는 삼학 수행에 방해되어 제거해야 하는 걸림돌이요 장애물입니다.
불신·탐욕·나·우는 마치 엔진 때와 같아서 이를 사연하는 것은 엔진에 세정제를 투입하여 엔진 때를 청소하는 것과 같습니다.
이처럼 사연 사조는 삼학으로 만사를 이루려 할 때 수행의 장애물을 제거하는 격입니다.
진행 사조인 신·분·의·성은 삼학 수행을 촉진하는 원동력이라면, 사연 사조인 불신·탐욕·나·우는 삼학 수행의 방해물입니다.

1. 불신不信
불신이라 함은 신의 반대로 믿지 아니함을 이름이니, 만사를 이루려 할 때에 결정을 얻지 못하게 하는 것이니라.

불신은 믿지 아니하여 결정하지 못하는 확신이 없는 마음입니다. 삼학 수행으로 수양력·연구력·취사력의 삼대력을 나투면 마음의 자유를 얻을 수 있다는 믿음이 미약한 마음입니다. 이렇게 하면 되겠다는 확신이 없는 마음입니다.

일원상의 내역인 대소 유무의 이치를 믿어야 이 이치에 따라 시비 이해의 일을 밝히는 연구력을 나툴 수 있고, 일원상의 발현인 정의를 따라야 육근 작업에 정의를 취사할 수 있다는 확신이 세워져 취사력을 나툴 수 있고, 일원상인 온전한 정신을 신뢰해야 두렷하고 고요히여 분별성과 주착심이 없는 경지에 이를 수 있다는 확신이 세워져 수양력을 나툴 수 있는 것입니다.

이처럼 불신은 일원상에 근원한 삼학으로 삼대력을 나투겠다는 확고한 발원이 미약한 우유부단한 마음입니다.

2. 탐욕貪慾
탐욕이라 함은 모든 일을 상도에 벗어나서 과히 취함을 이름이니라.

소태산은 "대저 욕심이라 하는 것은 만악萬惡의 근본으로써 식·색·재·명·유일食·色·財·名·遊逸 등 오욕五慾 간에 과도히 취하려는 옳지 못한 마음을 이름이니, 누구나 한번 그 욕심에 사로잡힌 즉 걷잡지 못하여 어떠한 불의의 일이라도 감행하게 되며 아무리 예 아닌 물이라도 탐취貪取하게 되는 것이다."[욕심은 만악의 근본, 구타원 이공주 법문집 Ⅰ『일원상을 모본하라』]라고 말씀하십니다. 탐욕은 오욕 간에 과도하게 탐취하는 마음입니다.

탐욕은 떳떳한 길에서 벗어나 과한 욕심으로 치 닫는 것입니다. 상도常道는 떳떳한 도리로, 불급不及하지도 않지만 그렇다고 과하지도 않습니다. 탐욕은 떳떳한 길에서 벗어나 과하게 욕심내는 마음입니다. 수양을 해도 상도에서 벗어나 욕심으로 수양하고, 연구를 해도 상도에서 벗어나 욕심으로 연구하고, 취사를 해도 상도에서 벗어나 욕심으로 취사하게 되는 것입니다.

이처럼 탐욕은 떳떳한 상도에서 벗어서 욕속심으로 삼학 수행을 하는 것입니다.

탐욕의 반대는 분으로, 분은 정당한 의욕이라면 탐욕은 지나친 욕심으로 과욕過慾이요 객분客忿이요 만용입니다.

3. 나懶
나라 함은 만사를 이루려 할 때에 하기 싫어함을 이름이니라.

나懶는 의욕이 없는 마음으로, 모든 일을 뒤로 미루고 하기 싫어하는 게으름입니다. 노력 없이 얻고자 하는 게으름이요 일상에 빠지는 안일함이며 쉽게 싫증을 느끼는 권태입니다.

지혜는 얻고 싶으나 지혜를 닦기는 귀찮고 복은 받고 싶으나 복을 짓기는 귀찮은 마음입니다. 삼학 수행으로 삼대력을 얻어 만사형통하고 싶으나 그렇게 되도록 노력하는 것은 귀찮고 하기 싫은 게으른 마음입니다.

이처럼 나懶는 삼학 수행으로 삼대력을 나툴 의욕이 미약한 마음으로, 삼학 수행에 진전하려는 의지가 없는 나태한 마음입니다.

이러한 나태심이 심해지면 삶이 무력해 지고 이를 합리화하는 핑계를 대어 정당화 시킵니다.

4. 우愚
우라 함은 대소 유무와 시비 이해를 전연 알지 못하고 자행자지함을 이름이니라.

'대소 유무와 시비 이해'는 사리事理로 일과 이치입니다. 『정전』 사리연구 절에서 '사라 함은 인간의 시비 이해를 이름이요, 이라 함은 천조의 대소 유무를 이름한다'라고 정의합니다. 그러므로 대소 유무와 시비 이해를 사리라고 말할 수 있습니다. 즉 사연사조 〈우〉의 '대소 유무와 시비 이해'는 진행사조 〈의〉의 '일과 이치'와 같은 뜻으로 사리를 말하고 있습니다. 즉 '사리=일과 이치=대소 유무와 시비 이해'입니다.

우愚는 대소 유무와 시비 이해를 통찰하는 지혜가 전연全然 없는 것입니다. '온전한 전全'의 전연全然은 '전혀'로 읽으면 안 됩니다. 전연은 전체를 통으로 살펴보는 통찰입니다.

우愚는 사리인 대소 유무와 시비 이해를 전관全觀하는 연구력의 지혜가 미약한 것입니다.

대소 유무의 이치는 곧 일원상의 내역이기에 대소 유무를 전연 알지 못함은 일원상의 진리를 모르는 근본적인 어리석음이며, 또한 시비 이해의 일을 전관하지 못하면 무엇이 고해이고 무엇이 낙원인지 알지 못하는 어리석음에 빠지는 것입니다.

어리석으면 함부로 막 살게 됩니다. 어리석으면 누어야 할 자리인지 아닌지 여부도 살피지 않고 욕망에 따라 막 눕게 됩니다. 어리석으면 욕망을 조절할 줄 모르는 인간이 되고 맙니다.

결국 대소 유무에 어두워지면 시비 이해에 어리석어져서 자의적으로 자행자지自行自止하게 됩니다. 즉 일과 이치를 알지 못하고 제멋대로 행동하여 삼학 수행이 되지 않는 것입니다.

한 학인이 정산 종사에게 우愚와 치痴가 어떻게 다른지 물으니 "우는 시비를 모르는 어린 마음이요, 치는 알기는 하나 염치없고 예의 없는 마음이니라. 하근기에 우자가 많고 중근기에 치자가 많나니 우와 치를 벗어나야 상근기가 되나니라. 일기할 때에 헛 치사에 좋아했거든 치심에 끌린 것으로 기록하라. 치심의 병근은 명예욕이며, 천치와 우는 비슷하나니라."[『정산종사법어』 경의편 21장]라고 질문에 응답하십니다.

포괄하면 사연 사조의 우愚는 삼독심의 치痴를 포괄하는 어리석음입니다.

진행 사조인 신·분·의·성과 사연 사조인 불신·탐욕·나·우를 대응시켜 본다면 신의 반대가 불신이요, 분의 반대가 탐욕이요, 의의 반대가 우요, 성의 반대가 나라 할 수 있습니다. 또는 맥락에 따라 분과 나, 성과 탐욕을 반대 개념으로 대응할 수도 있을 것입니다.

| 신↔불신 | 분↔탐욕 | 의↔우 | 성↔나 |

이는 신·분·의·성의 진행 사조로 불신·탐욕·나·우의 사연 사조를 제거하자는 것입니다. 신으로 불신을, 분으로 탐욕을, 의로써 우를, 성으로써 나태를 제거할 수 있는 것입니다.

오늘은 팔조 중에서 사연 사조에 대해 살펴보았습니다.

팔조 八條

八^팔 條^조

信^신 忿^분 疑^의 誠^성

不^불信^신 貪^탐慾^욕 懶^나 愚^우

맺는말

팔조와 일원상

─────── 마음을 정定하는 결심의 마음 당체가 신信이 분명한 일원상이요,
용장한 분심忿心이 온통인 자리가 일원상이며,
모르는 것을 알고자 하는 오롯한 자리가 일원상이며,
간단없이 정성한 자리가 일원상입니다.

믿음이 확고해진 마음에는 일체의 요동이 없는 자리입니다. 결정한 결심은 흔들림이 없는 경지입니다. 즉 마음을 정한 신심은 부동한 한 마음입니다.
권면하고 촉진하는 마음에 들면 그 자리는 물러설 것이 없는 분발심입니다.
모르는 것을 알고자 하는 의심은 본래 모른다고 할 것이 없는 밝고 밝은 자리입니다.
간단없이 목적에 이르게 하는 마음 당체에 들면 이 자리가 간결과 단절이 없는 정성심입니다.

또한 불신인 줄 알아차리고,
탐욕인 줄 알아차리고,
게으른 나懶인 줄 알아차리고,
자기 마음대로 행하는 우愚인 줄 알아차리는 자리가 일원상입니다.

사연 사조인 불신·탐욕·나·우는 물들 것이 없는 일원상 자리에서 제거되는 것입니다.
불신인 줄 알 때 불신이 확연히 드러나고 그 자리에서는 불신이 어찌할 수 없습니다.
탐욕인 줄 알 때 탐욕이 확연히 드러나고 그 자리에서는 탐욕이 어찌할 수 없습니다.
나인 줄 알 때 나가 확연히 드러나고 그 자리에서는 나가 힘을 쓸 수 없습니다.

우인 줄 알 때 우가 확연히 드러나고 그 자리에서는 우가 힘을 쓸 수 없습니다.

불신 탐욕 나 우인 줄 아는 마음 당체가 바로 일원상 자리입니다.

이 자리에서 불신 탐욕 나 우를 버릴 사捨, 버릴 연捐으로 사연할 수 있는 것입니다.

이처럼 진행 사조인 신분의성은 일원상 자리가 발현되는 마음이요,

사연 사조인 불신과 탐욕과 나와 우도 일원상을 막고 있는 장애를 제거하는 마음입니다.

🔍 더보기 Tip

'사은 신앙문의 신信'과 '팔조의 신信'의 관계

─────── 한 제자가 정산 종사께 "사은 신앙문의 신과 팔조의 신과는 어떠한 관계가 있습니까?"라고 묻습니다.

정산 종사 말씀하시기를 "삼학은 체요 팔조는 용이다. 먼저 팔조의 신으로 들어가서 삼학으로 들어가고, 그리고 사은으로 들어간다. 그러므로 팔조의 신이란 사은 신앙의 초문이다. 그러나 또한 팔조에서 삼학, 삼학에서 사은, 또 사은에서 팔조, 이렇게 돌면서 공부가 되어 올라간다."[『한울안한이치에』]라고 하셨습니다.

사은 신앙문의 신과 팔조의 신은 선순환 관계입니다. 팔조의 결정심인 믿음이 강화되면 삼학 수행에 대한 확신도 강화되고 또한 이 믿음은 사은 보은에 대한 믿음도 강화되어 서로를 강화하는 선순환의 관계가 됩니다.

반대로 팔조의 신이 약화되면 삼학 수행도 약화되고 또한 사은 보은에 대한 신도 약화되는 것입니다.

신信은 '심고 및 기도'와 연관됩니다. 심고와 기도를 통해 믿음을 다질 수 있기 때문입니다.

진리 불공인 '심고와 기도'는 법신불 일원상인 사은에 대한 신信을 독실하게 하고, 또한 마음을 정하게 하는 결심인 팔조의 신을 굳건하게 할 수 있습니다.

『정전』「심고와 기도」 방법의 하나인 '묵상심고'를 통해 서원을 세우고 각오와 다짐을 굳건하게 합니다. 또한 묵상심고는 자기반성과 자기정화의 기능도 있습니다. 그리고 '설명기도'를 통해서 대중이 듣고 감동과 각성이 일게 하며 서로 마음을 연하게 하고 뜻을 같이하는 공감대와 연대심을 강화할 수 있습니다.

심고와 기도는 서원과 다짐을 굳건하게 하며 이러한 확신은 팔조의 신을 강화합니다. 또한 팔조의 신이 진행되면 심고와 기도의 진리불공과 사은 당처의 실지불공에 순조롭게 들어서게 됩니다. 이처럼 팔조의 신과 심고와 사은 보은은 서로 연동되어 선순환으로 진행됩니다.

　진리 불공과 실지 불공의 대상은 법신불인 사은입니다.
　『대종경』 교의품 16장의 "하나는 사은 당처에 직접 올리는 실지 불공이요, 둘은 형상 없는 허공 법계를 통하여 법신불께 올리는 진리 불공이라"는 불공의 방법에서 사은 당처는 사은 보은의 실행처이며 허공 법계도 마찬가지입니다. 진리 불공이 되었든 실지 불공이 되었든 일원상의 진리인 사은전에 보은하는 것입니다.

신·분·의·성은 소태산 대종사의 구도 과정이다

반갑습니다. 이번 시간에는 소태산 대종사의 구도 과정과 신·분·의·성에 대해 살펴보겠습니다.

소태산 대종사의 발심 구도 입정 대각의 전 과정을 한마디로 기술한다면 신·분·의·성으로 추진한 진행의 과정이요 불신·탐욕·나·우를 제거하는 사연捨捐 과정입니다.

《회보》 제53호 '교강약해敎綱略解'에서 진행 사조인 신·분·의·성의 뜻을 자세히 풀이합니다.

"우리가 모든 일을 하려고 할 때에 신심이 아니면 할 수 없는 고故로[까닭에] 먼저 확실히 믿는 마음으로써 결정을 세우고, 또는 신은 있다고 할지라도 꼭 해보려는 분심이 아니면 할 수 없는 고로 용맹스러운 마음으로써 분투 전진을 시키고, 또는 신과 분은 있다고 할지라도 사리事理간에 모르는 것이 있고 보면 할 수 없는 고로 의심으로써 일과 이치에 모르는 것을 발견하여 기어이 알자는 것이요, 또는 신과 분과 의는 있다고 할지라도 매사에 간단間斷이 있고 보면 또한 성공할 수가 없는 고로 간단없는 성심誠心으로써 기어이 그 목적을 달하자는 것이니, 이 네 가지를 진행하여서 결정 못 얻게 방해하는 불신과 상도常道에 넘치는 탐심과 하기 싫어하는 나심과 아무것도 모르는 우치심을 없애 버리자는 것이다."

이처럼 소태산 대종사의 구도 과정은 신·분·의·성의 진행입니다.

소태산 대종사의 구도 과정은 천리天理의 대소 유무와 인사人事의 시비 이해에 대한 의심을 발하여 그 의심을 해소하려는 발원과 서원을 세우고[원顯], 이 모든 의심을 해결하겠다는 마음을 정하여[신信], 용장한 전진심으로 분발[분忿]하며, 이 알고자 하는 의심을 놓지 않고 연마하여[의疑], 간단없는 정성[성誠]으로 끝내 대각을 이루셨습니다.

신분의성의 구도로 대각을 나투신 것입니다.

　의심을 온전히 풀어내겠다는 발심을 내고서 '한다 못 한다' '할 수 있을까 못할까'에 흔들리지 않고 이 의심을 해결하고야 말겠다는 결심이 세워진 것입니다. 먼저 철주의 중심과 석벽의 외면 같은 신심의 정定을 세우니 이 마음 외에 다른 마음이 흔들 수 없는 안정된 마음이 형성됩니다. 이처럼 소년 소태산은 의심을 해결하겠다는 서원에 발심한 후, 이 신信이 흔들리지 않고 굳건해 한번 세운 발원과 서원이 무너지지 않았던 것입니다.

　이렇게 마음을 정하는 신信에 기반하여 용장한 분발심을 냅니다. 먼저 산신령을 만나 의심을 물어 해결하겠다는 마음을 정하자 그 결심이 굳건하여 비가 오나 눈이 오나 의심을 해결하기 위해 분발과 정성을 다합니다. 또 산신령을 찾을 수 없고 산신령의 실존에 대한 의문이 생기니 방법을 바꾸어 도사를 찾고 도사에게서도 의심을 해결하지 못하자 스스로 해결하려는 구도를 이어갑니다.
　그래서 모르는 것이 있으면 알려고 탐구探究하는 의심을 놓지 않았고, 방법이 잘못되면 살펴보아 더 좋은 방법으로 모르는 것을 해결하려는 구도를 심화합니다.

　관천기의상, 삼령기원상, 구사고행상, 강변입정상, 장항대각상의 발심-구도-입정-대각의 과정은 신·분·의·성의 진행 과정입니다.

신·분·의·성은 소태산 대종사의 구도 체험의 산물입니다.
　신·분·의·성은 『정심요결』의 저본인 『영보국 정정편』이나 『선요』에서 그 사상적 연원을 찾을 수 있습니다. 그래서 팔조八條의 신·분·의·성은 선학과 내단학에 기인한다고 주장하기도 합니다. 그러나 이것은 연원을 댄 것이지 모방은 아닙니다.

　신·분·의·성은 소태산 대종사의 피땀 어린 구도 체험에서 도출된 산물입니다. 이 체험을 체계화할 때 『정심요결』이나 『선요』가 참고가 된 것입니다. 연원은 연원으로써 존중하나, 신·분·의·성은 소태산 대종사의 고유한 체험을 교법화한 것입니다.

'신·분·의' 삼요는 고봉 선사의 『선요』에 화두 해결의 방법으로 제시되어 있고, 이 삼요가 「정정요론」에 인용되어 있습니다.

「정정요론」은 『영보국 정정편』을 저본으로 한 『정심요결』을 소태산 대종사의 뜻에 따라 한글로 번역하여 「정정요론」이라 이름한 후 『수양연구요론』에 편입합니다.

이 『수양연구요론』의 「정정요론」 상편에 팔조가 밝혀져 있으며, 수승화강의 수양을 촉진하는 방법으로 강조합니다.

「정정요론」에서 신·분·의와 성을 정정지요법定靜之要法이라 하여 수양의 방법으로 밝히고 있으며, 불신·탐욕·나·우는 영보국[본성]을 침범하는 마魔로 제시합니다.

다만, 『영보국 정정편』과 『정심요결』에서 성誠은 '신분의지성信忿疑之誠'으로 신·분·의를 간단없이 지속하라는 의미로, 독자적 조목이기보다는 신·분·의에 내재한 내용으로 설명합니다.

이에 비해 소태산은 성誠을 독자적 조항으로 삼고 있으며, 또한 신·분·의·성을 진행 사조라 하여 수양, 연구, 취사의 삼학을 진행시키는 원동력으로, 불신·탐욕·나·우를 사연 사조라 하여 삼학을 방해하는 장애라고 밝힙니다.

신·분·의·성을 정정定靜의 수양이나 화두 해결에 도움이 되는 방법에 한정한 것이 아니라 수양, 연구, 취사의 삼학 전반에 걸쳐 진행할 방법으로 제시한 것입니다.

「정정요론」에는 팔조의 주제만 제시되어 있지만, 소태산은 당신의 구도 체험과 대각에 따라 팔조의 내용을 개념 정의하고 있는 것이 큰 차이요 특징입니다.

소태산은 "도가의 공부는 원래 재질의 유무나 시일의 장단에 큰 관계가 있는 것이 아니라 오직 신信과 분忿과 의疑와 성誠으로 정진精進하고 못 하는 데 큰 관계가 있나니, 누구나 신·분·의·성만 지극하면 공부의 성취는 날을 기약하고 가히 얻을 수 있느니라."[『대종경』 신성품 3장] 하십니다.

신·분·의·성의 진행 사조에는 '만사를 이루려 할 때'라는 대목이 있습니다. 결국 신·분·의·성은 호흡 수련이나 화두 해결 등 어떤 특정 수행에 한정되는 방법이 아니라 모든 일을 할 때 진행하는 방법입니다.

정산 종사는 "신·분·의·성을 마음공부에 들이대면 삼학 공부에 성공하고 사·농·공·상에 들이대면 직업에 성공하느니라."[『정산종사법어』 권도편 32장]라고 말씀하십니다. 마음공부에 들이대면 공부에, 사업에 들이대면 일에 성공한다는 것입니다.

소태산 대종사는 어릴 적 친구는 소리하기 좋아하여 지금도 숨은 명창 노릇을 하고 있고, 당신은 진리 탐구에 정성을 다하여 진리 생활을 하게 되었다는 회고담을 통해, "방향을 정하여 옳은 데에 입각한 이상 사심 없이 그 목적한 바에 노력을 계속하는 것이 성공의 기초"[『대종경』 수행품 11장]라고 하셨습니다. 이것이 바로 신·분·의·성의 체험담입니다.

소태산 대종사의 구도 과정도 신·분·의·성이며, 대각 이후의 창립 활동도 신·분·의·성의 진행입니다.
옥녀봉의 하늘을 보고 의심을 내신 관천기의상을 비롯하여, 의심을 해결하기 위해 삼밭재 마당바위에 오르시어 산신령에게 기도하러 다니신 삼령기원상과 도사를 찾아 의문을 해결하려 하신 구사고행상도 다 신·분·의·성의 과정이며, 영산방언도 신·분·의·성으로 추진하였으며, 법인성사도 신·분·의·성으로 매진하였고, 봉래제법도 신·분·의·성으로 추구하였으며, 신룡전법도 신·분·의·성으로 행하신 것입니다.

신·분·의·성의 진행 사조는 어느 날 갑자기 대각 후에 솟아오른 법이 아닙니다.
어린 시절부터 품어왔던 발심 구도 과정을 통해 대각으로 확인한 교법입니다.
그러므로 신·분·의·성은 소태산 대종사의 구도 체험이요 그 산물입니다.
소태산 대종사의 가슴에서 퍼 올린 교법의 샘물입니다.

오늘은 소태산 대종사의 구도 과정과 신·분·의·성에 대해 살펴보았습니다.

The 읽으면 좋은 법문

매사에 기회를 잃지 말아야 성공할 수 있다

구두口頭 이동임, 수필 오종태
《회보》 제58호, 시창24년(1939) 9월호

───── 감상자 이동임은 수수 농사의 경험을 들어 제초 등 작농 시기를 놓치면 농사에 성공할 수 없다고 한다. 심전心田 중 양심을 키우는 마음 농사를 짓고자 하나 마음을 살피는 제초의 때를 놓치면 심전에 불신·탐욕·나·우의 잡초에 둘러싸여 심전 중에 키울 양심은 흔적조차 찾아볼 수 없게 된다고 감상한다. 이때 신·분·의·성을 불신·탐욕·나·우의 잡초에 들이대면 심전 중에 양심이 싹 트고 피어 열매 맺게 된다는 것이다.

신·분·의·성의 일꾼으로 불신·탐욕·나·우의 잡초를 제거하라고 한다.

저의 감상 된 바는 다름이 아니오라 본시 농촌에서 거주하는 만큼 자연 농업에 힘을 써오던 중 특히 금년에는 밭에다가 서숙[수수]을 심었습니다. 그러나 여러 가지 일에 구애되어 제초할 시기에 제초를 하지 못하고 차일피일 미뤄 오다가 생각하여본즉 때가 너머나 늦었으므로 하루는 역군[일꾼] 5, 6인을 데리고 밭에 가서 본즉 잡초가 무성하여 온 밭을 차지하였으며 가엽게도 서숙은 그 속에 파묻혀서 그 형적을 찾아보기가 어렵게 되는 동시에 저는 하도 어이가 없고 기가 막혀 잠잠이[말없이 가만히] 섰더니 마음에서 한줄기의 감상이 나왔습니다. 오~ 그렇구나. 과연 그렇구나. 비단 저 서숙뿐이 아니라 천사만사가 다 기회가 있는 것인데 그 기회를 잃고 보면 대소사를 물론하고 만사가 다 불성공不成功이요 허사로 돌아가고 마는 것이로구나. 저 서숙으로 말하더라도 그 기회를 잃지 않고 일찍이 제초를 하였더라면 오늘에 이와 같이 서숙 농사의 실패가 없었을 것이다. 이것을 미뤄 볼진대 나도 지금 청춘시대이지만은 이때 공부를 부지런히 하지 아니하고 엄벙덤벙 지내다가 아까운 이 기회를 놓치고 보면 대자연의 바퀴는 돌고 돌아 머지않은 장래에 성성한 백발은 귀밑을 찾아올 것이니 그때에야 후회한들 무슨 소용 있으며 한탄한들 무슨 가치가 있겠느냐? 진소위眞所謂 한 때의 몽중사가 되고 말 것이며 물거품이 되고 말 것입니다. 그런즉 청춘시대의 이 기회와 종사님 같으신 대성현을 만난 이 기회를 잃지 말고 수미산같이 높고 항하수같이 깊은 이 공부의 진리를 부지런히 연구하고 부지런히 실행하여 대성공을 하여야 하겠다는 각성이 났습니다. 또 한 가지는 그 서숙밭과 우리의 심전과 비교하여 볼 때 우리의 심전에 뿌리 종자는 무엇이며 심전의 잡초는 무엇인가? 생각하여 보았습니다. 그것은 다름이 아니라 성불하기를 발원한 우리 수도인의 심전에는 불佛의 종자인 양심의 씨를 뿌렸으며 심전의 양심을 방해하는 잡초는 불신不信 탐욕貪慾 나懶 우愚인데 우리는 하루속히 이 양심을 배양하여 성불의 지경을 가고자 하나 원수의 이 잡초인 불신 탐욕 나 우는 제초하는 기회를 조금만 놓치면 저 서숙을 둘러싸듯이 그만 양심을 폭 둘러싸서 형적形迹도 없게 하고 맙니다.

그런데 이 심전에 잡초를 제거하는 기구는 무엇일까요? 그것은 다름이 아니라 신, 분, 의, 성이올시다. 이 신분의성으로 기회를 잃지 않고 들이대면 불신 탐욕 나 우의 잡초는 형적도 없이 사라지나니, 우리는 또한 이 심전 제초의 기회를 때로 상고詳考하고 날로 상고하여 저 서숙 농사와 같이 실패되지 않도록 해야 하겠으며 불종자佛種子인 양심을 잘 키워서 꽃도 피고 잎도 피며 좋은 열매가 많이 열려 일체중생의 심전에 선근종자가 되겠다는 감상이 났습니다.

적지위대 積之爲大

김대거 수필受筆
《회보》 제45호, 시창23년(1938) 6월호

———— 소태산 대종사는 정축 동선 중 회화 시간에 전음광이 '공부인과 비공부인非工夫人의 다른 점'에 대하여 발표한 내용을 들으시고 한 실례를 들어 보설한다. "사람의 일생에 있어 제일 첫째, 그 방향의 선택이 중대한 것이며, 이미 방향을 정하여 옳은 데에 입각한 이상에는 사심邪心 없이 그 목적하는 바에 노력을 계속함이 만사 성공의 기초라."는 내용이다. 옳은 일에 방향을 선택했다면 즉 결정심이 확고한 정신正信이 세워졌으면 이에 입각하여 사심 없이 그 목적하는 바에 노력하라는 것이다. 신信에 입각하여 분과 의와 성으로 나아가라는 것이다. 그러면 성공의 바탕이 된다는 말씀이다.

결국 신분의성으로 삼학공부를 지속하면 매사에 성공한다는 것이다. 김대거 수필의 '적지위대' 법설은 약간의 윤문을 거쳐 『대종경』 수행품 11장에 실린다.

정축丁丑 동선[시창22년 음11.6~시창23년 2.6] 어느 날 회화 시간을 당하여 전음광의 차례가 되매, 음광은 '공부인과 비공부인非工夫人의 다른 점'이란 문제로써 장시간 열변을 토하였다. 그 말에 "이 공부를 하지 않는 사람들도 어떠한 경우에 이르고 보면 또한 다 우리의 삼강령[三綱領, 삼학]을 이용하게 되나니, 그것은 즉 누구나 어려운 일을 당하면 반드시 정신을 수습하여 일심을 구하며 또는 그 아는 지혜를 구하며 또는 그 실행을 구하여 백방으로 노력을 하나니, 그때 그들의 열심熱心 상태야말로 우리 공부인에 조금도 지지 않을 것입니다. 그러나 그들의 삼강령은 그때 그 일에만 한하였을 뿐으로 그때 그 일만 지나가면 그만 방심이요, 무관심이기 때문에 평생을 지내어도 공부상 척촌[尺寸, 한 자 한 치]의 진보가 없을 것은 물론이며, 모든 일에 임사낭패[臨事狼狽, 실패 좌절]를 면키 어려울 것은 사실입니다. 그러나 우리 공부인은 그와 달라서 때의 동정과 일의 유무를 헤아릴 것 없이 언제든지 쉬지 않는 삼강령의 공부법이 있으므로 이대로만 오래 계속한다면 반드시 수양, 연구, 취사의 삼대력을 얻어서 출중초범出衆超凡한 대 인격을 완성하리라고 생각합니다."라고 하였다.

때마침 종사주[소태산]께옵서 이 말을 들으시고 가라사대 "음광의 말이 매우 의지意旨가 있으며, 이미 공부의 길을 잡은 사람에게는 많은 도움이 될 듯하나 일반적으로 알기가 좀 어려울 듯하므로 내 이제 일언一言으로써 더하리라.

가령 여기에 세 사람이 모여 앉아 있다고 하자! 그 중 한 사람은 기계 발명의 연구를 골똘히 하고 앉았으며, 또 한 사람은 수승화강水昇火降의 좌선법에 전심專心하고 앉았으며, 또 한 사람은 그도 저도 하는 것 없이 무료히 앉아 있다고 하자! 그런다면 외면으로 보아 그때 그들의 아무 일 없이 앉아 있는 모양은 조금도 다를 것이 없을 것이며, 내면으로 무엇을 하고 안 하는 표가 나타나지 아니할 것이다. 그러나 그와 같이 1년! 2년! 내지 몇십 년의 장구한 시일을 두고 끊임없는 노력을 계속하고 보면 결국은 저의 하는 바로 좇아 각각 현수懸殊한 차이가 나타나게 될 것이니, 기계학을 연구한 사람은 기계에 대한 어떠한 발명이 나타날 것이요, 수승화강하는 좌선에 힘쓴 사람은 자유자재自由自在한 정신의 위력을 얻을 것이요, 그도 저도 하는 것 없이 무료도일無聊度日한 사람은 필경 아무 성과가 없을지라.

이와 같이 무엇이나 하는 그때에는 오히려 심상하고 적은 일 같지마는 그 하는 것을 쉬지 않고 쌓고 또 쌓은 그 결과는 심히 위대하나니, 시시처처時時處處에 삼강령의 공부심이 있이 지내는 사람과 없이 지내는 사람의 장래가 그 어떠할 것은 오인吾人의 상식으로도 가히 판단할 일이 아닌가? 1시간의 좌선을 더 하고 덜함이 무슨 큰 차이가 있으며, 한 가지 일을 잘하고 잘못함이 얼마나 큰 관계가 있으랴 하지마는 돌이켜 생각해 보건대, 그 1시간이라는 시간이 쌓이고 쌓여서 사람의 일평생이 되는 것이요, 한 가지 잘하고 잘못함이 쌓이고 쌓여서 인품의 선악·고하를 나타내게 되나니, 어찌 짧은 시간이라 하여 그를 등한히 하며 작은 행실이라 하여 그를 소홀히 할 바이랴.

이에 대하여 또 나의 지내온 실험담 하나를 이야기해 주리라. 내가 8, 9세의 어렸을 때 한문 서숙에를 다녔었는데, 그때 같이 글공부하던 '박朴'이라는 아이가 있었다. 이 아이는 매일 글공부에는 뜻이 적고 항상 광대소리 하기를 즐겨하여 책을 펴놓고도 그 소리, 길을 가면서도 그 소리, 언제든지 그 소리가 구부절성口不絕聲이었다. 그런 후 나와는 서로 방향이 달라져서 수십 년간 상봉치 못하다가, 연전年前 내가 영광에 갔을 때 우연히 도중에서 만나게 되니, 머리에는 백발이 성성하고 얼굴에는 무수한 주름살이 잡혀서 아주 몰라볼 정도로 늙었으나, 아직도 그 광대소리를 놓지 못하고 엿목판을 메고 가면서 한 곡조를 하는데, 과연 숨은 명창이 분명하더라.

　나는 또 어렸을 때부터 우연히 진리 방면에 취미를 가지기 시작하여 독서에는 별로 정성이 적고 밤낮으로 생각하는 바가 현묘한 그 이치였다. 인간의 생로병사를 볼 때라든지, 자연계의 모든 현상을 접촉할 때에 그 하나도 의심나지 않음이 없었고 의심이 나면 모두 다 알고 싶어서 이로 인하여 침식을 구망俱忘하고 명상暝想에 잠긴 적이 한두 번이 아니었으며, 그로부터 계속되는 정성이 조금도 쉬지 않는 결과에 드디어 금일까지 진리생활을 하게 되었으니, 이것을 두고 볼지라도 **사람의 일생에 있어 제일 첫째, 그 방향의 선택이 중대한 것이며, 이미 방향을 정하여 옳은 데에 입각한 이상에는 사심邪心 없이 그 목적하는 바에 노력을 계속함이 만사 성공의 기초라.**" 하시더라.

배우는 성심誠心 있는 원인과 없는 원인

기술인記述人 송도성
《월말통신》 제12호, 시창14년(1929) 음 2월

──────── 병과 치료, 병자와 의사의 관계를 들어 수행자와 마음병 그리고 그 치료 및 치료법에 대한 자각 그리고 치료를 반드시 해야겠다는 신심과 의지의 중요성을 강조하고 있다.
팔조八條의 '신信이라 함은 믿음을 이름이니, 만사를 이루려 할 때에 마음을 정하는 원동력原動力이니라'와 연관된다. 선원禪院에 입선하는 것은 환자가 병원에 입원하는 것이라면 예회에 참석하는 것은 병원에 통원 치료하는 것이라 비유한다.

어느 때 종사주께옵서 목뒤에 습종濕腫이 발생하시와 이리[익산시] 어느 의원에 다니시며 치료를 받으실 때 하루는 모든 제자를 모으고 일러 가라사대, "내가 근일[近日, 요사이] 의원에 다니며 한 감상된 바가 있노라. 금번[今番, 이번]에 여러 사람의 권설勸說에 의依하여 치료를 받기는 하였으나 어쩐 일로 치료받는데 성의가 나질 아니하며, 날이 좀 추워져도 의원에 가기 싫은 생각이 나고 치료비 드는 것도 몹시 아까우므로, 그 원인을 더듬어 본즉 내가 내 병을 가벼이 여기었음이더라. '이 같은 습종 쯤이야 그리 걱정할 것 무엇 있나. 나서도 좋고 아니 나서도 그리 큰일 될 것은 없겠지' 하고 심상치지[尋常治之, 대수롭지 않게 여기는]하는 머리에 '이것 아니 고치고 두면 큰일 납니다. 장차 원[온] 두상에 벌여나서 발저[髮疽, 모발에 생긴 부스럼] 자리에 큰 종기가 발생하는데 그렇게 되면 치료하기가 썩 힘듭니다.' 하고 간절히 말하여 주던 의사의 말도 믿어지지가 않고 '무얼 그럴 나드냐' 하는 생각뿐이었다. 내가 이렇게까지 생각한 것은 아니로되 혹 어떤 사람은 '저 의사가 주사대나 놓고 수수료와 약값이나 탐해서 그 대단치 않은 것을 보고 그런 엄청난 말을 하는구나.' 하고 넘겨서 생각할 수도 없지 아니할 것이다. 그러면 그 사람이 병을 치료하는데 무성의無誠意할 것은 요연[瞭然, 분명]한 사실이다.

만약 자기의 병이 꼭 대병악질大病惡疾인 것을 자각하여 고치지 않으면 장차 신명身命이 위태할 것과 전염성이 있어 인간사회에 섞이지 못할 폐인이 될 줄을 확실히 아는 이상 저 의사를 믿어주기를 천사天師와 같이 하여 일호一毫의 의심이 없을진대, 그 의사가 청청請치 않더라도 병자가 자진하여 성의껏 치료를 받을 것이라. 그때에는 의사의 지도하는 대로 침針을 맞으라 하면 아무리 아플지라도 견디어 맞을 지며, 약을 먹으라 하면 아무리 쓰다 할지라도 사양치 않고 먹을 것이며, 의원에 다니기 괴로운 줄도 모를 것이요, 금전 소비되는 것이 아깝지도 아니할 것이요, 다만 그 병 낫는 것만 천행天幸으로 생각할 것이다.

나는 이 생각을 하고 본회에서 공부하는 여러 사람의 일과 맞추어 보았노라. **선원[禪員, 정기훈련 입선인] 제군諸君이 이곳에 모인 것은 저 육신 병자의 병원에 입원함이나 다름없고, 재가선在家禪으로 내왕하는 자[예회 참석자]는 저 병원에 통원 치료함과 흡사하다.** 그러면 제군諸君에게는 어떠한 병이 있어서 치료코자 하는가? 그 병명은 총괄적으로 심병心病이라 하겠지마는 심병 그중에도 여러 가지 종류가 있으니, 제군諸君은 각자의 병상病狀을 잘 아는가? 제군諸君도 각자의 증상을 잘 알아서 이것을 고치지 않으면 아니 되겠다는 자각을 아까 말하던 육신 병자의 깨우침과 같이 있으며. 선생을 신봉하기를 또 그와 같이 했을진대, 선생이 설혹 불친절한 눈치가 있고, 동문 학우가 모두 정답지 않은 기색이 보이며, 귀에 거슬리는 충고의 말과 마음에 아픈 경계와 책망이 있을지라도 모두 너그러이 받아질 것이며, 그리하는 것이 오히려 달고 감사할 것이다. 그러나 자기의 병이 대병악질大病惡疾인 것을 알지 못하여 고쳐도 무방無妨 아니 고쳐도 무방, 이렇게 된 사람은 결코 철저한 신성信誠이 나지 아니할 것이며, 철저한 신성이 나지 아니하면 공연히 선생의 눈치와 동문 학우의 태도나 살피며, 모든 일이 의심나고 모든 일이 거슬리고 모든 일이 괴롭다가 필경 중도中途에 퇴락退落하고 마나니, 제군諸君은 무엇보다 먼저 각자의 병상을 묵묵히 발견하여, 이것을 고치지 않으면 꼭 못 쓰겠다는 자각을 얻어오라. 그러한 연후然後에야 가르치기도 힘들지 않을 것이며 배우는 데도 고장이 적으리라." 하시더라.

한 가지 잘못됨으로 인하여 만사에 방념放念치 말라

기록자 송도성
《월말통신》 제2호, 시창13년(1928) 음 6월

─────── 《월말통신》 제2호의 화제話題 두 번째로, 시창13년 음 6월 24일 송도성에 의해 기재된 소태산의 법설이다.
소태산은 실패에 좌절하지 말고 실패를 거울삼아 미래를 개척하는 분발과 탐구의 의심을 촉구한다. 작은 실패가 큰 성공의 바탕이 되도록 실패를 보감삼아 분발[忿]하는 용기와 문제를 파악하는 탐구심[疑]을 당부하고 있다. 신분의성의 적용 법문이다. 이 법설은 『대종경』 인도품 38장에 실린다.

한때에 선생님께옵서 여러 제자에게 일러 가라사대 "내가 여러 사람을 지내본즉 사람의 심리란 참 이상한 것이더라. 무슨 일이나 처음 시작하여서 한 가지도 그릇된 바 없이 잘 진행하는 때는 누구나 그 일을 그르치지 아니하고 잘해보려는 성의가 있으나, 어찌 잘못하여 한번 실패가 있으면 그만 그 마음을 다 풀어 버리고 기왕 잘못된 것 공력 드리면 무엇 하나 하여 되는대로 방념자행放念恣行을 하기 쉬우니라. 한 예를 들어 말하면 깨끗한 새 옷을 입은 자가 처음에는 기거좌립起居坐立에 주의하여 아무쪼록 그의 복[服, 옷]을 더럽히지 않으려고 하다가 얼마쯤 입어서 때가 묻고 구김이 지면 그만 그 주의를 놓아버리고 아무렇게나 입게 되나니, 모든 일을 다 이와 같이 하면 무슨 성공이 있으리오. **오직 철저한 생각과 원대한 경륜이 있는 사람이라 하는 것은 무슨 일을 하는데 중간에 어떠한 파란**[波瀾, 온갖 시련]**과 어떠한 실패를 당할지라도 한층 더 분발하며 한층 더 주의하여 그 실패로써 전감**前鑑**을 삼아서 미래를 개척하나니, 이 뜻을 깨달아서 이대로 하고 보면 적은 실패는 큰 성공의 바탕이 될지니라.**" 하시더라.

법설

이소성대以小成大는 천리天理의 원칙이다
수필인 김형오
《회보》 제58호, 시창24년(1939) 9월호

──────── 이소성대以小成大는 공부나 사업 간에 욕속심으로 급속히 성과를 이루려 말고 작은 것에서부터 큰 것에 이르도록까지 점진적으로 노력하라는 가르침이다. 작은 것이 모이고 쌓여서 큰 것이 이루어지는 이소성대가 천지 만물의 원칙이기에 작은 것에서부터 공을 들여 큰 성과를 이루는 데까지 정성을 다하라는 것이다. 큰 목표[大]를 방향삼아 작은 것[小]부터 차근차근 실행하라는 것이다. 이는 팔조의 '성誠이라 함은 간단없는 마음을 이름이니, 만사를 이루려 할 때에 그 목적을 달하게 하는 원동력이니라'와 연관된다.
이소성대의 원리에 반대되는 예로 며칠 몇 달에 염불이나 좌선으로만 사리를 통달하여 큰 도덕을 얻기로 한다면 이는 우치한 욕심에 지나지 않는 역리逆理의 일이라는 것

> 이다. 이러한 욕속심은 사심 없는 성심誠心은 아니다. 이 법설은 윤문되어 『대종경』 요훈품 10장과 교단품 30장에 실린다.

한때에 종사주 말씀하여 가라사대 현재 보통 사람의 행사를 보니 대개는 공부와 사업이나 기타 무슨 일을 하는 데에 긴 시일과 노력은 들이지 아니하고 단번에 큰 성과를 바라는 사람이 많으니, 이는 실로 큰 사업과 훌륭한 공부를 하는 방법을 모르는 연고라. 왜 그러냐 하면 세상 모든 일이나 모든 물건이 처음부터 커진 것이 무엇이 있는가 생각하여 보라. 모두가 적은 데로부터 커진 것 외에는 다른 도리가 없나니, 몇 가지 예를 들자면 강하江河와 같은 많은 물도 적은 시냇물이 모이고 모여서 된 것이요, 9층이나 높은 탑도 한 개 두개의 작은 돌로부터 쌓고 쌓인 것이며, 연포[連枹, 아름드리]의 큰 나무도 털끝만 한 약한 싹으로부터 커진 것이며, 천 리의 먼 길을 가는 것도 한 걸음 두 걸음으로부터 시작되는 것이라. [대종경 요훈품 10장]

그러므로 나는 적은 것[小]이 커지는 것[大]을 천리天理의 원칙이라 하노라. 이 세상에 위대하게 드러난 불교나 야소교耶蘇敎의 역사를 보더라도 초창 시에는 그 힘이 심히 미약하였으나 장구한 세월을 지내는 동안에 그 세력이 점차 확장되어 오늘에는 편만천하遍滿天下의 대종교大宗敎가 되었으며, 또는 **공부 방면으로만 말하더라도 큰 도를 얻은 불보살 성현들이 단번에 큰 도를 얻은 것이 아니라 겁겁 다생을 두고 닦고 또 닦아서 적은 힘이 쌓이고 쌓인 결과에 된 것이니, 제군들도 무엇을 하든지 처음부터 급속히 확장하려고 하지 말고 점진적으로 그 세력을 키워 완전한 성과를 얻도록까지 노력하라.** 우리가 본회를 창조하는 데에도 이 이소성대以小成大의 정신을 주로 하여 사심이 없는 성심誠心으로만 노력한다면 결국 무위이화無爲而化의 대성과를 보게 될 것은 자연의 사실이요, 또는 공부를 하는 데에도 지도인의 지도에 복종하여 모든 계급과 차서를 밟아 진행하고 보면 마침내 대성공의 지경을 당할 것이나, 만일 그렇지 아니하고 염불이나 좌선으로만 며칠 몇 달에 사리를 통달하여 큰 도덕을 얻기로 하면 이는 한갓 우치한 욕심에 지나지 못하는 역리逆理의 일이니, 아무리 애를 쓰되 헛되이 세월만 보내게 될 것이다. 큰 도력을 얻는 것이 그 순서가 있어서 적은 힘으로부터 큰 힘을 쌓지 아니하면 결코 큰 성공을 하기 어렵나니, 동정 간에 어느 때 어느 일을 물론하고 일심 알음알이 실행 이 삼대강령의 공부심만 놓지 아니하면 결국 정신에는 수양력이 쌓이고, 사리에는 연구력이 쌓이고, 작업에는 취사력이 쌓여 점진적으로 삼대력이 완전하여 삼계대권을 장중[掌中, 손안]에 쥐게 되고 육도사생을 자유자재하는 능력을 얻게 될 것이다. 이것이 공부하는 순서요 도에 들어가는 바른길이니, 제군은 이 이소성대 되는 이치를 명심하여 공부와 사업을 해 가는 데에 이것으로써 전도前途의 지침을 삼을 지어다 하시더라. [대종경 교단품 30장]

대업을 완성토록 용왕매진勇往邁進하라

송도성
《월말통신》 제12호, 시창14년(1929) 음 2월

───────── 회설자 송도성은 창립의 과정과 성취를 위해 분투를 촉구하고 있다. 팔조八條의 '분忿이라 함은 용장한 전진심을 이름이니, 만사를 이루려 할 때에 권면하고 촉진하는 원동력이니라.'와 관련된다. 분忿의 뜻으로 매진邁進, 분력奮力, 분투奮鬪, 발분發忿, 분력奮力을 사용하고 있다.

병진년丙辰年 늦은 봄 백수의 궁항[窮巷, 선진포 일대의 길룡리]에서 수삼數三의 동지가 휴수공명[携手共鳴, 손을 맞잡고 뜻을 같이 외침]하여 고고呱呱의 산성[産聲, 아이가 세상에 나오면서 처음 우는 울음소리]을 발發한 본회도 어언간 14성상[星霜, 세월]이란 적지 않은 역사歷史를 가지고 경성, 영광, 부안 등지에 기개[幾個, 몇 개]의 기초를 정定하여 일익[日益, 날로 더욱] 융창하여 감은 창립의 의무를 대[帶, 두른]한 오인吾人으로 하여금 만강[滿腔, 마음속에 가득 찬]의 흔희[欣喜, 큰 기쁨, 환희]를 자억[自抑, 억제]치 못할 바이다. 그러나 오인吾人은 차제[此際, 이때]에 있어 한갓 환희만 할 것도 아니요, 자만할 것도 아니요, 오직 더 일층 용왕매진[勇往邁進, 용감하고 씩씩하게 나아감]의 분력奮力을 발하여야만 창립자인 우리의 떳떳한 의무라 할 것이다. …중략…

각성하라. 발분發憤하라. 모든 동지여. 서성西聖의 야소耶蘇는 재세在世 3년의 법法으로서도 능히 동서의 종교계에 패권覇權을 장악하였나니, 차次는 야소耶蘇의 법을 준봉[遵奉, 따르고 받듦]하는 성도聖徒들의 악전고투惡戰苦鬪한 여택餘澤이라 할 것이다. 황차[況且, 하물며 또한] 오인吾人에게는 종사주 다년간 설법이 계셨고, 그 법을 운용할 기관의 대체는 구성된 금일에, 우리이 결심만 굳고 능력만 있다면 우리의 교리와 우리의 사업이 어찌 서인西人에 굴屈할 바이랴. 법을 내심은 종사주에게 있고, 그 법을 널리 확창擴昌할 의무는 우리에게 있나니, 오인吾人은 이러한 의무를 아는가 모르는가? 또는 우리 사업의 근본을 회고回顧할진대 우리의 사업 성취가 반장[反掌, 손바닥 뒤집기]과 여如히[같이] 용이함을 단정한다. 세상은 요적遙寂하고 인심이 암암暗暗할 때 영광의 벽지에서 기인[幾人, 몇 사람]의 동지가 합심 노력한 결과로 이만한 사업의 근거가 정定하였거든, 황況[하물며] 지금은 다수의 동지가 삼강령三綱領의 기치하旗幟下에 집중하였고 겸하여 다소의 활동 토대를 득하였으니, 협태산이초북해[挾泰山以超北海, 태산을 끼고 북해를 뛰어넘는 행위]는 오인吾人의 불능不能할 바이나, 차此에 한限하여는 오인吾人이 영녕寧히 않을지언정 불능함이 아니니, 오인은 갱일층[更一層, 한층 더] 분력奮力을 발하여 우리의 목적지에 도달키를 절망[切望, 간절히 바람]하노라.

**대도지사大道志士여,
모든 고난苦難을 극복克服하고 용왕勇往하라**

전음광
《월말통신》 제34호, 시창15년 경오庚午 음 11·12월분

───── 회설자 전음광은 팔조八條의 신과 분에 근거하여 새해를 맞이하자는 다짐을 촉구한다.

"범상한 사람의 자각 없는 신성이라 하는 것은 무슨 일을 기꺼이 신信해서 하다가

도 중도에 어떠한 불행이 봉착하면 그만 퇴굴하여 타락되는 수가 허다하나니 그렇다면 무슨 일의 성공을 보리오. 바라노니 동지 여러분이여! 이 점에 대하여 깊이 양찰[諒察, 헤아려 살핀] 후 우리의 하는 바가 사리에 당연한 일이거든 어떠한 천신만고를 당한다 할지라도 거기에 타락하지 말고 더욱 견강[堅剛, 굳센]한 의지와 불굴의 정신으로 전진분투前進奮鬪하기를 부탁하노라."라며 자각 있는 신성을 권면한다.

팔조八條의 신信은 자신의 원願에 대한 다짐에 거짓이 없기에, 만일 하고자 하는 바람을 세웠으면 그 하고자 하는 바가 사리에 타당하다면 어떠한 어려움을 당할지라도 거기에 타락하지 않고 굳건한 의지와 불굴의 정신으로 분투奮鬪하라는 것이다. 정당한 신을 세워서 분발하고 탐구하여 그 일이 되도록까지 정성을 다하자는 당부요 촉구이다.

성근誠勤

《회보》 제48호, 시창23년(1938) 10월호

회설자는 "성誠은 곧 시와 종이 여일하여 간단없이 계속되는 마음을 이름이요, 근勤은 곧 게으르고 하기 싫은 사심 잡념을 제각하고 정진 불퇴하는 마음을 이름이니, 천만사를 작용할 때에 오직 이 성 자誠字로써 체를 삼고 근 자勤字로써 용을 삼아 용진 매진하자"라고 촉구한다. 이 회설은 팔조八條의 성과 나懶에 관련된다.

즉 성근誠勤은 팔조의 '성誠이라 함은 간단없는 마음을 이름이니, 만사를 이루려 할 때에 그 목적을 달하게 하는 원동력이니라'와 '나懶라 함은 만사를 이루려 할 때에 하기 싫어함을 이름이니라'의 적용이다. 근勤은 나懶의 반대이다.

신성을 배양하자

전음광

《회보》 제63호, 시창25년(1940) 2월호

――――― 회설자 전음광은 "신심은 근본이 되고 정성은 끝이 되어서 이 근본과 끝이 합치되는 곳에 성공의 열매를 얻게 되며, 이 신과 성은 만사를 착수케 하는 원동력이요 만사에 성공하는 요체며 비결이라"고 강조한다. 특히 '종교가에서 공부와 사업을 하는 것은 신성의 유무에 따라 흥망성쇠가 좌우되므로 있는 신성은 더욱 북돋우고 식어가는 신성은 다시 추워 잡아서 새로운 용기와 활기를 부여잡자'고 촉구한다. 팔조八條의 신信과 성誠에 근거한 회설이다.

부록 附錄

부록 1. 〈시창13년도 사업보고서〉 '교무부 제1회 공부인 훈련 보고서'
부록 2. 〈교법제정안〉 '사은四恩 사요四要'
부록 3. 〈시창14년도 사업보고서〉 '교무부 제2회 훈련재료 보고서'

··

〈시창13년도 사업보고서〉 '교무부 제1회 공부인 훈련 보고서'에 삼강령의 총론과 교육의 조건으로 팔조목 및 출가선(정기훈련)과 재가선(상시훈련)의 훈련 방식이 기술되며, 〈시창14년도 사업보고서〉 '교무부 제2회 훈련재료 보고서'에서 훈강訓綱인 정신수양, 사리연구, 작업취사의 삼학으로 훈련하여, 교강敎綱인 사은四恩을 깊게 하고, 법강法綱인 사요四要를 밟도록 명시한다.

시창14년 음력 10월 6일에 〈교법제정안〉 '사은사요'가 발표된다. 사은의 피은 보은 배은과 사요의 지우차별의 변천과정이 밝혀져 있다.

〈시창14년도 교무부 사업보고서〉에 나타나는 교리 설명은 3년 뒤인 원기17년(1932)에 발행한 『보경 육대요령六大要領』에 총합되어 지금 우리가 보고 있는 『정전』의 문장으로 구성된다.

이 교무부 보고서는 혜산 전음광이 소태산 대종사의 법설을 받들어 시창13년도와 시창14년도 사업보고서 정리하여 보고한 것으로, 이후 시창16년 1월 30일에 소태산은 친감親勘 후 완정完定 한다.

부록 1 – 시창13년도 사업보고서

'교무부 제1회 공부인 훈련 보고서'

시창13년도(1928) 사업보고서는 원기9년(1924)에 공개적으로 새 회상을 선포한 후 그해 말에 익산에 본부를 건설 후 훈련법 발표와 공부와 사업 고시법 등 새 제도를 마련하는 등 창조적 활동을 한다. 이러한 일련의 과정을 시창13년 음 3월 말 제1대 1회 기념총회에서 점검 평가한다. 이 해의 사업보고서에 '교무부 제1회 공부인 훈련 보고서'가 정리된다.

이 보고서에는 삼학을 단련하기 위해 신·분·의·성의 진행사조와 불신·탐욕·나·우의 사연사조 및 정기훈련과 상시훈련을 하고, 이러한 삼학 훈련을 점검키 위해 일기법을 실행하고 또한 이러한 훈련을 실행하기 위해 단 조직을 운영토록 하는 체계적 과정을 밝히고 있다. 삼학과 훈련과 단 조직과 일기법이 서로 도움이 되는 연관성을 보고하고 있다.

특히, 보고서에서는 삼학의 보편성과 삼학을 자동차 운전 및 의식주에 연관지어 설명하고 있다. 이처럼 간단없는 공부인의 삼학을 정기훈련과 상시훈련의 훈련법으로 실행하고 점검하는 것이 특징이다. 시창13년도 사업보고서의 '교무부 제1회 공부인 훈련 보고서'는 삼학과 훈련의 관계를 체계적이고 총체적으로 밝히고 있는 중요한 문서이다.

불법연구회의 7부 중 교무부는 '본회의 취지·규약·경전을 가르쳐 연습시키며, 동하 6개월에 공부인의 일기를 감정하는 직무를 수행'하는 부서이다.

1. 삼강령의 총론

우주는 대소의 만상이 수없이 펼쳐져 있고 인간은 시비 이해의 경계가 얽혀있나니 사람은 그 가운데 처하여 만물을 사용하며 시비 이해의 경계선을 밟는 것이 인생으로서 피할 수 없는 처지요, 가지 않을 수 없는 길이다.

사람이 만일 경계를 당하여 육근을 작용하려고 할 때 옳고 이로운 바는 취取하고, 그르고 해로운 바는 사捨하여 고를 버리고 낙으로 나아가며 인도 정의의 영장다운 목적을 달성하고자 하면 반드시 육근 작용의 사령관인 정신을 먼저 온전하고 밝게 할 것이며 대소 유무와 시비 이해에 충분한 지식을 갖게 할 것이며 모든 일을 지을 때 정의와 불의를 취사하여 실행이 있도록 할 것이니, 그러므로 본회에서는 인류사회에 제일 중요하고 제일 급선무인 모든 점을 미리 준비하기 위하여 정신수양 사리연구 작업취사로써 교육의 원강령을 삼아 남녀노소 선악귀천을 물론하고 지성의 발원이 있는 자는 고루 훈련을 갖게 되었다.

그러나 이 삼강령의 진의를 해부하여 저세상 모든 인류의 생존상황에 참조하면 누구를 막론하고 다소간이라도 이 삼강령을 쓰지 아니한 자 없으며 우리가 우리의 역사를 회고하여도 지금 이 삼강령의 궤도를 밟으면서 살아왔으니 알고 보면 본회에서 독특히 제정한 삼강령이 아니며 또는 본 회원에 한해서만 이행할 삼강령이 아니다.

천지가 조판하고 인류가 시작하는 그때부터 인도의 근본적 원칙으로 제정된 삼강령이며 만고를 통하여 억만 중생이 밟아오고 밟아갈 삼강령일 것이다. 만일 불신하거든 유불선을 통하여 역대의 성현 달사가 중생을 위한 의도로 제정한 인도 정의의 법을 보자. 백천 경전과 억만 교법이 다 삼강령을 밝히는 데 불과하다. 선仙의 이른바 조화는 이 정신수양의 결과를 가리킴이요, 불佛의 이른바 견성은 이 사리연구의 결과를 가리킴이요 유儒의 이른바 범절은 이 작업취사를 가리킴이니 유불선 삼도도 이 삼강령을 밝히기 위함이며 유불선이 그 범위 내에 있는 만큼 유불선 삼도에 의하여 지금까지 영장이란 칭호를 보유한 우리로서는 더욱이 가지 않을 수 없는 길이며 가지 않아서는 아니 될 길일 것이다.

삼강령과 인생의 관계를 다시 한번 현실적으로 참조하여 보자.

저 준준무식[蠢蠢無識, 굼뜨고 어리석어 무식한]의 하우자라도 저의 운명 상 중대 관계가 있는 난경이 닥쳤을 때는 반드시 그 해결책을 얻기 위하여 제 생각 있는 데까지는 이리저리 곰곰이 궁리하고 또 궁리할 것이며 단순히 그것을 궁리할 것인가? 귀로 들리고 눈으로 보이는 산란한 곳을 피하며 마음 가운데 경영하는 딴생각까지도 다 놓고 본능적으로 그 어느 으슥하고 조용한 곳을 찾아갈 것이며 그 머리에 가부간 한 생각을 얻었을 때는 그중에도 제게 제일 유익한 방법은 취하고 해될 일은 사捨할 것이니, 이것은 누가 가르치고 제가 배운 바도 없건마는 은연자연 중 저도 모르는 순간에 수양 연구 취사 곧 삼강령을 아울러 씀이라.

차此를 추측하면 인생이 무엇이든지 하기로 할 때 알든 모르든 이 삼강령을 어쩔 수 없이 쓰게 되는 것만은 사실이다. 여사히[如斯, 이와 같이] 무식한 자까지도 삼강령을 막무가내로 쓸 때가 있거든 그 이상 대소 유무와 시비 이해가 가능하여 매사에 성공을 바라는 자야말로 알고 보면 오죽이나 이 삼강령을 써 왔으랴? 그 길을 밟아 왔건마는 그 길인 줄을 모르고 맹목적으로 살아온 우리를 시시로 생각할 때 어찌 그 각성 없고 몽매함을 한탄하지 않으며 우리가 쓰면서도 몰랐던 그것을 발견하여 주신 종사주의 은덕을 생각할 때 어찌 그 새삼스럽게 솟는 감동을 멈출 수 있으랴?

다시 한번 그 실증을 보라. 저 분별 없는 5, 6세 유아도 이 삼강령을 쓸 때가 있나니 그것은 그 아이가 부모에게 항상 과자를 얻어먹다가 하루는 부모가 없는 사이에 저 혼자 과자 생각이 났다. 그러나 그 둔 곳을 알지 못하여 이곳저곳을 찾는 그 찰나에 부지중 손에 쥐었던 장난감과 젖 먹고 어리광 할 생각까지도 다 잊을 것이요, 단순한 그 생각이 과자가 어디에 있는지에 온전히 모을 것이며 그 순간에 따라 제 생각대로는 그 둔 곳을 이리저리 궁리도 하여볼 것이며 따라서 제 마음에 없으라는 곳은 놓고 있으라고 하는 곳은 취하야 조사도 하여볼 것이니 이것도 그 어린 것이 수양의 방법을 알아 정신을 온전히 모은 것도 아니요, 연구의 방법을 알아 이리저리 궁리한 것도 아니며 취사의 방법을 알아 이것을 놓고 저것을 취한 바가 아닌 것은 일반적으로 다 승인할 바이다.

이를 추측하면 사람이란 명칭을 대한 자로서는 반드시 이 삼강성三綱性을 근본적으로 타고나서 자연화된 것이라 아니할 수 없으며 어쩔 수 없이 쓰게 되는 것만은 더욱 확실한 사실일 것이다.

그러나 이같이 인생으로서는 제일 널리 쓰고 제일 많이 쓰고 제일 긴요한 삼강령, 매매 사사와 일동일정에 기어이 간섭되어야 할 삼강령, 또는 쓰지 않아도 큰일에는 자연히 쓰게 되는 삼강령, 안 쓰면 곧 멸망과 실패가 오는 삼강령, 쉽게 말하면 인류의 생명과 같은 삼강령, 더욱이 지우청탁을 물론하고 보편적으로 쓰게 되는 삼강령이지만 또한 그 반면에 잘 쓰고자 하나 써지지 아니하며, 쓴다고 하여도 매매 사사에 계속되지 못하며, 같은 사람 중에도 잘 쓰고 못 쓰는 차별이 있게 되나니, 그것은 곧 삼강령인 줄을 알아 미리 공부가 없는 연고이다.

누구를 물론하고 선악 간 어떠한 난경을 당하거나 난경이 아닌 쉬운 일이라도 처음 할 때는 저도 모르는 사이에 이 삼강령을 사용하지마는 그 외 쉬운 일이나 익은 일에는 삼강령에 조금도 주의와 생각이 없이 보는 대로 듣는 대로 생각나는 대로 엄벙덤벙 육근을 작용할 때 정당한 일이라도 괴롭거나 하기 싫으면 않고, 부당한 일이라도 즐겁거나 하고 싶으면 단행하였으니, 미리 준비가 없는 고로 일에 당하여 잘 쓰고자 하나 써지지 아니하여 매사에 계속되지 못하며, 그에 따라 같은 사람 중에도 잘 쓰고 못 쓰는 분별이 있는 것이다. 삼강령에 이같이 등한한 자로서 험준한 세상에 어찌 그 안심입명을 바랄 수 있으랴. 더욱이 이 모든 재화와 실패는 쉽고 적은 일에 주의심이 없는 데에 따라 일어남이라.

그러므로 일신一身을 대표한 그 정신은 일신을 망하고 일 가정을 대표한 자는 가정을 파괴하며 일 사회를 대표한 자는 일 사회를 파괴하며 일국一國을 대표한 자는 일국을 파괴하여 결국은 전 세계적으로 무도덕 무방면한 참경에 침몰당하는 것이다.

다시 말하면 이 삼강령은 인생으로서 고해를 건네는 함선이요, 밟아나갈 궤도이니 바다를 건너려 할 때 이 함선을 벗어나고 길을 가려 할 때 궤도에 탈선이 된다면 어찌 그 고와 고보다도 더한 운명의 탄彈을 면할 바이랴. 우리는 그 어느 조용한 곳에서 곰곰이 생각하여 보라. 사실인가? 아닌가를?

또 그 한 예를 들면 사람은 곧 자동차와 같나니 육신은 자동차의 형체와 같고 정신은 운전사와 같다. 철제의 자동차가 여객과 화물을 만재하고 천리원정千里遠程을 돌파하지마는 사람의 차는 사람으로서 이 세상에 행할 의무를 만재하고 만리원정萬里遠程의 피안을 목표로 진행한다.

그러나 저 자동차가 장거리를 원행할 때 여하한 고장이 없이 목적지까지 도착하기로 하면 그 무엇을 미리 준비하여야 할까? 차체의 상식이 화려하여야 할까? 차체의 장식의 화려함보다 운전법에 능한 운전사를 만나야 할 것이다. 만일 기술 불능의 운전사를 만난다면 좌회전할 것을 우회전하든지 우회전할 것을 좌회전하든지 차와 차가 충돌하든지 하여 차체를 파괴하며 여객과 하물을 손상하는 불행이 올 것이다.

여사如斯히 자동차의 흥망은 그 운전사의 능불능能不能에 있거니와 사람의 의무 등을 한가득 싣고 파란중첩한 시비 선로를 용왕勇往하려는 육근차六根車에는 무엇을 미리 준비하여야 역시 중도 고장이 없이 목적지까지 안전하게 도착할 것인가? 그것도 차체車体다운 육체를 주단 화복綢緞華服으로 장식하여야 할 것인가? 아니다. 이것도 그 운전사의 정신이 밝아야 하고 운전법이 능하여야 하고 실제 운전에 많은 시련이 있어야만 아무리 험악한 도로나 악풍고우惡風苦雨가 밀려오는 난관을 당하여도 꾸준히 분진[奮進, 분발해 나아감]하여 목적지에 도착하는 것이다. 그와 반면에 만일 운전사가 어둡고 운전법에 지식이 적고 실제 시련이 없다면 운전은 곧 실패로 전하야 사람 된 의무를 깨트리며 육신 차체를 파괴하는 멸망의 참경에 빠지는 것이다.

그러므로 본회의 삼강령 내 정신수양은 이 인생의 지배자인 육체의 운전사인 정신을 미리 밝혀 만드는 방법이요, 사리연구는 그 사리 선로에 천만 가지 운전방식을 아는 방법이며 작업취사는 그 운전사에 실제의 훈련을 시키는 방법이다. 이를 보면 삼강령이 인생에 필요한 것은 더욱 자세히 알 것이며 안다면 기뻐할 것이다.

그러나 자동차는 차체 제조소 운전사 훈련처가 별도로 있어 운전술에 전문 훈련을 받은 자가 아니면 차를 맡기지 않음으로 이미 운전면허를 득한 자로서 주의만 한다면 빈빈한 실패는 없으려니와 사람의 차는 차의 운전수가 동일동시同日同時에 합체적으로 출생한 것이므로 운전사가 훈련받을 여가가 없이 출현 당시부터 실제 운전에 착수하나니 만일 영영 훈련이 없이 그대로 운전만 한다면 전기와 같이 실패될 것은 과히 단정할 바이다.

　사람의 정신에 훈련이 없이 육근을 동작하게 한다는 것은 산촌 궁곡에 자동차를 보지 못한 우민으로써 자동차를 운전케 함과 같나니 논둑과 밭둑 갈 때 안 갈 때를 어찌 알아 차의 안전을 보장할 수 있으랴. 그러므로 사람의 운전사인 정신이 전문 훈련을 받지 못함에 따라 인생으로서 고에 빠지는 근원이 되며 오만 죄악의 요소가 되는 것이다.

　현대의 학생계를 보라. 유소 시 학식을 준비하여야만 장성 후 사회생활에 자유스러움과 같이 사람의 운전사도 실은 의무의 짐이 가볍고 일이 적을 때부터 미리 훈련받아야만 의무의 짐이 중하고 나아갈 길이 복잡하더라도 정의의 선로를 찾아 고장 없이 진행할 것이다. 이 세상 불의를 감행하는 자는 다 그 운전사가 미리 훈련받지 못하고 자행자지한 연고이니 차에 대해 잘 알고 있다고 하여도 운전사를 미리 훈련할 필요는 두 번 말할 필요가 없다.

　그러므로 그 운전사를 훈련하는 방법인 즉 본회의 삼강령을 우리는 감식고퇴[甘食苦退, 달면 삼키고 쓰면 뱉다]하지 말고 일 없고 한가할 때부터 미리 전문 공부를 하여 두었다가 일에 당하여 궁색함이 없게 하여야 할 것이다. 일 없을 때는 낭유적[浪遊的, 하는 일 없이 빈둥빈둥 노는] 생활로 수양 연구 취사에 아무 생각이 없다가 일에 당하여 갑자기 산란한 정신을 모으고자 한들 정신이 어찌 모이며 아무리 연구한들 수양과 연구의 힘이 없는 자로 대소 시비가 어찌 알게 되며 아무리 유익할 방법을 취한들 이로움이 어찌 돌아오랴. 마치 예비치 못한 방죽 물을 불난 후에 찾는 것과 같다.

　대소사 간 간섭이 되는 이 삼강령인 만큼 우리는 미리 수양하고 연구하고 취사법을 연습하여 우리 각자의 운전사를 명철하고 지혜 있고 실제의 시련이 있도록 만든 후에 용력을 다하여 저세상에 운전한다면 우리는 가는 곳마다 환영의 낙과 영광의 춤이 오리라.

　또 그 한 예를 들면 의식주는 사람에게 둘도 없는 중요한 사용물인 만큼 그것이 아니며 사람은 하루도 그 생명의 존재를 유지할 수 없다. 그러나 사람이 그 의식주에 곤란을 면하려면 항상 의식주가 있는 오늘에 있어 내일의 것을 준비하여야만 내일에 당하여 곤란을 면할 것이니, 만일 오늘의 풍족만 기화[奇貨, 진기한 재물이나 보배]로 안다면 내일의 고는 단연한 고일 것이다.

삼강령은 사람의 의식주와 같나니, 미리 전문 공부가 없이 일에 임하여 쓰려하는 것은 준비치 못한 의식주를 쓸 데에 찾는 것과 다름없도다. 지금은 문화세계인만큼 각방 문화가 상통하여 모든 사람의 향학열이 전에 비하면 가위 충천의 세요, 경인의 적이라 아니할 수 없으며, 해海를 도渡하고 산을 월越하는 성력誠力이야 단문졸필短文拙筆로서 비교하기 어려우나 인도의 원칙이요 전 세계의 흥망을 지배할 수 있는 이 삼강은 공부는 고사하고 아는 자까지 희소하니, 어찌 인도人道를 아는 유지자들의 명인鳴咽을 금할 바이랴.

본회에서는 인도의 원칙인 이 삼강령을 사람이 미리 공부시키기 위하여 좌기[左記, 다음] 각 교육 조건과 훈련방식으로써 교육기관에 나누어서 가르치게 하였으나, 그것이 그대로 될지 안 될지는 상술上述을 들으신 여러분의 이해에 일임一任하는 바이며, 이것도 인생으로서 공부하여 둘 만한 필요가 있는지요?

그러나 본회가 조직되고 교육계와 사업계가 출현하여 각기 업무를 성成하는 것이다. 이 삼강령을 세우고 삼강령을 공부하게 함이니, 유아 각 회원 제씨는 다시 한번 시시로 생각하여 볼지어다. 이 삼강령의 권위가 능히 억만 사람을 통일적으로 지배할 수 있으며, 고로 행복을 줄 수 있는가? 없는가?

2. 교육의 조건
위와 같이 삼대 강령을 실행하기 위하여 신분의성과 불신 탐욕 나 우와 삼십 계문과 솔성요론과 재가 응용 주의사항과 재가 공부인이 교무부에 와서 하는 책임 사항과 매일 일기 기재법과 유념 무념 대조법과 종사주의 각종 법설 기재의 건으로서 교육의 조건을 삼아 재가 출가 공부인을 고루 훈련하게 한다.

3. 훈련의 방식
1) 매년 음 5월 6일부터 8월 6일까지, 11월 6일부터 익년[翌年, 이듬해] 2월 6일까지

양도의 전문적 정기훈련을 받게 하나니, 훈련의 과목은 곧 삼강령을 분해한 염불·좌선·강연·회화 경전·일기 등과 또는 간간이 명철하신 종사주의 법설로써 매일 8시간씩 훈련받게 하되, 염불·좌선으로서는 정신에 수양력을 얻게 하고, 강연·회화·경전으로서는 사리를 터득하여 알게 하며, 일기로서는 작업취사의 법을 알게 하고, 종사주의 법설로서는 개개인의 정도 임기의 형편을 융화하여 조금도 결함이 없이 만전의 훈련을 가하나니, 이러한 6과정[염불·좌선·강연·회화·경전·일기]의 훈련을 받은 결과 그 효력은 각 개인의 자력으로써 공부 방면, 사업 방면, 생활 방면에 대한 의견 제출과 기타 문목 해석과 감각 건과 처리 건 등을 제출하는 데에서 능히 볼 수 있도다.

　동하 6개월 극한 극서에 사람이 활동함에 불편할 때는 이러한 전문 훈련을 받게 하고 활동에 편리한 춘추기에는 각자의 생활비와 공부비를 만들며 또는 세속 실제의 단련을 받게 한다.

　2) 정기훈련을 마치고 각자의 집으로 돌아가는 자는 정기훈련 시 얻은 학식으로써 세간 사무의 단련을 받게 하나니, 단련의 과목은 재가 응용 주의사항 6조로써 5조로는 염불·좌선을 하여 정신에 수양력을 얻게 하고, 3조로는 취지규약·경전을 연습하여 공부의 길과 사업의 길을 알게 하며, 4조로는 각 문목 의두를 연마하여 사리간 지식을 얻게 하고, 1조로는 일일시시로 하는 경계에 안이비설신의 육근을 작용할 때 온전한 생각으로 미리 취사하게 하며, 2조로는 육근 작용의 형세를 보아 미리 연마하게 하고, 6조로는 일을 처리한 후에 그 시비 이해를 대조하게 하여 작업취사하는데 실행을 얻게 하나니, 매년 춘추기에는 각자의 능력으로 여사如斯히 재가 단련을 받게 한다.

　3) 위와 같이 재가출가를 물론하고 삼강령 공부를 구체적으로 실행해가게 하나, 재가선在家禪과 출가선出家禪의 구분에 따라 삼강령 내 주무主務의 차별이 있나니, 즉 동하 6개월 전문 훈련을 받을 시는 정신수양과 사리연구를 주체 삼아 공부하고, 춘추 6개월 재가 단련을 받을 때는 작업취사를 주체 삼아 공부케 한다.

4) 재가 공부인에게는 재가 응용 주의사항 6조로써 재가의 단련을 받게 하나, 삼강령의 힘을 완전히 얻지 못한 자로서는 풍진우애風塵雨埃의 속세에 처하여 독력으로써 공부의 전로를 개척기로 하면 공부의 방식이 황폐하기 쉬우므로, 재가 공부인이 교무부에 와서 하는 책임 6조를 제정하여 재가 공부인으로서 교무부에 올 때 반드시 교무부를 다녀간 효력이 있도록 하나니, 즉 1조로서는 그 재가 단련을 받을 시 경과 상황을 일일이 문답하게 하고, 2조로는 견문 간 그 감각된 바를 감정하여 지식을 넓히게 하며, 3조로는 취지규약 경전과 종사주의 법설 내 그 의심된 바를 해석하여 알게 하며, 4조로는 매년 양도 입선의 정기훈련을 받게 하고, 5조로는 매월 삼차 예회의 정기훈련을 받게 하며, 6조로는 교무부를 다녀갈 때 반드시 교무부를 다녀가는 효력 유무를 대조하게 하나니, 차此 책임 사항 6조로써 재가 공부인이 교무부를 다녀갈 시는 기어이 이행하도록 훈련한다.

5) 매일 일기표를 동년 7월경에 작성하여 우기[右記, 앞 기록] 재가 응용 주의사항의 실행 여하와 재가 공부인이 교무부에 와서 하는 책임 실행 여하와 삼십 계문의 범불범犯不犯과 본회 사업에 정신이나 육신이나 전곡으로써 근고 또는 혜시한 성적 유무와 공부 방면 사업 방면 생활 방면에 대한 의견 유무를 매일 속임 없이 조사하여 재가선在家禪과 출가선出家禪을 물론하고 일일 시시로 실행케 하였으며 또는 매월로 대조하고 매년으로 대조하여 자기 성적 나아진 것을 알게 하였나니, 차此 일기법 실행으로부터 자기가 완전히 자기를 가르치게 되었으며 재가출가를 통하여 진실한 훈련을 받게 된다.

6) 경전의 의지에 불능하여 일기 개시에 착수치 못한 자에게는 또한 유념 무념 대조법으로써 공부케 하였나니, 그 대조 방법은 매일 당하는 모든 경계를 처리할 때 먼저 그 시비 이해를 대조하여, 하기 싫은 일이라도 당연하면 이행하고 하고 싶은 일이라도 부당하며 이행치 않은 것은 유념 처리로 산算하고, 경계를 당하여 시비 이해에 대조도 없이 정당한 일이라도 하기 싫으면 안 하고 부당한 일이라도 하고 싶으면 하는 것과 정당한 일을 하였더라도 시비 이해에 분석이 없이 처리한 것은 무념 처리로

산하여 공부의 진축[進縮, 진퇴]을 알게 하며, 대조법이 능한 자에게는 재가 응용 주의 사항 6조 전부로써 대조의 범위를 삼아 유무념을 대조케 하였나니, 차 유무념 대조법으로부터 노약과 문맹을 물론하고 일 분 일각도 놓지 않는 가장 간이한 공부를 하게 된다.

7) 우기[右記, 앞 기록] 각종 교육의 조건과 다수 훈련의 방식으로써 재가출가 남녀노소 선악귀천 사농공상을 물론하고 발원하여 배우기를 원한 자에게는 유루有漏없이 훈련할 만한 정법이 구비되어 있으나, 정식 훈련법 이상에 그 지방의 형편과 그 사람의 정도를 따라 설하옵신 종사주의 법문 기재의 건으로써 원근 각처를 물론하고 균일적으로 만반의 공부 방법을 누漏없이 조화하여 훈련한다.

4. 교육 통일의 기관

현하 본회의 위치가 점고[漸固, 점차 견고해짐]함을 따라 공부에 발원하는 동지가 다함으로써 공부를 전문하여 교육계가 있게 되었으며, 그 교육계를 유지키 위하여 자연 중 사업계란 일부분이 출현 되었나니, 이 다수의 동지를 유루없이 훈련하여 교육의 목적을 달하고자 하며, 이 사업계를 결함 없이 확장하여 교육의 영원한 기초를 정하고자 하면, 차此를 통치할 만한 기관이 있어야 할 것이며, 더욱이 다수의 동지자를 종사주 단독이 지도키로 하면 역불급의 사事이므로, 시창2년 정사추丁巳秋 제1회 기성단期成團 조직의 전례에 준하여, 지방을 따라 회원 구인을 모아 일단을 삼고 단장 일인一人을 가加하여, 차此 구인의 공부계에 사업계를 지도·감독게 하며, 차此 구인은 또 자기 매인하每人下 구인씩만 지도·감독게 하여, 차와 동同으로 하회원何會員을 물론하고 의무적으로 구인 지도의 책임을 부담케 되었나니, 회원 수가 천만인에 달하더라도 상하 단장을 통하여 항상 자기 소속의 구인만 지도케 되므로 가장 용편容便하게 되었다.

또는 단장을 모아 9인이 되면 또 일단一團을 삼아 그 우수優秀한 자 일인一人으로 단장을 삼고 차此 9단장의 공부계와 사업계를 지도·감독게 되며, 이상 단장이 형성되는 대로 차此와 동양同樣으로 하며, 회원의 정도와 처지가 각이各異함으로 단을 조직할 때에 전무출신실행단, 거진출진단, 전무출신기성단, 보통단 사종으로 분정分定하였나니, 전기前記 각 교육 조건과 훈련방식으로써 차단기관此團機關에 분속分屬 통치케 함을 따라 실시의 초에 아직 장족의 진전은 득치 못하나, 원근 각처와 다수회원을 총망라하여 본회 공부계와 사업계에 조직적 향상과 통일적 발전성이 충분하게 되었으며, 동년 내 일기 개시한 각 단원에 한해서 차此 기관으로부터 현수懸殊한 효력이 유有케 되었나니라.

5. 교육 통일기관의 정관

우右와 여如히 기관이 조직됨을 따라 그 기관을 지배할 만한 규칙이 있어야 할 것이므로, 차 기관조직의 전인 금년 7월 1일부터 단규 원세칙의 증보 개술에 착수하여, 원칙 8개 조와 각단 내역 5개 조와 예식거행 급 절부단증 분급내역 6조와 단원의 의무 4조와 별부 4조와 단장 의무 5조를 증보하고, 세칙에 있어서는 염불, 좌선, 교과서 연습, 취사 실행, 정신근고, 육신근고, 전곡혜시, 의견제출 등의 내역과 각조부의 조사 방법을 제정하고, 따라서 각 단원 예회순서 5조와 단원 주의사항 9조와 본회 창립 요론 11조와 단원 매일 일기 실경 기재 범례 등을 제정 혹 개선하고, 단원 매월 매일 성적조사표와 매년 매월 성적조사표를 획제劃制하여 7월 26일에 완성하였다.

부록 2 – 교법제정안

'사은四恩 사요四要'

중앙 교무부
《월말통신》 제20호, 시창14년(1929) 10월 6일

> 교법제정안은 시창14년 기사己巳 10월 6일자 중앙 교무부의 이름으로 발표된다. 특히 사요 중 유무식차별을 지우차별로 변경 확정한 것을 알 수 있다. 〈시창14년도 교무부 사업보고서〉에 훈강 삼학과 교강 사은과 법강 사요가 자상히 기술된다. 〈시창13년도 교무부 사업보고서〉에 삼학과 팔조 및 훈련법이 구체적으로 기술되며, 사은사요는 〈시창14년도 교무부 보고서〉에 사실상 최초로 문장으로 기술된다. 이러한 일련의 과정을 통해 시창17년에 발행된 『육대요령』에 사은사요의 내용이 결집 집약된 문장으로 정리된다.

인人의 육체는 시시로 물적 자양滋養을 요구하고 정신은 그 대상代償 수양과 연구를 요구하나니, 인人이 차此 물적物的 또는 영적靈的 자양을 흡취吸取치 못하면 인人은 곧 생生을 득得치 못할 것이요, 결국은 사死의 극단에 달達할 것이다. 우리의 정신과 육신은 수양력 연구력 취사력이 부족하고 미약하여 이것을 완전히 충실 양성키로써 때때로 밝은 교법 하에 가르치심을 먹나니, 만일 이 교훈을 받지 못하면 인의 육체와 정신에 양분을 주지 못하여 그 인으로 하여금 사멸死滅케 함과 같이 우리도 낙오자가 되고 말 것이다.

홍대洪大하옵신 종사주, 유치幼穉한 우리를 교화하려하실 때 그 정도와 시기를 밝게 규작[窺酌, 헤아려보다]하사 때때로 교법을 제정하여 우리 정신을 살려주시니 우리는

영원한 생生을 얻으리로다. 대소 유무와 시비 이해를 해부解剖하사 천지, 부모, 동포, 법률의 피은, 보은, 배은의 법法을 알려주시고 사요의 대법을 하교下敎하시니 인도정의가 여지없이 파괴되고 각박하기 짝이 없는 이 세상에 순후한 도덕풍이 불어왔으며 작은 이익에 눈이 어두운 인간들도 대아大我의 본자연本自然에 환지還之하리로다.

　기쁘도다. 이 법을 알고 행行하는 자, 천지가 아니고 성인이 아니고 군자가 아니고 누구이랴? 장하도다. 우리여, 사은사요의 대법을 남 먼저 받들게 되었나니 심오한 의지를 무궁한 저 허공에 갈마두지[묻어두지] 말고 모조리 캐내어 타락되는 인도를 더우잡으라.

　△ 사은四恩 = 천지(피은被恩, 보은報恩, 배은背恩)
　　　　　　　 부모(피은被恩, 보은報恩, 배은背恩)
　　　　　　　 동포(피은被恩, 보은報恩, 배은背恩)
　　　　　　　 법률(피은被恩, 보은報恩, 배은背恩)

　△ 사요四要 = 부부권리동일夫婦權利同一
　　　　　　　 지우차별智愚差別
　　　　　　　 무자녀타자녀교양無子女他子女敎養
　　　　　　　 무자력자보호단無自力者保護

단但, 우기[右記, 앞의 기록] 지우차별은 전일 비공식 발표시 「유무식차별有無識差別」로 하였으나 유무식 하다면 다못[다만] 지식만 의미하고 실행을 포함치 못하여 그 범위가 넓지 못한 것 같으므로 「지우차별」로 정정訂正하였습니다. 이 세상 사람이 겉으로 지식은 많으며 지식이 많을수록 심지가 부정한 자는 악행을 더하나니, 이것이 사실된 참다운 지식을 안 것은 아니지마는 그러나 「지식」이라면 대번 과학의 지식을 의미할 수 있으므로 알고 실행이 겸비한 지자智者를 사용하오니 일반은 지우차별智愚差別로 용用하시압.

부록 3 – 시창14년도 사업보고서

'교무부 제2회 훈련재료 보고서'

〈시창13년도 사업보고서〉의 '교무부 제1회 공부인 훈련 보고서'에 이어 〈시창14년도 사업보고서〉에 '교무부 제2회 훈련재료 보고서'(시창15년 3월 26일 발표)가 기재된다.

'교무부 제1회 공부인 훈련 보고서'에 삼학의 총론과 훈련의 관계가 전개된다면 '교무부 제2회 훈련재료 보고서'에는 삼학팔조와 사은사요가 상세히 논의된다.

〈원기14년도 사업보고서〉의 '교무부 제2회 훈련재료 보고서'가 중요한 이유는 삼학 및 팔조와 훈련법 그리고 사은 사요를 총체적이고 체계적으로 전개하고 있기 때문이다. 이처럼 본 보고서는 삼학팔조와 사은사요를 이해하는 중요한 문서이다. 즉 삼학을 훈강, 사은을 교강, 사요를 법강이란 주제로 전개한다. 이 보고서를 통해 소태산의 기본 교리인 삼학팔조 사은사요에 관한 초기교단의 구체적이고 치열한 논의를 느껴볼 수 있다.

또한 시창17년도(1932)에 발행된 현행 『정전』의 모태인 『육대요령』에는 시창13년도와 시창14년도 사업보고서에 나타나는 산문 형식 문장을 단문과 단락별로 번호를 붙여가는 형식으로 전환한다. 불과 3년 안에 대폭적인 전환을 한 것이다. 이러한 형식과 내용을 서지학적 관점에서도 비교 검토해 봐야 하는 소중한 문헌이다.

1. 훈강訓綱·교강敎綱·법강法綱의 제정 원의原意

재목을 깎아 가옥을 건축하려는 목공은 자귀·대패·톱·끌·먹줄·자 등의 기구가 있고, 약을 걸고 사람의 병을 치료하는 의사는 허다한 약과 각종 각색의 도구가 있다.

그와 같이 회會의 간판을 걸고 연구를 목표 삼아 사람의 심리와 행동을 근본적으로 개조하여 어두운 자를 명철하게, 불의를 정의로 반환시키려는 본회에서는 아래의 훈강·교강·법강의 강령 재료가 있나니, 정신수양, 사리연구, 작업취사 삼대원강三大元綱으로써 훈련하여 교강의 사은四恩을 갚게 하고, 법강의 사요四要를 밟도록 하는 것이다.

2. 훈강訓綱의 내역

1) 정신수양의 필요

사람의 구각軀殼을 무릅쓰고 이 세상에 출생한 사람은 누가 가르치고 알려준 바가 없건마는 자연적으로 발동하는 탐진치의 삼독성이 있나니, 인간 생활의 모든 욕망을 채우려 할 때 곧 탐심이 나게 되며, 그 탐심을 채우지 못하면 그 즉각 진심嗔心이 발하게 된다. 이 진심이 한 번 발하면 사람의 맑은 정신은 찰라간 혼암昏暗하게 되어, 시비是非 곡직曲直과 예의염치와 상하노소를 가릴 여유가 없이 증오의 생각이 미치는 대로, 울화의 불길이 닿는 대로 치행癡行을 저질러 매매사사每每事事히 실패에 돌아가고 마나니, 무형한 심리 중에 은거하여 찰나 찰나로 변환하는 그 동기로써 사람은 자기 생명을 희생하는 수가 있으며, 나아가 자기 가정과 자기 사회와 자기 국가를 전복하여 세계 평화를 파괴하는 결과를 내는 수가 있다.

과거 역사를 통하여 자천자自天子로 지어至於 서인庶人까지 국파군망國破君亡하고 패가망신하는 원인을 보면 모두가 이 탐진치에 말미암지 않음이 없고, 현재를 보더라도 모든 인류가 근심을 부르며 화패禍敗를 장만하며 고통 중에 처하여 그 정신을 여지없이 둔탁 잔미殘微하게 만드는 것을 보면 또한 탐진치의 작해作害 아님이 없나니, 그러므로 이것을 방비하기 위하여 수양의 방법으로 그 정신을 밝혀 힘 있게 만드는 동시에 탐진치가 감히 그 수양력을 침범치 못하도록 청정한 본성을 회복케 하는 것이다.

하천의 물에 풍랑이 일면 그 물이 탁란濁亂할 것은 정한 이치거니와, 탐진치는 사람의 정신상 풍랑으로써 탐심이나 진심이나 치심에 쫓긴 정신이 총명하지 못할 것은 정리定理이다. 정신은 사람의 주인이요, 만사만리萬事萬理의 총지배자이거늘 정신이 그 같은 자극을 받아 명철하고 충실치 못하다면 사람은 어찌 밝은 사람이 되며 착한 행실을 갖게 되랴.

그러므로 본회에서는 정신수양으로써 훈강의 1조를 삼아 사람으로 하여금 항상 온전한 정신을 양성하게 하여 저 악마의 탐진치에 피습되지 않도록 하는 것이다.

2) 사리연구의 필요

사람이 이상과 같이 수양을 하여 온전한 정신을 얻은 후는 앎이 있어야 한다. 이 우주는 일과 이치로써 벌여졌으며, 만상은 그 일과 이치 가운데에서 존재하게 되나니, 이치라 함은 곧 천조天造의 우연 변천을 이름이요, 일이라 함은 곧 인간의 인사人事 작용을 이름으로써 이치 가운데에는 대소 유무大小有無가 있어 풍운우로상설의 변태와 생로병사가 있고, 일 가운데에는 시비 이해是非利害가 있어 선악 귀천과 고락 영예의 인과 변동이 나는 것이다.

사람이 이 세상 모든 일을 대할 때 오죽이나 좀 잘하고 싶으랴마는 사리事理를 알지 못함으로 잘한다는 것이 잘못하게 되고, 잘못된 일은 미리 알아서 안 하고 싶지마는 알지 못함으로 또한 하게 되나니, 그 원인을 종합하여 보면 오로지 알지 못하는 한 근원에 있다. 그러므로 사람이 모든 일을 좀 잘하고 싶거나 잘못된 일을 미리 안하고 싶다면 반드시 먼저 이 아는 공부를 하여야 할 것이다. 사람이 선은 좋아하나 악을 행하며, 모든 낙을 원하나 모든 고를 만난 원인은 시비 이해의 일을 모른 연고이요, 죽음은 무서워하나 죽음에 윤회하며, 원만하기는 좋아하나 편벽한 데 떨어지며, 고통 구속에서 해탈은 얻고자 하나 고통 구속에 시달리는 바는 천리天理의 대소 유무를 모른 연고이니, 그러므로 우리는 천조의 난측지리難測之理와 인간의 다단사多端事를 일없고 한가할 때 미리 연마하여 두었다가 일에 당하여 빠른 분석과 밝은 판단을 얻기 위하여 사리연구로 훈강의 1조를 삼는 바이다.

3) 작업취사의 필요

사람은 정신이 약간 온전하고 사리에 대강의 분석이 있다 하더라도 실지 일 작용처에 있어 취사가 있지 못하면 그 온전한 정신과 아는 지혜가 수포가 될 뿐이요, 하등 효과를 발하지 못하나니, 예를 들면 사람이 좋은 과수를 심어 줄기와 가지와 꽃과 잎은 무성하나 결실이 없는 것과 같다.

작업이라 함은 곧 나의 육근으로써 일을 작용함을 이름이요, 취사라 함은 정당한 일은 취하고 부당한 일은 사하여 실행함을 이름이니, 사람이 일없고 한가할 때 정신을 온전히 모아 두고 대소 유무와 시비 이해를 많이 연마하여 두었다가 일에 당하면 그 온전한 정신으로 밝은 지혜를 응용하여 걸림 없이 옳고 이로운 바는 취하고 그르고 해로운 바는 사捨하자는 것이다. 현대 인류가 모든 일에 실패를 당하며 따라서 모든 고 중에 방황하는 원인을 보면, 혹은 잘하고 싶으나 알지 못하여 일을 잘못한 까닭이며, 혹은 설사 안다 하더라도 실행이 없어서 안 효과가 없는 연고로부터 나나니, 이에 따라 모든 것이 형식적이며 외화적外華的이므로 궁행 실천의 사실다운 일이 드물다.

그러므로 본회에서는 작업취사로 훈강의 1조를 삼아 안 후에는 기어이 실행을 하도록 시키는 것이다.

3. 훈강 대의大義 종합론

훈강 각 조의 대의는 이상과 같으나, 다시 그 간단한 요지를 들고 또 종합하여 본다면, 정신수양은 사람이 모든 욕심에 끌려 온전한 정신을 골라잡지 못하므로 정신이 항상 시끄럽고 어지러워 사리 간에 분별력이 충실치 못하여 헛되고 그른 길로만 나서게 되나니, 그러므로 정신을 산란케 하는 모든 욕심을 하나씩 둘씩 제거하여 동정 간 온전한 정신 하나만 골라잡게 함이요. 사리연구는 사람이 모든 것을 알지 못하므로 바르고 옳고 잘하고 낙이 돌아오도록 만하고 싶으나 그대로 되지 못하나니, 그러므로 이 세상에 의심다운 일을 생각하고 또 생각하고, 연마하고 또 연마하여 모든 것을 알도록 만하게 함이요. 작업취사는 전연 알지 못하여 실행이 없거나 또는 설령 안다고 하여도 실행치 못하는 일이 있나니, 이 사리연구로써 알은 후에는 정의는 취하고 불의는 사하여 꼭 실행을 얻도록 하는 것이다.

그리하여 사람을 교훈할 때 처음에는 온전한 정신을 얻도록 수양 공부, 다음에는 사리를 알도록 연구 공부, 안 다음에는 아는 보람이 있도록 실행 공부를 시키나니, 이것이 훈련의 순서요, 강령의 골자이다. 삼강령은 그 오죽이나 시대에 적절하고 우리에게 필요한 교법이냐.

4. 훈련과 각 훈련의 조건

인류 사회에 이다지 긴요하고 적절한 삼강령을 철저하고 적극적으로 이행케 하기 위하여 각 훈련의 조건이 있나니, 진행력을 돕는 신·분·의·성과 솔성요론이 있고, 불신·탐욕·나·우와 계문의 사연 건이 있으며, 전문적으로 훈련키 위하여 매년 2차의 정기훈련과 재가 시라도 그 공부를 놓지 않기 위하여 재가응용 주의사항과 재가공부인이 교무부에 와서 하는 책임이 있으며, 일기법과 유무념 대조표가 있어 재가출가를 물론하고 일동일정과 일분일각이라도 삼강령 공부를 놓지 않도록 하였나니라.

5. 교강敎綱의 연의演義

만생은 함께 대자연의 홍은洪恩을 입어 났으며, 또 그 홍은 속에 활동하고 살다가 도로 그 홍은 속으로 돌아가고 돌아오는 것이다. 우주의 생명이 붙어 있는 모든 물건이 다 그러하거니와, 그 중에서도 가장 크고 많은 은혜를 입은 것은 오직 사람이니, 그러므로 사람은 만물 중 최령最靈의 위에 있어서 가장 고귀하고 활발하고 행복스러운 생활을 누리게 되는 것이다. 그러나 사람들은 대개 자기가 입은 그 은혜를 잊고 저 버렸다. 마치 고기가 물속에서 살면서 그 물의 공덕을 모르는 것과 같이 사람도 그 은혜 가운데 살지마는 은혜를 아는 자가 실로 드물다. 이미 그 은혜를 입은 것조차 모르나니, 하물며 어찌 갚을 줄을 알랴. 그러므로 이 세상은 밤낮으로 싸움이요, 야단이다. 어쨌든 서로 남을 못 먹어서 한함이요, 못 이겨서 분이요, 못 둘러서 근심이다. 만약 보은자報恩者의 눈으로써 이 우주 만상을 대한다면 모두가 나의 수용물이요, 보호자요, 은인이다. 한없이 즐겁고 감격하련마는 이들의 눈에는 모두가 원수 악마로 밖에는 보이지 않는 모양이다.

아, 과연 얼마나한 무지이며 얼마나한 죄악이냐. 인도 정의의 심心은 이에 의하여 전연 말살되었고, 예의염치의 성性은 이로 인하여 거의 마비되는 현상이다. 만약 이에서 세상을 구원하고 만민을 건지려는 웅대한 포부를 가진 자가 있다면 그의 할 바는 먼저 마땅히 모든 인류로 하여금 각자의 입은 은혜와 갚을 의무가 있는 것을 깨우쳐 알린 후에, 인하여 그것을 갚도록 하여야 할 것이다.

그리하여 인인개개人人個個가 각자의 입은 바 은혜를 절실히 깨닫고 천만 경계를 응하여 육근을 동작할 때에 항상 보은으로만 행해 간다면 과연 그 세상은 얼마나 평화 안락한 세상이 되며, 그 사회는 얼마나 인정 있고 따뜻한 사회이겠느냐? 인간을 개조하여 천국을 건설하고 고해를 바꾸어 낙원을 만드는 제1 방법은 오직 이 지은보은知恩報恩에 있다 하노라.

그러면 대체 우리 인간이 입은 은혜가 그 무엇 무엇인고. 그 조건을 들기로 하면 무릇 네 가지가 있으니 하나는 가로대 천지은이요, 또 하나는 가로대 부모은이요, 또 하나는 가로대 동포은이요, 또 하나는 가로대 법률은이라. 이 네 가지 중대한 은혜가 가장 주요한 강령으로써 천만 세은細恩이 모두 그 범위 내에 포함된 것이니, 이것을 갚는 자는 곧 하늘이요, 귀신이요, 세계의 주장이 될 것이며, 이것을 배은하는 자는 곧 우자愚者요, 패자悖者며, 악도 중생이라 할 것이니라. 그러므로 우리는 이 사은을 우리의 교강으로 세우고 피은被恩·보은·배은의 3개 조로 구분하여 모든 학자를 훈련하는 동시에 그 실행을 권면하는 바이다.

6. 교강의 내역
1) 천지 피은

우리가 천지에서 입은 은혜를 알고자 할진대, 먼저 마땅히 천지가 없어도 우리가 이 존재를 보전할 것인가 하고 생각해 보라. 그런다면 아무리 천치자라도 천지 없으면 못살 줄은 넉넉히 알 것이다.

대저 천지의 바탕이 아니면 우리가 어느 곳에 의지하며, 천지의 공기가 아니면 우리가 어찌 호흡을 통하며, 천지의 산물이 아니면 우리가 무엇을 먹고 입고 쓰기를 하며, 천지의 우로지택雨露之澤이 아니면 우리가 어찌 장양되며, 일월지명日月之明이 아니면 우리가 무엇으로써 삼라만상을 분별하겠느냐.

이 밖에도 천지의 자동적 기관과 자연적 산물로써 우리에게 은혜 됨이 한이 없고 수가 없어서 일일이 들어 말하기 어렵나니, 이러므로 천지가 없으면 우리가 일각도 존재를 보전치 못할 것이며, 없어서는 일각도 존재를 보전치 못할 때는 그렇게 중차대重且大한 은혜가 또 어디 있으랴.

보은

그러면 이미 이러한 은혜를 입었으니, 그 은혜를 갚기로 하면 오직 천지의 행동하는 것을 보아서 나의 행동도 똑 그대로만 하면 될 것이라 한다. 어찌하여 그러하냐 하면, 이러한 사람들끼리도 서로 심지心志가 부합되고 행사가 같은 자를 이르되 동지라 하며 서로 친절하지 아니한가. 알아듣기 쉽게 한 예를 들어 말하자면, 옛날 석가의 회상에는 1,200 대중이 있어 그 정법을 이었고 공자의 문정에는 3,000 제자가 있어 그 대도를 전했나니, 그러므로 세상에서는 그들을 일러 그 스승에게 대한 훌륭한 보은자라 하거니와, 그 보은이라 하는 것은 전곡과 의식으로만 제공해서 보은이 아니라, 오직 그 스승이 아는 것을 알았고 행하는 것을 행하였기 때문이 아닌가. 그와 마찬가지로 사람으로서 천지의 은혜를 갚기로 함에도 또한 천지의 행동을 보아 그대로 행하면 그뿐이며, 부모·동포·법률의 은혜를 갚음에도 각각 그 피은의 도를 보아 그대로만 행하면 될 것이라 한다.

그러면 천지는 어떠한 요소가 함재한 것이며, 어떠한 행동을 하고 있는 것인가?

대범, 천지에는 도와 덕이 있으니, 사시가 변천되고 일월이 왕래하고 음양이 소장消長하여 우주내 모든 기관이 자동적으로 운행되는 것은 천지의 도요, 그 도가 행한 결과로 나타나는 자취는 천지의 덕이라. 천지의 도는 지극히 성실한 것이며, 무위자연無爲自然한 것이며, 순환불궁한 것이요. 천지의 덕은 지극히 순후純厚한 것이며, 광대무량한 것이며, 영원불변한 것이니, 만생萬生은 모두 이 대도가 유행되고 대덕으로 포용하는 은혜를 입어서 그 생명을 지속하며 형각을 보전케 되는 것이다.

그런즉 천지는 만물에게 이와 같은 무량한 대은大恩이 있지 않은가. 그러건마는 천지는 도무지 그 은을 베풀었다는 상相이 없나니라. '내가 만물을 용납한다', '내가 만물을 장양한다' 이러한 상이 조금도 없나니라. 만약 천지가 만물을 위하여 있는 것이라면 혹 그러한 상이 있을 수도 있을 것이요, 또 만물을 위하여 운행하는 것이라면 반드시 그러한 상이 있을 것이로되, 천지는 본래 그러한 것이 아니라 천연 자연적으로 나타나 있었고 운행하는 것도 또한 무위이화 자동적이니, 대저 무슨 상이 있겠느냐. 천지가 본래 마음이 없거든 대저 무슨 상이 있겠느냐.

이러므로 천지의 덕을 일러 가장 참 덕이라고 하나니, 자고로 제성제불이 도로써 인류를 제도할 때에는 반드시 저 천도天道와 천덕天德을 모방하여 인류의 도덕을 정리하였는지라, 우리도 만약 도덕으로써 제세안민濟世安民을 하고자 할진대 마땅히 저 천지의 행동을 체받아야 할 것이요, 천지의 행동을 체받기로 할진대 천지의 그 상없는 덕을 모방하여 응용에 무념하기를 주장하여야 할 것이다.

육체적으로나 정신적으로나 물질적으로나 무릇 무엇으로든지 다른 사람을 생각해 주고 도와주거든 그때에 곧 잊어버릴 것이요, 내가 저 사람에게 '은혜를 베풀었거니' 하는 생각을 절대로 마음 머리에 걸어두지 말 것이며, 일후日後에 저 피은자가 혹 나에게 불의한 행동이 있다고 할지라도 그때에 경위를 좇아서 꾸짖을 일은 꾸짖고 용서할 일은 용서할 일은 용서할 것이로되, 삼가 앞날의 베푼 은혜를 유념하여 그 사람을 더 괘씸히 알고 미워하지는 말 것이니, 이것이 곧 천지와 같은 넓은 덕이요, 이 덕을 쓰고 보면 이것을 이르되 천지의 보은자라 하나니라.

배은

배은이라 하는 것은 보은과의 정반대됨이니, 번설할 필요가 없이 남에게 조그마한 은혜만 베풀어도 그것을 무념치 못하여 겉으로 자랑하고 안으로 자만하다가, 혹 저 피은자가 조금만 저의 소망에 어기는 일이 있고 보면 더욱 미워하고 원망하여 도리어 피차 무관할 때만 같지 못하는 자가 허다하나니, 어찌 저 천지의 무념 덕에 비할 바이리오. 그런고로 이것은 곧 천지의 배은이니라.

그러면 천지는 본래 무심한 것이거늘 사람이 보은을 하면 보은한 줄을 알 것인가, 배은을 하면 배은한 줄을 알 것인가. 공허한 하늘이 알지 못할 것이요, 무정한 땅이 알지 못할 것이라. 그러나 오직 사람이 있어 그것을 아나니, 사람은 곧 천지라 사람이 알진대 천지가 앎이 아니고 그 무엇이랴. 그런고로 보은자가 있고 보면 뭇 하늘이 한 가지 기뻐하여 천복을 내릴 것이요, 배은자가 있고 보면 하늘이 한 가지 노하여 천벌을 내릴 것이니라.

2) 부모 피은

우리가 부모에게서 입은 은혜를 알고자 할진대, 먼저 마땅히 부모가 아니었어도 너의 몸이 세상에 나타나 있겠느냐. 설사 또 나타났으면 부모의 양육지은養育之恩이 아니었어도 본래에 자능력自能力 없는 너로서 저절로 장양할 수가 있겠느냐 하고 묻는다면 누구나 다 "그렇지 못하다" 하고 답할 것이다.

그러나 부모가 나를 낳으신 것은 한갓 인위적으로만 할 수 없는 우연한 일이며 그것은 오히려 만물 화생지리化生之理로 간주하여 제2로 미루어 두고, 부모로서 자녀에게 행하는 유일한 도는 오직 그 자력 없을 때의 보호이니, 자력 없는 자녀를 보호하는 그 부모의 정성이 과연 얼마나 지극하며 또 그 생각이 얼마나 주밀한가. 그 몸은 오로지 자녀를 위하여 희생하였고 그 정신은 한결같이 자녀에 향하여 그치었나니라. 코, 침, 똥, 오줌이 더러운 줄도 몰랐고 유아를 수발하는 온갖 사무에 괴로움도 잊었나니라. 그러나 그것은 강연이 지어가지는 마음이 아니요, 저 금수 곤충을 볼지라도 그 자식의 자력 없을 때에 보호할 줄 아는 것은 천정天情으로 우러난 심리이니, 만생은 모두 이러한 홍은洪恩에 목욕하여 자력 없을 때의 생명을 보장케 되며, 그 그늘에 점점 자라나서 필경은 자력적 생활을 하기에까지 이르는 것이다.

보은

부모에게서는 이미 자력 없을 때 보호받음으로써 은혜를 입었으니, 그 은혜를 갚기로 할진대 우리도 또한 부모가 나의 자력 없을 때에 보호하는 법을 체받아서 이 세계상에 베풀어 써야 할 것이다. 부모는 다만 그 자녀 몇 사람에게 한하여 이 법을 쓰시었지마는 우리는 마땅히 자타의 계한界限을 타파하고 무릇 어떠한 사람에게든지 나의 힘이 미치는 데까지는 이 법을 쓰기로 노력하자.

각자의 부모가 노쇠하여 자력이 없게 된 때에 육체의 봉양과 심지心志의 안락을 힘껏 정성껏 도모하여 드릴 것은 물론이며, 혹 병이 들어 병석에 누워 계실 때라든지 또는 노혼하여 모든 인사人事 범절凡節을 차리지 못하게 된다 할지라도 자기의 어렸을 때 양육 받은 그 은공을 생각하여 그것을 조금도 괴롭다 하지 말고 극력 간호할 것은 금수가 아닌 사람인 이상에는 누구나 다 행할 인자人子의 떳떳한 의무요, 책임이라.

그러나 한갓 여기에만 그치고 만다 하여도 도저히 원만한 보은이라 할 수 없나니,

어찌하여 그러하냐 하면 불설佛說에 이르기를 '사람의 육체라 하는 것은 생멸성쇠에 따르는 것이나 그 일점의 정령은 도무지 생멸성쇠가 없이 천지로 더불어 영존永存하여 기회를 따라 때때로 세상에 얼굴을 나툰다.'라고 하였으니, 그 말씀이 사실이라면 과거 수천만겁을 드나들며 정하였던 부모와 또 미래 수천만겁을 통하여 정할 부모가 실로 한이 없고 수가 없을지니라. 그 한이 없고 수가 없는 부모의 은혜를 어찌 현생 부모 한두 분에게 갚음으로써 다할 바이랴.

  그런고로 각자의 현생 부모가 이미 세상을 떠나 계시지 아니한다 할지라도 나의 힘이 미치는 대로 이 자력 없는 자 보호하는 법을 행하고 보면 반드시 보은이 될 것이며, 또는 현생 부모가 세상에 살아 계신다 할지라도 그 부모를 시봉하는 한편으로 이 세계상 많은 자력 없는 자를 보호하고 보면 이것이야말로 과거 현재 미래 3세 일체 부모의 심중한 은혜를 한꺼번에 보답하는 처방이니라.

배은

  배은이라 하는 것은 제가 이미 그렇게 중차대한 은혜를 입었건마는 은혜 입은 줄도 모르며, 혹 안다 하여도 갚을 줄을 알지 못하는 자이니, 저 넓은 세상을 향하여 갚기는 고사하고 당장에 저는 제 부모를 박대하는 자가 많지 않은가? 주색잡기에 침혹沈惑하여 가산을 탕패하고 부모로 하여금 늙어서 의탁할 곳이 없게 하는 자와 제 자녀는 귀애貴愛할 줄 알면서도 그 부모에 향하는 존경심이 없는 자와 온갖 불의와 죄악을 되는대로 범행하여 항상 부모의 마음 가운데 근심 걱정을 끼쳐주는 모든 이러한 무리들은 배은의 극도에 달한 자이니라.

  사람이 만약 이 무자력자 보호법으로써 원만한 보은을 하고 볼진대 세세생생 거래 간에 내가 혹 자력 없게 된 때가 있다 할지라도 항상 중인의 도움을 받아 안전함을 얻을 것이요, 그러한 은혜를 배은한 자는 결코 그 보호를 받지 못할 것이다. 후생에 받지 못할 것은 고사하고 현생 저의 자손에게도 반드시 제가 저의 부모에게 한 그것을 도로 받게 될 것이니, 부모에게 불효한 자가 효성 있는 자손 두는 것은 이치에 어김이요, 천고千古에 드무나니라.

3. 동포 피은

우리가 동포에게서 입은 은혜를 알고자 할진대, 먼저 마땅히 초목도 없고 금수도 없고 사람도 없는 저 대 고비사막 같은 데 가서 나 혼자 살아갈 수 있을 것인가 하고 생각해 보라. 그런다면 누구나 다 그렇게는 살 수 없을 것은 잘 알 것이다. 동포의 도움이 없이, 동포의 의지依支가 없이, 동포의 공급이 없이는 하루도 살기가 어려울 것을 잘 알 것이다.

대개 이 세상의 조직된 것을 볼진대, 사농공상의 네 가지 생활 강령이 있고 그 강령 하에서 사자사士者士 농자농農者農 공자공工者工 상자상商者商하여 각자의 소능所能으로 천만 기술들을 서로 나수며[나누며] 각자의 소득으로써 천만 물질을 서로 교환하여 서로서로 도움이 되며 서로서로 은혜를 입나니, 다시 말하면 사士는 학술과 도덕으로써 모든 사람을 가르치는 직업이요, 농農은 갈고 심어서 모든 사람의 의식 원료를 장만하는 직업이요, 공工은 각종의 공작품을 제작하여서 모든 사람의 주처와 수용품을 공급하는 직업이요, 상商은 천만 물질을 교환 융통하여 모든 사람의 생활상 편의를 돕는 직업인 바, 그 네 가지 가운데 하나만 빠져도 인류 사회가 어떻게 구성될 수가 없는 것이니, 내가 사일진대 농과 공과 상의 힘을 입어서 삶이요, 내가 농일진대 사와 공과 상의 힘을 입어서 삶이라.

이와 같이 객관적 처지에서 사농공상의 모든 동포를 바라본다면 모두가 나를 위해서만 있는 것 같고 나를 위해서만 일하는 것 같더라. 그러나 또 각자의 주관적 입장에서 생각해 보면 하나도 남을 위해 사는 자 없고 남을 위해 일하는 자 없나니, 그런고로 동포와 동포끼리 살아가는 도는 곧 천연적天然的 자리이타自利利他로 피은이 되는 것이다.

보은

그런즉 동포에게서 이미 자리이타로 피은이 되었으니 그 은혜를 갚기로 할진대, 우리도 또한 모든 동포와 더불어 천만 물질을 서로 교환하고 천만 기능을 서로 나술 때에 항상 지극히 공정한 자리에 그쳐서 저 피은의 자리이타법을 모방하여 만사萬事를 자리이타가 되도록만 하여야 할 것이다. 나에게 무량한 대은을 입혀주신 모든 동포에게 별다른 대우는 못 한다 할지라도 어찌 차마 그 동포의 것을 빼앗고 속이고 죽이고 상한 데서야 될 일이냐.

　마땅히 내 것을 남 줄 때도 자리이타로 주고 내가 남의 것을 취할 때에도 자리이타로 취하는 것이 인도人道에 떳떳한 일이요, 동포에 대한 보은이니라.

배은

　배은이라 하는 것은 동포와 동포끼리는 서로 자리이타로 대은을 입어서 살아가는 것이 사실이나, 모든 인류의 내면적 심리를 더듬어 보면 그 자리이타의 피은을 잊어버리고 선천적先天的 탐진치로 인하여 자리해타自利害他의 주의를 취하는 자 많으니, 그것은 사리事理에 밝지 못하므로 진정한 이해를 알지 못하고 항상 목전의 하고자 하는 바를 채울 뿐이며, 또는 영생의 인과를 알지 못하므로 한때의 쾌락만 취하려는 자이니, 이러한 심리를 가진 자로서 여러 동포와 서로 천만 물질을 교환하고 천만 기능을 나눌 때에 어찌 동포 피은의 도 자리이타로써 매사를 행할 수 있으랴. 반드시 재주 미치는 대로 힘닿는 대로 저의 탐심을 채우려다가 뜻과 같이 되지 아니하면 진심이 날 것이요, 진심이 나고 보면 별별 어리석은 짓과 갖은 불의 행사를 다 할 것이니, 대저 이 탐진치란 모든 동물의 선천적으로 타고난 자본資本이며, 본능적으로 발휘하는 수단이라 할 것이다.

　그리하여 그 자본을 세상에다 풀어놓고 그 수단을 모든 동포에게 사용하는 결과는 개인과 개인끼리 싸움이요, 가정과 가정끼리 혐극이요, 단체와 단체끼리 반목이요, 국가와 국가끼리 전쟁이라. 만약 사람이 각자의 탐진치를 항복 받아 동포의 피은된 본의를 대강이라도 알고 볼진대 그 반목 투쟁이 왜 있으랴. 그런고로 이것을 알지 못하고 자리해타적 주의에 그쳐서 매사에 공도주의公道主義를 잃고 탐진치로 회계會計하려는 자는 곧 배은자이니라.

　그러면 보은자의 전정은 어떻게 되며 배은자의 말로는 어떠할 것인가. 그것은 여러 말을 허비할 필요가 없이, 보은자로 말하면 우선 보기에는 이를 취할 줄 모르는 것 같지마는 그 가운데에는 무량한 대리大利가 들어있으며 시종여일始終如一하게 모든 동포의 추대와 옹호를 받을 것이요, 배은자로 말하면 시즉時卽 현상은 많은 이利를 획득하는 것 같지마는 그것은 도리어 해가 되며 동시에 모든 동포와 사면팔방으로 원수를 지어서 필경 인류 사회에 붙여 살 수가 없는 낙오자가 될 것이다.

4. 법률 피은

우리가 법률의 은혜 입은 것을 알고자 할진대, 먼저 마땅히 법률이 없어도 우리가 이대로 살아갈 수 있을 것인가 하고 생각해 보라. 그런다면 물론 법률의 지도가 없이, 법률의 보호가 없이, 법률의 다스림이 없이는 도저히 인류 사회를 유지할 수 없을 것을 잘 알 것이다. 시험하여 법률 없는 저 금수세계를 보라. 그 무슨 질서가 있으며 또 무슨 경위가 있느냐. 작은 놈의 목숨을 큰 놈이 빼앗고 약한 놈의 고기를 강한 놈이 먹되 그것을 금하고 말릴 자 없나니, 우리 인류 사회에도 법률이 없다면 그것과 다름이 무엇이랴.

다행히도 우리에게는 법률이 있어 시비 이해是非利害를 분석하여 옳고 이로운 일은 장려시키고 그르고 해로운 일은 박멸하여서 우리를 좋은 길로 지도하는 자부慈父가 되며, 밤이나 낮이나 이리 가나 저리 가나 항상 경계를 불태不怠히 하여서 우리를 보호하는 우익羽翼이 되며, 선행자를 찬양하고 불의자를 응징하여 써 세상을 다스리는 기관이 되나니, 그 지도 그 보호 그 다스림을 받음으로써 만민을 안정하여 한 가지 태평건곤太平乾坤에서 살아가게 되는 것이다.

보은

법률에서는 우리 인류 사회의 시비 이해를 밝혀줌으로써 피은이 되었으니, 그 은혜를 갚고자 할진대 마땅히 법률의 지도에 순종하여 항상 법률에서 권장하는 옳고 이로운 일은 취하여 행하고, 그르고 해로운 일은 절대로 범치 아니 할지며, 다른 사람에게라도 그와 같이 권면하여 아무쪼록 법률의 지도에 순종하도록 하면 이것이 곧 보은이니라.

배은

배은이라 하는 것은 말할 것도 없이 법률에서 권장하는 옳고 이로운 일은 하지 아니하고, 법률에서 금지하는 온갖 불의지사不義之事를 기탄없이 범행하여 세상을 시끄럽게 하고 법관을 수고롭게 하는 자이니라.

그러면 보은자의 앞길은 갈수록 더욱 광활하여 모든 구속은 자연 해탈되고 마침내 행복스러운 사람이 될 것이며, 배은자의 향처는 갈수록 더욱 부자유와 구속이 오며 험악한 고난과 무서운 형벌을 당하게 되리라.

결론

이제 다시 위 사은四恩의 해설을 총괄적으로 일언一言하자면, 천지에서는 응용무념應用無念으로써 피은이 되었으니 능히 그 도를 체받아서 응용무념을 하는 자는 보은이 될 것이요, 그렇지 못한 자는 배은이 될 것이며, 부모에게서는 자력 없을 때 보호받음으로써 피은이 되었으니 능히 그 도를 체받아서 무자력자 보호법을 쓰는 자는 보은이 될 것이요, 그렇지 못한 자는 배은이 될 것이며, 동포에게서는 자리이타로써 피은이 되었으니 능히 그 도를 체받아서 자리이타법을 행하는 자는 보은이 될 것이요, 그렇지 못하는 자는 배은이 될 것이며, 법률에서는 시비 이해 밝혀줌으로써 피은이 되었으니 능히 그 도를 체받아서 항상 자신의 시비 이해를 밝히는 자는 보은이 될 것이며, 그렇지 못한 자는 배은이니, 이것이 모두 한 가지 명사로써 피은·보은·배은을 통하여 무릅쓰게 될 것이니라.

7. 법강法綱의 연의演義

인심은 시대에 따라 달라지고 법강은 인심에 따라 개정되나니, 시대와 인심은 변하는데 법강이 변하지 아니하고 그대로 있다면 그 법강은 아무리 있어도 없는 것과 같으며 인류 사회에 차라리 해독은 끼칠지언정 하등의 유익은 주지 못하는 것이다. 그러므로 시대가 바뀌면 반드시 그 시대에 적합한 법강이 출현하기를 일반은 기대케 되며, 그 기대에 응하여 그러한 법강이 출현하는 것은 또한 막을 수 없는 자연의 세勢이다.

그런데 현하의 대세를 관찰하면 모든 것이 환국換局이요, 변천 아님이 없어서, 밤이 변하여 낮이 되는 것과 같으며 엄동이 다 가고 봄이 오는 듯하나니, 말하자면 현재는 가장 급류急流 직하적直下的인 전환기라 하겠다. 그러면 이 급류 직하적인 전환기에 선 우리로서 향할 곳과 취할 길이 그 어디이냐. 구舊 도덕은 이미 사라지고 신新 도덕은 아직 발견되지 못한 이때인지라, 우리의 향할 곳과 취할 길이 그 어디이냐. 향할 곳 찾다가 향할 곳 없고, 취할 길 구하다가 취할 길 발견하지 못하면 중간 사회에서 두류 방황하다가 필경 모두 무방면無方面 무정처無定處한 데로 타락하게 되었으니, 그 얼마나 한심할 바이랴. 그런즉 우리는 이제 어떠한 법강으로라야 저 모든 무방면 무정처한 곳으로 흘러가는 인심을 만회하여 인도상에 탈선이 되지 않도록 할 것인가.

이에 대한 방법으로 부부권리동일·지우차별·무자녀자타자녀교양·공도헌신자이 부사지 이 네 가지를 우리의 법강으로 정하였나니, 그것은 결코 우리가 처음으로 제창하는 말은 아니다. 이미 현 사회의 숙제로 되어 있는지 오래고 혹 다소간 실행자도 없지는 아니하나, 그러나 아직도 그 법이 일반 민중의 두뇌에 깊게 인상이 되어 넓은 세상에 고루 화하지 못하였음이 또한 사실이다. 그러므로 우리는 그것으로써 법강을 삼아 모든 학자를 훈련하는 동시에 그 철저한 실행을 권장하는 바이다.

8. 법강의 내역

1) 부부권리동일 夫婦權利同一

과거의 세계사는 남성 일방의 세계사요, 과거의 사회 제도는 남성 자기네들만 좋게 하자는 사회 제도다 함은 현대의 각성한 신여성들의 열렬한 부르짖음이다. 과연 그 옳은 말이다. 과도기의 여성들같이 무권리하고 부자유한 신세가 또 어디 있으랴. 사람인 이상에는 반드시 수용하여야 할 재산권도 여자에 한하여서는 없었고 동물인 이상에는 반드시 움직여야 할 사교권도 여자에게는 허락되지 않았었다. 지극히 존중한 부모에게도 자녀의 도를 다하지 못하였고 더할 수 없이 친절한 자녀에게도 차별적 대우를 받았나니, 과도기의 여성들같이 무권리하고 부자유한 신세가 또 어디 있으랴.

그에 따라 그들은 사람으로서 당연히 져야 할 의무도 지지 못하였나니, 대개 의무라 하는 것은 권리로 좇아 나는 것이요, 또 권리라 하는 것은 의무로 좇아 나는 것인즉, 의무 없는 권리가 있을 수 없고 또는 권리 없는 의무가 있을 수 없는 것이다. 그런즉 과거 무권리한 여성들이 무책임하여질 것은 정한 이치요, 전 인류의 반수를 점한 모든 여성이 그와 같이 무책임하게 되어 모든 것을 오로지 남자에게 의뢰하고 있을진대, 그 가정·국가·사회 각 방면의 손실됨이 어떠하겠느냐. 이는 곧 두 사람의 힘으로 할 일을 한 사람이 하는 것 같고, 열 사람의 힘으로 들 돌을 다섯 사람의 힘으로 드는 것과 같은지라, 그 얼마나 가쁜 일이냐.

그러므로 우리는 부부 동권同權을 철저히 이행하여 모든 여권女權을 인정하여주는 동시에, 또한 제반 의무를 똑같이 분담하여 서로 피차 의뢰가 없도록 하자는 것이다.

그러하고 보면 남자가 여자로 인해서 자기의 할 일을 못 하지도 아니할 것이요, 여자가 남자로 인해서 자기의 할 일을 못 하지도 아니할 것이니, 이 어찌 우리의 공부상으로나 사업상으로나 생활상에 크게 필요한 방법이 아니리오. 그런고로 우리는 부부 권리 동일을 우리의 법강으로써 정하여 서서히 그 실현에 노력하려 하노라.

2) 지우차별智愚差別

지자智者라 함은 모든 이치와 일에 앎이 많아서 능히 돌아오는 기틀을 남 먼저 살피며 모든 일을 처리하는 데에도 남다른 역량과 수완이 있는 자요, 우자愚者라 하는 것은 사리事理 간에 아무러한 분석이 없이 자행자지하는 자이니, 지자로서 우자를 인도하는 것과 우자로서 지자의 인도를 받는 것은 원리에 당연한 일이며 없을 수 없는 자연의 차별이니라.

그러나 과거를 한번 회고하여 보면 원리에 당연한 지우차별 그것이 아니었고 작위爵位 차별, 반상班常 차별, 적서嫡庶 차별, 노소老少 차별 이러한 차별 제도로써 사람을 대우하고 사람을 선용選用하였나니, 그러므로 그 시대에는 아무리 재덕겸비한 호인물好人物이 있다 할지라도 관직이 없는 미천가未賤家 사람이 되거나 또는 양반이 아니거나 남의 집 서족庶族이거나 이러한 조건에 저촉됨만 있고 보면 그들은 사회에서 쓰지를 아니하고 무한히 압박하였으며, 연령만 좀 젊어도 연장자에게 여간한 홀대를 받지 않았다. 그리고 그 반면 작위가 높다든지 양반이 된다든지 적자 적손이 된다든지 연치가 높다든지 이러한 조건만 충분하고 보면 지견이 있고 없고 간에 그 사람은 오히려 세인에게 극진한 존경을 받고 따라서 전반 사회의 주권을 쥐게 되었나니, 그것은 너무도 이치에 당치 않은 일이요, 그것을 장려하는 것이 우리 인류 사회에 하등에 필요할 바가 없다. 필요할 바가 없을 뿐 아니라 도리어 폐해됨이 적지 아니하였나니, 이 세상 온갖 아만과 불량은 거의 다 그 가운데서 조장된 것이다.

그런즉 우리는 인류 사회에 유익을 주지 못할 그 여러 가지 차별 조건을 일체로 소탕하여 버리고, 다만 천연적으로 되는 지우차별, 이것으로만 사람을 대우하고 선용하려 하나니, 이것은 될 수 있는 대로 지자를 장려하는 동시에 우자를 퇴치하려는 묘책이다. 어찌하여 그러냐 하면 사람은 누구나 다 높은 위에 올라서 남에게 존대받기를 원하는 것이 선천적으로 타고난 성격인 이상, 높은 위에 오르고 남에게 존대받는 길이 오직 지자 되는 그것뿐인 줄을 알 때에는 반드시 전 심력을 다하여 제각기 지자 되기에 노력할 것이요, 모든 사람이 그와 같이 지자 되기에 노력할진대 필경 그 사회는 많은 지자가 나타날 것은 필연의 세勢이니, 지지가 많은 그 사회가 문명한 사회가 아니고 그 무엇이랴. 그러므로 우리는 지우차별 이것을 또한 우리의 법강으로 정하여 서서히 실현에 노력하노라.

3) 무자녀자타자녀교양無子女者他子女敎養

사람은 난 그대로 사람이 아니라 반드시 학술로써 상당한 교양을 받고 도덕으로써 많은 훈련을 더한 후에라야 비로소 완전한 인격으로써 사회에 유용한 그릇이 되는 것이다. 그러므로 사람이 세상에 나고 보면 누구나 다 그것을 가르쳐야 될 줄은 안다.

그러나 과거 시대의 사람 가르치는 범위는 너무도 협소해서 자기의 소생 자녀 외에는 도무지 가르칠 줄을 몰랐었고, 혹 자기의 소생 자녀 아닌 다른 자녀를 가르친다는 것은 양자가 아니면 수양자收養子라도 한 뒤의 일이었다. 아무리 많은 재산을 소유한 사람이라도 자기의 자녀가 없으면 공연히 비관 자탄으로 세월을 보내며 음주 남색에 그 귀중한 금전을 소진 탕진하고 말지언정, 결코 그 금전으로써 다른 사람의 자녀라도 상당한 자를 택하여 가르쳐 줄 줄을 몰랐었다.

그러므로 불행히 빈한한 가정에 몸을 받아 난 자로는 출세의 첫 재료인 교육부터 받기를 단념하여 버리고 하는 수 없이 인류 사회에 낙오자가 되고 마나니, 그 얼마나 한심한 일이며 우리 사회상 큰 손실이냐. 사람이 만약 넉넉한 생각으로 대성大性의 본처에 서서 인생 세계를 둘러본다면 모두 다 한 기운을 받아놔서 한 무대 위에서 활동하고 살다가 도로 한 근원으로 돌아가나니, 거기에 무슨 친소의 차별이 있으며 남의 자녀라고 사람으로서 반드시 받아야 할 교육을 받지 못하는 것이 그 어찌 도외시 될 바이랴.

그러므로 우리는 이에 무자녀자 타자녀 교양법을 철저히 장려하여 내 자녀 없는 자로서 많은 재산이 있거든 무릇 어떠한 사람의 자녀가 되었든지 남은 힘이 미치는 대로 그 재산으로써 내 자녀를 가르치듯이 잘 가르쳐 주되, 그 사람을 양자로 하려고

도 말고 수양자 하려고도 말고 다만 가르쳐 주기만 할 뿐이며, 비록 내 자녀가 있는 사람이라도 내 자녀를 가르치고 남은 힘이 있을진대 또한 이와 같이 하면 더욱 무량한 복이 될 것이라 한다.

그리하여 이 법이 완전히 실현되는 때이면 금전 없이 교육받지 못하던 모든 낙오자들이 그 힘으로 교육을 받아 한 가지 지식 계급에 참예케 될 것이요, 그들이 모든 지식 계급에 참예하여 남과 같이 활동을 하기로 한다면 우리 인류 사회를 위하여 그 얼마나 경행慶幸한 일이냐. 그러므로 우리는 타자녀 교양을 또한 우리의 법강으로 정하여 서서히 그 실현에 노력하려 하노라.

4) 공도헌신자 이부사지公道獻身者以父事之

부사지父事之, 즉 아버지로 섬긴단 말은 지극히 존중하고 지극히 친절하여 무어라고 더 이상 명사를 붙이지 못할 경우의 칭호이니, 사가私家 사업에 헌신하여 일생을 노력한 자는 반드시 그 가정적으로 부사父事함을 받을만한 가치가 있는 것이요, 공중 사업에 헌신하여 일생을 노력한 자는 반드시 공중적으로 부사함을 받을만한 가치가 있는 것이다.

그러나 과거를 회고하면 사가 사업에 그쳐서 몇 명 안 되는 자기의 자녀에게 부사함을 받는 자는 많으나 다수인을 위한 공중 사업에 헌신하여 일반 공중에게 그만한 추대를 받는 자는 드물었으니, 그 주요한 원인이 어디 있느냐 하면, 과거 시대는 너무도 공중 사업을 도외시하며 공도헌신자를 소홀히 대우하였던 것이다. 그러므로 특별 고상한 사상이 있는 자 외에는 공도에 헌신하는 자 없으니, 이로 인하여 이 사회 모든 공공사업은 위축 부진하였고 공중기관은 퇴패頹敗 경복傾覆되었나니라.

그러므로 우리는 이에 공도헌신자 이부사지법을 철저히 장려하여 비록 나를 낳은 부모가 아니라 할지라도 공부 사업에 대한 많은 공로가 있는 사람이면 그를 곧 부모와 같이 섬기자 함이니, 이렇게 하고 보면 모든 사람이 다 공중 사업하기를 즐겨할 것이며, 모든 사람이 다 공중 사업하기를 즐겨한다면 이 세계상에는 다수한 공공기관이 설립되어 국리민복國利民福을 증진케 될 것이다. 고로 우리는 공도헌신자 이부사지를 또한 우리의 법강으로 정하여 서서히 실현에 노력하려 하노라.

결론

위의 사요를 다시 총괄적으로 말하자면, 부부권리동일은 남녀 간 각자의 의무와 책임을 같이 져서 서로서로 의뢰 생활을 말자는 것이요, 지우차별은 모든 우자로 하여금 지자의 자리에 나오도록 하자는 것이요, 무자녀자타자녀교양은 선진자로서 후진자를 잘 인도하여 교육의 혜택을 고루 입히려는 것이요, 공도헌신자이부사지는 공중 사업을 성왕 발전토록 하려 함이다.

| 에필로그 |

양대 요도와 일원상

인생의 요도와 공부의 요도는 양대 요도兩大要道라고 달리 말할 수 있다. 사은·사요는 공부의 요도요 삼학·팔조는 인생의 요도로써 소태산의 기본 교리이며 교리 강령이다. 이와 같은 '인생의 요도와 공부의 요도'는 『정전』 교의편의 총괄이다.

『정전』의 구성을 보면 〈총서편〉의 포부와 경륜은 〈교의편〉에서 일원상 및 사은과 사요 그리고 삼학과 팔조의 교리로 펼쳐진다. 그러므로 '인생의 요도와 공부의 요도'는 교의편의 총괄로써, 〈총서편〉의 '개교의 동기'와 '교법의 총설'에 맥을 같이하고 있다.

인생의 요도 사은·사요와 공부의 요도 삼학·팔조를 실행하는 것도 '개교의 동기'의 광대무량한 낙원으로 인도하기 위함이요, '교법의 총설'의 광대하고 원만한 신자가 되자는 것이다.

만일 사은·사요의 인생길과 삼학·팔조의 공부길을 밟았는데도 광대무량한 낙원으로 인도되지 않거나, 광대하고 원만한 종교의 신자가 되지 않는다면 이는 사은·사요의 인생길에 제대로 들지 못한 것이며 삼학·팔조의 공부길에 잘못 들어선 것이다.

인생의 요도와 공부의 요도는 사람의 길[인도상 요법]로써 사람이라면 사람으로서 밟아가야 할 인도상人道上의 떳떳하고 중요한 요도要道이다.

소태산 대종사는 "인생의 요도는 공부의 요도가 아니면 사람이 능히 그 길을 밟지 못할 것이요, 공부의 요도는 인생의 요도가 아니면 사람이 능히 그 공부한 효력을 다 발휘하지 못할지라."라고 밝히고 있다. 인생의 요도도 사람이 밟아가는 길이요 공부의 요도도 사람이 효력을 발휘하는 길이다.

요도要道는 긴요하고 중요한 길이다. 인생길에서 떳떳한 길을 밟아 가면 인생의 요도가 되고 공부길에서 떳떳한 길을 밟아 가면 공부의 요도가 되는 것이다.

떳떳한 요도要道는 일원상 자리에 기반을 둔다. '교법의 총설'에서처럼 법신불 일원상을 신앙의 대상과 수행의 표본으로 모시는 길이다. 인생에 있어 법신불 일원상에 근원한 사은·사요를 밟아 가면 인생의 요도가 되며, 자신을 닦아가는 공부에 있어 법신불 일원상에 바탕을 둔 삼학·팔조를 밟아 가면 공부의 요도가 펼쳐진다.

인생의 요도는 하나로 두렷한 자리인 일원상으로 사은에 보은하고 사요를 실천하는 것이다.

텅 비었으되 신령하게 아는 자리로 천지대은天地大恩을 드러내고 부모홍은父母弘恩을 드러내고 세계은덕의 동포은을 드러내고 법률은덕의 법률은을 드러내며, 텅 비었으되 신령하게 아는 자리로 자력을 양성하고, 지자를 본위하고, 타자녀를 교육하고, 공도자를 숭배하는 것이다.

공부의 요도는 텅 비었으되 신령하게 깨어있는 마음으로 수양하고 연구하고 취사하는 것이다.

일원상 자리인 정신을 수양하며, 일원상 자리인 대소 유무의 이치에 따라 시비 이해의 일을 연구하는 것이며, 일원상 자리를 발현하여 정의를 실행하고 일원상 자리를 놓친 불의를 제거하는 것이다.

텅 비었으되 신령하게 깨어있는 마음으로 신·분·의·성을 추진해 가는 것이며, 텅 비었으되 신령하게 깨어있는 마음으로 불신·탐욕·나·우를 제거해 가는 것이다.

소태산 대종사는 "이 회상은 지나간 회상들과 달라서 자주 있는 회상이 아니오, 원시반본原始反本하는 시대를 따라서 나는 회상이라 그 운이 한량 없나니라."[『대종경』 전망품 30장]라고 천명한다.

원시반본은 일원상 자리이다. 원시原始가 일원상 자리이고 반본反本이 곧 일원상 자리이다. 원시반본은 본래 시작도 끝도 없으며 시작이 있으면 끝이 있고 끝이 있으면 새로운 시작이 있는 것이다. 시작에 시작이 없고 끝에 끝이 없는 자리이다. 시작과 끝은 본래 한자리이듯이, 원시반본의 시대는 '지금은 묵은 세상의 끝이요, 새 세상의 처음'[『대종경』 전망품 19장]인 시대로, 원시반본의 자리는 일원상 자리이다.

원시반본의 시대는 법신불 일원상을 신앙의 대상과 수행의 표본으로 모시는 시대이며, 이 법신불 일원상에 근원해서 사은과 삼학을 신앙과 수행의 강령으로 삼는 시대이다. 그러므로 인생의 요도 사은·사요와 공부의 요도 삼학·팔조는 원시반본처인 일원상 자리에 기반을 둔 교법이므로, 이러한 진리에 바탕을 둔다면 그 운이 한량없게 된다는 것이다.

인생의 요도 사은·사요와 공부의 요도 삼학·팔조는 법신불 일원상에 근원한 교법이다. 이처럼 일원상 자리에 근거하여 시대에 맞게 법을 드러낼 때 원시반본의 시대가 되는 것이다. 결국 인생의 요도 사은·사요와 공부의 요도 삼학·팔조를 잘 운영하면 원시반본의 시대로 가꾸어지는 것이다.

일원상 자리는 제불제성의 공통 기반이다. 소태산 대종사는 이 일원상 자리를 대원정각大圓正覺하여 편협하고 막힌 부분이 있으면 더욱 확장 심화 압축해서 정수精髓를 밝혀주신 것이다.

소태산 대종사는 이처럼 진리의 근원인 일원상의 진리에 따라 인생의 요도 사은·사요와 공부의 요도 삼학·팔조의 교법을 밝히고 있다.

사은·사요와 삼학·팔조는 소태산 대종사의 고유한 교법이다. 그러므로 인생의 요도 사은·사요와 공부의 요도 삼학·팔조를 떠나서 다른 법을 논한다면 소태산 대종사의 제자는 아닌 것이다. 설사 아무리 뛰어난 역량과 위대한 업적이 있다고 해도 소태산의 법맥에 정통한 것은 아니다.

소태산은 이공주 수필[受筆, 받아씀]의 '사은·사요의 총결'이란 법문에서 "사은·사요의 요지를 또다시 말하자면 **사은은 우리 인류의 생명수요, 사요는 우리 인간의 생활로이니라.**"고 하였으며, 또 다른 법문에서 "**삼강령**[삼학]은 사람을 개벽시키고 사은·

사요는 세상을 개벽시킨다."[《원광》 23호, 1958년 3월호. 구타원 이공주 법문집 Ⅱ, 『인생과 수양』] 라고 밝히고 있다.

공부의 요도 삼학·팔조를 행하면 사람이 개벽되며, 인류의 생명수요 인간의 생활로인 인생의 요도 사은·사요를 행하면 세상이 개벽되는 것이다.

또한 『원불교교전』의 저본인 『불교정전』 제2 교의편 제8장 삼대력에서 "우리가 삼학·팔조로 오래오래 공부를 계속하면 결국 삼대력[三大力 수양력, 연구력, 취사력]을 얻어 인생의 요도를 실천할 때에 자유자재할 것이니라."라고 정의한다.

공부의 요도 삼학·팔조로 삼대력을 얻으면 인생의 요도 사은·사요를 실천할 때 자유자재하게 된다는 말씀이다.

소태산 대종사는 '물질문명 즉 사농공상법'이요 '정신문명 즉 용심법'[《회보》 제33호] 이라고 천명한다. 즉 소태산의 마음공부는 사농공상법인 물질문명 선상에서 마음 작용하는 용심법으로써, 일원상에 바탕을 둔 공부의 요도로 인생의 요도를 잘 운영하고 인생의 요도를 떠나지 않고 공부의 요도를 실행하는 정신문명의 용심법이다.

아무쪼록 정신문명의 용심법인 인생의 요도 사은·사요와 공부의 요도 삼학·팔조를 『정전』 교의편 제2장 사은, 제3장 사요, 제4장 삼학, 제5장 팔조의 원문에 따라 자세히 공부할 수 있기를 바란다.

| 책을 마치며 |

삼학·팔조의 공부와 사은·사요의 사업

소태산 대종사는 『정전』 '인생의 요도와 공부의 요도'에서 사은·사요는 인생의 요도요 삼학·팔조는 공부의 요도라고 명시한다. 또한 인생의 요도는 공부의 요도가 아니면 능히 그 길을 밟지 못할 것이요, 공부의 요도는 인생의 요도가 아니면 능히 그 공부한 효력을 다 발휘하지 못하는 서로 떠날 수 없는 관계라고 밝힌다.

소태산의 제자들은 소태산의 법설을 듣고 이를 받들어 자신의 심신에 흡수하여 체화한다. 그 한 예로 전음광은 '공부와 사업'이라는 회설에서 공부의 요도 삼학·팔조를 공부로, 인생의 요도 사은·사요를 사업으로 대응하여 해설한다.

공부와 사업을 아우르는 이사병행理事竝行을 '삼학·팔조의 공부의 요도'와 '사은·사요의 인생의 요도'가 서로 떠날 수 없는 관계라고 풀이한다.

회설

공부와 사업

전음광

《회보》 제33호. 시창22년 3월호

1.
우리는 공부와 사업을 성취하기 위하여 목적을 세웠고, 또는 이 목적을 달성하기 위하여 낮과 밤으로 생각하며 실행하고 있나니, 먼저 그 공부와 사업의 의미를 소연[昭然, 밝고 선명]하게 알아야 할 것이다. 대저 공부는 무슨 공부이며 사업은 무슨 사업인가? 그러나 이 공부와 사업의 깊은 취지를 다 말하자면 시간으로도 하루 이틀은 오히려 부족할 것이요, 종이로도 1, 2매로는 생심生心도 못할 바인지라, **이에 약略하고 그 강령만 말하자면 공부는 삼대력을 얻는 공부를 하자는 것이니, 즉 정신을 온전히 하여 수양력을 얻고 사리를 연구하여 연구력을 얻고 작업을 취사하여 실행력을 얻자는 것이며, 사업으로는 사은 사요법을 시행하자는 것이니** 즉 모든 은혜를 발견하여 여러 사람의 원망생활을 감사생활로 돌리고, 의뢰생활을 자력생활로 돌리며, 배울 줄 모르는 자에게 배우는 성심을 권장시키고, 가르칠 줄 모르는 자에게 가르치는 성심을 장려시키며, 공익사업 할 줄 모르는 자에게 공익사업을 하도록 촉진하자는 것이다.

본회의 교법이 그 수가 많이 있으며 사업기관으로도 여러 가지 있으나 그 근원을 조사하면 모두가 삼대력 공부를 완성시키고 사은 사요의 사업을 시행하여 파란 고해의 노예 생활하는 일체생령을 광대무량한 낙원 생활로 인도하자는 데에 불과하나니 우리는 먼저 이것을 알아야 할 것이다.

2.
그러나 우리는 또한 공부와 사업, 이 두 가지 가운데에 하나를 성취하자면 하나를 피하지 못할 중대 관계가 있는 줄을 알아야 할 것이니, **곧 다시 말하면 공부를 하자면 어떠한 사업의 목표를 세우지 아니하면 아니 될 줄을 알아야 할 것이요, 또한 사업을 하자면 공부를 하여 그만한 실력을 준비하지 아니하지 못할 줄을 알아야 할 것이다.** 그 예를 들면 우리가 사은 사요의 좋은 법을 시행하여 광제창생廣濟蒼生의 대사업을 창건하기로 목적하였다 하더라도 우리 자신이 먼저 공부를 하여 지식과 실행을 갖추지 못하면 그 사업을 이루지 못할 것이요, 또는 아무리 삼대력 공부는 한다 할지라도 사은 사요와 같은 좋은 사업의 목표를 세우지 않는다면 그 공부한 가치가 드러나지 아니할 것이며 한갓 이기利己는 될지언정 이타가 되지 못하여 도능독[徒能讀, 글의 깊은 뜻은 알지 못하고 읽기만 잘하는]에 불과할 것이요, 또는 사업 목표가 서지 못한 공부는 그 공부에 열성이 나지 않을 것이니 자고로 유명한 사업가들의 역사를 참고한다 할지라도 큰 사업을 하려하는 자는 먼저 실력 양성에 주력하여 남다른 공부를 하였고 또는 그러한 공부를 한 사람이라야 큰 사업을 창조하게 되었나니, 이로보아 우리는 공부는 체가 되고 사업은 용이 되었으며 공부는 근본이 되고 사업은 결과가 되어서 서로 떠날 수 없는 관계가 있는 것임을 넉넉히 알 것이다.

3.
그러나 이에서 우리는 또 한 가지 알아야 할 것이 있나니, 그것은 다름이 아니라 공부와 사업은 이상에 말한 바와 같이 체용이 되며 본말이 되어 불가분不可分의 관계가 있지마는 재래의 관례를 보면 모든 사람이 공부와 사업을 따로 해석하여 공부할 시기가 따로 있고 사업할 시기가 따로 있으며, 공부를 하자면 사업을 못하고 사업을 하자면 공부를 못할 것으로 알아왔나니, 이러한다면 공부와 사업이 간단間斷이 될 것이요 단촉한 일생에 공부와 사업할 기간이 너무나 부족한지라, 이것이 어찌 일대[一大, 굉장한. 큰] 결함이 아닐 것인가? 그러므로 본회의 공부와 사업의 특색은 오로지 이것을 개량改良한 데에 있나니, 그 이유를 말하면 공부와 사업할 시기를 따로 구분치 아니하여 사업을 하면 곧 공부가 되고 공부를 하면 곧 사업이 되며, 공부하는 때가 곧 사업하는 때요 사업하는 때가 곧 공부하는 때로 되었다. 그러므로 우리의 공부와 사업은 간단이 없으며 간단이 없으므로 아무리 단촉한 일생이라 하지마는 기간이 오히려 충분하게 되었도다.

4.
어찌 그러느냐 하면 자고로 지금까지 모든 사람의 뇌 속에 인식이 되기를 공부라 하면 유불선 내의 어느 경전이 되었든지 그 경전을 통독通讀하여 지식을 충비充備 시킴을 공부로 알아왔고, 종이와 붓으로 쓰지 않은 경전을 간독[揀讀, 분간해 읽음]하는 방법을 발견치 못하였으며, 또는 대소사 간에 일 경계를 당하여 취선사악取善捨惡 하는 것을 공부로는 알았으나 우리와 같이 직접 실행 공부하는 강령적綱領的 조건으로 정하지는 아니하였다.

그러나 우리의 공부법은 이상에 말한 바와 같이 수양, 연구, 취사 삼강령[삼학]으로 정하여 대소 간에 어떠한 사업을 할 때는 그 일을 할 때에 다른 일에 정신을 빼앗기지 아니하고 오직 일심으로 하는 것을 수양 공부로 삼고, 그 일을 하는데 대소 간에 한 가지라도 모르던 것이 알아지는 것을 연구 공부로 삼고, 그 일을 하는데 선악 취사를 잘하여 실패 없이 성공하는 것을 취사 공부로 삼아서, 이 일심, 지식, 실행 3방면이 골라지는 것을 공부로 알게 되나니, **사람이 어떠한 일에나 이 일심, 지식, 실행 3방면이 충실하면 그 일을 성공치 못할 바가 없을지라, 그러므로 공부를 잘 하면 곧 사업이 잘된다는 것이요**, 또는 이와 같이 매매사사에 일을 잘하기로 하면 그 일을 할 때에 일심, 지식, 실행을 놓고서는 할 수가 없는지라, 그러므로 사업을 잘하면 곧 공부가 잘된다는 것이다.

이와 같이 공부는 사업의 원동력이 되고 사업은 공부의 재료가 되어, 이를 잘하면 저것이 잘되고 저것을 잘하면 이것이 잘되는 것이므로, 공부와 사업이 따로 있지 않다 하는 것이며, 따로 있지 아니하므로 공부도 무시간단無時間斷으로 할 수 있다는 것이요, 사업도 무시간단으로 할 수 있다는 것이니, 우리는 공부와 사업의 의지를 알며 공부와 사업의 떠날 수 없는 관계를 알며, 공부와 사업을 할 때가 따로 있지 아니한 줄을 알아서 진실로 공부와 사업에 열성하기 바란다.

공부는 삼학으로 삼대력을 얻는 것이라면 사업은 사은·사요법을 시행하는 것이며, 공부는 체와 근본이 되고 사업은 용과 결과로 서로 떠날 수 없는 관계라고 해설한다. 공부와 사업할 시기를 따로 구분하지 아니하므로 공부는 사업의 기반이 되고 사업은 공부의 바탕이 된다. 그러기에 사업을 하면 곧 공부가 되고 공부를 하면 곧 사업이 되어, 공부하는 때가 곧 사업하는 때요 사업하는 때가 곧 공부하는 때라고 역설한다.

즉 정신수양의 일심과 사리연구의 지식과 작업취사의 실행 3방면이 골라지도록 하는 것을 공부 삼아서 어떠한 일에나 일심, 지식, 실행 3방면이 충실해지도록 하면 성공치 못할 바가 없게 된다는 것이다. 공부를 잘하면 곧 사업이 잘되는 것이며, 또는 매사에 일을 잘하기로 하면 그 일에 일심, 지식, 실행을 놓고서는 성공할 수가 없으므로 사업을 잘하려면 곧 공부가 동원되어야 한다는 것이다.

사은·사요를 실천하는 것이 사업이고 삼학·팔조를 수행하는 것이 공부라는 것이다. 결국 공부는 사업의 원동력이 되고 사업은 공부의 재료가 되어, 공부를 잘하면 사업이 잘되고 사업을 잘하면 공부가 잘되는 것이라 밝히고 있다.

그러므로 사은·사요를 잘 실천하기 위해서도 삼학·팔조의 공부를 잘해야 하며, 삼학·팔조를 잘 수행하기 위해서도 사은·사요의 사업을 벗어나서도 안 된다는 지향志向이다.

이처럼 소태산의 이사병행理事竝行은 인생의 요도 사은·사요와 공부의 요도 삼학·팔조를 아울러[상호 기반하여] 행하는 것이다.

참고 문헌

- 『대종경』
- 『원불교교사』
- 『불교정전』
- 『조선불교혁신론』
- 『원불교 자료총서』(월말통신·월보·회보) 1~10권
- 『원불교 교고총간』 1권, 2권, 3권, 4권, 5권, 6권
- 『정산종사법어』
- 박정훈 편저, 『한울안한이치에』(증보판), 1987
- 오선명 엮음, 『정산종사법설』, 2000
- 박제권 수필, 『정산종사수필법문』(상·하), 2008
- 「시창23년 제1회 교무강습회 필기 노트(강습 잡기장)」 [염승준, 『원불교 교리해석의 파편화 현상 비판』(2022) 수록본]
- 주산 송도성 법문집, 『마음은 스승님께 몸은 세상에』, 2007
- 구타원 이공주 법문집 Ⅰ, 『일원상을 모본하라』, 2007
- 구타원 이공주 법문집 Ⅱ, 『인생과 수양』, 2007
- 혜산 전음광 문집, 『빛은 동방에서』, 1986
- 원산 서대원 문집, 『천상락과 인간락』, 2000
- 안이정, 『원불교 교전해의』, 1997
- 한종만, 『원불교 정전해의』, 1999
- 방길튼, 월말통신·월보·회보로 읽는 『정전공부법』, 2001
- 이승원(제룡) 엮음, 『원각성존 소태산대종사 수필법문집』(시사한정본)

저서

- 원불교 성가감상담 1, 『원음 산책하는 즐거움』
- 원불교 성가감상담 2, 『원음 산책하는 기쁨』
- 『그렇지! 나는 원래 훌륭한 사람이니까』(동화집)
- 『훌륭한 마음씨』(동시집)
- 『훌륭한 마음씨를 키워요』(워크북)
- 『동그라미가 넘어졌어요』(이야기집 1)
- 『소태산과 아홉 제자들』(이야기집 2)
- 원불교 영산성지 순례기도집, 『소태산 대종사 숨결따라』
- 원불교 변산성지 순례기도집, 『소태산 대종사 마음따라』
- 원불교 익산성지 순례기도집, 『소태산 대종사 발길따라』
- 원불교 서울성적지 길라잡이, 『소태산, 서울京城을 품다』
- 소태산 서울 행적 및 법문 이야기, 『경성전』
- 소태산 변산 행적과 말씀, 『변산전』
- 『원불교, 남도와 만나다』
- 영산성지 해석서, 『소태산, 영광을 수놓다』
- 영상성지 명상과 법문, 『영산성지 사용법』
- 월말통신·월보·회보로 읽는 『정전 공부법』(총서편 및 교의편)
- 월말통신·월보·회보와 함께 읽는 『정전 훈련법』(수행편 1)
- 월말통신·월보·회보와 함께 읽는 『정전 수행법』(수행편 2)
- 원불교 기본 교리 『사사삼팔4438』

四恩

天地下鑑之位
父母下鑑之位
同胞應鑑之位
法律應鑑之位

少太山 書

소태산 대종사 친필

사은·사요
삼학·팔조
강연집

원불교 기본 교리
4 사
4 사
3 삼
8 팔

초판 1쇄 인쇄	2023년 2월 20일
초판 1쇄 발행	2023년 2월 28일

지은이	방길튼
펴낸곳	원불교출판사
펴낸이	주영삼
출판등록	1980년 4월 25일(제1980-000001호)
주소	54536 전라북도 익산시 익산대로 501
전화	063)854-0784
팩스	063)852-0784
홈페이지	www.wonbook.co.kr
인쇄	문덕인쇄

ISBN 978-89-8076-403-7(03200)
값 25,000원

잘못 만들어진 책은 구입처나 본사에서 교환해 드립니다.